U1012475

普通高等教育“十一五”规划重点教材

中国教育学会教育学分会　　组织编写
教育部课程教材研究所　　推荐使用
人民教育出版社　　出版发行

本书荣获

中国大学出版社第二届优秀教材一等奖

普通高等教育“十一五”规划重点教材

教育与心理统计学

张敏强　主编

人民教育出版社
·北京·

图书在版编目（CIP）数据

教育与心理统计学 / 张敏强主编. —3版. —北京：人民教育出版社，2010（2019.4重印）
普通高等教育“十一五”规划重点教材
ISBN 978-7-107-22442-3

Ⅰ. 教…　Ⅱ. 张…　Ⅲ. ①教育统计：心理统计—统计学—高等学校—教材　Ⅳ. G40-051

中国版本图书馆 CIP 数据核字（2010）第 193599 号

普通高等教育“十一五”规划重点教材　教育与心理统计学

出版发行　人民教育出版社
（北京市海淀区中关村南大街 17 号院 1 号楼　邮编：100081）
网　　址　http://www.pep.com.cn
经　　销　全国新华书店
印　　刷　北京天宇星印刷厂
版　　次　2010 年 11 月第 3 版
印　　次　2019 年 4 月第 23 次印刷
开　　本　787 毫米 × 1092 毫米　1/16
印　　张　37
字　　数　550 千字
印　　数　140 001～143 000 册
定　　价　42.30 元

版权所有・未经许可不得采用任何方式擅自复制或使用本产品任何部分・违者必究
如发现内容质量问题、印装质量问题，请与本社联系。电话：400-810-5788

第三版前言

教育与心理学研究方法的发展，对教育学、心理学研究的发展有着重大的影响。研究方法研究又不同于一般的实验研究，它的发展和应用相对于一般的实验研究有较大的难度，必须经过较长时间且经过许多人无数次的实践检验才能得到认可。问题是学术研究的对象，问题需要分析、需要解决。只有在分析之后，原有问题才可能解决，新的问题才可能出现。发现、提出问题和分析、解决问题，都需要相应的工具和方法。研究方法和工具是否得当，直接影响到研究成果的深度、广度、信度、效度及其解释的力度。所以，能否掌握解决问题所需的有效的研究工具和方法，应该成为影响学术研究成果是否具有持久生命力的重要维度。

教育与心理统计学是一门发展中的学科，它的发展历程经历了描述统计、推断统计、多元统计分析等几个阶段。从研究发展来看，推断统计的数据处理方法都是截面数据的处理方法，都是针对某一特定时刻、特定样本作的分析，统计方法的应用也有前提条件要求。但是，对这些特定样本的分布，许多研究在使用统计方法时未作分布的前提检验，而是不管样本分布形态，直接应用各种统计推断方法。所以，结论的适宜性、推广性都应当慎重分析。

所以，当截面数据的分析方法满足不了心理学研究的需要，这促使心理统计学者在截面数据的基础上，以多个但具有时间序列的截面数据（又称为面板数据）来分析心理学问题。在心理学研究中有些数据满足不了数据连续的要求时，引入了潜在类别变量分析，为解决心理学中不同年龄（性别或其他类别变量）的线性分析，引入了多层线性分析模型等统计分析方法。这些既促进了研究方法理论和方法的发展，又促进了心理学研究的发展。

当然，心理学研究的发展，也促进了心理学研究方法，特别是统计方法的发展。目前心理学研究中，如ERP、fMRI等，既有时间层面，又有空间层面，还有外在的刺激。这时，要求教育与心理统计学者在研究方法上有所创新，才能满足研究的需求，才能使研究成果更具科学性及可重复性。

笔者在近三十年的教学中体会到：掌握好研究方法对日后的研究工作开展太重要了，而学统计并不仅仅是点点鼠标，会用软件，而是要在对统计原理、方法应用的条件熟练掌握的基础上，再借助于统计软件协助处理数据，这样才能把教育与心理统计学学好、掌握好。所以，本书的编排上仍保持原有的风格，从统计方法的理论基础出发，阐述每一种方法的应用及应用条件要求，介绍每一种方法的应用实例。在已学完学好统计方法原理的基础上，再学习附录中的统计软件。这就有别于许多教科书以统计软件为主导讲统计的方法，只要点鼠标就有结果。许多人知其然，不知其所以然，造成了许多统计方法的滥用和误用。

这本新编的《教育与心理统计学》为第三版，编写队伍在原有的基础上增加了新的编写力量，吸收了不少新的统计思想和方法，如统计功效、效果量的概念及计算等，从而使读者能更透彻地理解统计方法的原理和应用，更恰当地解释统计推断的结论。

本书在第二版框架的基础上重写完成。第一、二、三、四、八、九章大都保持了原有的编写风格与内容，只作了一些小的改动。第五、六章作了较大的变动，增加了统计功效、效果量的内容，原第十一、十二章合为一章，并删除了原来的第十章。

全书在每一章的后面新增加了“要点小结”、“思考与练习”、“拓展性阅读导航”等内容，使读者能更为完整地学习和练习，拓展思路。

全书由张敏强主编。张敏强、焦璨负责全书统校，焦璨还重点负责了第五、六章的撰写和修订。

我的部分博士研究生、硕士研究生亦参加了本书编写的辅助工作及部分数据计算工作，在此不一一列名感谢。

为了尊重历史，保持延续性，特将第一版前言、第二版前言一并附上，作为发展的见证，既体现原来作者的劳动，也表示敬意。

本书参考和引用了许多专家的研究成果，在此谨表衷心感谢。感谢一切给我们帮助的人。

张敏强

2010 年 6 月于华南师范大学

第二版前言

教育与心理统计学是教育科学体系的重要分支，是广大教育与心理工作者必须掌握的重要学科之一。国际上，绝大多数国家要求从事教育与心理工作的人员，特别是教师，必须掌握一定程度的教育与心理统计知识。我国也早已将教育与心理统计学列为教育系、心理系大学生的必修课程，并列为师范院校其他专业大学生限定性选修课程。在台湾省，师范学校的学生及其他院校毕业生，要取得教师资格，教育与心理统计、教育与心理测量是必修课程，必须取得一定的学分。为此，我们编写了《教育与心理统计学》一书，由人民教育出版社 1993 年 12 月第一次出版印刷。自本书出版后，被较多的院校采用为相关专业教材，在教育界受到一致的好评，并一再重印。

随着时代的发展，社会客观形势发生了巨大的变化，教育与心理统计学学科内容本身也有了较大的发展，现代化的数据处理手段有了显著的提高，教学内容也有所不同。根据这种情况，我们经过认真商讨，决定对本书作必要的修改，重新编辑出版。

修订本根据出版以来读者的反馈意见及教学方面的要求，将原书的体系作了调整，并补充了新的必要的内容。全书包括常用的、主要的教育与心理统计理论与方法、教育与心理的多元统计分析等内容。新加入相应的计算机统计分析方法，使理论与实践结合，更具有可操作性。第一章至第十章适用于教育系、心理系本科教学与教师进修培训班，教学时数为 60 学时左右。第十一章至第十五章适用于教育系、心理系高年级学生和研究生，以及高级教师进修培训。

本书由张敏强任主编，提出全书的编写体系、编写原则与本次修订要求，由张敏强会同戴海崎、刘晓瑜进行修订，最后由张敏强统校全书。本书各章的编写与修订分工如下（按章顺序）：绪论、第四章、第五章、第十章与第十一章由张敏强执笔。第一章、第八章由黄光扬执笔。第二章、第六章由任建胜执笔。第三章由刘晓瑜执笔。第七章、第十三章、第十四章由戴海崎执笔。第九章由亚新执笔。第十二章由徐虹执笔。第十五章由牛端执笔。在编写与修订过程中，我们参考了国内外的有关书籍和教材，吸取了各书的经验，并引用了其中一些材料和数据，在此，谨向各书的编者和出版者表示深切的谢意。由于我们的水平有限，编写与修订经验不足，书中一定还会存在错误与缺点，敬请专家和读者批评指正。

编　者

2002 年 2 月

第一版前言

教育与心理统计学是教育科学体系中的重要分支，是广大教育工作者必备的重要科学工具之一。因而，无论是教育系、心理系的大学生，还是师范院校其他专业的大学生，都应懂得和掌握一些必要的统计分析方法，以便能独立分析资料、处理数据直至科学决策。

这本书的基本内容，包括常用的教育与心理统计方法。考虑到近十多年来，由于电子计算机的迅速普及，教育与心理统计的内容不断补充，体系不断更新，故在本书中，除了包括描述统计、推断统计等基本内容外，还介绍了几种多元统计分析方法的原理与应用。同时考虑到目前教育系、心理系普遍开设高等数学课程，学生的数学素质较高，对介绍描述统计的内容及方法也作了革新，将这些内容集中为两章。

为了使本书能适合于本科、专科、教育行政干部培训等不同层次的需要，主讲教师可根据实际课时来使用全书或部分章节。第 10 章以后的章节，可省略不讲或者选讲，并不会影响到教学体系。

本书由张敏强任主编。张敏强提出了全书编写体系及编写原则要求，由张敏强、戴海崎共同修改，最后由张敏强统校全书。参加本书编写的有张敏强、黄光扬、任建胜、刘晓瑜、戴海崎、亚新、徐虹。

在编写过程中，我们参考了国内外的有关书籍和教材，吸取了各书的经验，并引用了其中的一些材料和数据，在此，谨向各书的编者和出版者表示深切的谢意。

由于我们水平有限，编写经验不足，书中一定会存在错误和缺点，敬请专家和读者批评指正。

编　者

1992 年 5 月

目录

绪论

第一章　常用的统计表与图

第二章　常用统计参数

第三章　概率与分布

第四章　抽样理论与参数估计

第五章　假设检验

第六章　方差分析

第七章　回归分析

第八章　χ^2 检验

第九章 非参数检验

第十章 主成分分析与因素分析

第十一章 聚类分析

第十二章　判别分析

绪　论

第一节　什么是教育与心理统计

今天，“教育与心理统计”这一术语对我们来说，已经不陌生了。近三十年来，由于统计理论与方法在教育与心理两大领域中得到了广泛应用，人们逐步认识到教育与心理统计的重要作用。

教育学、心理学研究的对象是人，人的思维及其身心发展的过程十分复杂，人所接受的教育周期很长，心理的发展及教育成效因人而异。同样的教师，同样的教材，同样的教学方法或同样的训练，但每一个人都难以有同样的成效或结果。正因为教育与心理过程的复杂性以及影响因素的难以控制，所以我们需借助教育与心理研究过程中的数字来说明问题，同时还对所获得的统计数据作分析，希望能找出教育与心理研究中的规律性。这就是教育与心理统计的任务。

教育与心理统计是应用统计学的一个分支，是数理统计学与教育学、心理学的一门交叉学科。它把统计学的理论方法应用于教育实际工作和各种心理实验、心理测验等行为科学研究中，通过对所得数据的分析和处理，达到更为准确地掌握情况、探索规律、制订方案、检查效率、判断结果的目的。教育与心理统计为教育与心理的科学研究提供了一种科学方法，也可以说是教育学、心理学研究的工具学科。

第二节　教育与心理统计的基本内容及本书体系

随着社会的发展、科学的发展，教育与心理统计的基本内容也在不断地更新和充实。从理论体系的完整性、应用方法的可操作性考虑，并考虑目前计算机数据处理软件的成熟和简便，在确保统计理论结构完整的前提下，本书由浅入深地介绍各种统计方法，理论、方法和应用有机结合，全面地构建本书的内容和体系。

描述统计　这一部分是统计应用基础，主要提供数据分类、归类的方法，同时计算这些数据的总体参数或样本统计量。例如，计算平均数、中位数、众数等，以反映观测数据的集中趋势；计算标准差、方差等，以反映观测数据的离散趋势；计算积差相关系数、等级相关系数、点双列相关系数等，以反映观测数据之间的相互关系。即以有代表性的参数或统计量来表达数据的主要特性。同时，还可以用相应的表格或图形把观测数据的主要特点和特征表示出来。因此，描述统计主要是描述事物的典型性、波动范围以及相互关系，从而揭示事物的内部规律。

推断统计　这一部分是统计应用的主要内容，主要提供如何利用所得到的数据去作出统计推断的方法。在教育与心理研究和实验中，研究对象涉及面非常大，基本上不可能对全体被研究对象（被试）进行研究或逐一实验，只能从中抽取部分有代表性的样本，而推断统计学则是一种依据部分数据去推论全体的一种科学方法。推断统计学的主要内容有：统计假设检验、t检验、方差分析、回归分析等和非参数检验方法。推断统计学的内容较多，不同的研究和实验应当采用不同的推断统计方法，这样才能得出可靠的结论。显然，推断统计学是对教育与心理研究或实验作出有科学依据判断的有力工具。

多元统计分析　这一部分是统计应用的新拓展。显然，我们进行的教育与心理研究和实验不可能只有一个因素对其产生影响，更可能是受到多个因素的影响。那么，寻找出主要的影响因素，而对相近或相关的因素合并或归类，则是多元统计分析的主要任务。多元统计分析的主要内容有：主成分与因素分析、聚类分析、多元方差分析、多元回归分析、路径分析和判别分析等。多元统计分析在计算上较为繁杂。历史上因为计算上的困难，多元统计分析的应用受到很大的制约。但在今天，这一问题已经得到了全面的解决，主要是计算机的发展以及专门的统计软件的成熟，所有计算上的难题已经一扫而光。多元统计分析的广泛应用，有力地促进了教育与心理研究和实验的发展，对影响研究和实验的多因素分析，也增加了研究和实验的可靠性和准确性，成为教育与心理研究强有力的工具。

为确保本书的科学性，同时考虑到阅读、教学上的需要，依据作者近三十年教学的体会，对本书的内容与体系作了一些调整。

1. 关于描述统计。把常用的描述统计方法用两章（第一、二章）的篇幅包含进去，并着重展示这些方法各自的特点及各参数之间的联系，使全书篇幅减少，内容、目的更为明确。

2. 关于推断统计学。这是本书的主要内容，共有六章（第四、五、六、七、八、九章），按不同的方法、不同的应用范围进行介绍，并对各种方法应用的前提作了说明。同时，因为统计软件的应用，计算数据问题已不是困难，所以，一般重点讨论大样本（$n \geqslant 30$）的推断统计方法，部分内容结合实验设计介绍推断统计方法的应用，力求能让读者学了以后可以应用，即理论联系实际。

3. 关于多元统计分析。对多元统计分析方法的应用，三十年来教育学与心理学界的研究和实验已经经历了一个从一般认识到深入认识、探索性应用到实际广泛应用的过程，对统计分析方法的应用也相应提高了要求。所以本书对多元统计分析也有多章予以介绍，从理论到方法都作了评述，特别以实例介绍方法的应用。考虑到多元统计分析的计算困难，对多元统计分析的计算软件也有介绍。

如何正确应用和正确分析以及解释统计结果是统计分析的重要组成部分。为了使读者能更为全面且恰当地应用统计学作为工具对教育与心理问题作分析，本书特别增加了统计分析结果的解释内容，如统计功效、效果量等，以使统计结果的解释更为全面、可靠和恰当，避免把实验或研究结果“无限”推广的情况。

为了适合不同层次读者的需要，本书从教材编写体例着手，使本科生、研究生、心理工作者及教育管理工作者都能按需采用。各章节自成体系，选取其中部分章节进行教学并不影响学科的完整性。本书编写的构思基于以下三点：一是力求反映目前教育与心理统计学的理论发展和最新应用；二是内容全面，各种常用的方法基本收集其中，每一章内容都以理论为先导，再以实例来说明实际应用，并附有习题和答案，供读者练习以得到提高；三是体现教育与心理统计方法在教育科学研究、心理实验、心理测量中的实际应用，使读者明白，统计方法没有高级统计、低级统计之分，只有是否恰当应用和能否解决问题之分。这种体系的编排及内容的结构，是笔者多年教学与研究的体会，相信也会对读者有所帮助。

第三节　教育与心理统计的昨天、今天和明天

一、教育与心理统计的昨天

从 1904 年美国人桑代克（E. L. Thorndike）写的《心理与社会测量导论》（*An Introduction to the Theory of Mental and Social Measurements*），以统计学作为工具研究教育学、心理学，被认为是世界上第一本有关教育与心理统计的专著。至今，教育与心理统计学作为教育学、心理学研究的工具学科已经存在了一百多年。一百多年的发展历程，不长也不短，但是有生命力、有存在价值的学科始终都会获得业内的认可。而国内于 20 世纪 20 年代引入教育与心理统计方法至今，也有九十年的历史。显然，教育与心理统计学在国内的应用也显示了其价值。

二、教育与心理统计的今天

20 世纪 70 年代之前，教育与心理统计虽然在教育学、心理学研究中得到

广泛的应用，但是由于计算上的繁杂和困难，应用范围及推断统计的使用都受到一定的限制。进入 70 年代以后，计算机技术迅猛发展，高性能、强配置的计算机不但在单位和实验室里得到广泛使用，而且成为个人必备的工作设备，成为有力的个人工作助手。以往因为计算繁杂而使应用受到限制的统计方法，随着计算工具的现代化，问题也迎刃而解了。专用的统计软件也强有力地推出，使数据处理专业化、模块化，可以得到更为精确、可靠的计算结果。在教育与心理统计的理论与方法方面，描述统计学、推断统计学的内容和方法，更为充实、丰富，多元统计分析也在教育学、心理学研究中得到广泛的应用。

三、教育与心理统计的明天

随着教育与心理统计的广泛应用，统计推断、统计分析对提供决策信息、分析实验结果的作用将越来越明显。在内容方面，以理论为基础，实际应用为主导的模式得到广泛的认可。教育与心理统计作为教育学、心理学研究的工具，实用性则是它的生命力，强调了各种统计分析方法的应用条件、应用范围，为各种决策提供服务。目前，研究人员既掌握统计方法又掌握统计软件是一种基本要求，也是教育学、心理学进行研究的基本技能。随着应用的广泛，对统计分析结果的正确解释也被提到重要的位置。所以，有关显著性水平、样本容量对统计推断的影响、统计功效分析、假设检验的效果量计算等方法，也成为教育与心理统计的新内容。

第四节　预备知识

一、概念与术语

（一）随机变量

教育与心理实验或观测，在相同的条件下，其分数或其他实验数据结果可能不止一个，由实验或观测所得到的数据，事先无法确定，这类现象称为随机现象。因为可以用数字来表现，则称这些数字为随机变量。虽随机变量事先无法确定，但仍有其特点，即离散性、变异性和规律性。就是说，观测数据以一个个分散的数字形式出现，而又在一定的空间、时间和范围内不断变化，这种变化在一定的范围内呈现着一定的规律性，通过大量的实验或观测，这种规律性可以揭示出来。

随机变量依其性质不同，可以分为称名变量、顺序变量、等距变量、比率变量四种。称名变量用于说明某一事物与其他事物在属性上的不同或类别上的差异，但不说明事物与事物之间差异的大小。例如，研究学生性别对学习的影响，则性别分为男女，就是属于称名变量。顺序变量是指可以按事物的某一属性，把它们按多少或大小顺序加以排列的变量。例如，把某年级学生的数学成绩从高分到低分排列，则最高分为 1 名，次高分为 2 名……这种变量不具有相等的单位。等距变量是指变量之间具有相等的距离。等距变量除了有量的大小外，还具有相等的单位。例如天气温度，星期一为 20℃，星期二为 25℃，星期三为 30℃，则我们可以说星期三气温高于星期二气温，星期二气温高于星期一气温，而且还可以说星期三与星期二气温之差等于星期二与星期一气温之差。比率变量除了有量的大小、相等单位之外，还有绝对零点，例如身高、体重等都属于这种变量。

变量依其相互关系，则可分为因变量与自变量。两种变量则可以用函数关系式 $y=f(x)$ 表示，关系式中 y 为因变量，x 为自变量。

变量还可以分为连续变量与离散变量（不连续变量）。连续变量则可以在量表上的任何两点加以细分，可以取得无限多个大小不同的数值。不连续变量则在量表上的任何两点中只能取得有限个数值。

（二）总体、样本、个体

总体、样本、个体是统计学中的常用名词，统计公式中经常会应用到。

总体是指具有某一种特征的一类事物的全体，构成总体的每一个基本元素称为个体，在总体中按一定规则抽取的一部分有代表性的个体称为总体的一个样本。

显然，总体所研究的是具有某一特征的一类事物的对象的全体，因而总体有大有小，随所研究的对象而变。构成总体的个体不限于人或物，也可指心理活动，例如推理能力、学习方法、反应时间等等。总体的性质是由组成总体的每一个个体的性质构成的，所以要了解总体的性质，必须对每一个个体进行观测，但实际上是做不到的，因而只能从总体中抽取一部分有代表性的个体，即样本进行观测研究，从而对总体加以推论。在教育与心理研究中，一般只能对样本进行观测和研究，然后推知总体。这样，就必须保证样本的代表性，使样本在相当程度上能够反映总体的情况。

二、常用的符号与计算

（一）连加号及运算法则

在统计运算中，经常会将较多的数值相加。例如：若有一组观测数值 x_1，x_2，…，x_n，将这组数值相加，则写成

$$x_1+x_2+\cdots+x_n$$

这一写法较麻烦，故在统计著作中，一般都用一连加符号来表达，如上述的表达则写成

$$\sum_{i=1}^{n} x_i = x_1 + x_2 + \cdots + x_n \tag{1}$$

这里$\sum$表示连加符号，同时表示相加的观测数值共有 n 个，这些数值的下标编号 i 从 1 起至 n 止。这里$\sum$是一希腊字母，读为 Sigma。当起讫点已经清楚时，（1）式也可以写成

$$\sum x_i = x_1 + x_2 + \cdots + x_n \tag{2}$$

甚至简写成

$$\sum x = x_1 + x_2 + \cdots + x_n \tag{3}$$

连加号也有其运算法则。

1. 若 c 是一个常数，而 x_i 是观测变量，则常数与变量的乘积的连加和等于变量连加和与常数的乘积。以式子表示为

$$\sum_{i=1}^{n} cx_i = c\sum_{i=1}^{n} x_i \tag{4}$$

证明：

$$\sum_{i=1}^{n} cx_i = cx_1 + cx_2 + \cdots + cx_n$$
$$= c(x_1 + x_2 + \cdots + x_n)$$
$$= c\sum_{i=1}^{n} x_i$$

2. 设 c 是一个常数，则

$$\sum_{i=1}^{n} c = nc \tag{5}$$

证明：

$$\sum_{i=1}^{n} c = \underbrace{c + c + \cdots + c}_{n}$$
$$= nc$$

3. 若 x_i 和 y_i 都是变量，则各变量和的连加和等于各个变量连加和的和。以式子表示为

$$\sum_{i=1}^{n}(x_i + y_i) = \sum_{i=1}^{n} x_i + \sum_{i=1}^{n} y_i \tag{6}$$

证明：

$$\sum_{i=1}^{n}(x_i + y_i) = (x_1 + y_1) + (x_2 + y_2) + \cdots + (x_n + y_n)$$
$$= x_1 + y_1 + x_2 + y_2 + \cdots + x_n + y_n$$
$$= (x_1 + x_2 + \cdots + x_n) + (y_1 + y_2 + \cdots + y_n)$$
$$= \sum_{i=1}^{n} x_i + \sum_{i=1}^{n} y_i$$

这一关系式可以推广到 k 个变量的情形，即

$$\sum_{i=1}^{n}\underbrace{(x_i + y_i + z_i + \cdots + w_i)}_{k}$$
$$= \sum_{i=1}^{n} x_i + \sum_{i=1}^{n} y_i + \sum_{i=1}^{n} z_i + \cdots + \sum_{i=1}^{n} w_i$$

（二）常用统计符号

为了全书的统一及容易记忆，在本书中，规定以下几个符号。

1. 变量一般以大写英文字母表示，如变量 X、变量 Y 等等。而变量中的

元素则以小写英文字母表示，如变量 x_i、变量 y_i，即一般有

$$X=(x_1, x_2, \cdots, x_n)$$

$$Y=(y_1, y_2, \cdots, y_n)$$

等等。

2. 变量平均数、变量标准差、方差，一般都用大写英文字母表示，如平均数$\overline{X}$、平均数$\overline{Y}$、标准差 S、方差 S^2 等等。

（三）矩阵基础常识

1. 单位矩阵是对角线上的元素全为 1，其他元素全为 0 的特殊矩阵。

$$I=\begin{pmatrix} 1 & 0 & 0 & \cdots & 0 \\ 0 & 1 & 0 & \cdots & 0 \\ 0 & 0 & 1 & \cdots & 0 \\ \vdots & \vdots & \vdots & \ddots & \vdots \\ 0 & 0 & 0 & \cdots & 1 \end{pmatrix}$$

2. 设 $A=\begin{pmatrix} a_{11} & a_{12} & \cdots & a_{1p} \\ a_{21} & a_{22} & \cdots & a_{2p} \\ \vdots & \vdots & \ddots & \vdots \\ a_{n1} & a_{n2} & \cdots & a_{np} \end{pmatrix}$，则

称 $A'=\begin{pmatrix} a_{11} & a_{21} & \cdots & a_{n1} \\ a_{12} & a_{22} & \cdots & a_{n2} \\ \vdots & \vdots & \ddots & \vdots \\ a_{1p} & a_{2p} & \cdots & a_{np} \end{pmatrix}$为矩阵 A 的转置。

3. 两矩阵相加等于矩阵内对应元素相加。例如：

$$A=\begin{pmatrix} a_{11} & a_{12} \\ a_{21} & a_{22} \end{pmatrix}, \ B=\begin{pmatrix} b_{11} & b_{12} \\ b_{21} & b_{22} \end{pmatrix}$$

则

$$A+B=\begin{pmatrix} a_{11}+b_{11} & a_{12}+b_{12} \\ a_{21}+b_{21} & a_{22}+b_{22} \end{pmatrix}$$

4. 两矩阵相乘，前一矩阵的列数必须等于后一矩阵的行数，即 $A_{m\times n}B_{n\times p}=C_{m\times p}$。因而矩阵乘法中交换率不成立，即 $AB\neq BA$。例如：

$$A_{2\times 2}=\begin{pmatrix} a_{11} & a_{12} \\ a_{21} & a_{22} \end{pmatrix},\ B_{2\times 2}=\begin{pmatrix} b_{11} & b_{12} \\ b_{21} & b_{22} \end{pmatrix}$$

则

$$A_{2\times 2}B_{2\times 2}=\begin{pmatrix} a_{11}b_{11}+a_{12}b_{21} & a_{11}b_{12}+a_{12}b_{22} \\ a_{21}b_{11}+a_{22}b_{21} & a_{21}b_{12}+a_{22}b_{22} \end{pmatrix}$$

5. 当 $|A|\neq 0$ 时，我们说矩阵 A 非奇异，并定义矩阵 A 的逆为 A^{-1}，且满足 $AA^{-1}=I$。

第一章
常用的统计表与图

【内容提要】

不管进行何种研究都需要收集信息。要把所得到的信息特别是杂乱无章的数据信息简单明了地呈现出来，则需要借助一些呈现工具，统计表与图是首选。统计表与图可以生动直观地呈现数量关系，有一目了然、容易理解和整洁美观的特点。本章介绍常用的统计表与图的定义、类型、应用范围及具体制作方法。

【学习目标】

1. 掌握次数分布表的相关概念：全距、组距、组中值、相对次数、累积次数等，能绘制次数分布表。

2. 掌握次数分布图：直方图与多边图的定义及区别，能绘制直方图与多边图。

3. 理解和掌握散点图、线形图、条形图、圆形图的区别与联系，能根据不同的数据类型和研究需求，灵活运用统计图表。

【关键词】

统计表　统计图

我们从事教育研究、心理研究，从事行政管理，或从事任何职业，都离不开对其周围的有关事物和研究过程进行必要的调查研究与观测记录。在这个过程中，我们获得了数量事实，统计学上称为数据。通过调查或观测所获得的数据，正是我们深入了解事物、揭示事物内在联系的第一手宝贵资料，其中蕴含着种种有用的信息。不过，这些蕴含在数据内部的丰富信息，对我们来说并非都一目了然，而是“含情脉脉”的。只有采用一些统计手段加以整理表达，才能提取数据内部所蕴含的种种信息，一则易于研究者从中发现与研究目的有关的信息，二则可以为机构、个人提供有质量、有说服力的信息。在这一章中，我们将首先学习如何运用统计表和统计图来整理与表达一批数据，并介绍一些常用的统计表与统计图的制作方法。这些内容在心理学与教育统计知识体系中虽属基础，也较简单，但它们在教育与心理领域里的作用却是不可或缺的。

第一节　次数分布表与图

在常用的一些统计表与图中，次数分布表与图是一类较为规范的统计表与统计图。学习这部分内容不仅对从事教育与心理的科学研究工作有着重要的方法论意义，而且对于进一步学习和更好地理解后续各章有关内容也是极有帮助的。

一、次数分布及其表达方式概述

所谓次数分布，指的是一批数据中各个不同数值所出现的次数情况，或者是指一批数据在量尺上各等距区组内所出现的次数情况。当我们在整理一批杂乱无章的数据时，往往是从关心这批数据的次数分布开始的。譬如，我们要研究某年级 100 名学生在一项拼写测验上的分数，最基本、最自然的一种想法是把这 100 名学生的测验成绩按照高分到低分依次排列（见表 1-1）。从表 1-1 中我们固然可了解到诸如最高分和最低分是多少，所有的分数分布范围多大，不同的分数各自重复出现的次数多少，大多数学生的分数分布在什么范围，等等，但这种直接把所有数据按照高低分顺序一一排列加以整理的初步方法，难以简明扼要地表达一批数据的次数分布，使人阅读后难以达到印象深刻、一目了然的统计效果。特别是对于一批个数众多的数据来讲，这种方法更是不能有效地达到整理数据的目的。因此，我们通常是对数据进行分组归类，考察这批数据在量尺上各等距区组内的次数分布情况，并把这种情况用规范的表格形式加以体现，这就是次数分布表。若用图形来表达，就叫做次数分布图。

表 1-1 某年级 100 名学生拼写测验分数（从高到低依次排列）

59	59	56	53	52	51	50	50	50	47	46	46	46	46	45	44	43
43	43	42	42	41	40	40	40	40	40	40	39	38	38	38	38	37
37	37	37	37	36	36	36	36	36	35	35	35	35	35	35	34	34
34	34	33	33	32	32	32	32	32	31	31	31	31	30	30	30	29
29	29	28	28	28	27	27	27	27	27	26	26	26	25	24	24	24
23	23	22	22	22	21	21	21	20	20	19	19	17	17	16		

二、次数分布表的编制

（一）简单次数分布

简单次数分布表，通常简称为次数分布表，其实质是反映一批数据在各等距区组内的次数分布结构。下面以表 1-1 中的数据为例，简述编制次数分布表的主要步骤。

1. 求全距

所谓全距是指一批数据中最大值与最小值之间的差距。观察全部数据，找出其中的最大值（Max）和最小值（Min），以符号 R 表示全距，则全距的计算公式为

$$R=Max-Min \tag{1-1}$$

因此，全距在其他书中也称为两极差。以表 1-1 中的数据为例，显然这批数据的全距是：$R=59-16=43$。

2. 定组数

定组数就是要确定把整批数据划分为多少个等距的区组。组数用符号 K 表示，它的大小要看数据的多少而定。组数太多，往往会削弱对数据分组整理的功用；太少，又可能会湮没数据内含的重要信息。一般来说，当一批数据的个数在 200 个以内时，组数可取 8～18 组。如果数据来自一个正态的总体，则可利用下述经验公式来确定组数，即

$$K=1.87(N-1)^{\frac{2}{5}} \tag{1-2}$$

上述公式中的 N 为数据个数，就表 1-1 中的数据而言，$N=100$，若按（1-2）式计算后取整，则 $K=11$。

值得指出的是，这里事先计划的组数可能与实际分组时因考虑组距取整以及最低一组的起点位置不同而略有差异，这种差异是正常的，最终结果应以实际划归的组数为准。

3. 定组距

在知道全距 R 和组数 K 之后，就可以确定分组的组距。组距用符号 i 表示，其一般原则是取奇数或 5 的倍数，如 1，3，5，7，9，10，…。具体的取值过程可通过全距 R 与组数 K 的比值来取整确定。对于本例来讲，由于 $R/K=43/11\approx 3.91$，故可把组距 i 确定为整数 4。

4. 写出组限

组限是每个组的起始点界限。在以往的教育与心理统计文献中，组限的表述方法不尽一致，易引起混淆与误解。例如，表 1-2 中列出的就是关于组限的几种不同表述方式。

表 1-2　组限的五种表述方法（$i=4$）

方法 / 组中值	（一）	（二）	（三）	（四）	（五）
19.5	18～22	18～	18～21	17.5～21.5	[17.5，21.5)
15.5	14～18	14～	14～17	13.5～17.5	[13.5，17.5)
11.5	10～14	10～	10～13	9.5～13.5	[9.5，13.5)

对于连续变量来讲，尽管表 1-2 中的五种表述方法形式不同，但它们所包含的意义按传统教育与心理统计中的规定却是一致的。譬如，对于组中值为 11.5、组距为 4 的组限写法中，表 1-2 中前四种方法所表述的组限，其真正的区间范围与第五种按数学上区间规范表示法所表达的意义是等价的，即这里的“10～14”、“10～”、“10～13”、“9.5～13.5”这四种不同形式的组限表述方法所表示的区间范围与第五种规范表述形式下的区间 [9.5，13.5）是等价的。因此，若从自然学科中有关对分组区间的表述方法来理解传统教育与心

理统计中关于上述有关组限的种种表述方法，就会对其中的第一种和第二种方法产生误解，而认为它们都是表示区间［10，14），而不是［9.5，13.5）。

为了避免这种人为造成的误解并统一与规范关于组限的表述方法，本书建议并一贯采用表 1-2 中的第三种、第四种或第五种这三种表述方法。对此，作几点说明如下。

（1）表述组限与实际组限是两个不同的概念，但它们之间有规律性的联系。例如，对于表 1-2 中的“14～17”这一表述组限，其真正的实际组限为一个左闭右开的区间［13.5，17.5），其中，区间的左端点 13.5 称为该组的实下限，区间的右端点 17.5，称为该组的虚上限。在“14～17”这一组限中，包含了“实下限”这个点，但不包含“虚上限”这一点。

（2）当各相邻组的组限已经相互承接而没有间断时，便认为已把表述的组限与实际的组限统一起来，且不管这里表述组限中的实下限与虚上限是整数还是小数。所以，今后若采用表 1-2 中的第一种表述方法，即意味着它们是各组真正的组限，而不是传统统计学教科书意义上的表述组限。这是一点重要的差别，务请读者注意。

（3）按照本书上述规定的组限表述方法即可形成规范的组限表述方式，并与其他学科中的区间表达法统一起来。

5. 求组中值

组中值是各组的组中点在量尺上的数值，其计算公式为

$$组中值=(组实上限+组实下限)\div 2 \tag{1-3}$$

例如，在表 1-2 中第三种组限表述方法下的“14～17”这一组，其实上限为 17.5，实下限为 13.5，故该组的组中值＝(17.5＋13.5)÷2＝15.5。

不同的组距以及不同的组限，必然会产生不同的组中值。如果为了便于有关运算，希望每组的组中值恰好为整数，那么在组距为奇数的情形下，各组的实下限与实上限的值必然带有小数。为书写上的简便起见，建议采用表 1-2 中的第三种方法。

6. 归类划记

完成上述各个步骤后，我们就可以设计一个表的格式（如表 1-3）来记录上述有关结果并对数据进行归类划记。具体方法可以类似唱票的方式依次把

每个数据准确地划归所属的组别，并以“正”号或“卌”号的记录方式体现在表 1-3 的第三栏内，便于计数检查。

7. 登记次数

根据表 1-3 中第三栏里的划记结果，点计各组的次数 f，记入表 1-3 中的第四栏。

当我们把表 1-3 中的第一栏、第二栏和第四栏拼在一起时，就构成本例所指的“100 名学生拼写测验成绩次数分布表”。在这里，我们把更多的内容项目统计在同一张表中（见表 1-3 中），是因为基于这个统计表的内容，我们将更为方便地编制一些其他形式的次数分布表。

表 1-3　100 名学生拼写测验成绩分布统计结果

组别	组中值	划记	次数（f）	相对次数	累积次数	累积相对次数	累积百分数
(1)	(2)	(3)	(4)	(5)	(6)	(7)	(8)
58～61	59.5	‖	2	0.02	100	1.00	100
54～57	55.5	|	1	0.01	98	0.98	98
50～53	51.5	卌|	6	0.06	97	0.97	97
46～49	47.5	卌	5	0.05	91	0.91	91
42～45	43.5	卌‖	7	0.07	86	0.86	86
38～41	39.5	卌卌‖	12	0.12	79	0.79	79
34～37	35.5	卌卌卌卌	20	0.20	67	0.67	67
30～33	31.5	卌卌||||	14	0.14	47	0.47	47
26～29	27.5	卌卌||||	14	0.14	33	0.33	33
22～25	23.5	卌||||	9	0.09	19	0.19	19
18～21	19.5	卌‖	7	0.07	10	0.10	10
14～17	15.5	|||	3	0.03	3	0.03	3

（二）相对次数分布表

相对次数就是各组的次数 f 与总次数 N 之间的比值，若以 R_f 表示相对次数，则 $R_f = f/N$。表 1-3 中第五列里的数值就是各组的相对次数。当我们把表 1-3 中的第一列、第二列、第四列和第五列拼在一起时，便构成一个相对次数分布表。当我们阅读相对次数分布表时，相对次数（当然是小数）较大的组，则说明落入该组内的数据个数占全部数据个数的比例也越多；反之，则越少。

相对次数分布表与简单次数分布表各有不同的用途，它们既可单独使用，又可联合使用。当我们主要对各组的绝对次数感兴趣时，则可编制简单次数分布表。例如，在教育发展规划研究中，我们不可避免地会碰到师资队伍现状结构的问题。如果我们按年龄段把某个地区的师资队伍进行统计归类，编制成一个次数分布表，那么我们可能会发现位于某些年龄段之间的教师人数出现低谷（即断层现象），也可能从次数分布表的数据中发现，位于某些高年龄段之间的教师人数将在未来的几年中相继退休，其绝对人数似乎比往年正常年份退休的人数多得多。这些来自次数分布统计结果中的重要信息，将为师资队伍规划工作提出数据依据。再如，制定基础教育发展规划以及社会发展规划时，必须对一个时期内的人口按年龄组进行统计归类和对发展趋势进行预测。过去，国内有不少有关这方面的研究，其中有些人员就从某地区人口按年龄组统计的次数分布表中发现人口的年龄结构中有“双高峰”现象，并非都是平均分布或单峰分布。人们从人口年龄结构的“双高峰”现象中可能认识到，某些时期的小学入学人数将出现高峰，某些时期的婚育将出现高峰等，这些重要的信息，虽来自简单次数分布表的统计结果，但对于我们做好基础教育发展规划和社会发展规划及其对策研究具有非常重大的意义。由此可见，我们不能小看简单次数分布表的作用。

相对次数分布表主要能反映各组数据的百分比结构。因此，当我们侧重关心各组次数的相对比例结构时，通常要编制相对次数分布表。例如，我们在研究高教自学考试合格率问题时，可能对一些课程的考试成绩按分数段进行统计归类。由于不同的课程和不同的专业其自学考生人数可能相差很大，而研究各分数段里的考生人数分布（简单次数分布）意义不大，所以我们要编制相对次数分布表，以便进行比较研究。当然，在上述所举的例子中，也可以同时考察一批数据的简单次数分布和相对次数分布。

（三）累积次数分布表

假如我们想通过一个统计表就能较轻易地了解到位于某个数值以下的数据个数有多少时，就可编制一个累积次数分布表。从简单次数分布出发，容易做到这一点。实际上，在表 1-3 中，只要把第一栏、第二栏、第六栏拼在一起，就构成一个累积次数分布表。例如，从表 1-3 中的统计结果，我们不难看出测验成绩在 49.5 分以下的人数有 91 人，在 33.5 分以下的人数有 47 人，等等。

累积次数分布表还分成“以下”累积次数分布表与“以上”累积次数分布表两种。本例阐述的是“以下”累积次数分布表，其目的在于反映位于某个分数“以下”的累积次数共有多少，故在编制“以下”累积次数分布表时，我们是从表 1-3 中下面最低组往最高组方向依次累积。于此，读者可以想一想如何编制“以上”累积次数分布表以及为什么要编制“以上”累积次数分布表等问题。

（四）累积相对次数分布表和累积百分数分布表

前面介绍的累积次数分布表是对简单次数进行累积的结果。与此相对应的是，这里的累积相对次数是对相对次数进行累积的结果。在表 1-3 中第七栏里的数值，便可看成是从最低组往最高组的方向依次把有关各组的相对次数进行累加的结果。因此，若把表 1-3 中的第一栏、第二栏和第七栏拼在一起，就构成一个累积相对次数分布表。由于累积相对次数仍然是小数(但累加到最后一组的结果必然为 1)，所以把这些小数乘上 100，便得到“百分数”，从而可把累积相对次数分布表等价地转换为“累积百分数分布表”。把表 1-3 中的第一栏、第二栏和第八栏拼在一起，便编制成一个累积百分数分布表。

累积相对次数分布和累积百分数分布在教育与心理统计研究中有广泛而又重要的应用，在后续有关章节里还将讨论，故不再赘述。但同样值得一提的是，累积相对次数分布和累积百分数分布均有“以下”分布和“以上”分布两种。在应用时，应根据具体情况决定选用其中的一种。

三、次数分布图的绘制

为了更直观、更形象地表达一个次数分布的结构形态及特征，我们可进一步地从次数分布表出发，绘制出相应的次数分布图。次数分布图通常有两种表达方式，即次数直方图和次数多边图两种。

（一）次数直方图

次数直方图是由若干宽度相等、高度不一的直方条紧密排列在同一基线上构成的图形。图 1-1 便是根据表 1-3 中的简单次数分布，按一定规则绘制成的次数直方图。它的制作步骤可简述如下。

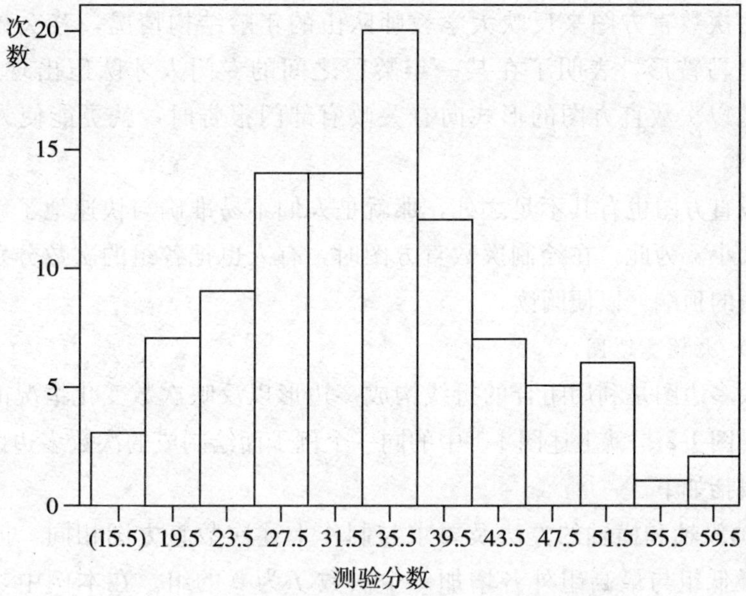

图 1-1　100 名学生拼写测验成绩次数直方图

1. 以细线条标出横轴和纵轴（取正半轴即可），使其垂直相交。为使图形美观，通常使横轴与纵轴的长度比为 5∶3。以纵轴为次数的量尺，按比例等间隔地标出刻度，在本例中分别标出 0，5，10，…，25 即可；横轴代表测验分数的量尺，也按适当的比例等间隔地标出次数分布中各组的组中值。一般说来，纵轴和横轴的尺度比例不一样。纵轴刻度往往从 0 开始，而横轴刻度则须根据最低一组的下限来确定，为了不影响图形的美观，通常不从刻度“0”开始。本例是从刻度 15.5 开始，并在这一特殊的起点值上加上圆括弧，以示区别。

2. 每一直方条的宽度由组距 i 确定并已体现在横轴的等距刻度上。直方条的高度由相应组别的次数 f 多少决定。所有的直方条以各组的组中值为对称点，沿着横轴，依顺序紧密直立排列。这样，次数直方图即告绘成。

3. 在直方图横轴下边标上图的编号和图的题目，并检查一下图形结构的完整性。

与次数分布表相比较，次数直方图确实比较直观形象，使人见后印象深刻，尤其能很快地看出各组次数之间的相对大小及结构形态。例如，我们可以用次数直方图来反映大学教师队伍的年龄结构情况，若次数直方图的外围呈马鞍形，表明了在某一年龄段之间的专门人才队伍出现低谷区。这种现象以次数直方图的形式向有关政府部门报告时，就更能使人阅读后印象深刻。

次数直方图也有其不足之处，那就是人们不易准确与快速地了解到各组的次数大小。为此，在绘制次数直方图时，有人也把各组的次数分别标在各个直方条的顶端，以便阅读。

（二）次数多边图

次数多边图是利用闭合的折线构成多边形以反映次数变化情况的一种图示方法。图 1-2 是就上述图 1-1 中的同一个例子而绘制成的次数多边图。其制作步骤概括如下。

1. 画纵轴和横轴的方法及要求与制作上述次数直方图相同，但要求在横轴上最低组与最高组外各增加一个次数 f 为 0 的组。在本例中，我们在横轴上增加组中值分别为 11.5 和 63.5 的两个组，其目的在于构成闭合的多边形。

2. 在两轴所在的直角坐标平面上，分别以每个组的组中值为横坐标，相应的次数为纵坐标，画出各个点。如果原先把数据分成 K 个组，那么加上两端额外增加的两个次数为 0 的组后共为（$K+2$）个组。因此，要在坐标平面上画出（$K+2$）个点，就本例来讲，共有 $12+2=14$ 个点（见图 1-2）。

3. 用线段把相邻的点依次连接起来，连同横轴，构成一个闭合的多边形，即次数多边图。

当一批数据的个数不是很多时，所绘制成的次数多边图常表现为不规则的多边形。从理论上讲，当一批数据的个数足够大时，随着分组时组距的不

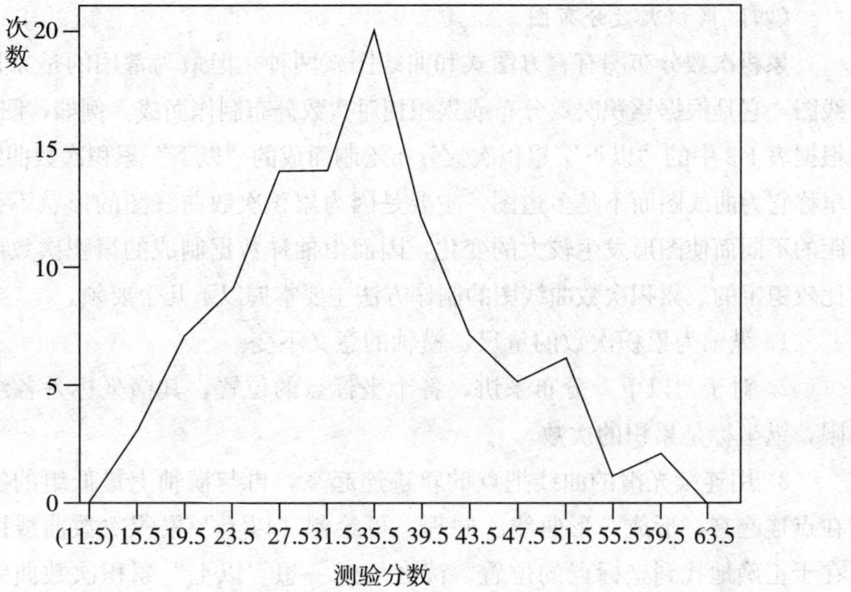

图 1-2 100 名学生拼写测验成绩次数多边图

断变小，绘制成的次数多边图就越来越连续光滑。若分为无数组时，就形成一条极其光滑的曲线，这种曲线在统计学上称为次数分布曲线。例如，人群的智力分布就可抽象为一条正态曲线。在后面的推断统计内容中，便会接触到诸如正态分布、t 分布、F 分布、χ^2 分布等概率分布曲线。因此，学习与理解次数多边图的构成及其极限的抽象，将有助于后续内容的顺利学习。

（三）相对次数直方图与多边图

与上述简单次数直方图和多边图相类似的还有相对次数直方图和多边图。其绘制的方法大致相同，所不同的是，简单次数分布图的纵轴是关于次数 f 的量尺，而相对次数分布图的纵轴就应该是相对次数的量尺。读者可通过对上述次数分布图绘制要领的深刻领会，而后通过本章后面的一个练习，掌握这些统计图的制作方法。

在应用上，有时可能会碰上比较多批不同数据的相对次数，而利用相对次数多边图的特点，可允许在同一个图形中描绘两个或三个不同的相对次数多边图，但要注意两点：一是数据的分组要相同，二是要用图注或不同的颜色来区别几个不同的次数多边图。

（四）累积次数分布图

累积次数分布图有直方图式和曲线图式两种，但最为常用的是累积次数曲线图，它是根据累积次数分布或累积相对次数分布制作而成。例如，图 1-3 便是根据表 1-3 中的“以下”累积次数分布绘制而成的“以下”累积次数曲线图。这里称它为曲线图而不是多边图，主要是因为累积次数曲线图的形状不会由于组距的不同而使图形发生较大的变化，因而由抽样数据制成的累积次数曲线图是比较稳定的。累积次数曲线图的制作方法主要掌握以下几个要领。

1. 纵轴为累积次数的量尺，横轴的意义不变。

2. 对于“以下”分布来讲，各个坐标点的位置，其横坐标是各组的虚上限，纵坐标是累积的次数。

3. 用连续光滑的曲线把点的轨迹连起来，再与横轴上最低组的实下限所在点连起来，形成 S 形曲线。同理，可绘制“以上”累积次数曲线图，关键在于正确地找到坐标点的位置。读者可想一想“以上”累积次数曲线图的坐标点该如何确定。

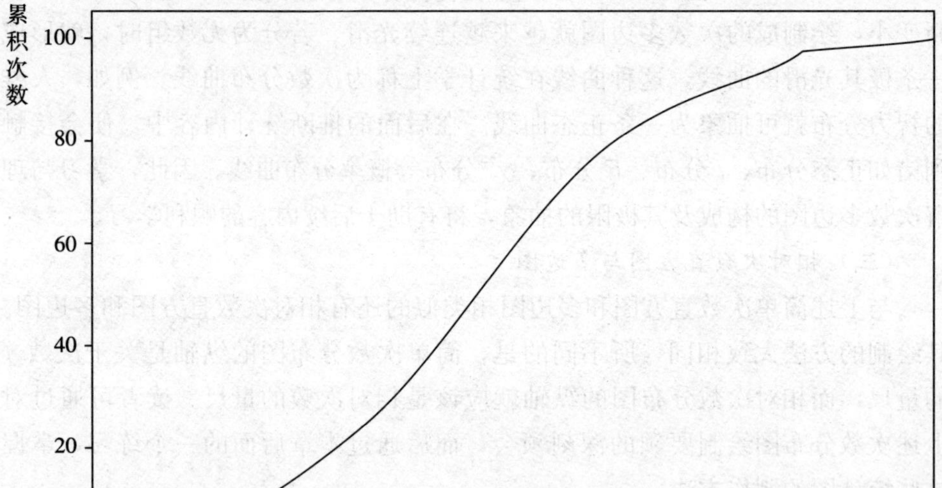

图 1-3　100 名学生拼写测验成绩累积次数曲线图

（五）累积相对次数曲线图与累积百分数曲线图

根据累积相对次数分布以及累积百分数分布，可相应地绘制累积相对次数曲线图和累积百分数曲线图。它们的制作方法大体上与上述的累积次数曲线图相同，只是这里的纵轴是关于累积相对次数或累积百分数的量尺。例如，图 1-4 便是根据表 1-3 中的累积相对次数（第七栏）和累积百分数（第八栏）里的统计数据按一定规划绘制而成的“以下”累积相对次数（百分数）曲线图。累积相对次数曲线图或累积百分数曲线图在教育与心理统计研究中有重要用途。

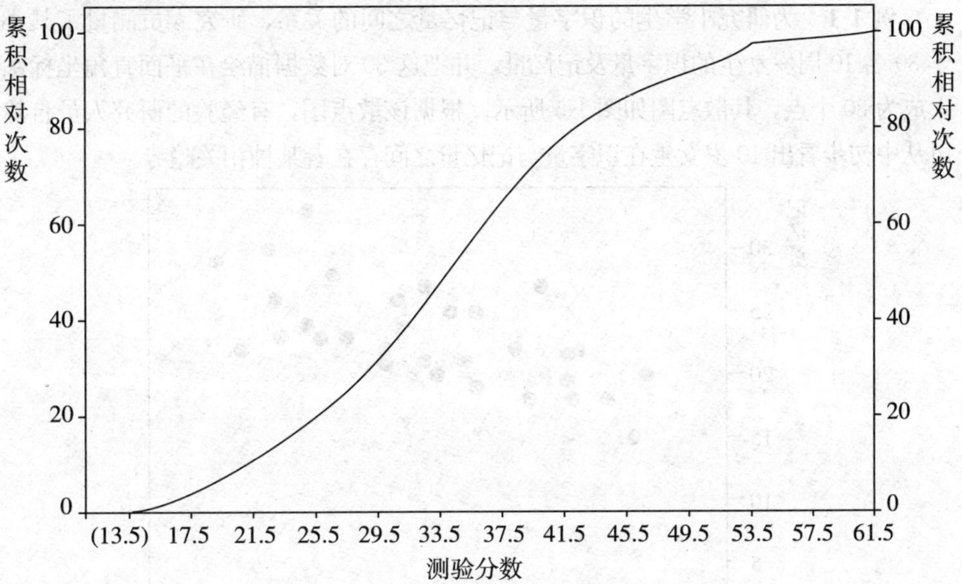

图 1-4 100 名学生拼写成绩累积相对次数（百分数）曲线图

第二节 几种常用的统计分析图

上一节介绍的次数分布表与次数分布图适用于描述一元连续变量的观测数据，而对于离散性变量的观测数据分析以及对二元变量观测数据之间相关性初探，则要应用其他一些图示方法。本节介绍几种常用的统计分析图，包括散点图、折线图、条形图和圆形图。

一、散点图

散点图是用平面直角坐标系上点的散布图形来表示两种事物之间的相关性及联系模式。散点图适合于描述二元变量的观测数据，它在教育与心理科学研究中有广泛而重要的应用。这里试举两例进行说明。

例 1-1 为研究小学生的识字量与记忆量之间的关系，研究人员测量了某小学 30 名 10 周岁女生的识字量及记忆量，并把这 30 对数据描绘在平面直角坐标系上成为 30 个点，其散点图如图 1-5 所示。根据该散点图，有经验的研究人员自然可从中初步看出 10 岁女生在识字量与记忆量之间存在着某种相关趋势。

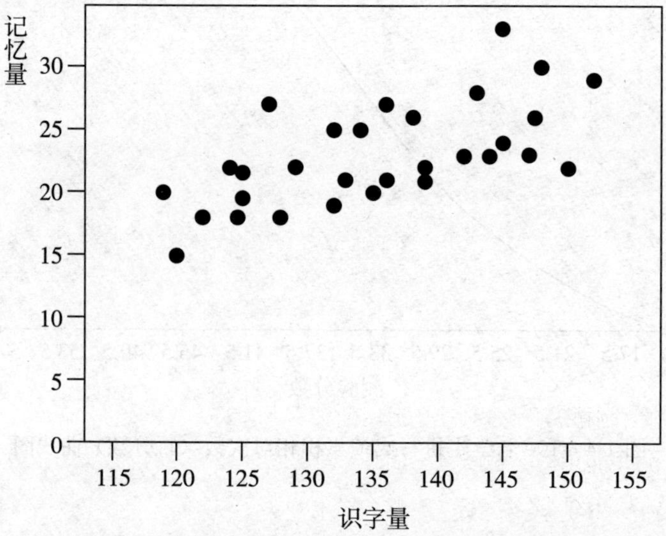

图 1-5 某小学 30 名 10 周岁女生识字量与记忆量散点图

例 1-2 在一项关于我国某省教育事业费增长趋势及预测的研究中，研究人员将 1990—2005 年 16 年期间的教育事业费用散点图的形式加以表示，并运用回归分析的技术，求出一条能大体反映当时我国教育事业费增长趋势的指数曲线，如图 1-6 所示。研究人员据此曲线可对后续几年的教育事业费进行统计预测，为政府决策提供一个参考依据。

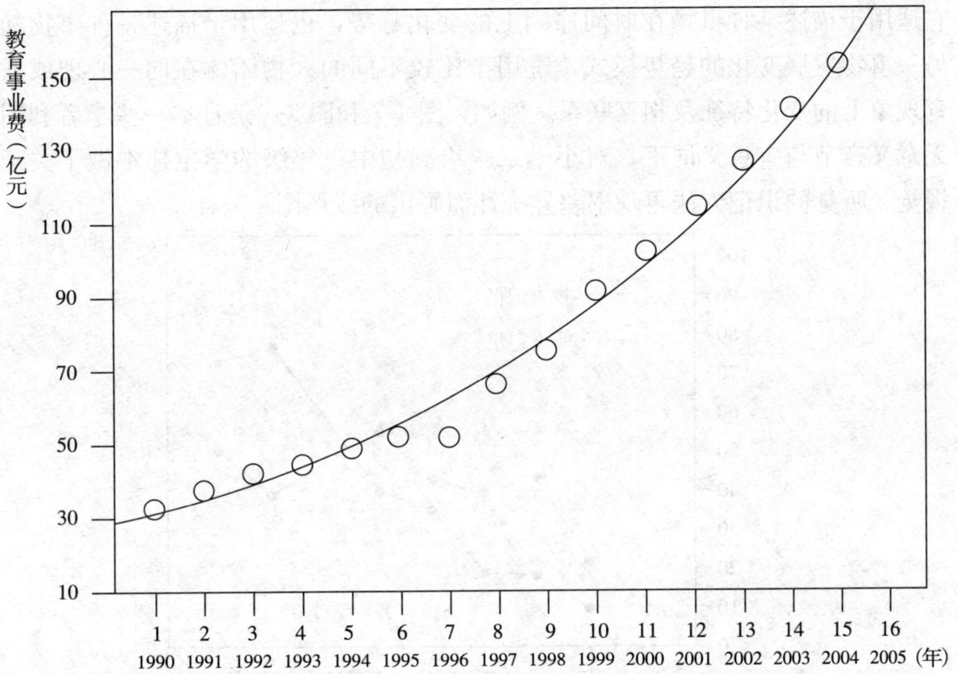

图 1-6　某市 16 年教育事业费散点图及曲线模拟预测

通过上述两个例子我们不难看出，散点图对于探究两种事物、两种现象之间的关系起着重要作用。研究人员可以根据散点图中点群的散布形态，结合自己的专业知识与统计学修养，推测两种事物或两种现象之间的相关程度与联系模式，并进一步采用有关统计技术进行定量描述与深化研究。

那么，绘制散点图有哪些主要的要求与注意事项呢？

1. 在平面直角坐标系中，横轴一般代表自变量，纵轴一般代表因变量；横轴既可作为连续性变量的量尺（如图 1-5），也可作为离散性变量的量尺（如图 1-6），但纵轴一般均代表连续变量的量尺。

2. 点的描绘依二元观测数据而定，但在具体描绘时应注意用细线画坐标轴，用稍粗黑点描绘各个坐标点，点位置的确定按平面解析几何学中的方法。

3. 注意图形的调和比例及必要的图注说明。

二、线形图

线形图是以起伏的折线来表示某种事物的发展变化及演变趋势的统计图。

它适用于描述某种事物在时间序列上的变化趋势，也适用于描述一种事物随另一事物发展变化的趋势模式，适用于比较不同的人物团体在同一心理或教育现象上的变化特征及相互联系。例如，图 1-7 和图 1-8 是日本一些学者利用无意义音节与有意义词汇，对小学二年级到初中三年级的学生样本做了关于视觉、听觉的识记方法再现率差异统计而画出的线形图。

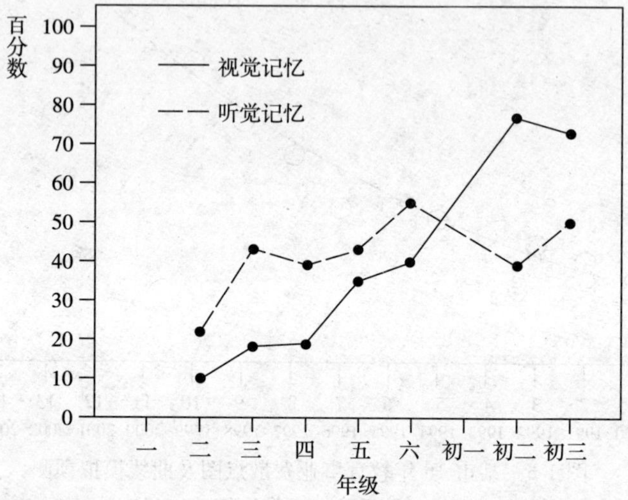

图 1-7　无意义音节的再现率比较线形图

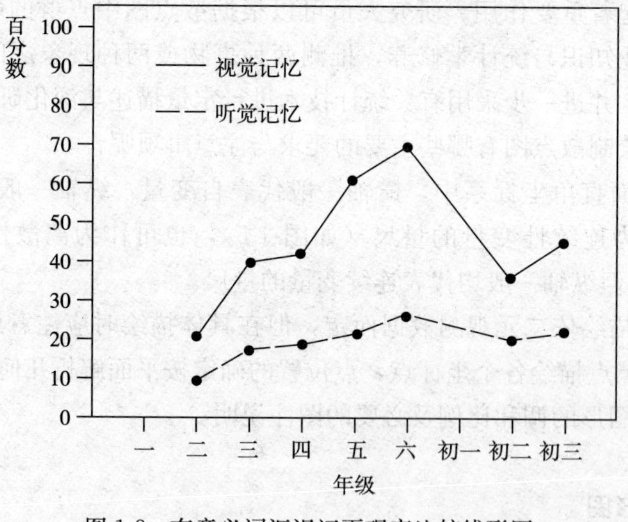

图 1-8　有意义词汇识记再现率比较线形图

线形图对于刻画各个统计事项之间的关系，确实较形象生动。基于线形图，我们既可对有关统计事项进行数量比较，又可看出某种事物或现象的变化趋势。例如，从上述线形图中，我们可以看到这一研究的一个重要结果：对无意义音节，小学生似乎以听觉识记为优，而中学生却以视觉识记为优。但是，对于有意义词汇的识记，中、小学生似乎均以视觉识记为优。不难相信，如果这种结论可以得到进一步的重复验证，那么这种研究结果就能明确地向教育工作者提供有用的信息，指导他们更好地落实因材施教的原则。

线形图的绘制方法主要掌握以下几个要领。

1. 纵横两个坐标轴的画法及量尺设计同上述的散点图。

2. 根据有关统计事项的具体数据，在由纵横两轴所决定的平面上画记圆点，然后用稍粗一些的线段把相邻的点依次连接。

3. 在同一个图形中，允许画若干条（一般不超过五条）不同的线形图，以便比较分析。但要用不同形式的折线，如虚线、实线、点画线或不同颜色的折线等加以区分，并在图形中的适当位置上标明图例。

三、条形图

条形图是用宽度相同的长条来表示各个统计事项之间的数量关系。构成条形图的长条类似于前面次数直方图中的直方长条。所不同的是，次数直方图中的直方长条是紧密排列的，适用于刻画连续性变量的观测数据。而条形图通常用于描述离散性变量（如属性变量）的统计事项。因此，条形图在教育事业基本情况统计中较为常用。下面介绍条形图中的两种：简单条形图和复合条形图。

（一）简单条形图

简单条形图是用同类的直方长条来比较若干统计事项之间数量关系的一种图示方法，它适用于统计事项仅按一种特征进行分类的情况。例如，图 1-9 是针对某班 50 名学生家庭背景情况的分类比较而绘制的一个简单条形图。

简单条形图的绘制方法也较简单，主要是把握图形结构的协调美观，为此要特别注意以下两点。

1. 各个直方长条的宽度要相同，色调要一致。

2. 相邻长条之间的间隔要适当，根据统计项目的多少以及直方长条的宽度来权衡。一般说来，这种间距大约为直方长条宽度的 0.5～1 倍。

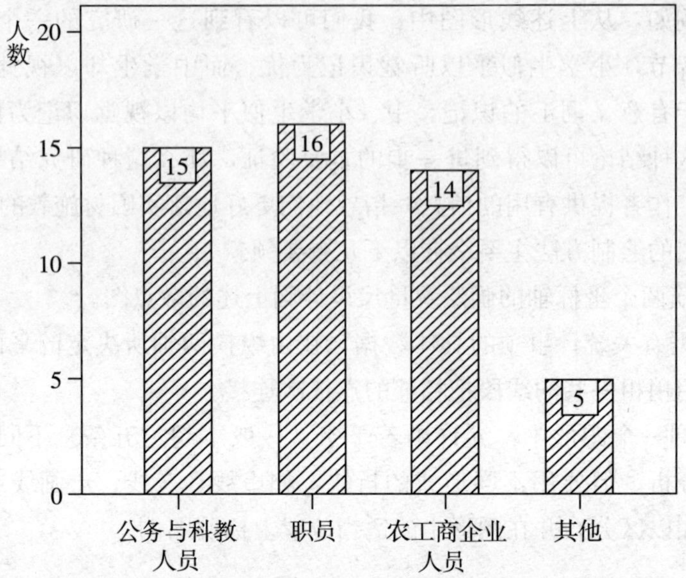

图 1-9　某校某班 50 名学生家庭背景情况比较

（二）复合条形图

复合条形图，一般是用两类或三类不同色调的直方长条来表示多特征分类下的统计事项之间数量关系的一种图示方法。若以图 1-9 所示的例子来讲，假如我们把 50 名学生既按家庭背景分类，又按性别再次划分的话，这就是一个“双特征分类”的问题。对于这种分类后的统计事项，可以采用复合条形图加以刻画。图 1-10 就是上述这个例子的复合条形图。

复合条形图的绘制方法比简单条形图稍复杂，主要注意以下几点。

1. 各类直方长条的宽度要相同。

2. 不同类型的直方长条宜用不同的色调加以区别，并在图形右上方适当位置标明图例。

3. 把要比较的统计事项（二重分类）之直方长条靠在一起，而横轴（基线）上所标明的分类项目（一重分类）的直方长条之间要相互间隔开，其间距一般取长条宽度的 0.1～1.5 倍。

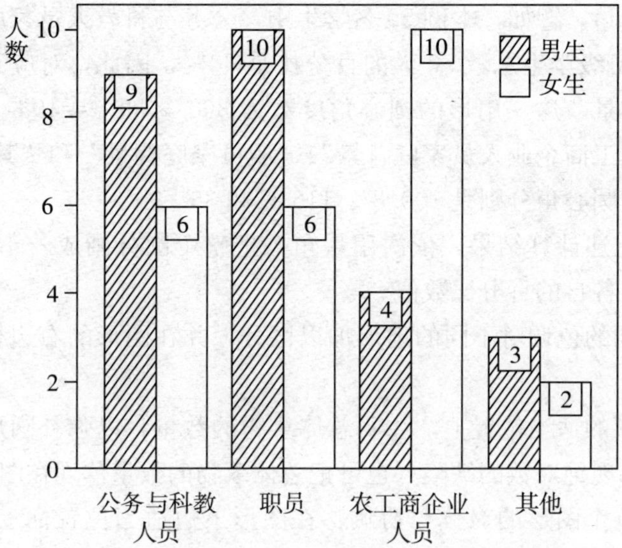

图 1-10　某校某班 50 名男女生家庭背景情况比较

四、圆形图

圆形图是以单位圆内各扇形面积所占整个圆形面积的百分比来表示各统计事项在其总体中所占相应比例的一种图示方法。在这里，整个圆代表所研究事物的总体，各扇形可用不同的色调加以区别，分别代表对总体事物进行分类后的统计事项；扇形的面积比例大小，完全依某一统计事项在其总体事物中的比例大小而定。因此，圆形图有其独特的功能，特别适用于描述具有百分比结构的分类数据。例如，描述某高校专任教师队伍中的职称结构或学历结构，描述某省普通高校或成人高校在校生中的十一个大科类结构，描述某地区经济发展中的产业结构，描述某地区中小学、幼儿园在校生人数结构等，均可利用圆形图来直观表达。

圆形图的制作过程中需要进行一些必要的计算，下面不妨以图 1-9 中所描述的统计事项为例，阐述圆形图（见图 1-11）的主要制作步骤。

1. 以适当的半径画一圆，代表事物总体。在本例中，以整个圆代表某班全体 50 名学生，其比例为 100％。

2. 分别以各统计事项在其总体中的比例乘以圆周角（即 360°），求出各相应扇形的圆心角。譬如，本例 50 名学生中，公务与科教人员家庭背景的学生为 15 人，占班级学生总数 50 人的百分比是 30%，因此，对应于“公务与科教人员家庭背景”这一扇形的圆心角度数为 360°×30%＝108°。同理，可计算对应于“农工商企业人员家庭背景”、“职员家庭背景”和“其他家庭背景”的三个扇形的圆心角分别是 100.8°、115.2°和 36°。

3. 根据上述计算结果，依次用量角器把整个圆分画成若干个扇形部分，并在其中标上各自的百分比数值。

4. 用不同的色调对不同的扇形加以区分，并在图形的右边标上图例以便阅读。

5. 在图形的适当位置上，注明总体事物的数量，以弥补圆形图中只出现相对数而没出现绝对数的缺陷（也可把总体事物的数量体现在图题中）。

6. 注意整个图形的对称与协调，在图形下边适当位置标上图号与图题，则圆形图即绘制完毕。

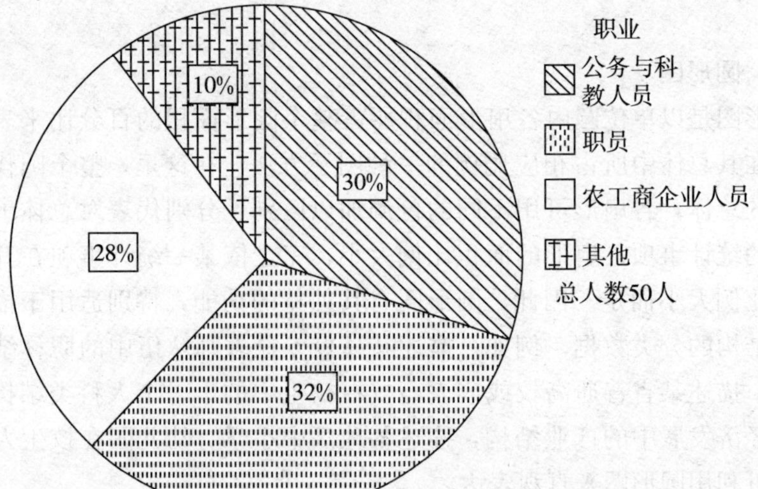

图 1-11　某校某班 50 名男女生家庭背景情况比较

【要点小结】

统计表与图虽然简单易用，但在教育与心理统计中起着举足轻重的作用。

掌握不同统计表与图的区别和联系，按照研究目的和数据熟练选用恰当的统计图表，是教育与心理研究的基础。

对于收集到的资料，先判断是一元连续变量还是二元离散性变量，如果是一元连续变量，则采用次数分布表或次数分布图；如果是二元离散性变量，则需要按照具体情况选用散点图、线形图、条形图或圆形图。

【思考与练习】

1. 落在某一特定类别或组中的数据个数称为（　　）。

A. 次数　B. 频率　C. 次数分布表　D. 累积次数

2. 把各个类别及落在其中的相应次数全部列出，并用表格形式表现出来，称为（　　）。

A. 次数　B. 次数分布表　C. 频率　D. 累积频率

3. 下面哪一个图形最适合描述结构性问题（　　）。

A. 条形图　B. 饼图　C. 直方图　D. 多边图

4. 下面图形中最适合描述一组数据分布的图形是（　　）。

A. 散点图　B. 直方图　C. 条形图　D. 圆形图

5. 为描述身高与体重之间是否有某种关系，适合采用的图形是（　　）。

A. 条形图　B. 线形图　C. 散点图　D. 直方图

6. 对于时间序列数据，用于描述其变化趋势的图形通常是（　　）。

A. 条形图　B. 直方图　C. 多边图　D. 线形图

7. 下列不能用于描述某年级某班 60 名学生的期末测验成绩的是（　　）。

A. 条形图　B. 累积百分数图

C. 相对次数表　D. 散点图

8. 描述定性数据两种常用的图示法是（　　）。

A. 条形图和饼图　B. 散点图和饼图

C. 散点图和条形图　D. 条形图和茎叶图

9. 特别适用于描述具有百分比结构的分类数据是（　　）。

A. 散点图　B. 线形图　C. 条形图　D. 圆形图

10. 与直方图相比，茎叶图（　　）原始数据信息。

A. 没保留　B. 保留了　C. 掩盖了　D. 浪费了

11. 一组数距的最大值与最小值之差称为（　　）。

A. 标准差　　B. 方差　　C. 组距　　D. 全距

12. 将各有序类别或组的次数逐级累加起来得到的次数称为（　　）。

A. 次数　　B. 累积次数　　C. 比例　　D. 比率

13. 对于小样本的数据，最适合描述其分布的图形是（　　）。

A. 条形图　　B. 茎叶图　　C. 直方图　　D. 圆形图

14. 由一组数据的最大值、最小值、中位数和两个四分位数五个特征值绘制而成，反映原始数据分布的图形，称为（　　）。

A. 条形图　　B. 茎叶图　　C. 箱形图　　D. 直方图

15. 在一次考试中，依照成绩分了四个组，根据“上组限不在内”的原则，分数为 60 分的同学应归入下列哪一个组（　　）。

A. 60 分以下　　B. 60～70 分　　C. 70～80 分　　D. 80～90 分

16. 组距分组中，一个组的最小值称为（　　），一个组的最大值称为（　　）。

17. 条形图适合应用于哪些场合？

18. 请使用 SPSS 软件，自编数据，绘制散点图、线形图、条形图和圆形图。

19. 数据分组的基本要求是什么？

20. 编制简单次数分布表的步骤有哪些？

21. 简述直方图与条形图的区别。

22. 下面是 40 个人的血型资料：试编制其次数分布表，并绘制圆形图。

O	O	A	B	A	O	A	A	A	O
B	O	B	O	A	O	A	A	O	A
A	AB	A	B	A	A	O	O	A	O
O	A	A	A	O	A	O	O	AB	O

【拓展性阅读导航】

1. 杨晓明主编：《SPSS 在教育统计中的应用》，高等教育出版社 2004 年版。

该书第十三章系统阐述了如何在 SPSS 上作出散点图、直方图、圆形图和线形图，以及如何对图形进行编辑的方法。

2. 洪楠主编：《STATISTICA for Windows 统计与图表分析教程》，清华大学出版社、北方交通大学出版社 2002 年版。

该书脉络清晰、图文并茂、深入浅出，以统计分析与图表分析兼备的独特风格全面介绍了统计学的基本知识，包括基本的统计分析与制表方法。

第二章
常用统计参数

【内容提要】

用参数来描述一组变量的分布特征，便于我们对数据分布状况进行更好的代表性的描述，也有利于我们更深入地了解数据的特点。常见的统计参数包括三类：集中量数、差异量数和地位量数。本章将详细介绍这三类量数的概念、计算方法和在适用条件下的应用。同时，对于教育与心理研究中最基础且常见的数据分析方法——相关分析，也将作详细的论述。

【学习目标】

1. 了解各种集中量数、差异量数和地位量数的概念、性质和作用，理解各种量数的适用条件及特点。

2. 掌握各种量数的计算方法，能够熟练使用各种量数对测量数据的数据特征进行描述。

3. 理解相关、散点图及相关系数的概念与彼此之间的关系，掌握各种常见相关分析方法的适用条件及计算方法。

【关键词】

集中量数　差异量数　地位量数　相关分析

在教育与心理研究实践中，我们经常会用实验、调查、测量的方法对研究对象进行观测，并得到研究对象某一方面属性的数量化表述——变量时，用第一章介绍的数据的初步整理方法，可以对这些变量进行列表和图示，从而对其分布特征有一直观而形象的概要了解。但是，如果要对这些变量所蕴含的各种信息作更进一步的了解，仅有统计图与表显然不够。为此，需要计算出一些有代表性的数据，对变量所蕴含的信息作出更简洁明了的数量化描述，对其次数分布的特征作出更精确的定量描述，或作出有根据的推断。

一组变量的次数分布，一般至少有以下两个方面的基本特征。

中心位置 中心位置用以度量一组数据的集中趋势，描述它们的中心位于何处，故对其数量化描述称为位置度量数或集中量数。

如图 2-1 所示，分布 B 的中心位置在分布 A 和分布 C 的右侧，分布 A 与分布 C 的中心位置相同。

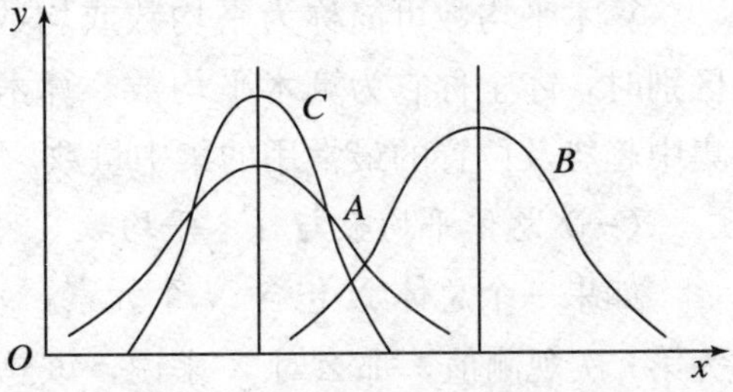

图 2-1 三个分布中心位置的比较

离散性 离散性反映一组数据的分散程度，即次数分布的离散程度。对其数量化描述称为次数分布变异特性的度量或差异量数。

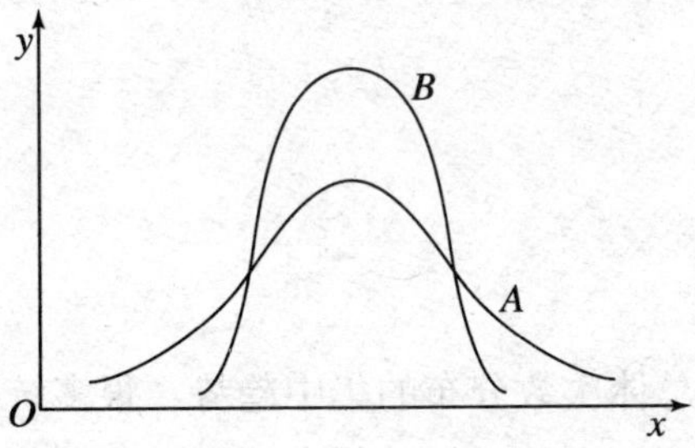

图 2-2 两个分布离散程度的比较

中心位置相同的次数分布，其离散程度不一定相同，如图 2-2 所示，分布 A 和分布 B 的集中趋势（中心位置）相同，但分布 A 的离散程度大于分布 B。对任何一个已知的次数分布，均可以计算出反映上述统计特征的量数。在教育与心理统计中，总体统计特征的量数称为参数，用希腊字母表示，如 μ，σ^2，ρ 等；样本统计特征的量数称为统计量，用英文字母表示，如 $\overline{X}$，S^2，r 等。

第一节 集中量数

描述数据集中趋势的统计量数称为集中量数。集中量数包括算术平均数、加权平均数、几何平均数、中数、众数等等，它们的作用都是用于度量次数分布的集中趋势。

一、算术平均数

算术平均数可简称为平均数或均数，只有在为了与其他几种集中量数相区别时，才全称它为算术平均数。算术平均数是用以度量连续变量次数分布集中趋势及位置的最常用的集中量数。

(一) 总体平均数与样本平均数

如果一个总体 X 包含 N 个元素，x_i 是这个总体中的第 i 个元素，则称 x_i 为第 i 次观测值，那么对 X 来说，该总体的算术平均数被定义为

$$\mu = \frac{1}{N}\sum_{i=1}^{N} x_i \tag{2-1}$$

式中：

μ——总体算术平均数；

N——总体容量；

x_i——第 i 次观测值。

μ 作为次数分布的参数，较好地反映了一个总体次数分布的集中趋势，很多统计研究的目的就是为了得到总体平均数。然而更多的时候，教育与心理的研究或调查无法对总体进行全面观测，我们经常得到的是关于被研究对象总体中一个样本容量为 $n(n<N)$ 的观测值。这时，对于这个样本来说，其算术平均数被定义为

$$\overline{X} = \frac{1}{n}\sum_{i=1}^{n} x_i \tag{2-2}$$

式中：

$\overline{X}$——样本平均数；

n——样本容量。

在实际研究中，往往很难得到总体 μ，经常得到的是样本 $\overline{X}$，因而我们将主要介绍样本平均数 $\overline{X}$ 的若干计算。

例 2-1 某项研究在一年级学生总体中抽取 30 名样本，测得他们的某项考试分数如下：60，71，63，58，50，75，64，73，72，64，52，65，67，76，72，70，58，50，80，51，79，81，77，69，67，61，48，50，54，55。

求他们的平均能力分数。

解：这是求所抽取的 30 名样本的算术平均数，据（2-2）式，得

$$\overline{X}=\frac{60+71+\cdots+55}{30}=64.4$$

（二）加权平均数

若已知各组平均数和各组人数，要求总的平均数时，则要用加权平均数的方法。其计算公式为

$$\overline{X}_w=\frac{n_1\overline{X}_1+n_2\overline{X}_2+\cdots+n_k\overline{X}_k}{n_1+n_2+\cdots+n_k}=\frac{\sum_{j=1}^{k}n_j\overline{X}_j}{n_t} \qquad (2\text{-}3)$$

式中：

$\overline{X}_w$——总平均数（或加权平均数）；

n_1，n_2，…，n_k——各组人数；

$\overline{X}_1$，$\overline{X}_2$，…，$\overline{X}_k$——各组平均数；

$n_t=n_1+n_2+\cdots+n_k$——总人数。

例 2-2 有三个学校英语测验分数如下：

校　别	$\overline{X}$	n
A	72.6	32
B	80.2	40
C	75.0	36

求三个学校英语测验总平均成绩。

解：根据（2-3）式求加权平均数

$$\overline{X}_w=\frac{32\times72.6+40\times80.2+36\times75}{32+40+36}=76.21$$

但有一些人在计算总平均数时忽略了各组人数的不同，如在例 2-2 中，则将 $\overline{X}_w$ 计为

$$\overline{X}_w=\frac{72.6+80.2+75}{3}=75.93$$

显然与用（2-2）式计算得到的结果不同。这是忽视了班级人数不同所致，即“权”数被忽略，这种计算方法不正确。在教育与心理统计实践中，遇到要将

各组平均数汇总求总平均数时，均应使用加权平均数。

（三）算术平均数的性质及其优缺点

算术平均数具有以下性质。

1. 每一个观测值都加上一个相同常数 c 后，计算得到的平均数等于原平均数加上这个常数 c。即：

若 $y_i = x_i + c$（c 为常数），则

$$\overline{Y} = \frac{\sum_{i=1}^{n} y_i}{n} = \frac{\sum_{i=1}^{n}(x_i + c)}{n} = \frac{\sum_{i=1}^{n} x_i}{n} + \frac{\sum_{i=1}^{n} c}{n}$$

$$= \overline{X} + \frac{nc}{n} = \overline{X} + c$$

2. 每一个观测值都乘以一个相同常数 c 后，计算得到的平均数等于原平均数乘以这个常数 c。即：

若 $y_i = cx_i$（c 为不等于零的常数），则有

$$\overline{Y} = \frac{\sum_{i=1}^{n} y_i}{n} = \frac{\sum_{i=1}^{n}(cx_i)}{n} = \frac{c\sum_{i=1}^{n} x_i}{n} = c\overline{X}$$

3. 每个观测值都乘以一个相同常数 c，再加上一个常数 d 后，计算得到的平均数等于原平均数乘以该常数 c 再加上常数 d。即：

若 $y_i = cx_i + d$（c 为不等于零的常数），则有

$$\overline{Y} = \frac{\sum_{i=1}^{n} y_i}{n} = \frac{\sum_{i=1}^{n}(cx_i + d)}{n} = \frac{c\sum_{i=1}^{n} x_i + \sum_{i=1}^{n} d}{n}$$

$$= \frac{c\sum_{i=1}^{n} x_i + nd}{n} = c\overline{X} + d$$

4. 观测值与平均数离差的总和为零。即：

$$\sum_{i=1}^{n}(x_i - \overline{X}) = \sum_{i=1}^{n} x_i - \sum_{i=1}^{n} \overline{X}$$

$$= \sum_{i=1}^{n} x_i - \sum_{i=1}^{n} \frac{\sum_{i=1}^{n} x_i}{n}$$

$$= \sum_{i=1}^{n} x_i - \sum_{i=1}^{n} x_i = 0$$

5. 观测值与任意常数 c 的离差平方和，不小于观测值与平均数的离差平方和。即：

$$\sum_{i=1}^{n} (x_i - c)^2 \geqslant \sum_{i=1}^{n} (x_i - \overline{X})^2 \text{（式中等号只有在 } c = \overline{X} \text{ 时成立）}$$

证明如下：

$$x_i - c = (x_i - \overline{X}) + (\overline{X} - c)$$

$$\sum_{i=1}^{n} (x_i - c)^2 = \sum_{i=1}^{n} (x_i - \overline{X})^2 + 2(\overline{X} - c)\sum_{i=1}^{n} (x_i - \overline{X}) + \sum_{i=1}^{n} (\overline{X} - c)^2$$

$$= \sum_{i=1}^{n} (x_i - \overline{X})^2 + n(\overline{X} - c)^2 > \sum_{i=1}^{n} (x_i - \overline{X})^2$$

当 $\overline{X}=c$ 时，$n(\overline{X}-c)^2=0$，

此时 $\sum_{i=1}^{n} (x_i - c)^2 = \sum_{i=1}^{n} (x_i - \overline{X})^2$，

否则，有 $\sum_{i=1}^{n} (x_i - c)^2 > \sum_{i=1}^{n} (x_i - \overline{X})^2$ 成立。

推论统计中常用到“离差平方和最小”的原则，就来自这一性质。从证明过程可知，样本平均数是总体平均数的最佳估计。

算术平均数具有反应灵敏、确定严密、简明易解、计算简便并能作进一步的代数演算等优点，是应用最普遍的一种集中量数。在教育与心理统计实践中，人们常将其作为最佳的代表值之一。在统计实践中，如果一组数据比较准确可靠，且又同质，需要每一个数据都加入计算，同时还要作进一步的代数运算时，一般都使用算术平均数表示集中趋势。

但是，算术平均数也具有易受极端数据影响、出现模糊数据和存在不同质数据时无法计算算术平均数的缺点，这在使用中应当引起注意。

二、几何平均数

几何平均数记作 $\overline{X}_g$。在教育与心理统计实践中，当需要处理的数据有以下两种情形时，一般都用几何平均数来表示数据的集中趋势。

第一种情形是，一组数据中任何两个相邻数据之比接近于常数，即数据

按一定的比例关系变化。在教育与心理研究中，求平均增长率或对心理物理学中的等距与等比量表实验进行数据处理，均应使用几何平均数。

第二种情形是，当一组数据中存在极端数据，分布呈偏态时，算术平均数不能很好地反映数据的典型情况，此时应使用几何平均数或其他集中量数（如中数、众数）来反映数据的典型情况。

（一）几何平均数的基本公式

$$\overline{X}_g = \sqrt[n]{x_1 \cdot x_2 \cdot \cdots \cdot x_n} \tag{2-4}$$

式中：

$\overline{X}_g$——几何平均数；

n——数据个数；

x_i——原始数据。

在统计实践中，应用(2-4)式计算几何平均数，在 n 很大的情况下，要开 n 次方，计算上常产生困难。为此，使用对数形式计算

$$\overline{X}_g = \lg^{-1}\left(\frac{\sum_{i=1}^{n} \lg x_i}{n}\right) \tag{2-5}$$

式中：

lg——x_i 的对数；

$\lg^{-1}$——反对数。

因此，几何平均数又叫对数平均数。

（二）几何平均数在教育与心理研究中的应用

1. 心理物理学中等距与等比量表实验的数据处理

例 2-3 在制作关于液体温度的感觉量表时，需要确定 30℃的物理刺激所引起的心理感觉的大小。通过实验测量，我们得到以下一组数据：20，23，26，27，28，28，30，33，34，38(℃)。求在 30℃水温的物理刺激下所引起的心理感觉量是多少？

解：这是等距量表实验，应求几何平均数。

$$\overline{X}_g = \sqrt[10]{20 \times 23 \times \cdots \times 38} = 28.3(℃)$$

因 $n=10$，难以计算，也可改用对数计算。

$$\overline{X}_g = \lg^{-1}\left(\frac{\lg 20 + \lg 23 + \cdots + \lg 38}{10}\right)$$
$$= \lg^{-1} 1.451\,0 = 28.3(℃)$$

2. 平均增长率的计算

例 2-4 某市近几年来高中毕业生人数如下表，试求其平均增长率；照此速度增长，到 2012 年统计有多少高中毕业生？

年 度	学生人数	变化率
2004	2 000(x_1)	
2005	2 200(x_2)	1.100 0(x_2/x_1)
2006	2 430(x_3)	1.104 5(x_3/x_2)
2007	2 600(x_4)	1.070 0(x_4/x_3)
2008	2 880(x_5)	1.107 7(x_5/x_4)

解：本题欲求平均增长率，及以 2004 年为基数，求以后 4 年的平均增长率。因此，这里参与求平均增长率的年数为 $n-1=4$，用（2-4）式先求平均变化率，得

$$\overline{X}_g = \sqrt[4]{1.100\,0 \times 1.104\,5 \times 1.070\,0 \times 1.107\,7} = 1.095\,4$$

从而平均增长率为

$$1.095\,4 - 1.000\,0 = 0.095\,4$$

上式中年变化率分别为(x_2/x_1)、(x_3/x_2)、(x_4/x_3)、(x_5/x_4)，代入（2-4）式，可得求平均变化率的变式

$$\overline{X}_g = \sqrt[5-1]{(x_2/x_1)\cdot(x_3/x_2)\cdot(x_4/x_3)\cdot(x_5/x_4)}$$
$$= \sqrt[5-1]{(x_5/x_1)} = \sqrt[n-1]{(x_n/x_1)}$$

已知该市 4 年的高中毕业生平均变化率为 1.095 4，照此增长速度，4 年后（2012 年）该市的高中毕业生预测为

$$X = 2\,880 \times (1.095\,4)^4 \approx 4\,147\text{（人）}$$

根据平均增长率预测未来几年情况的一般公式为

$$X = X'(\overline{X}_g)^n \tag{2-6}$$

式中：

X——未来情况的预测数；

X'——预测的基础；

n——预测的年度。

三、中数与众数

（一）中数

中数又称中位数，符号记为 Mdn。中数是指位于一组数据数列中间位置的那个数。它可以是数列中的某一个原始数据，也可以不是原始数据而是通过计算得到的一个数。总之，如果将一组数据按大小顺序排列，则中数一定是将数据个数平均分为大小相等两部分的那个数。

例如有 5 个数列如下：3，6，7，9，20（n 为奇数），则其中数为第$\frac{5+1}{2}=3$个数，即 Mdn=7。在 7 的左端和右端各有相等的数据个数（各有 2 个数据）；又如有 6 个数列如下：3，6，7，9，20，21（n 为偶数），则其中数为第$\frac{6+1}{2}=3.5$个数，即 Mdn 应在数据 7 和 9 之间，即 $\text{Mdn}=\frac{7+9}{2}=8$。

显然，计算中数应首先确定中数在数据序列中的位置：

$$n_{\text{Mdn}}=\frac{n+1}{2} \tag{2-7}$$

式中：

n_{Mdn}——中数在数列中的位置；

n——数列数据个数。

然后再求数列中位于 n_{Mdn} 位置上的那个数——Mdn。

中数是集中量数的一种，在教育与心理统计实践中，当一组观测数据中出现极端数据，或一组数据的两端有模糊数据出现时，不能用算术平均数来作为这组数据的代表值，而应求中数。

例 2-5　一项研究调查了 19 名中学教师，他们的月经济收入（包括工资收入和非工资收入，单位：元）如下：3 150，3 200，3 280，3 300，3 400，3 500，3 550，3 600，3 700，3 800，3 950，4 000，4 100，4 200，4 300，4 350，6 550，7 500，7 800。现欲了解他们的平均月经济收入。

解：由于这 19 名教师的收入中存在着极端数据，算术平均数 $\overline{X}=4\ 275.3$

不能很好地反映他们的平均月收入（19 人中有 14 人月收入低于 4 275.3），应该求中数。

$$n_{\mathrm{Mdn}}=\frac{19+1}{2}=10$$

$$\mathrm{Mdn}=3\ 800(\text{元})$$

中数具有计算简单、不受极端数据影响的特点，但由于中数是根据数据的相对位置来确定的，在计算时不是每个数据都加入计算，从而有较大的抽样误差，不如平均数稳定，且会流失较多的被试信息；同时，由于中数难以作进一步的代数运算，故在多数情况下，中数不如平均数应用广泛。

（二）众数

众数又称范数，常用符号 M_0 表示。众数指次数分布中出现次数最多的那个数的数值。众数是一种集中量数，在统计实践中，当一组数据出现不同质的情况，或分布中出现极端数据时，也用众数作为集中量数的粗略估计。

计算众数的方法有几种，下面仅介绍皮尔逊的经验法。

$$M_0=3\mathrm{Mdn}-2\overline{X} \tag{2-8}$$

式中：

M_0——众数；

Mdn——中数；

$\overline{X}$——平均数。

例 2-6 在表 1-1 中，我们可以求得 $\overline{X}=34.2$，Mdn＝34，利用皮尔逊经验法计算出的众数为：

$$M_0=3\times34-2\times34.2=33.6$$

实际上的众数等于 35，二者非常接近。

第二节　差异量数

次数分布中数据间彼此差异的程度称为数据的离中趋势。离中趋势反映了次数分布的离散程度，即它反映了次数分布的又一重要特性——变异性。描述离中趋势的统计量称为差异量数，差异量数包括平均差、方差与标准差等，它们的作用都在于度量次数分布的离中趋势。

在教育与心理研究实践中，要想全面了解被研究对象某一属性的数量特征，不但要了解其典型情况，而且还要了解它们的特殊性。集中量数描述了次数分布的典型情况，差异量数反映了次数分布的特殊性。如图 2-2 所示，分布 A 与分布 B 的集中量数相同，但差异量数不同。只有同时了解次数分布的集中量数和差异量数，才能更为透彻地了解次数分布。故当我们用次数分布的集中量数作为一个次数分布的代表值来描述这个次数分布的典型情况时，该次数分布的差异量数就提供了这个代表性和可靠性等特殊信息。如图 2-2 所示，分布 A 与分布 B 的集中量数相同，但当我们用这一相同的集中量数来分别代表分布 A 与分布 B 时，其对于分布 B 的代表性就显然优于分布 A。

一、平均差

平均差一般用符号 AD 表示，其计算公式为：

$$AD=\frac{\sum_{i=1}^{N}|x_i-\mu|}{N}=\frac{\sum_{i=1}^{N}|x_i'|}{N}\quad（适用于总体）(2\text{-}9)$$

$$AD=\frac{\sum_{i=1}^{n}|x_i-\overline{X}|}{n}=\frac{\sum_{i=1}^{n}|x_i'|}{n}\quad（适用于样本）(2\text{-}10)$$

式中：

x_i——原始数据；

μ——总体平均数；

$\overline{X}$——样本平均数；

N——总体容量；

n——样本容量；

x_i'——离均差。

从上式可知，平均差是次数分布中所有原始数据与平均数距离的绝对值的平均。

例 2-7 有 5 名被试的错觉实验数据如下，求其平均差。

被试	1	2	3	4	5
错觉量（单位：毫秒）	16	18	20	22	17

解：$n=5$，$\overline{X}=18.6$

$$AD=\frac{|16-18.6|+|18-18.6|+\cdots+|17-18.6|}{5}$$

$$=1.92$$

从以上计算可知，平均差是根据分布中每一个观测值计算求得的，它较好地度量了次数分布的离散程度。然而，由于 $\sum_{i=1}^{n} x_i'=0$，因而平均差的计算要取绝对值。但它不利于进一步的统计分析，故在统计实践中平均差不常使用。

二、方差与标准差

方差与标准差是最经常用于描述次数分布离散程度的差异量数。

（一）总体方差与总体标准差

如果 x_i 是就一个容量为 N 的总体的第 i 次测定，得到的观测是 x_1，x_2，…，x_N，那么，总体方差被定义为：

$$\sigma^2=\frac{1}{N}\sum_{i=1}^{N}(x_i-\mu)^2 \tag{2-11}$$

总体标准差被定义为：

$$\sigma=\sqrt{\frac{1}{N}\sum_{i=1}^{N}(x_i-\mu)^2} \tag{2-12}$$

σ 读作 sigma。

显然，这里的 σ^2 与 σ 是以总体作为研究对象，通过对被研究总体所含的 N 个元素进行全面观测而计算得到的。同对样本平均数的研究一样，实际研究中往往只能对其样本进行研究，从而得到有关这一研究对象的样本统计特征（样本统计量）。

（二）样本方差与样本标准差

如果从被研究总体中抽取一个容量为 n 的样本，x_i 是这一样本的第 i 次测定，得到的观测是 x_1，x_2，…，x_n，那么

$$S^2=\frac{1}{n-1}\sum_{i=1}^{n}(x_i-\overline{X})^2 \quad (2\text{-}13)$$

称为样本方差；

$$S=\sqrt{\frac{1}{n-1}\sum_{i=1}^{n}(x_i-\overline{X})^2} \quad (2\text{-}14)$$

称为样本标准差。

例 2-8 有 11 名被试的听反应时如下，试求其标准差（单位：毫秒）。

i	听反应时(x_i)	离差($x_i-\overline{X}$)	离差平方$(x_i-\overline{X})^2$
1	174.1	2.07	4.28
2	118.3	−53.73	2 886.91
3	186.3	14.27	203.63
4	203.0	30.97	959.14
5	163.0	−9.03	81.54
6	144.5	−27.53	757.90
7	168.0	−4.03	16.24
8	154.5	−17.53	307.30
9	205.5	33.47	1 120.24
10	179.5	7.47	55.80
11	195.6	23.57	555.54
$n=11$	$\overline{X}=172.03$		$\sum(x_i-\overline{X})^2=6\ 948.54$

解：$S=\sqrt{\frac{1}{n-1}\sum_{i=1}^{n}(x_i-\overline{X})^2}=\sqrt{\frac{6\ 948.54}{10}}=26.36$(毫秒)

目前，由于计算机的普遍使用，在教育与心理研究中，一般都选取大样本（即样本 $n \geqslant 30$），故样本标准差的计算一般地也可采用

$$S^2 = \frac{1}{n}\sum_{i=1}^{n}(x_i - \overline{X})^2 \quad (n \geqslant 30) \tag{2-15a}$$

上式相应地也可化为

$$S = \sqrt{\frac{\sum_{i=1}^{n} x_i^2}{n} - \left(\frac{\sum_{i=1}^{n} x_i}{n}\right)^2} \tag{2-15b}$$

（三）标准差的合成

方差具有可加性，在已知几个组方差或标准差的情况下，可以计算它们的总方差或总标准差。这种计算在教育与心理科研的协作研究中合成各实验点资料时经常使用。进行这种计算应注意只有在应用同一种观测手段，对不同样本的同一特质进行测量时才能应用。与加权平均数的合成一样，在教育与心理统计实践中，对各组标准差进行合成，不能求这几个标准差的简单算术平均数，正确的合成应使用下式。

$$\sigma_w = \sqrt{\frac{\sum_{i=1}^{k}(n_i\sigma_i^2) + \sum_{i=1}^{k} n_i(\overline{X}_i - \overline{X}_w)^2}{n_1 + n_2 + \cdots + n_k}} \tag{2-16}$$

式中：

σ_w——合成后的标准差；

$\overline{X}_w$——合成后的平均数。

例 2-9 某能力研究，共抽取三个样本组，测得该能力得分如下，求其总标准差。

样本	n	$\overline{X}$	S
1	42	103	16
2	36	110	12
3	50	98	17

解：(1) 求总平均得分

$$\overline{X}_w = \frac{n_1\overline{X}_1 + n_2\overline{X}_2 + n_3\overline{X}_3}{n_1 + n_2 + n_3}$$

$$=\frac{42\times103+36\times110+50\times98}{42+36+50}$$

$$=103.02$$

（2）求总标准差

$$\sigma_w=\sqrt{\frac{(n_1S_1^2+n_2S_2^2+n_3S_3^2)+[n_1(\overline{X}_1-\overline{X}_w)^2+n_2(\overline{X}_2-\overline{X}_w)^2+n_3(\overline{X}_3-\overline{X}_w)^2]}{n_1+n_2+n_3}}$$

$$=\sqrt{\frac{(42\times16^2+36\times12^2+50\times17^2)+[42\times(103-103.02)^2+36\times(110-103.02)^2+50\times(98-103.02)^2]}{42+36+50}}$$

$$=16.15$$

（四）方差与标准差的意义

标准差具有以下性质。

1. 每一个观测值都加一个相同常数 c 后，计算得到的标准差等于原标准差。即：

若 $y_i=x_i+c$（c 为常数），则有 $S_y=S_x$。

证明：根据平均数的性质 1，可有

$$\overline{Y}=\overline{X}+c$$

则
$$S_y=\sqrt{\frac{\sum(y_i-\overline{Y})^2}{n}}=\sqrt{\frac{\sum[(x_i+c)-(\overline{X}+c)]^2}{n}}$$

$$=\sqrt{\frac{\sum(x_i-\overline{X})^2}{n}}=S_x$$

性质 1 告诉我们：若一组数据中的每一个数都加上一个相同的常数，则这组数据彼此的离散程度并不改变，而只是数据分布在数轴上整体地平移这个常数距离。

2. 每一个观测值都乘以一个相同的常数 c，则所得的标准差等于原标准差乘以这个常数。即：

若 $y_i=cx_i$（c 为不等于零的常数），则有 $S_y=cS_x$。

证明：根据平均数的性质 2，可有

$$\overline{Y}=c\overline{X}$$

则 $$S_y=\sqrt{\frac{\sum(y_i-\overline{Y})^2}{n}}=\sqrt{\frac{\sum(cx_i-c\overline{X})^2}{n}}$$
$$=\sqrt{\frac{c\sum(x_i-\overline{X})^2}{n}}=cS_x$$

3. 每个观测值都乘以同一个常数 $c(c\neq 0)$，再加上一个常数 d，所得标准差等于原标准差乘以这个常数 c。即：

若 $y_i=cx_i+d$（c 为不等于零的常数），则有 $S_y=cS_x$。

（综合标准差的性质 1、性质 2，可证明性质 3，请读者自己完成。）

方差和标准差是表示一组数据离散程度的最好指标。其值越大，说明次数分布的离散程度越大；其值越小，说明次数分布的数据比较集中，离散程度越小。方差与标准差具有反应灵敏、计算严密、受抽样变动的影响较小等良好差异量数的条件，在统计实践中，人们常将其与平均数一起描述一组数据的全貌。从而也可知方差具有可加性，它是对一组数据中造成各种方差的总和的测量。在教育与心理研究中，常用它对数据进行分析，既可以了解研究实验数据的总的方差（变异）来源，也可以分解出各因素对研究实验所产生的方差（变异）大小。统计实践中常利用方差的可加性分解并确定属于不同来源的方差（变异），并进一步说明各种方差对总结果的影响。方差是推断统计最常用的统计量数。

三、差异系数

标准差反映了一个次数分布的离散程度，当对同一个特质使用同一种测量工具进行测量，所测样本水平比较接近时，简单比较标准差的大小即可知道样本间离散程度哪一个大。例如某校高二年级语文科进行一次统考，高二（1）班平均分为 75 分，标准差为 6 分，高二（2）班平均分为 75.8 分，标准差为 10 分。由于两班水平接近（由平均分大致相等直观判断），比较标准差可以判定，这次考试高二（2）班的离散程度大于高二（1）班。在教育与心理研究实践中，对同一学科（特质）、同一次考试（测量工具），当样本间的 $\overline{X}$ 相同（或差异不大）时，可以简单比较标准差来判断数据的离散程度。

然而，在更多的时候我们常会遇到以下情况：(1) 两个或两个以上样本所测的特质不同；(2) 两个或两个以上样本所测的特质相同，但样本间的水平相差较大。这时不能用绝对差异量来比较不同样本的离散程度，而应使用相对差异量数。

差异系数又叫变异系数，它是一种相对差异量，常用 CV 表示。其计算如下：

$$CV=\frac{S}{\overline{X}}\times 100\% \tag{2-17}$$

式中：

S——样本标准差；

$\overline{X}$——样本平均数。

例 2-10 某校高考考生语文科平均分为 63 分，标准差为 11 分，数学科平均分为 75 分，标准差为 12 分，试比较该校考生哪一科离散程度大。

解：因为语文、数学为两种不同的学科，即考查不同的特质，因而必须用差异系数作比较。

$$CV_{语}=\frac{11}{63}\times 100\%=17.5\%$$

$$CV_{数}=\frac{12}{75}\times 100\%=16\%$$

$$CV_{语}>CV_{数}$$

可见，语文科的离散程度更大。

第三节 地位量数

在教育与心理研究实践中，人们经常要对通过不同的研究工具获得的不同事物属性的数量化指标——原始变量进行比较、评价，然而，心理测量中对事物不同属性会用不同的测量工具进行测量，因而其原始变量之间不具等值性，从而无法进行比较和评价，这是一个两难问题。

在统计实践中，解决这一两难问题的方法之一是将用不同研究工具或测量工具得到的不等值的原始变量放到它们各自所在的次数分布中，研究并比较它们在各自所处次数分布中的相对地位，从而得到正确的解释和评价。

这种表明研究对象某一属性的数量化指标——原始变量在其所处分布中地位的量数，称为地位量数。因为它是相对于次数分布而言的，故又称为相对地位量数。它包括百分位分数、百分等级分数、标准分数和 T 分数等。在教育与心理统计中，地位量数是最常用的一种量数，常被用来表示各种常模。

一、百分位分数

百分位分数是一种相对地位量数，它是次数分布中的一个点。把一个次数分布排序之后，分为 100 个单位，百分位分数就是次数分布中相对于某个特定百分点的原始分数，它表明在次数分布中特定个案百分比低于该分数。百分位数分数用 P 加下标 m（特定百分点）表示，若 P_{30} 等于 60，表明在该次数分布中有 30%的个案低于 60 分。

百分位分数计算公式如下：

$$P_m = L + \frac{\frac{m}{100}N - F_b}{f} i \tag{2-18a}$$

$$P_m = U - \frac{N\left(1 - \frac{m}{100}\right) - F_a}{f} i \tag{2-18b}$$

式中：

P_m——第 m 百分位分数；

L——P_m 所在组的组下限；

U——P_m 所在组的组上限；

f——P_m 所在组的次数；

F_b——小于 L 的累积次数；

F_a——大于 U 的累积次数。

例 2-11 某市招干考试分数如表 2-1，预定取考分居前 10%的应考人员进行面试选拔，请划定面试分数线。

解：本题要划定的分数线为 P_{90}，即分数线以下的考生占 90%。应求百分位分数，利用（2-18a）式，

$$P_{90}=L+\frac{\frac{m}{100}N-F_b}{f}i=70+\frac{\frac{90}{100}\times 1\ 900-1\ 641}{98}\times 5=73.57$$

面试分数线应定为 73 分。

表 2-1　某市招干考试分数分布表

分数分组	次　数	累积次数	累积相对次数
90～94	13	1 900	100.00
85～89	27	1 887	99.32
80～84	51	1 860	97.89
75～79	70	1 809	95.21
70～74	98	1 739	91.53
65～69	134	1 641	86.37
60～64	131	1 507	79.32
55～59	125	1 376	72.42
50～54	149	1 251	65.84
45～49	136	1 102	58.00
40～44	134	966	50.84
35～39	126	832	43.79
30～34	138	706	37.16
25～29	139	568	29.89
20～24	147	429	22.58
15～19	151	282	14.84
10～14	98	131	6.89
5～9	26	33	1.74
0～4	7	7	0.37

二、百分等级分数

百分等级分数也是一种相对地位量数。百分等级分数与百分位分数不同，百分位分数是预先确定分布中的某个百分点（m），然后根据这个百分点（m）

去求相应的百分位分数（P_m）；百分等级分数则正相反，它是事先知道分布中的一个原始分数，再求这个原始分数在分布中所处的相对位置——百分等级。在此，我们将一个原始分数的百分等级分数，定义为次数分布中低于这个原始分数的次数百分比。百分等级分数用 PR 表示，它是教育与心理统计研究中使用的极为广泛的解释测验分数的方法。百分等级分数指出原始数据在常模团体中的相对位置，百分等级越小，原始数据在常模团体中的相对位置越低；百分等级越大，原始数据在常模团体中的位置越高。

计算百分等级分数的公式如下：

$$PR=\frac{F_b+\left[\frac{(x-L)f}{i}\right]}{N}\times 100 \tag{2-19}$$

式中：

F_b——小于 L 的累积次数；

f——某特定原始变量所在组的次数；

L——某特定原始变量所在组的下限；

i——组距；

N——次数分布的总次数。

例 2-12 表 2-1 所列的考试分数分布中，已知某应试者的考分为 82 分，问在这次考试中低于该应试者的人数比例。

解：本题要求低于 82 分的人数比例，这是一个求百分等级的问题，利用（2-19）式，得

$$PR=\frac{1\,809+\left[\frac{(82-80)\times 51}{5}\right]}{1\,900}\times 100=96.28$$

82 分的百分等级为 96.28，即这次考试中，有 96.28%的应试者考分低于 82 分。或者分数的使用者一看就知道该生分数处于考生的前端，是一个优秀的分数。

百分等级分数是教育与心理统计中常用的表示常模资料的方法。如表 2-2 是 TOEFL 考试根据几十万考生的分数制作的，它实际上就是根据原始考分导出相应的百分等级分数。

表 2-2 TOEFL 分数的说明表

原始总分	百分等级分数	原始总分	百分等级分数
660	99	500	41
640	97	480	29
620	93	460	20
600	89	440	13
580	83	420	8
560	74	400	4
540	64	380	2
520	52	360	1

在教育与心理统计学中，均将百分位分数和百分等级分数称为百分位量表。百分位量表具有计算简便、意义明确、对各种测验普遍适用等优点。但百分位量表的主要缺点是，它是一个顺序量表，不具相等单位，从而不能作进一步的数学运算，无法作进一步的统计分析；另外，由于百分位量表的分布呈长方形，当测验分数的分布为正态或接近正态时，百分位量表将夸大分布中间的原始分数的差异而缩小分布两端的原始分数的差异（见图 2-3）。

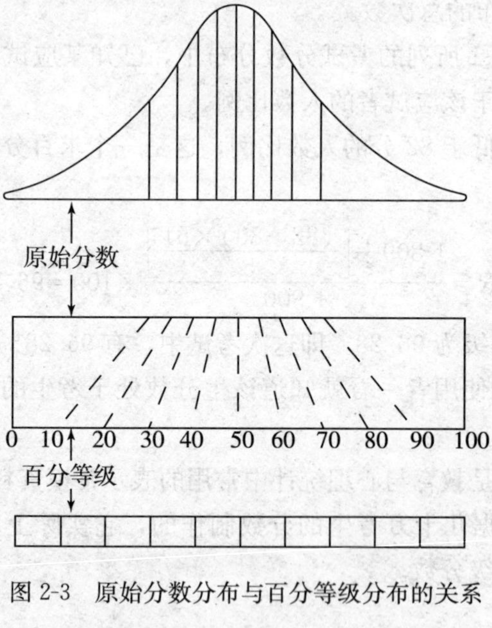

图 2-3 原始分数分布与百分等级分布的关系

第四节 相关分析

一、相关系数及其解释

（一）相关

客观事物的各种属性常常是相互联系的，这种联系有的是一种因果关系，也有的不具有因果关系。教育与心理研究对象经常是被多种因素相互影响着，彼此之间相互联系的人。当我们要对一个事物的因果关系进行研究时，在实验设计中常常将研究的某一对象作为因变量，从与之联系的事物中取一个或多个作为自变量，在实验条件下有目的地控制自变量的变化，从而根据因变量的变化来确定因果关系的模型。然而，在教育与心理研究实践中，很多研究对象之间存在相互关系但不能作出因果关系的解释；在更多的时候，教育与心理研究是在自然条件下进行的，我们很难对自变量进行有效的控制，从而无法对事物的因果关系进行解释。例如，中学生的数学成绩与物理成绩彼此存在着联系，但我们不能据此认为数学是因，物理是果，或者相反。事实上存在着数学与物理成绩是果，学生的能力构成中有关理科学习能力和他的努力程度是两者共同的因的可能。但要作这种解释，则需要在控制这一因的条件下进行实验，而这一因在教育与心理研究实践中是很难控制的。

事物之间存在联系但又不能直接作出因果关系的解释时，称事物间的这种联系为相关。相关指事物之间确实存在的相互联系，用一些合理的指标对相关事物的观测值进行的统计分析叫相关分析。

在教育与心理研究实践中，对许多相互联系的事物难以控制其自变量，从而难以进行自变量—因变量的实验，而只能在自然观察记录的基础上进行统计分析，从而使得相关分析在教育与心理统计、发展心理学研究和教育实验研究中应用广泛，相关分析同时还是多元分析的基础。

将具有相关关系的两种现象的成对观测值标在平面直角坐标系中，从而直观地反映出它们的相关情况，这就是相关散点图。图 2-4、图 2-5 就是相关散点图。

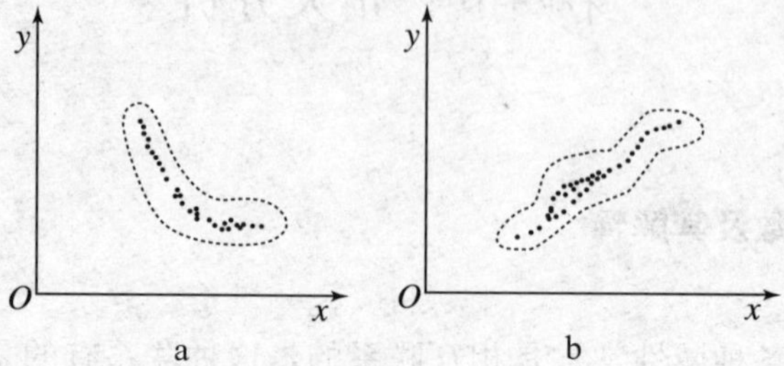

图 2-4　曲线相关散点图

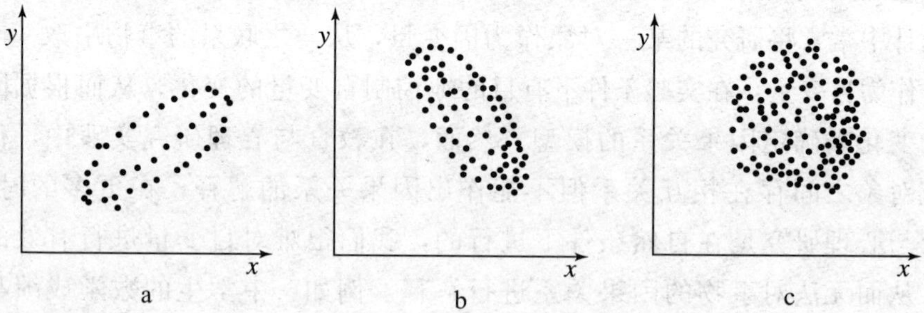

图 2-5　线性相关散点图

相关散点图直观地显示了两个事物的成对观测值之间是否存在相关，存在什么样的相关以及相关程度。如图 2-4 中两变量之间呈某种曲线趋势，故称之为曲线相关或非线性相关；图 2-5 中两变量之间呈线性趋势，故称之为直线相关，或线性相关。其中图 2-5a 表示 X、Y 两变量变化方向基本一致（同时增大或同时减小），这种情况叫 X 与 Y 正相关；图 2-5b 表示 X、Y 两变量变化方向相反（X 增大，Y 减小；X 减小，Y 增大），这种情况叫 X 与 Y 负相关；图 2-5c 中看不到线性关系，即 X 与 Y 零相关。这里需要注意的是，零相关说明两事物之间不具线性相关，并不意味着两事物之间毫无关系，它们之间可能存在其他关系。

本节所涉及的计算相关系数的方法均为线性相关，而不涉及曲线相关，并在没有特定说明的情况下简称为“相关”。

（二）相关系数及其解释

相关系数是两列变量间相关程度的数量化指标。总体间相关程度的统计特征值相关系数用 ρ 表示。样本间相关程度的统计特征值相关系数用 r 表示。

相关系数的取值范围介于-1.00至$+1.00$之间，即$-1.00\leqslant r\leqslant+1.00$，常用小数形式表示。相关系数的正负号表示相关方向，正值表示正相关，负值表示负相关；相关系数的绝对值大小表示相关的程度，其取值不同，表示相关程度不同。相关系数为零时，称零相关，表示两列变量之间不具线性相关；相关系数为$+1.00$时表示两列变量之间完全正相关，相关系数为-1.00时表示两列变量之间完全负相关，它们都称为完全相关。完全相关的两列变量之间实际上存在着一一对应的函数关系，它在教育与心理研究实践中出现的可能极小。

有相关不一定有因果。如本节开始时我们谈到，两个存在相关关系的事物，不一定存在因果关系。例如，夏季冷饮销售量与中暑人数之间存在相关，但不能认为冷饮销售是中暑的因或果，事实上它们两者均为天气炎热的果。因此，对存在相关关系的事物，可能的解释至少有以下两种：X 是 Y 的因或果，X 与 Y 均为第三个变量 Z 的因或果。

对存在相关关系的事物要进一步作出因果关系的解释，则必须进行相应的控制自变量—因变量实验。例如，一个教育心理学家认为学校内问题儿童的母亲对她们的孩子特别不耐心，为证实这一假设，他抽取了若干问题儿童和没有问题的儿童，要求他们的母亲与之一起做一件需要母子相互配合的工作，并对母亲的耐心程度进行评判，结果表明儿童的得分与母亲的得分之间具有较高相关。对这一相关系数解释时，人们可能会得出儿童产生问题与否与母亲的耐心程度有关，或者说由于母亲的不耐心给她们的孩子带来问题这一因果关系解释。然而，得出这一结论可能是错误的，或者说是根据不足的，因为这个实验实际上是在没有控制母亲行为的情况下进行的。事实上，母亲的不耐心和孩子的问题均可能由某种第三个变量，诸如家庭生活条件、环境等因素造成。由于对这类研究，研究者很难对自变量进行控制，而只能在自然条件下观察测量，从而无法作出因果说明。但是，他可以由变量之一（儿童的问题或母亲的耐心程度）的存在预言另一变量的出现，因为这两个变量是相关的。

综上所述，相关研究提供了一种当人们难以对特定变量进行人为控制时，而对彼此间存在联系的事物进行经济的、广泛的研究的方法，它是教育与心理研究经常使用的方法之一。

二、常用相关分析方法及其计算

在教育与心理研究实践中，常用的相关分析方法有积差相关法、等级相关法、质量相关法等，分述如下。

（一）积差相关系数

1. 积差相关系数的概念及计算条件

积差相关系数又称积矩相关系数，是英国统计学家皮尔逊（Pearson）提出的一种计算相关系数的方法，故也称皮尔逊相关。这是一种求直线相关的基本方法。

积差相关系数记作 r_{XY}，其计算公式为

$$r_{XY}=\frac{\sum_{i=1}^{n}(x_i-\overline{X})(y_i-\overline{Y})}{\sqrt{\sum_{i=1}^{n}(x_i-\overline{X})^2}\sqrt{\sum_{i=1}^{n}(y_i-\overline{Y})^2}} \tag{2-20}$$

式中 x_i、y_i、$\overline{X}$、$\overline{Y}$、n 的意义均同前所述。

若记 $x=x_i-\overline{X}$，$y=y_i-\overline{Y}$，则(2-20)式成为

$$r_{XY}=\frac{\sum xy}{nS_XS_Y} \tag{2-21}$$

式中 $\frac{\sum xy}{n}$ 称为协方差，$\frac{\sum xy}{n}$ 的绝对值大小直观地反映了两列变量的一致性程度。然而，由于 X 变量与 Y 变量具有不同测量单位，不能直接用它们的协方差 $\frac{\sum xy}{n}$ 来表示两列变量的一致性，所以将各变量的离均差分别用各自的标准差除，使之成为没有实际单位的标准分数，然后再求其协方差。即：

$$r_{XY}=\frac{\sum xy}{nS_XS_Y}=\frac{1}{n}\sum\left(\frac{x}{S_X}\right)\cdot\left(\frac{y}{S_Y}\right)$$

$$=\frac{1}{n}\sum Z_X\cdot Z_Y \tag{2-22}$$

这样，两列具有不同测量单位的变量的一致性就可以测量计算。

计算积差相关系数要求变量符合以下条件：（1）两列变量都是等距的或等比的测量数据；（2）两列变量所来自的总体必须是正态的或近似正态的对称单峰分布；（3）两列变量必须具备一一对应的关系。

2. 积差相关系数的计算

利用公式（2-20）计算相关系数，应先求两列变量各自的平均数与标准差，再求离中差的乘积之和。在统计实践中，为方便使用数据库的数据格式，并利于计算机运算，一般会将（2-20）式改写为利用原始数据直接计算 r_{XY} 的公式。即：

$$r_{XY}=\frac{n\sum x_iy_i-\sum x_i\sum y_i}{\sqrt{n\sum x_i^2-\left(\sum x_i\right)^2}\sqrt{n\sum y_i^2-\left(\sum y_i\right)^2}} \tag{2-23}$$

例 2-13 为研究某能力测验的预测效度，在被录取的高考考生中随机抽取 10 人，测得他们的能力测验分数并记为 X，对他们进行跟踪研究，求得他们大学一、二年级有关科目平均分数并记为 Y，其分数见下表，试求能力测验与大学学习平均分数之间的相关。

解：用能力测验和大学一、二年级有关科目平均分数的相关系数表示，故本例实际是求 X 变量与 Y 变量的相关系数。据已有资料可知 X 变量与 Y 变量均为测量数据，且所来自的总体均服从正态分布，X 与 Y 之间为线性关系，故求积差相关系数。

应用（2-21）式求 r_{XY} 的步骤为：（1）求平均值；（2）求标准差；（3）求离均差；（4）求离均差的乘积之和；（5）代入公式求 r_{XY}。

应用（2-23）式求 r_{XY} 的步骤为：（1）求总和；（2）求平方和；（3）求对应变量的乘积之和；（4）代入公式求 r_{XY}。

x_i	y_i	x	y	x^2	y^2	xy	x_i^2	y_i^2	x_iy_i
74	82	−1.6	−1.7	2.56	2.89	2.72	5 476	6 724	6 068
71	75	−4.6	−8.7	22.16	75.69	40.02	5 041	5 625	5 325
80	81	4.4	−2.7	19.36	7.29	−11.88	6 400	6 561	6 480

续表

x_i	y_i	x	y	x^2	y^2	xy	x_i^2	y_i^2	x_iy_i
85	89	9.4	5.3	88.36	28.09	49.82	7 225	7 921	7 565
76	82	0.4	−1.7	0.16	2.89	−0.68	5 776	6 724	6 232
77	89	1.4	5.3	1.96	28.09	7.42	5 929	7 921	6 853
77	88	1.4	4.3	1.96	18.49	6.02	5 929	7 744	6 776
68	84	−7.6	0.3	57.76	0.09	−2.28	4 624	7 056	5 712
74	80	−1.6	−3.7	2.56	13.69	5.92	5 476	6 400	5 920
74	87	−1.6	3.3	2.56	10.89	−5.28	5 476	7 569	6 438
$\sum$ 756	837	0	0	198.40	188.07	91.80	57 352	70 245	63 369

其计算过程如上表。

$$\overline{X}=75.6,\ \overline{Y}=83.7,\ S_X=4.45,\ S_Y=4.43$$

代入（2-20）式或（2-21）式

$$r_{XY}=\frac{91.80}{\sqrt{198.40}\times\sqrt{188.07}}=\frac{91.80}{10\times4.45\times4.34}=0.48$$

代入（2-23）式

$$r_{XY}=\frac{10\times63\ 369-756\times837}{\sqrt{10\times57\ 352-756^2}\times\sqrt{10\times70\ 245-837^2}}=0.48$$

（二）等级相关

在教育与心理研究实践中，只要条件许可，人们都乐于使用积差相关系数来度量两列变量之间的相关程度，但有时我们得到的数据不能满足积差相关系数的计算条件，此时就应使用其他相关系数。

等级相关也是一种相关分析方法。当测量得到的数据不是等距或等比数据，而是具有等级顺序的测量数据，或者得到的数据是等距或等比的测量数据，但其所来自的总体分布不是正态的，出现上述两种情况中的任何一种，都不能计算积差相关系数。这时要求两列变量或多列变量的相关，就要用等级相关方法。

1. 斯皮尔曼（Spearman）等级相关

斯皮尔曼等级相关系数用 r_R 表示，它适用于两列具有等级顺序的测量数据，或总体为非正态的等距、等比数据。

斯皮尔曼等级相关的基本公式如下：

$$r_R = 1 - \frac{6\sum D^2}{n(n^2-1)} \tag{2-24}$$

式中：

$D=R_X-R_Y$——对偶等级之差；

n——对偶数据个数。

如不用对偶等级之差，而用原始等级序数计算，则可用下式

$$r_R = \frac{3}{n-1} \cdot \left[\frac{4\sum R_X R_Y}{n(n+1)} - (n+1)\right] \tag{2-25}$$

式中：

R_X——X 变量的等级；

R_Y——Y 变量的等级；

n——对偶数据个数。

例 2-14 为研究学校内儿童问题行为与母亲耐心程度的关系，抽取 10 个家庭，让儿童与其母亲一道完成一件须相互配合才能完成的工作，观测并记录他们的表现。下表为儿童的问题程度分数（X）与母亲的不耐心程度分数（Y），分数值越大表明问题或不耐心程度越大。

解：此题研究儿童问题行为与其母亲不耐心程度的一致性，它们是从同一家庭测得的成对数据，因此用相关分析方法，由于 X 与 Y 的总体均不为正态，故求等级相关。

用（2-24）式求等级相关

$$r_R=1-\frac{6\times 46}{10\times(10^2-1)}=1-\frac{276}{10\times 99}=0.72$$

用（2-25）式求等级相关

$$r_R=\frac{3}{10-1}\times\left[\frac{4\times 362}{10\times(10+1)}-(10+1)\right]=0.72$$

家庭	儿童得分 x_i	母亲得分 y_i	等级 R_X	等级 R_Y	$D=R_X-R_Y$	D^2	R_XR_Y
1	72	79	8	6	2	4	48
2	40	62	3	3	0	0	9
3	52	53	6	2	4	16	12

续表

家庭	儿童得分 x_i	母亲得分 y_i	等级 R_X	R_Y	$D=R_X-R_Y$	D^2	R_XR_Y
4	87	89	9	9	0	0	81
5	39	81	2	7	−5	25	14
6	95	90	10	10	0	0	100
7	12	10	1	1	0	0	1
8	64	82	7	8	−1	1	56
9	49	78	5	5	0	0	25
10	46	70	4	4	0	0	16
$n=10$			$\sum R_X=55$	$\sum R_Y=55$	$\sum D=0$	$\sum D^2=46$	$\sum R_XR_Y=362$

(2-25）式要求 $\sum R_X=\sum R_Y$，$\sum R_X^2=\sum R_Y^2$，从而保证 $S_X^2=S_Y^2$。在观测变量中没有相同等级出现时可以保证这一条件。但是，在教育与心理研究实践中，搜集到的观测变量经常出现相同等级。在这种情况下，$\sum R_X=\sum R_Y$ 的条件仍可得到保证，但 $\sum R_X^2=\sum R_Y^2$ 的条件则不能得到满足。在有相同等级出现的情况下，$\sum R^2$ 随相同等级数目的逐渐增多而有规律地减少，其减少的规律如下：

$$c=\frac{t(t^2-1)}{12}$$

其中：

c——差数值（几个相同等级出现的 $\sum R^2$ 与没有相同等级出现的 $\sum R^2$ 之差）；

t——某一等级的相同数。

当一列变量中有多个相同等级出现时，它们的差数值为：

$$\sum c=\sum\frac{t(t^2-1)}{12}$$

从而，在出现相同等级情况下，计算斯皮尔曼等级相关系数的公式为：

$$r_{Rc}=\frac{\sum x^2+\sum y^2-\sum D^2}{2\sqrt{\sum x^2\cdot\sum y^2}} \tag{2-26}$$

式中：

$$\sum x^2=\frac{n(n^2-1)}{12}-\sum\frac{t(t^2-1)}{12};$$

$$\sum y^2=\frac{n(n^2-1)}{12}-\sum\frac{t(t^2-1)}{12};$$

n——对偶数据个数；

t——各列变量相同等级数；

D——对偶等级差数。

例 2-15 10 名样本两次测验成绩如下，试求其相关系数。

学生	测验 I x_i	测验Ⅱ y_i	等级 R_X	等级 R_Y	D	D^2
1	80	70	1.5	5.5	−4	16
2	70	75	5.5	3	2.5	6.25
3	70	70	5.5	5.5	0	0
4	80	75	1.5	3	−1.5	2.25
5	65	60	8	9.5	−1.5	2.25
6	70	75	5.5	3	2.5	6.25
7	75	80	3	1	2	4
8	60	65	9	7.5	1.5	2.25
9	70	65	5.5	7.5	−2	4
10	55	60	10	9.5	0.5	0.25
$n=10$			$\sum R_X=55$	$\sum R_Y=55$		$\sum D^2=43.5$

解：本例不能确定 X 与 Y 的总体是否为正态，故用等级相关方法。由于有相同等级，故代入（2-26）式，有

$$\sum x^2=\frac{10\times(10^2-1)}{12}-\left[\frac{2\times(2^2-1)}{12}+\frac{4\times(4^2-1)}{12}\right]=77$$

$$\sum y^2=\frac{10\times(10^2-1)}{12}-\left[\frac{2\times(2^2-1)}{12}+\frac{3\times(3^2-1)}{12}+\frac{2\times(2^2-1)}{12}+\frac{2\times(2^2-1)}{12}\right]=79$$

$$r_{Rc}=\frac{77+79-43.5}{2\times\sqrt{77\times79}}=\frac{112.5}{155.99}=0.72$$

2. 肯德尔 W 系数（肯德尔和谐系数）

肯德尔 W 系数又称肯德尔和谐系数，是表示多列等级变量相关程度的一种方法，它适用于两列以上等级变量。

肯德尔和谐系数用 W 表示，其公式为

$$W = \frac{SS_{Ri}}{\frac{1}{12}K^2(n^3-n)} \tag{2-27}$$

式中：

SS_{R_i}——R_i 的离差平方和；

$$SS_{R_i} = \sum (R_i-\bar{R})^2 = \sum\left(R_i - \frac{\sum R_i}{n}\right)^2$$

$$= \sum R_i^2 - \frac{\left(\sum R_i\right)^2}{n}$$

K——等级变量的列数或评价者数目；

n——被评价对象数目。

肯德尔 W 系数基于这么一种思想：当 K 个评价者对几件事物进行等级评定，如果 K 个评价者的意见完全一致，则 n 个 R_i 分别为 K，$2K$，$3K$，…，nK，…，$\bar{R}=\frac{K(n+1)}{2}$，

$$SS_{R_i} = \sum (R_i-\bar{R})^2 = K^2\left[\frac{n(n+1)(2n+1)}{6} - \frac{n(n+1)}{4}\right]^2 = \frac{1}{12}K^2(n^3-n),$$

此时的 $W=1$；若 K 个评价者的意见完全不一致，则 $SS_{R_i}=0$，此时的 $W=0$；如果 K 个评价者的意见存在一定的关系，但又不是完全一致，则 $SS_{R_i}\neq 0$。因此，肯德尔 W 系数的变化范围为 $0\leqslant W\leqslant 1$，当我们得到一个不等于 0 的肯德尔 W 系数，它仅表明了相关程度，由于 $W\geqslant 0$，对相关的方向尚需从实际资料中分析得出。

例 2-16 6 位教师各自评阅相同的 5 篇作文，下表为每位教师给每篇作文评分的等级，试求其评分者信度。

$n=5$ 作 文	评分者 $K=6$ 1	2	3	4	5	6	R_i	R_i^2
一	3	3	3	3	3	3	18	324
二	5	5	4	5	5	5	29	841
三	2	2	1	1	2	2	10	100
四	4	4	5	4	4	4	25	625
五	1	1	2	2	1	1	8	64
$\sum$							90	1 954

解：教育统计学中，评分者信度就是求 K 个评分者对几篇作文评价的一致性，因此求肯德尔 W 系数，将上表有关数据代入（2-27）式，得

$$W=\frac{SS_{R_i}}{\frac{1}{12}K^2(n^3-n)}=\frac{1\,954-\frac{90^2}{5}}{\frac{1}{12}\times 6^2\times(5^3-5)}=0.93$$

和斯皮尔曼等级相关系数一样，当出现相同等级时，肯德尔 W 系数也需要校正，其公式为

$$W_c=\frac{SS_{R_i}}{\frac{1}{12}K^2(n^3-n)-K\sum c} \tag{2-28}$$

式中：

$$\sum c=\sum\frac{(t^3-t)}{12}(t\text{ 为相同等级数})$$

例 2-17 5 位评价者对 6 位教师课堂教学质量的评价意见如下，试考察这 5 位评价者对评价校正掌握的一致性程度。

$n=6$ 被评教师	评价者 $K=5$ 1	2	3	4	5	R_i	R_i^2
A	4	5	3.5	5	4	21.5	462.25
B	1	1	1.5	2	1	6.5	42.25
C	2.5	2	1.5	2	2	10	100
D	6	5	5	4	5	25	625
E	2.5	3	3.5	2	3	14	196
F	5	5	6	6	6	28	784
$\sum$						105	2 209.5

解：本例为求有相同等级情况下的肯德尔 W 系数。

$$\sum c=\frac{2^3-2}{12}+\frac{3^3-3}{12}+\frac{2^3-2}{12}+\frac{2^3-2}{12}+\frac{3^3-3}{12}=5.5$$

代入（2-28）式，得

$$W_c=\frac{SS_{R_i}}{\frac{1}{12}K^2(n^3-n)-K\sum c}=\frac{2\ 209.5-\frac{105^2}{6}}{\frac{1}{12}\times 5^2\times(6^3-6)-5\times 5.5}=0.91$$

（三）质量相关

在教育与心理研究实践中，我们常将一列变量按事物的某一属性划分种类，而另一列变量则为等比或等距的测量数据，这种情况下求得的相关，称为质量相关。

1. 点双列相关

点双列相关适用于双列变量中一列为来自正态总体的等距或等比的测量数据；另一列为二分称名变量，即按事物的某一性质只能分为两类相互独立的变量，如男与女、文盲与非文盲等。

点双列相关的计算公式为

$$r_{pb}=\frac{\overline{X}_p-\overline{X}_q}{S_X}\sqrt{pq} \tag{2-29}$$

式中：

p——二分称名变量中取某一值的变量比例；

q——二分称名变量中取另一值的变量比例；

$\overline{X}_p$——等距（比）变量中与 p 对应的那部分数据的平均值；

$\overline{X}_q$——等距（比）变量中与 q 对应的那部分数据的平均值；

S_X——全部等距（比）变量的标准差。

点双列相关在教育与心理统计研究中常作为选择题的区分度指标。

例 2-18 下表为某一测验中 10 名考生的卷面总分和一道选择题的得分，试求该选择题的区分度。

考　生	A	B	C	D	E	F	G	H	I	J
选择题得分	1	1	1	1	0	0	1	0	0	1
卷面总分	75	57	73	65	67	56	63	61	65	67
	$n=10$，$S_X=6.12$，$p=6/10=0.6$，$q=4/10=0.4$，$\overline{X}_p=66.67$，$\overline{X}_q=62.25$									

解：选择题的得分只有 0 与 1 两种，考生的选择题得分为二分称名变量，其卷面总分为等比数据，且来自分布为正态的总体，其区分度以点双列相关系数表示。

$$r_{pb}=\frac{\overline{X}_p-\overline{X}_q}{S_X}\sqrt{pq}=\frac{66.67-62.25}{6.12}\sqrt{0.6\times 0.4}=0.354$$

其中

$$\overline{X}_p=\frac{75+57+73+65+63+67}{6}=66.67$$

$$\overline{X}_q=\frac{67+56+61+65}{4}=62.25$$

2. 双列相关

双列相关系数适用于两列变量均为来自正态总体的等距（比）变量，而其中一列被人为地划分为两个类别的数据。

双列相关系数的计算公式为

$$r_b=\frac{\overline{X}_p-\overline{X}_q}{S_X}\cdot\frac{pq}{Y} \tag{2-30}$$

式中：

$\overline{X}_p$——等距（比）变量中与 p 相对应的那部分数据的平均值；

$\overline{X}_q$——等距（比）变量中与 q 相对应的那部分数据的平均值；

S_X——全部等距（比）变量的标准差；

p——二分称名变量中取某一值的变量比例；

q——二分称名变量中取另一值的变量比例；

Y——标准正态曲线下 p 与 q 交界点的 Y 轴高度（可查正态分布表得出）。

双列相关在教育与心理统计研究中常作为问答题或主观题的区分度指标。

例 2-19　下表为 10 名考生一次测验的卷面总分和一道问答题的得分，试求该问答题的区分度（该问答题满分为 10 分，因此得 6 分和 6 分以上则认为该题通过）。

考　生	A	B	C	D	E	F	G	H	I	J
卷面总分	75	57	73	65	67	56	63	61	65	67
问答题得分	7	6	7	4	7	4	4	4	7	6
	$n=10$，$S_X=6.12$，$p=6/10=0.6$，$q=4/10=0.4$，$\overline{X}_p=67.33$，$\overline{X}_q=61.25$									

解：问答题得分被人为划为通过、不通过两类，本题应求双列相关。

查正态分布表：当 $p=0.60$ 时，$Y=0.3866$，

$$
\begin{aligned}
r_b &= \frac{\overline{X}_p-\overline{X}_q}{S_X}\cdot\frac{pq}{Y}\\
&= \frac{67.33-61.25}{6.12}\times\frac{0.60\times0.40}{0.3866}\\
&= 0.62
\end{aligned}
$$

【要点小结】

集中量数是描述数据集中趋势的统计量。集中量数包括算术平均数、加权平均数、几何平均数、中数、众数等。其中算术平均数具有反应灵敏、确定严密、简明易解、计算简便并能作进一步代数演算等优点，是应用最普遍的一种集中量数。

差异量数是描述数据离中趋势的统计量，它反映了次数分布的离散程度。差异量数包括平均差、方差与标准差等，其中方差与标准差是最常用的差异量数，其值越大，说明次数分布的离散程度越大。方差与标准差具有反应灵敏、计算严密、受抽样变动的影响较小等良好差异量数的条件。在统计实践中，人们常将其与平均数一起描述一组数据的全貌。

地位量数是描述变量在其所处分布中相对地位的量数。它包括百分位分数、百分等级分数、标准分数和 T 分数等。本章仅介绍了百分位分数、百分等级分数。标准分数与 T 分数安排在第三章介绍。在教育与心理统计中，地位量数常被用来表示各种常模。

事物之间存在联系但又不能直接作出因果关系的解释时，称事物间的这种联系为相关。相关指事物之间确实存在的相互联系，用一些合理的指标对相关事物的观测值进行的统计分析叫相关分析。相关散点图直观地显示了两个事物的成对观测值之间是否存在相关、存在什么样的相关以及相关程度。相关系数是两列变量间相关程度的数量化指标。

【思考与练习】

1. 某班学生的心理学平均成绩为 75 分，标准差为 10 分，学生总数为 43 人。根据这些信息，无法计算出的统计量有（　　）。

A. 差异系数　　B. 分数总和　　C. 中数　　D. 方差

2. 已知一组数据为 2，5，13，10，8，21，则它们的中位数为（　　）。

A. 8　　B. 9　　C. 10　　D. 不存在

3. 某班 30 名学生的平均成绩是 75 分，其中 10 名女生的平均成绩是 85 分，那么该班男生的平均成绩是多少分？（　　）

A. 65 分　　B. 70 分　　C. 75 分　　D. 68 分

4. 在教育与心理研究中，求平均增长率或对心理物理学中的等距与等比量表实验的数据处理，应当使用的统计量是（　　）。

A. 算术平均数　　B. 加权平均数　　C. 几何平均数　D. 方差或标准差

5. 如果把某班所有学生的分数都减少 5 分，则该班成绩的均值和方差会如何变化？（　　）

A. 均值变小，方差不变　　B. 均值不变，方差变小

C. 均值方差同时变小　　D. 均值变小，方差变大

6. 变异系数为 0.2，均值为 10，则方差为（　　）。

A. 4　　B. 20　　C. 2　　D. 50

7. 已知某大学心理系二年级学生的英语四级考试成绩，现要计算该学校心理系二年级学生成绩的离散程度，应选用的统计量是（　　）。

A. 总体方差　　B. 样本方差　　C. 均值　　D. 百分位数

8. 在数据集中趋势的测量中，受极端数值影响最小的统计量是（　　）。

A. 算术平均数　　B. 几何平均数　　C. 四分位差　D. 中数

9. 若 P_{90} 等于 83，则表明在该次数分布中有（　　）的个案低于 83 分，

其中百分位数是指（　　）。

A. 10%，P_{90}　　B. 90%，P_{90}　　C. 10%，90　　D. 90%，90

10. 对5名成人和5名幼儿的身高进行了测量，其中成人的身高为（单位：厘米）：169，173，175，180，183。幼儿的身高为（单位：厘米）：68，69，71，72，72。现要比较幼儿组和成人组的身高差异，结果是（　　）。

A. 幼儿身高的差异较大

B. 成人身高的差异较大

C. 幼儿和成人身高的差异相同

D. 幼儿和成人的身高差异无法比较

11. 一组数据包含14个观测值，则中位数所在的位置为（　　）。

A. 6.5　　B. 7　　C. 7.5　　D. 8

12. 在下面的假定中，哪个不属于计算积差相关系数时需要符合的条件？（　　）

A. 两列变量都是等距的或等比的测量数据

B. 两列变量所来自的总体必须是正态的或近似正态的对称单峰分布

C. 两列变量必须具备一一对应的关系

D. 一个变量的数值增大，另一个变量的数值也应增大

13. 设高中生每周累计上网时间与学习成绩之间的的相关系数为−0.87，这说明二者之间存在着（　　）。

A. 高度相关　　B. 中度相关　　C. 低度相关　　D. 不相关

14. 下列关系中哪个不属于相关关系？（　　）

A. 智商与学业成绩之间的关系

B. 降水量与农作物产量之间的关系

C. 生活压力与主观幸福感之间的关系

D. 球的体积与半径的关系

15. 下列的相关系数中，哪一个是不可能出现的？（　　）

A. −0.86　　B. 0　　C. −1　　D. 1.25

16. 已知相关系数 $r=0$，则两个变量之间的关系是（　　）。

A. 相关程度很低　　B. 不存在任何关系

C. 不存在线性相关关系　　　　　　　　D. 存在非线性相关关系

17. 下列说法中不正确的是（　　）。

A. 如果两列变量满足计算积差相关系数的条件，则一定也满足计算等级相关系数的条件。

B. 肯德尔和谐系数是表示多列等级变量相关程度的一种方法。

C. 双列相关系数适用于两列变量均为来自正态总体的等距（比）变量，而其中一列被人为地划分为两个类别的数据。

D. 点双列相关在教育与心理统计研究中常作为问答题的区分度指标。

18. 算术平均数具有以下哪种数学性质？（　　）

A. $\sum_{i=1}^{n} |x_i - \overline{X}| = 0$　　　　　　B. $\sum_{i=1}^{n} (x_i - \overline{X})^2 = 0$

C. $\sum_{i=1}^{n} (x_i - \overline{X}) = \min$　　　　　　D. $\sum_{i=1}^{n} (x_i - \overline{X})^2 = \min$

19. 下列哪个统计量能反应出数据的相对离散程度？（　　）

A. 样本方差　　B. 总体方差　　C. 差异系数　　D. 平均差

20. 概念解释：

（1）集中量数；

（2）几何平均数；

（3）差异系数；

（4）地位量数；

（5）相关散点图；

（6）相关系数；

（7）质量相关。

21. 下表是某校五年来毕业生人数，试求其平均增长率，并估计照此速度增长，五年后该校毕业生人数是多少。

年　度	2004	2005	2006	2007	2008
人　数	730	760	840	980	1 150

22. 根据表 2-1 所列次数分布，求 P_{80} 百分位分数，并求 86 分的百分等级分数。

23. 假设两变量为线性关系，对下列情况各应使用什么方法计算相关系数?

(1) 两列变量是等距或等比变量，且均为正态分布。

(2) 两列变量是等距或等比变量，但不是正态分布。

(3) 一列变量为正态连续变量，另一列变量为正态连续变量但被人为地分为两类。

(4) 一列变量为正态连续变量，另一列变量为二分称名变量。

24. 教育统计学中试题的区分度以题目得分与试卷总分的相关系数表示。下表是一次测验的有关数据（试卷总分为正态分布）。

考生 \ 题号	一	……	六	……	十二	被试者总分
A	1		3		41	75
B	1		5		35	57
C	1		2		42	73
D	1		3		40	65
E	1		3		39	67
F	0		3		32	56
G	1		4		34	63
H	0		1		39	61
I	0		4		33	65
J	1		5		36	67

(1) 第一题为选择题，试求其区分度。

(2) 第六题满分值为 5 分，若将题目得分 $X_i \geqslant 3$ 规定为通过本题，$X_i < 3$ 为不通过本题，试求其区分度。

(3) 第十二题得分服从正态分布，试求其区分度。

25. 5 位教师各自评阅相同的 6 篇文章，每位教师给每一篇作文所评等级见下表，试求 5 位教师所评等级的一致性（评分者信度）。

作文 \ 评分者	A	B	C	D	E
1	4	5	5	5	4
2	5	5	4	5	5
3	3	4	4	3	4
4	2	2	3	3	2
5	3	3	3	3	3
6	4	3	4	3	4

【拓展性阅读导航】

1. ［美］戴维·S. 穆尔著，郑惟厚译：《统计学的世界》（第五版），中信出版社 2003 年版。

这是一本关于统计理论的入门书籍，主要探讨的是统计概念在日常生活各个方面的应用。本书体系清晰，将统计概念分为四部分：数据的产生、资料分析、概率和统计推论，并用生动形象的实例讲述统计学的概念和分析方法，深入浅出，适合没有太多数理基础的读者使用。

2. 张厚粲、徐建平著：《现代心理与教育统计学》，北京师范大学出版社 2004 年版。

本书介绍了集中量数、差异量数的定义与计算方法，有不同的例子可供比照学习。

3. 邵志芳主编：《心理与教育统计学》，上海科学普及出版社 2004 年版。

本书附有较多实例和习题，结合峰度和偏度的有关知识介绍统计量数，是一本实用的入门级心理与教育统计书籍。

第三章
概率与分布

【内容提要】

概率统计和统计分布理论，是所有统计理论与方法的基础，也是教育与心理统计、实验的基础。本章介绍概率、排列与组合知识，对二项分布、正态分布作详细的理论评价及其应用方法的介绍。其中正态分布作为统计推断的最常用的分布，值得特别认真学习并掌握它的性质及应用。

【学习目标】

1. 了解概率、随机事件的概念，掌握基础的概率计算方法。

2. 了解排列与组合的概念，结合二项分布的性质，掌握二项分布的应用方法。

3. 理解正态分布的性质，熟练掌握正态分布表的使用，熟练掌握标准正态分布以及标准分数的计算和转换。

【关键词】

概率　排列与组合　二项分布　正态分布

统计分析与统计推断，是根据统计理论作出的。而任何一种统计方法的应用，都要对所拟作出统计推断的数据分布作分析研究，根据分布形态，从而找到恰当的统计分析方法。所以对教育与心理现象的研究，我们当然希望知道它们的总体分布情况，这就需要根据样本提供的信息对总体进行统计推断，而概率的基本理论是统计推断的理论根据。为了使教育与心理统计得到恰当的应用，了解概率及其数学分布的应用是有必要的。我们在这一章中将简要介绍一些概率统计的基本理论及统计分布理论。

第一节 概　率

一、概率

（一）随机现象

在自然界和社会生活中，存在着两种不同类型的现象，即确定性现象和随机现象。

在一定的条件下事先可以断言必然会发生某种结果的现象叫确定性现象。

确定性现象又分两种情况。一是在一定条件下必然会发生的现象，简称为必然现象。例如，在标准大气压下，纯水加热到 100℃时必然会沸腾。又如，导体通电时，导体必然会发热。二是在一定的条件下必然不会发生的现象，简称为不可能现象。例如，生铁放在室温下，生铁必然不会熔化。又如，某一学生在期末考试中有一门主要功课不及格，则该生在这个学期肯定评不上“三好学生”。

在一定条件下，事先不能断言会出现哪种结果的现象叫随机现象。例如，向空中掷一枚硬币落地，结果可能是正面向上，也可能是反面向上。又如，某学生对一道客观选择题完全凭猜测，则可能猜对，也可能猜错。

我们把对随机现象的一次观察叫做一次随机试验。随机试验是研究随机现象的手段，它反映了随机现象的两个显著特点。

1. 一次试验前，不能预言发生哪一种结果，这说明随机现象具有偶然性。

2. 在相同条件下，进行大量次重复试验，呈现出统计规律性，这说明随机现象也具有必然性。例如，对“空中掷一枚硬币”的随机现象进行观察，在 1.2 万次的重复观察中，发现正面向上有 6 019 次；在 2.4 万次的重复观察中，正面向上有 12 012 次。这些数据告诉我们，对这种随机现象进行反复多次观察，发现其呈现一个内在规律：“正面向上”和“反面向上”的可能性几乎各占一半。

随机现象中出现的各种可能的结果称为随机事件，简称为事件。随机事件中有两种极端情况：必然事件和不可能事件。当某一事件包含随机试验中所有可能的结果，则称这一事件为必然事件。当某一事件不包含随机试验中的任何结果，则称这一事件为不可能事件。

（二）事件与概率

1. 事件

随机事件在每次试验中的发生是随机的，那么是否有规律可循呢？能否确切地知道它在一定条件下发生的可能程度呢？这就要我们作具体的分析。

就个别试验和观察而言，某种事件的出现与否好像是偶然的，难以体现出其中的规律性；但如果进行多次试验和观察，事件的出现情况就能体现出一定的规律性，这种规律性就是频率的稳定性。

为了找到某事件 A 发生的规律性，我们需要在 n 次重复试验中统计出事件 A 发生的次数 n，并计算 n 与试验总次数 N 的比值，这个比称为事件 A 发生的频率，记作 $F_N(A)$

$$F_N(A)=\frac{n}{N} \tag{3-1}$$

从下例中可知道通过事件发生的频率大小能看出该事件发生所呈现的统计规律性。

例 3-1 向上掷一枚硬币，观察“正面向上”的次数。现分次数 $N=5$，$N=50$，$N=500$ 三组进行试验，其中每一组又重复进行 10 批，其结果如表 3-1 所示。从表中不难看出，在每一组重复试验中，事件的频率有波动，带有偶然性，但在大量次（$N=500$）重复试验中，频率越稳定于一个确定的数值 0.5 附近，且随着试验次数的增加，这种稳定在一个数值附近的趋势越显著。通常把这一规律说成频率具有稳定性。

频率的稳定性说明随机事件发生的可能性的大小是随机事件本身所固有的，不随人们意志改变的一种客观属性，因此可以对其进行度量。我们把随机事件 A 发生的可能性大小称作随机事件 A 发生的概率，记作 $P(A)$。频率是事件发生的外在表现，而概率才体现事件发生的内在实质。

表 3-1 不同次数的试验 F_N 的频率

试验批号	$N=5$		$N=50$		$N=500$	
	$n_{正}$	F_N	$n_{正}$	F_N	$n_{正}$	F_N
1	2	0.40	22	0.44	251	0.502
2	3	0.60	25	0.50	249	0.498
3	1	0.20	21	0.42	256	0.512
4	5	1.00	25	0.50	253	0.506
5	1	0.20	24	0.48	251	0.502
6	2	0.40	21	0.42	246	0.492
7	4	0.80	18	0.36	244	0.488
8	2	0.40	24	0.48	258	0.516
9	3	0.60	27	0.54	262	0.524
10	3	0.60	31	0.62	247	0.494

2. 概率

我们不仅关心一个随机现象有哪些可能的结果，更重要的是要知道每一个结果出现的可能性有多大。为了度量随机事件发生的可能性大小，我们引入“概率”这一概念，介绍两种具体条件下的概率的定义。

概率的统计定义　概率的统计定义与频率是密切相关的。若试验满足以下条件：

(1) 每次试验中某一事件发生的可能性不变，

(2) 试验能大量重复，且每次试验相互独立，

此时，事件 A 发生的概率就是事件 A 发生的频率的稳定值。

定义：在大量重复 N 次试验中，当 N 无限增大时，事件 A 发生的频率 n/N 稳定在一个确定的常数附近，我们就用这个数来表示事件发生的概率，记作 $P(A)$。

$$P(A)=\lim_{N\to\infty}\frac{n}{N} \tag{3-2}$$

概率统计的特点：在研究或试验之前，事件的成功或失败是无法知道的，故要算它成功或失败的概率，只有借助试验结果来估计其概率。

如例 3-1 所示，在掷硬币时出现正面记为事件 A，随着试验次数的增加，

事件 A 出现的频率越来越稳定在 0.5，则我们称事件 A 发生的概率为 0.5，记作 $P(A)=0.5$。

古典概率的定义　概率的古典定义要求试验满足以下两个条件。

（1）每次试验中所可能出现的结果的个数是有限的。这些结果叫做基本事件。

（2）每次试验中每个基本事件的出现是等可能的，即每个基本事件发生的概率相等。

定义：若试验由 n 个有限的基本事件组成，且每次试验中每个基本事件出现是等可能的，有利事件 A 发生的次数为 m，则事件的概率为：

$$P(A)=\frac{m}{n} \tag{3-3}$$

古典概率的特点：在事先就已经知道有关事件出现的事实，在试验或研究之前，我们就能决定事件发生的概率，故又称这种概率为先验概率。

以上两种方式定义的概率有以下共同性质。

（1）必然事件发生的概率为 1，即 $P(\Omega)=1$。

（2）不可能事件的概率为 0，即 $P(\phi)=0$。

（3）事件 A 发生的概率满足：$0\leqslant P(A)\leqslant 1$。

（4）逆事件的概率：$P(\overline{A})=1-P(A)$。

例如：在是非测验题中，每题只有是和非两个结论（这一试验满足古典概率的两个条件），$n=2$，正确答案的概率为 $P(A)=\frac{1}{2}$，错误答案的概率为 $P(\overline{A})=1-P(A)=\frac{1}{2}$，且 $P(A)+P(\overline{A})=1$。

又如：在四选一的多项选择题中，每题有四个可能答案，$n=4$，但只有一个是正确答案，即正确答案的概率为 $P(A)=\frac{1}{4}$，错误答案的概率为 $P(\overline{A})=\frac{3}{4}$，且 $P(A)+P(\overline{A})=\frac{1}{4}+\frac{3}{4}=1$。

又如：从 1，2，3，4，5，6，7，8，9 九个数字中，随机地取出一个数字，求这个数字是奇数的概率。因为基本事件为 $n=9$，有利事件 A 发生的次数 $m=5$（即抽到 1，3，5，7，9），故抽到奇数的概率为 $P(A)=\frac{5}{9}$。

(三) 概率的两个基本定理

1. 概率的加法定理

若 A、B 是两个互不相容的事件，则 A 和 B 至少有一个发生的概率为

$$P(A+B)=P(A)+P(B) \tag{3-4}$$

我们可以把公式推广到有限多个相互独立事件的情况，则有：若 A_1，A_2，…，A_n 是有限个相互独立的事件，则 A_1，A_2，…，A_n 至少有一个发生的概率 $P(A_1+A_2+\cdots+A_n)$ 为

$$P(A_1+A_2+\cdots+A_n)=P(A_1)+P(A_2)+\cdots+P(A_n) \tag{3-5}$$

例 3-2 掷一个骰子，假定出现的点数是等可能性的，求事件 $A=\{$出现点数不超过 4$\}$ 的概率。

解：$\because P(A_i)=\frac{1}{6}(i=1,2,3,4,5,6)$，且基本事件是相互独立的，由加法定理得

$$P(A)=P(A_1)+P(A_2)+P(A_3)+P(A_4)=\frac{1}{6}+\frac{1}{6}+\frac{1}{6}+\frac{1}{6}=\frac{4}{6}$$

例 3-3 某一考生对所考知识一无所知，完全凭猜测回答两道是非题，问该生答对一题的概率为多大?

解：该生猜答结果有四种可能，$A=\{$对，对$\}$，$B=\{$对，错$\}$，$C=\{$错，对$\}$，$D=\{$错，错$\}$，显然这四种可能的结果的概率均为 0.25，且究竟出现何种结果无法预料。比如出现结果 A，就不会出现结果 B、C 或 D，即四个结果是互不相容的。事件 $E=\{$该生答对 1 题$\}$ 发生而且仅当 B 和 C 有一个发生即可。故

$$P(E)=P(B+C)=P(B)+P(C)=0.25+0.25=0.5$$

2. 概率的乘法定理

若 A、B 是两个相互独立事件，则 A 和 B 同时发生的概率 $P(A\cdot B)$ 为：

$$P(A\cdot B)=P(A)\cdot P(B) \tag{3-6}$$

我们容易把公式推广到有限个相互独立事件的情况，则有：若 A_1，A_2，…，A_n 是有限个相互独立事件，则 A_1，A_2，…，A_n 同时发生的概率 $P(A_1A_2\cdots A_n)$ 为：

$$P(A_1A_2\cdots A_n)=P(A_1)P(A_2)\cdots P(A_n) \tag{3-7}$$

例 3-4 同时掷两个骰子，掷出 12 点的概率是多少？掷出 11 点的概率又是多少？

解：(1) 只有两个骰子同时出现 6 点时，方能得出 12 点来，骰子Ⅰ、骰子Ⅱ出现 6 点的概率各为$\frac{1}{6}$，由乘法定理可知出现 12 点的概率为：$\frac{1}{6}\times\frac{1}{6}=\frac{1}{36}$。

(2) 出现 11 点有两种可能情况：由骰子Ⅰ的 6 点和骰子Ⅱ的 5 点组成，或由骰子Ⅰ的 5 点和骰子Ⅱ的 6 点组成，由加法定理和乘法定理可知出现 11 点的概率为$\frac{1}{6}\times\frac{1}{6}+\frac{1}{6}\times\frac{1}{6}=\frac{1}{18}$。

例 3-5 一份有 10 道四选一多项选择题的试卷，考生全凭随机猜测得满分的概率有多大？

解：令 A_i 表示“该生猜对第 i 题”。这一事件，$i=1$，2，…，10。显然，事件 $A_i(i=1$，2，…，10)互不相容，且 $P(A_i)=\frac{1}{4}$，根据概率的乘法定理，$A(i=1$，2，…，10)同时发生的概率为：

$$P(A_1A_2\cdots A_{10})=P(A_1)P(A_2)\cdots P(A_{10})$$

$$=\left(\frac{1}{4}\right)^{10}=0.000\ 000\ 94$$

此概率是相当小的，接近于零，可见一份即使只有 10 道四选一多项选择题的试卷要想凭猜测完全答对几乎是不可能的。实际上，全凭猜测答对 6 道或 6 道以上的可能性也只有 0.019 3，不到百分之二。因而，随着试题数量的增加，考生要凭猜测得高分的可能性是很小的，或者说几乎是不可能的。

二、二项式定理

为了说明二项分布中的二项式的数学规律，我们对排列组合作些简单的介绍。

(一) 排列与组合

1. 排列

定义　从 n 个不同的元素中，任取 m 个（$m\leqslant n$）元素，按一定的顺序排成一列，叫做从 n 个不同元素中取出 m 个元素的一个排列。

（1）当 $m<n$ 时，所得排列称为选排列，记作 P_n^m。

（2）当 $m=n$ 时，所得排列称为全排列，记作 P_n。

计算公式　简单推导排列种数 P_n^m 的计算公式。

假定有排好顺序的 m 个空位，从 n 个不同元素中任取 m 个元素来填入 m 个空位，每个空位只能填入一个元素，这样所有不同填法的种数就是排列种数 P_n^m，可用一个简图示意如下。

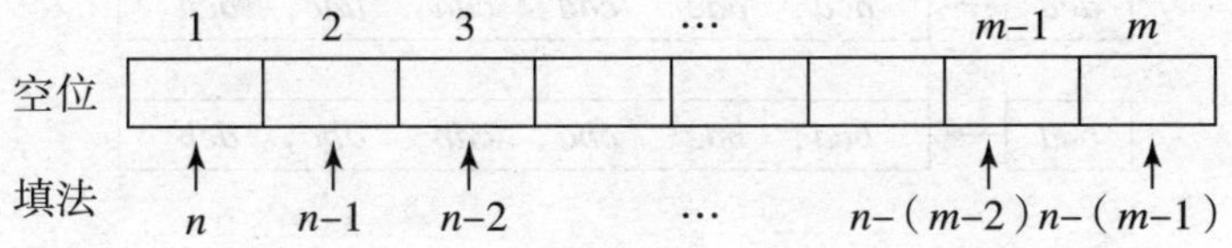

图 3-1　排列种数 P_n^m 示意图

即第一个空位可从 n 个不同元素中任取一个填入，共有 n 种填法；第二个空位从余下的 $n-1$ 个元素中任取一个填入，共有 $n-1$ 种填法；依此类推，第 m 个空位可从余下的 $n-(m-1)$ 个元素中任取一个填入，共有 $n-m+1$ 种填法。由乘法定理，便可得到排列种数的计算公式。

$$P_n^m=n(n-1)(n-2)\cdots(n-m+1) \tag{3-8}$$

同理可得全排列种数的计算公式

$$P_n=n(n-1)\cdots3\times2\times1=n! \tag{3-9}$$

例 3-6　用四个数字 1，2，3，4 可以组成多少个没有重复数字的二位数？多少个没有重复数字的四位数？

解：由（3-8）式，没有重复的二位数有

$$P_4^2=4\times3=12\text{（种）}$$

由公式（3-9），没有重复的四位数有

$$P_4=4\times3\times2\times1=24\text{（种）}$$

2. 组合

定义　从 n 个不同元素中，任取 m 个（$m\leqslant n$）元素，不管顺序并成一组，称为从 n 个不同的元素中取出 m 个元素的一个组合，记作 C_n^m。

公式　我们从组合种数 C_n^m 与排列种数 P_n^m 之间的联系来推导组合计算

公式。

例如：从 4 个不同元素 a，b，c，d 中每次取出 3 个元素的排列种数。

组合		排列
abc	→	abc，acb，bac，bca，cab，cba
abd	→	abd，adb，bad，bda，dab，dba
acd	→	acd，adc，cad，cda，dac，dca
bcd	→	bcd，bdc，cbd，cdb，dbc，dcb

图 3-2　组合与排列联系示意图

（1）如图 3-2 左边方框所示，从 4 个元素中每次任取 3 个元素组合共有 C_4^3 种。

（2）如图 3-2 右边方框所示，再对每种组合里的 3 个元素作全排列共有 P_3 种排法。

由乘法原理可得：$P_4^3=C_4^3P_3$

$$\therefore \qquad C_4^3=\frac{P_4^3}{P_3}$$

一般地，排列也可以分成两个步骤：第一步，从 n 个不同元素中每次取 m 个，不管顺序并成一组，这就是组合种数 C_n^m；第二步，每一种组合里的元素作全排列 P_m。由乘法定理得

$$P_n^m=C_n^mP_m \tag{3-10}$$

由（3-10）式可推出组合的计算公式：

$$\begin{aligned} C_n^m &=\frac{P_n^m}{P_m}=\frac{n(n-1)\cdots(n-m+1)}{m!} \\ &=\frac{n!}{m!(n-m)} \end{aligned} \tag{3-11}$$

组合具有两个性质：

（1）$C_n^m=C_n^{n-m}$

（2）$C_n^m+C_n^{n-m}=C_{n+1}^m$

例 3-7 从 100 个元素中每次取 97 个，试问不同元素的组合数是多少？

解：由（3-11）式和性质（1）得

$$C_{100}^{97}=C_{100}^{3}=\frac{100\times99\times98}{3\times2\times1}=161\ 700\text{（种）}$$

（二）二项式

1. 二项式定理

$$(p+q)^n=C_n^0p^n+C_n^1p^{n-1}q+C_n^2p^{n-2}q^2+\cdots+C_n^rp^{n-r}q^r+\cdots+C_n^{n-1}pq^{n-1}+C_n^nq^n \tag{3-12}$$

应用组合的计算公式，二项式定理可写成

$$(p+q)^n=p^n+np^{n-1}q+\frac{n(n-1)}{2\times1}p^{n-2}q^2+\cdots+\frac{n(n-1)\cdots(n-r+1)}{r!}p^{n-r}q^r+\cdots+npq^{n-1}+q^n \tag{3-13}$$

$(p+q)^n$ 的二项展开式具有下面一些性质：

（1）展开式共有 $n+1$ 项；

（2）p 按降幂排列，指数从 n 逐项减 1 到 0。q 按升幂排列，指数从 0 逐项增 1 到 n；

（3）各项次数和等于二项式的次数；

（4）从第一项起，各项系数依次为 C_n^0，C_n^1，C_n^2，…，C_n^{n-2}，C_n^{n-1}，C_n^n；

（5）由组合的性质 1 知 $C_n^m=C_n^{n-m}$，即由两端起等距项的系数相等；

（6）当项数为奇数时（二项式的指数 n 为偶数），中间一项的系数最大。当项数为偶数时（二项式的指数 n 为奇数），中间两项的系数相等且最大。

例 3-8 展开 $(a-b)^4$ 和 $(x+y)^5$

解：
$$(a-b)^4=C_4^0a^4+C_4^1a^3(-b)+C_4^2a^2(-b)^2+C_4^3a(-b)^3+C_4^4(-b)^4=a^4-4a^3b+6a^2b^2-4ab^3+b^4$$

$$(x+y)^5=C_5^0x^5+C_5^1x^4y+C_5^2x^3y^2+C_5^3x^2y^3+C_5^4xy^4+C_5^5y^5=x^5+5x^4y+10x^3y^2+10x^2y^3+5xy^4+y^5$$

2. 杨辉三角

杨辉三角可以帮助我们记忆二项展开式各项系数的分配规律。在杨辉三角的表中，可从找到 n（从 1 到 10）次方的系数。值得注意的是，每行中的任何值均由它顶上左右两个值相加而得。按这种方法可为更大的 n 值求得二项式的各项系数。它的优点在于能简捷地确定二项展开式的各项系数。

表 3-2　杨辉三角（n=10）

n	二项展开式的 n（从 1 到 10）次方的各项系数	总计
1	1 1	2
2	1 2 1	4
3	1 3 3 1	8
4	1 4 6 4 1	16
5	1 5 10 10 5 1	32
6	1 6 15 20 15 6 1	64
7	1 7 21 35 35 21 7 1	128
8	1 8 28 56 70 56 28 8 1	256
9	1 9 36 84 126 126 84 36 9 1	512
10	1 10 45 120 210 252 210 120 45 10 1	1 024

第二节　二项分布

一、二项分布

二项分布所讨论的是下面的概率问题：对于随机变量 x 进行 n 次独立试验，若每次试验结果只出现对立事件 A 与 $\overline{A}$ 之一，在每次试验中出现 A 的概率是 p，则出现 $\overline{A}$ 的概率为 $1-p$，记为 $q=1-p$，求在 n 次独立试验下，A 出现次数为 x 的概率分布（其中 $x=0$，1，2，…，n）。

用独立重复试验的概率公式给出所要求的概率函数，

$$P(X=x)=C_n^x p^x q^{n-x} \quad (x=0，1，2，\cdots，n) \tag{3-14}$$

(3-14) 式给出的分布称为二项分布。二项分布在教育与心理实验研究中有许多应用。

例 3-9 有 10 道是非题，若一考生完全不懂，全凭猜测回答，问分别答对 5 题、6 题、7 题、8 题、9 题、10 题的概率各为多少？至少答对 5 题的概率又是多少？

解：把考生回答一题看作一次试验，则回答 10 题是 10 次相互独立的试验，每次试验只有两个结果，记答对为 p，答错为 q，则 $p=q=\frac{1}{2}$。

用随机变量 X 表示 10 次试验中答对的题数，由 (3-14) 式得：

猜中 5 题的概率为

$$P(X=5)=C_{10}^5 p^5 q^5=\frac{10\times9\times8\times7\times6}{5!}\left(\frac{1}{2}\right)^5\left(\frac{1}{2}\right)^5=0.246\ 09$$

猜中 6 题的概率为

$$P(X=6)=C_{10}^6 p^6 q^4=\frac{10\times9\times8\times7}{6!}\left(\frac{1}{2}\right)^6\left(\frac{1}{2}\right)^4=0.205\ 08$$

猜中 7 题的概率为

$$P(X=7)=C_{10}^7 p^7 q^3=\frac{10\times9\times8}{3!}\left(\frac{1}{2}\right)^7\left(\frac{1}{2}\right)^3=0.117\ 19$$

猜中 8 题的概率为

$$P(X=8)=C_{10}^8 p^8 q^2=0.043\ 95$$

猜中 9 题的概率为

$$P(X=9)=C_{10}^9 p^9 q^1=0.009\ 77$$

猜中 10 题的概率为

$$P(X=10)=C_{10}^{10} p^{10} q^0=0.000\ 98$$

至少猜中 5 题的概率为

$$\begin{aligned}P&=C_{10}^5 p^5 q^5+C_{10}^6 p^6 q^4+C_{10}^7 p^7 q^3+C_{10}^8 p^8 q^2+C_{10}^9 p^9 q^1+C_{10}^{10} p^{10} q^0\\&=0.246\ 09+0.205\ 08+0.117\ 19+0.043\ 95+0.009\ 77+0.000\ 98\\&=0.623\ 06\end{aligned}$$

例 3-10 有一份 10 道四选一的多项选择题的试卷，若考生对试题作完全猜测，问考生分别猜中 8 题、9 题、10 题的概率各有多大？至少猜中 1 题的概率又有多大?

解：四选一的多项选择题，猜中的概率记为 $p=\frac{1}{4}$，猜错的概率记为 $q=\frac{3}{4}$，由公式（3-14）得：

猜中 8 题的概率为

$$P(X=8)=C_{10}^{8}p^{8}q^{2}=C_{10}^{2}p^{8}q^{2}=\frac{10\times9}{2!}\left(\frac{1}{4}\right)^{8}\left(\frac{3}{4}\right)^{2}=0.003\ 9$$

猜中 9 题的概率为

$$P(X=9)=C_{10}^{9}p^{9}q=C_{10}^{1}p^{9}q^{1}=\frac{10}{1}\left(\frac{1}{4}\right)^{9}\left(\frac{3}{4}\right)=0.000\ 03$$

猜中 10 题的概率为

$$P(X=10)=C_{10}^{10}p^{10}q^{0}=0.000\ 009$$

至少猜中 1 题的概率为

$$\begin{aligned}P(\text{至少答对 1 题})&=1-P(\text{10 题全答错})=1-P(X=0)\\&=1-C_{10}^{0}p^{0}q^{10}=1-\left(\frac{3}{4}\right)^{10}\\&=0.943\ 7\end{aligned}$$

利用二项分布的原理还能简捷地计算出任何既定的或大于任何既定分数的概率。

从例 3-10 可知，若学生全凭猜测答对至少 9 题的概率为：

$$P=C_{10}^{9}\left(\frac{1}{4}\right)^{9}\left(\frac{3}{4}\right)+C_{10}^{10}\left(\frac{1}{4}\right)^{10}\left(\frac{3}{4}\right)^{0}=0.000\ 03+0.000\ 009=0.000\ 04$$

即 10 万次中只有 4 次的可能性，这确实是一件几乎不可能发生的事情。因此我们可以利用计算结果，并利用结果帮助我们来决定试题的数量以及题型，使考试发挥最大的作用。

二、二项分布的均值、方差和标准差

根据理论推导，二项分布的均值 μ、方差 σ^2 和标准差 σ 分别为

$$\mu=np \tag{3-15}$$

$$\sigma^2=npq \tag{3-16}$$

$$\sigma=\sqrt{npq} \tag{3-17}$$

其中，n 为二项试验的总次数，p 为事件发生的概率，则 $q=1-p$。

均值、方差、标准差都是随机变量的数字特征。均值反映变量取值的集中程度，方差、标准差都反映了变量取值的离散程度。例如：

$n=5$，$p=\frac{1}{2}$时，$\mu=2.5$，$\sigma^2=1.25$，$\sigma=1.12$

$n=10$，$p=\frac{1}{4}$时，$\mu=2.5$，$\sigma^2=1.875$，$\sigma=1.37$

$n=20$，$p=\frac{1}{8}$时，$\mu=2.5$，$\sigma^2=2.1875$，$\sigma=1.48$

可见，上述三例中，二项分布的均值相同，表明分布的集中位置一致；但方差、标准差都随 p 值的减小而越来越大，说明分布的离散程度不一致。

当 n 充分大时，二项分布近似于正态分布。

例 3-11 一份试卷有 100 道四选一的多项选择题（每题 1 分），考生答对了其中 80 道，有 20 道不能回答，因而对这 20 道题作猜测，则猜测得分的范围有多大?

解：$\mu=np=20\times\frac{1}{4}=5$

$$\sigma=\sqrt{np(1-p)}=\sqrt{20\times\frac{1}{4}\times\frac{3}{4}}=1.94$$

$$5\pm1.96\times1.94=5\pm3.8$$

它的意思是，在这 100 道题中，若考生仅懂其中 80 道，而其余 20 道作完全猜测的话，考生猜测得分在 1.2～8.8 分之间的可能性为 95%（1.96 为 95%的置信区间的查表值，将在下面介绍），而猜测得分在 1.2 分以下或 8.8 分以上的概率只有 5%。若从全份试卷来看，在重要的大规模考试中，考生想从猜测得高分的可能性是很小的。

例 3-12 若考生对 20 道是非题进行猜测（每题 1 分），问猜测得分的范围有多大?

解：$\mu=20\times\frac{1}{2}=10$

$$\sigma=\sqrt{20\times\frac{1}{2}\times\frac{1}{2}}=2.24$$

$10 \pm 1.96 \times 2.24 = 10 \pm 4.38$

即考生有 95%的可能猜测得分在 5.62～14.38 分之间。

由此可见，是非题的猜测得分比多项选择题的猜测得分要高，因而在考试中应有限制地使用是非题。

第三节 正态分布

正态分布是最常见、应用最广的一种重要的连续型分布。“正态分布”一词，顾名思义，就是“正常状态下的分布”的意思。在自然界和社会领域常见的变量中，很多都具有“两头小，中间大，左右对称”这种性质，例如人群的智力、学生的学业成绩一般情况下都服从正态分布或近似正态分布。

一、正态分布

正态分布的函数表达式为

$$f(x)=\frac{1}{\sqrt{2\pi}\sigma}e^{-\frac{(x-\mu)^2}{2\sigma^2}}(\sigma>0,-\infty<x<+\infty) \tag{3-18}$$

其中：π 是圆周率；

e 是自然对数的底；

x 为随机变量的取值；

μ 为正态分布的均值；

σ^2 为正态分布的方差。

正态分布一般记作 $x \sim N(\mu, \sigma^2)$。

由正态分布函数 $f(x)$ 的表达式（3-18）式绘出的正态分布函数的曲线（以下简称正态曲线），如图 3-3 所示。

根据（3-18）式和图 3-3，我们可以得到正态曲线以下的基本性质。

1. 正态曲线位于 x 轴的上方，以直线 $x=\mu$ 为对称轴，μ 为正态分布的均值，它向左向右对称地无限伸延，且以 x 轴为渐近线。即当 $x \to \pm\infty$ 时，

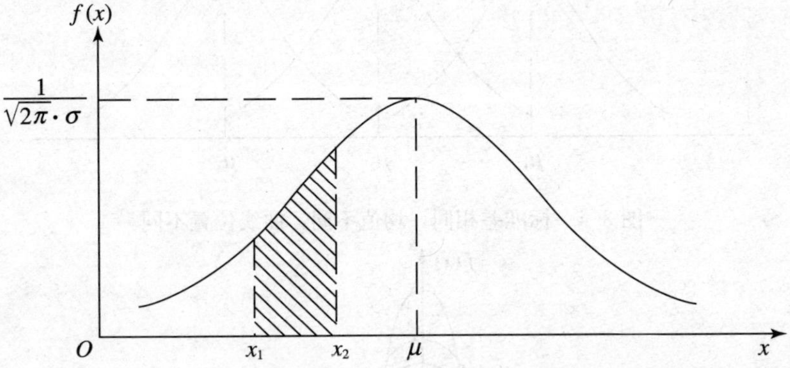

图 3-3 正态分布 $x \sim N(\mu, \sigma^2)$的密度函数曲线

$f(x) \to 0$。但曲线始终不与 x 轴相交。

2. 当 $x=\mu$ 时曲线处于最高点，即当 $x=\mu$ 时，$f(x)=\dfrac{1}{\sqrt{2\pi}\sigma}$为最大值；$x=\mu \pm \sigma$两点是拐点，当正态曲线由中央向两侧逐渐下降时，到拐点改变了弯曲方向，整条曲线呈现“中间高，两边低”的形状。

3. 正态曲线与 x 轴所围成区域的面积为 1。因为正态曲线关于 $x=\mu$ 对称，所以 $x=\mu$ 将正态曲线分成面积均为 0.5 的两部分。服从正态分布的随机变量 x 在 x_1 到 x_2 间变化的概率（$x_1 \leqslant x_2$）就是 $x=x_1$，$x=x_2$ 两轴之间曲线下的面积，即概率 $P\{x_1 < x \leqslant x_2\}$ 为图 3-3 中阴影部分的面积。

4. 正态分布 $x \sim N(\mu, \sigma^2)$是由均值 μ 和标准差 σ 唯一决定的分布。当均值 μ 和标准差 σ 不同时，正态曲线呈现的位置和形状也就不同。均值 μ 决定曲线的位置；标准差 σ 决定曲线的形状，σ 愈大，曲线愈“扁平”（即分布愈分散），σ 愈小，曲线愈“瘦长”（即分布愈集中于 μ 的附近）。如图 3-4、图 3-5 所示。$\mu=0$，$\sigma^2=1$ 时，称为标准正态分布。标准正态曲线如图 3-6 所示。

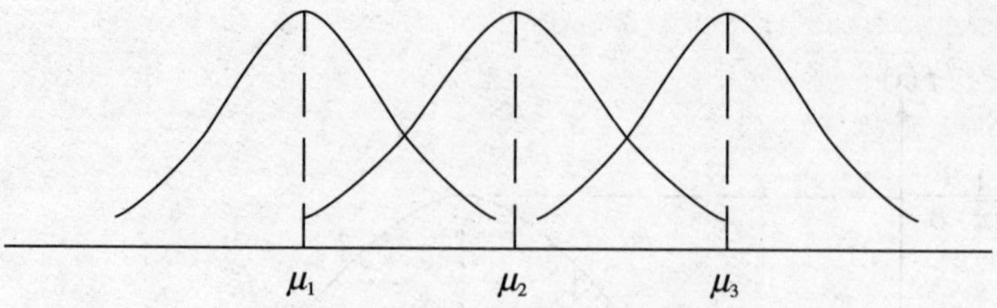

图 3-4　标准差相同，均值不同，曲线位置不同

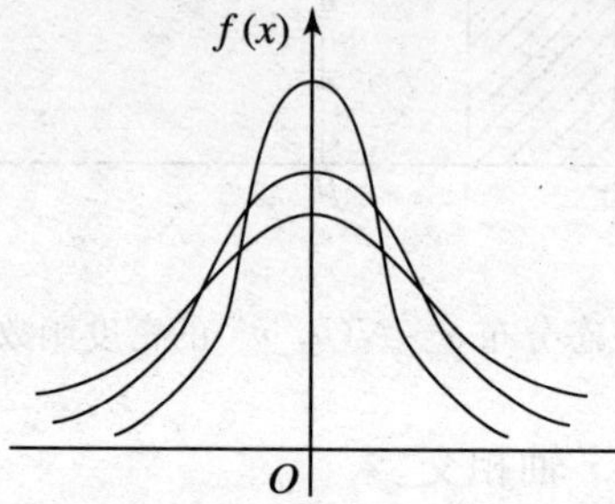

图 3-5　均值为 0，标准差不同，曲线形状比较

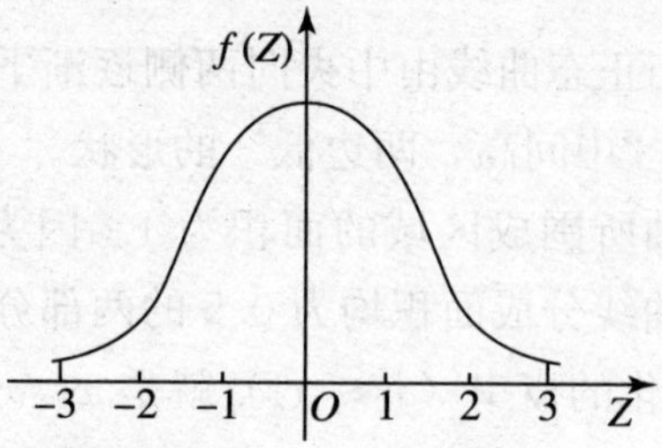

图 3-6　标准正态曲线

二、标准正态分布

当均值 μ 为 0，方差 σ^2 为 1 时的正态分布称为标准正态分布，记作 $N(0, 1)$。标准正态分布的函数表达式 $f(Z)$ 为：

$$f(Z)=\frac{1}{\sqrt{2\pi}}e^{-\frac{1}{2}z^2}\ (-\infty<Z<+\infty) \tag{3-19}$$

标准正态曲线如图 3-6 所示。

由于标准正态分布的均值 μ 和标准差 σ^2 都是确定的值，故它的位置和形状也都是确定的。标准正态曲线在 $Z=0$ 点达到最大值，$f(0)=\frac{1}{\sqrt{2\pi}}=0.398\,9$，曲线上 $Z=\pm 1$ 两点是拐点，$f(\pm 1)=\frac{1}{\sqrt{2\pi e}}=0.241\,9$。

数理统计中已经证明，任何一般的正态分布通过转换都可以化为标准正态分布。

若 $x\sim N(\mu, \sigma^2)$，令

$$Z=\frac{x-\mu}{\sigma} \tag{3-20}$$

则 $Z\sim N(0, 1)$。

利用（3-20）式可将各式各样形态的正态曲线转换成图 3-6 所示的标准正态曲线。转换后正态分布的各项性质都保持不变。

因为任何正态分布的概率问题均可转化成标准正态分布，所以只要有标准正态分布表即可。统计学家根据数学上的积分理论和方法编制了标准正态分布表，见附表 1。

三、正态分布表的使用

正态分布表包括以下三列：第一列表示曲线底线即横轴上的位置，用 Z 表示。对于正态分布 $x\sim N(\mu, \sigma^2)$ 而言，Z 值相当于$\frac{x-\mu}{\sigma}$。第二列是纵高 Y，即曲线的高度，对于某 Z_0 值纵高 Y 由（3-19）式计算。例如，在均值 $x=\mu$ 这点上 $Z=0$，$Y=f(0)=\frac{1}{\sqrt{2\pi}}=0.398\,9$。第三列是图 3-7 中阴影部分的面积，用 P 表示，即概率 $P\{0<Z\leqslant Z_0\}$。

如 $Z=1$ 时，$P=0.341\,3$；

$Z=2$ 时，$P=0.477\,2$；

$Z=2.5$ 时，$P=0.493\,8$；

$Z=3$ 时，$P=0.498\,7$。

使用正态分布表时要注意两个问题。

1. 正态分布表只列出 $Z\geqslant 0$ 所对应的纵高和面积。当 $Z\leqslant 0$ 时，可根据正

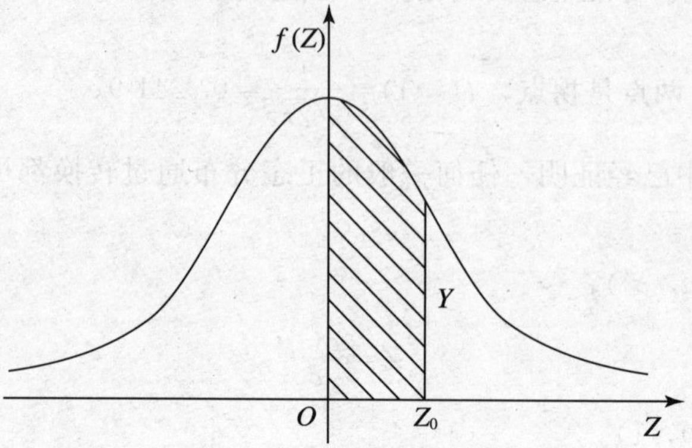

图 3-7　正态分布表中 Z、Y、P 的意义

态曲线的对称性，在正态分布表中查出 $-Z$ 所对应的面积和纵高即可。即 $P(Z_0<Z\leqslant 0)=P(0<Z\leqslant -Z_0)$，如 $P(-1<Z<0)=P(0<Z<1)$。

2. 对服从正态分布 $x\sim N(\mu,\ \sigma^2)$ 的变量 x，先通过 $Z=\dfrac{x-\mu}{\sigma}$，转化为 Z 值，即计算得到以标准差 σ 为单位的离均差后，才能查表。

下面我们将通过具体的例子来看正态分布表的使用。

例 3-13　设 X 服从正态分布 $x\sim N(\mu,\ \sigma^2)$，求以下的概率。

(1) $P\{\mu-\sigma<x\leqslant\mu+\sigma\}$；

(2) $P\{\mu-3\sigma<x\leqslant\mu+3\sigma\}$；

(3) $P\{\mu-1.84\sigma<x\leqslant\mu+1.84\sigma\}$；

(4) $P\{\mu-2.79\sigma<x\leqslant\mu+2.79\sigma\}$。

解：首先将一般的正态分布化为标准正态分布。因为 $x\sim N(\mu,\ \sigma^2)$，利用 $Z=\dfrac{x-\mu}{\sigma}$变换后，$Z\sim N(0,\ 1)$，再根据正态分布表以及上述两个原则进行计算。

(1) $P\{\mu-\sigma<x\leqslant\mu+\sigma\}=P\{-\sigma<x-\mu\leqslant\sigma\}$

$$=P\{-1<\frac{x-\mu}{\sigma}\leqslant 1\}$$

$$=P\{-1<Z\leqslant 1\}$$

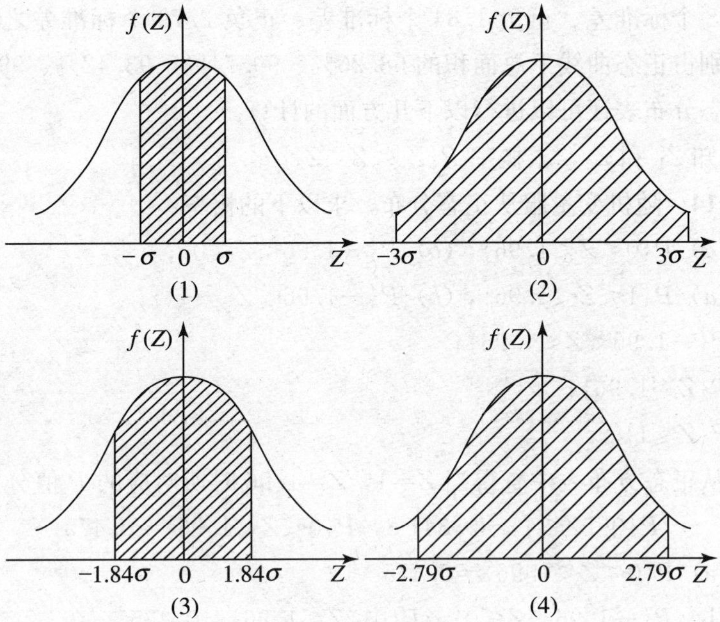

图 3-8　解题示意图

$$=2P\{0<Z\leqslant 1\}$$
$$=2\times 0.3413$$
$$=0.6826$$

同理：

(2) $P\{\mu-3\sigma<x\leqslant\mu+3\sigma\}=P\{-3<Z\leqslant 3\}$

$$=2P\{0<Z\leqslant 3\}$$
$$=2\times 0.4987$$
$$=0.9974$$

(3) $P\{\mu-1.84\sigma<x\leqslant\mu+1.84\sigma\}=P\{-1.84<Z\leqslant 1.84\}$

$$=2P\{0<Z\leqslant 1.84\}$$
$$=0.9342$$

(4) $P\{\mu-2.79\sigma<x\leqslant\mu+2.79\sigma\}=P\{-2.79<Z\leqslant 2.79\}$

$$=0.9947$$

(1)(2)(3)(4) 小题的计算结果分别表明了正态曲线下正负 1 个标准

差、正负 3 个标准差、正负 1.84 个标准差、正负 2.79 个标准差之间所包含的面积分别占正态曲线下总面积的 68.26%、99.74%、93.42%、99.47%。

由正态分布表还可以进行以下几方面的计算。

1. 已知 Z_1 和 Z_2，求概率 $P\{Z_1<Z<Z_2\}$

例 3-14 随机变量服从正态分布，求以下的概率：

(1) (*a*) $P\{0<Z<1.96\}$，(*b*) $P\{-1.96<Z\leqslant 0\}$；

(2) (*a*) $P\{1<Z<1.96\}$，(*b*) $P\{-1.96<Z\leqslant -1\}$；

(3) $P\{-1.96<Z<1.96\}$；

(4) $P\{Z>1.96\}$；

(5) $P\{Z\leqslant 1\}$。

解：从正态分布表中查得当 $Z=1$，$Z=1.96$ 时所对应的 P 值分别为：

$$P\{0<Z\leqslant 1\}=0.341\,3，P\{0<Z<1.96\}=0.475$$

(1) (a) $P\{0<Z<1.96\}=0.475$

(b) $P\{-1.96<Z\leqslant 0\}=P\{0<Z\leqslant 1.96\}=0.475$

(2) (a) $P\{1<Z<1.96\}=P\{0<Z<1.96\}-P\{0<Z\leqslant 1\}$

$=0.475-0.341\,3=0.133\,7$

同理：(b) $P\{-1.96<Z\leqslant -1\}=0.133\,7$

(3) $P\{-1.96<Z<1.96\}=2P\{0<Z<1.96\}=0.95$

(4) $P\{Z>1.96\}=0.5-P\{0<Z<1.96\}$

$=0.5-0.475=0.025$

(5) $P\{Z\leqslant 1\}=0.5+P\{0<Z\leqslant 1\}$

$=0.5+0.341\,3=0.841\,3$

解题分析见图 3-9。

2. 由曲线下的面积 P(概率)求 Z 值

例 3-15 $Z\sim N(0,1)$，已知下列概率，求对应的 Z 值。

(1) $P\{0<Z\leqslant Z_0\}=0.498\,14$；

(2) $P\{-Z_0<Z\leqslant Z_0\}=0.706\,3$；

(3) $P\{Z\geqslant Z_0\}=0.05$。

解：(1) 从正态分布表中第三列找出与概率 0.498 14 相近的值为

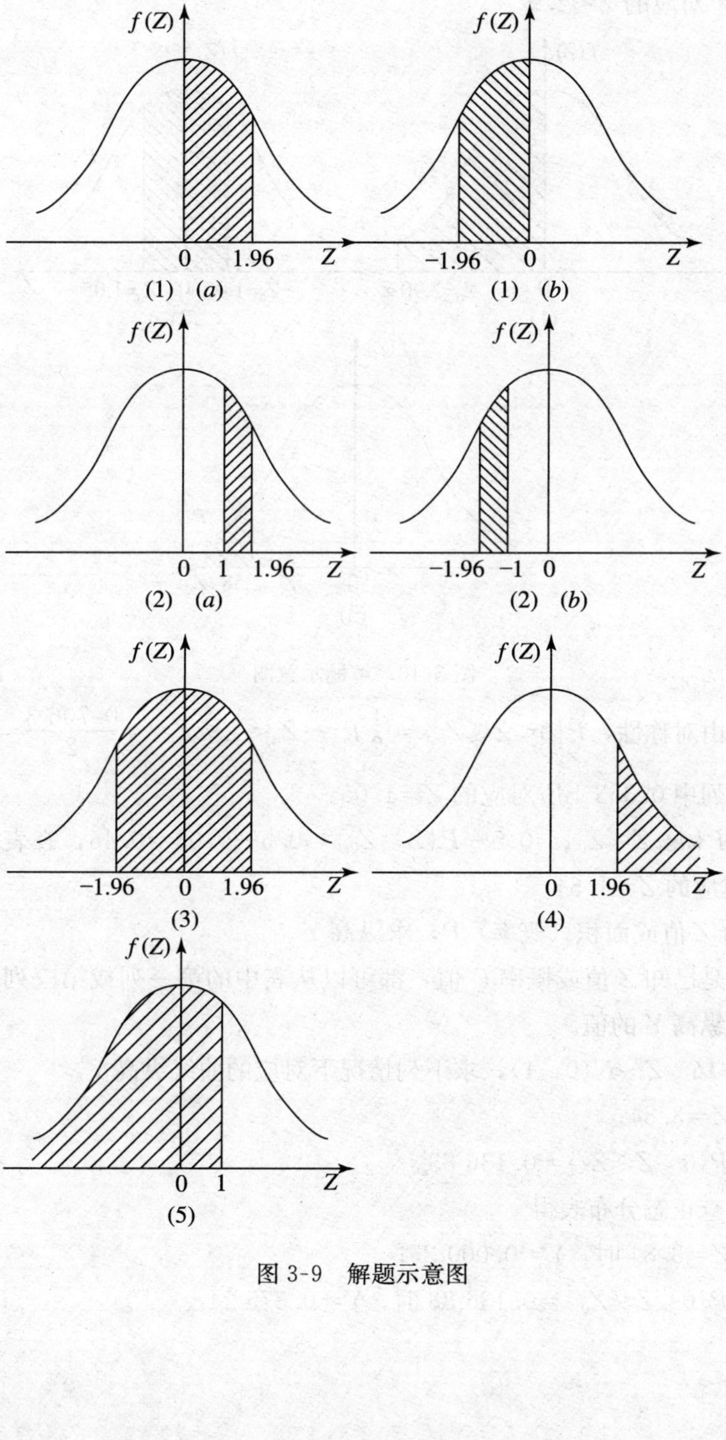
f(Z)
0
1.96
Z
(1) (a)
f(Z)
−1.96
0
Z
(1) (b)
f(Z)
0
1
1.96
Z
(2) (a)
f(Z)
−1.96
−1
0
Z
(2) (b)
f(Z)
−1.96
0
1.96
Z
(3)
f(Z)
0
1.96
Z
(4)
f(Z)
0
1
Z
(5)

图 3-9 解题示意图

0.498 13，对应的 $Z\approx 2.9$。

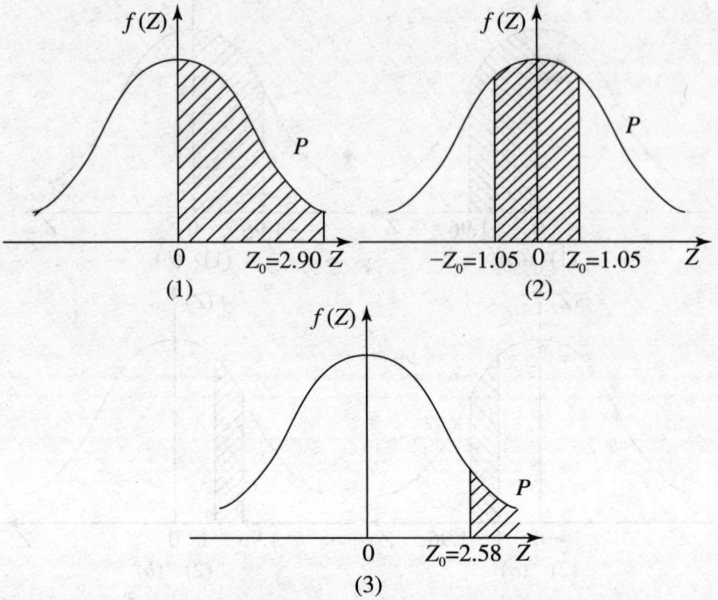

图 3-10　解题示意图

（2）由对称性，$P\{0<Z\leqslant Z_0\}=\frac{1}{2}P\{-Z_0<Z\leqslant Z_0\}=\frac{0.706\ 3}{2}=0.353\ 1$，查表第三列中 0.353 1 所对应的 $Z=1.05$。

（3）$P\{0<Z\leqslant Z_0\}=0.5-P\{Z\geqslant Z_0\}=0.5-0.05=0.45$，查表第三列中 0.45 所对应的 $Z=1.64$。

3. 由 Z 值或面积（概率）P，求纵高 Y

不论是已知 Z 值或概率 P 值，都可以从表中的第一列或第三列查所对应的第二列纵高 Y 的值。

例 3-16　$Z\sim N(0,1)$，求下列情况下对应的曲线纵高 Y。

（1）$Z=3.84$；

（2）$P\{0<Z\leqslant Z_0\}=0.136\ 83$。

解：查正态分布表得

（1）$Z=3.84$ 时，$Y=0.000\ 25$；

（2）$P\{0<Z\leqslant Z_0\}=0.136\ 83$ 时，$Y=0.375\ 24$。

四、正态分布的一些实际应用

(一) 标准分数

标准分数又称为 Z 分数，它以标准差为单位，反映了一个原始分数在团体中所处的位置。

若已知一个总体，则这个总体中的原始分数的标准分数用下式计算：

$$Z=\frac{x-\mu}{\sigma} \tag{3-21a}$$

其中 Z 为标准分数，x 为某个数据或分数，μ 为总体平均数，σ 为总体标准差。

若仅已知一个待研究总体中的样本，则在这个样本中的原始分数的标准分数用下式计算：

$$Z=\frac{x-\overline{X}}{S} \tag{3-21b}$$

其中 Z 为标准分数，x 为某个数据或分数，$\overline{X}$ 为样本平均数，S 为样本标准差。

若原始分数服从（或近似服从）正态分布时，标准分数有如下的性质。

(1) 由原始分数转换得到的 Z 分数的平均数为 0，即

$$\begin{aligned}\overline{Z}&=\frac{1}{N}\left(\frac{x_1-\mu}{\sigma}+\frac{x_2-\mu}{\sigma}+\cdots+\frac{x_N-\mu}{\sigma}\right)\\&=\frac{1}{N}\frac{\sum x_i-N\mu}{\sigma}=0 \qquad \left(\sum x_i-N\mu=\sum x_i'=0\right)\end{aligned}$$

(2) 由原始分数转换得到的 Z 分数的标准差为 1，即

$$\begin{aligned}\sigma&=\sqrt{\frac{\sum (Z-\overline{Z})^2}{N}}=\sqrt{\frac{\sum Z^2}{N}}\ (\overline{Z}=0)\\&=\sqrt{\frac{\sum\left(\frac{x-\mu}{\sigma}\right)^2}{N}}=\sqrt{\frac{\sum (x-\mu)^2}{N\sigma^2}}\end{aligned}$$

同时我们知 $\sum (x-\mu)^2=N\sigma^2$，结合上式有：

$$\sigma=\sqrt{\frac{N\sigma^2}{N\sigma^2}}=1$$

(3) 当 X 是以 μ 为平均数，σ^2 为方差的正态分布总体，则经过转换后得到的标准分数所产生的新总体也为正态，且平均数为 0，方差为 1，即：

若 $X \sim N(\mu, \sigma^2)$，则 $\frac{X-\mu}{\sigma} \sim N(0, 1)$。

因而，我们可以由（3-21a）式和（3-21b）式所计得的标准分数在正态分布表（见附表 1）中找到它所对应的百分位数，这个百分位数就是原始分数在该总体中所处的具体位置。

例 3-17 在某年高考的平均分数为 500 分，标准差为 100 分的正态总体中，某考生得到 650 分。设当年高考录取率为 10%，问该生的成绩能否被录取?

解：由（3-21a）式得标准分数为

$$Z = \frac{650-500}{100} = 1.5$$

查正态分布表，当 $Z=1$ 时，$P=0.933$，即 93.3%，这个百分位数是该生所处的具体位置。即从低分到高分的顺序中他处于 93.3% 的位置，那么，从高分到低分的顺序中他应处于 6.7% 的位置。因高考录取是从高分至低分顺序录取的，故该生处在录取率 10% 之内，他的成绩肯定能被录取。

例 3-18 已知某班期末考试中语文的平均分为 80 分，标准差为 10 分；数学的平均分为 70 分，标准差为 15 分；英语的平均分为 85 分，标准差为 12 分。甲生的语文成绩为 85 分，数学成绩为 82 分，英语成绩为 90 分，问该生这三科成绩哪一科最好?

解：由（3-21b）式得

$$Z_{语} = \frac{85-80}{10} = 0.5$$

$$Z_{数} = \frac{82-70}{15} = 0.8$$

$$Z_{英} = \frac{90-85}{12} = 0.42$$

显然，$Z_{数} > Z_{语} > Z_{英}$，故认为该生的数学成绩最好，其次为语文成绩，英语成绩最差。通过用标准分数，则可以通过位置的比较来比较分数。

标准分数带有小数点、多位小数和负值的缺陷，不大合乎人们表示分数的习惯。为了避免这些缺陷，通常把标准分数转化到新的量制上表示分数。

转换公式为

$$T=kZ+c \tag{3-22}$$

式中的意思是：把标准分数扩大 k 倍，再移到 c 这个中心位置来表示分数。由于它是一种线性变换，故 T 分数仍为一种标准分数。为了进行合理的转换，还要求：

(1) k 值不应小于原始数据的标准差。这是防止转换后出现“高分受损，低分受益”的措施；

(2) c 不应小于 $3k$（一般考试中）或 $4k$（在大规模考试中）。这是防止转换后仍有负值的措施。

①可从（3-22）式中推得：

$$T=kZ+c=k\left(\frac{x-\overline{X}}{S}\right)+c=\frac{k}{S}x+\left(c-\frac{k}{S}\overline{X}\right)$$

当 $k\geqslant S$ 时，$\frac{k}{S}\geqslant 1$，直线在高分段升得多（或降得少），而在低分段升得少（或降得多），这被认为是合理的。

②在（3-22）式中，令 $T\geqslant 0$，则 $c\geqslant -kZ$。若 Z 最小为 -3，则 $c\geqslant 3k$；若 Z 最小为 -4，则 $c\geqslant 4k$。

因此，可根据上述要求选择适当的 k 和 c，并且要考虑到有利于计算和易于为人们接受。T 分数的平均数必为 c，标准差必为 k。而且 k 值越大，在每个标准差范围内区分数据愈细致。

（二）若考试成绩服从正态分布，确定录取分数线

例 3-19 某市参加数学奥林匹克业余学校入学考试的人数为 2 800 人，只录取学生 150 人，该次考试的平均分为 75 分，标准差为 8 分，问录取分数应定为多少分？

解：设这次的考试成绩服从 $x\sim N(75,\ 8^2)$，通过 $Z=\frac{x-75}{8}$ 的变换后，$Z\sim N(0,\ 1)$。依题意，招生人数的概率 $P\{Z\geqslant Z_0\}=\frac{150}{2\ 800}=0.053$

$$\therefore \qquad P\{0<Z<Z_0\}=0.5-0.053=0.447$$

查表得：当 $Z=1.61$ 时，$P=0.446\ 3$；当 $Z=1.62$ 时，$P=0.447\ 38$。故取近似值 1.61 或 1.62 均可作为 Z 的值。若要求更精确些的 Z 值，就可以用

内插法。

$$Z=1.61+\frac{0.447-0.446\ 3}{0.447\ 38-0.446\ 3}(1.62-1.61)=1.616\ 5$$

故分数线应定为：

$$x=8Z+75=8\times 1.616\ 5+75=88\ (\text{分})$$

（三）确定在正态分布下特定分数界限内的考生人数

例 3-20 某市高考物理科考生 4.7 万人，平均分为 57.08 分，标准差为 18.04 分。试问：

(1) 成绩在 90 分以上有多少人？

(2) 成绩在 80 分到 90 分之间有多少人？

(3) 成绩 60 分以下有多少人？

解：x 表示成绩变量，即 $x\sim N(57.08,\ 18.04^2)$

令 $Z=\dfrac{x-57.8}{18.04}$，则 $Z\sim N(0,\ 1)$

$$(1)\ \{P>90\}=P\left\{\frac{x-57.8}{18.04}>1.82\right\}$$

$$=P\{Z>1.82\}$$

$$=0.5-P\{0<Z\leqslant 1.82\}$$

$$=0.5-0.465\ 62=0.034\ 38$$

90 分以上的人数为：47 000×0.034 38=1 615.86≈1 616（人）

$$(2)\ P\{80<x<90\}=P\left\{1.27<\frac{x-57.08}{18.04}<1.82\right\}$$

$$=P\{1.27<Z<1.82\}$$

$$=P\{0<Z<1.82\}-P\{0<Z<1.27\}$$

$$=0.465\ 62-0.397\ 96=0.067\ 66$$

80 分至 90 分之间的人数为：47 000×0.067 66≈3 180（人）

$$(3)\ P\{x<60\}=P\left\{\frac{x-57.08}{18.04}<0.16\right\}=P\{Z<0.16\}$$

$$=0.5+P\{0<Z<0.16\}$$

$$=0.5+0.063\ 56=0.563\ 56$$

60 分以下的人数为：47 000×0.563 56≈26 487（人）

【要点小结】

随机事件发生的概率，是统计研究的基础。通过概率的研究，我们能得到某随机事件的概率密度函数和概率分布函数。不同的随机事件类型服从不同的概率分布函数。教育与心理测量、实验中常见的数据分布类型为二项分布和正态分布。以排列与组合为基础的二项分布是最简单的分布形式，正态分布是最常用的分布形式。我们通过正态分布的研究、分析，通过对正态分布的性质、特点的了解，掌握标准正态分布表的查表方法，从而可以得到各个样本在总体中的地位量数，也就是标准分数。标准分数的计算和转换，使得各种以量表建立常模成为可能。

【思考与练习】

1. 下面描述的现象是随机现象的是（　　）。

A. 股市在休息日的变化情况

B. 花粉随溪水流动时，沿溪水流动方向的轨迹

C. 小明某次语文期中考试的成绩

D. 导体通电时发热

2. 某学校对其200名高三应届生做摸底测试，根据成绩推算这200名学生能上重点线的概率为0.8，能上清华大学分数线的概率为0.03，从该学生团体随机抽取一名学生，该生能上重点并考上清华大学的概率是多少？（　　）

A. 0.8×0.03　　B. 0.03

C. $(1/200)\times0.03$　　D. $(1/200)\times0.8\times0.03$

3. 某生下定决心考公务员，打算拼搏3次。3次都不行则不再言考，问该考生如愿的机会有多大？（假定公务员录取率在未来10年内都稳定在1∶50）（　　）

A. $(1/50)\times(1/50)\times(1/50)$

B. $C_3^1(1/50)(49/50)^2$

C. $1-\prod_i^{\infty}(49/50)^i$

D. $1/50+(49/50)\times(1/50)+(49/50)^2\times(1/50)$

4. 在某随机样本中有10名被试，现需从中选择一人做实验A，若每人被

选机会均等，选择被试 1 或被试 2 的概率是多少？（　　）

A. 1/10＋1/10

B. (1/10)×(9/10)＋(9/10)×(1/10)

C. 1/10＋1/10－(1/10)×(1/10)

D. 1/10＋1/10－(9/10)×(9/10)

5. 以 A 表示事件“教材甲教学效果显著，教材乙教学效果不显著”，则其对立事件为（　　）。

A. “教材甲教学效果不显著，教材乙教学效果显著”

B. “教材甲和教材乙教学效果显著”

C. “教材甲教学效果显著”

D. “教材甲教学效果不显著或教材乙教学效果显著”

6. n 种实验处理中含有 m 种特殊处理，k 个被试进行实验（$k<n$），每人随机进行一种实验处理，已进行过的实验不再重复进行，其中至少有一人进行了特殊实验的概率是（　　）。

A. $1-C_{n-m}^{k}/C_{n}^{k}$　　B. $\sum_{i=1}^{k} C_{m}^{i}/C_{n}^{k}$

C. $C_{m}^{i}C_{n-m}^{k-1}/C_{n}^{k}$　　D. m/C_{n}^{k}

7. 对任意两事件 A 和 B，则 $P(A-B)$ 为（　　）。

A. $P(A)-P(B)$　　B. $P(A)-P(B)+P(AB)$

C. $P(A)-P(AB)$　　D. $P(A)+P(\bar{B})-P(A\bar{B})$

8. 正态分布 $X\sim N(\mu, \sigma^2)$ 中，下面说法错误的是（　　）。

A. 均值 μ 决定曲线的形状

B. 标准差 σ 决定曲线的形状

C. 偏度决定曲线的偏离对称程度

D. 峰度决定曲线的陡峭程度

9. 下面有关正态曲线的描述，错误的是（　　）。

A. 正态曲线位于 x 轴上方

B. 曲线最终与 x 轴相交

C. 整条曲线呈现“中间高，两边低”的形状

D. 正态曲线与 x 轴所围成的区域的面积为 1

10. 设随机变量 $X \sim N(0, 1)$，$Y=2X+1$，则 Y 服从（　　）。

A. $N(1,4)$　　B. $N(0,1)$

C. $N(1,1)$　　D. $N(1,2)$

11. 已知随机变量 X 服从二项分布，且有 $E(X)=2.4$，$D(X)=1.44$，则二项分布的参数 n，p 的值为（　　）。

A. $n=4$，$p=0.6$　　B. $n=6$，$p=0.4$

C. $n=8$，$p=0.3$　　D. $n=24$，$p=0.1$

12. 根据正态分布的性质，我们可以得到其实际应用：（　　）。

A. 计算标准分数

B. 确定录取分数线

C. 确定某一分数界限内的考生人数

D. 由 Z 分数或 p 值的中任一值，求得另一值

13. 什么是随机事件？

14. 什么是标准分数，如何计算？

15. 设 A、B 为随机事件，$P(A)=0.6$，$P(A\bar{B})=0.4$，则 $P(\overline{AB})$ 为多少？

16. 在某次外语能力评价的计算机自适应考试中，三考题 A、B、C 出现的概率都是 1/4，即 $P(A)=P(B)=P(C)=1/4$ 且我们知道考题之间存在相关关系，$P(AC)=1/8$，$P(AB)=P(BC)=0$，则 A、B、C 三个考题至少出现一个题的概率是多少？

17. 某语音识别测验要求对被试施行 4 次相互独立的前测，若被试至少通过 1 次的概率为 80/81，则我们可以假设该名被试的原始识别率为多少？

18. 某年龄的儿童智力分数服从均值 100，标准差为 13 的正态分布，求智力分数从 87 到 113 的儿童人数比例。

19. 有 10 道是非题，问答题者答对几题才能认为不是出于猜测因素？

20. 某年高考总分符合正态分布，其中 $\mu=500$，$\sigma=100$，考虑到招生指标，只有 5%的学生能升入重点大学，问重点大学的最低录取分数线应该定为多少？（$\alpha=0.01$，$Z=2.58$；$\alpha=0.05$，$Z=1.96$；$\alpha=0.10$，$Z=1.64$）

21. 某企业想运用 MBTI 测试为员工制定职业压力解决方案，已知有

70%外向型的人和30%内向型的人属于情感型，现随机选取一人，已知此人为外向型，则此人恰为情感型的概率为多少？（假定人群中外向型的人占60%，内向型的人占40%）

贝叶斯条件概率公式：

$$P(B|A)=\frac{P(B)P(A|B)}{P(B)P(A|B)+P(\bar{B})P(A|\bar{B})}$$

【拓展性阅读导航】

1. 沈恒范编著：《概率论与数理统计教程》，高等教育出版社2004年版。

该书开篇讲述了概率理论的基础概念和原理，随后结合推断统计的方法进行阐述。该书第四章对正态分布的性质和应用进行了较为详细的探讨，对读者强化数理统计方面的知识有一定的帮助。

2. 袁荫棠编：《概率论与数理统计》，中国人民大学出版社1990年版。

该书介绍了概率理论中基本概念、几种常见的抽样分布以及推断统计的原理和方法，课后配以有针对性的典型练习题，适用于概率统计理论的巩固学习。

第四章
抽样理论与参数估计

【内容提要】

在教育与心理研究中，不可能也没有必要对研究总体中的每个个体进行研究或实验，因此运用适宜的抽样方法抽取一部分有代表性的样本，应用参数估计等统计方法，依据样本的研究结果对总体特征进行推论。关键在于如何抽取一部分有代表性的样本，有哪些条件与要求才能作为有代表性的样本。

【学习目标】

1. 了解抽样的基本原理、各种抽样方法和抽样分布以及参数估计的类型、原理与意义。

2. 理解各种常用的抽样方法和怎样确定样本容量，掌握参数估计的两种方法：点估计和区间估计。

3. 掌握抽样方法的具体应用，会根据所研究的问题和已知条件的不同采用不同的参数估计方法。

【关键词】

抽样方法　抽样分布　参数估计

在教育与心理研究中，大部分情况下没有必要也不可能对研究对象全体作调查或进行实验研究，实际上也不可能面向全体研究对象做实验或研究。为了得到有代表性的和能反映事物总体本质的、具有真实感和可靠性的观测数据，就必须掌握好有关的和实用的调查研究方法，从而能对实验或研究作出科学的推断和正确的结论。这就是说，要从局部推知全体，要对统计数据作出推断，首先必须掌握抽样理论、方法以及参数估计的有关原理和方法。

本章将介绍总体与样本、参数与统计量及抽样分布以及与抽样、参数估计有关的概念和理论，随后还将介绍几种常用的抽样方法和参数估计方法。

第一节 抽样的基本概念

一、总体、个体与样本

教育与心理的研究，首先应当明确的是研究对象和研究目的。所以，我们把要进行实验或研究对象的全体称为总体，把组成总体的每一个元素称为个体。例如，我们想了解某市某年初中毕业生毕业考试成绩，则该市当年每位初中毕业生都是我们的调查对象；总体就是指该市的所有初中毕业生，而该市的每一位初中毕业生就是一个个体。如果我们要研究的是该市各所学校初中毕业生的升学率，则该市的每一所中学都是我们的研究对象；总体是该市的所有中学，而该市的每一所中学就是一个个体。从这里知道，当我们的研究目的不同，研究对象不同，考虑问题的角度不同时，则组成总体的元素以及个体的含义也是不相同的，需要依据研究对象和研究目的而定。

从总体定义来看，个体并非都具有数量特征。当然，通过一定的规则我们可以把不具数量特征的实验研究或测量结果转换成数据，使之数量化。因此，总体常常是一堆数，其中有些数有可能相同。若把一大批数据看作是随机变量 X 的可能取值，则可用随机变量 X 表示总体。

由于实验或科学研究依目的不同，研究的对象有多有少，所以总体所含的个体也会有多有少。教育与心理研究、测量除了考虑科学性、可靠性外，还会从人力、物力、财力等方面综合考虑，在总体中按一定的规则只抽取部分个体作为研究对象，并利用这部分个体所包含的总体信息对总体特征进行统计推断。从总体中抽取的部分个体称为样本。一个样本中所含的个体数目多少称为样本容量，常用 n 来表示。

二、参数与统计量

反映总体数据特征的量数统称为总体参数，简称为参数。总体的平均数称为均值，记作 μ，总体的标准差记作 σ。常见的总体参数还有总体方差 σ^2、总体相关系数 ρ 等。在本书中，我们规定，总体参数的符号均用希腊字母表示。总体参数是常数。

反映样本数据特征的量数统称为样本统计量，简称为统计量。样本平均数记作 $\overline{X}$，样本标准差记作 S，样本方差记作 S^2，样本相关系数记作 r。在样本中，我们规定样本统计量均用拉丁字母表示。因为统计量是从样本中得到的，所以同一总体中不同样本组会由不同的个体组成。由此可知，在不同样本组中，它们的平均数、标准差等样本统计量有可能不相同，即样本统计量随样本组变化而变化，这就与总体均值 μ 和总体标准差 σ 的固定不变形成了对比。应当注意的是，样本统计量是样本的函数，是不包含总体的未知参数的。例如，对于 μ 和 σ 未知的正态总体 $N(\mu,\sigma^2)$ 来说，$\frac{1}{n}\sum_{i=1}^{n}(x_i-\mu)^2$ 和 $\frac{1}{n}\sum_{i=1}^{n}x_i$ 等都不是统计量。

第二节　抽样方法

在教育与心理研究中，为了实验和研究的需要，一般都是从总体中抽取一部分个体作为研究样本，并应用参数估计或假设检验等统计方法，从获取的样本的实验或研究结果来推论总体特征。而这种推论的可靠性，首先与实验或研究过程中无关变量的控制和数据处理的准确性有关，其次与选取得到的样本的代表性有关，再次与选取的统计推断的方法有关。故抽样抽得好，就可以把研究总体转换成研究样本，就可以节省人力、物力。若样本不能恰当地代表总体时，那么无关变量控制得再好，统计方法应用得再恰当，对总体的推论也将会缺乏可靠性。因此，推断统计必须确保样本的代表性，以保证推论的可靠性。下面将介绍几种常用的抽样方法。

一、简单随机抽样

所谓简单随机抽样，就是在对某一特定总体中抽取样本时，总体中每一个元素（或个体）被抽取的可能性是同等的，而且任何元素（或个体）之间彼此被抽取的机会是独立的。但是，随机抽样并不是随个人意愿或随便抽取就可以了，因为随意或随便抽取都会带有主观或客观的影响因素。所以应当认真掌握随机抽样的抽样方法。常用的简单随机抽样方法有抽签法和随机数字表法。

1. 抽签法

先将总体中的每一个元素（或个体）都编上号码，然后把号码写在签上，把签充分混合后，从中随机抽取 n 个签，则与签上号码相对应的 n 个元素（或个体）就组成了一个样本容量为 n 的样本。为了使每个元素（或个体）彼此独立的原则得到贯彻，对有限总体可以采用放回抽样法，即抽取一个签，登记号码后放回去，再随机抽取一个，记下号码又放回去……一直到记录下 n 个不同号码为止，这样也同样得到一个样本容量为 n 的样本。

2. 随机数字表法

随机数字表是由统计专家根据随机化原则编制的一种数字表（见附表17）。随机数字表的使用很方便，既可以从任意一个数字开始依次往下数，也可以随意在表中划定某部分来使用。例如，从 80 个人的总体中随机选取 20 人，则将这 80 个人从 1 至 80 编上号，假若选定 10～14 列中的 06143 作为起点，沿竖方向往下数，并规定最后两位数字小于 80 的则选取作为样本，就得到了编号为：02，25，07，42，09，59，03，52，26，27，09，19，78，37，12，01，77，37，75，67 的人作为样本。当然，就目前计算技术的发展来说，也可以不采用随机数字表，而由计算机随机抽取。

二、等距抽样

这种抽样方法是先把总体所包含的各个元素（或个体）编上号码。假设共有 N 个元素，则编出的号码从 1 至 N，然后可根据拟抽取的样本容量 n 求

得抽样间距是 k，$k=\frac{N}{n}$。这时可随机确定一个起点 $a(1\leqslant a\leqslant k)$，起点确定后，从起点开始每间隔 k 个单位抽取一个，这样抽取的号码序列也就确定了，即由号码 a，$a+k$，$a+2k$，…，$a+(n-1)k$ 组成容量为 n 的样本。

例 4-1 某一研究总体所包含的元素 $N=800$，拟抽取的样本容量 $n=50$，$k=\frac{N}{n}=\frac{800}{50}=16$。

这时假如确定随机抽取的起点为 004 号，则抽样号码是：004，020，036，052，068，084，…，164，180，…，772，788。

等距抽样也属于随机抽样，但不是简单随机抽样，因为各个号码不是有同等的机会被抽取，而是按起点 a 的不同，只有与起点间隔是 k 的倍数的样本才能被抽取，而其他组合都没有被抽取的机会。等距抽样所抽取的样本元素（或个体）能够均匀地分布在总体之中，所以一般情况下，等距抽样误差比简单随机抽样要小些。同时，在总体已具备记录的情况下，使用等距抽取也比较方便。但若总体包含一定的周期性，则等距抽样的可靠性会有所降低。

三、分层抽样

这种抽样方法是按照总体已有的某些特征，承认总体中已有的差异，按差异将总体分成几个不同的部分，每一部分称为一个层，在每一个层中实行简单随机抽样。这种抽样方法是较充分地利用了总体的已有信息，是一种实用和操作都较方便的抽样方法。

分层抽样的一个重要问题是一个总体如何分层的问题。分层抽样中，分多少层，要视具体情况而定。总的原则是，层内样本的变异要小，而层与层之间的变异要尽可能地大，否则将失去分层的意义，即“层内同质，层外异质”。

例 4-2 要抽样了解某年参加高考考生的语文考试成绩。因为报考不同学科的考生，所考科目是不同的，因而要按科目分类来分层抽样，如分为文科、理科、艺术、体育、外语五个层次来进行简单随机抽样。在教育调查中则可以按地区类型（大城市、中等城市、城镇、乡镇）、学校类型（公办、民办、重点、非重点）、学校规模（大、小）等不同的要求来分层抽样。

按分层抽样的要求，既然各层之间的差异要求较大，则各层的抽样样本容量也可以不相同，所以应当按照实际情况，合理地将样本容量 n 分配到各层，以确保抽样的合理性。

第三节　抽样分布

在教育与心理研究中，若对研究对象的全体作研究，并研究全体对象的特征，则可以取到各种不同的实数值。对总体作研究和计算得到的实际值，称为总体特征值，如总体平均数 μ、总体标准差 σ、总体方差 σ^2 等等。这些已经在前面谈过。因此，总体是一个随机变量，通常用 X 或 Y 来表示。

而我们从总体 X 中抽取一部分来作研究，则所抽取到的部分称为样本。样本可以取到 X 中的任意一个值，因而也是随机变量。从总体中抽取 n 个个体，得到 n 个随机变量 x_1，x_2，x_3，…，x_n，称为来自总体 X 的样本容量为 n 的样本。这里要求 x_1，x_2，…，x_n 相互独立，并与总体 X 具有相同的分布。同样，对样本作研究和计算得到的实际值，称为样本特征值，也称样本统计量。样本特征值一般用拉丁字母表示，如样本平均数 $\overline{X}$、样本标准差 S、样本方差 S^2 等等。这些也已在前面谈过。

因此我们可以规定，对 x_1，x_2，…，x_n，在进行理论推导时作为随机变量，在具体计算时则作为样本值；在没有明确的具体数值时看作是随机变量，在已有确定的观测值时就是样本值。当 x_1，x_2，…，x_n 表示随机变量时，它的函数 $f(x_1, x_2, \cdots, x_n)$ 也是一个随机变量。样本函数 $f(x_1, x_2, \cdots, x_n)$ 中若不含有未知的参数，则称 $f(x_1, x_2, \cdots, x_n)$ 为一个统计量。

例 4-3　$\overline{X}=\frac{1}{n}\sum_{i=1}^{n}x_i$ 是样本 x_1，x_2，…，x_n 的函数，当 x_1，x_2，…，x_n 是随机变量时，$\overline{X}$ 也是一个随机变量，它随 x_1，x_2，…，x_n 所取的值不同而得到不同的值。当 x_1，x_2，…，x_n 是具体的样本值时，则 $\overline{X}$ 是一个统计量。

在对所研究的总体的某些特征进行推断时，则要了解样本函数和计算样本统计量。掌握了样本统计量的分布规律，我们可以依据样本统计量的特征采用恰当的统计方法来解决问题。所以我们称统计量的概率分布为抽样分布，讨论几种常用的统计量的抽样分布则是本节的主要内容。通过对抽样分布的讨论，使我们能进一步加深对抽样问题的认识。

一、样本平均数分布

设 X 服从正态分布，其平均值为 μ，方差为 σ^2，可记为 $X \sim N(\mu, \sigma^2)$，x_1，x_2，…，x_n 是从总体 X 抽取的随机样本，则 $\overline{X} = \frac{1}{n}\sum_{i=1}^{n} x_i$ 是样本平均数。从总体 X 中可以抽取多组不同的容量为 n 的样本，则有多个 $\overline{X}$（每组有一个），此时，$\overline{X}$ 也服从正态分布，其平均数为 μ，方差为$\frac{\sigma^2}{n}$，即有 $\overline{X} \sim N\left(\mu, \frac{\sigma^2}{n}\right)$。

证明 $\overline{X}$ 分布中，它的平均数为 μ，标准差为$\frac{\sigma^2}{n}$如下：因为 x_1，x_2，…，x_n 是 X 的随机样本，因而它们相互独立且与 X 有相同的分布，即对 $i=1, 2, \cdots, n$ 的 x_i，有

$$\overline{X} \sim N\left(\mu, \frac{\sigma^2}{n}\right)$$

$$Ex_i = \mu$$

$$Dx_i = \sigma^2$$

$$\begin{aligned}\because E\overline{X} &= E\left(\frac{1}{n}\sum_{i=1}^{n} x_i\right) = E\left[\frac{1}{n}(x_1 + x_2 + \cdots + x_n)\right] \\ &= \frac{1}{n}E(x_1 + x_2 + \cdots + x_n) \\ &= \frac{1}{n}(Ex_1 + Ex_2 + \cdots + Ex_n) \\ &= \frac{1}{n}(\mu + \mu + \cdots + \mu) \\ &= \frac{n\mu}{n} = \mu\end{aligned}$$

$$\text{又} \because D\overline{X} = D\left(\frac{1}{n}\sum_{i=1}^{n} x_i\right) = D\left[\frac{1}{n}(x_1 + x_2 + \cdots + x_n)\right]$$

$$= \frac{1}{n^2} D(x_1 + x_2 + \cdots + x_n)$$

$$= \frac{1}{n^2} (Dx_1 + Dx_2 + \cdots + Dx_n)$$

$$= \frac{1}{n^2} (\sigma^2 + \sigma^2 + \cdots + \sigma^2)$$

$$= \frac{n\sigma^2}{n^2} = \frac{\sigma^2}{n}$$

$$\therefore \quad \overline{X} \sim N\left(\mu, \frac{\sigma^2}{n}\right)$$

为方便查表，令

$$Z = u = \frac{\overline{X} - \mu}{\sqrt{\frac{\sigma^2}{n}}} = \frac{\overline{X} - \mu}{\sigma/\sqrt{n}} \tag{4-1}$$

则 $Z \sim N(0，1)$ 是标准正态分布，又称为 Z 分布［也可以写为 $u \sim N(0，1)$，或称为 u 分布］。从第三章中关于正态分布的性质研究可知，要研究统计量 Z 的概率分布情况，则查标准正态分布表就可以了。所以，在实际应用中，在研究 $\overline{X}$ 的分布或进行区间统计时，都要把正态分布转换为（4-1）式的标准正态分布才能查表。

二、χ^2 分布

设 $X \sim N(0，1)$，x_1，x_2，…，x_n 是来自总体 X 的样本，则 $x_1^2 + x_2^2 + \cdots + x_n^2$ 是服从以 n 为自由度的 χ^2 分布。由前述可知，x_1，x_2，…，x_n 相互独立且与 X 同分布，即这 n 个随机变量相互独立且均服从标准正态分布，因而可以说，n 个相互独立的均服从标准正态分布的随机变量的平方和服从自由度为 n 的 χ^2 分布，记为 $\chi^2_{(n)}$。

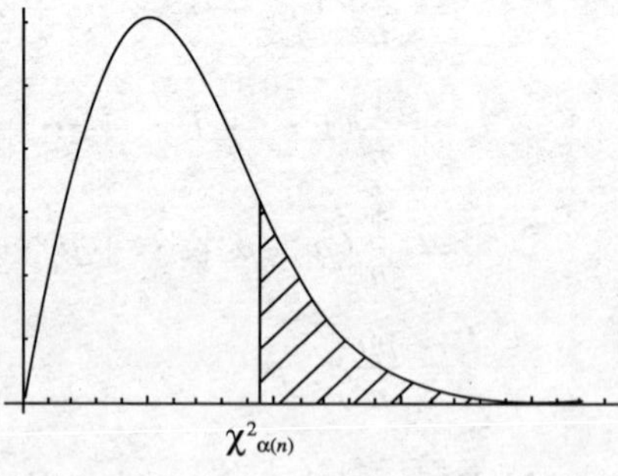

图 4-1　χ^2 检验示意图

χ^2 分布的密度函数较为复杂，分布图形与自由度的大小有关（见图 4-1），计算上也稍复杂，因而编制了 χ^2 分布表，

表中列出了 χ^2 变量在不同自由度之下的临界值 $\chi^2_{\alpha(n)}$①，它满足以下条件

$$P\{\chi^2>\chi^2_{\alpha(n)}\}=\alpha \tag{4-2}$$

例 4-4 若 $\alpha=0.05$，自由度 $df=4$，请确定单侧临界值。

解：查 χ^2 分布的单侧检验表（附表 11）可知

$P(\chi^2>9.49)=0.05$，即 $\chi^2_{0.05(4)}=9.49$。

若取 $\alpha=0.01$，则 $P(\chi^2>13.3)=0.01$，即 $\chi^2_{0.01(4)}=13.3$。

χ^2 分布还具有如下的特点。

(1) χ^2 分布是一个正偏态分布。随每次所抽取的随机变量 X 的个数不同，其分布曲线的形状不同，n 小，分布偏斜；n 很大，接近于正态分布。当自由度 $df\to\infty$时，χ^2 分布即为正态分布（见图 4-2）。

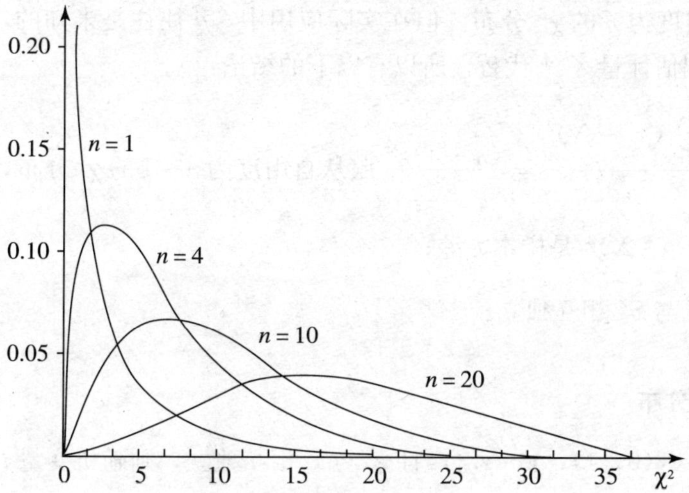

图 4-2 χ^2 分布图

(2) χ^2 值都是正值。

(3) k 个 χ^2 分布的和也是 χ^2 分布。即

$$\sum\chi^2=\chi^2_1+\chi^2_2+\cdots+\chi^2_k$$

是服从自由度 $df=df_1+df_2+\cdots+df_k$ 的 χ^2 分布。这表明了 χ^2 分布具有可

① 这里 α 称为显著性水平，一般标记在检验符号的右下角。若单侧检验则记为 α，若双侧检验则记为 $\alpha/2$，χ^2 的双侧检验另一侧则记为 $1-\alpha/2$。

加性。

(4) χ^2 分布的平均值与方差。若 $df>2$ 时，则 χ^2 分布的平均数 $\mu_{\chi^2}=df$，方差 $\sigma_{\chi^2}^2=2df$。

(5) χ^2 分布是连续型分布，但有些离散型的分布也近似于 χ^2 分布。

χ^2 分布主要是用于检验数据总体分布的拟合性和计数数据的显著性检验。

(6) 当 $X\sim N(\mu,\sigma^2)$ 时，x_1，x_2，…，x_n 是来自总体 X 的随机样本，因而有$\frac{x_i-\mu}{\sigma}\sim N(0,1)$，$i=1$，2，…，$n$。因此

$$\sum_{i=1}^{n}\left(\frac{x_i-\mu}{\sigma}\right)^2=\frac{\sum_{i=1}^{n}(x_i-\mu)^2}{\sigma^2}$$

是服从自由度为 n 的 χ^2 分布。但在实际应用中，μ 往往是未知的，因而可以用 μ 的无偏估计量 $\overline{X}$ 来代替，所以有以下的结论：

(1) $\frac{\sum_{i=1}^{n}(x_i-\overline{X})^2}{\sigma^2}=\frac{(n-1)S^2}{\sigma^2}$ 服从自由度为 $n-1$ 的 χ^2 分布，其中 $S^2=\frac{1}{n-1}\sum_{i=1}^{n}(x_i-\overline{X})^2$ 是样本方差；

(2) $\overline{X}$ 与 S^2 相互独立。

三、t 分布

设 $X\sim N(0,1)$，$Y\sim\chi^2_{(n)}$，且 X 与 Y 相互独立，则随机变量 $t=\frac{X}{\sqrt{Y/n}}$服从于自由度为 n 的 t 分布，记作 $t\sim t_{(n)}$。

t 分布的密度函数也较复杂，因而编制了 t 分布表，表中列出了 t 变量不同自由度下的临界值 $t_{\alpha(n)}$（单侧）或 $t_{\alpha/2(n)}$（双侧）。它满足条件

$$P\{|t|>t_{\alpha/2(n)}\}=\alpha \tag{4-3}$$

或

$$P\{|t|>t_{\alpha(n)}\}=2\alpha$$

t 分布与标准正态分布的相似之处是：如平均数为 0 且位于曲线中央，分布密度曲线是关于原点 0 对称，当自变量为 0 时处于最高点，然后向两侧逐渐下降而以横轴为渐近线，曲线与横轴所包围的总面积也等于 1。

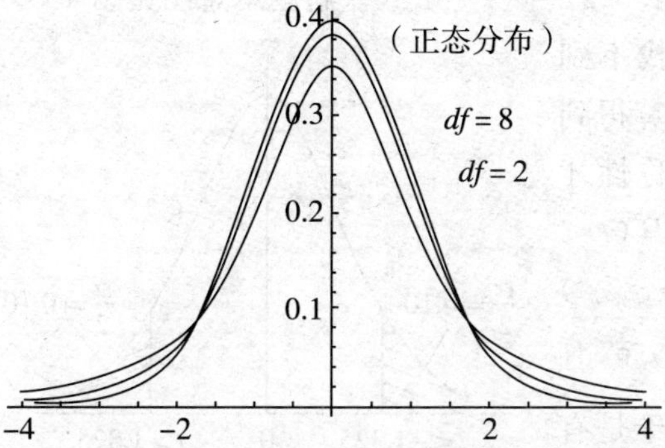

图 4-3　t 分布与正态分布

t 分布与标准正态分布的不同之处是：标准正态分布不管样本 n 的大小，分布曲线只有一条，并且曲线形状不随 n 的大小而变化。而 t 分布的曲线形状与样本 n 有关，随 n 的大小而变化，因而 t 分布有一簇曲线。

但是，随着 n 的增大，t 分布曲线就越来越接近标准正态分布曲线，当 $n \to +\infty$ 时，t 分布与标准正态分布就完全吻合（见图 4-3）。

t 分布表在教育与心理统计中经常用到。我们通过例子来看如何查表。由于 t 分布表是利用 t 变量的分布密度，根据自由度和显著性水平不同而计算得到 t 变量的临界值 $t_{\alpha(n)}$ 或 $t_{\alpha/2(n)}$ ①，因此，只要给出自由度 n 以及显著性水平 α 的大小，查 t 值表就可以找到临界值 $t_{\alpha(n)}$ 或 $t_{\alpha/2(n)}$ ；反之，只要已知自由度和给定一个临界值 $t_{\alpha(n)}$ ，查 t 值表就可以得到概率 $P\{|t| > t_{\alpha/2(n)}\} = \alpha$ 的大小。本书所列的 t 分布表是双侧和单侧的检验（附表 2），双侧检验即 α 值两边各占一半。

例 4-5　已知 $\alpha = 0.05$，自由度 $df = 8$，试确定临界值。

解：查 t 值双侧检验表就可得到临界值 $t_{0.05/2(8)} = 2.306$。解题示意图见图 4-4。

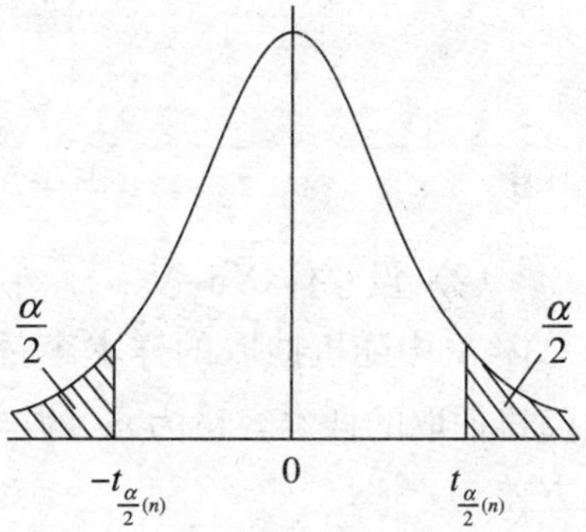

图 4-4　双侧 t 检验示意图

例 4-6　已知随机变量 X 服从自由度为 20 的 t 分布，则 $P(|t| > 1.325)$ 和 $P(t < 1.325)$ 的概率为多少？

解：因为 $df = 20$，则在表中查到自由度为 20 的一行，再寻找数值 1.325 所对应的 α，则从双侧检验表中查到 $\alpha = 0.20$，即 $P(|t| > 1.325) = 0.20$。亦即有

① 这里 α 值的意义及标记同前。

$P(t>1.325)=\alpha/2=0.10$，$P(t<-1.325)=\alpha/2=0.10$。解题示意图见图 4-5。

然而，$P(t<1.325)$在表上是找不到的，因为表中值是依据$|t|>t_{\alpha/2(n)}$计算得到的概率，因而必须借助 t 分布的对称性才能求得。由 t 分布的对称性可知 $P(t<-t_{\alpha/2(n)})=P(t>t_{\alpha/2(n)})$，而 $P(|t|>t_{\alpha/2(n)})=P(t<-t_{\alpha/2(n)})+P(t>t_{\alpha/2(n)})=\alpha$，故有 $P(t<-t_{\alpha/2(n)})=P(t>t_{\alpha/2(n)})=\frac{\alpha}{2}$，于是有 $P(t<t_{\alpha/2(n)})=1-P(t>t_{\alpha/2(n)})=1-\frac{\alpha}{2}$，由已知 $\alpha=0.20$，则有 $P(t<1.325)=1-\frac{0.20}{2}=1-0.10=0.90$。

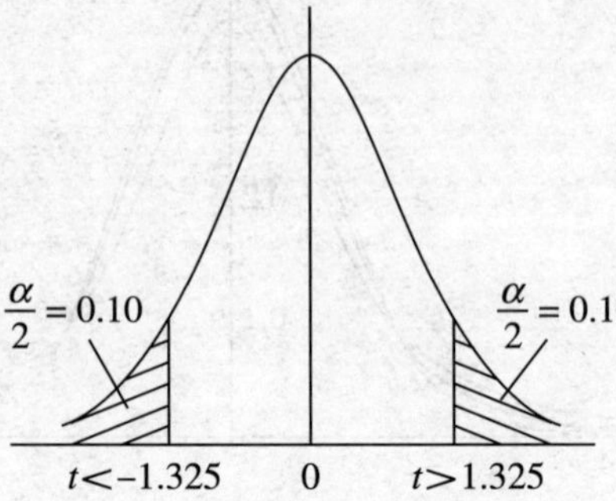

图 4-5 解题示意图

t 分布是应用方便和广泛的一种统计方法，有下述两个重要的结论。

(1) 若总体 $X\sim N(\mu, \sigma^2)$，x_1，x_2，…，x_n 是 X 的一个容量为 n 的随机样本，$\overline{X}$ 和 S^2 分别为样本的平均值和方差，则 $\overline{X}$ 的抽样分布是服从自由度为 $n-1$ 的 t 分布。

$$t=\frac{\overline{X}-\mu}{S/\sqrt{N}}\sim t_{(n-1)} \tag{4-4}$$

其中
$$S=\sqrt{\frac{1}{n-1}\sum_{i=1}^{n}(x_i-\overline{X})^2}$$

(2) 设总体 $X\sim N(\mu_1, \sigma_1^2)$，总体 $Y\sim N(\mu_2, \sigma_2^2)$，$x_1$，$x_2$，…，$x_n$ 是从总体 X 中随机抽取的样本容量为 n_1 的样本，y_1，y_2，…，y_n 是从总体 Y 中随机抽取的样本容量为 n_2 的样本，$\overline{X}$，$\overline{Y}$，S_1^2，S_2^2 分别为两样本的平均值和方差。

当两样本容量都大于或等于 30，两样本相互独立时，则统计量 $D=\overline{X}-\overline{Y}$ 的抽样分布服从均值为 $\mu_1-\mu_2$ 的正态分布，且统计量服从标准正态分布。

$$Z=\frac{(\overline{X}-\overline{Y})-(\mu_1-\mu_2)}{\sqrt{\frac{S_1^2}{n_1}+\frac{S_2^2}{n_2}}}\sim N(0, 1) \tag{4-5}$$

当 $\sigma_1=\sigma_2$，两样本相互独立，两样本容量小于 30 时，两样本平均值的差

$\overline{X}-\overline{Y}$的抽样分布服从自由度 $df=n_1+n_2-2$ 的 t 分布。

$$t=\frac{(\overline{X}-\overline{Y})-(\mu_1-\mu_2)}{\sqrt{\frac{(n_1-1)S_1^2+(n_2-1)S_2^2}{n_1+n_2-2}\left(\frac{1}{n_1}+\frac{1}{n_2}\right)}}\sim t_{(n_1+n_2-2)} \tag{4-6}$$

当 $\sigma_1=\sigma_2$，两样本相互独立，且 $n_1=n_2$ 时，则由（4-6）式可知，此时的抽样分布服从自由度 $df=2n-2$ 的 t 分布。

$$t=\frac{(\overline{X}-\overline{Y})-(\mu_1-\mu_2)}{\sqrt{\frac{S_1^2+S_2^2}{n-1}}}\sim t_{(2n-2)} \tag{4-7}$$

四、F 分布

设有两个总体 X，Y，已知 $X\sim\chi^2_{(n_1)}$，$Y\sim\chi^2_{(n_2)}$，并且 X 与 Y 相互独立，则称随机变量 $F=\dfrac{X/n_1}{Y/n_2}$的服从第一自由度为 n_1，第二自由度为 n_2 的 F 分布，记为 $F\sim F_{(n_1,n_2)}$。

由于 F 分布的计算也较麻烦，统计学工作者编制了 F 分布表（附表 5：单侧检验表；附表 6：双侧检验表）供使用。这是利用 F 分布密度函数在不同自由度 n_1 和 n_2 之下计算出的关于概率 α 的临界值 $F_{\alpha(n_1,n_2)}$，使得

$$P\{F>F_{\alpha(n_1,n_2)}\}=\alpha \tag{4-8}$$

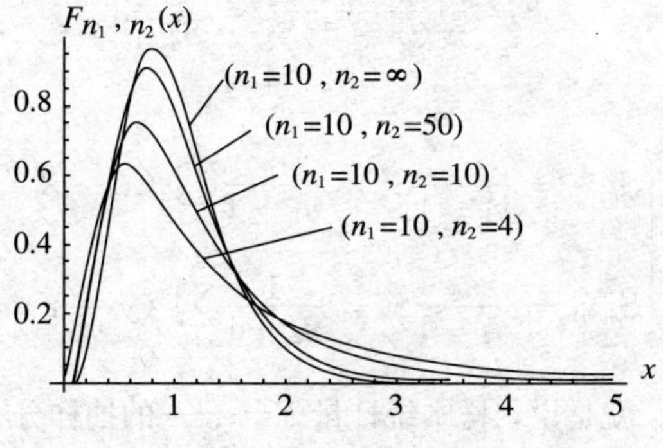

图 4-6 F 分布图

F 分布的形状随所包含的两个自由度不同而不同。

只要给出了第一和第二自由度 n_1 和 n_2，则对给定的概率 α，查 F 值表就

可以找到临界值 $F_{\alpha(n_1,n_2)}$（见图 4-6）。

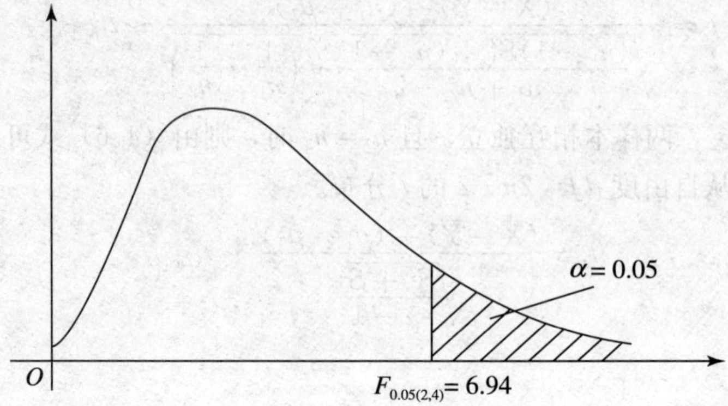

图 4-7　F 检验解题示意图

例 4-7　解：已知 $df_1=2$，$df_2=4$，则对给定的 $\alpha=0.05$，可查 F 单侧检验表得到 $F_{0.05(2,4)}=6.94$（见图 4-7）。

F 分布主要是用于比较数据的离散程度，因此，F 分布有以下主要结论。

(1) 设有两个总体 X 和 Y，已知 $X\sim N(\mu_1,\sigma_1^2)$，$Y\sim N(\mu_2,\sigma_2^2)$，且 X 和 Y 相互独立。x_1，x_2，…，x_n 是来自总体 X 的样本容量为 n_1 的随机样本，y_1，y_2，…，y_n 是来自总体 Y 的样本容量为 n_2 的随机样本，$\overline{X}$，$\overline{Y}$，S_1^2，S_2^2 分别是两样本的平均值和方差，记其方差之比。

$$F=\frac{n_1(n_2-1)S_1^2}{n_2(n_1-1)S_2^2}=\frac{S_{n_1-1}^2}{S_{n_2-1}^2} \tag{4-9}$$

其中

$$\begin{cases} S_{n_1-1}^2=\dfrac{n_1}{n_1-1}S_1^2=\dfrac{1}{n_1-1}\displaystyle\sum_{i=1}^{n_1}(x_i-\overline{X})^2 \\ S_{n_2-1}^2=\dfrac{n_2}{n_2-1}S_2^2=\dfrac{1}{n_2-1}\displaystyle\sum_{i=1}^{n_2}(y_i-\overline{Y})^2 \end{cases} \tag{4-10}$$

则 $F\sim F_{(n_1-1,n_2-1)}$。就是说，样本统计量 $F=\dfrac{S_{n_1-1}^2}{S_{n_2-1}^2}$ 的抽样分布为 F 分布。

(2) 当 $\sigma_1^2=\sigma_2^2$，则有

$$F=\frac{S_{n_1-1}^2}{S_{n_2-1}^2}\sim F_{(n_1-1,n_2-1)}$$

$$\frac{1}{F}=\frac{S_{n_2-1}^2}{S_{n_1-1}^2}\sim F_{(n_1-1,n_2-1)}$$

Z 分布、χ^2 分布、t 分布、F 分布在教育与心理研究中都有广泛的应用，下面的章节中将详细介绍。

第四节　样本容量的计算

一种合理可行的抽样方案，一方面针对调查和实验研究的具体需要选择了适宜的抽样方法，另一方面还应该根据调查研究的实际需要来确定调查研究的精确度，并根据经费预算情况来决定样本容量。若样本容量过小，可能会影响到样本的代表性，使抽样误差增大而降低了调查研究推论的精确性；样本容量过大，则有可能使实施难度增大，而且费时费力，增加开支。

因此，最大允许误差 d 是确定样本容量的一个因素。仅以样本平均数的分布来说明。

在样本平均数的分布中 $\frac{\overline{X}-\mu}{\sigma/\sqrt{n}}=Z_{\alpha/2}$，所以当 $\alpha=0.05$ 或 0.01 时，$Z_{\alpha/2}=1.96$ 或 2.58，这时 $|\overline{X}-\mu|=d$，则有 $d/(\sigma/\sqrt{n})=Z_{\alpha/2}$。

∴
$$n=\left(\frac{Z_{\alpha/2}\cdot\sigma}{d}\right)^2 \tag{4-11}$$

同理可有

$$n=\left(\frac{t_{\alpha/2}\cdot S}{d}\right)^2 \tag{4-12}$$

$$n=\left[\frac{Z_{\alpha/2}\cdot\hat{p}(1-\hat{p})}{d}\right]^2 \tag{4-13}$$

$\hat{p}$ 为比例系数。

例 4-8　拟调查高中一年级学生关于某项教改试验的成效。对参加试验的学生进行了一次考试，为节省开支和人力、物力，仅对考生作抽样分析。要使误差不超过 2 分，且具有 95%的可信程度，则至少应抽取多大的考生样本（根据以往经验得知，估计该年级学生的 $S=12$）?

解：已知 $d=2$，$S=12$，$\alpha=0.05$，$Z_{0.05/2}=1.96$，代入（4-11）式，有

$$n=\left(\frac{1.96\times 12}{2}\right)^2=138.30\approx 140\text{（人）}$$

第五节　参数估计

应用抽样方法解决实际问题时，常常需要利用样本统计量来估计总体的平均值、方差等参数。为什么要进行估计呢？一般来说，只要条件允许，我们当然可以直接计算出总体的平均值和标准差等参数。例如，某市有 30 267 人参加 2008 年全国统一高考，考试后对全市考生成绩作统计，知道语文科平均分为 72 分，标准差为 12.63 分。但是大多数情况下，我们没有条件这样做或者不可能也不需要这样做。例如，研究全国小学一年级学生的智商平均值时，全国小学一年级学生这个总体容量太大了，加以区域等条件的限制，不可能对全体小学一年级学生进行研究，因而只能够采用抽样方式对样本进行研究，并以样本统计量估计总体参数。这样的一种研究形式及以样本统计量估计总体参数的方法称之为参数估计。

例 4-9　设有一随机变量 $X\sim N(\mu,\sigma^2)$，则随机抽取的样本 x_1，x_2，…，x_n 中，都有 $x_i\sim N(\mu,\sigma^2)$，由本章可知有 $\overline{X}\sim N\left(\mu,\frac{\sigma^2}{n}\right)$，因而下式成立。

$$P\left\{\frac{|\overline{X}-\mu|}{\sigma/\sqrt{n}}<3\right\}=0.997$$

试对总体参数 μ 作出估计。

解：依题意下列两式也成立。

$$P\left\{|\overline{X}-\mu|<3\frac{\sigma}{\sqrt{n}}\right\}=0.997$$

$$P\left\{\overline{X}-3\frac{\sigma}{\sqrt{n}}<\mu<\overline{X}+3\frac{\sigma}{\sqrt{n}}\right\}=0.997$$

显然，这里 μ 是需要估计的总体参数，若 σ 已知，则我们就可以把区间 $\left(\overline{X}-3\frac{\sigma}{\sqrt{n}},\ \overline{X}+3\frac{\sigma}{\sqrt{n}}\right)$ 作为 μ 的取值范围的一个估计，也就是说，我们以 99.7%的概率来断言 μ 将取值于此区间内。

参数估计的一般思想叙述如下：设总体有参数 θ，自总体中抽取一样本 x_1，x_2，…，x_n，此时估计 θ 值有两种方法。

(1) 计算出样本的一个统计量 $\hat{\theta}$，以这个统计量作为 θ 的估计值。这种方法称之为参数的点估计，则这个样本估计量 $\hat{\theta}$ 叫做 θ 的估计量。

(2) 计算出样本的两个统计量 $\hat{\theta}_1$ 和 $\hat{\theta}_2$，用区间($\hat{\theta}_1$，$\hat{\theta}_2$)作为 θ 可能的取值范围。它虽然没有指出总体参数是哪一个具体的数值，却能指出总体参数落在这一区间的概率有多大，这种方法称之为参数的区间统计。

一、点估计

我们知道，平均值反映了总体取值的集中情况，方差则反映了总体取值的离散程度。这两个参数值的大小是客观存在的，但是由于前述种种条件的限制，又是难以准确无误地计算出来的。对于总体分布未知的变量更是如此。所以，我们就会考虑利用样本数据计算出一个样本值并用此来估计总体参数值。

1. 判断估计量优劣的标准

无偏性　点估计是用从总体抽取的一个样本统计量作为总体参数的估计值。但我们知道，我们抽取的样本不同，则计算得到的估计值也不同。因此，在点估计中，有的估计值可能会大于参数真值 θ，有的估计值可能会小于参数真值 θ，不可能期望每一次抽样的估计值都等于 θ 值。但是，作为一个好的统计量，则应当是无偏的，即要求所有可能的统计量与参数真值 θ 的偏差的平均应为零。如果用某一个统计量估计总体参数 θ 的偏差的平均大于或小于零，则称这个统计量就是有偏估计量。无偏性是参数估计的最基本的要求，它的直观意义就是没有系统偏差。

有效性　对总体参数 θ 来说，其无偏估计量可能有很多个，如何判定在这些无偏估计量中究竟哪一个更有效呢？

若 T_1，T_2 都是参数 θ 的无偏估计量，而且方差 $\sigma_{T_1}^2 < \sigma_{T_2}^2$，则称估计量 T_1 比 T_2 更为有效。若存在一个无偏估计量 T_0，对于所有无偏估计量 T 都有 $\sigma_{T_0}^2 < \sigma_T^2$，则称 T_0 为参数 θ 的最小方差无偏估计。因为我们也总是希望得到比较稳定可靠的参数估计值，所以有效性也是一个基本要求，它的直观意义是 T_1 比 T_2 的方差小，也就是说取值比较稳定。

一致性　所谓一致性是指当样本容量不断增大时，估计值应越来越接近它所估计的总体参数。

2. 平均值的点估计

这就是说以样本平均值 $\overline{X}$ 作为总体平均值 EX 的估计值。设有一随机变量 X，随机抽取样本 x_1，x_2，…，x_n，则有样本平均数 $\overline{X} = \frac{1}{n}\sum\limits_{i=1}^{n} x_i$，总体均值为 EX。我们可以证明，$\overline{X}$ 是总体均值 EX 的一个无偏估计量。

证明：
$$E\overline{X} = E\left(\frac{1}{n}\sum_{i=1}^{n} x_i\right) = \frac{1}{n}E\left(\sum_{i=1}^{n} x_i\right)$$
$$= \frac{1}{n}E(x_1 + x_2 + \cdots + x_n)$$
$$= \frac{1}{n}(Ex_1 + Ex_2 + \cdots + Ex_n)$$
$$= \frac{1}{n} \times nEX = EX$$

设 $T_1 = X_1$，$T_2 = \overline{X} = \frac{1}{n}\sum\limits_{i=1}^{n} x_i$，则可以看出，$T_1$ 和 T_2 都是均值 EX 的无偏估计量，但是，由于

$$DT_1 = DX_1 = DX$$
$$DT_2 = D\overline{X} = D\left(\frac{1}{n}\sum_{i=1}^{n} x_i\right) = \frac{1}{n^2}D\left(\sum_{i=1}^{n} x_i\right)$$
$$= \frac{1}{n^2}\sum_{i=1}^{n} Dx_i = \frac{1}{n^2}nDX = \frac{1}{n}DX$$

因而有 $DT_2 = \frac{1}{n}DX < DX = DT_1$，所以，作为一个待估均值 EX 的无偏估计量，我们说 T_2 比 T_1 更有效。即作为均值 EX 的估计量，$\overline{X}$ 显然比 X_1 好。这在实际工作中都是很容易理解的，从直观意义上来说也是容易理解的。用样

本平均数 $\overline{X}$ 去估计总体均值这一参数总比在总体中随机抽取一个数去估计总体参数要稳妥些。

3. 方差的点估计

用样本方差 S^2 估计总体方差 DX，是符合直观想法的，但这个估计量并不是无偏的。不过我们可以证明，$S_{n-1}^2 = \frac{1}{n-1}\sum_{i=1}^{n}(x_i - \overline{X})^2$ 是方差 DX 的一个无偏估计量。

证明：
$$
\begin{aligned}
ES_n^2 &= E\Big[\frac{1}{n}\sum_{i=1}^{n}(x_i - \overline{X})^2\Big] \\
&= E\Big\{\frac{1}{n}\sum_{i=1}^{n}\big[(x_i - EX) - (\overline{X} - EX)\big]^2\Big\} \\
&= \frac{1}{n}E\Big[\sum_{i=1}^{n}(x_i - EX)^2 - 2(\overline{X} - EX)\sum_{i=1}^{n}(x_i - EX) \\
&\quad + n(\overline{X} - EX)^2\Big] \\
&= \frac{1}{n}E\Big[\sum_{i=1}^{n}(x_i - EX)^2 - n(\overline{X} - EX)^2\Big] \\
&= \frac{1}{n}\Big[\sum_{i=1}^{n}E(x_i - EX)^2 - nE(\overline{X} - EX)^2\Big]
\end{aligned}
$$

由 $E(x_i - EX)^2 = DX$，$E(\overline{X} - EX)^2 = D\overline{X} = \frac{1}{n}DX$，得

$$ES_n^2 = \frac{1}{n}(nDX - DX) = \frac{n-1}{n}DX$$

故得

$$E\Big(\frac{n}{n-1}S_n^2\Big) = \frac{n}{n-1}ES_n^2 = DX$$

这就说明了 S_n^2 不是总体方差 DX 的无偏估计，S_{n-1}^2 才是 DX 的无偏估计。但当 n 较大时，则 $\frac{n}{n-1}$ 很接近于 1，故对于大样本，估计总体 DX 时也可以用 S_n^2。但就参数估计来说，我们为了不出差错和便于计算与记忆，则宁可在任何情况下都计算 S_{n-1}^2 的值。

估计量的无偏性、有效性、一致性是衡量点估计量优劣的标准。然而，

在理论上和实践上都很难找到同时满足上述三个标准的估计量。因此，以一个统计量作为其总体参数估计，它的优劣也只是相对于其他的统计量而言。在所有统计量中，只有样本平均数作为总体均值 μ 的估计量，才能满足无偏、有效、一致这三个标准。而样本方差作为总体方差 σ^2 的估计量，则仅具有无偏、渐近、有效的性质。因此，在实际应用中，一般都以样本平均数 $\overline{X}$ 作为总体均值 μ 的点估计，以 S_{n-1}^2 作为总体方差 σ^2 的点估计。

例 4-10 对 10 名某学校学生做某项心理测验，结果得如下分数：18，25，26，27，26，25，20，22，23，25，试求出该测验分数总体均值和方差的点估计量。

解：我们依据点估计量的定义知道，样本平均数是总体均值的无偏估计，S_{n-1}^2 是总体方差的无偏估计，设某项心理测验的测验分数为来自随机变量 X 的随机样本，则其点估计量为

$$\begin{aligned} EX &= \frac{1}{10}\sum_{i=1}^{10} x_i \\ &= \frac{1}{10}(18+25+26+27+26+25+20+22+23+25) \\ &= 23.7 \end{aligned}$$

$$\begin{aligned} DX &= \frac{1}{10-1}\sum_{i=1}^{10} (x_i-\overline{X})^2 \\ &= \frac{1}{9}[(18-23.7)^2+(25-23.7)^2+\cdots+(25-23.7)^2] \\ &= 8.46 \end{aligned}$$

二、区间估计

点估计值是由样本数据计算出的一个单一数值，由于是随机抽样，因此由计算样本统计量而得到的点估计值，就有可能不是总体参数的真正数值，且当我们用点估计值去估计总体参数的真值时，其误差大小及可靠程度如何都是不知道的。而用区间估计这一方法可以克服这一缺点，与点估计不同的是，它得出的不是一个单一数值，而是一个数值区间。区间估计方法既告诉我们参数的真正数值在什么范围内，也告诉了我们下此结论有多大的把握。

设总体 X 中有未知参数 θ，x_1，x_2，…，x_n 为来自总体 X 的容量为 n 的

样本。则可用 x_1，x_2，…，x_n 来建立两个统计量 $T_1(x_1, x_2, \cdots, x_n)$，$T_2(x_1, x_2, \cdots, x_n)$，若对于 x_1，x_2，…，x_n 的所有观察值都满足 $T_1 \leqslant T_2$，则称$[T_1, T_2]$为随机区间。随机区间的端点及区间长度都是样本的函数，因而都是统计量，并有

$$P(T_1 \leqslant \theta \leqslant T_2) = 1-\alpha \quad (0<\alpha<1) \tag{4-14}$$

成立，我们则称区间$[T_1, T_2]$为参数 θ 的置信区间，称 $1-\alpha$ 为置信度或置信系数，T_1，T_2 分别称为下、上置信限。

下面我们将分几种具体情况来讨论区间估计问题。

1. 总体均值的区间的估计

在讨论点估计时，我们知道样本平均数 $\overline{X}$ 是总体均值 μ 的无偏估计。这里我们将详细讨论的是总体均值 μ 的区间估计。

(1) 方差 σ^2 已知时

由抽样分布知，若 $X \sim N(\mu, \sigma^2)$，则样本平均值 $\overline{X} \sim N\left(\mu, \frac{\sigma^2}{n}\right)$，因而有

$$Z = \frac{\overline{X}-\mu}{\sigma/\sqrt{n}} \sim N(0, 1)$$

由正态分布的对称性可知

$$P(-Z_{\alpha/2} \leqslant Z \leqslant Z_{\alpha/2}) = 1-\alpha$$

即 $P(\overline{X} - Z_{\alpha/2}\sigma/\sqrt{n} \leqslant \mu \leqslant \overline{X} + Z_{\alpha/2}\sigma/\sqrt{n}) = 1-\alpha$

则总体均值 μ 的置信水平为 $1-\alpha$ 的区间估计的区间长度为 $2Z_{\alpha/2}\sigma/\sqrt{n}$。如图 4-8 所示。

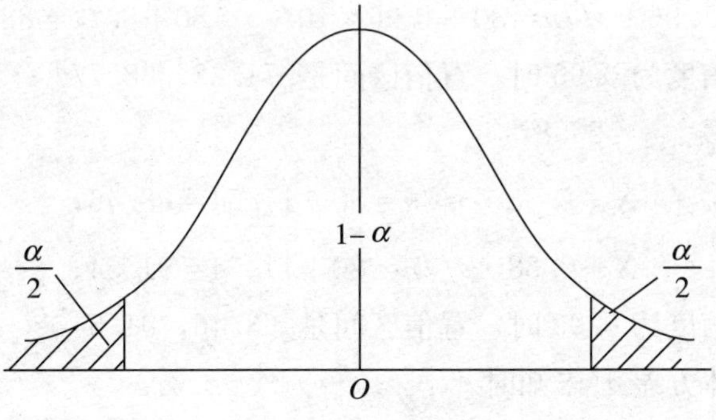

图 4-8 区间估计示意图

例 4-11 试求 $P(|Z_{\alpha/2}|\leqslant 1.96)=0.95$ 中均值 μ 的区间估计。

解：

$$-1.96\leqslant Z_{\alpha/2}\leqslant 1.96$$

$$-1.96\leqslant \frac{\overline{X}-\mu}{\sigma/\sqrt{n}}\leqslant 1.96$$

$$\overline{X}-1.96\sigma/\sqrt{n}\leqslant \mu\leqslant \overline{X}+1.96\sigma/\sqrt{n}$$

$\therefore\quad P(\overline{X}-1.96\sigma/\sqrt{n}\leqslant \mu\leqslant \overline{X}+1.96\sigma/\sqrt{n})=0.95$

就是说，总体均值落在区间$[\overline{X}-1.96\sigma/\sqrt{n},\ \overline{X}+1.96\sigma/\sqrt{n}]$的可能性是 95%。

若总体服从正态分布，且方差 σ^2 已知，总体均值 μ 的置信水平为 $1-\alpha$ 的置信区间为

$$[\overline{X}-Z_{\alpha/2}\cdot\sigma/\sqrt{n},\ \overline{X}+Z_{\alpha/2}\cdot\sigma/\sqrt{n}] \tag{4-15}$$

若总体不服从正态分布，但样本容量 $n\geqslant 30$ 时，总体均值 μ 的置信水平为 $1-\alpha$ 的置信区间仍可用（4-15）式估计。

例 4-12 已知某校的一次考试全体考生成绩总体方差 $\sigma^2=100$，从中抽得 5 位考生的成绩为 65，83，94，70，88，试求全体考生成绩均值 μ 的 95% 和 99%的置信区间。

解：先计算得到 $\overline{X}=\frac{1}{5}(65+83+94+70+88)=80$。

且已知 $\sigma^2=100$，则 $\sigma=10$，$Z_{0.05/2}=1.96$，

$$\overline{X}-1.96\cdot\sigma/\sqrt{n}=80-1.96\times 10/\sqrt{5}=80-8.77=71.23,$$

$$\overline{X}+1.96\cdot\sigma/\sqrt{n}=80+1.96\times 10/\sqrt{5}=80+8.77=88.77。$$

故 μ 的置信度为 0.95 时，置信区间是[71.23，88.77]。

同理，当 $Z_{0.01/2}=2.58$，

$$\overline{X}-2.58\cdot\sigma/\sqrt{n}=80-11.54=68.46,$$

$$\overline{X}+2.58\cdot\sigma/\sqrt{n}=80+11.54=91.54。$$

故 μ 的置信度为 0.99 时，置信区间是[68.46，91.54]。

（2）当总体方差 σ^2 未知时

由抽样分布的讨论知道，当总体服从正态分布时，无论样本容量大小，

$t=\dfrac{\overline{X}-\mu}{S/\sqrt{n}}$均服从自由度为$n-1$的$t$分布，其中$S=\sqrt{\dfrac{1}{n-1}\sum\limits_{i=1}^{n}(x_i-\overline{X})^2}$，因此，总体均值$\mu$的置信水平为$1-\alpha$的置信区间为

$$[\overline{X}-t_{\alpha/2(n-1)}S/\sqrt{n},\ \overline{X}+t_{\alpha/2(n-1)}S/\sqrt{n}] \tag{4-16}$$

其中$t_{\alpha/2(n-1)}$是自由度为$n-1$，概率为α所对应的t分布的双侧临界值。

若总体不服从正态分布，且总体方差σ^2未知，那么只有当样本容量$n\geqslant 30$时，(4-16) 式才能使用。但这时也可以用$Z_{\alpha/2}$代替$t_{\alpha/2(n-1)}$，即有

$$[\overline{X}-Z_{\alpha/2}\cdot S/\sqrt{n},\ \overline{X}+Z_{\alpha/2}\cdot S/\sqrt{n}] \tag{4-17}$$

作为μ的置信水平为$1-\alpha$的置信区间。从t分布的性质知道，当n渐大时，自由度为$n-1$的t分布曲线与标准正态曲线逐渐吻合。

例 4-13 某校对高中一年级学生进行英语水平测试，测试后从中抽取的 9 个考生的成绩为 83，91，62，50，74，68，70，65，85，试对该年级考生的该次测试成绩均值作区间估计（取$\alpha=0.05$）。

解：由题给出的数据可以计算得到，$\overline{X}=72$，$S_{n-1}=12.79$，查t分布表，当$df=9-1=8$时，$t_{0.05(8)}=2.306$，则由 (4-16) 式，得

$$\overline{X}-2.306\times 12.79/\sqrt{9}=72-10.06=61.94$$

$$\overline{X}+2.306\times 12.79/\sqrt{9}=72+10.06=82.06$$

即全体考生均值μ的置信度为 0.95 时，置信区间为[61.94，82.06]。

从以上两例我们可以看到，均值μ的区间估计，置信区间的大小受样本容量和置信度$1-\alpha$的影响。

(1) 置信区间的大小在样本容量n一定的情况下与置信度$1-\alpha$有关。置信度越大，则置信区间也越大；置信度越小，则置信区间也随之缩小。因而我们在实际应用中，当样本容量n一定时，要提高置信度，就将会增大置信区间。但若置信区间过大的话，就使对参数的估计不太明确，从而失去了参数估计的意义。

(2) 当置信度$1-\alpha$一定时，置信区间的大小与样本容量n有关，随着样本容量n的增大，置信区间有减小的趋势。因而也可以在一定的置信度下，适当地增大样本容量，以缩小置信区间。但这样就意味着要增加工作量等。

因此，恰当地考虑置信度$1-\alpha$和样本容量n，是我们要做的工作。

2. 总体方差的区间估计

除了通过样本对总体均值进行区间估计外，有时我们需要通过样本对总体方差进行区间估计。设总体 X 服从正态分布 $X \sim N(\mu, \sigma^2)$，x_1，x_2，…，x_n 是来自 X 的随机样本，现在需从样本数据中求得在置信水平 $1-\alpha$ 之下，总体方差 σ^2 的置信区间。由于 μ 与 σ^2 都是未知的，要对 σ^2 进行估计，自然就会想到用样本方差 S^2。由抽样分布知道，

$$Y = \frac{1}{\sigma^2}\sum_{i=1}^{n}(x_i - \overline{X})^2 = \frac{(n-1)S^2}{\sigma^2} \tag{4-18}$$

其中
$$S^2 = \frac{1}{n-1}\sum_{i=1}^{n}(x_i - \overline{X})^2$$

是服从自由度为 $n-1$ 的 χ^2 分布。因而对 Y 的分布密度函数 $f(Y)$，对于置信水平 $1-\alpha$，可以求得两个 χ^2 值 $\chi^2_{1-\alpha/2(n-1)}$，$\chi^2_{\alpha/2(n-1)}$，使得

$$P(\chi^2_{1-\alpha/2(n-1)} \leqslant Y \leqslant \chi^2_{\alpha/2(n-1)}) = 1-\alpha \tag{4-19}$$

即有

$$\chi^2_{1-\alpha/2(n-1)} \leqslant \frac{(n-1)S^2}{\sigma^2} \leqslant \chi^2_{\alpha/2(n-1)}$$

$$\frac{(n-1)S^2}{\chi^2_{1-\alpha/2(n-1)}} \geqslant \sigma^2 \geqslant \frac{(n-1)S^2}{\chi^2_{\alpha/2(n-1)}}$$

故

$$P\left(\frac{(n-1)S^2}{\chi^2_{1-\alpha/2(n-1)}} \geqslant \sigma^2 \geqslant \frac{(n-1)S^2}{\chi^2_{\alpha/2(n-1)}}\right) = 1-\alpha \tag{4-20}$$

因此，σ^2 的置信水平为 $1-\alpha$ 的置信区间是

$$\left[\frac{(n-1)S^2}{\chi^2_{\alpha/2(n-1)}}, \frac{(n-1)S^2}{\chi^2_{1-\alpha/2(n-1)}}\right] \tag{4-21}$$

例 4-14 从某校高中语文毕业考试中随机抽取 15 份，其成绩如下：75，68，72，89，86，78，91，92，79，83，88，90，85，77，82。试确定语文成绩的标准差在什么范围（取 $\alpha=0.05$）。

解：由所给的数据可以计得 $S^2_{n-1}=53.52$，且 $\alpha=0.05$，故 $\alpha/2=0.025$，$1-\alpha/2=0.975$。查 χ^2 分布表得 $\chi^2_{0.025(14)}=26.12$，$\chi^2_{0.975(14)}=5.65$，故由(4-20)式，得

$$\frac{(n-1)S^2}{\chi^2_{\alpha/2(n-1)}} = \frac{14 \times 53.52}{26.12} = 28.69$$

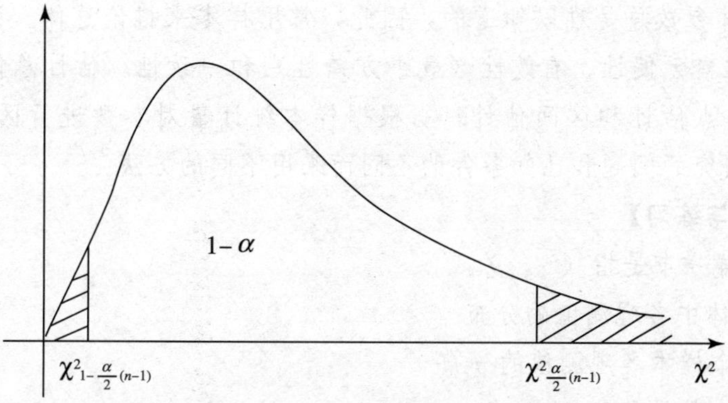

图 4-9　总体方差的区间估计示意图

$$\frac{(n-1)S^2}{\chi^2_{1-\alpha/2(n-1)}}=\frac{14\times 53.52}{5.65}=133.09$$

即
$$28.69\leqslant\sigma^2\leqslant 133.09$$

从而
$$5.36\leqslant\sigma\leqslant 11.54$$

语文毕业考试成绩的标准差，当置信度为 0.95 时，置信区间为[5.36, 11.54]。

同样，总体方差的区间估计，置信区间的大小与置信度 $1-\alpha$ 和样本容量有关。有关的讨论由读者自行思考。

【要点小结】

良好的样本，是保证推论统计可靠性的前提和保证。抽样分布是指样本统计量的概率分布，它是进行统计推断的重要依据。只有知道了样本统计量的分布规律，才能依据样本对总体进行推论，而总体参数估计是推断统计的主要内容。

1. 根据总体的不同特点和不同的研究目的，在研究中使用恰当的抽样方法。常用的抽样方法有简单随机抽样、等距抽样和分层抽样等。

2. 教育与心理研究大都属于抽样研究，几种常见的抽样分布包括均匀分布、正态分布、标准正态分布、χ^2 分布、t 分布、F 分布等。

3. 多方面因素综合考虑确定样本容量，一方面减少抽样误差，另一方面节省研究时间和经费。

4. 总体参数总是难以知道的，因此，常用样本来推论总体。评判估计值好坏的标准有无偏性、有效性（最小方差性）和一致性。估计总体参数的方法有两种：点估计和区间估计。当根据样本统计量对参数进行区间估计时，应根据所研究的问题和已知条件的不同而采用不同的方法。

【思考与练习】

1. 抽样分布是指（　　）。

A. 总体中各观测值的分布

B. 一个样本各观测值的分布

C. 样本数量的分布

D. 样本统计量的分布

2. 为了调查某企业员工的幸福感状况，从男性中抽取 100 名员工调查，从女性中抽取 60 名员工调查，这种调查方法是（　　）。

A. 简单随机抽样　　B. 等距抽样

C. 分层抽样　　D. 整群抽样

3. 一个样本中所有 n 个观察值形成的分布称为（　　）。

A. 样本分布　　B. 总体分布

C. 样本均值的抽样分布　　D. 抽样分布

4. 第一个 χ^2 分布的自由度为 5，第二个 χ^2 分布的自由度为 10，第三个 χ^2 分布的自由度为 15，则它们的分布之和仍然服从 χ^2 分布，自由度为（　）。

A. 30　　B. 40

C. 50　　D. 60

5. 总体的均值为 19，标准差为 10。从总体中抽取一个容量为 100 的随机样本，则样本均值的抽样分布为（　　）。

A. $N(19,2)$　　B. $N(10,2)$

C. $N(19,1)$　　D. $N(10,2)$

6. 某校学生的年龄分布是右偏的，均值为 22，标准差为 4.45。如果采取随机抽样的方法从该校抽取容量为 100 的样本，则样本均值的抽样分布是（　）。

A. 右偏的，均值为 22，标准差为 4.45

B. 正态分布，均值为 22，标准差为 0.445

C. 正态分布，均值为 22，标准差为 4.45

D. 分布形状未知，均值为 22，标准差为 0.445

7. 当样本容量一定时，置信区间的宽度（　　）。

A. 随着置信系数的增大而增大

B. 随着置信系数的增大而减小

C. 与置信系数的大小无关

D. 与置信系数的平方根成正比

8. 根据某校学生英语成绩的一个样本，用 95%的置信水平构造的该校学生平均英语成绩的置信区间为 70～85。这个学校的学生的英语平均分数（　　）。

A. 肯定在这一区间内

B. 有 95%的可能性在这一区间内

C. 有 5%的可能性在这一区间内

D. 上述说法都不正确

9. 对于同一总体的两个无偏估计量$\hat{\theta}_1$ 和$\hat{\theta}_2$，若 $D(\hat{\theta}_1)<D(\hat{\theta}_2)$，则称$\hat{\theta}_1$ 是一个（　　）。

A. 无偏估计量　　　　B. 一致估计量

C. 更有效的估计量　　D. 可靠估计量

10. 下列关于 F 分布的叙述中，正确的是（　　）。

A. F 分布只有一个自由度

B. F 分布是对称的

C. F 分布的形状与其自由度无关

D. F 分布是正偏态的

11. 以样本均值为估计量对总体均值进行区间估计，且总体方差已知，则下列说法正确的是（　　）。

A. 样本容量较大的置信区间较大

B. 95%的置信区间比 90%的置信区间宽

C. 样本均值越大，区间越小

D. 相同置信水平下，样本容量小的区间较大

12. 下面的说法哪一个是正确的？（ ）

A. 一个无偏的估计量意味着它非常接近总体的参数。

B. 一个有效的估计量意味着它等于总体的参数。

C. 一个有效的估计量意味着它更接近总体的参数。

D. 一个一致的估计量意味着它等于总体的参数。

13. 随机抽取一个容量为 100 的样本，其均值 $\bar{x}=80$，标准差 $S=10$。总体均值 μ 的 95%的置信区间为（ ）。

A. 80±1.96　　B. 80±2.58

C. 80±3.52　　D. 80±2.35

14. 下面说法哪一个是正确的？（ ）

A. 当正态总体方差已知时，只有在大样本情况下用正态分布对总体均值进行估计。

B. 当正态总体方差未知时，只能用 t 分布对总体均值进行估计。

C. 无论总体的分布如何，在大样本情况下可以用正态分布对总体均值进行估计。

D. 对于正态总体，都可以用正态分布和 t 分布对总体均值进行估计。

15. 为了估计某大学学生的平均年龄，随机抽取一个 $n=100$ 的样本，算得 $\bar{x}=22.3$ 岁，总体方差 $\sigma^2=16$，总体均值 μ 的 99%的置信区间为（ ）。

A. (20.78，23.56)　　B. (21.27，23.33)

C. (20.78，24.56)　　D. (21.27，24.33)

16. 已知某高中的综合科总分为 180 分，该校学生的总体均值 95%的置信区间为 (122，130)，如果某次抽取部分学生的均值为 126 分，标准差为 16.07 分，则研究时应抽取该校学生的样本容量为（ ）。

A. 48　　B. 55

C. 62　　D. 76

17. 试述点估计和区间估计的定义，并叙述其优缺点。

18. 抽样的方法有哪几种？各自的特点是什么？

19. 如何对总体参数进行估计？为什么选择这些估计方法？

20. 已知某中学一次数学考试成绩的分布为正态分布，总体标准差为 $\sigma=$

5，从这个总体中抽取 $n=16$，并计算得到 $\overline{X}=81$，$S=6$，试求这次考试中全体考生成绩 μ 的 95%的置信区间。

21. 随机抽取一个由 61 名大学生组成的样本，让每一名学生对“我感觉我适应大学的学习”这一说法表明自己的态度。态度按 5 分制来衡量：1＝完全符合；2＝较符合；3＝不确定；4＝较不符合；5＝完全不符合。对这一说法，样本的平均态度分为 2.24，标准差为 1.52，用 90%的置信区间得到总体标准差 σ 的置信区间是多少？

22. 用 SCL—90 问卷对某大学学生心理健康状况进行调查，问卷采用五级计分制：(1) 无，无该项症状问题；(2) 轻度，自觉有该症状，但发生得并不频繁、不严重；(3) 中度，自觉有该项症状，其程度为轻度到中度；(4) 相当严重，自觉常有该项症状，其程度为中度到严重；(5) 严重，自觉常有该项症状，频繁出现。该大学学生心理健康状况不服从正态分布，随机抽取该大学 360 名学生进行调查，得到这些学生心理健康状况 SCL—90 的平均得分是 1.48，标准差为 0.60，那么该大学学生总体心理健康状况 SCL—90 的得分 μ 的 99%的置信区间是多少？

【拓展性阅读导航】

1. Robert S. Witte & John S. Witte：*Statistics*（seventh edition），New Jersey，Canada：John Wiley & Sons，INC. Publication，2004.

全书体系完整，脉络清晰，通俗易懂。重点介绍了统计学基本概念和基本的数据分析过程，主要包括描述统计和推断统计两部分。每一章都包括引言、正文、总结、重要术语和练习五部分。其练习题型丰富，涵盖内容广泛，每一小节都附有练习以避免各知识点的混淆，每一章都有适当的练习以巩固知识点。

2. 贾俊平、何晓群、金勇进编著：《统计学》，中国人民大学出版社 2007 年版。

该书除了介绍估计总体均值、总体比例和两个总体均值之差时样本量的确定的三个公式，以及这三个公式的应用实例，还介绍了一个总体参数和两个总体参数不同情况时的区间估计。

第五章
假设检验

【内容提要】

假设检验是推断统计的重要内容。它的原理是：先构造出有关总体的零假设和备择假设，通过计算相应的统计量，在事先确定的 α 水平上，比较临界值和相应的统计量，从而确定是否可以拒绝零假设。

实际应用中要根据分布、样本量、总体方差是否已知，两样本是否相关等条件而采用不同的检验方法。

【学习目标】

1. 熟练掌握假设检验的意义、原理和步骤。

2. 理解统计假设检验中第Ⅰ类错误和第Ⅱ类错误的概念，以及两者之间的关系。

3. 掌握在不同条件下构建合适的零假设和备择假设，选用适当的统计量和检验方法进行假设检验。

【关键词】

假设检验　两类错误　显著性水平　显著差异

在教育与心理研究中，常常要对教学方法、教材选择、心理测验与教育考试所得的数据进行分析或对心理实验效果进行比较。显然，我们可以通过比较两组随机样本实验前后的效果，以确认实验处理是否对总体有效。对实验结果的平均值进行比较，就是两正态总体均值差异的显著性检验问题；了解实验结果的离散程度是否明显地发生变化，则是两正态总体方差差异的显著性检验问题，即方差齐性的显著性检验。在这一章中，我们将在假设检验原理、步骤的基础上主要介绍这两种假设检验方法。

第一节　假设检验的原理与步骤

一、假设检验的原理

我们将通过一个具体的例子来直观地说明假设检验所依据的原理。

例 5-1　某校高中一年级试用一种新的教学法学习数学，根据实验结果知道，用原来的教学法，数学考试平均成绩为 79 分（记为 μ_0），标准差为 11 分（记为 σ_0），使用新的教学方法后，从中随机抽取参加试验的 30 人（记为 n），计算得到他们的数学平均成绩为 84 分（记为$\overline{X}$）。能否从总体上说新的教学法与原来的教学法存在差异或者说新的教学法优于原来的教学法？

解：新的教学法使用后，所抽取的样本平均成绩$\overline{X}=84$ 分，比原来总体平均成绩 $\mu_0=79$ 分高出 5 分。从统计原理来说，这增加的 5 分，有可能是由于随机抽样引起的误差，我们称为偶然误差或随机误差；也有可能是由于新的教学法确实比原来的教学法好，采用新的教学法确能有效提高学生的成绩。究竟是随机误差引起了学生成绩的变化，还是学生的成绩的确发生了变化，这就是我们需要回答的问题，也是这一章需要回答的问题。为了回答这个问题，采用的方法是，先假设新的教学方法对学生的成绩提高没有效果（记为 H_0，称为零假设），然后，检验这一假设是否成立。教育与心理统计的理论研究表明，一般认为学生的考试成绩是服从正态分布的，则可设旧教学法所教学生的数学成绩分布为 $N(\mu_0,\ \sigma_0^2)$，由平均数的抽样理论知

$$Z=\frac{\overline{X}-\mu_0}{\sigma_0/\sqrt{n}}\sim N(0,\ 1)$$

即 Z 服从标准正态分布 $N(0,\ 1)$，其中 μ_0，σ_0^2 分别为总体均值和总体方差。此时若选定 $\alpha=0.05$，则满足概率

$$P\{|Z|>Z_{\alpha/2}\}=0.05$$

的 $Z_{\alpha/2}$ 值可从正态分布表中查得 $Z_{0.05/2}=1.96$，因而样本平均数 $\overline{X}$ 的一次观察值落在区间 $[\mu_0-1.96\sigma_0/\sqrt{n},\ \mu_0+1.96\sigma_0/\sqrt{n}]$ 之外的可能性只有 0.05，即 $\overline{X}$ 的 100 次观察值中约有 5 次落在该区间之外。但若在一次观察中观察值落在了该区间之外，我们认为这是发生了小概率事件。而统计假设检验的基本思想就是基于“小概率事件在一次实验中不可能发生”这一原理。如果仅在一次观察中小概率事件居然发生了，就有充分理由怀疑某事件是小概率事件的假设前提是不正确的，应当拒绝零假设。我们把例 5-1 中的 $\mu_0=0.79$ 分，$\sigma_0=11$ 分，$n=30$ 代入，计算得到

$$\mu_0-1.96\sigma_0/\sqrt{n}=79-1.96\times11/\sqrt{30}=75.08$$

$$\mu_0+1.96\sigma_0/\sqrt{n}=79+1.96\times11/\sqrt{30}=82.92$$

即 $\overline{X}=84$ 确实落在区间 [75.08，82.92] 之外，显然小概率事件发生了。因此，应当拒绝零假设 H_0，即可认为新的教学法与原来的教学法确实存在着差异，也可以认为这 5 分的差异是由于采用了不同的教学法所产生的，而不是由于随机抽样所引起的偶然误差。就本实验来说，也说明新的教学法确比旧的教学法优越。假设检验原理示意图见图 5-1。

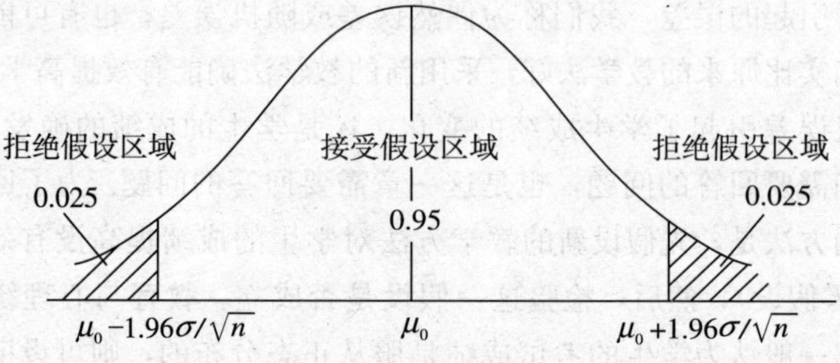

图 5-1　假设检验原理示意图

为了进一步说明假设检验的原理，再看一个例子。

例 5-2　某市根据上级教育部门的意见采用了新编的教材，在使用一学年后，为了对新编教材的效果进行检查，测试了使用新编教材的学生，随机抽

取 10 名学生，得到平均成绩为 61.82 分，已知使用旧教材的全体考生成绩平均分 $\mu_0=57$ 分，$\sigma_0=8.5$ 分，试分析使用新编教材是否比旧教材的考试成绩好（取 $\alpha=0.05$）。

解：显然，这是一个小样本，我们可以先查表得到

$$t_{0.05/2(9)}=2.262$$

$$\mu_0-2.262\sigma_0/\sqrt{10}=57-2.262\times8.5/\sqrt{10}=57-6.08=50.92$$

$$\mu_0+2.262\sigma_0/\sqrt{10}=57+2.262\times8.5/\sqrt{10}=57+6.08=63.08$$

由所给出的使用新编教材平均成绩 $\overline{X}=61.82$ 分，落在区间 [50.92，63.08] 之内，小概率事件没有发生，因而未能拒绝零假设 H_0，而新教材平均分 61.82 分显然比旧教材平均分 57 分高出 4.82 分，这是由偶然误差所引起的，如果从决策的角度说，使用新、旧教材的教学效果都差不多。

在上两例中，所作假设“新的教学方法与原来的教学方法没有显著差异”和“新的教材和旧的教材没有显著差异”，即 $\mu=\mu_0$，我们称为零假设，记为：

$$H_0:\mu=\mu_0$$

实验所期望证实的结果是“新的教学方法与原来的教学方法有显著差异”和“新的教材和旧的教材有显著差异”，即 $\mu\neq\mu_0$，称为备择假设，记为：

$$H_1:\mu\neq\mu_0$$

而选取的 $\alpha=0.05$，称为检验的显著性水平。教育与心理研究中检验的显著性水平 α 常常选取 0.10、0.05、0.01。显然，在图 5-1 中，$\overline{X}>\mu_0+1.96\sigma_0/\sqrt{n}$，$\overline{X}<\mu_0-1.96\sigma_0/\sqrt{n}$ 称为显著性水平 $\alpha=0.05$ 下的 H_0 的拒绝域（图中画有斜条纹部分）。当 $\overline{X}$ 落在此区域，也就是说两种教法或教材有显著差异。$\mu_0-1.96\sigma_0/\sqrt{n}\leqslant\overline{X}\leqslant\mu_0+1.96\sigma_0/\sqrt{n}$ 称为显著性水平 $\alpha=0.05$ 下的 H_0 的接受域，当 $\overline{X}$ 落在此区域，也就是说两种教法或教材可能没有显著性差异。

但应当注意，当显著性水平取值不同时，临界值也随之变化，当样本容量不同时，也应使用不同的方法。当显著性水平取较大值时，所得到的接受域区间就会较小；当显著性水平取较小值时，则得到的接受域区间就会较大，而作出未能拒绝或拒绝零假设 H_0 的结论则与所选取的显著性水平 α 有密切的联系。

例如 5-1，若我们取 $\alpha=0.01$，则零假设 H_0 的接受域区间就会为 $[\mu_0-2.58\sigma_0/\sqrt{n},\ \mu_0+2.58\sigma_0/\sqrt{n}]=[73.84,\ 84.16]$，而观察值 $\mu=84$ 正好落在其中，因而未能拒绝零假设 H_0。如图 5-2 所示，图中小方格的阴影为显著性水平 $\alpha=0.01$ 时的拒绝域，而斜条纹为显著性水平 $\alpha=0.05$ 时的拒绝域。

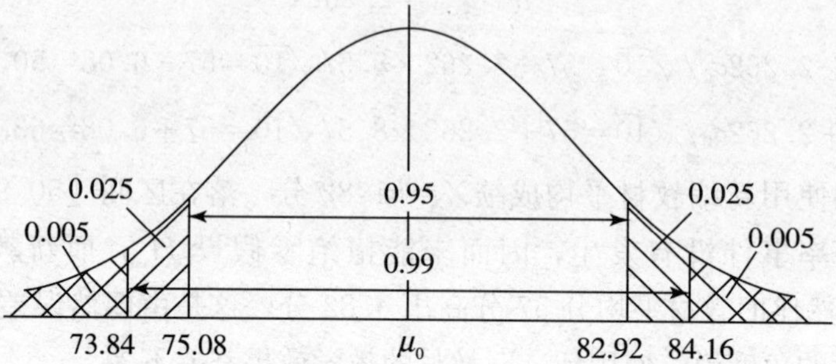

图 5-2　显著性水平不同时拒绝域不同示意图

所以，零假设 H_0 的拒绝域与显著性水平 α 的选定有直接的关系。

二、两类错误的概念

假设检验的原理和方法是由样本推断总体，因而就不可能保证推断百分之百的可靠，而只能保证结论在大的概率下可靠。比如在例 5-1 中，我们算出结果 $|Z|>Z_{\alpha/2}$ 时，拒绝了零假设 H_0，但这个结论有可能犯错误。若实际情况是不应当拒绝零假设 H_0，此时拒绝了零假设 H_0，称这种错误为第Ⅰ类错误或称“弃真”错误。因为当零假设 H_0 成立时，统计量 Z 服从标准正态分布，这时 $|Z|>Z_{\alpha/2}$ 的概率为 α，而在一次抽样中，可能发生的概率为 α，所以犯第Ⅰ类错误的概率正是显著性水平 α，则以 α 表示“弃真”的概率。

当计算得到 $|Z|\leqslant Z_{\alpha/2}$ 时，我们未能拒绝零假设 H_0，这时也可能犯错误。若实际情况是应当拒绝零假设 H_0，此时未能拒绝零假设 H_0，称这种错误为第Ⅱ类错误或称“取伪”错误。因为当 H_0 不成立时，统计量 Z 仍有可能落在接受区间（$-Z_{\alpha/2}$，$Z_{\alpha/2}$）中。以 β 表示犯“取伪”错误的概率，β 的大小与所采用的检验方法、样本 n 的大小以及 α 值有关。对此我们将进行详细的讨论。

1. α 与 β 是在两个前提下的概率。即 α 是拒绝零假设 H_0 时犯错误的概率

(这时前提是不能拒绝零假设 H_0)，β是未能拒绝零假设 H_0 时犯错误的概率(这时前提为拒绝了零假设 H_0)，所以，$\alpha+\beta$不等于1。我们可以用图形表示。

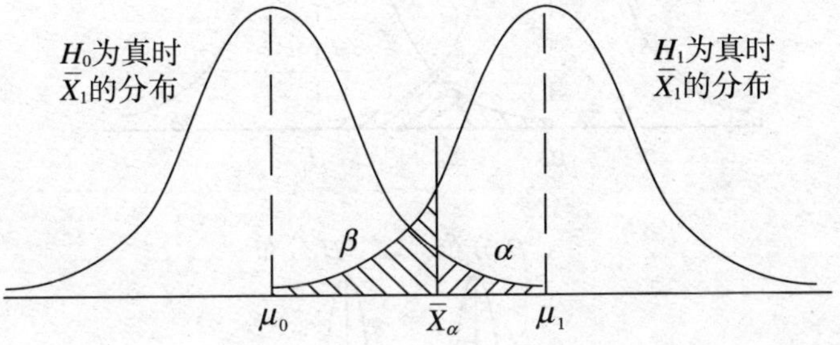

图 5-3 α与β的关系示意图

2. 对于固定的 n，α 越小，则 $Z_{\alpha/2}$ 越大，从而接受假设区间（$-Z_{\alpha/2}$，$Z_{\alpha/2}$）越大，H_0 就越容易被接受，从而“取伪”的概率β就越大；反之，α 越大，则 $Z_{\alpha/2}$越小，从而接受假设区间（$-Z_{\alpha/2}$，$Z_{\alpha/2}$）就越小，则β也就越小。即对于一定大的样本来说，“弃真”概率α和“取伪”概率β不能同时减小，一个减小，另一个就会增大。可用表 5-1 表示。

表 5-1

真实情况	判断结果	
	未能拒绝 H_0	拒绝 H_0
H_0 为真	正确概率 $1-\alpha$	“弃真”概率 α（第Ⅰ类错误）
H_0 为假	“取伪”概率 β（第Ⅱ类错误）	正确概率 $1-\beta$

3. 要想减小α或β，一个方法就是增大 n。若增大 n，当样本平均数的分布 $\bar{X}\sim N$（μ，$\frac{\sigma^2}{\sqrt{n}}$）中，$\frac{\sigma^2}{\sqrt{n}}$就会小，$\frac{\sigma^2}{\sqrt{n}}$小，则分布就瘦长，从而减少了两种错误的概率$\alpha$和$\beta$，如图 5-3、图 5-4 所示。但是样本的增加会导致人力和物力的增加，所以在实际应用中要根据犯两类错误可能造成的损失和进行抽样的人力物力耗费来统筹考虑，选择最恰当的 n、α、β值。

4. 与β有关的一个重要概念是统计功效（statistical power）。统计功效等

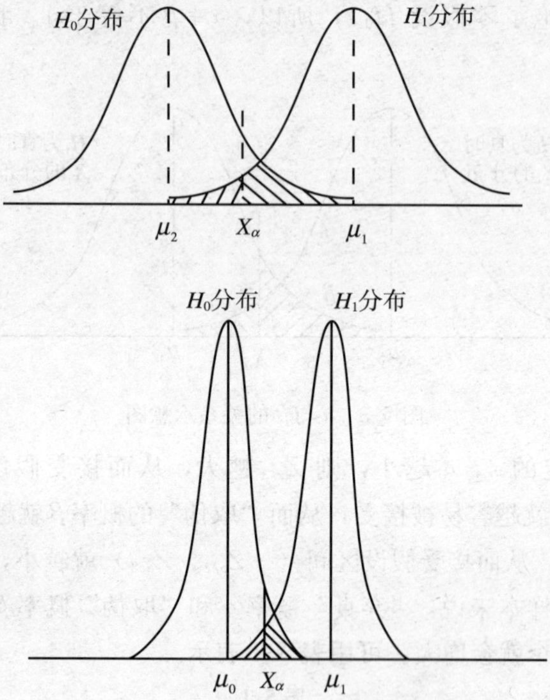

图 5-4　不同的分布形状对 β 影响的示意图

于 β 的余数（$1-\beta$），即当零假设不为真时，拒绝零假设的概率，也就是通过有效的实验处理发现存在的差异的概率。统计功效即检验的势或效率，其值越大越好。α、β、n 以及效果量是影响统计功效的主要因素。

计算统计功效主要有两个原因。第一，对于一定的效果量和 α 水平，确定获得统计显著性所需要的样本容量；第二，评价已完成的研究或者实验，尤其是统计不显著的结论，通过统计功效的计算可得知是不是由于样本容量不足而未能达到统计显著性。

在影响统计功效的诸多因素中，效果量（effect size）是实验处理的效应大小，或者是自变量和因变量关系的大小。由于统计假设检验是运用反证法的思想，通过拒绝零假设 H_0 来验证备择假设 H_1 的真实性，所以一般认为在研究总体中零假设 H_0 要么为真，要么不为真。实际上统计假设检验，特别是心理学研究不能运用这种“全或无”的准则。零假设 H_0 不为真，只是在某种程度上不为真，研究结果是在某种程度上偏离零假设 H_0。效果量就是指零假设 H_0 不为真的程度，实际上就是偏离零假设 H_0 程度的一种指数。

在实际应用中，效果量是决定统计功效、所需样本量的一个重要因素。不同的实验处理效果量不同。当效果量提高时，偏离零假设 H_0 的程度越大，研究结果也就越接近备择假设 H_1 为真。样本容量、α 水平、效果量和统计功效四者之间的关系是：其中任意一个都是其余三个的函数。在样本容量和 α 水平等其他情形都确定的情况下，统计功效值增加或减少，效果量也随之增加或减少，反之亦然。

假设检验的结果，即是否拒绝零假设，远不足以满足心理学研究的需求。因为这一结果只能够告知我们是否存在差异，而不能告诉我们存在的差异到底有多大。差异的大小对于心理学研究来说是很重要的。比如说，一种新的心理健康调适方法和已有的方法相比较，二者之间确实存在显著性差异，但是只能提高学生的心理健康水平 2 分（以百分计）。相比巨额投入而言，这 2 分的差异显然是微不足道的。可以说，差异的大小相对于差异的有无而言更为重要。因此，确定一个可以在不同研究之间进行比较的差异大小指标——效果量是必要的。统计功效依赖于效果量，效果量可以作为统计功效的直接测度。计算效果量可以达到以下目的：对于差异显著的研究结果，可以依据效果量的大小以判断差异是否真实存在，而不是由其他诸如大样本容量等因素导致的；对于差异不显著的研究结果，可以依据效果量的大小以判断差异不显著是真实存在还是由其他诸如小样本容量等因素造成的。

三、假设检验中的双侧检验和单侧检验

我们用例 5-1 和例 5-2 介绍了假设检验的基本原理。在例 5-1 和例 5-2 中，我们提出的问题是，μ 和 μ_0 是否有差异，并不关心 μ 比 μ_0 大还是小，因此，这种检验方法在 μ_0 两侧都需要一个临界点，把临界点以外的区域作为 H_0 的拒绝域。这时，若显著性水平 $\alpha=0.05$ 时，则两端拒绝域的面积比例各为 0.025，见图 5-5。这种只强调差异而不强调方向性的检验称为双侧检验。可见，若是双侧检验，则拒绝域在两边，各占 $\alpha/2$。

$$\mu<\mu_0-Z_{\alpha/2}\sigma_0/\sqrt{n}\text{和}\mu>\mu_0+Z_{\alpha/2}\sigma_0/\sqrt{n}$$

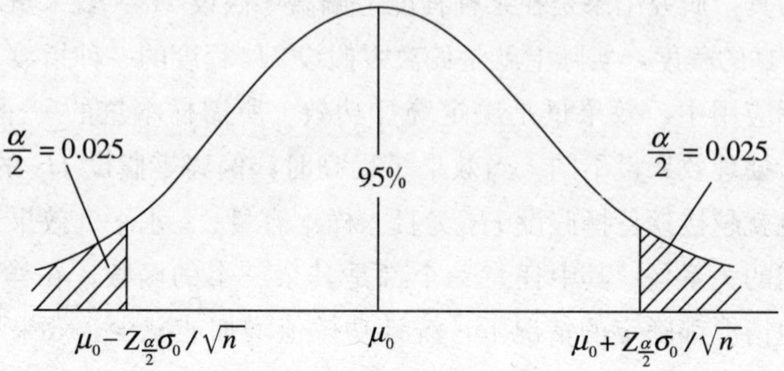

图 5-5　双侧检验示意图

我们再通过一个例子来说明这个问题。

例 5-3　某高校参加同专业的统一考试，随机抽查 64 份试卷，由此求得平均成绩为 69 分，标准差为 9.5 分。已知该科全体考生成绩服从正态分布，且总平均分为 65 分，问该高校考生的平均成绩是否显著地高于全体考生的平均水平？

解：这一例子的提法，就与例 5-1 和例 5-2 不同，它所提出的是 $\mu>65$ 是否成立。当然，仅从成绩来看，69 分比 65 分高，但我们需要了解的是，这种高 4 分的差异是否来自随机误差。所以，这时的零假设为

$$H_0: \mu\leqslant 65$$

则备择假设就是

$$H_1: \mu>65$$

若未能拒绝 H_0，就意味着该校考生水平可能不高于全体考生的平均水平；若拒绝 H_0，就可以认为高于全体考生的平均水平（见图 5-6）。

此时，显著性水平 α 的拒绝域为：

$$\mu>\mu_0+Z_\alpha\sigma_0/\sqrt{n}$$

即拒绝域在右边的面积为 α。

同理也可以得到低于平均水平的拒绝域

$$\mu<\mu_0-Z_\alpha\sigma_0/\sqrt{n}$$

即拒绝域在左边，面积仍为 α（见图 5-7）。

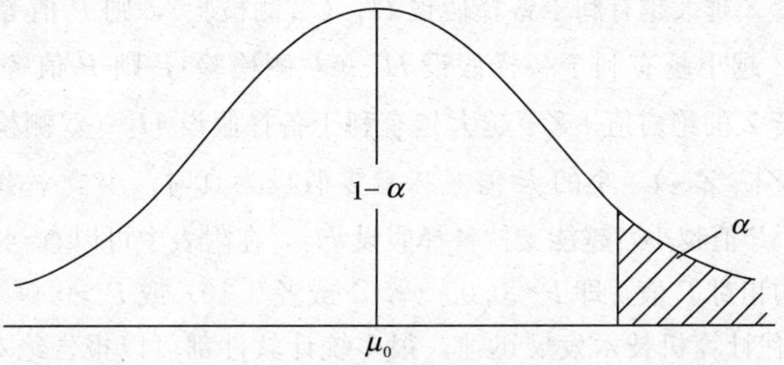

图 5-6　单侧检验示意图（a）

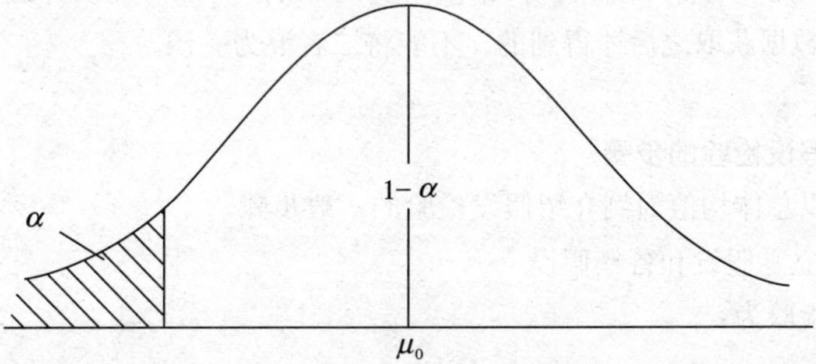

图 5-7　单侧检验示意图（b）

在实际研究中何时用单侧检验，何时用双侧检验，一定要根据研究的目的来确定，不能随心所欲地选用。单侧检验与双侧检验有以下几点区别。

1. 问题的提法不同。双侧检验的提法是：μ 和已知常数 μ_0 是否有显著差异？单侧检验的提法是：μ 是否显著高于已知常数 μ_0 或 μ 是否显著低于已知常数 μ_0？

2. 建立假设的形式不同。双侧检验的零假设和备择假设为：H_0：$\mu=\mu_0$，H_1：$\mu\neq\mu_0$。单侧检验的零假设和备择假设为：H_0：$\mu\leqslant\mu_0$，H_1：$\mu>\mu_0$，或 H_0：$\mu\geqslant\mu_0$，H_1：$\mu<\mu_0$。

3. 拒绝域不同。双侧检验的拒绝域为 $|Z|>Z_{\alpha/2}$，而单侧检验的拒绝域为 $Z>Z_\alpha$（右侧检验）或 $Z<-Z_\alpha$（左侧检验）。

P 值是零假设 H_0 为真时，检验结果代表更为极端的程度或者获得更加极端值的概率。P 值与统计量的大小和假设检验的方向有关。以 Z 检验为例，

如果统计量 Z 越大越有利于备择假设 H_1（右侧检验），则 P 值等于 P（$Z \geqslant Z_{\alpha/2}$）；若 Z 越小越有利于备择假设 H_1（左侧检验），则 P 值等于 P（$Z \leqslant -Z_{\alpha/2}$）；若 Z 的绝对值 $|Z|$ 越大越有利于备择假设 H_1（双侧检验），则 P 值等于（$|Z| \geqslant Z_{\alpha/2}$）。小的 P 值意味着零假设为真时，小概率事件发生了。一般而言，P 值越小，越能支持备择假设 H_1。在附表中可以查到各种假设检验相对应的相对 P 值，即 $P<0.05$（0.01 或者 0.10）或 $P>0.05$（0.01 或者 0.10）。现代计算机技术发展迅速，很多统计软件都可以报告绝对 P 值（如 SPSS 中的 Sig.）。值得注意的一点是，即使相对 P 值和 α 都可以直接从附表中查到，但是二者并不等同。其中最重要的区别，α 是研究设计之前确定的，而 P 值是数据获取之后才得到的。不能将二者混为一谈。

四、假设检验的步骤

下面以总体均值为例介绍假设检验的一般步骤。

1. 建立零假设和备择假设

双侧检验为：

$$H_0: \mu=\mu_0$$
$$H_1: \mu\neq\mu_0$$

单侧检验为：

$$H_0: \mu\leqslant\mu_0 \text{ 或 } \mu\geqslant\mu_0$$
$$H_1: \mu>\mu_0 \text{ 或 } \mu<\mu_0$$

2. 在 H_0 成立的前提下，寻找和决定合适的统计量及其抽样分布，并计算出统计量的值。常用的抽样分布和标准正态分布、t 分布和 F 分布等，对应的检验方法称为 Z 检验、t 检验和 F 检验。

3. 选定显著性水平 α，查相应的分布表得到临界值，从而确定出 H_0 的拒绝区间或接受区间。

4. 对 H_0 作出判断和解释。即把临界值和统计量相比较，若统计量值落在 H_0 拒绝区间中，则拒绝 H_0；若统计量值落在 H_0 接受区间中，则不能拒绝 H_0。

第二节　总体均值的显著性检验

总体均值的假设检验，与随机抽取的样本容量、显著性水平、总体分布、总体参数有关。样本容量的大小不同，就要采用不同的假设检验方法，在本节中，将就各种情况一一列出予以介绍。

一、总体服从正态分布，总体方差 σ^2 已知

设 x_1，x_2，…，x_n 是来自正态总体 $N(\mu_0, \sigma^2)$ 的样本容量为 n 的随机样本，则将对均值是否等于已知值作出检验。此时的假设检验称为 Z 检验。

1. 假设检验的问题是：

$$H_0: \mu=\mu_0 \ (\mu_0 \text{ 已知})$$

$$H_1: \mu\neq\mu_0$$

2. 由于 σ^2 已知，且样本是来自正态总体，故 $\overline{X}\sim N(\mu, \frac{\sigma^2}{n})$，则由抽样分布方法中可知，可计算统计量。

$$Z=\frac{\overline{X}-\mu_0}{\sigma/\sqrt{n}} \tag{5-1}$$

3. 对于选定的显著性水平 α，查标准正态分布表得到临界值 $Z_{\alpha/2}$。

4. 比较统计量 Z 与 $Z_{\alpha/2}$ 的值，若 $|Z|>Z_{\alpha/2}$ 拒绝零假设 H_0，则 $|Z|\leqslant Z_{\alpha/2}$ 未能拒绝零假设 H_0。

例 5-4　全市统一考试的数学平均分 $\mu_0=62$ 分，标准差 $\sigma_0=10.2$ 分，市内一所学校的 90 名学生在该次考试的平均成绩 $\overline{X}=68$ 分，问该校成绩与全市平均成绩差异是否显著（取 $\alpha=0.05$）?

解：在题目给出的数据中，我们仅看到该校的考生平均成绩比全市平均分高一些，这种差异究竟是否来自偶然误差，是否存在显著性差异，还不得而知，因而我们可以按照检验的步骤来进行显著性检验。

（1）检验假设

$$H_0: \mu=62$$
$$H_1: \mu\neq 62$$

（2）计算统计量，已知 $\mu_0=62$，$\sigma_0=10.2$，$\overline{X}=68$，$n=90$，则

$$Z=\frac{\overline{X}-\mu_0}{\sigma_0/\sqrt{n}}=\frac{68-62}{10.2/\sqrt{90}}=5.58$$

（3）由已给出的显著性水平 $\alpha=0.05$，查表得 $Z_{\alpha/2}=1.96$。

（4）显然，$|Z|=5.58>1.96=Z_{\alpha/2}$，即拒绝零假设 H_0（见图 5-8）。

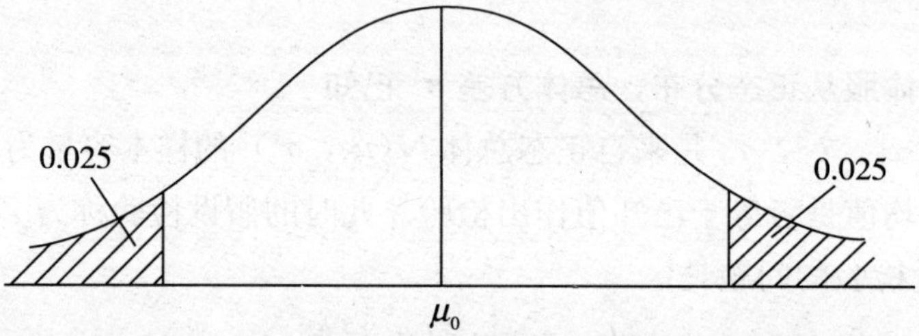

图 5-8　假设检验示意图

从而可以认为，该校的学生考试成绩与全市平均成绩有显著差异，即从该校平均成绩 68 分，全市平均成绩 62 分来看，该校学生的数学学业平均水平显著地高于全市的平均水平。

例 5-5　我们继续解决例 5-3 的问题（取 $\alpha=0.05$）。

解：

（1）检验假设

$$H_0: \mu\leqslant 65$$
$$H_1: \mu>65$$

（2）计算统计量，已知 $\mu_0=65$，$\sigma_0=9.5$，$\overline{X}=69$，$n=64$，则

$$Z=\frac{\overline{X}-\mu_0}{\sigma_0/\sqrt{n}}=\frac{69-65}{9.5/\sqrt{64}}=3.37$$

（3）由已给出的显著性水平 $\alpha=0.05$，查表得到 $Z_\alpha=1.64$。

（4）显然 $Z=3.37>1.64=Z_\alpha$，故拒绝零假设 H_0。

从而可以认为，该校考生的平均成绩显著高于全市考生的总平均成绩。

二、总体服从正态分布，总体方差 σ^2 未知

设 x_1，x_2，…，x_n 是来自正态总体 $N(\mu_0, \sigma^2)$ 的样本容量为 n 的随机样本，在抽样分布和区间估计的讨论中，我们知道，当方差 σ^2 未知时，则 σ^2 可用无偏估计值 $S^2=\frac{1}{n-1}\sum_{i=1}^{n}(x_i-\overline{X})^2$ 来代替。这时 $\overline{X}$ 服从自由度为 $n-1$ 的 t 分布，则此时的假设检验为 t 检验。

1. 假设检验的问题是：

$$H_0: \mu=\mu_0 \ (\mu_0 \text{ 已知})$$

$$H_1: \mu\neq\mu_0$$

2. 由于 σ^2 未知，则先计算样本的方差 S^2，$S^2=\frac{1}{n-1}\sum_{i=1}^{n}(x_i-\overline{X})^2$，再计算统计量

$$t=\frac{\overline{X}-\mu_0}{S/\sqrt{n}} \tag{5-2}$$

3. 对于选定的显著性水平 α，自抽取样本中计算得到自由度 $df=n-1$，查 t 分布表得到临界值 $t_{\alpha/2}$。

4. 比较统计量和临界值 $t_{\alpha/2}$ 的值，若 $|t|>t_{\alpha/2}$ 拒绝零假设 H_0，则 $|t|\leqslant t_{\alpha/2}$ 未能拒绝零假设 H_0。

例 5-6 学生的学习成绩与教师的教学方法有关。某校一教师采用了一种他认为是新式有效的教学方法。经过一年的教学后，从该教师所教班级中随机抽取了 6 名学生的考试成绩，分别为 48.5，49.0，53.5，49.5，56.0，52.5，而在该学年考试中，全年级的总平均分数为 52.0，试分析采用这种教学方法与未采用新教学方法的学生成绩有无显著的差异（已知考生成绩服从正态分布，取 $\alpha=0.05$）。

解：依题意知 $\mu_0=52.0$。还可以计算得到

$$\overline{X}=\frac{48.5+49.0+53.5+49.5+56.0+52.5}{6}=51.5$$

$$S=2.98$$

(1) 假设检验的问题是

$$H_0: \mu=\mu_0$$
$$H_1: \mu\neq\mu_0$$

(2) σ^2 未知，且为小样本，$n=6$，则应用 t 检验方法，计算得到统计量

$$t=\frac{\overline{X}-\mu_0}{S/\sqrt{n}}=\frac{51.5-52.0}{2.98/\sqrt{6}}=-0.41$$

(3) 由 $\alpha=0.05$，自由度 $df=6-1=5$，查 t 分布表得到临界值 $t_{\alpha/2(5)}=2.571$。

(4) 由 $|t|=|-0.41|=0.41<2.571=t_{\alpha/2(5)}$，则未能拒绝零假设 H_0，即认为两种教学方法并没有显著的差异。

值得指出的是，目前教育与心理研究一般都会选择大样本（$n\geqslant30$），当 n 为大样本时，也可以采用（5-1）式计算统计量和查 Z 表得到临界值。

三、总体非正态

在教育和心理的研究中，大部分的连续变量经验证服从正态分布。若有充足的理由认为某一变量的总体分布不服从正态分布，这时就不能进行 Z 检验或 t 检验，而应该采用非参数检验。

但实际上，当样本容量较大的情况下，也可以近似地应用 Z 检验。在抽样分布的讨论中，中心极限定理指出：从平均数为 μ_0、标准差为 σ_0 的总体（无论正态与否）中随机抽样，则样本平均数 $\overline{X}$ 的分布将随随机样本的增大而趋于正态分布，即 $\overline{X}\sim N(\mu_0, \sigma_0/\sqrt{n})$。所以，当 $n\geqslant50$ 时，尽管总体分布未知或非正态，对于平均数的显著性检验仍可以用 Z 检验，即仍用

$$Z=\frac{\overline{X}-\mu_0}{\sigma_0/\sqrt{n}}$$

作为统计量与查表得到的临界值 $Z_{\alpha/2}$ 作比较。为了区别起见，也可把统计量记为 $Z'=\frac{\overline{X}-\mu_0}{\sigma_0/\sqrt{n}}$。当 σ_0 也未知时，则可用 S_{n-1} 代替 σ_0，即 $Z'=\frac{\overline{X}-\mu_0}{S/\sqrt{n}}$，此处 $S=\sqrt{\frac{1}{n-1}\sum(x_i-\overline{X})^2}$。

例 5-7 某省进行数学竞赛，发现分数的分布不是正态分布。竞赛的总平

均分是 43.5 分。某市参加竞赛的学生 168 人，平均分$\overline{X}=45.1$，$S=18.7$，问该市平均分与省平均分是否有显著差异？

解：因为是大样本，可看成符合近似条件，则计算统计量

$$Z'=\frac{\overline{X}-\mu_0}{S/\sqrt{n}}=\frac{45.1-43.5}{18.7-\sqrt{168}}=1.11$$

若取$\alpha=0.05$，查表得$Z_{\alpha/2}=1.96$。显然$Z'=1.11<1.96=Z_{\alpha/2}$，故可知该市平均分与省平均分无显著差异。

这个例子也说明，Z 检验与 t 检验的前提是总体分布为正态分布，并不是小样本就可以用 t 检验。若总体分布不是正态分布，还必须作详细的分析，采用其他恰当的统计检验方法。

在一般的教育和心理研究中，也可以把$|Z|>Z_{\alpha/2}$，$|t|>t_{\alpha/2}$（拒绝零假设H_0）写成$P<\alpha$，这表示在α的显著性水平上，$\overline{X}$与μ_0的差异是显著的；把$|Z|\leqslant Z_{\alpha/2}$，$|t|\leqslant t_{\alpha/2}$（未能拒绝零假设$H_0$）写成$P>\alpha$，这表示在$\alpha$的显著性水平上，$\overline{X}$与$\mu_0$没有显著性差异。但采用这种写法时，最好标明是采用了何种假设检验方法，以便读者检查所采用的假设检验方法是否正确，验证数据。

对上述所介绍的各种方法，我们可以用一个表把各种方法作一个简单归纳（见表 5-2）。

表 5-2　一个正态总体均值的显著性检验

检验假设		方差σ^2已知时，用Z检验		方差σ^2未知时，用t检验		备　注
H_0	H_1	查表得临界值	拒绝H_0	查表得临界值	拒绝H_0	
$\mu=\mu_0$	$\mu\neq\mu_0$	$Z_{\alpha/2}$（双侧）	$\|Z\|>Z_{\alpha/2}$	$t_{\alpha/2(n-1)}$（双侧）	$\|t\|>t_{\alpha/2(n-1)}$	当总体不是正态分布时
$\mu\leqslant\mu_0$	$\mu>\mu_0$	Z_α（单侧）	$Z>Z_\alpha$	$t_{\alpha(n-1)}$（单侧）	$t>t_{\alpha(n-1)}$	样本容量较大，可以考虑用下式来作检验 $Z'=\frac{\overline{X}-\mu_0}{S/\sqrt{n}}$
$\mu\geqslant\mu_0$	$\mu<\mu_0$	$-Z_\alpha$（单侧）	$Z<-Z_\alpha$	$-t_{\alpha(n-1)}$（单侧）	$t<-t_{\alpha(n-1)}$	小样本时不能用此法

第三节　两总体均值差异的显著性检验

上述的假设检验仅是对一个样本平均数与总体平均值差异的检验，在本节中，将讨论两个样本平均值差异的假设检验问题。这种假设检验主要是由检验两样本平均值之间的差异来推论各自代表的两总体均值差异。这时，也要就总体分布、总体方差、样本之间是否独立或相关、两总体方差是否齐性（见本章第四节）等问题进行讨论，在不同条件下，要采用不同的假设检验方法和公式。

一、两组样本相互独立

设有两个服从正态分布的相互独立的总体 X 和 Y，它们的均值分别为 μ_1 和 μ_2，方差分别为 σ_1^2 和 σ_2^2，x_1，x_2，…，x_n 和 y_1，y_2，…，y_n 是分别来自 X 和 Y 的两组独立的随机样本，因而我们要通过对两个样本带来的信息，检验出两总体均值 μ_1 和 μ_2 差异是否显著的结论。

（一）两个总体方差 σ_1^2、σ_2^2 都已知

方差的一个重要性质是当两个变量独立时，其和或差的方差等于各自方差的和，即

$$\sigma_{X+Y}^2=\sigma_X^2+\sigma_Y^2 \text{ 或 } \sigma_{X-Y}^2=\sigma_X^2+\sigma_Y^2 \tag{5-3}$$

由抽样分布理论知，$\overline{X}$的方差为σ_1^2/n_1，$\overline{Y}$的方差为σ_2^2/n_2，因而$\overline{X}+\overline{Y}$的方差为

$$\sigma_{\overline{X}+\overline{Y}}^2=\frac{\sigma_1^2}{n_1}+\frac{\sigma_2^2}{n_2} \tag{5-4}$$

显然有

$$Z=\frac{(\overline{X}-\overline{Y})-(\mu_1-\mu_2)}{\sqrt{\dfrac{\sigma_1^2}{n_1}+\dfrac{\sigma_2^2}{n_2}}} \tag{5-5}$$

将服从标准正态分布，应用 Z 检验的步骤和方法，就可以得到假设检验的结果。

例 5-8 在参加了全国统一考试后，已知考生某科成绩服从正态分布。在甲省抽取 657 名考生的成绩，得到平均分为 57.41 分，且该省的总标准差为 5.77 分；在乙省抽取 686 名考生的成绩，得到平均分为 55.95 分，该省的总标准差为 5.17 分。问两省考生在该次考试中，平均分是否有显著的差异（取 $\alpha=0.01$）？

解：由题意可知 $\overline{X}=57.41$，$\sigma_1^2=33.30$，$\overline{Y}=55.95$，$\sigma_2^2=26.73$

（1）检验的零假设 H_0：$\mu_1=\mu_2$

（2）计算统计量，代入（5-5）式得

$$Z=\frac{57.41-55.95}{\sqrt{\frac{33.30}{657}+\frac{26.73}{686}}}=4.88$$

（3）对给出的 $\alpha=0.01$，查表得到临界值 $Z_{0.01/2}=2.58$

（4）由 $Z=4.88>2.58=Z_{0.01/2}$，即认为两省考生平均成绩有极为显著的差异。从这里我们也可以看出，虽然两省的平均分仅差 1.46 分，但经过统计推断分析，这两省的平均分可能存在极为显著的差异。

（二）两个总体方差 σ_1^2、σ_2^2 都未知

我们在上一节中知，当总体方差未知时可用样本方差来统计，但这里是两个总体方差 σ_1^2、σ_2^2 都未知，所以，作假设检验时还应当考虑其他因素。

1. 两个总体方差相等

我们要检验的零假设 H_0：$\mu_1=\mu_2$，则在确定两总体方差相等，即 $\sigma_1^2=\sigma_2^2$ 及零假设 H_0 成立的条件下，我们可以分别计算得到两个样本平均数

$$\overline{X}=\frac{1}{n_1}\sum_{i=1}^{n_1}x_i,\ \overline{Y}=\frac{1}{n_2}\sum_{i=1}^{n_2}y_i$$

和两样本方差

$$S_1^2=\frac{1}{n_1-1}\sum_{i=1}^{n_1}(x_i-\overline{X})^2,\ S_2^2=\frac{1}{n_2-1}\sum_{i=1}^{n_2}(y_i-\overline{Y})^2$$

从抽样分布的理论知，统计量

$$t=\frac{\overline{X}-\overline{Y}}{\sqrt{\frac{(n_1-1)S_1^2+(n_2-1)S_2^2}{n_1+n_2-2}\left(\frac{1}{n_1}+\frac{1}{n_2}\right)}} \tag{5-6}$$

将服从自由度为 $df=n_1+n_2-2$ 的 t 分布。此时，我们就可以根据给定的显著性水平 α 及计算得到的自由度 df，查 t 分布表得到临界值 $t_{\alpha/2(df)}$。当 $|t|>t_{\alpha/2(df)}$ 拒绝零假设 H_0 时，即可得到结论 $\mu_1\neq\mu_2$，认为两总体有显著差异；当 $|t|\leqslant t_{\alpha/2(df)}$ 时，则不能拒绝零假设 H_0。

例 5-9 某校进行一项智力速度测验，共有 19 名学生参加，其中男生 12 人，女生 7 人。测验共 200 道题目，在规定时间里，答对 1 题记 1 分。测验结束后，得到以下的测验成绩。

男生 12 人：83，146，119，104，120，161，107，134，115，129，99，123

女生 7 人：70，118，101，85，107，132，94

试确定男、女生的平均成绩有无显著的差异（取 $\alpha=0.05$）。

解：

（1）检验的零假设 H_0：$\mu_1=\mu_2$

（2）计算各统计量

$$\overline{X}=120$$

$$\overline{Y}=101$$

$$S_1^2=\frac{1}{12-1}\sum_{i=1}^{12}(x_i-\overline{X})^2=445.82$$

$$S_2^2=\frac{1}{7-1}\sum_{i=1}^{7}(y_i-\overline{Y})^2=425.33$$

由于 S_1^2 与 S_2^2 相差不多，故可以认为两总体方差相等，

$$t=\frac{120-101}{\sqrt{\frac{(12-1)\times445.82+(7-1)\times425.33}{12+7-2}\times\left(\frac{1}{12}+\frac{1}{7}\right)}}=1.91$$

（3）对给定的 $\alpha=0.05$，且 $df=12+7-2=17$，查表得 $t_{\alpha/2(17)}=2.11$，则不能拒绝零假设 H_0，即在智力速度测验中，男女生的测验成绩可能没有显著性的差异。

2. 两个总体方差不等

根据经验，两个总体方差不等，或者从样本中所求得的 S_1^2 和 S_2^2 数据差异比较悬殊，而又没有充分的理由去解释方差为何会不一致时，那么就需要对方差进行齐性检验（本章第四节中介绍的一种检验方法）。如果检验的结果是 $\sigma_1^2 \neq \sigma_2^2$，那么如何对两总体进行显著性检验呢？

因为在 $\sigma_1^2 \neq \sigma_2^2$ 以及 H_0：$\mu_1 = \mu_2$ 成立的条件下，由（5-6）式所得的统计量 t 不再服从自由度为 $df = n_1 + n_2 - 2$ 的 t 分布，再直接用（5-6）式进行 t 检验是不正确的，需要采用下面两种近似的检验方法。

一种是阿斯平-韦尔奇（Aspin-Welch）检验。

设

$$K = \frac{\frac{S_1^2}{n_1}}{\frac{S_1^2}{n_1} + \frac{S_2^2}{n_2}},\ df = \frac{1}{\frac{K^2}{n_1} + \frac{(1-K)^2}{n_2}} \quad (df\text{ 取整数}) \tag{5-7}$$

此时，在零假设 H_0：$\mu_1 = \mu_2$ 成立的条件下，统计量

$$t' = \frac{\overline{X} - \overline{Y}}{\sqrt{\frac{S_1^2}{n_1} + \frac{S_2^2}{n_2}}} \tag{5-8}$$

将近似地服从自由度为 df 的 t 分布，从而可以根据给定的显著性水平 α 及自由度 df 查 t 分布表，得到临界值 $t_{\alpha/2(df)}$。当 $|t'| > t_{\alpha/2(df)}$ 时，拒绝 H_0，即认为 $\mu_1 \neq \mu_2$；当 $|t'| \leqslant t_{\alpha/2(df)}$ 时，未能拒绝零假设 H_0。

例 5-10 为了对某门课的教学方法进行改革，某校对各方面情况相似的两个班进行教改试验，甲班 45 人，采用教师面授的教学方法；乙班 36 人，采用教师讲授要点、学生讨论的方法。一学年后，用同一试题对两个班的学生进行测验，得到以下结果：甲班 45 人参加测验，平均分 69.5 分，标准差为 8.35 分；乙班 36 人参加测验，平均分 78.0 分，标准差为 16.5 分。试问两种教学方法其效果是否有显著性差异（取 $\alpha = 0.01$）？

解：已知

$$n_1 = 45 \quad \overline{X} = 69.5 \quad S_1^2 = 8.35^2$$

$$n_2 = 36 \quad \overline{Y} = 78.0 \quad S_2^2 = 16.5^2$$

因为 S_1^2 与 S_2^2 差距大，故认为 $\sigma_1^2 \neq \sigma_2^2$，则采用阿斯平-韦尔奇检验。由

$$K=\frac{\frac{S_1^2}{n_1}}{\frac{S_1^2}{n_1}+\frac{S_2^2}{n_2}}=\frac{1.549}{1.549+7.563}=0.17$$

$$df=\frac{1}{\frac{K^2}{n_1}+\frac{(1-K)^2}{n_2}}=\frac{1}{\frac{0.17^2}{45}+\frac{(1-0.17)^2}{36}}\approx 50$$

(1) 检验的零假设 H_0：$\mu_1=\mu_2$

(2) 计算统计量，由（5-8）式，得

$$t'=\frac{69.5-78.0}{\sqrt{\frac{8.35^2}{45}+\frac{16.5^2}{36}}}=-2.816$$

(3) 由 $df=50$，$\alpha=0.01$，查 t 分布表 $t_{0.01/2(50)}=2.682$。

(4) 由于 $|t'|=2.816>2.682=t_{0.01/2(50)}$，故拒绝零假设 H_0，认为两种教学方法有极为显著的差异。

另一种是科克伦-考克斯（Cochran-Cox）检验。

在 $\sigma_1^2\neq\sigma_2^2$ 及 H_0：$\mu_1=\mu_2$ 成立的条件下，（5-8）式的统计量 t' 不服从 t 分布，所以，在（5-8）式构成的统计量下，t 分布表中自由度 $df=n_1+n_2-2$ 的临界值不能作为 t' 的临界值。但对于给定的显著性水平 α，t' 的临界值可以近似地由 $t_{\alpha/2(n_1-1)}$，$t_{\alpha/2(n_2-1)}$ 的加权平均数计算出来。即 t' 的临界值为

$$t'_{\alpha/2}=\frac{\frac{S_1^2}{n_1}t_{\alpha/2(n_1-1)}+\frac{S_2^2}{n_2}t_{\alpha/2(n_2-1)}}{\frac{S_1^2}{n_1}+\frac{S_2^2}{n_2}} \tag{5-9}$$

将 $t'_{\alpha/2}$ 与（5-8）所计算得到的统计量比较，就可以对零假设 H_0 作出未能拒绝或拒绝的结论。

例 5-11 我们仍以例 5-10 的数据来说明计算和推断的方法。

解：

(1) 检验的零假设 H_0：$\mu_1=\mu_2$

(2) 计算统计量

$$t'=\frac{\overline{X}-\overline{Y}}{\sqrt{\frac{\sigma_1^2}{n_1}+\frac{\sigma_2^2}{n_2}}}=\frac{69.5\text{-}78.0}{\sqrt{\frac{8.35^2}{45}+\frac{16.5^2}{36}}}=-2.816$$

（3）已知 $\alpha=0.01$，则可查表得到 $t_{0.01/2(44)}=2.694$，$t_{0.01/2(35)}=2.724$，则临界值

$$t'_{0.01/2}=\frac{\frac{8.35^2}{45}\times 2.694+\frac{16.5^2}{36}\times 2.724}{\frac{8.35^2}{45}+\frac{16.5^2}{36}}=2.719$$

（4）因 $|t'|=2.816>2.719=t'_{0.01/2}$，故拒绝零假设 H_0，可认为两种教学方法效果有极为显著的差异。这与例 5-10 所得到的结论是一致的。

由抽样分布知，当 n_1 和 n_2 都是大样本容量时，此时 t 分布近似于正态分布，因而可以不管方差 σ_1^2 和 σ_2^2 是否相等，统计量

$$Z=\frac{\overline{X}-\overline{Y}}{\sqrt{\frac{S_1^2}{n_1}+\frac{S_2^2}{n_2}}} \tag{5-10}$$

在零假设 H_0：$\mu_1=\mu_2$ 成立的条件下将接近服从标准正态分布，仍可用前述的统计检验方法作显著性检验。

例 5-12 为了比较独生子女与非独生子女在学习方面的差异，随机抽取独生子女 135 人，非独生子女 98 人，然后统一进行智力测验，结果独生子女 $\overline{X}=60.6$，$S_1=6$，非独生子女 $\overline{Y}=59.8$，$S_2=10.2$，问独生子女与非独生子女在智力方面是否存在显著差异（取 $\alpha=0.05$）？

解：由于 $S_1=6$，$S_2=10.2$，可认为方差相差较大，但由于 $n_1=135$，$n_2=98$，是大样本，故可用（5-10）式来计算统计量。

（1）检验的零假设 H_0：$\mu_1=\mu_2$

（2）计算统计量

$$Z=\frac{60.6-59.8}{\sqrt{\frac{6^2}{135}+\frac{10.2^2}{98}}}=\frac{0.80}{\sqrt{0.267+1.062}}=0.694$$

（3）由于 $\alpha=0.05$，查 $Z_{0.05/2}=1.96$

（4）由于 $|Z|=0.694<1.96=Z_{0.05/2}$，未能拒绝零假设 H_0，即认为独生子女与非独生子女在智力方面可能不存在显著的差异。

二、两组样本相关

若两组随机样本之间具有显著的相关关系，则称两组样本为相关样本。

对相关样本的假设检验，要采用不同的检验公式。

（一）配对数据平均数的检验

在教育和心理研究中，若两个总体的随机样本不是完全独立的，则它们是通过精心配对安排而得到的。如按照条件相当接近的原则，把被试对象一一配对后分成两组，然后对两组被试对象施以不同的处理。比较不同处理的效果差异是否显著就构成了对成对样本数据平均数的比较问题。

因此，配对数据平均数的检验，就是假设两样本总体均值的差数 $\mu_d=\mu_1-\mu_2=0$。这时不必假设两个总体方差相等。

设两个样本配对的观测值为$(x_i，y_i)$，$i=1，2，\cdots，n$，则差数 $d_i=x_i-y_i$ 也是正态总体的一个随机样本，其均值为 $\mu_d=\mu_1-\mu_2$，则

$$\overline{d_i}=\frac{1}{n}\sum_{i=1}^{n}d_i=\frac{1}{n}\sum_{i=1}^{n}(x_i-y_i)=\frac{1}{n}\sum_{i=1}^{n}x_i-\frac{1}{n}\sum_{i=1}^{n}y_i=\overline{X}-\overline{Y}$$

$$S_d^2=\frac{1}{n-1}\sum_{i=1}^{n}(d_i-\overline{d})^2$$

由抽样分布知，统计量

$$t=\frac{\overline{d}-\mu_d}{S_d/\sqrt{n}} \tag{5-11}$$

服从自由度为 $n-1$ 的 t 分布。

我们可作检验，其零假设

$$H_0：\mu_1=\mu_2 \text{ 相当于 } H_0：\mu_d=0$$

在 H_0 成立的条件下，统计量

$$t=\frac{\overline{d}}{S_d/\sqrt{n}} \tag{5-12}$$

服从自由度为 $n-1$ 的 t 分布。所以，对于给定的显著性水平 α，查 t 值表可以找到临界值 $t_{\alpha/2(n-1)}$，若 $|t|>t_{\alpha/2(n-1)}$，则拒绝 H_0；若 $|t|\leqslant t_{\alpha/2(n-1)}$，则未能拒绝 H_0。

例 5-13 为了调查小学生在采用两种不同教学法的情况下的识字状况，随机抽取了10名小学生，记录下旧教学法与新教学法的识字得分如下。问两种教学方法是否有显著的差异（取 $\alpha=0.05$）？

学生号	1	2	3	4	5	6	7	8	9	10
旧教学法 x_i	11.3	15.0	15.0	13.5	12.8	10.0	11.0	12.0	13.0	12.3
新教学法 y_i	14.0	13.8	14.0	13.5	13.5	12.0	14.7	11.4	13.8	12.0
$d_i=x_i-y_i$	−2.7	1.2	1.0	0	−0.7	−2.0	−3.7	−0.6	−0.8	0.3

解：由数据可以计算得

$$\overline{d}=-0.68$$

$$S_d^2=\frac{1}{9}\sum_{i=1}^{10}(d_i-\overline{d})^2=2.7084$$

$$S_d=1.646$$

（1）检验的零假设 H_0：$\mu_1=\mu_2$

（2）计算统计量，由（5-12）式

$$t=\frac{\overline{d}}{S_d/\sqrt{n}}=\frac{-0.68}{1.646/\sqrt{10}}=-1.307$$

（3）对于 $\alpha=0.05$，$df=10-1=9$，查表得 $t_{0.05/2(9)}=2.262$

（4）由 $|t|=1.307<2.262=t_{0.05/2(9)}$，即认为未能拒绝零假设 H_0，两种识字法可能没有显著的差异。

（二）已知两组样本相关系数

当已知两个样本相关系数 r 时，由方差的性质知，两变量差的方差为

$$\sigma_{(X-Y)}^2=\sigma_X^2-2r\sigma_X\sigma_Y+\sigma_Y^2 \tag{5-13}$$

r 为两变量 X 与 Y 的相关系数。

因此，对于 X 与 Y 的抽样分布，同样可以得到

$$S_d^2=S_1^2+S_2^2-2rS_1S_2 \tag{5-14}$$

则统计量 $S_1=\sqrt{\frac{1}{n-1}\sum_{i=1}^{n}(x_i-\overline{X})^2}$，$S_2=\sqrt{\frac{1}{n-1}\sum_{i=1}^{n}(y_i-\overline{Y})^2}$ 是 σ_x，σ_y 的无偏估计。

$$t=\frac{\overline{X}-\overline{Y}}{\sqrt{\frac{S_1^2+S_2^2-2rS_1S_2}{n}}} \tag{5-15}$$

服从自由度为 $n-1$ 的 t 分布，其中 $\overline{X}$，$\overline{Y}$ 和 S_1^2，S_2^2 分别为两组样本的均值与方差，r 为样本相关系数，n 为样本容量，假设检验的步骤如下。

1. 检验的零假设 H_0：$\mu_1=\mu_2$

2. 计算统计量

$$|t|=\frac{|\overline{X}-\overline{Y}|}{\sqrt{\frac{S_1^2+S_2^2-2rS_1S_2}{n}}} \tag{5-16}$$

3. 根据显著性水平 α 及自由度 $df=n-1$，查 t 分布表得到临界值 $t_{\alpha/2(n-1)}$。

4. 判断，当 $|t|>t_{\alpha/2(n-1)}$ 时拒绝 H_0，即 $\mu_1\neq\mu_2$；当 $|t|\leqslant t_{\alpha/2(n-1)}$ 时未能拒绝零假设 H_0，即 $\mu_1=\mu_2$。

例 5-14 从某小学五年级随机抽取 100 名学生作为样本，在学期初进行了阅读测验，学期末又进行了类似的测验，并且算得两次测验分数的相关系数为 0.50，其他数据如下。

测验时间	n	平均分	s	r
第一次期初测验成绩 x	100	45	6	0.50
第二次期末测验成绩 y	100	50	5	

问这 100 名学生的期初与期末成绩是否有显著的差异（$\alpha=0.01$）？

解：

（1）检验的零假设 H_0：$\mu_1=\mu_2$

（2）计算统计量，由（5-16）式得

$$|t|=\frac{|45-50|}{\sqrt{\frac{6^2+5^2-2\times0.50\times6\times5}{100}}}=8.98$$

（3）由 $\alpha=0.01$，$df=100-1=99$，查表得 $t_{0.01/2(99)}=2.640$

（4）由于 $t=8.98>2.640=t_{0.01/2(99)}$，故拒绝零假设 H_0，即认为经过一学期的学习后，这 100 名学生的阅读能力有了极为显著的提高。

我们已经介绍了多种两正态总体的平均值差异的显著性检验方法，所以，我们可以把这些方法用表 5-3 归纳起来。

但是，值得再次提出的是，无论是拒绝零假设 H_0，还是未能拒绝零假设 H_0，都与显著性水平 α 的选取有关。对同一问题，当 α 选取为较大值时，有可能使检验结果呈显著性差异；而当 α 选取为较小值时，就有可能使检验结果不存在显著性差异。也就是说，在较小 α 中不存在显著性差异的检验，有可能在较大的 α 中呈显著性差异的检验，这就是在区间估计中所论述过的，估计的区间与 α 选取有关。我们以例子来说明这一问题。

例 5-15 某省在高考后，为了分析男、女考生在物理学习上的差异，随机抽取了各 10 名男、女生的物理高考成绩，并且计算得到男生平均成绩 $\overline{X}=59.7$，$S=10.7$，女生平均成绩 $\overline{Y}=45.7$，$S=16.9$，试分析男、女生的物理高考成绩是否有显著性的差异（分别取 $\alpha=0.05$，$\alpha=0.01$）。

解：

(1) 检验的零假设 H_0：$\mu_1=\mu_2$

(2) 计算统计量，由 $n_1=n_2=n$，得

$$t=\frac{\overline{X}-\overline{Y}}{\sqrt{\frac{(n_1-1)S_1^2+(n_2-1)S_2^2}{n_1+n_2-2}\left(\frac{1}{n_1}+\frac{1}{n_2}\right)}}$$

$$=\frac{\overline{X}-\overline{Y}}{\sqrt{\frac{S_1^2+S_2^2}{n}}}=\frac{59.7-45.7}{\sqrt{\frac{10.7^2+16.9^2}{10}}}=2.213$$

(3) 显然，当 $\alpha=0.05$ 时，$t=2.213>2.101=t_{0.05/2(18)}$，拒绝零假设 H_0；而当 $\alpha=0.01$ 时，$t=2.213<2.878=t_{0.01/2(18)}$，未能拒绝零假设 H_0。

这就告诉我们，在选配不同的显著性水平 α 时，就有可能得到不同的结果。若在较小的显著性水平 α 上拒绝了零假设 H_0，则在较大的显著性水平 α 上肯定也拒绝零假设 H_0；若在较大的显著性水平 α 上拒绝零假设 H_0，在较小的显著性水平 α 上就不一定会拒绝零假设 H_0。所以，我们在进行实验或科学研究时，对所得数据进行统计分析，一定要写明采用了何种统计方法，也要注明选取的显著性水平 α 的值，这样才能使读者明了统计分析结果的确切意义。

表 5-3　检验假设归类表

		统计量	检验假设	临界值确定	拒绝 H_0
独	σ_1^2与σ_2^2已知	$Z=\frac{\overline{X}-\overline{Y}}{\sqrt{\frac{\sigma_1^2}{n_1}+\frac{\sigma_2^2}{n_2}}}$	H_0：$\mu_1=\mu_2$ H_1：$\mu_1\neq\mu_2$	$Z_{\alpha/2}$（双侧）	$\|Z\|>Z_{\alpha/2}$
立 样 本	σ_1^2与σ_2^2未知且相差不大	$t=\frac{\overline{X}-\overline{Y}}{\sqrt{\frac{(n_1-1)S_1^2+(n_2-1)S_2^2}{n_1+n_2-2}\left(\frac{1}{n_1}+\frac{1}{n_2}\right)}}$	H_0：$\mu_1=\mu_2$ H_1：$\mu_1\neq\mu_2$	$df=n_1+n_2-2$ $t_{\alpha/2(df)}$	$\|t\|>t_{\alpha/2(df)}$
	σ_1^2与σ_2^2未知且相差很大	(1) 阿斯平-韦尔奇 (2) 科克伦-考克斯 (3) Z检验	H_0：$\mu_1=\mu_2$ H_1：$\mu_1\neq\mu_2$	不同方法有不同的确定方法	
相 关	成对数据	$t=\frac{\overline{d}}{S_d/\sqrt{n}}$	H_0：$\mu_1=\mu_2$ H_1：$\mu_1\neq\mu_2$	$t_{\alpha/2(n-1)}$	$\|t\|>t_{\alpha/2(n-1)}$
样 本	已知两组样本相关系数	$t=\frac{\overline{X}-\overline{Y}}{\sqrt{\frac{S_1^2+S_2^2-2rS_1S_2}{n}}}$	H_0：$\mu_1=\mu_2$ H_1：$\mu_1\neq\mu_2$	$t_{\alpha/2(n-1)}$	$\|t\|>t_{\alpha/2(n-1)}$

第四节　两正态总体方差的显著性检验

在假设检验中，一般的情况下，两个正态总体的均值和方差都是不知道的。在第三节我们知道，对两正态总体均值进行检验时，要先对两正态总体的方差进行齐性检验，即须先判断两正态总体的方差是否相等。本节将解决这个问题。

一、样本方差与总体方差差异的显著性检验

在抽样分布中知道，从正态总体中抽取样本容量为 n 的随机样本，其样

本方差 S^2 与总体方差 σ_0^2 的比值

$$\chi^2=\frac{(n-1)S^2}{\sigma_0^2} \tag{5-17}$$

服从自由度为 $n-1$ 的 χ^2 分布，其中 $S^2=\frac{1}{n-1}\sum_{i=1}^{n}(x_i-\overline{X})^2$。

根据（5-17）式计算出的 χ^2 值若落在 $\chi^2_{(1-\alpha/2)(n-1)}>\chi^2$ 或 $\chi^2>\chi^2_{\alpha/2(n-1)}$ 中，则表明小概率事件发生，S^2 与 σ_0^2 有显著差异；若 $\chi^2_{(1-\alpha/2)(n-1)}\leqslant\chi^2\leqslant\chi^2_{\alpha/2(n-1)}$，则认为 S^2 与 σ_0^2 差异不显著。见图 5-9。

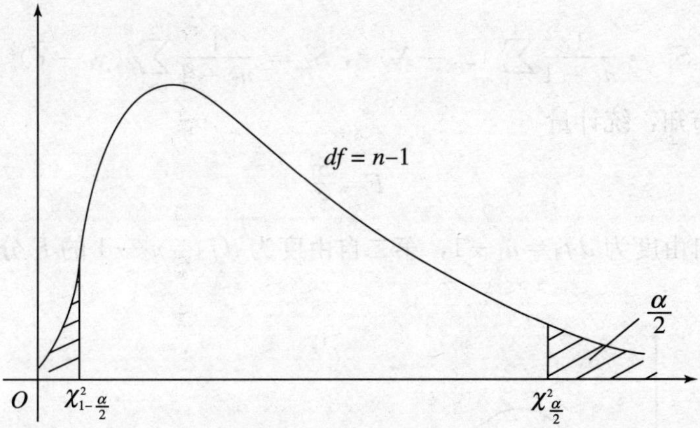

图 5-9 χ^2 检验示意图

例 5-16 在一次全市统考中，全市考生的成绩的总方差为 $\sigma_0^2=18^2$ 分，而某校参加考试的 51 名考生成绩的方差为 $S_{n-1}^2=12^2$ 分，问该校学生成绩的方差与全市考生成绩的方差是否有显著性差异（取 $\alpha=0.05$）？

解：已知 $\sigma_0^2=18^2=324$，$S_{n-1}^2=12^2=144$，$n=51$，则由（5-17）式，得

$$\chi^2=\frac{(n-1)S_{n-1}^2}{\sigma_0^2}=\frac{(51-1)\times144}{324}=22.22$$

由 $df=51-1=50$，查 χ^2 表，$\chi^2_{0.05/2(50)}=71.4$，$\chi^2_{0.975(50)}=32.4$

显然，$\chi^2_{0.975(50)}=32.4>\chi^2=22.22$，即认为全市的方差与该校的方差有显著性差异。

二、两样本方差差异的显著性检验

设 $X \sim N(\mu_1, \sigma_1^2)$，$Y \sim N(\mu_2, \sigma_2^2)$，且 X 与 Y 相互独立，x_1，x_2，…，x_n 是来自 X 的随机样本，y_1，y_2，…，y_n 是来自 Y 的随机样本。σ_1^2 和 σ_2^2 未知，我们要通过对这两组样本的有关数据信息来推断 σ_1^2 和 σ_2^2 的差异是否显著。

我们仍先作检验，其假设 H_0：$\sigma_1^2 = \sigma_2^2$，在 H_0 成立的条件下来看检验的结果。

要检验 $\sigma_1^2 = \sigma_2^2$，但 σ_1^2 和 σ_2^2 都是未知的，与前述的方法一样，我们自然会考虑用样本方差的无偏估计量 S_1^2 和 S_2^2 来推断 σ_1^2 和 σ_2^2，其中

$$S_1^2 = \frac{1}{n_1 - 1}\sum_{i=1}^{n_1}(x_i - \overline{X})^2,\ S_2^2 = \frac{1}{n_2 - 1}\sum_{i=1}^{n_2}(y_i - \overline{Y})^2$$

由抽样分布知，统计量

$$F = \frac{S_1^2}{S_2^2} \tag{5-18}$$

服从第一自由度为 $df_1 = n_1 - 1$，第二自由度为 $df_2 = n_2 - 1$ 的 F 分布。

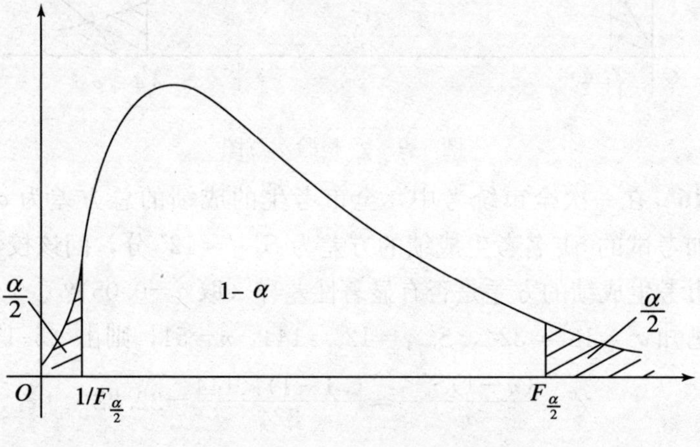

图 5-10　F 检验示意图

对给定的显著性水平 α，$df_1 = n_1 - 1$，$df_2 = n_2 - 1$，当 $F_{(1-\alpha/2)} \leqslant F \leqslant F_{\alpha/2}$ 时，说明两方差差异不显著，即未能拒绝零假设 H_0，可以认为 $\sigma_1^2 = \sigma_2^2$；当 $F < F_{(1-\alpha/2)}$ 或 $F > F_{\alpha/2}$ 时，说明两方差差异显著，即拒绝 H_0，认为 $\sigma_1^2 \neq \sigma_2^2$。

由于 F 分布不是左右对称的，故 $F_{\alpha/2}$ 与 $F_{(1-\alpha/2)}$ 不是数值相等、符号相反

数。但从 F 分布的研究中我们知道，$F_{(1-\alpha/2)}$ 与 $F_{\alpha/2}$ 互为倒数，即 $F_{\alpha/2}=1/F_{(1-\alpha/2)}$，因而一般书中都是只给出各种不同自由度下的 $F_{\alpha/2}$ 值，在作双侧检验时，$F_{(1-\alpha/2)}$ 的值由 $F_{\alpha/2}$ 的倒数求得。

在实际应用中，为了方便查 F 分布表而不必去计算倒数，在检验方差的差异显著性问题中，总可以构造出统计量

$$F=\frac{S_{大}^2}{S_{小}^2} \tag{5-19}$$

即让 S_1^2 与 S_2^2 中的大者作为分子，小者作为分母，这样（5-19）总是 $F\geqslant1$，因而其否定域总在右侧，从而从 F 分布表中就容易找到临界值 F_α（df_1，df_2）。这里第一自由度 df_1 是分子的自由度，第二自由度 df_2 就是分母的自由度。注意，此时的检验应为单侧检验。

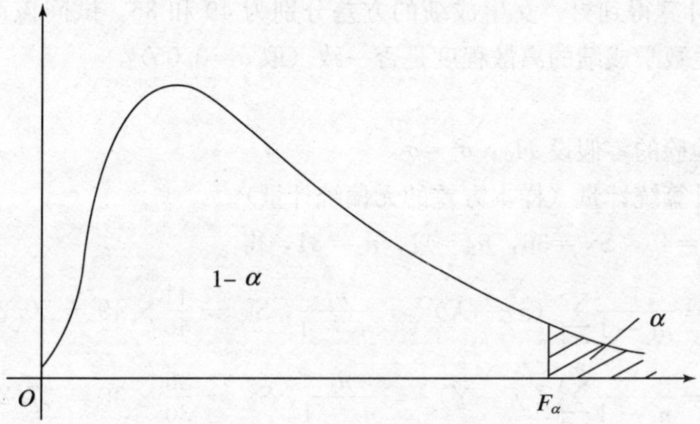

图 5-11　F 单侧检验示意图

在第三节中我们谈到，方差齐性检验没有显著差异时才能进行 t 检验，也就是说，两样本方差若没有理由能说明总体方差一致的话，须经过 F 检验没有显著差异才能进行 t 检验。

例 5-17　某次教改试验后，从实行两种不同教学方法的班级中随机抽取出 10 份和 9 份试卷，得到如下的成绩数据。

控制班：85，76，83，93，78，75，80，79，90，88

对比班：75，86，96，90，62，83，95，70，58

拟比较试验的效果，请先检验方差是否齐性，以便于选取恰当的检验方法（取 $\alpha=0.05$）。

解：

(1) 检验的零假设 H_0：$\sigma_1^2=\sigma_2^2$

(2) 计算统计量，由 $S_1^2=37.8$，$S_2^2=194.5$，得

$$F=\frac{194.5}{37.8}=5.15$$

(3) 查 F 分布表，$F_{0.05(8,9)}=3.23$（单侧检验）

(4) 因 $F=5.15>3.23=F_{0.05(8,9)}$，故拒绝零假设 H_0，即两个班级的方差有显著差异，采用阿斯平-韦尔奇检验法或科克伦-考克斯检验法更为恰当。

例 5-18 某市初中毕业班数学统一考试，为了比较该市初中毕业班男、女生的成绩离散程度是否一致，从男生中随机抽取 41 人，女生中随机抽取 31 人，并计算得到男、女生成绩的方差分别为 49 和 36，试问该市初中毕业班男、女生数学成绩的离散程度是否一致（取 $\alpha=0.05$）？

解：

(1) 检验的零假设 H_0：$\sigma_1^2=\sigma_2^2$

(2) 计算统计量（样本方差的无偏统计量）

由 $S_{男}^2=49$，$S_{女}^2=36$，$n_1=41$，$n_2=31$，得

$$S_1^2=\frac{1}{n_1-1}\sum_{i=1}^{n}(x_i-\overline{X})^2=\frac{n_1}{n_1-1},S_{男}^2=\frac{41}{40}\times 49=50.2$$

$$S_2^2=\frac{1}{n_2-1}\sum_{i=1}^{n}(y_i-\overline{Y})^2=\frac{n_2}{n_2-1},S_{女}^2=\frac{36}{30}\times 36=37.2$$

$$F=\frac{S_1^2}{S_2^2}=\frac{50.2}{37.2}=1.35$$

(3) 查 F 分布表，$\alpha=0.05$，$df_1=41-1=40$，$df_2=31-1=30$，$F_{0.05/2(40,30)}=2.01$（双侧）

(4) 因 $F=1.35<2.01=F_{0.05/2(40,30)}$，故未能拒绝零假设 H_0，认为该市初中毕业班男、女生数学考试成绩的离散程度可能没有显著差异。

表 5-4 方差差异检验归类表

	统计量	检验假设	临界值确定	拒绝 H_0
样本方差与总体方差的检验	$\chi^2=\frac{(n-1)S^2}{\sigma_0^2}$	H_0：$\sigma_1^2=\sigma_2^2$	$\chi^2_{\alpha/2(n-1)}$ $\chi^2_{(1-\alpha/2)(n-1)}$	$\chi^2<\chi^2_{(1-\frac{\alpha}{2})(n-1)}$ $\chi^2>\chi^2_{\alpha/2(n-1)}$
两样本方差的检验	$F=\frac{S^2_{大}}{S^2_{小}}$	H_0：$\sigma_1^2=\sigma_2^2$	$F_{\alpha(df_1,df_2)}$（单侧） $F_{\alpha/2(df_1,df_2)}$（双侧） $F_{(1-\alpha/2)(df_1,df_2)}$（双侧）	$F>F_{\alpha(df_1,df_2)}$ $F<F_{(1-\alpha/2)(df_1,df_2)}$ $F>F_{\alpha/2(df_1,df_2)}$

注：这里 $S^2=\frac{1}{n-1}\sum_{i=1}^{n}(x_i-\overline{X})^2$。

第五节 其他假设检验

在实际工作中，除了对平均数、方差进行假设检验之外，还经常需要对比例系数和相关系数作假设检验。本节将简单介绍这些假设检验的方法，限于篇幅，对这些假设检验方法不作理论上的推导。

一、总体比例的假设检验

这种情况就是已知总体比例 π_0，欲检验样本比例 p 与总体比例的差异，则我们假设样本比例与总体比例不存在差异，零假设 H_0：$p=\pi_0$，在此假设之下，此时的检验公式为

$$Z=\frac{p-\pi_0}{\sqrt{\frac{\pi_0(1-\pi_0)}{n}}} \tag{5-20}$$

例 5-19 某市 1992 年初中升高中的比例为 75%，而其中某个学校有毕业生 250 人，升入高中的人数为 138 人，试确定该校的升学比例与全市升学比例是否有显著性差异（取 $\alpha=0.01$）。

解：

（1）检验的零假设 H_0：$\pi=0.75$

（2）计算 p 值

$$p=\frac{138}{250}=0.552$$

（3）计算统计量

$$Z=\frac{0.552-0.75}{\sqrt{\frac{0.75(1-0.75)}{250}}}=\frac{-0.198}{0.027}=-7.333$$

（4）由 $\alpha=0.01$，查正态分布表可知 $Z_{0.01/2}=2.58$。

因为 $|Z|=|-7.333|>Z_{0.01/2}=2.58$，即拒绝零假设 H_0，故认为该校的升学比例与全市的升学比例有高度显著的差异。

这里应当注意的是，只有当 p 不接近 0 或 1，np 和 $n(1-p)$ 中的数值小者在 10 以上时，这时才可用公式（5-20），因为此时的二项分布可以用正态分布近似代替。

二、两总体比例差异的假设检验

设有两个独立的样本，第一个样本比例为 p_1，来自近似正态总体 $N(p'_1, \frac{p'_1q'_1}{n_1})$，第二个样本比例为 p_2，来自近似正态总体 $N(p'_2, \frac{p'_2q'_2}{n_2})$，则 p_1-p_2 来自近似正态总体 $N(p'_1-p'_2, \frac{p'_1q'_1}{n_1}+\frac{p'_2q'_2}{n_2})$，这里 p'_1，p'_2，q'_1，q'_2 是总体比例，n_1，n_2 是两个样本的容量，则我们假设两比例差异为零，即 H_0：$\pi_1-\pi_2=0$，在此假设下，则此时的检验公式为

$$Z=\frac{p_1-p_2}{\sqrt{p'q'\left(\frac{1}{n_1}+\frac{1}{n_2}\right)}} \tag{5-21}$$

但是 p'，q' 为未知参数，因而我们无法计算得到 Z 的值。当样本容量 n_1 和 n_2

都比较大时，则可以采用以估计值$\hat{p}$代替p'的方法，可用加权平均数的方法计算得到$\hat{p}$，

$$\hat{p}=\frac{n_1}{n_1+n_2}p_1+\frac{n_2}{n_1+n_2}p_2=\frac{n_1p_1+n_2p_2}{n_1+n_2} \tag{5-22}$$

代入（5-21）式，则有检验公式为

$$Z=\frac{p_1-p_2}{\sqrt{\hat{p}\hat{q}\left(\frac{1}{n_1}+\frac{1}{n_2}\right)}} \tag{5-23}$$

其中$\hat{q}=1-\hat{p}$。

例 5-20 分别在初中二年级 40 人和初中三年级 45 人中征求对学科兴趣的意见，对外语学科表示爱好的比例，在初二是 0.457，在初三是 0.543，能否说明对外语学科的爱好同年级高低有关系（取$\alpha=0.05$）？

解：

（1）检验的零假设H_0：$\pi_1-\pi_2=0$

（2）计算$\hat{p}$值

$$\hat{p}=\frac{40\times0.457+45\times0.543}{40+45}=\frac{18.280+24.435}{85}=0.503$$

$$\hat{q}=1-0.503=0.497$$

（3）计算统计量

$$Z=\frac{0.457-0.543}{\sqrt{(0.503\times0.497)\left(\frac{1}{40}+\frac{1}{45}\right)}}=\frac{-0.086}{0.109}=-0.789$$

（4）由$\alpha=0.05$，查正态分布表可知$Z_{0.05/2}=1.96$。

因为$|Z|=0.789<Z_{0.05/2}=1.96$，即未能拒绝零假设$H_0$，故认为对外语学科的爱好与年级高低可能没有显著性差异。

值得注意的是，（5-23）式仅适用于两个独立样本，若两个样本相关，则不能用此式，要用另外的检验式来进行假设检验，本书不作介绍。

三、总体相关系数的假设检验

在实际工作中，我们在计算得到样本相关系数后，关心的是总体是否也

有相关，这时则要先假设总体不相关，即零假设为

$$H_0: \rho=0$$

在零假设 H_0 成立时，则假设检验公式为

$$t=\frac{r\sqrt{n-2}}{\sqrt{1-r^2}} \quad (5\text{-}24)$$

其中 $df=n-2$，r 为样本的积差相关系数。

在选定的显著性水平 α 中，拒绝或未能拒绝零假设 H_0 与 t 检验拒绝或未能拒绝 H_0 的方法一样。

例 5-21 从某校初中三年级学生中随机抽取 25 人进行甲、乙两门课程的考试，其成绩相关系数为 0.25，试确定该年级这两门课程是否存在一定的相关，或此相关系数是抽样误差所致（取 $\alpha=0.05$）。

解：

(1) 检验的零假设 $H_0: \rho=0$

(2) 计算统计量

$$t=\frac{\sqrt{25-2}\times 0.25}{\sqrt{1-0.25^2}}=\frac{1.199}{0.968}=1.216$$

(3) 由 $\alpha=0.05$，$df=25-2=23$，查 $t_{0.05/2(23)}=2.069$。

由于 $t=1.216<t_{0.05/2(23)}=2.069$，则未能拒绝零假设 H_0，说明甲、乙两门课程的总体相关可能为零，亦即可认为 $r=0.25$ 的相关系数是抽样误差所致。

但在实际应用中，对总体相关系数的检验，并不经常使用（5-24）式来计算并作检验，更多地是通过直接查表来判定 r 是否显著。因为统计学家已根据 t 检验编制成了相关系数检验表（见附表 7），如上例 $r=0.25$，$n=25$，则可从附表中查得当 $df=25-2=23$ 时，$\alpha=0.05$ 所对应的临界值为 0.396，这表示当自由度为 23 时，r 只有达到 0.396 时才能认为在 $\alpha=0.05$ 的显著性水平上不为零，而例 5-21 中，$r=0.25<0.396$，因而 r 不显著。这样使用起来就方便多了。

四、两总体相关系数差异的假设检验

在实践中经常遇到检验两个样本相关系数差异是否显著的问题。假设 r_1 和 r_2 是分别由两组彼此独立的被试得到的积差相关，这时必须先将 r_1 和 r_2 分别进行费希尔 Z_r 的转换（见附表 8）。由于 Z_r 的分布近似正态分布，则同样 $Z_{r_1}-Z_{r_2}$ 的分布仍为正态分布，此时假设检验的公式为

$$Z=\frac{Z_{r_1}-Z_{r_2}}{\sqrt{\frac{1}{n_1-3}+\frac{1}{n_2-3}}} \tag{5-25}$$

例 5-22 从某市的重点中学和一般中学各随机抽取 50 名和 60 名考生，分别计算得到他们的数学成绩与瑞文推理测验分数的相关系数为 $r_1=0.79$ 和 $r_2=0.49$，能否认为重点中学与一般中学的两个相关系数存在显著性的差异（取 $\alpha=0.01$）?

解：

（1）检验的零假设 H_0：$\rho_1=\rho_2$

（2）当 $n_1=50$，$r_1=0.79$ 时，查表得 $Z_{r_1}=1.071$；

当 $n_2=60$，$r_2=0.49$ 时，查表得 $Z_{r_2}=0.536$。

（3）计算统计量

$$Z=\frac{1.071-0.536}{\sqrt{\frac{1}{50-3}+\frac{1}{60-3}}}=\frac{0.535}{0.19}=2.816$$

（4）当 $\alpha=0.01$ 时，$Z_{0.01/2}=2.58$，由于 $Z=2.816>Z_{0.01/2}=2.58$，拒绝零假设 H_0，故可认为重点中学和一般中学学生的数学成绩与瑞文推理测验的相关系数有极高度显著的差异。

值得注意的是，（5-25）式仅适用于两种独立样本所计算得到的相关系数差异的假设检验，若是相关样本的相关系数差异的假设检验，则要用另外的检验公式来进行，本书不作介绍。

第六节 独立样本 t 检验的统计功效和效果量

效果量可以作为统计功效的直接测度。独立样本 t 检验总体效果量的测度一般用两种指标：g 和 d。

$$g=\frac{\overline{X}_1-\overline{X}_2}{S_{pooled}} \tag{5-26}$$

其中，$S_{pooled}=\sqrt{\dfrac{(n_1-1)S_1^2+(n_2-1)S_2^2}{n_1+n_2-2}}$

$$d=\frac{\overline{X}_1-\overline{X}_2}{\sigma_{pooled}} \tag{5-27}$$

其中，$\sigma_{pooled}=\sqrt{\dfrac{(n_1-1)S_1^2+(n_2-1)S_2^2}{n_1+n_2}}$

效果量有小、中、大之分。一般认为小、中、大效果量绝对值依次为0.20，0.50，0.80。我们可以此作为效果量的判别标准。

例 5-23 以例 5-8 的数据为例，计算 g 和 d。其中，$n_1=657$，$n_2=686$，$\overline{X}=57.41$，$\sigma_1^2=33.30$，$\overline{Y}=55.95$，$\sigma_2^2=26.73$，$\alpha=0.01$。

经计算得到：$g=-0.266\,8$，$d=-0.267\,0$。计算结果表明是小效果量。以此结果，我们可以下这样的结论：原例 5-8 中虽然统计检验的结论是两个省的平均分差异显著，但由于是小效果量，因而两省的平均分差异显著的结论可靠性不足。

例 5-24 以例 5-9 的数据为例，计算 g 和 d。$n_1=12$，$n_2=7$，$\overline{X}_1=120$，$\overline{X}_2=101$，$S_1^2=445.82$，$S_2^2=425.33$，$\alpha=0.05$。

经计算，$g=0.907\,3$，$d=0.908\,3$。显然，本例中的效果量已远超过高统计功效所需要的效果量，是大效果量。原例 5-9 中统计检验的结论是男女差异不显著，但是有大的效果量，因此，差异不显著的结论我们有必要再作分析。这时，我们可以适当增加样本容量，获新增样本的数据后，与原样本数据合并重新作统计分析，看结论是否有大的效果量，且有显著性差异。如果有这样的结果，说明原来差异不显著的结论是因为样本容量不足所导致。

我们在作功效和效果量分析时，在实际应用中会有以下四种研究情形。

(1) 大效果量及差异显著，说明结论的可信度高，我们应该接受结论；

(2) 大效果量及差异不显著，这时适当增加样本再作分析是最好的选择；

(3) 小效果量及差异显著，结论的可靠性较低，研究结果的推广要慎重；

(4) 小效果量及差异不显著，说明研究的价值不高，可考虑放弃。

一般而言，大效果量及差异显著性结论是我们的目标。

【要点小结】

首先，根据研究内容和研究目的构建零假设和备择假设。如果研究只希望考察两总体均值之间的差异是否显著，应使用双侧检验；如果研究希望考察两总体均值的其中一方是否明显优于或者劣于另外一方的情况，则使用单侧检验。

其次，根据样本容量、样本分布、方差是否已知和两样本是否独立等条件对统计量进行选择。在假设检验中，一般要求样本服从正态分布。大样本使用 Z 检验。小样本在正态分布的情况下，使用 t 检验。另外，在方差未知的情况下，可以用样本方差的统计量对总体方差进行估计。根据不同的研究需要，还可以选择比例或者相关系数的假设检验。

再次，根据研究所拟达到的准确程度，选择相应的显著性水平 α，常用的显著性水平有 0.05 和 0.01 两种。

最后，根据统计结果作出相应的决策。

本章特别在讨论第Ⅰ类错误、第Ⅱ类错误时，引入了统计功效、效果量的概念以及计算方法，以利于在作出统计决策时有更客观的思考以及帮助。

【思考与练习】

1. 在新旧教学方法有无显著差异的研究中，若零假设是____，则____零假设也说明新旧教学方法____显著差异。(　　)

A. H_0：$\mu \leqslant \mu_0$，拒绝，无　　　　B. H_0：$\mu \leqslant \mu_0$，未能拒绝，无

C. H_0：$\mu=\mu_0$，拒绝，有　　D. H_0：$\mu=\mu_0$，未能拒绝，有

2. 只强调差异而不强调方向性的检验称为（　　）。

A. 单侧检验　　B. t 检验

C. 双侧检验　　D. Z 检验

3. 总体服从正态分布，总体方差 σ^2 已知，此时的假设检验称为（　　）。

A. χ^2 检验　　B. F 检验

C. t 检验　　D. Z 检验

4. 经过方差齐性检验后，发现两样本方差有显著性差异，则应采用（　　）。

A. Z 检验　　B. 阿斯平-韦尔奇检验

C. t 检验　　D. 双侧检验

5. 显著性水平 α 表示（　　）的概率。

A. 弃真　　B. 取伪

C. 正确　　D. 拒绝假设

6. 假设总体服从正态分布，下列适用 t 检验统计量的情况是（　　）。

A. 样本为大样本，且总体方差已知　　B. 样本为小样本，且总体方差已知

C. 样本为小样本，且总体方差未知　　D. 样本为大样本，且总体方差未知

7. 在假设检验中，零假设总是表示（　　）。

A. 总体参数会变大　　B. 总体参数会变小

C. 总体参数没有变化　　D. 样本统计量没有变化

8. 在假设检验中，第Ⅱ类错误是指（　　）。

A. 当零假设正确时拒绝零假设

B. 当零假设错误时未拒绝零假设

C. 当备择假设正确时未拒绝备择假设

D. 当备择假设不正确时拒绝备择假设

9. P 值越大，则（　　）。

A. 拒绝零假设的可能性越小　　B. 拒绝零假设的可能性越大

C. 拒绝备择假设的可能性越小　　D. 拒绝备择假设的可能性越大

10. 在小样本的情况下，当总体方差未知时，检验总体均值所使用的统计

量是（　　）。

A. $Z=\dfrac{\overline{X}-\mu_0}{\sigma/\sqrt{n}}$　　　　B. $Z=\dfrac{\overline{X}-\mu_0}{\sigma^2/\sqrt{n}}$

C. $t=\dfrac{\overline{X}-\mu_0}{S/\sqrt{n}}$　　　　D. $Z=\dfrac{\overline{X}-\mu_0}{S/\sqrt{n}}$

11. 对于匹配样本，检验两个总体均值之差时，需要假定（　　）。

A. 两个总体都服从正态分布

B. 两个样本都服从正态分布

C. 两个总体配对差值构成的总体服从正态分布

D. 两个样本配对差值构成的总体服从正态分布

12. 根据两个独立的大样本检验两个总体均值之差，当两个总体的方差 σ_1^2 和 σ_2^2 都未知时，检验所使用的统计量为（　　）。

A. $Z=\dfrac{(\overline{X_1}-\overline{X_2})-(\mu_1-\mu_2)}{\sqrt{\dfrac{\sigma_1^2}{n_1}+\dfrac{\sigma_2^2}{n_2}}}$

B. $Z=\dfrac{(\overline{X_1}-\overline{X_2})-(\mu_1-\mu_2)}{\sqrt{\dfrac{S_1^2}{n_1}+\dfrac{S_2^2}{n_2}}}$

C. $t=\dfrac{(\overline{X_1}-\overline{X_2})-(\mu_1-\mu_2)}{S_p\sqrt{\dfrac{1}{n_1}+\dfrac{1}{n_2}}}\sim t(n_1+n_2-2)$

D. $t=\dfrac{(\overline{X_1}-\overline{X_2})-(\mu_1-\mu_2)}{\sqrt{\dfrac{\sigma_1^2}{n_1}+\dfrac{\sigma_2^2}{n_2}}}\sim t(n_1+n_2-2)$

13. 随机抽取一个 $n=100$ 样本，计算得到 $\overline{X}=60$，$S=15$，要检验假设 H_0：$\mu=65$，H_1：$\mu\neq65$，检验的统计量为（　　）。

A. -3.33　　　　B. 3.33

C. -2.36　　　　D. 2.36

14. 抽取两个地区的高考独立随机样本，得到他们语文的平均分为 $n_1=80$，$\overline{X}_1=104$，$S_1=8.4$，$n_2=70$，$\overline{X}_2=106$，$S_2=7.6$，在 $\alpha=0.05$ 的显著性水平下，检验假设 H_0：$\mu_1-\mu_2=0$，H_1：$\mu_1-\mu_2\neq0$，得到的结论是（　　）。

A. 拒绝 H_0　　　　　　　　　　　　B. 未能拒绝 H_0

C. 可以拒绝也可以不拒绝 H_0　　　　D. 可能拒绝可能未能拒绝 H_0

15. 抽取两所学校的学生对教师教学满意度评分的调查结果：$n_1=50$，$\overline{X}_1=6.34$，$S_1=2.163$，$n_2=50$，$\overline{X}_2=6.72$，$S_2=2.374$。检验学校 2 的平均得分是否高于学校 1，建立的零假设和备择假设是（　　）。

A. H_0：$\mu_1-\mu_2\geqslant 0$，H_1：$\mu_1-\mu_2<0$

B. H_0：$\mu_1-\mu_2\leqslant 0$，H_1：$\mu_1-\mu_2>0$

C. H_0：$\mu_1-\mu_2=0$，H_1：$\mu_1-\mu_2\neq 0$

D. H_0：$\mu_1-\mu_2<0$，H_1：$\mu_1-\mu_2\geqslant 0$

16. 试述统计假设检验的原理。

17. 简述样本方差与总体方差差异的显著性检验的一般步骤。

18. 简述第Ⅰ类错误与第Ⅱ类错误的关系。

19. 简述显著性水平 α 的选择对未能拒绝或拒绝零假设的影响。

20. 选择统计检验程序的方法时要考虑哪些条件才能正确应用统计检验方法?

21. 从某市普通中学 389 名考生的物理高考成绩中，随机抽取男生和女生各 10 名考生的分数，并分别计算得到 $\overline{X}_{男}=59.7$，$\overline{X}_{女}=49.7$，$S^2_{男}=13.7$，$S^2_{女}=16.9$。试确定男生的物理成绩与女生的物理成绩是否有显著的差异（取 $\alpha=0.05$）。

22. 有一项研究男女对颜色偏好的知觉差异实验设计，其中女性样本容量为 10，男性样本容量为 16，已知量样本之间相互独立，得到以下数据。

X	12.3	12.5	12.8	13	13.5
频数	1	2	4	2	1

Y	12.2	12.3	13
频数	6	8	2

问男女生之间对颜色的偏好是否有显著性的差异（取 $\alpha=0.05$)?

【拓展性阅读导航】

1. Eugene B. Zechmeister & Emil J. Posavac：*Data Analysis and Inter-*

pretation in the Behavioral Sciences，New York：Thomson Learning Academic Resource Center，2003。

本书不同于其他统计学教材之处在于提出了 IDEA 模式，即观察（inspection）、描述（description）、估计置信水平（estimating confidence）、报告结果（announcing results），该模式贯穿于全书。本书清晰明了地介绍了各种统计学概念，并强调行为科学研究中的统计功效、效果量、置信区间和图表等。

2. ［美］罗伯特·约翰逊、帕特里夏·库贝著，屠俊如、洪再吉译：《基础统计学》（第八版），科学出版社 2003 年版。

本书详细介绍了概率统计的基础知识和理论方法，内容充实，知识面覆盖较广。

第六章
方差分析

【内容提要】

对因素的多个水平或多个因素作出统计推断的方法称为方差分析。本章介绍完全随机化、随机区组、重复测量设计条件下的方差分析及协方差分析的原理、方法及应用。对方差分析应用的前提条件——方差齐性检验也作详细介绍。

【学习目标】

熟练掌握方差分析的原理、方法，熟知方差分析应用的前提条件。对不同的教育与心理实验设计，选用恰当的分析方法。熟练掌握自由度、样本、α、效果量的计算或选取。了解协方差分析的原理与方法。

【关键词】

方差分析　完全随机化设计　随机区组设计　重复测量　协方差分析

第五章我们讨论了两组样本平均值的比较问题，介绍了 Z 检验、t 检验等假设检验方法。但在教育与心理研究和实验中，不仅仅会遇到两组样本平均数的比较问题，还会需要比较三组、四组或者更多组的平均数问题。影响到教育与心理研究和实验的因素有可能不只一个，经常是多个因素影响整个实验过程，这时需要我们找出主要的影响因素。在这个时候，Z 检验、t 检验方法就不适用了。因此，介绍解决上述问题的一种统计分析方法——方差分析，则是我们这一章的主要内容。

方差分析也称变异数分析，是在教育与心理研究中最常用的变量分析方法。其主要功能在于分析测量或实验数据中不同来源的变异对总变异的贡献大小，从而确定测量或实验中因素对反应变量是否存在显著影响。它既可以比较两个以上的样本平均数，也可以应用于一个因素多种水平以及多个因素各有多种水平的数据分析。它是教育与心理研究中最重要的统计分析方法之一。

第一节　方差分析的基本原理

如上所述，在局部控制条件下进行实验，不同实验组除了实验因素处于不同水平外，其余条件均应尽可能控制得相等。此时通过测试获得许多参差不齐的反应变量，利用方差分析可以对造成这些实验数据差异的原因作出解释和说明。

一、方差分析的逻辑基础

先看一个实例。

通过研究阅读问题拟评价三种不同教材的质量，抽取三个实验班分别使用其中一种教材，而对其他因素加以控制。经一段时间实验后进行测试，取得三种实验处理的数据如下表。表中 $j=1, 2, \cdots, k$，表示存在 k 种实验处理，本例中 $k=3$；$i=1, 2, \cdots, n$，表示实验中每种处理的重复次数，即实验中每种处理有 n 个样本参加，本例中 $n=5$；$\overline{X}_{.j}$ 表示每一实验处理的平均数，$\overline{X}_{..}$ 表示总平均数。①

① 为了方便，本章特别标注 $\overline{X}_{.j}=\overline{X}_j=\dfrac{\sum_{i=1}^{n}x_{ij}}{n}$，$\overline{X}_{..}=\overline{X}_t=\dfrac{\sum_{i=1}^{n}\sum_{j=1}^{k}x_{ij}}{nk}$。

教材（处理） 样本	Ⅰ	Ⅱ	Ⅲ	
1	70	75	70	
2	74	80	72	
3	72	77	66	
4	68	68	72	
5	71	75	70	
$\overline{X}_{.j}$	71	75	70	$\overline{X}_{..}=72$

上表测试结果表明，三种不同实验教材的教学效果不完全一致，表现在实验中三种不同处理组的平均数 71，75，70 之间存在差异；同时，同一处理组内部的 5 个样本的反应变量也存在差异。我们考虑将三个实验组的所有 15 名被试分数的差异分解为两部分：实验处理组间的差异（称为组间差异）和实验处理组内的差异（称为组内差异）。组间差异是由于不同的实验处理造成的。组内差异是由于实验中一些希望加以控制的非实验因素和一些未被有效控制的未知因素造成的，称之为误差因素。这时可以作这样的分析：如果实验数据的总变异主要是由实验因素造成的，那么在总差异中组间差异将占较大比例，组内差异只占较小比例，这时有充分理由认为不同教材的教学效果不同；反之，如果总变异主要是由误差因素造成的，那么就只能认为三种教材的教学效果无显著差异。

上述逻辑可图解如下。

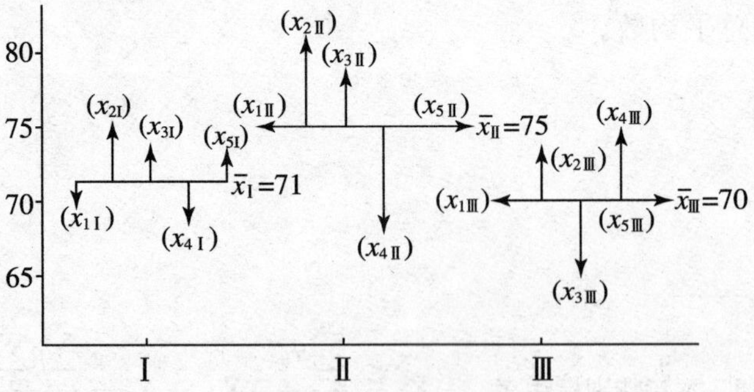

图 6-1　数据变异图解

方差分析作为一种统计方法，所依据的基本原理是变异的可加性。根据这一原理，可以将实验数据的总变异分解为不同来源的变异，并根据不同来源的变异在总变异中所占比重对造成数据变异的原因作出解释。在方差分析中，我们以实验数据与平均数的离差平方和（简称平方和，以符号 SS 表示）作为变异的统计量。

一般情况下，对于一个数据集合中的任意一个数据 x_{ij}（第 j 组第 i 个数据）与该数据集合的总平均数 $\overline{X}..$ 的离差，等于这个数据 x_{ij} 与其所在组的平均数 $\overline{X}._j$ 的离差加上这个平均数 $\overline{X}._j$ 与总平均数 $\overline{X}..$ 的离差。即

$$(x_{ij}-\overline{X}..)=(x_{ij}-\overline{X}._j)+(\overline{X}._j-\overline{X}..)$$

从而第 j 组 n 个数据的离差平方和为

$$\begin{aligned}&\sum_{i=1}^{n}(x_{ij}-\overline{X}..)^2\\&=\sum_{i=1}^{n}[(x_{ij}-\overline{X}._j)+(\overline{X}._j-\overline{X}..)]^2\\&=\sum_{i=1}^{n}(x_{ij}-\overline{X}._j)^2+2(\overline{X}._j-\overline{X}..)\sum_{i=1}^{n}(x_{ij}-\overline{X}._j)^2+\sum_{i=1}^{n}(\overline{X}._j-\overline{X}..)^2\end{aligned}$$

因为 $\sum\limits_{i=1}^{n}(x_{ij}-\overline{X}._j)=0$，所以 $\sum\limits_{i=1}^{n}(\overline{X}._j-\overline{X}..)=0$

则有

$$\begin{aligned}\sum_{i=1}^{n}(x_{ij}-\overline{X}..)^2&=\sum_{i=1}^{n}(x_{ij}-\overline{X}._j)^2+\sum_{i=1}^{n}(\overline{X}._j-\overline{X}..)^2\\&=\sum_{i=1}^{n}(x_{ij}-\overline{X}._j)^2+n\cdot(\overline{X}._j-\overline{X}..)^2\end{aligned}$$

将 k 组平方和连加

$$\sum_{j=1}^{k}\sum_{i=1}^{n}(x_{ij}-\overline{X}..)^2=\sum_{j=1}^{k}\sum_{i=1}^{n}(x_{ij}-\overline{X}._j)^2+n\cdot\sum_{j=1}^{k}(\overline{X}._j-\overline{X}..)^2 \quad (6\text{-}1)$$

式中：

$\sum\limits_{j=1}^{k}\sum\limits_{i=1}^{n}(x_{ij}-\overline{X}..)^2$ 为总离差平方和，用 SS_t 表示，t 表示全部。

从而

$$SS_t=\sum_{j=1}^{k}\sum_{i=1}^{n}(x_{ij}-\overline{X}..)^2 \quad (6\text{-}2)$$

$n \cdot \sum_{j=1}^{k} (\overline{X}_{.j} - \overline{X}_{..})^2$ 为组间离差平方和，用 SS_b 表示，b 表示组间，

$$SS_b = n \cdot \sum_{j=1}^{k} (\overline{X}_{.j} - \overline{X}_{..})^2 \tag{6-3}$$

$\sum_{j=1}^{k} \sum_{i=1}^{n} (x_{ij} - \overline{X}_{.j})^2$ 为组内离差平方和，用 SS_w 表示，w 表示组内。

$$SS_w = \sum_{j=1}^{k} \sum_{i=1}^{n} (x_{ij} - \overline{X}_{.j})^2 \tag{6-4}$$

则有

$$SS_t = SS_b + SS_w \tag{6-5}$$

这里我们以离差平方和表示实验数据的变异，并将总离差平方和分解为组间离差平方和与组内离差平方和两部分。从上所述我们知道，组间差异由实验处理效应造成，因此也可将组间离差平方和记为 SSA，A 表示处理组内差异由实验误差造成，因此可将组内离差平方和记为 SSE，E 表示误差。从而我们有

$$SS_b = SSA$$
$$SS_w = SSE$$

在方差分析中，比较组间差异与组内差异，不能直接比较各自的离差平方和，因为离差平方和的大小与求离差平方和的项数（k 或 n）的大小有关。为消去项数的影响，要分别求其均方，即将离差平方和除以各自的自由度，并以 MS 表示。均方即第二章论述的样本方差，它是总体方差的无偏估计。

组间方差又称组间均方，以 MS_b 表示

$$MS_b = MSA = \frac{SS_b}{df_b} \tag{6-6}$$

式中：

$df_b = k - 1$——组间自由度。

组内方差又称组内均方，以 MS_w 表示

$$MS_w = MSE = \frac{SS_w}{df_w} \tag{6-7}$$

式中：

$df_w = N - k$——组内自由度。

总均方以 MS_t 表示

$$MS_t=\frac{SS_t}{df_t} \tag{6-8}$$

式中：

$df_t=N-1$——总自由度。

从上述分析可知，总均方可分解为组间均方和组内均方两部分，即

$$MS_t=MS_b+MS_w \tag{6-9}$$

方差分析要检验的零假设 H_0 是 k 个处理的效应全部相等并均为 0，相应的备择假设 H_1 是 k 个处理中至少有一个处理的效应不为 0。数理统计证明了 MSE 是 σ^2 的一个无偏估计，在 H_0 为真的前提下，MSA 也是 σ^2 的一个无偏估计。然而，当 H_0 不真时，MSA 大于 σ^2。因此，如果 MSA 显著大于 MSE，我们就有充分的理由拒绝 H_0。

根据第四章介绍的 F 分布与第五章介绍的总体方差的假设检验内容，我们知道对方差分析的 H_0 也应使用 F 检验。即

$$F=\frac{MS_b}{MS_w}=\frac{MSA}{MSE} \tag{6-10}$$

F 为处理均方与误差均方的比率数。如果 $F\leqslant 1$，说明数据的总变异中处理效应引起的变异所占比例小于或等于实验误差引起的变异，因此不能拒绝 H_0，只能认为处理效应为 0；当 $F>1$，且落入 F 分布的否定域，即当统计量 $F>F_{\alpha(df_1,df_2)}$时，表明实验数据的变异主要由处理效应造成，从而有足够的理由拒绝 H_0，认为 k 个实验处理中至少有一个处理效应不为 0。

二、方差分析的基本条件

与应用其他统计方法一样，应用方差分析时也有一定的条件限制。数据必须满足以下几个基本假定，否则不能使用方差分析方法。

1. 总体服从正态分布

与 Z 检验及 t 检验一样，方差分析要求其样本必须是来自正态分布的总体，因此对不能确定总体是否为正态的样本资料，应进行总体分布的正态性检验，当检验表明其所来自的总体不是正态时，应对数据进行正态转换，或使用非参数方法。在教育与心理研究领域中，如果研究对象有足够的证据说

明总体是服从正态分布的，一般情况下可以不再做正态性检验。

2. 变异的可加性

变异的可加性也可理解为变异的可分解性，它是方差分析所依据的一个基本原理。方差分析要求数据的总变异可以被分解成意义明确、彼此相互独立的几个不同来源的变异。

3. 各处理内的方差齐性

方差齐性又称方差一致性。方差分析中 MS_w 作为 σ^2 的一个无偏估计，其计算实际上是将不同处理内的方差合成，与平均数差数显著性检验中两个样本方差合成求联合方差时要求两个样本方差无显著差异一样，求 MS_w 也要求各实验处理内的方差彼此无显著差异，这是方差分析的最为重要的前提。如果这一假设不被满足，原则上是不能进行方差分析的。

在进行方差分析时，为确保方差齐性，可以对各实验处理内的方差作齐性检验。方差分析中的齐性检验常用方法有下面四种。

(一) 哈特利(Hartley)法

其公式如下：

$$F_{\max}=\frac{S_{\max}^2}{S_{\min}^2} \quad 或 \quad F=\frac{S_{大}^2}{S_{小}^2} \tag{6-11}$$

式中：

$S_{\max}^2$——各实验处理内的方差中最大的一个；

$S_{\min}^2$——各实验处理内的方差中最小的一个。

求出检验统计量 $F_{\max}$ 后，可根据 k 和 $df(df=n-1)$ 查附表 5 的临界值（哈特利方差齐性检验），求 $F_{\max}$ 的临界值（表中 k 为实验处理数，n 为各实验处理的人数），将 $F_{\max}$ 与 $F_{\max(\alpha)}$ 比较：

若 $F_{\max}\leqslant F_{\max(\alpha)}$，则认为各实验处理内的方差没有显著差异（符合方差齐性要求）；

若 $F_{\max}>F_{\max(\alpha)}$，则认为各实验处理内的方差存在显著差异（不符合方差齐性要求）。

(二) 巴特利特(Bartlett)检验法

设有 k 个总体且 $k\geqslant 3$（$k=2$ 时为常见的 F 检验法），且随机变量样本 x_{i1}，x_{i2}，…，x_{in_i} 来自于均值和方差都未知的正态分布。通过 k 个总体的样本数据，在给定的显著水平下，检验 k 个总体的方差是否相等。

1. 建立检验假设

H_0：$\sigma_1=\sigma_2=\cdots=\sigma_k$

H_1：各组方差不全相等

2. 计算统计量

对第 j 组样本（x_{i1}，x_{i2}，…，x_{in_i}），其样本方差为 $S_i^2=\dfrac{1}{n_i-1}\sum\limits_{j=1}^{n_i}(x_{ij}-\bar{X}_{\cdot j})^2$。

记 $S_p^2=\dfrac{1}{n-k}\sum\limits_{i=1}^{k}(n_i-1)S_i^2$，其中 $n=\sum\limits_{i=1}^{k}n_i$，$S_p^2$ 称为组合样本方差的估计量。计算

$$Q=(n-k)\ln S_p^2-\sum_{i=1}^{k}\left[(n_i-1)\ln S_i^2\right]$$

$$h=1+\frac{1}{3(k-1)}\left(\sum_{i=1}^{k}\frac{1}{n_i-1}-\frac{1}{n-k}\right)$$

并构造统计量 $B=2.3026\dfrac{Q}{h}$。

3. 进行卡方检验

巴特利特证明统计量 B 近似服从 $\chi^2_{(k-1)}$。于是得到巴特利特检验法则：对统计量 B，

若 $B\leqslant\chi^2_{1-\alpha(k-1)}$，则认为各实验处理内的方差没有显著差异（符合方差齐性要求）；

若 $B>\chi^2_{1-\alpha(k-1)}$，则认为各实验处理内的方差存在显著差异（不符合方差齐性要求）。

我们不妨用例 6-2 的数据做一次巴特利特方差齐性检验，结果如下：

$$B=2.3026\frac{Q}{h}=2.3026\frac{0.0670}{1.1042}=0.1398<\chi^2_{0.05(3)}=7.81$$

我们不能拒绝方差齐性的零假设，认为这三组样本方差无显著差异，满足方差分析的前提假设条件。

（三）莱文(Levene)检验法

该检验由莱文(H. Levene)于 1960 年首先提出。该方法实质是将欲进行方差齐性检验的原始观测值 x_{ij} 转换为相应的离差 z_{ij}，然后对离差 z_{ij} 作单因素

方差分析。常见的离差 z_{ij} 计算方法如下：

$$z_{ij}=|x_{ij}-\overline{X}_{i\cdot}|\text{，其中 }\overline{X}_{i\cdot}=\sum_{j=1}^{n}x_{ij}$$

莱文检验法无须如巴特利特检验法一样假定样本来自正态总体，并且对各组人数也无限制，各组人数可以相等也可以不等。所以这种稳健的方差齐性检验方法，被大多数统计软件所采用。

1. 建立检验假设

H_0：$\sigma_1=\sigma_2=\cdots=\sigma_k$

H_1：各组方差不全相等

2. 计算统计量

$$W=\frac{(n-k)\sum_{i=1}^{k}n_i(\hat{z}_{i\cdot}-\hat{z}_{\cdot\cdot})^2}{(k-1)\sum_{i=1}^{k}\sum_{j=1}^{n_i}(\hat{z}_{ij}-\hat{z}_{i\cdot})^2}$$

3. 进行 F 检验

莱文检验统计量 W 近似服从自由度为 $df_{n_1}=k-1$，$df_{n_2}=n-k$ 的 F 分布。

若 $W\leqslant F_{\alpha(k-1,n-k)}$，则认为各实验处理内的方差没有显著差异（符合方差齐性要求）；

若 $W>F_{\alpha(k-1,n-k)}$，则认为各实验处理内的方差存在显著差异（不符合方差齐性要求）。

我们不妨用例 6-3 的数据做一次莱文方差齐性检验，结果如下：

由于$W=2.16<F_{0.05(3,8)}=4.07$，我们接受方差齐性的零假设，认为这四组样本方差无显著差异。

（四）一般性检验法

当需要比较的样本来自正态总体，且各组人数不等时，只要各组样本量足够大（$n_i>200$），我们可用 F 检验作为一般性检验方法。其公式为

$$F=\frac{S_{大}^2}{S_{小}^2} \tag{6-12}$$

若 $F\leqslant F_{\alpha(n_1-1,n_2-1)}$，则认为各实验处理内的方差没有显著差异（符合方差

齐性要求）；

若 $F > F_{\alpha(n_1-1,n_2-1)}$，则认为各实验处理内的方差存在显著差异（不符合方差齐性要求）。

以上 n_1 和 n_2 分别为方差最大组的样本量和方差最小组的样本量。

三、方差分析的基本分类

方差分析最重要的用途在于分离出各种变量、各种处理之间的效应。这在实验设计中，特别是教育与心理研究中尤为重要。因为教育与心理研究中包含许多影响因素，其中很多因素都对实验处理有影响。研究者不关心的影响因素是无关变异的重要来源。而这些干扰变量（又称伴随变量）常以我们无法控制的被试变量居多，例如被试的年龄、性别、种族、身体情况等。因此我们难以通过实验处理的方式控制这些干扰变量，使得干扰变量引起的无关变异的混淆成为教育与心理研究最棘手的问题。教育与心理统计工作者针对这种情况，在实验设计中使用随机化、匹配、统计控制来控制无关变异。

实验中的随机化包括两个方面：(1) 实验单元或被试是从一个更大的、研究者感兴趣的总体中随机选择；(2) 实验单元或被试是随机分配给各个处理的。

随机化使得各个处理组被认为在统计上没有差异，也就是同质化。故此时所有的误差来源于处理效应。这就是我们最经典的完全随机化实验设计。

但有时碍于样本容量以及抽样便利性的限制，我们常运用匹配。例如当我们要研究学习方法的改进对学业成绩的促进作用时，就可以对智力因素进行匹配，使得智力因素引起的变异从误差中分离出来，提高 F 检验的灵敏度。而更为常见的是把随机化与匹配结合起来，组间使用匹配，分离出特定因素引起的变异，组内使用随机化，使得组内同质。这就是我们最常用的随机区组实验设计。

统计控制是指利用各种统计方法，增大系统变异，控制无关变异，减少误差变异，提高检验的灵敏度。例如当处理效应随着时间的变化而变化，甚至因为初始条件的不同而产生交互效应，此时应使用重复测量实验设计。又如当处理效应与某干扰因素存在明显的线性作用，我们可以使用协方差分析的方法达到控制无关变异，减少误差变异的目的。

方差分析方法的应用与实验设计有关。本书主要介绍了完全随机化实验设计、随机区组、重复测量实验设计，相应地就有单因素、多因素等各种情况。所以，需根据不同的实验设计以及因素多少而确定方差分析方法。

第二节　完全随机化实验设计的方差分析

用随机化的方法给处理指派实验序号和实验对象的实验设计叫完全随机化实验设计。完全随机化实验设计一般分为单因素、多因素的完全随机化实验设计。

一、单因素完全随机化实验设计的方差分析

在实验中仅有一个实验因素，它分处于 k 个水平（$k\geqslant2$），用随机化的方法将 N 名被试分为 k 组，每组 n_j 人，使得 $\sum_{j=1}^{k} n_j = N$；每个实验组被随机地指派接受一种实验处理，这样的实验设计叫单因素完全随机化实验设计。

在完全随机化实验设计的方差分析中，我们将总离差平方和（SS_t）分解为处理离差平方和（SSA）与误差离差平方和（SSE）两部分。如图 6-2 所示。

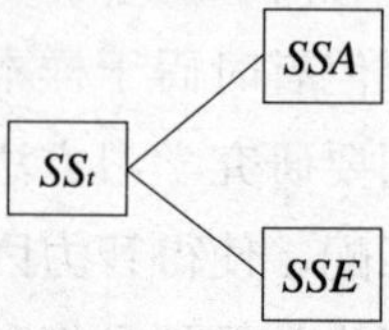

图 6-2　单因素完全随机化实验设计的总离差平方和的分解

（一）单因素完全随机化实验设计的方差分析过程

1. 建立检验假设

单因素完全随机化实验设计的方差分析所要检验的假设是：

H_0：所有 k 个总体平均数是相同的，即不存在处理效应。

$$\mu_1=\mu_2=\cdots=\mu_k$$

H_1：至少有两个总体平均数是不同的，即处理效应不全为 0。

2. 计算离差平方和与均方

首先，求离差平方和。

在方差分析实验中，一般都将公式 6-2、6-3、6-4 转化为从原始数据求离差平方和的公式：

$$SS_t = \sum_{j=1}^{k} \sum_{i=1}^{n_j} x_{ij}^2 - \frac{\left(\sum_{j=1}^{k} \sum_{i=1}^{n_j} x_{ij}\right)^2}{N} \tag{6-13}$$

$$SS_b = \sum_{j=1}^{k} \frac{\left(\sum_{i=1}^{n_j} x_{ij}\right)^2}{n_j} - \frac{\left(\sum_{j=1}^{k} \sum_{i=1}^{n_j} x_{ij}\right)^2}{N} \tag{6-14}$$

$$SS_w = SS_t - SS_b = \sum_{j=1}^{k} \sum_{i=1}^{n_j} x_{ij}^2 - \sum_{j=1}^{k} \frac{\left(\sum_{i=1}^{n_j} x_{ij}\right)^2}{n_j} \tag{6-15}$$

或等价地表示为：

$$SS_t = SS_b + SS_w$$

其次，求自由度。

$$df_b = k-1$$

$$df_w = N-k$$

$$df_t = N-1$$

最后，求均方。

$$MS_b = MSA = \frac{SS_b}{df_b}$$

$$MS_w = MSE = \frac{SS_w}{df_w}$$

3. 进行 F 检验

首先，计算检验统计量：

$$F = \frac{MS_b}{MS_w} = \frac{MSA}{MSE}$$

其次，查附表，确定 F 检验的临界值：

$$F_{\alpha(df_1, df_2)}$$

最后，进行 F 检验：

若 $F > F_{\alpha(df_1, df_2)}$，则拒绝 H_0；

若 $F \leqslant F_{\alpha(df_1,df_2)}$，则不能拒绝 H_0。

4. 列出方差分析表

在统计实践中，上述步骤均为计算分析过程，实验报告中并不具体描述它们。一般在实验报告中都将方差分析的过程和结果以方差分析表的形式呈现。

表 6-1　单因素完全随机化设计的方差分析表

变异来源	自由度	平方和	均方	F
处理（组间）	$k-1$	SSA	$MSA=\dfrac{SSA}{k-1}$	$F=\dfrac{MSA}{MSE}$
误差（组内）	$N-k$	SSE	$MSE=\dfrac{SSE}{N-k}$	
总变异（总方差）	$N-1$	SS_t		

检验结果，如果 $F > F_{0.05(df_1,df_2)}$，则在方差分析表中 F 值的右上方标上一个 *，即有显著差异；如果 $F > F_{0.01(df_1,df_2)}$，则标上两个 **，即表明差异极其显著。

（二）单因素完全随机化实验设计方差分析实例

1. 已知原始试验数据

例 6-1　本章第一节关于三种教材质量的实验中，随机抽取的 15 名被试被随机地分为三组，每组 5 人，各组被随机地分配一种教材进行实验，因而是一种单因素完全随机化实验设计，其方差分析如下。

解：

(1) 建立检验假设

设成绩分布为正态，且各实验处理内的方差无显著差异。

$$H_0：\mu_1 = \mu_2 = \mu_3$$

(2) 求离差平方和与均方

①求离差平方和

$$SS_t = \sum_{j=1}^{k} \sum_{i=1}^{n_j} x_{ij}^2 - \frac{\left(\sum_{j=1}^{k} \sum_{i=1}^{n_j} x_{ij}\right)^2}{N} = 77\,952 - \frac{1\,080^2}{15} = 192$$

$$SSA=\sum_{j=1}^{k}\frac{(\sum_{i=1}^{n_j}x_{ij})^2}{n_j}-\frac{(\sum_{j=1}^{k}\sum_{i=1}^{n_j}x_{ij})^2}{N}$$

$$=\left(\frac{355^2}{5}+\frac{375^2}{5}+\frac{350^2}{5}\right)-\frac{1\,082^2}{15}=70$$

$$SSE=192-70=122$$

②确定自由度

已知 $k=3$，$N=15$ 则有

$$df_b=3-1=2$$

$$df_w=15-3=12$$

$$df_t=15-1=14$$

③求均方

$$MSA=\frac{70}{2}=35$$

$$MSE=\frac{122}{12}=10.17$$

（3）进行 F 检验

$$F=\frac{MSA}{MSE}=\frac{35}{10.17}=3.44$$

查附表：

$$F_{0.05(2,12)}=3.88$$

$$F=3.44<F_{0.05(2,12)}=3.88$$

不能拒绝 H_0，三种教材质量无显著差异。

（4）列方差分析表

变异来源	自由度	平方和	均方	F
处理（组间）	2	70	35	3.44
误差（组内）	12	122	10.17	
总变异（总方差）	14	192		

2. 只有各组统计量而无原始数据

在只有各实验处理的 $\overline{X}_j$，S_j^2 及 n_j 情况下，组间离差平方和与组内离差平方和的计算公式可变形如下（请读者自己推导）：

$$SS_b = n_j \cdot \sum_{j=1}^{k} (\overline{X}_j - \overline{X}_t)^2 \tag{6-16}$$

$$SS_w = n_j \cdot \sum_{j=1}^{k} S_j^2 \qquad (j = 1, 2, \cdots, k) \tag{6-17}$$

其余计算同上。

例 6-2 随机抽取 20 名被试，将其随机分为 4 组，每组 5 人，各组分别随机地接受一种自学辅导方案，结果如下表，问四种自学辅导方案的效果是否一致？

自学辅导方案	A	B	C	D
每组人数 n_j	5	5	5	5
每组平均数 $\overline{X}_j$	79	75.4	81	77.2
每组方差 S_j^2	4	2.8	3	3.5

解：

(1) 建立检验假设

设成绩分布为正态，且各实验处理内方差无显著差异。

$$H_0：\mu_A = \mu_B = \mu_C = \mu_D$$

(2) 求离差平方和与均方

$$\overline{X}_t = \frac{\overline{X}_A + \overline{X}_B + \overline{X}_C + \overline{X}_D}{4} = \frac{79 + 75.4 + 81 + 77.2}{4} = 78.15$$

（如小组人数 n_j 不等，则应求加权平均数）

$$SS_b = SSA = n_j \cdot \sum_{j=1}^{k} (\overline{X}_j - \overline{X}_t)^2 = 86.55$$

$$SS_w = SSE = n_j \cdot \sum_{j=1}^{k} S_j^2 = 66.50$$

$$MS_b = MSA = \frac{SS_b}{k-1} = \frac{86.55}{4-1} = 28.85$$

$$MS_w = MSE = \frac{SS_w}{N-k} = \frac{66.50}{20-4} = 4.16$$

(3) 进行 F 检验

$$F=\frac{MS_b}{MS_w}=\frac{MSA}{MSE}=\frac{28.85}{4.16}=6.94$$

查附表：

$F_{0.01(3,16)}=5.29$

$F=6.94>F_{0.01(3,16)}=5.29$，$p<0.01$

拒绝 H_0，四种自学辅导方案效果存在显著差异。

（4）列方差分析表

变异来源	自由度	平方和	均方	F
处理（组间）	3	86.55	28.85	6.94**
误差（组内）	16	66.50	4.16	
总变异（总方差）	19	153.05		

二、多因素完全随机化实验设计的方差分析

在教育与心理研究实践中，很多现象的变化是由于多种因素共同作用的结果，因此，在实验中安排这些影响因素作为自变量，同时研究分析这些因素对因变量的影响——主效应，以及因素之间相互作用对因变量的影响——交互效应。这种实验设计叫多因素实验设计，对其结果进行的方差分析叫多因素方差分析。多因素实验的一种重要作用，也是区别于单因素的一个重要特征，在于它能够分析出因素之间的交互作用，从而为选择最优处理组合提供科学依据。为便于论述，仅介绍存在两个实验因素的方差分析。对于不同的两因素实验设计，其方差分析也不尽相同。

多因素完全随机化实验设计是多因素实验设计中的一种，其目的是要了解一些因素对因变量的影响，并估计出这些因素的主效应大小，同时对这些因素共同作用的结果——交互效应作出判断。多因素完全随机化实验设计的一个最简单的方法就是全面实验，即在实验中把每个因素的所有可能的组合全部做一遍，并且随机地指定这些组合的实验序号。它较单因素的实验具有以下优点：能够减少实验次数。只要进行 r 次重复（$r\geqslant 2$）就能估计出因子间的交互效应，从而从数据中正确地分析出最优的处理组合，获得较多信息。

对于一个存在两个实验因素的实验来说，假设因素 A 有 a 个水平（A_i，

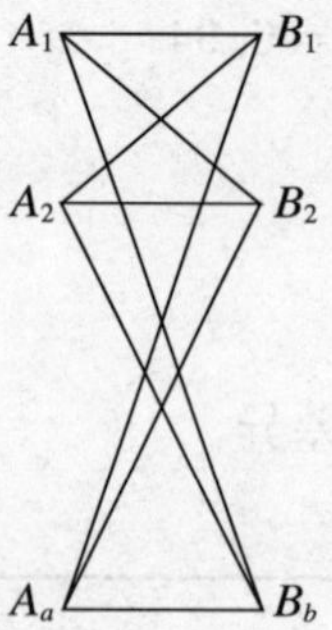

	B_1	B_2 …… B_b
A_1	A_1B_1	A_1B_2 …… A_1B_b
A_2	A_2B_1	A_2B_2 …… A_2B_b
⋮	⋮	⋮　　　⋮
⋮	⋮	⋮
A_a	A_aB_1	A_aB_2 …… A_aB_b

图 6-3　交叉分组方式及其水平组合

$i=1, 2, \cdots, a$)，因素 B 有 b 个水平（B_j，$j=1, 2, \cdots, b$），也称为 $a\times b$ 实验设计。利用交叉分组的方法进行全面实验，可以得到如下水平组合。其中每一个水平组合称为处理，然后随机地指定这些处理的实验序号。在上述两因素析因实验中，假设所有的处理均重复 r 次（$r\geqslant 2$），则在 A_iB_j 组合的条件下，第 k 次实验的观测值

$$x_{ijk}=\mu+\tau_i+\beta_j+(\tau\beta)_{ij}+\varepsilon_{ijk} \tag{6-18}$$

$$(i=1, 2, \cdots, a;\ j=1, 2, \cdots, b;\ k=1, 2, \cdots, r)$$

式中：

τ_i——A 因素效应；

β_j——B 因素效应；

$(\tau\beta)_{ij}$——A 因素和 B 因素之间的交互效应；

ε_{ijk}——随机误差。

(1) 建立检验假设

从 (6-18) 式可以看出，在多因素完全随机实验设计中总的离差平方和被分解为

$$SS_t=SS_A+SS_B+SS_{(AB)}+SSE \tag{6-19}$$

从而其相应的统计假设为

H_0：$\tau_i=0$（不存在 A 因素效应，因素 A 在所有水平上总体平均相等）

$\beta_j=0$（不存在 B 因素效应，因素 B 在所有水平上总体平均相等）

$(\tau\beta)_{ij}=0$（不存在 A 因素与 B 因素之间的交互效应，因素 A 的总体

平均与因素 B 的总体平均无关）

H_1：$\tau_i \neq 0$

$\beta_j \neq 0$

$(\tau\beta)_{ij} \neq 0$

（2）计算离差平方和与均方

$$SS_t = \sum_{i=1}^{a}\sum_{j=1}^{b}\sum_{k=1}^{r} x_{ijk}^2 - \frac{\left(\sum_{i=1}^{a}\sum_{j=1}^{b}\sum_{k=1}^{r} x_{ijk}\right)^2}{abr} \tag{6-20}$$

$$SS_A = \frac{1}{br}\sum_{i=1}^{a}\left(\sum_{j=1}^{b}\sum_{k=1}^{r} x_{ijk}\right)^2 - \frac{\left(\sum_{i=1}^{a}\sum_{j=1}^{b}\sum_{k=1}^{r} x_{ijk}\right)^2}{abr} \tag{6-21}$$

$$SS_B = \frac{1}{ar}\sum_{j=1}^{b}\left(\sum_{i=1}^{a}\sum_{k=1}^{r} x_{ijk}\right)^2 - \frac{\left(\sum_{i=1}^{a}\sum_{j=1}^{b}\sum_{k=1}^{r} x_{ijk}\right)^2}{abr} \tag{6-22}$$

$$SS_{(AB)} = \frac{1}{r}\sum_{i=1}^{a}\sum_{j=1}^{b}\left(\sum_{k=1}^{r} x_{ijk}\right)^2 - SS_A - SS_B - \frac{\left(\sum_{i=1}^{a}\sum_{j=1}^{b}\sum_{k=1}^{r} x_{ijk}\right)^2}{abr} \tag{6-23}$$

$$SSE = SS_t - SS_A - SS_B - SS_{(AB)} \tag{6-24}$$

$$MS_A = \frac{SS_A}{df_A} \tag{6-25}$$

式中 $df_A = a-1$

$$MS_B = \frac{SS_B}{df_B} \tag{6-26}$$

式中 $df_B = b-1$

$$MS_{(AB)} = \frac{SS_{(AB)}}{df_{(AB)}} \tag{6-27}$$

式中 $df_{(AB)} = (a-1)(b-1)$

$$MSE = \frac{SSE}{df_E} \tag{6-28}$$

式中 $df_E = ab(r-1)$

（3）计算检验统计量

对于 $\tau_i=0$ 的检验统计量为

$$F_A=\frac{MS_A}{MSE} \tag{6-29}$$

对于 $\beta_j=0$ 的检验统计量为

$$F_B=\frac{MS_B}{MSE} \tag{6-30}$$

对于 $(\tau\beta)_{ij}=0$ 的检验统计量为

$$F_{(AB)}=\frac{MS_{(AB)}}{MSE} \tag{6-31}$$

(4) 进行 F 检验

若 $F_A>F_{\alpha(df_A,df_E)}$，则拒绝 $\tau_i=0$ 的零假设；若 $F_A\leqslant F_{\alpha(df_A,df_E)}$，则不能拒绝 $\tau_i=0$ 的零假设。

若 $F_B>F_{\alpha(df_B,df_E)}$，则拒绝 $\beta_j=0$ 的零假设；若 $F_B\leqslant F_{\alpha(df_B,df_E)}$，则不能拒绝 $\beta_j=0$ 的零假设。

若 $F_{(AB)}>F_{\alpha(df_{(AB)},df_E)}$，则拒绝 $(\tau\beta)_{ij}=0$ 的零假设；若 $F_{(AB)}\leqslant F_{\alpha(df_{(AB)},df_E)}$，则不能拒绝 $(\tau\beta)_{ij}=0$ 的零假设。

(5) 列出方差分析表

表 6-2 两因素完全随机化实验设计方差分析表

变异来源	平方和	自由度	均方	F
A 因素	SS_A	$a-1$	$MS_A=\frac{SS_A}{a-1}$	$F_A=\frac{MS_A}{MSE}$
B 因素	SS_B	$b-1$	$MS_B=\frac{SS_B}{b-1}$	$F_B=\frac{MS_B}{MSE}$
$A\times B$ 因素交互效应	$SS_{(AB)}$	$(a-1)(b-1)$	$MS_{(AB)}=\frac{SS_{(AB)}}{(a-1)(b-1)}$	$F_{(AB)}=\frac{MS_{(AB)}}{MSE}$
误差因素	SSE	$ab(r-1)$	$MSE=\frac{SSE}{ab(r-1)}$	
总计	SS_t	$abr-1$		

三、多因素完全随机实验设计方差分析实例

例 6-3 有 3 种小学语文实验教材，为检验其在不同教学方法中的教学效

果，采用 4 种教学方法，即课堂系统讲授（B_1）、通过典型课文进行重点讲授（B_2）、课堂系统讲授结合学生游戏和活动（B_3）、通过典型课文进行重点讲授结合学生游戏和活动（B_4）。利用交叉分组的方法得到 12 个处理，经过一段教学后，在每个处理中抽取两个班进行测试，并求得每个班的平均分数，得到数据如下表，试对实验结果分析处理。

		教学方法				$\sum_{j=1}^{b}\sum_{k=1}^{r}x_{ijk}$
		B_1	B_2	B_3	B_4	
教材	A_1	83，80	90，86	98，92	69，63	661
	$\sum_{k=1}^{r}x_{ijk}$	163	176	190	132	
	A_2	70，61	84，78	86，83	95，90	647
	$\sum_{k=1}^{r}x_{ijk}$	131	162	169	185	
	A_3	90，94	54，53	78，79	87，89	624
	$\sum_{k=1}^{r}x_{ijk}$	184	107	157	176	
$\sum_{i=1}^{a}\sum_{k=1}^{r}x_{ijk}$		478	445	516	493	$\sum_{i=1}^{a}\sum_{j=1}^{b}\sum_{k=1}^{r}x_{ijk}=1\,932$

解：

（1）建立检验假设

这是一个 A 因素有 3 个水平，B 因素有 4 个水平，每个处理均有 2 个被试的两因素实验设计，或称为两因素分别有 3 个水平和 4 个水平的实验设计，简称为 3×4 实验设计，即 $a=3$，$b=4$，$r=2$。其方差分析过程如下：

H_0：$\tau_i=0$

$\beta_j=0$

$(\tau\beta)_{ij}=0$

（2）计算离差平方和与均方

$$SS_t=\sum_{i=1}^{a}\sum_{j=1}^{b}\sum_{k=1}^{r}x_{ijk}^2-\frac{\left(\sum_{i=1}^{a}\sum_{j=1}^{b}\sum_{k=1}^{r}x_{ijk}\right)^2}{abr}$$

$$= (83^2 + 80^2 + 90^2 + \cdots + 79^2 + 87^2 + 89^2) - \frac{1\,932^2}{3 \times 4 \times 2}$$

$$= 3\,704.00$$

$$SS_A = \frac{1}{br}\sum_{i=1}^{a}(\sum_{j=1}^{b}\sum_{k=1}^{r}x_{ijk})^2 - \frac{(\sum_{i=1}^{a}\sum_{j=1}^{b}\sum_{k=1}^{r}x_{ijk})^2}{abr}$$

$$= \frac{661^2 + 647^2 + 624^2}{4 \times 2} - \frac{1\,932^2}{3 \times 4 \times 2}$$

$$= 87.25$$

$$SS_B = \frac{1}{ar}\sum_{j=1}^{b}(\sum_{i=1}^{a}\sum_{k=1}^{r}x_{ijk})^2 - \frac{(\sum_{i=1}^{a}\sum_{j=1}^{b}\sum_{k=1}^{r}x_{ijk})^2}{abr}$$

$$= \frac{478^2 + 445^2 + 516^2 + 493^2}{3 \times 2} - \frac{1\,932^2}{3 \times 4 \times 2}$$

$$= 443.00$$

$$SS_{(AB)} = \frac{1}{r}\sum_{i=1}^{a}\sum_{j=1}^{b}(\sum_{k=1}^{r}x_{ijk})^2 - SSA - SSB - \frac{(\sum_{i=1}^{a}\sum_{j=1}^{b}\sum_{k=1}^{r}x_{ijk})^2}{abr}$$

$$= \frac{163^2 + 176^2 + 190^2 + \cdots + 157^2 + 176^2}{2}$$

$$- 87.25 - 443.00 - \frac{1\,932^2}{3 \times 4 \times 2}$$

$$= 3\,038.00$$

$$SSE = SS_t - SS_A - SS_B - SS_{(AB)}$$

$$= 3\,704.00 - 87.25 - 443.00 - 3\,038.00 = 135$$

$$MS_A = \frac{SS_A}{a-1} = \frac{87.25}{3-1} = 43.62$$

$$MS_B = \frac{SS_B}{b-1} = \frac{443.00}{4-1} = 147.67$$

$$MS_{(AB)} = \frac{SS_{(AB)}}{(a-1)(b-1)} = \frac{3\,080.00}{(3-1)(4-1)} = 506.33$$

$$MSE = \frac{SSE}{ab(r-1)} = \frac{135}{3 \times 4 \times (2-1)} = 11.25$$

(3) 计算检验统计量

$$F_A=\frac{MS_A}{MSE}=\frac{43.62}{11.25}=3.88$$

$$F_B=\frac{MS_B}{MSE}=\frac{147.67}{11.25}=13.13$$

$$F_{(AB)}=\frac{MS_{(AB)}}{MSE}=\frac{506.33}{11.25}=45.01$$

(4) 进行 F 检验

(检验过程略)

(5) 列出方差分析表

变异来源	平方和	自由度	均方	F
A 因素	87.25	2	43.63	3.88
B 因素	443.00	3	147.67	13.13**
$A\times B$ 因素交互效应	3 038.00	6	506.33	45.01**
误差因素	135.00	12	11.25	
总计	3 704.00	23		

从以上分析可以看出，三种实验教材的效果没有显著差异，四种教学方法的教学效果差异显著，教材和教法的不同组合对教学效果存在显著影响。至于上述方法与组合哪一种更好，则需进一步对平均数作多重比较才能确定(见第四节)。

显然，教育与心理研究也会遇到多个因素对实验造成影响，这些实验的实施和统计分析，则需应用到多元统计分析方法，这里不作讨论。

第三节　随机区组实验设计的方差分析

在完全随机化实验设计的方差分析中，我们把实验数据的总变异分解为由不同处理造成的组间变异和由误差因素造成的组内变异。在此，我们实际上是将组内差异理解为实验误差，而组内均方 MS_w 实际上是组内方差，它不仅反映了实验的随机误差，而且还反映了实验组内被试间的个别差异。那么完全随机化实验设计就隐藏着一个问题：把可以控制的个别差异作为随机误差而不加以控制，从而增大了实验误差，不能不认为这是完全随机化实验设计方法的缺陷。

进行实验时，我们希望得出的实验误差尽可能地小。随机区组实验设计就是要从实验误差中将被试的个别差异区分出来，从而增加实验数据的有效信息，降低实验误差。

一、随机区组实验设计及其设计原则

随机区组实验设计指在实验中将实验对象按一定的标准划分为 a 个区组，使得区组内的实验对象的个别差异尽可能小，即保证区组内的同质性，并使每个区组均接受所有 k 个处理，且各个区组内每个处理仅有一个观测，其顺序是随机决定的。

随机区组实验设计如图 6-4 所示。

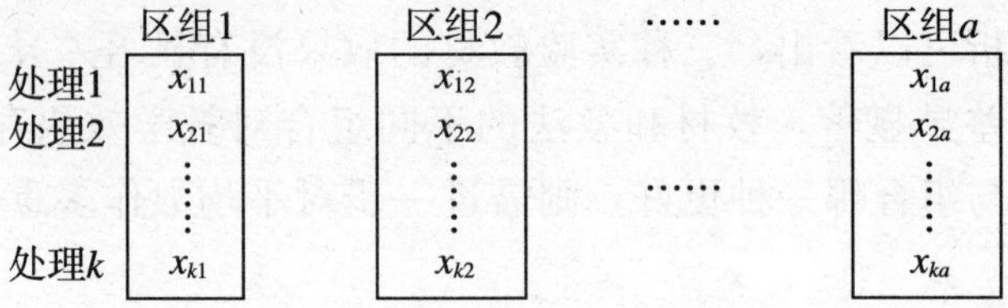

图 6-4　随机区组设计（k 个处理，a 个区组）

随机区组实验设计最早应用于农业实验。在农业实验中，为研究不同品种（处理）的差异，而将土地按土质、水分、肥性等因素划分为不同块（区组），使得每一块内的土质大体一致，再将区组划分为小块（小区），每一小区种一个品种的作物。以后，在其他领域的实验中，人们习惯地沿用“区组”、“小区”等术语，但它们已有了更广的含义。如在教育与心理实验中，区组可以是被试，也可以是作为实验单位的同质的班级、学校。

随机区组实验设计与完全随机化实验设计比较，其明显优点之一，是它使区组内个别差异尽可能小，从而将个别差异的影响从区组内差异中区分出来，因此减少了实验误差。但这一优点必须建立在保证同一区组同质性的前提下，如果区组内的同质性不能保证，则可能带来更大的误差。

为此，在随机区组实验设计中应遵循以下原则。

1. 重复

随机区组实验必须有重复，即设置的区组要有 2 个或 2 个以上（$a \geqslant 2$）。经验表明，随机区组实验设计的误差项的自由度应不少于 10，即

$$(a-1)(k-1) \geqslant 10 \text{（}k\text{ 为处理数，}a\text{ 为区组数）}$$

从而

$$a \geqslant \frac{10}{(k-1)}+1$$

2. 局部控制

随机区组实验设计中最重要的可以说是确保同一区组内被试的同质性。为此，设计中应通过对实验点（小区）的合理安排，通过对实验条件、环境的控制，确保同质性。

3. 随机化

随机区组实验设计要求每一区组必须接受所有 k 种处理，并且在每一区组中接受处理的顺序必须是随机决定的。

从上述可知，随机区组实验设计贯彻了实验设计的基本原则（重复、局部控制和随机化），从而具有较高的实验精确度。同时由于它仅要求区组内同质，而对实验点（区组）的要求也不算太高，易于达到要求，因而在实践中较易推广，是一种应用广泛的设计方法。

二、随机区组实验设计的方差分析

从图 6-2 中，我们知道了完全随机化实验设计的总离差平方和的划分。我们用类似的方法，将随机区组实验设计的方差分析将由区组产生的离差平方和（SSB）从误差离差平方和中分离出来，从而使总离差平方和被分解为处理离差平方和、区组离差平方和与误差离差平方和三部分，如图 6-5 所示。

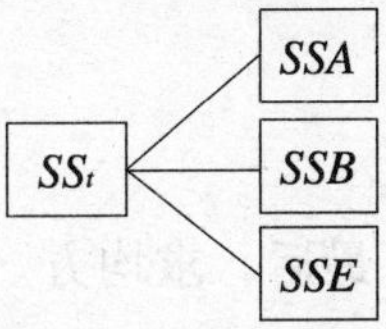

图 6-5 单因素随机区组实验设计的总离差平方和的分解

(一) 单因素随机区组实验设计的方差分析过程及实例

单因素随机区组实验设计的方差分析也相应地包括下述几个步骤。

1. 建立假设

单因素随机区组实验设计所要检验的一组假设如下。

H_0：所有 k 个处理的总体平均数是相同的，即不存在处理效应，

$$\mu_1=\mu_2=\cdots=\mu_k;$$

所有 a 个区组的总体平均数是相同的，即不存在区组效应。

H_1：至少有 2 个处理的总体平均数不等，即处理效应不为 0；

至少有 2 个区组的总体平均数不等，即区组效应不为 0。

2. 计算离差平方和与均方

首先，求离差平方和。

$$SS_t=\sum_{i=1}^{k}\sum_{j=1}^{a}x_{ij}^2-\frac{\left(\sum_{i=1}^{k}\sum_{j=1}^{a}x_{ij}\right)^2}{k\cdot a} \tag{6-32}$$

$$SSA=\sum_{i=1}^{k}\frac{\left(\sum_{j=1}^{a}x_{ij}\right)^2}{a}-\frac{\left(\sum_{i=1}^{k}\sum_{j=1}^{a}x_{ij}\right)^2}{k\cdot a} \tag{6-33}$$

$$SSB=\sum_{j=1}^{a}\frac{\left(\sum_{i=1}^{k}x_{ij}\right)^2}{k}-\frac{\left(\sum_{i=1}^{k}\sum_{j=1}^{a}x_{ij}\right)^2}{k\cdot a} \tag{6-34}$$

$$SSE=SS_t-SSA-SSB \tag{6-35}$$

其次，确定自由度。

$$df_t=n-1$$

$$df_A=k-1$$

$$df_B=a-1$$

$$df_E=(k-1)(a-1)$$

最后，求均方。

$$MSA=\frac{SSA}{k-1} \tag{6-36}$$

$$MSB=\frac{SSB}{a-1} \tag{6-37}$$

$$MSE=\frac{SSE}{(k-1)(a-1)} \tag{6-38}$$

3. 进行 F 检验

首先，计算处理均方与误差均方的方差比。

$$F_A=\frac{MSA}{MSE}$$

查附表，确定 F 检验的临界值 $F_{\alpha(df_1,df_2)}$（α 为显著性水平；$df_1=df_A$，为分子自由度；$df_2=df_E$，为分母自由度）。

若 $F_A>F_{\alpha(df_1,df_2)}$，则拒绝 H_0 中关于 k 个处理总体平均数相等的假设，认为至少有 2 个处理的总体平均数存在显著差异；若 $F_A\leqslant F_{\alpha(df_1,df_2)}$，则不能拒绝 H_0 中关于 k 个处理总体平均数无显著差异的假设。

其次，在 $F_A>F_{\alpha(df_1,df_2)}$ 情况下，计算区组均方与误差均方的方差比。

$$F_B=\frac{MSB}{MSE}$$

查附表，确定 $F_{\alpha(df_1,df_2)}$（α 为显著性水平，$df_1=df_B$，$df_2=df_E$）。

若 $F_B>F_{\alpha(df_1,df_2)}$，则拒绝不存在区组效应的零假设，认为至少有两个区组的总体平均数存在显著差异；若 $F_B\leqslant F_{\alpha(df_1,df_2)}$，则不能拒绝不存在区组效应的零假设，认为区组效应为零。

4. 列出方差分析表

表 6-3　单因素随机区组实验设计的方差分析表

变异来源	自由度	平方和	均方	F
处理	$k-1$	SSA	$MSA=\frac{SSA}{k-1}$	$F_A=\frac{MSA}{MSE}$
区组	$a-1$	SSB	$MSB=\frac{SSB}{a-1}$	$F_B=\frac{MSB}{MSE}$
误差	$(k-1)(a-1)$	SSE	$MSE=\frac{SSE}{(k-1)(a-1)}$	
总计	$N-1$	SS_t		

例 6-4　有四种小学语文实验教材，代号分别为 A_1，A_2，A_3，A_4。为比

较其教学效果，按随机区组实验设计原则，将小学分为城镇重点小学、城镇一般小学和乡村小学三个区组，代号分别为 B_1，B_2，B_3，并分别在每个区组中随机地抽取四所学校，它们分别被随机地指派实验一种教材。经一年教学后通过统一考试得到各校的平均成绩如下表。问四种教材的教学效果是否一致?

处理 / 区组	A_1	A_2	A_3	A_4	$\sum_{i=1}^{k} x_i$
B_1	91.0	64.5	83.5	75.5	314.5
B_2	92.5	59.0	91.5	74.0	317.0
B_3	91.5	54.0	83.5	71.0	300.0
$\sum_{j=1}^{a} x_j$	275.0	177.5	258.5	220.5	931.5
$\overline{X}_j$	91.67	59.17	86.17	73.50	

解：本例为单因素随机区组实验设计，$k=4$，$a=3$，即有 4 种处理，分 3 个区组。

（1）建立假设

$$H_0:\ \mu_{A_1}=\mu_{A_2}=\mu_{A_3}=\mu_{A_4}$$
$$\mu_{B_1}=\mu_{B_2}=\mu_{B_3}$$

（2）计算离差平方和与均方

$$SS_t=\sum_{i=1}^{k}\sum_{j=1}^{a}x_{ij}^2-\frac{\left(\sum_{i=1}^{k}\sum_{j=1}^{a}x_{ij}\right)^2}{n}=74\ 300-\frac{931.5^2}{12}=1\ 993.06$$

$$SSA(\text{处理})=\sum_{i=1}^{k}\frac{\left(\sum_{j=1}^{a}x_{ij}\right)^2}{a}-\frac{\left(\sum_{i=1}^{k}\sum_{j=1}^{a}x_{ij}\right)^2}{n}$$
$$=\left(\frac{275^2}{3}+\frac{177.5^2}{3}+\frac{258.5^2}{3}+\frac{220.5^2}{3}\right)-\frac{931.5^2}{12}=1\ 883.56$$

$$SSB(\text{区组})=\sum_{j=1}^{a}\frac{\left(\sum_{i=1}^{k}x_{ij}\right)^2}{k}-\frac{\left(\sum_{i=1}^{k}\sum_{j=1}^{a}x_{ij}\right)^2}{n}$$

$$=\left(\frac{314.5^2}{4}+\frac{317.0^2}{4}+\frac{300.0^2}{4}\right)-\frac{931.5^2}{12}=42.12$$

$SSE=1\,993.06-1\,883.56-42.12=67.38$

$df_t=12-1=11$　　　　$df_A=4-1=3$

$df_B=3-1=2$　　　　$df_E=(4-1)(3-1)=6$

$MSA=\frac{1\,883.56}{3}=627.85$

$MSB=\frac{42.12}{2}=21.06$

$MSE=\frac{67.38}{6}=11.23$

(3) 进行 F 检验（查表略）

$F_A=\frac{627.85}{11.23}=55.91$

$F_B=\frac{21.06}{11.23}=1.88$

(4) 列出方差分析表

变异来源	自由度	平方和	均方	F
A（处理）	3	1 883.56	627.85	55.91**
B（区组）	2	42.12	21.06	1.88
误差	6	67.38	11.23	
总计	11	1 993.06		

由以上检验可知四种教材中至少有两种教材的效果存在显著差异，不同区组之间差异不显著。

(二) 多因素随机区组实验设计的方差分析过程及实例

随机区组实验设计假定区组变量和研究变量之间是没有交互作用的。依据研究变量的个数，可以将随机区组实验设计分为单因素随机区组实验设计和多因素随机区组实验设计。多因素随机区组实验设计的原理和方法与单因素随机区组实验设计相似，均通过区组技术分离出研究中存在的一个无关变量的变异，都是事先将被试依据一定标准进行匹配，然后将同质被试随机分配到不同的实验处理，每个被试接受一种实验处理的结合。二者的不同仅在于研究中自变量的个数。

随着实验处理的增加，“区组变量和自变量之间是没有交互作用的”这一假设越来越难以满足，研究所要求的同质被试越来越多，被试的选取则越来越困难，教育与心理研究难以达到这一要求。所以，多因素随机区组实验设计的使用应该谨慎。为便于讨论，下面通过实例介绍两因素随机区组实验设计方差分析过程。

例 6-5 对于例 6-4，研究者将学校类型 B_1，B_2，B_3 作为区组变量，研究教材类型 A_1，A_2，A_3，A_4（四种）和教学风格（包括研究型和灌输型两种，分别记为 C_1 和 C_2）对学生学习成绩的影响。

	A_1		A_2		A_3		A_4	
	C_1	C_2	C_1	C_2	C_1	C_2	C_1	C_2
B_1	90	92	63	66	80	87	72	79
B_2	91	94	59	59	90	93	70	78
B_3	90.5	92.5	52	56	85	82	70	72
$\sum_{p=1}^{q}(\sum_{i=1}^{k}\sum_{j=1}^{a}x_{ijp})$	271.5	278.5	174	181	255	262	212	229
$\overline{X}_{\cdot j \cdot}$	90.5	92.83	58	60.33	85	87.33	70.66	76.33

解：

（1）建立假设

在这一两因素随机区组实验设计中，所要检验的一组假设包括：教材类型的处理效应为 0、教学风格的处理效应为 0、教材类型和教学风格之间的交互效应为 0、区组效应为 0。

（2）计算离差平方和与均方

该实验设计将总变异分为教材类型的处理效应、教学风格的处理效应、教材类型与教学风格的交互作用、区组效应和误差五个部分。其中，

$$SS_t=\sum_{i=1}^{k}\sum_{j=1}^{a}\sum_{p=1}^{q}x_{ijp}^2-\frac{(\sum_{i=1}^{k}\sum_{j=1}^{a}\sum_{p=1}^{q}x_{ijp})^2}{kaq} \tag{6-39}$$

$$SS_A=\sum_{i=1}^{k}\frac{(\sum_{j=1}^{a}\sum_{p=1}^{q}x_{ijp})^2}{aq}-\frac{(\sum_{i=1}^{k}\sum_{j=1}^{a}\sum_{p=1}^{q}x_{ijp})^2}{kaq} \tag{6-40}$$

$$SS_C=\sum_{j=1}^{a}\frac{(\sum_{i=1}^{k}\sum_{p=1}^{q}x_{ijp})^2}{kq}-\frac{(\sum_{i=1}^{k}\sum_{j=1}^{a}\sum_{p=1}^{q}x_{ijp})^2}{kaq} \tag{6-41}$$

$$SS_{(AC)}=\sum_{i=1}^{k}\sum_{j=1}^{a}\frac{(\sum_{p=1}^{q}x_{ijp})^2}{q}-\frac{(\sum_{i=1}^{k}\sum_{j=1}^{a}\sum_{p=1}^{q}x_{ijp})^2}{kaq}-SS_A-SS_C$$

$$SS_{B(区组)}=\sum_{p=1}^{q}\frac{(\sum_{i=1}^{k}\sum_{j=1}^{a}x_{ijp})^2}{ka}-\frac{(\sum_{i=1}^{k}\sum_{j=1}^{a}\sum_{p=1}^{q}x_{ijp})^2}{kaq}$$

$$SSE=SS_t-SS_A-SS_C-SS_{(AC)}-SS_{B(区组)} \tag{6-42}$$

其中 q 表示区组数。

其次，确定自由度。

$df_t=n-1$

$df_A=k-1$

$df_C=a-1$

$df_{(AC)}=(k-1)(a-1)$

$df_{B(区组)}=q-1$

$df_E=(q-1)(ka-1)$

最后，求均方。

$$MS_A=\frac{SS_A}{k-1} \tag{6-43}$$

$$MS_C=\frac{SS_C}{a-1} \tag{6-44}$$

$$MS_{(AC)}=\frac{SS_{(AC)}}{(k-1)(a-1)}$$

$$MS_{B(区组)}=\frac{SS_{B(区组)}}{q-1}$$

$$MSE=\frac{SSE}{(q-1)(ka-1)} \tag{6-45}$$

（3）进行 F 检验

首先计算教材类型均方与误差均方的方差比。

$$F_A=\frac{MS_A}{MSE}$$

查附表，确定 F 检验的临界值 $F_{\alpha(df_1,df_2)}$。

若 $F_A>F_{\alpha(df_1,df_2)}$，则拒绝 H_0 中关于 k 个处理总体平均数相等的假设，认为至少有两个处理的总体平均数存在显著差异；若 $F_A\leqslant F_{\alpha(df_1,df_2)}$，则不能拒绝 H_0 中关于 k 个处理总体平均数无显著差异的假设。

同样，可以计算教学风格均方、教材类型和教学风格交互作用均方、区组效应均方与误差均方的方差比，查表确定三次 F 检验的临界值，并确定教学风格、教材类型和教学风格的交互作用以及区组效应是否存在显著差异。

（4）列出方差分析表

表 6-4　两因素随机区组实验设计的方差分析表

变异来源	自由度	平方和	均方	F
A	$k-1$	SS_A	$MS_A=\frac{SS_A}{k-1}$	$F_A=\frac{MS_A}{MSE}$
C	$a-1$	SS_C	$MS_C=\frac{SS_C}{a-1}$	$F_C=\frac{MS_C}{MSE}$
$A\times C$ 的交互作用	$(k-1)(a-1)$	$SS_{(AC)}$	$MS_{(AC)}=\frac{SS_{(AC)}}{(k-1)(a-1)}$	$F_{(AC)}=\frac{MS_{(AC)}}{MSE}$
区组	$q-1$	$SS_{B(区组)}$	$MS_{B(区组)}=\frac{SS_{B(区组)}}{q-1}$	$F_{B(区组)}=\frac{MS_{B(区组)}}{MSE}$
误差	$(q-1)(ka-1)$	SSE	$MSE=\frac{SSE}{(q-1)(ka-1)}$	
总计	$n-1$	SS_t		

第四节　重复测量实验设计的方差分析

重复测量实验设计与非重复测量实验设计最大的不同在于，同一个被试不仅仅只接受一种实验处理。重复测量实验设计要求所有的被试都接受一个变量的所有的处理水平，允许我们对同一研究对象的某一指标在不同场合（常见的如时间点）进行多次测量，以求得被试在多次测量中指标变化的趋势。其优点在于每一个研究个体都作为自身的对照，这样能克服个体间的变异，同时可更好地集中于处理效应。另外，对个体重复测量，也能更加经济地开展实验。

但是我们在考虑重复测量实验设计时必须注意，首先要保证被试各个处理之间相互独立，不存在学习效应、练习效应或者疲劳效应等相互影响的因素。否则前面的处理效应影响到了后面的处理效应，不满足处理间两两独立的假设要求。

重复测量实验设计方差分析是一般方差分析的深化，也应具备如正态性、变异的可加性和方差齐性等先决条件。除此之外，相对于一般方差分析，重复测量实验设计的方差分析更进一步要求各重复测量数据组成的协方差矩阵满足球形性（sphericity）假设。博克斯（Box）指出，若球形性假设得不到满足，则方差分析的 F 值是有偏的，会增加犯 I 类错误的可能。

表 6-5　重复测量实验设计被试安排范例

重复测量 1	重复测量 2	…	重复测量 p
S_1	S_1	…	S_1
S_2	S_2	…	S_2
…	…	…	…
S_r	S_r	…	S_r

（一）重复测量实验设计的方差分析过程

1. 建立检验假设

重复测量实验设计所要检验的假设如下：

H_0：所有 p 次重复测量的总体平均数是相同的，即不存在重复测量效应；

H_1：至少有 2 次重复测量的总体平均数不等，即重复测量效应不为 0。

2. 计算离差平方和与均方

首先，求离差平方和。

$$SS_t = \sum_{j=1}^{n} \sum_{i=1}^{p} x_{ij}^2 - \frac{\left(\sum_{j=1}^{n} \sum_{i=1}^{p} x_{ij}\right)^2}{np} \tag{6-46}$$

$$SS_b = \sum_{j=1}^{n} \frac{\left(\sum_{i=1}^{p} x_{ij}\right)^2}{p} - \frac{\left(\sum_{j=1}^{n} \sum_{i=1}^{p} x_{ij}\right)^2}{np} \tag{6-47}$$

$$SS_w = SS_t - SS_b = \sum_{j=1}^{n} \sum_{i=1}^{p} x_{ij}^2 - \sum_{j=1}^{n} \frac{\left(\sum_{i=1}^{p} x_{ij}\right)^2}{p} \tag{6-48}$$

$$SS_p = \sum_{i=1}^{p} \frac{\left(\sum_{j=1}^{n} x_{ij}\right)^2}{n} - \frac{\left(\sum_{j=1}^{n} \sum_{i=1}^{p} x_{ij}\right)^2}{np} \tag{6-49}$$

$$SSE = SS_t - SS_b - SS_p \tag{6-50}$$

其次，确定自由度。

$$df_t = pn - 1$$

$$df_w = n(p-1)$$

$$df_b = n - 1$$

$$df_p = p - 1$$

$$df_E = (n-1)(p-1)$$

最后，求均方。

$$MS_p = \frac{SS_p}{p-1}$$

$$MSE=\frac{SSE}{(n-1)(p-1)}$$

3. 进行 F 检验

首先计算处理均方与误差均方的方差比。

$$F=\frac{MS_p}{MSE}$$

查附表，确定 F 检验的临界值 $F_{\alpha(df_1,df_2)}$。

进行 F 检验：

当 $F>F_{\alpha(df_1,df_2)}$ 时，则拒绝 H_0 中关于 p 个重复测量总体平均数相等的假设，认为至少有 2 次重复测量的总体平均数存在显著差异；当 $F\leqslant F_{\alpha(df_1,df_2)}$ 时，则不能拒绝 H_0 中关于 p 个重复测量总体平均数无显著差异的假设。

4. 列出方差分析表

表 6-6　重复测量实验设计方差分析表

变异来源	自由度	平方和	均方	F
被试间	$n-1$	SS_b		
被试内	$n(p-1)$	SS_w		
处理	$p-1$	SS_p	$MS_p=\frac{SS_p}{p-1}$	$F=\frac{MS_p}{MSE}$
残差	$(n-1)(p-1)$	SSE	$MSE=\frac{SSE}{(n-1)(p-1)}$	
总变异(总方差)	$np-1$	SS_t		

（二）重复测量实验设计方差分析实例

例 6-6　为研究缪勒-莱尔错觉实验中夹角对错觉量的影响，取 8 名被试，每人按随机规定的次序先后进行四种角度的判断，结果如下表。问不同夹角对错觉量是否有显著影响（每个被试在实验中必须接受所有 p 种处理，但其实验的顺序是随机决定的）?

处理(夹角) 样本(区组)	15°	30°	45°	60°	$\sum_{i=1}^{p} X_i$
A	10.5	10.3	9.7	8.8	39.3
B	10.2	9.8	9.7	8.8	38.5
C	10.6	10.5	9.7	9.0	39.8
D	9.5	9.5	8.9	8.3	36.2
E	9.5	9.4	8.8	8.4	36.1
F	9.8	9.7	9.5	9.0	38.0
G	11.2	11.2	10.1	9.4	41.9
H	9.5	9.2	9.0	8.0	35.7
$\sum_{j=1}^{n} X_j$	80.8	79.6	75.4	69.7	305.5
$\overline{X}_j$	10.1	9.95	9.42	8.71	

解：

(1) 建立检验假设

H_0：所有 4 次重复测量的总体平均数是相同的，即不存在重复测量效应；

H_1：至少有 2 次测量的总体平均数不等，即重复测量效应不为 0。

(2) 计算离差平方和与均方

首先，求离差平方和。

$$SS_t = \sum_{j=1}^{n} \sum_{i=1}^{p} x_{ij}^2 - \frac{\left(\sum_{j=1}^{n} \sum_{i=1}^{p} x_{ij}\right)^2}{np}$$

$$= (10.5^2 + 10.3^2 + \cdots + 8.0^2) - \frac{305.5^2}{8 \times 4}$$

$$= 2\,934.91 - 2\,916.57 = 18.34$$

$$SS_b = \sum_{j=1}^{n} \frac{(\sum_{i=1}^{p} x_{ij})^2}{p} - \frac{(\sum_{j=1}^{n}\sum_{i=1}^{p} x_{ij})^2}{np}$$

$$= \left(\frac{39.3^2}{4} + \cdots + \frac{35.7^2}{4}\right) - \frac{305.5^2}{8\times 4}$$

$$= 2\,924.63 - 2\,916.57 = 8.06$$

$$SS_w = SS_t - SS_b = 18.34 - 8.06 = 10.28$$

$$SS_p = \sum_{i=1}^{p} \frac{(\sum_{j=1}^{n} x_{ij})^2}{n} - \frac{(\sum_{j=1}^{n}\sum_{i=1}^{p} x_{ij})^2}{np}$$

$$= \left(\frac{80.8^2}{8} + \cdots + \frac{69.7^2}{8}\right) - \frac{305.5^2}{8\times 4}$$

$$= 2\,926.01 - 2\,916.57 = 9.44$$

$$SSE = SS_t - SS_b - SS_p = 0.84$$

其次，确定自由度。

$$df_t = pn - 1 = 31$$

$$df_b = n - 1 = 7$$

$$df_p = p - 1 = 3$$

$$df_E = (n-1)(p-1) = 7\times 3 = 21$$

最后，求均方。

$$MS_p = \frac{SS_p}{p-1} = \frac{9.44}{3} = 3.15$$

$$MSE = \frac{SSE}{(n-1)(p-1)} = \frac{0.84}{21} = 0.04$$

(3) 进行 F 检验

首先计算处理均方与误差均方的方差比。

$$F = \frac{MS_p}{MSE} = \frac{3.15}{0.04} = 78.75$$

查附表，确定 F 检验的临界值。

$$F_{0.01(3,21)} = 5.82$$

$F=78.75>5.82$，拒绝 H_0 关于 4 个重复测量总体平均数相等的假设，认为至少有 2 次重复测量的总体平均数存在显著差异。

（4）列出方差分析表

变异来源	自由度	平方和	均方	F
被试间	7	8.06		
被试内	24	10.28		
处理	3	9.44	3.15	78.75**
残差	21	0.84	0.04	
总变异（总方差）	31	18.34		

检验结果表明，同一人在不同的角度对错觉量的影响非常显著，不同被试之间的差异也非常显著。

第五节　多个平均数之间的比较

方差分析所要检验的零假设是所有 k 个处理的总体平均数没有显著差异，相应的备择假设是 k 个处理中至少有 2 个处理的总体平均数之间存在显著差异。当 F 检验的结果不能拒绝零假设时，表明实验中处理效应为零，此时检验结束。但当 F 检验结果拒绝零假设时，表明至少有 2 个处理的总体平均数不等，但到底是哪 2 个（或是哪几个）处理的总体平均数不等，则需要对 k 个处理的平均数进行比较。由于存在 2 个以上的平均数，不能使用平均数差数的显著性检验方法。因为要对 k 个平均数的差异进行比较，须分别进行 C_k^2 次检验，会增大犯统计错误的概率，所以在这种情况下应使用平均数的多重比较方法进行检验。

N-K 法，也称 q 检验法，是平均数的多重比较方法中的一种，其之所以称为 *N-K* 法，是由于它由纽曼（Newman）、科伊尔（Keul）两人提出，取这两人名字的首字母命名。

N-K 法的步骤如下。

1. 将要比较的平均数从小到大作等级排序，并分别赋予等级 R。如有四个平均数，且 $\overline{X}_{A_2}<\overline{X}_{A_4}<\overline{X}_{A_1}<\overline{X}_{A_3}$，则可得到序列如下：

等级（R）：1 2 3 4

平均数（$\overline{X}$）：$\overline{X}_{A_2}$ $\overline{X}_{A_4}$ $\overline{X}_{A_1}$ $\overline{X}_{A_3}$

2. 求两两配对比较的平均数的比较等级 r。

将两个待比较的平均数中较大一个的等级 R 定义为 R_i，较小一个定义为 R_j，则

$$r_{(i,j)}=R_i-R_j+1 \tag{6-51}$$

3. 根据比较等级 r 和方差分析中的 df_E，查附表，求相应的临界值 $q_{\alpha(r,df_E)}$。

4. 求样本平均数的标准误差。

$$SE_{\overline{X}}=\sqrt{\frac{MSE}{n}} \tag{6-52}$$

式中：

MSE——方差分析中的误差均方；

n——样本容量相等时的小组容量。

若小组样本容量不等，则用下式求 $SE_{\overline{X}}$。

$$SE_{\overline{X}}=\sqrt{\frac{MSE}{2}\left(\frac{1}{n_i}+\frac{1}{n_j}\right)} \tag{6-53}$$

式中：

n_i——平均数较大的样本容量；

n_j——平均数较小的样本容量。

5. 计算两个平均数差数的检验统计量

$$q_{(i,j)}=\frac{\overline{X}_i-\overline{X}_j}{SE_{\overline{X}}} \tag{6-54}$$

式中：

i，j——分别为两两配对检验的平均数在平均数序列中的序号。

例 6-7 对例 6-4 的四个平均数进行多重比较。

解：四个待比较的平均数分别为 $\overline{X}_{A_1}=91.67$，$\overline{X}_{A_2}=59.17$，$\overline{X}_{A_3}=$

86.17，$\overline{X}_{A_4}=73.5$；$n_1=n_2=n_3=n_4=3$，$MSE=11.23$，$df_E=6$。

（1）排序

R：1 2 3 4

$\overline{X}$：$\overline{X}_{A_2}\ \overline{X}_{A_4}\ \overline{X}_{A_3}\ \overline{X}_{A_1}$

（2）求 $r_{(i,j)}$

$r_{(2,1)}=2-1+1=2$　$r_{(3,2)}=3-2+1=2$　$r_{(4,3)}=4-3+1=2$

$r_{(3,1)}=3-1+1=3$　$r_{(4,2)}=4-2+1=3$

$r_{(4,1)}=4-1+1=4$

（3）查表求临界值 $q_{\alpha(r,df_E)}$

$q_{0.05(2,6)}=3.46$　　$q_{0.01(2,6)}=5.24$

$q_{0.05(3,6)}=4.34$　　$q_{0.01(3,6)}=6.33$

$q_{0.05(4,6)}=4.90$　　$q_{0.01(4,6)}=7.03$

（4）求 $SE_{\overline{X}}$

$$SE_{\overline{X}}=\sqrt{\frac{11.23}{3}}=1.94$$

（5）求检验统计量 $q_{(i,j)}$

$$q_{(2,1)}=\frac{73.5-59.17}{1.94}=7.39$$

$$q_{(3,2)}=\frac{86.17-73.5}{1.94}=6.53$$

$$q_{(4,3)}=\frac{91.67-86.17}{1.94}=2.84$$

$$q_{(3,1)}=\frac{86.17-59.17}{1.94}=13.92$$

$$q_{(4,2)}=\frac{91.67-73.5}{1.94}=9.37$$

$$q_{(4,1)}=\frac{91.67-59.17}{1.94}=16.75$$

（6）检验并列表如下

	$\overline{X}_{A_2}$	$\overline{X}_{A_4}$	$\overline{X}_{A_3}$	$\overline{X}_{A_1}$
$\overline{X}_{A_4}$	7.39**			
$\overline{X}_{A_3}$	13.92**	6.53**		
$\overline{X}_{A_1}$	16.75**	9.37**	2.84	

表中数值表示两两配对的平均数差数的检验统计量，如 $\overline{X}_{A_4}$ 与 $\overline{X}_{A_2}$ 的检验统计量为 7.39，$\overline{X}_{A_3}$ 与 $\overline{X}_{A_2}$ 为 13.92，$\overline{X}_{A_3}$ 与 $\overline{X}_{A_4}$ 为 6.53，…。检验表明，除 $\overline{X}_{A_1}$ 与 $\overline{X}_{A_3}$ 之差没有显著差异外（$q_{(4,3)}$ 2.84<4.90），其余三种方法之间均存在显著差异。

第六节　协方差分析

教育与心理领域开展的许多实验中都存在着或多或少的干扰变量或不可控因素。对于完全随机实验设计，常使用标准化实验或标准化考试，通过统一时间、地点、环境、指导语等方式，假设这些干扰变量对所有的被试都产生同样的影响，并把干扰变量归入随机误差中。但是，标准化方法对于存在变量型的干扰变量却无能无力，因为在完全随机实验设计中，我们无法对年龄、性别、智商等存在变量或不可控因素进行控制。在教育与心理研究实验中，有少量的不可控因素也同样会给实验分析带来影响。所以，消除干扰变量或不可控因素对实验的影响，可以采用协方差分析的方法。为了让读者能清楚地了解协方差分析的应用，本书用对比的方法逐步引入协方差分析的原理与方法。

方差分析中离差平方和的表达式为：

$$SS_{tx} = \sum_{i=1}^{a} \sum_{j=1}^{n} (x_{ij} - \overline{X})^2$$

协方差分析中协方差的表达式为：

$$SS_{txy} = \sum_{i=1}^{a} \sum_{j=1}^{n} (x_{ij} - \overline{X})(y_{ij} - \overline{Y}) \tag{6-55}$$

协方差表示的是交互效应项，应与方差区别清楚。协方差分析将处理引起的变异分解为处理在变量 x 上引起的变异、在变量 y 上引起的变异和在交互效应项 xy 上引起的变异。同理，误差和总效应也相应地进行了分解。因此，协方差分析是介于方差分析与回归分析之间的一种方法。

下面我们将介绍完全随机实验设计（单因素）协方差分析的几个步骤，并通过协方差分析在完全随机实验设计中的一个实例讲解协方差分析的应用。

一、完全随机实验设计（单因素）协方差分析过程

1. 建立检验假设

协方差分析并不影响完全随机化实验设计所要检验的假设，其分别为：

H_0：所有 a 个总体平均数是相同的，即不存在处理效应；

H_1：至少有 2 个总体平均数是不同的，即处理效应不全为 0。

2. 计算各因素的离差平方和

首先，计算各个因素，包括 y、x 和交互作用项 xy 各自的离差平方和。

如前定义，$\overline{X}_{..}=\dfrac{\sum_{i=1}^{a}\sum_{j=1}^{n}x_{ij}}{an}$，$\overline{Y}_{..}=\dfrac{\sum_{i=1}^{a}\sum_{j=1}^{n}y_{ij}}{an}$

$$SS_{ty}=\sum_{i=1}^{a}\sum_{j=1}^{n}(y_{ij}-\overline{Y}_{..})^2=\sum_{i=1}^{a}\sum_{j=1}^{n}y_{ij}^2-an\,\overline{Y}_{..}^2$$

$$SS_{tx}=\sum_{i=1}^{a}\sum_{j=1}^{n}(x_{ij}-\overline{X}_{..})^2=\sum_{i=1}^{a}\sum_{j=1}^{n}x_{ij}^2-an\overline{X}_{..}^2$$

$$SS_{txy}=\sum_{i=1}^{a}\sum_{j=1}^{n}(x_{ij}-\overline{X}_{..})(y_{ij}-\overline{Y}_{..})=\sum_{i=1}^{a}\sum_{j=1}^{n}x_{ij}y_{ij}-an\overline{X}_{..}\,\overline{Y}_{..}$$

其次，计算各个因素对于实验处理 A 的方差。

$$SSA_y=n\sum_{i=1}^{a}(\overline{Y}_{i.}-\overline{Y}_{..})^2=\frac{1}{n}\sum_{i=1}^{a}Y_{i.}^2-an\,\overline{Y}_{..}^2$$

$$SSA_x=n\sum_{i=1}^{a}(\overline{X}_{i.}-\overline{X}_{..})^2=\frac{1}{n}\sum_{i=1}^{a}X_{i.}^2-an\overline{X}_{..}^2$$

$$SSA_{xy}=n\sum_{i=1}^{a}(\overline{X}_{i.}-\overline{X}_{..})(\overline{Y}_{i.}-\overline{Y}_{..})=\frac{1}{n}\sum_{i=1}^{a}X_{i.}Y_{i.}-an\overline{X}_{..}\,\overline{Y}_{..}$$

再次，计算各个因素各自的误差。

$$SSE_y=\sum_{i=1}^{a}\sum_{j=1}^{n}(y_{ij}-\overline{Y}_{i.})^2=SS_{ty}-SSA_y$$

$$SSE_x=\sum_{i=1}^{a}\sum_{j=1}^{n}(x_{ij}-\overline{X}_{i.})^2=SS_{tx}-SSA_x$$

$$SSE_{xy}=\sum_{i=1}^{a}\sum_{j=1}^{n}(x_{ij}-\overline{X}_{i.})(y_{ij}-\overline{Y}_{i.})=SS_{txy}-SSA_{xy}$$

$$SSE'=SS_{ty}-(SS_{txy})^2/SS_{tx}$$

$$SSE=SSE_y-(SSE_{xy})^2/SSE_x$$

接着确定自由度。

$$df_A=df_{(SSE'-SSE)}=a-1$$

$df_E=df_{SSE}=a(n-1)-1$（此为校正后的 SSE 自由度）

$$df_t=an-1$$

查附表，确定 F 检验的临界值：

$$F_{\alpha(df_A,df_E)}$$

3. 进行 F 检验

$$F_0=\frac{(SSE'-SSE)/(a-1)}{SSE/[a(n-1)-1]}$$

当 $F_0>F_{\alpha(df_A,\ df_E)}$ 时，则拒绝 H_0 中关于 k 个处理总体平均数相等的假设，认为至少有 2 个处理的总体平均数存在显著差异；

当 $F_0\leqslant F_{\alpha(df_A,\ df_E)}$ 时，则不能拒绝 H_0 中关于 k 个处理总体平均数相等的假设。

4. 协方差分析表

表 6-7　完全随机实验设计（单因素）协方差分析表

变异来源	自由度	方差			回归校正		
		y	x	xy	y	自由度	均方
处理	$a-1$	SSA_y	SSA_x	SSA_{xy}			
误差	$a(n-1)$	SSE_y	SSE_x	SSE_{xy}	$SSE=SSE_y-\frac{(SSE_{xy})^2}{SSE_x}$	$a(n-1)-1$	$MSE=\frac{SSE}{[a(n-1)-1]}$
总计	$an-1$	SS_{ty}	SS_{tx}	SS_{txy}	$SSE'=SS_{ty}-\frac{(SS_{txy})^2}{SS_{tx}}$	$an-2$	
处理校正					$SSE'-SSE$	$a-1$	$\frac{SSE'-SSE}{a-1}$

二、完全随机实验设计（单因素）协方差分析举例

例 6-8 沿海某市开展教育改革，在同一学校同一年级选取三个班进行实验，每个班采用不同的教育方案。一学期结束后，以统一的标准测试作为比较依据。

鉴于学生的智力水平对测试结果有影响，但智力对于测试的结果并不是我们关心的内容，故采用协方差分析，消除智力因素对测试结果的影响，使得测试结果不带有任何智力的色彩。

表 6-8 某教育改革实验学生成绩与智商

方案 1		方案 2		方案 3	
测试成绩（y）	智商（x）	测试成绩（y）	智商（x）	测试成绩（y）	智商（x）
68	105	80	109	79	120
71	110	78	120	97	135
57	106	92	124	90	146
79	120	77	117	82	119
66	110	82	120	88	126
$\sum$ 341	551	409	590	436	646

解：

（1）建立检验假设

H_0：所有 a 个总体平均数是相同的，即不存在处理效应；

H_1：至少有 2 个总体平均数是不同的，即处理效应不全为 0。

（2）计算离差平方和与均方

首先，计算各个因素，包括 y、x 和交互作用项 xy 各自的总方差。

$$SS_{ty} = \sum_{i=1}^{3}\sum_{j=1}^{5} y_{ij}^2 - an\,\overline{Y}_{..}^2 = 68^2 + 71^2 + \cdots + 88^2 - 3 \times 5 \times 79.07^2$$
$$= 1\ 556.93$$

$$SS_{tx} = \sum_{i=1}^{3}\sum_{j=1}^{5} x_{ij}^2 - an\overline{X}_{..}^2 = 105^2 + 110^2 + \cdots + 126^2 - 3 \times 5 \times 119.13^2$$
$$= 1\ 693.73$$

$$SS_{txy}=\sum_{i=1}^{3}\sum_{j=1}^{5}x_{ij}y_{ij}-an\overline{X}..\overline{Y}..$$
$$=68\times105+71\times110+\cdots+88\times126-3\times5\times79.07\times119.13$$
$$=1\ 337.87$$

其次，计算各个因素对于实验处理 A（教育方案）的方差。

$$SSA_{y}=\frac{1}{n}\sum_{i=1}^{3}Y_{i.}^{2}-an\overline{Y}_{..}^{2}=\frac{1}{5}(341^{2}+409^{2}+436^{2})-3\times5\times79.07^{2}$$
$$=958.53$$
$$SSA_{x}=\frac{1}{n}\sum_{i=1}^{3}X_{i.}^{2}-an\overline{X}_{..}^{2}=\frac{1}{5}(551^{2}+590^{2}+646^{2})-3\times5\times119.13^{2}$$
$$=912.13$$
$$SSA_{xy}=\frac{1}{n}\sum_{i=1}^{3}X_{i.}Y_{i.}-an\overline{X}..\overline{Y}..$$
$$=\frac{1}{5}(341\times551+409\times590+436\times646)-3\times5\times79.07\times119.13$$
$$=879.27$$

再次，计算各个因素各自的误差。

$$SSE_{y}=SS_{ty}-SSA_{y}=1\ 556.93-958.53=598.4$$
$$SSE_{x}=SS_{tx}-SSA_{x}=1\ 693.73-912.13=781.6$$
$$SSE_{xy}=SS_{txy}-SSA_{xy}=1\ 337.87-879.27=458.6$$
$$SSE'=SS_{ty}-\frac{(SS_{txy})^{2}}{SS_{tx}}=1\ 556.93-\frac{1\ 337.87^{2}}{1\ 693.73}=500.16$$
$$SSE=SSE_{y}-\frac{(SSE_{xy})^{2}}{SSE_{x}}=598.4-\frac{458.6^{2}}{781.6}=329.32$$
$$SSE'-SSE=500.16-329.32=170.84$$

接着确定自由度。

$df_{A}=df_{SSE'-SSE}=3-1=2$

$df_{E}=df_{SSE}=3\times(5-1)-1=11$（此为校正后的 SSE 自由度）

$df_{t}=3\times5-1=14$

查附表，确定 F 检验的临界值。

$F_{0.05(2,11)}=5.26$

(3) 进行 F 检验

$$F_0=\frac{(SSE'-SSE)/(a-1)}{SSE/[a(n-1)-1]}$$

$$=\frac{170.84/(3-1)}{329.32/[3\times(5-1)-1]}=2.85$$

由于 $F_0=2.85<F_{0.05(2,11)}=5.26$，故不能拒绝 H_0 中关于三个教育方案总体平均数相等的假设。所以我们说没有充分的证据显示三种不同的教育方案有显著差异。

(4) 协方差分析表

变异来源	自由度	方差			回归校正				
		y	x	xy	y	自由度	均方	F 值	p 值
处理	2	958.53	912.13	879.27					
误差	12	598.4	781.6	458.6	329.32	11	29.94		
总计	14	1 556.93	1 693.73	1 337.87	500.16	13			
处理校正					170.84	2	85.42	2.85	0.100

三、方差分析与协方差分析的比较

我们可以再作进一步的比较。如果我们不应用协方差分析方法，通过完全随机实验设计（单因素）协方差分析将会得到下表的结果。

变异来源	平方和	自由度	均方	F 值	p 值
方案（组间）	958.53	2	479.27	9.61	0.003
误差（组内）	598.40	12	49.87		
总体（合计）	1 556.93	14			

显然，方差分析结果表明，三个教育方案存在显著差异。但是这个结果并没有考虑干扰变量——智力水平在其中的影响。如果只通过方差分析就作出“三个方案有显著差异”的结论，会失之偏颇。因此，我们建议在各种教育与心理的实验研究中使用如协方差分析等统计控制方法，尽可能地减少干扰变量对实验结果的影响，使我们的研究结果更有解释力。

第七节 方差分析的效果量计算

方差分析在作 F 检验后，若有效果量来支持检验结论，则能更好地支持研究结果的延伸或推广。计算方差分析效果量的大小最为常用的公式是：

$$\eta^2=\frac{SSA}{SS_t} \tag{6-56}$$

η^2（eta 方）表示实验处理的变异在总变异中所占的比重。SSA 为组间变异平方和，SS_t 为总变异平方和。η^2 值越大，则认为处理效果越好。一般认为，方差分析的小、中、大的效果量，取值分别为 0.01，0.06，0.14。

以例 6-1 关于三种教材质量的实验为例，计算其效果量。

$$\eta^2=\frac{70}{192}=0.363$$

该实验的效果量足够大（$0.364>0.14$），即采用三种不同教材的被试之间真实存在的差异很大。而例 6-1 的方差分析结果是“三者无显著差异”，这可能因为样本容量不够，或者未控制好实验误差因素等，这是对真实存在的差异的一种偏离。因此，对于“差异不显著”这类结论，尤其要考虑效果量，以确保实验设计、统计方法能探测到真实存在的差异。

对于重复测量实验设计，其效果量大小即为重复测量（处理）产生的变异占总变异的比重。

$$\eta^2=\frac{SS_{\text{重复}}}{SS_t} \tag{6-57}$$

对于多因素实验设计，可以分别讨论各个因素及其交互作用的效果量。以两因素实验设计为例，其效果量分别为

$$\eta^2=\frac{SS_A}{SS_t} \tag{6-58}$$

$$\eta^2=\frac{SS_B}{SS_t} \tag{6-59}$$

$$\eta^2=\frac{SS_{(AB)}}{SS_t} \tag{6-60}$$

当然，效果量的指标不仅限于 η^2 和第五章提及的 d、g。若有兴趣，可参阅有关文献。

【要点小结】

方差分析是用来比较两组以上平均数的差异或者是在多个因素中找出主要影响因素的一种统计分析方法，所依据的基本原理是变异的可加性。数据必须满足总体服从正态分布、变异的可加性和各处理内的方差一致这三个基本条件，否则不能使用方差分析方法。

按照实验中无关变异的控制方法，可将方差分析分为完全随机化设计和随机区组、重复测量实验设计的方差分析，并可有单因素、多因素设计方差分析。

当方差分析的结果不能拒绝零假设，表明实验处理之间的效应为0，检验结束。但当检验的结果拒绝零假设，就说明处理总体平均数之间有差异，进一步检验需使用平均数的多重比较方法，常用的方法是 N-K 法。

在教育和心理研究实践中，很多现象的变化都是由多种因素引起的，这就需要进行多因素方差分析。本章以两因素方差分析为例，简单介绍了多因素方差分析。至于完全随机实验设计，为了消除干扰变量对实验结果的影响，可采用协方差分析的统计方法。在本章的最后，专门介绍了方差分析效果量的计算。

【思考与练习】

1. 方差分析的主要目的是判断（　　）。

A. 各总体方差是否存在差异

B. 各样本数据之间是否存在差异

C. 类别自变量对连续因变量的影响是否显著

D. 连续自变量对类别因变量的影响是否显著

2. 在方差分析中，反映样本数据与其组平均值的差异的是（　　）。

A. 总离差　　B. 组间差异　　C. 误差　　D. 组内差异

3. 在方差分析中，自变量不同水平引起的差异为（　　）。

A. 误差　　B. 区组效应　　C. 组间差异　　D. 组内差异

4. 在方差分析中，假定每个总体都服从（　　）。

A. 正态分布　B. 非正态分布　C. t 分布　D. F 分布

5. 与 t 检验相比较，方差分析犯统计错误的概率会（　　）。

A. 提高　B. 降低　C. 等于 0　D. 等于 1

6. 在方差分析中，如果拒绝零假设，说明（　　）。

A. 所检验的各总体均值之间不全相等

B. 所检验的各总体均值之间全不相等

C. 所检验的各样本均值之间不全相等

D. 所检验的各样本均值之间全不相等

7. 从三个总体中各选取 10 个观察值，方差分析中，计算 F 统计量，其分子与分母的自由度各为（　　）。

A. 2，7　B. 9，2　C. 2，27　D. 27，2

8. 在单因素方差分析中，若 F 近似等于 1，说明（　　）。

A. 组内方差中包含系统因素的影响

B. 组间方差中包含系统因素的影响

C. 方差分析中不应拒绝零假设

D. 方差分析中应拒绝零假设

9. 在单因素完全随机设计中，如果 $SS_b=327$，$SS_w=432$，$k=4$，$n=30$，$\alpha=0.05$，则（　　）。

A. 总体平方和为 432　B. 总体自由度为 26

C. 误差均方为 16.62　D. 方差分析中应接受零假设

10. 从四个总体中共选取 16 个观察值，得到组间平方和为 1 350，组内平方和为 150。假设四个总体均值之间不存在显著差异，在 0.05 显著性水平上检验，得到的结论是（　　）。

A. 四个总体均值完全相等

B. 四个总体均值并不相等

C. 四个总体均值之间可能存在显著差异

D. 四个总体均值之间不存在显著差异

11. 下面是一个方差分析表：

差异源	SS	df	MS	F
组间	32	4	8	D
组内	A	B	C	
总计	92	34		

表中A、B、C、D四个单元格的数据分别为（　　）。

A. 60，30，2，4　　B. 60，29，2.07，3.86

C. 60，29，2.07，0.26　　D. 60，30，2，0.25

12. 下面是一个方差分析表：

差异源	SS	df	MS	F
因素A	6	2	3	1.03
因素B	12	1	12	4.12
A×B	26	2	13	4.47
组内	192	66	2.91	
总计	236	71		

双侧检验F表如下：

分母自由度	α	分子自由度 1	2	3	4	5	6	7	8
60	0.05	5.29	3.93	3.34	3.01	2.79	2.63	2.51	2.41
	0.01	8.49	5.79	4.73	4.14	3.76	3.49	3.29	3.13
120	0.05	5.15	3.80	3.23	2.89	2.67	2.52	2.39	2.30
	0.01	8.18	5.54	4.50	3.92	3.55	3.28	3.09	2.93

则因素A的主效应，因素B的主效应，以A×B的交互作用在0.05显著水平上差异（　　）。

A. 显著，显著，显著

B. 不显著，不显著，显著

C. 不显著，显著，显著

D. 不显著，不显著，不显著

13. 为了了解教学方法对学生学习成绩的影响，共有三种教学方法，选择高一年级六个平行班，每种教学方法在两个班实施，并且实施两个学期。此设计应该应用的方差分析是（　　）。

A. 单因素方差分析　　B. 3×2 两因素方差分析

C. 3×2×2 三因素方差分析　　D. 随机区组设计方差分析

14. 简述方差分析的基本原理。

15. 根据方差分析表说明方差分析的步骤。

16. 比较方差分析与 Z 检验、t 检验的用途和应用条件的异同。

17. 研究者将 30 名被试随机分配在不同的情境中进行阅读理解的实验，结果如下表。试问情境对学生的阅读理解成绩是否有影响？

情景	阅读理解成绩									
A	10	13	12	10	14	8	12	13	11	12
B	9	8	12	9	8	11	7	6	8	11
C	6	7	7	5	8	4	10	5	9	7

18. 想要研究家庭管教类型与学生心理健康的关系，首先对中学生的家庭管教类型进行评定，分为民主型、专制型、放任型三类，每种情况选择 8 名学生，24 名被试结果如下表。试问家庭管教类型对学生心理健康有无影响？

管教方式	心理健康成绩							
民主型	88	79	92	77	85	82	86	89
专制型	73	75	79	86	68	88	76	78
放任型	79	86	68	82	91	76	83	78

19. 研究者欲研究文章标记对主题通达成绩的影响，从某一初中二年级学生中选择 18 个人，根据先前的阅读水平分成 6 个区组，每组 3 个人，然后阅读文章，分别在全标记、半标记和无标记的条件下对文章进行回忆，成绩如

下表：

	全标记	半标记	无标记
区组 1	10	9	7
区组 2	9	8	7
区组 3	9	7	6
区组 4	8	7	6
区组 5	7	6	6
区组 6	6	6	5

试计算文章标记对主题通达成绩有无影响，三种情况有无差异。

20. 随机选取八名被试研究不同生字密度对阅读理解的影响，共有三种生字密度：小、中、大，控制其他条件，八名被试分别阅读三种生字密度的文章，阅读理解成绩得分如下表。根据下列数据请分析，生字密度对阅读理解有无影响并计算其效果量。

	小	中	大
被试 1	10	9	7
被试 2	8	7	6
被试 3	9	8	8
被试 4	8	8	7
被试 5	7	6	6
被试 6	6	6	5
被试 7	8	7	6
被试 8	7	7	6

21. 研究图形提示对不同年龄幼儿汉字学习的影响，分别选择三岁、四岁、五岁的幼儿各六名，每个年龄组中，三名幼儿有图形提示，三名幼儿无图形提示，他们对汉字学习的成绩如下表：

	年龄	提示	成绩
被试 1	3	有	7
被试 2	3	有	6
被试 3	3	有	8
被试 4	3	无	7
被试 5	3	无	6
被试 6	3	无	5
被试 7	4	有	8
被试 8	4	有	7
被试 9	4	有	9
被试 10	4	无	7
被试 11	4	无	6
被试 12	4	无	6
被试 13	5	有	10
被试 14	5	有	11
被试 15	5	有	9
被试 16	5	无	8
被试 17	5	无	8
被试 18	5	无	6

试问不同年龄的幼儿对汉字的学习是否有明显差别，有无提示对汉字学习会否有影响，年龄与提示交互作用是否显著?

22. 研究主题组织方式对主题推理的影响，组织方式分为有组织和无组织两个水平，主题推理成绩如下表所示，其中学生原来的阅读能力是一个很重要的干扰变量。请选择合适的方法处理下面的数据，考察主题组织方式对主题推理是否有影响并计算其效果量。

	组织方式	阅读成绩	推理成绩
被试1	有组织	88	48
被试2	有组织	93	54
被试3	有组织	65	35
被试4	有组织	74	41
被试5	有组织	86	44
被试6	有组织	76	43
被试7	有组织	81	48
被试8	有组织	92	50
被试9	有组织	86	46
被试10	有组织	75	41
被试11	无组织	71	36
被试12	无组织	79	40
被试13	无组织	82	41
被试14	无组织	64	33
被试15	无组织	89	46
被试16	无组织	74	37
被试17	无组织	72	43
被试18	无组织	79	41
被试19	无组织	91	49
被试20	无组织	83	46

【拓展性阅读导航】

1. David J. Weiss：*Analysis of Variance and Functional Measurement*：*A Practical Guide*，USA ：Oxford University Press，2005.

本书系统、全面地介绍方差分析的原理和步骤，为社会学、行为和神经科学等领域的各种实验设计提供了清晰明了的统计思路与方法，并指导读者如何解释统计分析的结果。此外，在每一章都附有常见问题及其解析，适合初学者查阅。

2.［美］S. 伯恩斯坦等著，史道济译：《统计学原理》，科学出版社 2002 年版。

本书分上、下两册，内容丰富，叙述严谨。每一章的形式相同：以大纲形式引入新概念、新方法；解答习题及理论应用；补充习题，以检验读者对本章内容的理解程度。其中第十八章对方差分析进行了较为详尽的介绍和讨论。

第七章
回归分析

【内容提要】

以相关关系描述两个变量之间的不确定性关系，只能对它们之间的密切程度作描述。回归分析可以在描述变量之间不确定关系的基础上，进一步通过自变量去估计和预测因变量的发展及变化，并且能较好地以回归系数去刻画各自变量对因变量的影响。回归分析既可以应用于有明确因果关系的变量研究，也可以应用于无明确因果关系的变量研究。本章介绍和讨论一元线性回归及多元线性回归、路径分析的理论及应用。

【学习目标】

理解回归分析的原理，建立回归方程的计算方法。熟练掌握回归方程的显著性检验方法，能应用回归方程预测和估计因变量的变化。

【关键词】

回归分析　线性回归　有效性　决定系数　路径分析

教育与心理领域的许多研究与实验中包含多种因素，其中一些因素受另外一些因素的影响发生变化。因此，探索客观存在的因素之间的关系，也是教育与心理统计的任务之一。任何数学模型都是对客观世界所存在的事物和事物间关系的数量化描写，是对客观事物的本质属性的模拟以及对事物间各种关系的浓缩和提炼。教育与心理统计中的回归分析是借助于数学模型对客观世界所存在的事物间的不确定关系的一种数量化描写，其目的在于为不确定现象的研究提供更为科学、精细的手段，以应用于相关随机变量的估计、预测和控制。

第一节　回归分析的基本原理

一、回归分析的意义

客观世界中各种变量（或称因素）之间存在着各种各样的关系，从数量的角度看，大体上可以分为两种不同的类型：一种是确定性关系，一种是不确定性关系。确定性关系也称函数关系，是指对于一个或多个自变量的一组确定的值，因变量就有一个确定的值与之对应。比如自由落体现象中，物体自由下降的距离 S 与下降的时间 t 之间具有函数关系 $S=\frac{1}{2}gt^2$，对于时间 t 的一个确定的值，S 的值也是唯一确定的。又如在闭合电路中，电压 V 与电流 I、电阻 R 之间具有函数关系 $V=IR$，对于电流 I 与电阻 R 的一对确定的值，电压 V 的值也是唯一确定的。不确定性关系也称相关关系，是指对于一个或多个自变量的一组确定的值，因变量却是一个随机变量，只有经大量的实验调查，才能够揭示出它的取值的统计规律。比如学生的学习成绩与智商的关系，学习成绩与智商并不是一一对应的，同样智商的学生学习成绩会有高有低，但从总的倾向看，学习成绩与智商之间又存在着某种相伴关系。再比如大学生学习成绩与入学考试各科成绩之间的关系，不同的入学成绩组合，固然会有不同的大学成绩，相同的入学成绩组合，也会有不同的大学成绩，但从总的倾向看，大学成绩与入学各科成绩之间也存在着某种相伴关系。形成变量间的这种不确定关系的根本原因是客观世界的复杂性。

在教育与心理研究或实验中出现的往往是这种现象：一个因变量往往会同时受到许多自变量的影响，在这些自变量中，有些是已被探明的，而有些却是还未被探明的；有些是可以控制的，而有些却是随机变化的，是不可控制的，这些自变量综合作用的结果，造成了因变量的不确定性。变量间的这种不确定性关系是不能用精确的函数表达式来简单描写的。我们曾经用相关系数来描写两个变量之间的这种不确定性关系。相关系数能够对两变量之间有无相关关系，是正相关还是负相关作出定性描写，能够对相关的密切程度作一总的定量描写，但对于不确定关系的变量，如何通过自变量的值去估计和预测因变量的发展变化，相关系数是无能为力的。这个任务只能由本章所引进的回归分析来完成。

回归分析是统计分析中的重要内容，是相关分析的延伸和推广，是当代科学研究中一种有效的统计工具。“回归”一词，在英语中为 regression，原意可解释为“回归”、“复归”、“退化”，等等。首先发现回归现象的是英国生物学家高尔顿（Francis Galton）和皮尔逊（Karl Prarson），他们分别在遗传学研究中发现，生物后代的属性与其父母有关，这种关系仅仅在平均程度上有所差别。他们发现，高个子父母的子代平均高度比较高，矮个子父母的子代平均高度比较矮；进一步的研究又发现，高个子子代的平均高度要比父代的高度矮，而矮个子子代的平均高度要比父代的高度高，形成向种族平均高度靠拢的趋势，高尔顿将这种现象称为“回归”。经过他们和后人的继续研究发现，回归现象普遍存在于相关关系之中，“回归”一词也就沿用至今。

当然，如今的回归分析已远远超过当年高尔顿使用该词时的含义，它已成为统计学中一个专用的名词，特指一整套的统计分析手段。回归分析的根本目的，是要借助于因变量和自变量的分类，在概率统计的意义上，把变量间的相关关系用精确的数学公式伴以其他手段加以进一步的定量刻画。

回归分析可用于有明确因果关系的变量研究，也可用于无明确因果关系甚至没有因果关系的变量研究，只是在这两种情况中，都要在形式上“确定”一下自变量和因变量。在回归分析中，自变量可以是精确变量，也可以是随机变量，但在计算分析的过程中，都是作为精确变量处理的。这些处理方法都只是形式上的需要，并不影响回归分析的准确性，这在随后所作的实质性介绍中都可以看到。

二、回归分析的基本原理

回归分析的数学模型是

$$Y=f(x_1, x_2, x_3, \cdots, x_k)+\varepsilon \tag{7-1}$$

这个模型的构成是基于这种假设：因变量 Y 受到我们已知的 k 个自变量 $x_1, x_2, x_3, \cdots, x_k$ 的影响，同时还受到一些未知因素或随机因素的影响。对于 k 个已知自变量的影响，设想可以通过函数 $f(x_1, x_2, x_3, \cdots, x_k)$ 来表示。而剩下的是由那些未知因素或随机因素的影响确定的，将这些影响的结果记为 ε，称为随机误差。在这个模型的描写下，对于每一组实际观察获得的值 $Y_i, x_{1i}, x_{2i}, x_{3i}, \cdots, x_{ki}$，就可以表示成：

$$Y_i = f(x_{1i}, x_{2i}, x_{3i}, \cdots, x_{ki}) + \varepsilon_i \tag{7-2}$$

其中 ε_i 就是这一次观察的误差。由于 f 是函数，对于自变量的每一组确定的值 $x_1, x_2, x_3, \cdots, x_k$，$f(x_1, x_2, x_3, \cdots, x_k)$ 的值也都是确定的，但是由于 ε 是不确定的，因此 Y 也是不确定的。特别提醒注意，回归模型中的 ε 虽然是不确定的，但是对于每一组确定的自变量值，所有的 ε 都服从均数为零的正态分布，那么在模型（7-1）之下，对于自变量的每一组确定的值，因变量 Y 也服从正态分布，其平均数就是 $f(x_1, x_2, x_3, \cdots, x_k)$，记为 $\tilde{Y}$：

$$\tilde{Y} = f(x_1, x_2, x_3, \cdots, x_k) \tag{7-3}$$

$\tilde{Y}$ 也称为回归的主值，称（7-3）式为回归方程。回归分析的一个重要任务就是要求出这个回归方程右边的函数表达式，一般称为求回归方程。要求解回归方程，首先要确定方程的函数类型，还要确定内含自变量的个数。在回归分析中，根据所求回归方程函数类型的不同，可分为线性回归分析和非线性回归分析两个大类，又可根据内含自变量个数为一个还是多个而分为一元回归分析和多元回归分析两大类。在回归分析中，函数的类型是线性还是非线性，自变量是一个还是多个，都不是分析者主观确定的，而是依据客观事实确定的。分析者如果选用的函数形式和变量个数不符合客观事实，那么所作的回归分析必定达不到预期效果。

实际求解回归方程的方法是首先进行实验和调查，然后在大量实验或调查得来的数据基础上，按照对实际数据作最佳拟合的原则求取具体的回归方程。求解一个回归方程，使它是对实际数据的最佳拟合，这个“最佳拟合”的统计含义是什么呢？我们把（7-2）式变换成形式

$$\varepsilon_i = Y_i - f(x_{1i}, x_{2i}, x_{3i}, \cdots, x_{ki})$$

所谓最佳拟合就是，对于所有 N 次观察，上式中剩余的误差 ε_i 的总和为最

小，但是 ε_i 为随机误差，故有 $\sum \varepsilon_i = 0$，所以准确的表述应是使所有剩余误差 ε_i 的平方和为最小。回归分析简称 $\sum \varepsilon_i^2$ 为剩余平方和，以符号 Q 记之。在回归分析中，方程的函数表达式和变量个数都会影响 Q 的大小，即使在函数形式和变量个数都确定之后，函数中各个参数的值也会影响 Q 的大小，因此按最佳拟合原则求取回归方程，不仅包括确定函数的形式和变量的个数，还包括确定函数中的所有参数值的问题。依据 $Q = \sum \varepsilon_i^2$ 最小原则确定函数参数的计算方法，在数学中被称为最小二乘法，具体方法将在后续内容中介绍。

三、回归分析的主要内容

教育与心理统计中的回归分析包括三部分内容：建立回归方程、检验和评价所建回归方程的有效性、利用所建回归方程进行预测和控制。

回归分析的第一部分内容是建立回归方程。研究者首先要依据专业知识调查所研究现象可能涉及的变量的种类和个数，并且进行实验或调查以获取实际数据，然后结合以往的经验，对所获数据进行分析研究，确定回归方程的函数形式。这项工作可以采取直观描点的办法，绘制散点图帮助作形态分析。函数的形式和内含变量个数确定之后，就要根据最佳拟合原则着手估计回归方程中的所有参数。只有求出所有参数之后，才是真正建立起了一个回归方程。

回归分析的第二部分内容是检验评价所建回归方程的有效性。从理论上讲，不管原变量间客观上是否真有相关关系，也不管研究者所确定的函数是否真是变量间关系的数学表现形式，以及研究者所选择的自变量是否遗漏、是否多余，按照前述步骤，回归方程是一定可以建立起来的。那么所建方程到底有用无用？如若有用，其使用价值的高低又将如何作出评价？对这两个问题的研究，就形成了回归分析的第二部分内容。首先要对所建立的回归方程做有效性检验，检验方程有无使用价值。其次要找到评价回归方程有效性高低的统计指标，以评价所建回归方程使用价值的高低。必要时，还必须检验各个自变量的统计显著性，以鉴别已选自变量中是否夹杂了与因变量无关或关系非常微弱以至可以忽略不计的变量，把它们从回归方程中剔除出去，以便简化方程形式，提高使用效率。在实际计算分析过程中，回归分析的第一部分工作与第二部分工作的关系是非常密切的，建立一个回归方程，为追求它的高效和实用，往往要在第一和第二两部分的计算中循环反复进行，直至真正建立起一个既高效又实用的最佳方程。这种在两部分间反复往返进行的计算分析，特别表现在多元回归方程的建立过程中，多元回归分析中的逐步回归法就是这一过程的具体化和程式化。

回归分析的第三部分工作是利用回归方程进行预测和控制。完成了回归分析的前两部分工作，可以说是完成了对客观世界的“描写”工作。但是教育与心理研究不能停留在对客观世界的“描写”水平上，必须根据已获得的研究结果对研究或实验的发展变化作出预测和控制。回归分析的第三部分工作就是要完成这项任务；这也是研究回归现象、进行回归分析的根本目的所在。在建立起回归方程之后，利用方程所揭示的变量间的关系，对因变量进行估计或预测。估计或预测因变量的主值，估计或预测因变量的取值范围，或者利用回归方程所揭示的变量间的发展变化和互相制约的关系，通过控制或调整自变量的值而达到控制因变量变化趋势的目的，后者就是利用回归方程进行控制的含义。利用回归方程进行控制，多见于自然科学研究领域，在教育和心理研究中，更多的是利用所建回归方程进行估计和预测。

第二节 一元线性回归分析

一、一元线性回归的模型及其性质

回归分析中所应用的模型多种多样，但以线性回归模型的应用最为广泛，其中又以一元线性回归模型最为简单。本节重点介绍一元线性回归分析的原理和方法。

一元线性回归研究的是具有线性相关关系的因变量和一个自变量之间的回归问题。一元线性回归的模型如下。

$$Y=\alpha+\beta X+\varepsilon \tag{7-4}$$

其中的一元线性回归方程记为 $\hat{Y}=\alpha+\beta X$，称为变量 Y 对变量 X 的一元线性回归方程。选择一元线性回归模型就是确认因变量 Y 只受一个自变量或者主要受一个自变量 X 的影响，并且确认两者之间的线性关系。若把观测数据描成散点图，则其形状基本组成一个椭圆，也就是说这些点基本上是围绕一根直线振动，这根直线就是椭圆的长轴所在位置。一元线性回归模型既适用于自变量是精确变量、因变量是随机变量的情况，也适用于两个变量都是随机变量的情况。只是在后一种情况中，必须按照研究的目的把两个变量从形式上区分为自变量和因变量，并且在计算分析中将所指定的自变量当做精确变量处理。在教育和心理研究中，出现更多的还是两个变量皆是随机变量的情况。

根据回归模型的基本假设，在一元线性回归模型中，因变量 Y 是随机变量，对于自变量 X 的一个确定的值 x_0，Y 是随机取值的，但这些取值服从正态分布，$\tilde{y}_0=\alpha+\beta x_0$ 的值就是这个正态分布的中心。如果我们依据最佳拟合的原则已经求得了这个回归方程，那么系数 β 是这条直线的斜率，α 是这条直线在 y 轴上的截距。图 7-1 是一元线性回归方程的示意图，直线与横轴 x 的夹角为 A，而 $\beta=\text{tg}\,A$。必须注意的是，一般来说所求一元线性回归方程并不是椭圆的长轴，要求这条直线方程，必须按照最佳拟合的原则用最小二乘法。

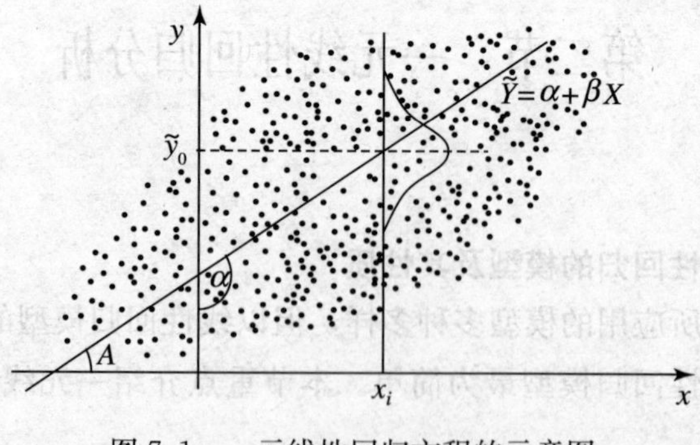

图 7-1　一元线性回归方程的示意图

二、一元线性回归方程的建立

要建立一元线性回归方程 $Y=\alpha+\beta X$，实际上就是要确定方程中的两个参数 α 与 β。要求参数 α 与 β，就需有变量 Y 与 X 的总体数据，但这在实际研究中往往是不可能得到的，即使有可能得到总体数据，也往往要付出太大的代价，得不偿失。在实际研究中，研究者更多地是从 X 与 Y 的 n 对样本数据出发，估计 α 与 β 的值，所估出的只是 α 与 β 的估计值 a 与 b，所求得的仅是样本回归方程 $\hat{Y}$。

$$\hat{Y}=a+bX \tag{7-5}$$

根据最佳拟合原则，要使所求直线在 y 轴方向上与实际观测值 Y 间的误差平方和最小，即要使

$$Q=\sum_{i=1}^{n}\varepsilon_i^2=\sum_{i=1}^{n}(y_i-\hat{Y}_i)^2 \tag{7-6}$$

中的 Q 值最小。以 Q 值作为误差总和大小的指标，在 Q 最小的条件下估计所求方程参数的方法就是最小二乘法。具体过程如下。

将式（7-5）代入式（7-6），得

$$Q=\sum_{i=1}^{n}(y_i-a-bx_i)^2 \tag{7-7}$$

在高等数学中，要使 Q 最小，就转化为求 Q 的极值；要求 Q 的极值，就要求 Q 的一阶偏导并令其为零组成偏导方程组，然后解偏导方程组求出参数估计值。先求 Q 对 a 的偏导并令其为零，则有

$$\frac{\partial Q}{\partial a}=-2\sum_{i=1}^{n}(y_i-a-bx_i)=0$$

整理得

$$\sum_{i=1}^{n}y_i-b\sum_{i=1}^{n}x_i-na=0$$

故有

$$a=\overline{Y}-b\overline{X} \tag{7-8}$$

将（7-8）式代入（7-7）式，整理得

$$Q=\sum_{i=1}^{n}[(y_i-\overline{Y})-b(x_i-\overline{X})]^2$$

将上式对 b 求导并也令其为零得

$$\frac{\partial Q}{\partial b}=-2\sum_{i=1}^{n}(x_i-\overline{X})[(y_i-\overline{Y})-b\cdot(x_i-\overline{X})]=0$$

整理可得

$$\sum_{i=1}^{n}(x_i-\overline{X})(y_i-\overline{Y})-b\sum_{i=1}^{n}(x_i-\overline{X})^2=0$$

进而有

$$b=\frac{\sum_{i=1}^{n}(x_i-\overline{X})(y_i-\overline{Y})}{\sum_{i=1}^{n}(x_i-\overline{X})^2} \tag{7-9}$$

为方便起见，我们以后记

$$l_{xx}=\sum_{i=1}^{n}(x_i-\overline{X})^2$$

$$l_{yy}=\sum_{i=1}^{n}(y_i-\overline{Y})^2$$

$$l_{xy}=\sum_{i=1}^{n}(x_i-\overline{X})(y_i-\overline{Y})$$

则一元线性回归方程 $\hat{Y}=a+bX$ 的 a 和 b 可由下式求得

$$\begin{cases}a=\overline{Y}-b\overline{X}\\ b=\dfrac{l_{xy}}{l_{xx}}\end{cases} \tag{7-10}$$

从统计学的角度看，一元线性回归方程的斜率参数估计值 β，实际上是两变量的协方差 l_{xy} 与自变量 X 的离均差平方和 l_{xx} 的商。根据以上结果，我们列出由 n 对样本数据建立因变量 Y 对自变量 X 的一元线性回归方程的简单步骤如下：

（1）由自变量数据列 X，求得 X 的均值 $\overline{X}$ 和离均差平方和 l_{xx}；

（2）由因变量数据列 Y，求得 Y 的均值 $\overline{Y}$ 和离均差平方和 l_{yy}；

（3）由数据列 X 和 Y，求得 X 与 Y 的协方差 l_{xy}；

（4）据式（7-10）求出 a 和 b；

（5）列出回归方程 $\hat{Y}=a+bX$。

采用以下公式计算 l_{xx} 和 l_{yy}，可使计算简便。

$$l_{xx}=n\cdot S_x^2$$

$$l_{yy}=n\cdot S_y^2$$

也可采用以下公式计算：

$$l_{xx}=\sum_{i=1}^{n}x_i^2-\frac{1}{n}\left(\sum_{i=1}^{n}x_i\right)^2$$

$$\text{或}=\sum_{i=1}^{n}x_i^2-n\cdot\overline{X}^2$$

$$l_{yy}=\sum_{i=1}^{n}y_i^2-\frac{1}{n}\left(\sum_{i=1}^{n}y_i\right)^2$$

$$\text{或}=\sum_{i=1}^{n}y_i^2-n\cdot\overline{Y}^2$$

$$l_{xy}=\sum_{i=1}^{n}x_i\cdot y_i-\frac{1}{n}\left(\sum_{i=1}^{n}x_i\right)\left(\sum_{i=1}^{n}y_i\right)$$

$$\text{或}=\sum_{i=1}^{n}x_i\cdot y_i-n\cdot\overline{X}\cdot\overline{Y}$$

所提供的三套公式都是可以互相推导转化的，其本源皆为第一套公式，后两套仅是为计算方便而导出的。下面我们采用一个实例来体会一下一元线性回归方程的求解过程。

例 7-1 某中学为预测学生的高考作文成绩，意欲建立高考作文成绩 Y 对平时作文成绩 X 的线性回归方程。现随机抽取 50 名考生的数据列表如下，求该一元线性回归方程。

解：首先在表内计算每个学生的 x_i^2、y_i^2 和 $x_i\cdot y_i$，如果续列于附表的第 4、第 5、第 6 列，然后分别计算第 2 至第 6 各列的连加和 $\sum x_i$、$\sum y_i$、$\sum x_i^2$、$\sum y_i^2$、$\sum x_i\cdot y_i$，续列于下表的末行。

由表中计算结果，利用第三套计算公式继续计算。

$$l_{xx}=\sum_{i=1}^{n}x_i^2-\frac{1}{n}\left(\sum_{i=1}^{n}x_i\right)^2$$

$$=269\ 165-\frac{1}{50}\times(3\ 613)^2$$

$$=8\ 089.62$$

50名学生的平时和高考作文成绩

被试	x_i	y_i	x_i^2	y_i^2	$x_i \cdot y_i$	被试	x_i	y_i	x_i^2	y_i^2	$x_i \cdot y_i$
01	80	29	6 400	841	2 320	21	84	28	7 056	784	2 352
02	78	24	6 084	576	1 872	22	80	22	6 400	484	1 760
03	90	30	8 100	900	2 700	23	75	19	5 625	361	1 425
04	92	32	8 464	1 024	2 944	24	78	21	6 084	441	1 638
05	82	28	6 724	784	2 296	25	70	23	4 900	529	1 610
06	72	25	5 184	625	1 800	26	82	28	6 724	784	2 296
07	90	27	8 100	729	2 430	27	78	21	6 084	441	1 638
08	84	30	7 056	900	2 520	28	72	19	5 184	361	1 368
09	64	15	4 096	225	960	29	64	11	4 096	121	704
10	76	25	5 776	625	1 900	30	86	26	7 396	676	2 236
11	84	28	7 056	784	2 352	31	75	21	5 625	441	1 575
12	73	20	5 329	400	1 460	32	70	15	4 900	225	1 050
13	62	20	3 844	400	1 240	33	70	19	4 900	361	1 330
14	77	23	5 929	529	1 771	34	68	17	4 624	289	1 156
15	79	26	6 241	676	2 054	35	58	18	3 364	324	1 044
16	95	33	9 025	1 089	3 135	36	80	23	6 400	529	1 840
17	85	24	7 225	576	2 040	37	95	35	9 025	1 225	3 325
18	76	23	5 776	529	1 748	38	55	8	3 025	64	440
19	72	26	5 184	676	1 872	39	60	16	3 600	256	960
20	75	25	5 625	625	1 875	40	40	5	1 600	25	200
41	55	14	3 025	196	770	47	62	23	3 844	529	1 426
42	62	17	3 844	289	1 054	48	65	25	4 225	625	1 625
43	40	10	1 600	100	400	49	68	23	4 624	529	1 564
44	45	12	2 025	144	540	50	60	15	3 600	225	900
45	58	20	3 364	400	1 160	$\sum$	3 613	1091	269 165	25 847	82 403
46	72	24	5 184	576	1 728						

$$l_{yy}=\sum_{i=1}^{n} y_i^2-\frac{1}{n}(\sum_{i=1}^{n} y_i)^2$$

$$=25\ 847-\frac{1}{50}\times(1\ 091)^2$$

$$=2\ 041.38$$

$$l_{xy}=\sum_{i=1}^{n} x_i\cdot y_i-\frac{1}{n}(\sum_{i=1}^{n} x_i)(\sum_{i=1}^{n} y_i)$$

$$=82\ 403-\frac{1}{50}\times 3\ 613\times 1\ 091$$

$$=3\ 567.34$$

同时计算 X 与 Y 的平均数

$$\overline{X}=\frac{1}{n}\sum_{i=1}^{n} x_i$$

$$=\frac{1}{50}\times 3\ 613$$

$$=72.26$$

$$\overline{Y}=\frac{1}{n}\sum_{i=1}^{n} y_i$$

$$=\frac{1}{50}\times 1\ 091$$

$$=21.82$$

将以上计算结果代入式（7-10），可得

$$b=\frac{l_{xy}}{l_{xx}}$$

$$=\frac{3\ 567.34}{8\ 089.62}$$

$$=0.441\ 0$$

$$a=\overline{Y}-b\overline{X}$$

$$=21.82-0.441\ 0\times 72.26$$

$$=-10.046\ 7$$

则所求的一元线性回归方程为

$$\hat{Y}=-10.046\ 7+0.441\ 0X$$

从以上计算中可以发现，因变量 Y 的离均差平方和 l_{yy} 在求回归方程时并未用到，但它是一个重要的数据，我们暂时把它存在这里，在后续计算中将会用到。

三、一元线性回归方程的有效性检验

在本章第一节中曾经说过，从理论上讲，给出一组数据，都能求出一个回归方程，但是所求得的方程有无实际使用价值，必须经过统计检验，这就是回归方程的有效性检验。经检验不具备有效性的回归方程是不能使用的。在回归分析中应用方差分析法对所建方程进行有效性检验。在回归分析中，因变量 Y 的离均差平方和 l_{yy} 是总离差平方和，在回归检验中记为 $SS_{总}$，即有

$$SS_{总} = l_{yy} = \sum_{i=1}^{n}(y_i - \overline{Y})^2$$

我们首先来证明这总离差平方和可以分解成两个部分和，其中一部分是由自变量所决定的离差平方和，另一部分是剩余平方和也即误差平方和。从总离差平方和出发

$$SS_{总} = \sum_{i=1}^{n}(y_i - \overline{Y})^2$$

$$SS_{总} = \sum_{i=1}^{n}[(y_i - \hat{Y}_i) + (\hat{Y}_i - \overline{Y})]^2$$

展开平方项

$$SS_{总} = \sum_{i=1}^{n}(y_i - \hat{Y}_i)^2 + 2\sum_{i=1}^{n}(y_i - \hat{Y}_i)(\hat{Y}_i - \overline{Y}) + \sum_{i=1}^{n}(\hat{Y}_i - \overline{Y})^2$$

以回归方程 $\hat{Y}=a+bX$ 和 $\overline{Y}=a+b\overline{X}$ 代入上式交叉项，则交叉项

$$2\sum_{i=1}^{n}(y_i - \hat{Y}_i)(\hat{Y}_i - \overline{Y})$$

$$= 2\sum_{i=1}^{n}(y_i - a - bx_i)(a + bx_i - a - b\overline{X})$$

$$= 2\sum_{i=1}^{n}(y_i - \overline{Y} + b\overline{X} - bx_i)(bx_i - b\overline{X})$$

$$= 2b\sum_{i=1}^{n}[(y_i - \overline{Y}) - b(x_i - \overline{X})]\cdot(x_i - \overline{X})$$

将此式与$\frac{\partial Q}{\partial b}=0$式比较，立刻可见该项也为0，则

$$SS_{总}=\sum_{i=1}^{n}(y_i-\hat{Y}_i)^2+\sum_{i=1}^{n}(a+bx_i-a-b\overline{X})^2$$
$$=\sum_{i=1}^{n}(y_i-\hat{Y}_i)^2+b^2\cdot\sum_{i=1}^{n}(x_i-\overline{X})^2$$

式中 $\sum_{i=1}^{n}(y_i-\hat{Y}_i)^2$ 即为剩余平方和 Q，而另一项中 b^2 为常数因子，$\sum_{i=1}^{n}(x_i-\overline{X})^2$ 是自变量离均差平方和，可见该项是完全由自变量 X 所决定的。我们记该项为 U，称其为回归平方和。

$$U=b^2\sum_{i=1}^{n}(x_i-\overline{X})^2$$
$$=b^2\cdot l_{xx}$$

至此可见

$$SS_{总}=U+Q$$

回归方程有效性检验的零假设是所求回归方程无效，假设的实质是由自变量决定的回归方差并不显著大于剩余方差。一元线性回归方程方差分析的总自由度为 $n-1$，回归自由度为1，剩余自由度为 $n-2$。在求出总体平方和与回归平方和之后，方差分析的后续工作可以在方差分析表中完成（参见表7-1)。在显著性水平 α 确定的条件下，据回归自由度与剩余自由度，查 F 分布表，可得检验临界值 $F_{\alpha(df_U,df_Q)}$，如果所求 F 值不大于临界值，则无充分理由拒绝零假设，说明所求方程无效；如果所求 F 值大于临界值，则要拒绝零假设，说明所求方程有效，可以实际使用。

由总离差平方和的分解证明可以看到，Q 是除了自变量 X 影响之后的剩余方差和，MSQ 就是剩余方差。回归分析中 $\sqrt{MSQ}$ 称为回归估计标准误差，简记为 $S_{y\cdot x}$。$S_{y\cdot x}$ 实际上可以作为回归模型中对于确定的自变量值 X，随机误差分布的标准差的估计值，因此可用来作观察值变异情况的指标，这将在利用回归方程作预测和估计的内容中继续介绍。

表 7-1 一元线性回归方程方差分析表

方差来源	平方和	自由度	方差	F 值
回归	$U=b^2\cdot l_{xx}$	1	$MSU=U/1$	MSU/MSQ
剩余	$Q=l_{yy}-U$	$n-2$	$MSQ=Q/(n-2)$	—
总体	l_{yy}	$n-1$	—	—

我们现在来检验例 7-1 中所建立的一元线性回归方程的有效性。

例 7-2 续解例 7-1。

先建立假设：H_0：所建回归方程无效

H_1：所建回归方程有效

总离差平方和：$l_{yy}=2\ 041.38$

回归平方和：$U=b^2\cdot l_{xx}$

$=0.441\ 0^2\times 8\ 089.62$

$=1\ 573.277\ 4$

剩余平方和：$Q=l_{yy}-U$

$=2\ 041.38-1\ 573.277\ 4$

$=468.102\ 6$

回归方差：$MSU=U/df_U=1\ 573.277\ 4$

剩余方差：$MSQ=Q/df_Q=\dfrac{468.102\ 6}{(50-2)}=9.752\ 1$

检验统计量：$F=MSU/MSQ=161.327\ 0$

将所求数据填入方差分析表

方差来源	平方和	自由度	方差	F 值
回归	1 573.277 4	1	1 573.277 4	161.327 0
剩余	468.102 6	48	9.752 1	—
总体	2 041.38	49	—	—

若显著性水平 $a=0.01$，查得临界值 $F_{0.01(1,48)}=7.20$。所求 F 值远远大于

临界值，拒绝零假设。据此，50 对数据所建立的一元线性回归方程是有效的。

四、回归方程有效性高低的指标

一元线性回归分析所建立的回归方程经方差分析后被判定为具有有效性，仅仅能说明这个回归方程有别于无使用价值的方程，并未指出这个方程有效性高到什么程度。这与相关系数的显著性检验一样，结论为相关显著，仅仅是说所检验的相关系数有别于零相关，并未指出相关的密切程度到底有多高，因此还必须找到衡量回归方程有效性高低的指标。在回归分析中衡量回归方程有效性高低的指标称为决定系数，记作 R^2，其值为

$$R^2 = U/l_{yy} \tag{7-11}$$

由（7-11）可看到，决定系数是回归平方和在总离差平方和中所占的比例。在回归分析中，我们显然希望由自变量所决定的离差平方和在总离差平方和中所占的比越大越好。如果 $U=l_{yy}$，那么因变量就完全由自变量所决定，两者就成了确定性关系，当然这在相关研究中是不可能的，但 U 对于 l_{yy} 的比确实可以作为回归有效性高低的指标。我们现在来看决定系数 R^2 到底是什么。

把 $U=b^2 \cdot l_{xx}$ 代入（7-11）式，得

$$\begin{aligned} R^2 &= U/l_{yy} \\ &= b^2 l_{xx}/l_{yy} \\ &= l_{xy}/(l_{xx} \cdot l_{yy}) \\ &= (l_{xy}/\sqrt{l_{xx}} \cdot \sqrt{l_{yy}})^2 \end{aligned}$$

再将原始数据公式代入上式得

$$R^2 = \left[\frac{\sum_{i=1}^{n} (x_i - \overline{X})(y_i - \overline{Y})}{\sqrt{\sum_{i=1}^{n} (x_i - \overline{X})^2} \cdot \sqrt{\sum_{i=1}^{n} (y_i - \overline{Y})^2}} \right]^2$$

可以发现上式括号中所求为变量 X 与 Y 的积差相关系数 r_{xy}，

$$R^2 = r_{xy}^2$$

也就是说，在一元线性回归中决定系数 R^2 是因变量与自变量积差相关系数的平方。从这里我们又一次看到，回归分析是相关分析的继续与发展。可以证

明，回归分析对所建回归方程进行的有效性检验，其本质还是对变量相关显著性的检验。我们来求前例中的决定系数。

例 7-3 续解例 7-1。

例 7-1 中所建一元线性回归方程的决定系数为

$$R^2 = U/l_{yy}$$
$$= 1\,573.277\,4/2\,041.38$$
$$= 0.770\,7$$

说明因变量离差中由自变量 X 所决定的部分占 77.07%。

应该指出的是，如果经方差分析检验方程无效，这时的决定系数 R^2 是无意义的。

五、一元线性回归分析的估计与预测

建立一个回归方程并不是回归分析的终极目标，回归分析的终极目标是应用所求回归方程对因变量作估计和预测。在研究估计和预测时，我们将用到回归估计标准误差 $S_{y\cdot x}$，也就是 $\sqrt{MSQ}$，此后不再说明。应用一元线性回归方程进行估计和预测有两种情况，我们分别介绍如下。

1. 估计因变量主值和主值区间

对于自变量 X 的一个确定值，因变量 Y 仍然是一个随机变量。我们希望估计 X 确定条件下因变量 Y 的主值（均值）和给定置信系数的主值区间。估计因变量 Y 的主值，实际上是要估计确定 X 条件下的总体回归值 $\tilde{y}_i$。但是我们的方程是在样本数据条件下求得的，仅是一条样本回归线，a 和 b 分别是总体回归方程系数 α 与 β 的估计值，因而只能利用所求样本回归方程对 $\tilde{y}_i$ 作估计。样本数据不同，则所求回归方程也不相同，但这些样本回归线都以总体回归线为中心，因此在实际应用中就以 $\hat{Y}_i$ 作为确定 X 条件下因变量主值 $\tilde{y}_i$ 的估计值。可以证明以 $\hat{Y}_i$ 作为 $\tilde{y}_i$ 的点估计量，其估计标准误 $S_{\tilde{y}_i}$ 为

$$S_{\tilde{y}_i} = S_{y\cdot x}\sqrt{\frac{1}{n} + \frac{(x_i - \overline{X})^2}{\sum_{i=1}^{n}(x_i - \overline{X})^2}} \tag{7-12}$$

$S_{\tilde{y}_i}$ 的计算实际上包括了两部分，$S_{y\cdot x}\sqrt{\frac{1}{n}}$ 是以样本均数估计总体均数（主值）

的标准误差，而 $S_{y\cdot x}\sqrt{\dfrac{(x_i-\overline{X})^2}{\sum\limits_{i=1}^{n}(x_i-\overline{X})^2}}$ 是以样本回归线斜率 b 估计总体回归斜率 β 的标准误差。有了主值的估计标准误差 $S_{\tilde{y}_i}$ 就可以进一步对 $\tilde{y}_i$ 作区间估计。若定置信系数为 $1-\alpha$，则对于确定的 x_i 值，因变量 y_i 的主值 $\tilde{y}_i$ 的置信区间由下式给出：

$$\left[\hat{Y}_i-t_{\alpha/2}\cdot S_{\tilde{y}_i},\ \hat{Y}_i+t_{\alpha/2}\cdot S_{\tilde{y}_i}\right]$$

其中的 $t_{\alpha/2}$ 是自由度为 $n-2$，夹中间概率面积为 $1-\alpha$ 的 t 分布双侧分位数值。在样本容量较大（$n\geqslant30$）时，可以用正态分布的 $Z_{\alpha/2}$ 代替 $t_{\alpha/2}$。

2. 单个因变量实测值的预测

我们刚才讨论的是在确定 x_i 的条件下，因变量主值 $\tilde{y}_i$ 的估计问题。有时候，我们并不是要估计因变量的主值 $\tilde{y}_i$，而是要对单个因变量的实测值作预测。对单个因变量实测值作预测的点估计量还是 $\tilde{y}_i$，而对它所作的区间估计就不一样了。可以证明对单个因变量实测值作预测的估计标准误差 S_{y_i} 由下式求得

$$S_{y_i}=S_{y\cdot x}\sqrt{1+\frac{1}{n}+\frac{(x_i-\overline{X})^2}{\sum\limits_{i=1}^{n}(x_i-\overline{X})^2}} \tag{7-13}$$

与 $S_{\tilde{y}_i}$ 比较，S_{y_i} 中增加了一个单位的回归标准误 $S_{y\cdot x}$，因此在对单个 y_i 作区间估计时，置信区间宽度有明显增加，此时的置信区间为

$$\left[\hat{Y}_i-t_{\alpha/2}\cdot S_{y_i},\ \hat{Y}_i+t_{\alpha/2}\cdot S_{y_i}\right]$$

在 S_{y_i} 的计算式中，除 $(x_i-\overline{X})^2$ 为变量外，其余都是常量，因此 S_{y_i} 的值随 x_i 的变化而变化，由此也影响到估计区间的宽度。很明显，估计区间的宽度是随着 x_i 离 $\overline{X}$ 的距离变化而变化的，x_i 离 $\overline{X}$ 越远，区间越宽；x_i 离 $\overline{X}$ 越近，估计区间越窄；在 $\overline{X}$ 点，区间宽度达到它的最小值。换句话说，利用回归方程作估计，自变量值离它的均值越近，估计越精确，反之则误差

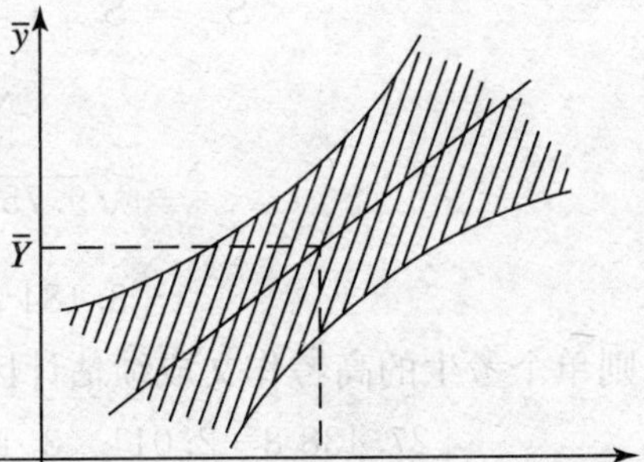

图 7-2 区间估计宽度变化示意图

越大。一般来说，利用回归方程 $\hat{Y}=a+bX$ 作估计或预测，x_i 的取值不宜超出原样本数据的范围。图 7-2 是估计区间宽度变化的示意图。

例 7-4 我们现在来利用例 7-1 中所建一元线性回归方程作估计和预测。

解：若有学生平时作文成绩 $x_i=85$，则该学生高考作文成绩的估计值为

$$\begin{aligned}\hat{Y}&=a+bX\\&=-10.0467+0.4410\times 85\\&=27.4383\end{aligned}$$

此值既是该生高考作文成绩的点估计，也是所有平时作文成绩为 85 的学生高考作文成绩主值（平均值）的点估计值。$x_i=85$ 的高考作文主值置信系数为 0.95 的估计区间为多大呢？先求主值估计标准误差 $S_{\bar{y}_i}$

$$\begin{aligned}S_{\bar{y}_i}&=S_{y\cdot x}\cdot\sqrt{\frac{1}{n}+\frac{(x_i-\overline{X})^2}{\sum_{i=1}^{n}(x_i-\overline{X})^2}}\\&=\sqrt{9.7521}\times\sqrt{\frac{1}{50}+\frac{(85-72.26)^2}{8\,089.62}}\\&=0.6251\end{aligned}$$

查 t 分布双值分位数表得 $t_{\alpha/2(48)}=2.011$，则置信系数 0.95 的主值区间为

$$[27.4383-2.011\times 0.6251,\ 27.4383+2.011\times 0.6251]$$

即
$$[26.1812,\ 28.6954]$$

单个 y_i 值的估计标准误差

$$\begin{aligned}S_{y_i}&=S_{y\cdot x}\cdot\sqrt{1+\frac{1}{n}+\frac{(x_i-\overline{X})^2}{\sum_{i=1}^{n}(x_i-\overline{X})^2}}\\&=\sqrt{9.7521}\times\sqrt{1+\frac{1}{50}+\frac{(85-72.26)^2}{8\,089.62}}\\&=3.1848\end{aligned}$$

则单个考生的高考作文成绩估计区间为

$$[27.4388-2.011\times 3.1848,\ 27.4388+2.011\times 3.1848]$$

即
$$[21.0337,\ 33.8429]$$

对于单个 y_i 值的区间估计，如果自变量值 x_i 离样本均值不太远，那么就

可以直接以 $S_{y\cdot x}$ 作为估计标准误差，这样就显得非常简便，但是不要忘记这是以牺牲了一定的精确度为代价的，特别是不要忘记了其必要条件 x_i 不能离 $\overline{X}$ 太远。

必须指出的是，利用回归方程 $\hat{Y}=a+bX$ 只能对确定 X 条件下估计和预测 y 的相应值，如果希望对确定的 Y 条件下估计和预测 X 的相应值，必须按照前述回归分析的整套方法建立 X 对 Y 的回归方程，而不能把 $\hat{Y}=a+bX$ 当做函数方程逆解出 X 来进行估计和预测。因为以 Y 估计 X，是以 Y 为自变量，以 X 为因变量，所建回归方程要使 $X-\hat{X}=\varepsilon'$ 的估计误差平方和最小，所建回归方程与 $\hat{Y}=a+bX$ 逆解并不相同。事实上，如果所建 X 对 Y 的回归方程为

$$\hat{X}=a'+b'Y$$

则

$$\begin{cases} a'=\overline{X}-b'\overline{Y} \\ b'=\dfrac{l_{xy}}{l_{yy}} \end{cases}$$

并且有

$$b\cdot b'=R^2=r^2$$

在教育和心理研究中，一元线性回归方程还有不少应用，比如在教育与心理统计学中利用一元线性回归进行测验分数等值转换，在评价中利用一元线性回归方程评价两种教学方法，等等。

六、可化为线性回归的一元曲线回归

一元线性回归是对具有线性关系的两变量之间所作的回归分析，客观世界中还有许多两变量不是线性关系的情况，若要作回归分析就要作曲线回归分析，但是在这些本为曲线关系的两变量中，有些却可以通过一定的数学变换转换为线性关系从而应用线性回归分析。

因变量与自变量的关系到底选择什么样的方程形式去拟合，可以凭积累的经验，也可以通过描绘散点图的方法作直观判断。为帮助大家作描点判断，我们把部分曲线回归的主值线描于图，供参考（图 7-3 至图 7-7）。无论用什么方法作判断，如果所选曲线方程形式为以下五种之一，都可以按提示的变换指令将曲线转化为直线，然后进行线性回归分析。

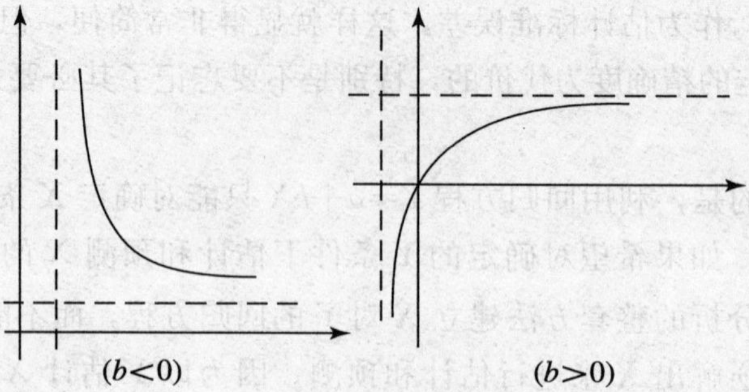

图 7-3　双曲线

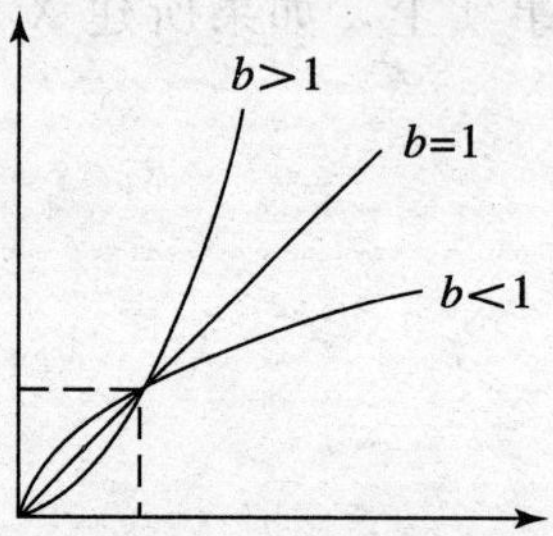

图 7-4　幂函数

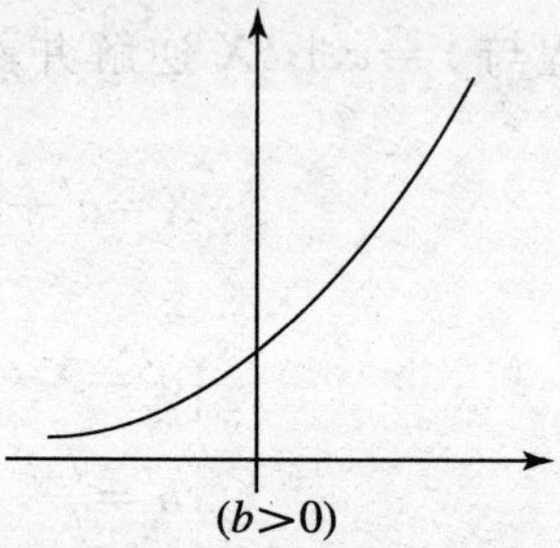

图 7-5　指数函数

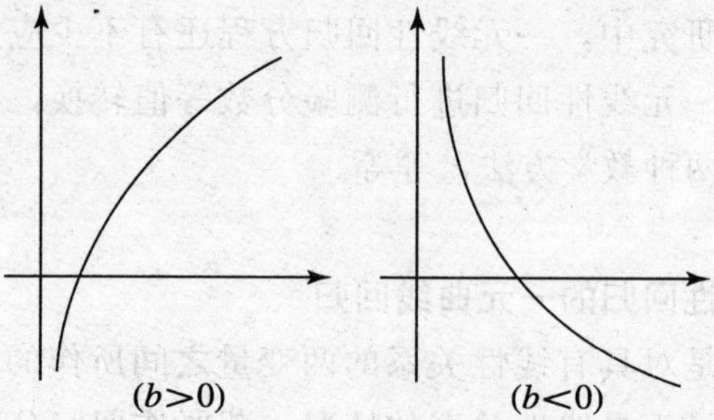

图 7-6　对数函数

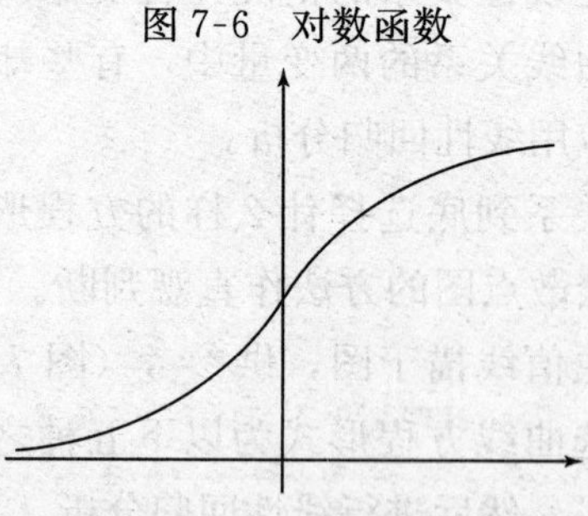

图 7-7　Logistic 函数

（1）双曲线 $$\frac{1}{y}=a+\frac{b}{x}$$

令 $$y'=\frac{1}{y},\ x'=\frac{1}{x}$$

则有 $$y'=a+bx'$$

（2）幂函数 $$y=cx^b$$

取自然对数 $$\ln y=\ln cx^b$$

得 $$\ln y=\ln c+b\ln x$$

令 $$y'=\ln y,\ a=\ln c,\ x'=\ln x$$

则有 $$y'=a+bx'$$

（3）指数函数 $$y=c\cdot e^{bx}$$

取自然对数 $$\ln y=\ln c\cdot e^{bx}$$

得 $$\ln y=\ln c+bx$$

令 $$y'=\ln y,\ a=\ln c$$

则有 $$y'=a+bx$$

（4）对数函数 $$y=a+b\log_c x$$

令 $$x'=\log_c x$$

则有 $$y=a+bx'$$

（5）Logistic 曲线 $$y=\frac{1}{1+e^{(a-dx)}}$$

先变形 $$\frac{1}{y}=1+e^{(a-dx)}$$

$$\frac{1}{y}-1=e^{(a-dx)}$$

取自然对数 $$\ln\left(\frac{1}{y}-1\right)=a-dx$$

令 $$y'=\ln\left(\frac{1}{y}-1\right),\ b=-d$$

则有 $$y'=a+bx$$

在实际计算中，当确定了曲线方程形式后，就应按变换指令对原始数据作相应变换，变换后的两变量已成线性关系，因此可按前面介绍的方法求出一元线性回归方程。方程求出后直接对所求方程作效果检验，线性方程有效则曲线方程也有效。在利用求得方程作预测时，如果只作点估计，则可以将线性方程转换为曲线方程进行。如果要作区间估计，那么最好是先在直线方程中进行，估出两个区间端点之后，再逆变换为原始数据，因为线性回归分析中所提供的各种误差估计值是不能直接用于原始数据的误差估计的。

第三节　多元线性回归分析

一、多元线性回归分析的意义

世界是复杂的，世界上各种变量之间的关系也是错综复杂的。世界上所存在的各种变量之间，一个因变量单纯只受到一个自变量的影响，或者主要只受一个自变量影响的现象，还是比较少的，更多的是一个因变量要同时受到多个自变量的影响。在教育与心理科学研究领域中，一个因变量同时受多个自变量影响的现象比比皆是。例如，学生的学习成绩会受到他自己的智能潜力、学习态度、学习方法、学习时间等因素的影响，同时还会受到教学水平、教材质量、学习环境等外界因素的影响。又如人的道德品质会受到文化水平、道德教育水平、道德实践时间、道德实践环境以及个体的心理控制能力等因素的影响。就是比较简单的刺激反应时这种心理量，也会受到个体的生理发展水平、神经类型、适应训练以及当时精神状态等多种因素的影响。对多变量之间这种确定性关系的研究就远不是一元回归分析所能胜任的了。本节引进多元线性回归将为此提供一种有力的工具。

多元线性回归分析的数学模型是

$$Y=\beta_0+\sum_{j=1}^{k}\beta_j x_j+\varepsilon$$

其中

$$\widetilde{Y}=\beta_0+\sum_{j=1}^{k}\beta_j x_j$$

为多元线性回归方程，更确切地可称为 k 元线性回归方程。如果 $k=1$，那么就是前节所介绍的一元线性回归方程。在多元线性回归方程中，常数项 β_0 依然是方程在 y 轴上的截距，$\beta_j(j=1, 2, \cdots, k)$是第 j 个自变量 x_j 的回归系数。β_j 表示的是在其他自变量不变的情况下，自变量 x_j 每变动一个单位所引起的因变量的变化率。如果所有自变量的量纲都一致，则所有 β_j 之比就代表了各个相应自变量对因变量 Y 的影响力之比。多元线性回归分析的内容与一元线性回归的内容基本相似，也分为三部分，其首要任务是建立回归方程。建立多元线性回归方程同样是在使 $Q=\sum \varepsilon^2$ 最小的最佳拟合原则下采用最小二乘法进行。建立多元线性回归方程所应用的数据仍然只能是样本数据，因此所建方程还是样本回归方程，记为

$$\hat{Y}=b_0+\sum_{j=1}^{k} b_j x_j$$

所不同的是在求建多元线性回归方程时，需要对自变量进行检验和筛选，剔除那些对因变量没有影响或者影响甚小，经检验未达到显著水平，不足以入选的自变量，达到简化变量间关系结构、简化所求回归方程的目的，因此最终所求得的回归方程入选的自变量个数可能要低于最初选择的数目。

二、多元线性回归方程的建立

建立多元线性回归方程，要使所求方程成为最佳拟合，依照误差最小原则依然使用最小二乘法。从原理上说，推导过程与建立一元线性回归方程是一样的，但由于从单变量推广到了多变量，数学处理要复杂得多。在高等数学中，比较方便的是用矩阵算法进行推演，但这是我们的读者所不熟悉的。在此我们以二元线性回归方程的建立为例，沿用前节的方法进行推导，然后从中总结出一些规律性的东西，再去寻找一般多元线性回归方程的求建方法。

设二元线性回归方程为

$$\hat{Y}=b_0+b_1x_1+b_2x_2$$

$$Y-\hat{Y}=\varepsilon$$

若有 n 组数据，则有

$$Q=\sum_{i=1}^{n}\varepsilon_i^2=\sum_{i=1}^{n}(y_i-\hat{Y}_i)^2$$

将回归方程代入，则有

$$Q=\sum_{i=1}^{n}(y_i-b_0-b_1x_{i1}-b_2x_{i2})^2 \tag{7-14}$$

先求 Q 对常数项 b_0 的一阶偏导并令其为零

$$\frac{\partial Q}{\partial b_0}=-2\sum_{i=1}^{n}(y_i-b_0-b_1x_{i1}-b_2x_{i2})=0$$

将上式整理可得

$$b_0=\overline{Y}-b_1\overline{X}_1-b_2\overline{X}_2 \tag{7-15}$$

将（7-15）式代入（7-14）式，整理后得

$$Q=\sum_{i=1}^{n}[(y_i-\overline{Y})-b_1(x_{i1}-\overline{X}_1)-b_2(x_{i2}-\overline{X}_2)]^2$$

求 Q 对 b_1 的一阶偏导并令其为零

$$\frac{\partial Q}{\partial b_1}=-2\cdot\sum_{i=1}^{n}(x_{i1}-\overline{X}_1)[(y_i-\overline{Y})-b_1(x_{i1}-\overline{X}_1)-b_2(x_{i2}-\overline{X}_2)]=0$$

整理上式可得

$$b_1\sum_{i=1}^{n}(x_{i1}-\overline{X}_1)^2+b_2\sum_{i=1}^{n}(x_{i1}-\overline{X}_1)(x_{i2}-\overline{X}_2)$$

$$=\sum_{i=1}^{n}(x_{i1}-\overline{X}_1)(y_i-\overline{Y})$$

按同样方法求 Q 对 b_2 的一阶偏导、令其为零并将所得方程整理可得

$$b_1\sum_{i=1}^{n}(x_{i1}-\overline{X}_1)(x_{i2}-\overline{X}_2)+b_2\sum_{i=1}^{n}(x_{i2}-\overline{X}_2)^2$$

$$=\sum_{i=1}^{n}(x_{i2}-\overline{X}_2)(y_i-\overline{Y})$$

如果我们记为

$$l_{11}=\sum_{i=1}^{n}(x_{i1}-\overline{X}_1)^2$$

$$l_{12}=\sum_{i=1}^{n}(x_{i1}-\overline{X}_1)(x_{i2}-\overline{X}_2)$$

$$l_{21}=l_{12}$$

$$l_{22}=\sum_{i=1}^{n}(x_{i2}-\overline{X}_2)^2$$

$$l_{1y}=\sum_{i=1}^{n}(x_{i1}-\overline{X}_{i})(y_{i}-\overline{Y})$$

$$l_{2y}=\sum_{i=1}^{n}(x_{i2}-\overline{X}_{2})(y_{i}-\overline{Y})$$

那么对 b_1 和 b_2 分别求一价偏导所得的两个方程可以写为

$$\begin{cases}l_{11}b_1+l_{12}b_2=l_{1y}\\ l_{21}b_1+l_{22}b_2=l_{2y}\end{cases}\tag{7-16}$$

在（7-16）式中，如果所有的 l 都已知，那么这是一个二元一次线性方程组，解此方程组可求得 b_1 和 b_2。如果求出 b_1 和 b_2，随同所有变量样本数据的平均数代入（7-15），则可求得回归方程的常数项 b_0，回归方程同时也就建立了。现在我们来看（7-16）中的 l 是什么，l_{11} 与 l_{22} 分别是自变量 x_1 与 x_2 的离均差平方和，l_{12} 与 l_{21} 同是 x_1 与 x_2 的协方差，l_{1y} 与 l_{2y} 分别是 x_1、x_2 与因变量 Y 的协方差，所有 l 都是可据样本数据先期求得的，因此二元线性回归方程的建立是完全可能的。

我们再来观察（7-16）的结构：所求回归系数在两个方程中顺序排列，方程组的系数以及常数项也有规则地排列，按此顺序推而广之，k 元线性回归方程的 k 个系数 b_1，b_2，b_3，…，b_k 则可由下面的 k 元一次线性方程组求取。

$$\begin{cases}l_{11}b_1+l_{12}b_2+l_{13}b_3+\cdots+l_{1k}b_k=l_{1y}\\ l_{21}b_1+l_{22}b_2+l_{23}b_3+\cdots+l_{2k}b_k=l_{2y}\\ l_{31}b_1+l_{32}b_2+l_{33}b_3+\cdots+l_{3k}b_k=l_{3y}\\ \cdots\cdots\cdots\cdots\cdots\cdots\cdots\cdots\cdots\cdots\cdots\cdots\\ l_{k1}b_1+l_{k2}b_2+l_{k3}b_3+\cdots+l_{kk}b_k=l_{ky}\end{cases}\tag{7-17}$$

类似地还可写得

$$b_0=\overline{Y}-\sum_{j=1}^{k}b_j\cdot\overline{X}_j\tag{7-18}$$

经证明（7-17）与（7-18）都是正确的。在回归分析中（7-17）所示的方程组被称为正规方程，是求取线性回归方程所有回归系数的标准方程组。其中：

$$\left.\begin{aligned}
l_{ii} &= \sum_{t=1}^{n}(x_{ti}-\overline{X}_i)^2 \quad (i=1, 2, \cdots, k)\\
l_{ij} &= \sum_{t=1}^{n}(x_{ti}-\overline{X}_i)(x_{tj}-\overline{X}_j) \quad (i, j=1, 2, \cdots, k)\\
l_{iy} &= \sum_{t=1}^{n}(x_{ti}-\overline{X}_i)(y_t-\overline{Y}) \quad (i=1, 2, \cdots, k)\\
l_{yy} &= \sum_{t=1}^{n}(y_t-\overline{Y})^2
\end{aligned}\right\} \tag{7-19}$$

根据在一元线性回归中所介绍的，(7-19) 式也可以改写成方便计算的形式，读者可以自行试写。(7-17) 所提供的是个 k 元一次线性方程组，解 k 元一次线性方程组的方法有多种，有回代的矩阵初等变换法最为简便，在未知元不多的情况下用行列式法解也是方便的。

三、多元线性回归方程解题步骤

下面我们通过实例来归纳多元线性回归方程的解题步骤。

例 7-5 某研究者意欲建立一个线性回归方程，帮助命题者估计试题难度。他设想试题难度受到试题的能力层次、内容深度和试题类型三个因素的影响，因此把每个因素都按对难度影响强度大小分为五个层次并加以界定，然后对 20 道抽样试题分因素评分且又计算了这 20 道试题的实测难度值（以标准分数表示），数据均已列于下表，请帮助他建立一个估计试题难度的三元线性回归方程。

试题难度回归的原始数据表

No.	难度 Y	能力层次 x_1	内容深度 x_2	题目类型 x_3	x_1x_2	x_1x_3	x_2x_3	x_1Y	x_2Y	x_3Y
1	−1.5	1	1	3	1	3	3	−1.5	−1.5	−4.5
2	−1.3	1	2	2	2	2	4	−1.3	−2.6	−2.6
3	−1.0	2	1	1	2	2	1	−2.0	−1.0	−1.0
4	−0.8	1	1	4	1	4	4	−0.8	−0.8	−3.2

续表

No.	难度 Y	能力层次 x_1	内容深度 x_2	题目类型 x_3	x_1x_2	x_1x_3	x_2x_3	x_1Y	x_2Y	x_3Y
5	−0.7	2	1	3	2	6	3	−1.4	−0.7	−2.1
6	−0.5	1	2	1	2	1	2	−0.5	−1.0	−0.5
7	−0.5	2	2	5	4	10	10	−1.0	−1.0	−2.5
8	−0.4	2	3	4	6	8	12	−0.8	−1.2	−1.6
9	−0.3	3	2	2	6	6	4	−0.9	−0.6	−0.6
10	−0.3	3	3	5	9	15	15	−0.9	−0.9	−1.5
11	−0.2	2	4	4	8	8	16	−0.4	−0.8	−0.8
12	0.0	3	3	5	9	15	15	0.0	0.0	0.0
13	0.1	4	3	3	12	12	9	0.4	0.3	0.3
14	0.1	3	4	1	12	3	4	0.3	0.4	0.1
15	0.2	4	5	2	20	8	10	0.8	1.0	0.4
16	0.3	4	4	2	16	8	8	1.2	1.2	0.6
17	0.3	4	3	1	12	4	3	1.2	0.9	0.3
18	0.5	5	4	4	20	20	16	2.5	2.0	2.0
19	0.8	4	5	3	20	12	15	3.2	4.0	2.4
20	1.0	5	5	2	25	10	10	5.0	5.0	2.0
$\sum$	−4.2	56	58	57	189	157	164	3.1	2.7	−12.8
l_{ii}	8.198 0	33.2	35.8	36.55	—	—	—	—	—	—

解：先在数据表中进行计算：在纵列中增加 x_1x_2、x_1x_3、x_2x_3、x_1Y、x_2Y、x_3Y 六列并计算得所有的相应数据，在横行中增加连加和行及离均差平方和行，计算所有各列的连加和并用公式

$$l_{ii}=nS_i^2 \qquad \text{（据（7-19）式转化而来）}$$

计算三个自变量和因变量 Y 的离均差平方和（均列于表 7-3 末二行中）。

利用表中计算结果可求得各个变量的均数。

$$\overline{X}_1=2.8 \quad \overline{X}_2=2.9 \quad \overline{X}_3=2.85 \quad \overline{Y}=-0.21$$

应用表中所求的连加和分别代入公式

$$\left.\begin{aligned} l_{ij} &= \sum_{t=1}^{n} x_{ti}x_{tj} - \frac{1}{n}\left(\sum_{t=1}^{n} x_{ti}\right)\left(\sum_{t=1}^{n} x_{tj}\right) \\ \text{和 } l_{iy} &= \sum_{t=1}^{n} x_{ti}y_{t} - \frac{1}{n}\left(\sum_{t=1}^{n} x_{ti}\right)\left(\sum_{t=1}^{n} y_{t}\right) \end{aligned}\right\} \text{据（7-19）式转化而来}$$

可分别求得

$$l_{12} = 189 - \frac{1}{20} \times (56) \times (58) = 26.6 \qquad l_{21} = l_{12}$$

$$l_{13} = 157 - \frac{1}{20} \times 56 \times 57 = -2.6 \qquad l_{31} = l_{13}$$

$$l_{23} = 164 - \frac{1}{20} \times 58 \times 57 = -1.3 \qquad l_{32} = l_{23}$$

$$l_{1y} = 3.1 - \frac{1}{20} \times 56 \times (-4.2) = 14.86$$

$$l_{2y} = 2.7 - \frac{1}{20} \times 58 \times (-4.2) = 14.88$$

$$l_{3y} = -12.8 - \frac{1}{20} \times 57 \times (-4.2) = -0.83$$

将以上求得的数据代入正规方程，可得方程组

$$\begin{cases} 33.2b_1 + 26.6b_2 - 2.6b_3 = 14.86 \\ 26.6b_1 + 35.8b_2 - 1.3b_3 = 14.88 \\ -2.6b_1 - 1.3b_2 + 36.55b_3 = -0.83 \end{cases}$$

我们用行列式法解这个方程组。

$$\Delta = \begin{vmatrix} 33.2 & 26.6 & -2.6 \\ 26.6 & 35.8 & -1.3 \\ -2.6 & -1.3 & 36.55 \end{vmatrix} = 17\,462.25$$

$$\Delta_1 = \begin{vmatrix} 14.86 & 26.6 & -2.6 \\ 14.88 & 35.8 & -1.3 \\ -0.83 & -1.3 & 36.55 \end{vmatrix} = 4\,945.005$$

$$\Delta_2 = \begin{vmatrix} 33.2 & 14.86 & -2.6 \\ 26.6 & 14.88 & -1.3 \\ -2.6 & -0.83 & 36.55 \end{vmatrix} = 3\ 580.165$$

$$\Delta_3 = \begin{vmatrix} 33.2 & 26.6 & 14.86 \\ 26.6 & 35.8 & 14.88 \\ -2.6 & -1.3 & -0.83 \end{vmatrix} = 83.2$$

$$b_1 = \frac{\Delta_1}{\Delta} = \frac{4\ 954.005}{17\ 462.25} = 0.283\ 7$$

$$b_2 = \frac{\Delta_2}{\Delta} = \frac{3\ 580.165}{17\ 462.25} = 0.205\ 0$$

$$b_3 = \frac{\Delta_3}{\Delta} = \frac{83.2}{17\ 462.25} = 0.004\ 8$$

$$\begin{aligned} b_0 &= \bar{Y} - \sum_{j=1}^{3} b_j \bar{X}_j \\ &= -0.21 - 0.283\ 7 \times 2.8 - 0.205\ 0 \times 2.9 - 0.004\ 8 \times 2.85 \\ &= -1.612\ 5 \end{aligned}$$

所求线性回归方程为

$$\hat{Y} = -1.612\ 5 + 0.283\ 7x_1 + 0.205\ 0x_2 + 0.004\ 8x_3$$

由例解可见，求建多元线性回归方程的基本步骤可归纳如下：

(1) 在原始数据表中求取下列数值

$$\sum_{t=1}^{n} x_{ti} \qquad (i = 1, 2, \cdots, k)$$

$$\sum_{t=1}^{n} y_t$$

$$\sum_{t=1}^{n} x_{ti} x_{tj} \qquad (i, j = 1, 2, \cdots, k)$$

$$\sum_{t=1}^{n} x_{ti}\ y_t \qquad (i = 1, 2, \cdots, k)$$

(2) 在原始数据表中用公式

$$l_{ii} = n \cdot S_i^2 \qquad (i=1, 2, \cdots, k)$$

计算得所有的 l_{ii} 和 l_{yy}；

(3) 根据表中求得数据用公式

$$l_{ij}=\sum_{t=1}^{n}x_{ti}x_{tj}-\frac{1}{n}\left(\sum_{t=1}^{n}x_{ti}\right)\left(\sum_{t=1}^{n}x_{tj}\right)$$

$$\text{和}\ l_{iy}=\sum_{t=1}^{n}x_{ti}y_{t}-\frac{1}{n}\left(\sum_{t=1}^{n}x_{ti}\right)\left(\sum_{t=1}^{n}y_{t}\right)$$

求得所有的 $l_{ij}(i，j=1，2，\cdots，k)$和 $l_{iy}(i=1，2，\cdots，k)$；

(4) 列出正规方程并解出 $b_j(j=1，2，\cdots，k)$；

(5) 用式（7-18）求 b_0；

(6) 写出所求线性回归方程。

由于求解多元线性回归方程的计算量比较大，当自变量个数较多时，一般都编成计算机程序由计算机计算。

四、多元线性回归方程的有效性检验

多元线性回归方程建立以后，也必须经过统计检验才能判断它有无实用价值，检验的方法还是方差分析法。经证明多元线性回归的总离差平方和 l_{yy} 还是分解为回归平方和 U 与剩余平方和 Q 两部分，其中

$$\left.\begin{aligned}U&=\sum_{j=1}^{k}b_jl_{jy}\\Q&=l_{yy}-U\end{aligned}\right\}\qquad(7\text{-}20)$$

总离均差平方和的自由度为 $n-1$，回归平方和的自由度为自变量个数 k，剩余平方和自由度为 $n-k-1$。在求出三个平方和后，整个方差分析可在方差分析表中完成，方差分析表如表 7-2 所列。

表 7-2 多元线性回归方程方差分析表

方差来源	平方和	自由度	方差	F 值
回归	U	k	$MSU=U/k$	MSU/MSQ
剩余	Q	$n-k-1$	$MSQ=Q/(n-k-1)$	—
总体	l_{yy}	$n-1$	—	—

要判断 F 的显著性需在 F 分布表中查得分子分母自由度分别为 k 和 $n-$

$k-1$ 的临界值 F_α，判断方法与一元线性回归的方差分析完全一样。

根据所述方法，例 7-5 所建的三元线性回归方程有效性检验的方差分析表列于下表，读者可验证计算结果。表中所列 F 值为 41.379 5，查 $\alpha=0.01$ 的 F 分布表，临界值 $F_\alpha=5.29$，求得 F 值大于临界值 F_α，所以结论是所求三元线性回归方程是有效的，可以用于难度估计。

表 7-3　多元线性回归有效性检验

方差来源	平方和	自由度	方差	F 值
回归	7.262 2	3	2.420 7	41.379 5
剩余	0.935 8	16	0.058 5	—
总体	8.198 0	19	—	—

多元线性回归方程的有效性高低仍然可用决定系数 R^2 表示，

$$R^2=U/l_{yy}$$

其公式和意义与一元线性回归中所介绍的完全一样。但在多元线性回归中，决定系数的算术平方根 $\sqrt{R^2}$ 表示因变量 Y 与 k 个自变量之间的相关程度，因此又称其为 y 与 x_1，x_2，…，x_k 的复相关系数。本节为难度估计所建回归方程的决定系数为 0.885 9，可见该方程的有效性还是比较高的。当然，本例数据是在理想化条件下采集的样本数据，在实际难度估计中并不都这样令人满意。

五、自变量显著性检验

在介绍回归分析的主要内容时，曾经说过必要时要检验各个自变量的显著性，以便剔除不显著变量，简化回归方程。这项工作在一元回归中是不必要的，因为在一元回归中方程的有效性检验与一个自变量的显著性检验是完全等价的。在多元线性回归中两者是不等价的，方程具备有效性，并不保证所有的自变量都是显著的。自变量的显著性检验是通过对它的回归系数的检验进行的，检验的零假设和备择假设为

$$H_0:\ \beta_j=0$$
$$H_1:\ \beta_j\neq 0$$

检验统计量为

$$F_j=\frac{(b_j-\beta_j)^2}{C_{jj}\cdot MSQ} \tag{7-21}$$

其中 C_{jj} 是正规方程系数矩阵 $L_{k\times k}$ 的逆矩阵 $C_{k\times k}$ 对角线上第 j 个元素。检验的临界值是分子自由度为 1，分母自由度为 $n-k-1$ 的 F_α。

根据矩阵求逆法，我们求出例 7-2 中的 $C_{11}=0.074\ 84$，$C_{22}=0.069\ 10$，$C_{33}=0.027\ 55$。

据（7-21）式，进而有

$$F_1=0.283\ 7^2/(0.0748\ 4\times 0.058\ 5)=18.383\ 5$$

$$F_2=0.205\ 0^2/(0.069\ 10\times 0.058\ 5)=10.396\ 2$$

$$F_3=0.004\ 8^2/(0.027\ 55\times 0.058\ 5)=0.014\ 30$$

在 $\alpha=0.01$ 条件下查分子分母自由度各为 1 和 16 的临界值为 $F_\alpha=8.53$。由于只有 $F_3=0.014\ 3$ 小于临界值，无充分理由拒绝零假设，即 $\beta_3=0$，变量 x_3 无显著意义，也就是说试题类型对难度的影响并不显著。

六、逐步回归法

如果求得的多元线性回归方程有效，但其中又有作用不显著的自变量，为简化回归方程，必须将其剔除。但是每剔除一个变量都会引起其他变量之间关系的变化，原来被抑制的变量可能会显示出显著作用，所以在剔除变量时并不是一下子把所有不显著的变量同时剔除，而是将其中对回归贡献最小的那个变量先剔除，然后重新建立有 $k-1$ 个自变量的回归方程，再作变量显著性检验，再从中剔除对回归贡献最小的变量，如此不断重复，直至新一轮所建回归方程的变量经检验都显著为止。这是回归分析中的一种变量筛选方法，称为逐步回归法，确切地说是向后逐步回归法。其中所谓某个变量对回归贡献最小可用 $b_j\cdot l_{jy}$ 的大小来决定。在实际计算中，如果已决定剔除变量 x_i，并不需要重复求回归方程的所有过程，可用以下公式求得新的回归方程的所有系数 b_j^*。

$$b_j^*=b_j-\frac{C_{ij}}{C_{ii}}\cdot b_i \quad (j=1,\ 2,\ \cdots,\ k) \tag{7-22}$$

其中 b_i 是被剔除变量的系数，C_{ij} 和 C_{ii} 都是原正规方程系数矩阵 $L_{k\times k}$ 的逆矩阵

$C_{k\times k}$中的相应元素。

例 7-6 在本节的例 7-5 中，应用此公式可求得剔除 x_3 后的新的回归系数。

$$b_1^* = 0.2837 - \frac{0.00335}{0.02755} \times 0.0048 = 0.2831$$

$$b_2^* = 0.2050 - \frac{0.00149}{0.02755} \times 0.0048 = 0.2047$$

$$b_0^* = -0.21 - 0.2831 \times 2.8 - 0.2047 \times 2.9 = -1.5963$$

则新方程为

$$\hat{Y} = 0.2831x_1 + 0.2047x_2 - 1.5963$$

第四节 路径分析

在教育与心理研究中，很多现象都具有明显的、单向的、非对称的因果关系，并且在时间上具有先后关系。比如，父母亲的智商和子女的学业成绩。路径分析就是探索这种因果关系的统计方法，是由遗传学家休厄尔·赖特（Sewall Wright）于 1918—1921 年基于最小二乘法提出的一种多元统计方法。

一、基本原理

路径分析中的变量一般分为两种：外生变量和内生变量。外生变量又称独立变量、源变量，不受模型中其他变量的影响。内生变量又称因变量，由同一模型中其他一些变量（包括外生变量和内生变量）所决定，也可能有一部分由模型外的误差因素决定。此外，模型中不影响其他变量的内生变量称为最终结果变量。最终结果变量不一定只有一个。

其他变量对内生变量的影响有两种：直接影响和间接影响。间接影响即间接地通过其他变量（中介变量）起作用。变量间的间接作用通常由多种路径最终总合而成。

路径分析一般用路径图来表示变量间的因果关系，如图 7-8 所示。连线表示变量间预先设定的关系，箭头表明变量间的关系是线性的。单箭头表示变量间是相关关系，双箭头表示变量间是因果关系。箭头的方向表明因果关系发生的方向。一般将可观测变量（包括外生变量、内生变量）写在方框内，将不可观测变量（误差变量）写在圆圈内。箭头上的字母表示路径系数，反映自变量对因变量的相对影响大小。特别提醒的是，绘制路径图一般采用平均数为 0、标准差为 1 的标准化变量。

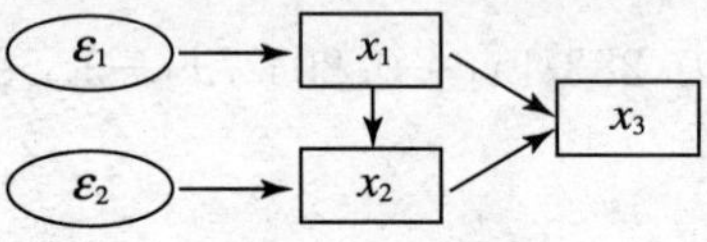

图 7-8 路径图

假设有 k 个时间上有先后的变量：X_1，X_2，…，X_k，那么，X_2 可能成为 X_3 的决定者，而不可能成为 X_1 的决定者；可能成为 X_k 的决定者，而不可能成为 X_{k-2}的决定者。也就是说，从时间序列上来看，发生在前的变量可以成为后发生的变量的决定者，而后发生的变量决不可能成为先发生的变量的决定者。为了讨论方便，仅以三个变量为例讲述路径分析的思路和步骤。若将外生变量和内生变量都考虑进来，因果模式可以表示如下：

X_1 是模型中唯一的外生变量，是 X_2 的决定变量；

X_2 为 X_1 所决定，又是 X_3 的决定变量；

X_3 为 X_2 和 X_1 所决定。

我们借助一个线性回归模式表达：

$$X_2 = \beta_{21} X_1 + \beta_{2\varepsilon} \varepsilon_2 \tag{7-23}$$

$$X_3 = \beta_{31} X_1 + \beta_{32} X_2 + \beta_{3\varepsilon} \varepsilon_3 \tag{7-24}$$

ε_i 表示误差变量，实际上代表着未列入模型的各个变量的影响。在统计上，假定 ε_i 和 X_i 无关，各 ε_i 之间也无关。若对各被试的分数标准化，与上述线性回归模式对应的标准化模型为：

$$Z_2 = b_{21} Z_1 + b_{2\varepsilon} \varepsilon_2 \tag{7-25}$$

$$Z_3 = b_{31} Z_1 + b_{32} Z_2 + b_{3\varepsilon} \varepsilon_3 \tag{7-26}$$

(7-25) 式中，b_{21}代表 Z_1 对于 Z_2 的作用。根据积差相关公式可以推导出相对应的标准化变量的相关公式。

$$r_{XY}=\frac{\sigma_{XY}}{\sigma_X\sigma_Y}=\frac{\sum(X-\overline{X})(Y-\overline{Y})}{n\sigma_X\sigma_Y} \tag{7-27}$$

$$=\frac{1}{n}\sum\left(\frac{X-\overline{X}}{\sigma_X}\right)\left(\frac{Y-\overline{Y}}{\sigma_Y}\right)=\frac{1}{n}\sum Z_XZ_Y$$

将 (7-25) 式代入 (7-27) 式，可得

$$r_{12}=\frac{1}{n}\sum Z_1(b_{21}Z_1+\varepsilon_2)=b_{21}\frac{\sum Z_1Z_1}{n}+\frac{\sum Z_1\varepsilon_2}{n}$$

其中 $b_{21}\frac{\sum Z_1Z_1}{n}$ 即 Z_1 的方差，而标准化变量的方差为 1；$\frac{\sum Z_1\varepsilon_2}{n}$ 即 Z_1 和 ε_2 的协方差。由于 X_i 和 ε_i 无关，所以 $\frac{\sum Z_1\varepsilon_2}{n}$ 等于 0。

即 $r_{12}=b_{21}$ 相关系数 r_{12} 等于路径系数 b_{21}。

b_{21} 代表 Z_1 对 Z_2 的作用，所以 Z_1 对 Z_2 的方差解释率为 r_{12}^2，那么 ε_2 的解释 Z_2 方差的比例为 $1-r_{12}^2$。ε_2 和 Z_2 之间的相关系数为 $\sqrt{1-r_{12}^2}$，路径系数亦为 $\sqrt{1-r_{12}^2}$。同样，外生变量 Z_1 和误差变量 ε_1 之间的相关系数为 1。

用同样的方法分析 Z_1 和 Z_3 之间的相关，可知

$$r_{13}=\frac{1}{n}\sum Z_1Z_3 \tag{7-28}$$

将 (7-26) 式代入 (7-28) 式，可得

$$r_{13}=\frac{1}{n}\sum Z_1(b_{31}Z_1+b_{32}Z_2+\varepsilon_3)$$

$$=b_{31}\frac{\sum Z_1Z_2}{n}+b_{32}\frac{\sum Z_1Z_2}{n}+\frac{\sum Z_1\varepsilon_2}{n}$$

可知

$$r_{13}=b_{31}+b_{32}r_{12}=b_{31}+b_{32}b_{21} \tag{7-29}$$

最后分析 Z_2 和 Z_3 之间的相关，可知

$$r_{23}=\frac{1}{n}\sum Z_2Z_3 \tag{7-30}$$

将（7-26）式代入（7-30）式，可得

$$r_{23}=\frac{1}{n}\sum Z_2(b_{31}Z_1+b_{32}Z_2+\varepsilon_3)$$

$$=b_{31}\frac{\sum Z_1Z_2}{n}+b_{32}\frac{\sum Z_2Z_2}{n}+\frac{\sum Z_2\varepsilon_3}{n}$$

同样，可知

$$r_{23}=b_{31}r_{12}+b_{32}=b_{31}b_{21}+b_{32} \tag{7-31}$$

$b_{3\varepsilon}$则用下列公式计算

$$b_{3\varepsilon}=\sqrt{1-(b_{21}r_{12}+b_{23}r_{23})}$$

这样，便可以将模型中的各个回归系数求出来，即路径系数，表示发生在先的决定变量是通过什么样的途径决定后面的变量及其影响力的大小。决定变量发生改变时，路经系数会发生变化，各变量的影响力也会发生变化。

二、案例分析

下面通过一个实际案例说明路径分析的原理和步骤。例如，某研究者想探讨母亲的耐心程度是通过什么途径影响孩子的问题行为。下表是该研究者调查母亲的耐心程度（X_1）、母亲教养方式的民主程度（X_2）以及孩子的问题行为的结果（X_3）所得到的三变量之间的相关系数矩阵。

	X_1	X_2	X_3
X_1	1.000	0.691	0.897
X_2	0.691	1.000	0.450
X_3	0.897	0.450	1.000

假定 X_1、X_2、X_3 是依时间顺序发生的，前者可能影响后者。路径图如图 7-8 所示。

1. 计算路径系数并建立线性回归方程

由于 $r_{12}=b_{21}$，根据各变量间的相关系数可得

$$b_{21}=r_{12}=0.691$$

根据 $b_{2\varepsilon}=\sqrt{1-r_{12}^2}$，可得

$$b_{2\varepsilon}=\sqrt{1-0.691^2}=0.723$$

所以 $$X_2=0.691X_1+0.723$$

将 $b_{21}=r_{12}=0.691$ 代入（7-29）式和（7-31）式，组成连立方程组

$$\begin{cases}0.897=b_{31}+0.691b_{32}\\0.450=0.691b_{31}+b_{32}\end{cases}$$

可得 $$b_{31}=0.306,\ b_{32}=0.408$$

则

$$b_{3\varepsilon}=\sqrt{1-(b_{31}r_{13}+b_{23}r_{23})}=\sqrt{1-(0.306\times0.897+0.408\times0.450)}=0.7631$$

2. 建立线性回归方程

$$\begin{cases}Z_1=\varepsilon_1\\Z_2=0.691Z_1+0.723\varepsilon_2\\Z_3=0.306Z_1+0.408Z_2+0.7361\varepsilon_3\end{cases}$$

3. 把各路径系数添加至路径图

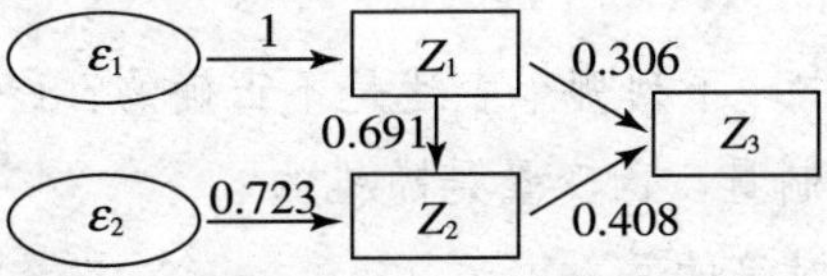

图 7-9 母亲的耐心程度、教养方式的民主程度及孩子的问题行为结果的路径图

4. 结果解释

路径图 7-9 中，由路径系数及箭头可以看出发生在前的变量通过什么样的途径决定后发生的变量及其影响力的大小和重要性地位。按照时间顺序依次加入预测变量时，路经系数会发生改变，显示各预测变量的影响力发生改变。在本例中，由变量 X_1 出发的两个单向箭头上所示的路径系数有渐弱的趋势，分别为 0.691，0.306。这一点说明，母亲耐心程度对母亲教养方式的民主程度的决定性作用超过对孩子的问题行为的作用。指向变量 X_3 的箭头有两个，其路径系数分别为 0.306，0.408。从这一点可以得知母亲教养方式的民主程度相对于母亲教养方式而言，对孩子的问题行为有更大的决定性作用。

以上所讨论的路径分析是基于最小二乘法的，基于极大似然法的路径分析也就是结构方程。结构方程是路径分析的一种。值得注意的是，路径分析属于相关关系的研究。因此，除非有足够的证据，一般情况下不要轻易下因

果关系的结论。

【要点小结】

回归分析是借助数学模型对事物间不确定关系的一种数量化描述，主要是通过自变量的值去估计和预测因变量的发展变化。

一元线性回归模型是回归分析中最常用、最简单的模型，一元线性回归方程常用的求取方法是最小二乘法。多元线性回归主要是用来处理一个因变量同时受到多个自变量影响的情况。

路径分析是针对有明显的、单向的、非对称的因果关系，并且在时间上具有先后关系的变量的一种多元统计方法。当因变量不满足连续等距变量的假设时，线性回归分析方法就不再适用了，而应使用 Logistic 回归分析方法。分位数回归研究的是根据自变量来估计因变量的各个百分位数的问题，属于非参数检验的范畴，可适用于不满足正态性和等方差假设的数据。限于篇幅，本书不再赘述，有兴趣的读者可以阅读其他文献。

【思考与练习】

1. 线性回归分析中，下列哪个表述是不正确的？（　　）

A. 自变量是可控制量，因变量是随机的

B. 两个变量不是对等的关系

C. 利用一个回归方程，两个变量可以互相推算

D. 根据回归系数可判定相关的方向

2. 进行回归分析，因变量 Y 和自变量 X（　　）。

A. X 是连续变量，Y 是称名变量　　B. X 是称名变量，Y 是连续变量

C. X 是连续变量，Y 也是连续变量　　D. X 是连续变量，Y 是顺序变量

3. 在回归直线 $\hat{Y}=\hat{\beta}_0+\hat{\beta}_1 X$ 中，$\hat{\beta}_1$ 表示（　　）。

A. 当 X 增加一个单位时，Y 增加 $\hat{\beta}_0$ 的数量

B. 当 Y 增加一个单位时，X 增加 $\hat{\beta}_1$ 的数量

C. 当 X 增加一个单位时，Y 的平均增加量

D. 当 Y 增加一个单位时，X 的平均增加量

4. 估计标准误差说明回归直线的代表性，因此（　　）。

A. 估计标准误差数值越大，说明回归直线的代表性越大

B. 估计标准误差数值越大，说明回归直线的代表性越小

C. 估计标准误差数值越小，说明回归直线的代表性越小

D. 估计标准误差数值越小，说明回归直线的实用价值越小

5. 回归估计的估计标准误差的计算单位与（　　）。

A. 自变量相同　　　　B. 因变量相同

C. 自变量及因变量相同　　　　D. 相关系数相同

6. 某企业员工工作时间(X)与绩效(Y)之间建立的线性回归方程为 $\hat{Y}=\beta_0-\beta_1X$。经计算，方程为 $\hat{Y}=200-0.8X$，该方程参数的计算（　　）。

A. $\hat{\beta}_0$ 值是明显不对的　　　　B. $\hat{\beta}_1$ 值是明显不对的

C. $\hat{\beta}_0$ 值和 $\hat{\beta}_1$ 值都是不对的　　　　D. $\hat{\beta}_0$ 值和 $\hat{\beta}_1$ 值都是正确的

7. 直线回归方程 $\hat{Y}=\hat{\beta}_0+\hat{\beta}_1X$ 中的 $\hat{\beta}_1$ 称为回归系数，回归系数的作用不包括下面的（　　）。

A. 可确定两变量的相关方向

B. 可确定两变量之间的因果关系

C. 可确定当自变量增加一个单位时，因变量的平均增加值

D. 可确定两变量相关的密切程度

8. 下面能够由回归关系解释的变差称为（　　）。

A. 总离差平方和　　　　B. 回归离差平方和

C. 标准误差　　　　D. 相关关系

9. 建立回归方程是为了（　　）。

A. 用因变量推算自变量

B. 确定两个变量间的变动关系

C. 两个变量相互推算

D. 确定两个变量间的相关程度

10. 对回归方程进行总检验用的统计量是（　　）。

A. χ^2 检验　　　　B. t 检验

C. Z 检验　　　　D. F 检验

11. 在线性回归模型中，假设随机误差服从（　　）。

A. 二项分布　　　　B. 正态分布

C. t 分布　　　　　　　　　　D. 指数分布

12. 若自变量 X 和因变量 Y 的相关系数为 -0.80，Y 对 X 的线性回归模型的决定系数为（　　）。

A. 0.64　　　　B. 0.67　　　　C. 0.40　　　　D. 0.93

13. 总离差平方和 $SS_{总}$、残差平方和 Q 和回归平方和 U 之间的数量关系是（　　）。

A. $Q=U-SS_{总}$　　　　　　B. $Q=SS_{总}+U$

C. $U=SS_{总}+Q$　　　　　　D. $SS_{总}=Q+U$

14. 下面回归方程和相应的相关系数必定错误的一组是（　　）。

A. $\hat{Y}=5-2.1X$，$r=0.78$

B. $\hat{Y}=-12-3.5X$，$r=-0.95$

C. $\hat{Y}=30+0.2X$，$r=0.8$

D. $\hat{Y}=-75+0.2X$，$r=0.91$

15. 在回归分析中，估计标准误差反映的是（　　）。

A. 变量 X 与 $\overline{X}$ 的平均变异程度

B. 变量 Y 与 $\overline{Y}$ 的平均变异程度

C. 变量 Y 与 $\hat{Y}$ 的平均变异程度

D. 变量 $\hat{Y}$ 与 $\overline{Y}$ 的平均变异程度

16. 确定直线回归方程必须满足的条件是（　　）。

A. 相关系数 r 必须等于 1

B. 现象间确实存在数量上的依存关系和密切的直线相关关系

C. 相关系数 r 必须大于 0

D. Y 与 X 必须同方向变化

17. 简述相关分析与回归分析的区别和联系。

18. 直线回归方程 $\hat{Y}=\hat{\beta}_0+\hat{\beta}_1X$ 中参数 $\hat{\beta}_0$ 和 $\hat{\beta}_1$ 的含义是什么？

19. 从 $n=20$ 的样本中得到的有关回归结果是：$SSR=67$，$SSE=43$。要检验 X 与 Y 之间的线性关系是否显著，即检验假设：$\beta_1=0$。

(1) 线性关系检验的统计量 F 值是多少？

(2) 给定显著性水平 $\alpha=0.05$ 时，是接受还是拒绝原假设？

(3) 检验 X 与 Y 间的线性关系是否显著。

20. 完成下面的一元回归方差分析表。

一元回归方差分析表

变异来源	df	SS	MS	F	F 统计量的显著性水平
回归	1	?	7 000	?	?
残差	?	?	?	—	—
总计	9	8 100	—	—	—

21. 为研究消费心理，有 10 个消费者平均消费水平和周消费总额如下表所示。

消费者平均消费水平与周消费总额表

消费者编号	消费者平均消费水平/元	周消费总额/元
1	345	514
2	890	999
3	230	624
4	409	890
5	415	903
6	549	904
7	314	600
8	1 320	1 500
9	1 055	1 230
10	1 235	1 700
合计	6 762	9 864

要求：

(1) 建立直线回归方程；

(2) 计算估计标准误差；

(3) 估计平均消费水平（自变量）为 1 320 元时周消费总额（因变量）的可能值。

【拓展性阅读导航】

1. Robert S. Witte & John S. Witte: *Statistics* (seventh edition), New

Jersey，Canada：John Wiley & Sons，INC. Publication，2004.

本书重点介绍了统计学基本概念和基本的数据分析过程，主要包括描述统计和推断统计两部分。每一章都包括引言、正文、总结、重要术语和练习五部分。其练习题型丰富，涵括内容广泛。

2. Samprit Chatterjee & Ali S. Hadi：*Regression Analysis by Example*，New Jersey，Canada：John Wiley & Sons，INC. Publication，2006.

作者将回归分析视为检验变量间关系强度的数据分析技术，旨在使读者可以系统、全面、正确地分析数据。全书强调数据分析而非公式，结合 R 软件例解回归分析方法。每一个实例中都会单独介绍一两种回归分析技术和方法，并讨论其具体细节。

3. 张润楚编著:《多元统计分析》，科学出版社 2006 年版。

本书在多元统计基本理论的基础上详细介绍了多元数据分析的一些常用方法，包括多元线性回归、判别分析、主成分分析、因素分析、聚类分析等。书中强调基本理论并对多元统计的一些基本定理给出了必要而简明的数学证明，同时又注重各种常用多元数据分析方法基本内容的介绍，对各种方法的背景、数学工具的使用、计算步骤以及应用技巧等都作了较详细的阐述。

第八章
χ^2 检验

【内容提要】

在教育与心理研究中，需要对所获得的实验数据、调查数据、测量数据作其概率分布的拟合性检验，χ^2 检验是一种可供选择使用的好方法。而当获取的观测数据为称名变量或进行特征分类后，两个特征分类是独立无关还是具有连带关系，采用 χ^2 检验的列联表分析可以解决这个问题。本章介绍了 χ^2 检验的原理以及检验的方法。

【学习目标】

能正确判断数据的概率分布，掌握拟合性检验的方法，熟练掌握列联表的独立性检验方法。

【关键词】

χ^2 检验　拟合性检验　列联表　独立性检验

在教育与心理科研过程中，我们还将经常碰到这样两类数据的统计检验问题：一是通过实际调查与观测所得到的一批数据，我们需要判断其次数分布是否服从理论上所假定的某一概率分布，或称为拟合性检验；二是对一批观测数据进行双向多项特征分类后，我们需要了解这两个特征分类之间是独立无关的还是具有连带关系。对此，我们不妨先来看几个研究实例。

研究案例一　某师范大学为了解广大师生对实行中期选拔制度的态度，曾以问卷调查的方式，随机调查 977 名低年级学生、790 名高年级学生和 764 名教师，他们的态度结构如表 8-1 所示。现在需对两个问题作出回答。

表 8-1　对中期选拔制度的问卷调查结果

对象＼态度	赞　成	不置可否	反　对	Σ
低年级学生	446	212	319	977
高年级学生	273	193	324	790
教师	262	325	177	764
Σ	981	730	820	2 531

问题 1　就调查总人数 2 531 人来讲，他们对中期选拔制度所持的赞成、反对以及不置可否这三种态度的人数之间是否显著不同？

问题 2　不同层次的调查对象，在这一问题上的态度之间是否存在显著差异？换句话说，调查对象与态度之间是独立无关的还是具有某种连带关系？

研究案例二　某中学实行高中毕业会考制度并改革成绩评定方法，各课程按优即 A 等、良即 B 等、中即 C 等、中下即 D 等和不及格即 F 等五级评分制评定。假定英语科的考试成绩的次数分布及平均数、标准差如表 8-2 所示，各种成绩（按五级评分）的学生人数分布如表 8-3 所示，现有两个问题。

问题 1　表 8-2 所示的 314 名学生在英语科目上的考试成绩是否服从正态分布？

问题 2　如果学生的英语能力是服从正态分布，那么表 8-3 中的成绩等级评定结果是否满足正态分布下按能力水平等距方式来划分？

表 8-2　某中学英语科毕业会考成绩次数分布（$\bar{X}=71.4$；$S=11.7$）

组别	45～49	50～54	55～59	60～64	65～69	70～74	75～79	80～84	85～89	90～94	95～99	Σ
次数	10	18	22	40	46	72	44	28	18	12	4	314

表 8-3　英语科毕业会考成绩按五级评定下的次数分布

成绩等级	优（A）	良（B）	中（C）	中下（D）	不及格（F）	Σ
次　数	22	94	113	69	16	314

研究案例三 在一项关于中小学生性格类型与智力发展关系的研究中，我国某省一些科研人员应用有关心理量表对该省某县所辖的六所中小学共计 3 627 名中小学生进行了智力、气质、性格等方面的心理测量，其中部分结果如表 8-4、表 8-5 及表 8-6 所示，现在需进一步研究以下问题。

问题 1 表 8-4 中所示的 3 627 名学生的智力分布是否服从平均数为 100、标准差为 15 的正态分布？

表 8-4 3 627 名学生智商分布

IQ	70 以下	70～79	80～89	90～109	110～119	120～129	130 以上	Σ
人数	229	660	732	1 593	325	72	16	3 627

问题 2 从表 8-5 中的双向分类数据来看，智力水平与学校区域是否有连带关系？

表 8-5 市区与矿区学生智力分布

学校＼智力	中下	中等	中上	Σ
市区小学	433	469	155	1 057
矿区小学	979	926	198	2 103
Σ	1 412	1 395	353	3 160

问题 3 从表 8-6 中的双向分类数据结构来看，性格类型与智力水平之间是独立无关的还是具有某种显著的相关倾向？

问题 4 从表 8-6 中的数据来分析，88 名智力优秀的学生在三种性格类型上的人数分布是否有显著差异？在 226 名智力落后的学生中，他们在三种性格类型上的人数分布是否有显著不同？

表 8-6 智力优秀与智力落后学生的性格类型

智力＼性格	外 倾	中 间	内 倾	Σ
智力优秀（IQ 在 120 以上）	36	40	12	88

续表

智力 \ 性格	外 倾	中 间	内 倾	$\sum$
智力落后（IQ 在 70 以下）	46	92	88	226
$\sum$	82	132	100	314

在上述所举的三个研究实例中，实例一中的问题 1、实例二中的问题 1 以及实例三中的问题 1 和 4，均属于本章开头所述的第一类统计检验问题观测数据的概率分布问题，即拟合优度检验；而实例一中的问题 2、实例二中的问题 2 以及实例三中的问题 2 和 3，均属于第二类的统计检验问题，即分类特征之间的独立或连带相关问题。要解决这两类统计检验问题，最为合适的是应用第四章第三节所介绍的抽样分布理论对其进行统计检验，其统计量的一般表达式为

$$\chi^2 = \sum^{k} \frac{(f_0 - f_e)^2}{f_e} \tag{8-1}$$

式中 k 为组数，f_0 为实际观测次数，f_e 为理论（期望）次数。

第一节 总体分布的假设检验

总体分布的假设检验也称为总体分布的拟合优度检验（简称拟合检验），其主要原理是借助 χ^2 统计量的实得指标来考察实际观测次数 f_0 与某一理论假定下的次数 f_e 之间的差异是否显著，从而解决本章开头所提及的第一类统计检验问题，即解决“从实际调查与观测所得的一批数据，其次数分布是否服从理论上所假定的某一概率分布”的问题。下面分两种情形来叙述这一类检验问题的方法与步骤。

一、非连续变量观测次数分布的假设检验

在前面述及的研究实例一中，研究人员把态度变量分为赞成、反对与不置可否三项；研究实例二中科研人员把成绩变量分为优（A）、良（B）、中（C）、中下（D）和不及格（E）五个顺序等级；研究实例三中，科研人员把学生的性格变量分为外倾、中间与内倾三种类型，它们皆是非连续的观测数据。对于这种非连续变量下的观测数据次数分布的假设检验问题，试以这两个例子加以说明。

例 8-1 以本章开头所述的研究实例一中问题 1 为例，阐述统计检验的方法。

解：

（1）建立假设

对于本例的统计检验问题是：就调查总人数 2 531 人来讲，他们对实行中期选拔制度所持的赞成、反对以及不置可否这三种态度的人数是否有显著不同？若用统计语言来叙述，问眼下从观测得到的三项数据分布，是否与零等概率（该概率为 1/3）或等次数的三项分布无显著差异？所以，该例的零假设和备择假设分别是：

H_0：观测数据分布与零等概率（等次数）的三项分布无显著差异；

H_1：观测数据分布与零等概率（等次数）的三项分布有显著差异。

（2）计算 χ^2 统计量

χ^2 统计量中的实际观测次数是已知的（见表 8-1 中的最后一横栏里的数据），而这里的理论次数则是依据零假设中所假定的总体分布，即理论分布是等概率或等次数的三项分布，因此，在零假设之下，从理论上讲应期待三种态度下的次数为 2 531/3 人。据此，可列出本例中的 f_0 和 f_e 如表 8-7 所示。

表 8-7　对中期选拔制度的三种态度

态　度	赞　成	不置可否	反　对
f_0	981	730	820
f_e	843.7	843.6	843.7

由（8-1）式可知

$$\chi^2=\frac{(981-843.7)^2}{843.7}+\frac{(730-843.6)^2}{843.6}+\frac{(820-843.7)^2}{843.7}=38.306\ 8$$

(3) 统计推断

选取适当的显著性水平 α，本例选取 $\alpha=0.01$，查本书附表 χ^2 值；这里的自由度 $df=3-1=2$，故可知 $\chi^2_{0.01(2)}=9.210$；再把实得的 χ^2 统计量与这一临界值作比较，即可下结论。

由于 $\chi^2=38.3068>\chi^2_{0.01(2)}=9.210$，按照统计检验的原理，我们有充分的理由否定这里的零假设而接受备择假设，即认为本例的观测数据分布与等概率（等次数）的三项分布之间存在着高度显著的差异。

作为 χ^2 统计检验的步骤到此结束，但把统计推断与实际研究内容结合起来分析研究以及为后续研究行动作出决策则属于另一项重要的工作。譬如，既然本例中的态度调查数据不服从等次数（概率）分布，那么调查结果态度是倾向哪一种？要不要再次进行调查？要不要再对态度只取“赞成”或“反对”两种情形进行统计推断？这些问题是统计检验后的重要而具体的研究内容，在此值得一提。与例 8-1 相类似的检验问题，还有本章开头所述研究实例三中的问题 4，请读者自行完成。

例 8-2 以本章开头所述的研究实例二中的问题 2 为例，阐述正态总体的假设检验方法。

解：

(1) 建立假设

在本例中，检验的问题是：如果学生的英语能力是服从正态分布的，那么表 8-3 中的成绩等级评定是否满足正态分布 f 按能力水平等距的方式？换句话说，如果学生总体的英语能力是正态分布的，则按表 8-3 中的成绩等级评定人数分布，应与正态分布所期待的按等距水平 f 的次数分布无显著差异。但实际情况是不是这样呢？有待于进一步统计检验。故该例的零假设和备择假设可这样建立。

H_0：实际成绩等级评定人数分布与正态分布（按能力水平等距划分）所期待的理论次数无显著差异；

H_1：实际成绩等级评定人数分布与正态分布（按能力水平等距划分）所期待的理论次数有显著差异。

（2）计算 χ^2 统计量

本例中的实际观测次数（见表 8-3）是已知的，但理论次数的获得尚需查表与计算。首先，把标准正态曲线的横轴自 $Z=-3$ 至 $+3$ 划分为五个等分；其次，借助于本书附表 1 中的正态曲线 f（左尾）面积比例 p，推算出正态曲线 f 相邻两个等分点所界定的面积比例 p；再次，以本例中的个案总数 N，分别乘以各个面积比例 p，求出个案总数 N 在五级评定成绩 F 的理论次数；最后，计算 χ^2 统计指标。限于篇幅，这里省去仔细的计算过程，而把主要数据与式子列于下面。

表 8-8 正态分布假设 $f(x)$ 理论次数的计算（$N=314$ 人）

标准正态曲线 $f(x)$ 等分点（Z 值）界限	面积比例 p	理论次数 $f_e=Np$	实际次数 f_0
自 $Z=-3.0$ 到 $Z=-1.8$	$p_1=0.037$	11.6	22
自 $Z=-1.8$ 到 $Z=-0.6$	$p_2=0.238$	74.7	94
自 $Z=-0.6$ 到 $Z=+0.6$	$p_3=0.450$	141.4	113
自 $Z=+0.6$ 到 $Z=+1.8$	$p_4=0.238$	74.7	69
自 $Z=+1.8$ 到 $Z=+3.0$	$p_5=0.037$	11.6	16

于是，根据（8-1）式可得

$$\chi^2=\frac{(22-11.6)^2}{11.6}+\frac{(94-74.7)^2}{74.7}+\frac{(113-141.4)^2}{141.4}+\frac{(69-74.7)^2}{74.7}+\frac{(16-11.6)^2}{11.6}$$

$$=22.2748$$

这里有两点值得指出：一是通常认为 Z 从 $+3$ 到 -3 之间已包含学生能力分布的全距；二是为了使理论次数之和等于实际观测次数之和（即 N），宜把正态曲线两端的细微部分的面积分别并入首尾两个部分的面积之内。

（3）统计推断

取显著性水平 $\alpha=0.05$，查附表 11 中 χ^2 值，当自由度 $df=5-1=4$ 时，可知 $\chi^2_{0.05(4)}=9.4$。

由于实得的 $\chi^2=22.2748>\chi^2_{0.05(4)}=9.4$，所以，我们可在 α 为 0.05 水平上

否定零假设 H_0，从而说明按照表 8-3 中的五级成绩评定，其次数分布与正态分布 f 按能力水平等距划分所期待的理论次数之间有显著的差异。提醒读者注意的是，这里的统计检验结果隐含这么两种可能：第一种可能是实际成绩等级评定人数分布不服从正态分布；第二种可能是服从正态分布，但不按能力等距的方式划分等级。读者在阅读其他参考书时，也应注意这一容易出错的问题。

二、连续变量观测数据次数分布的假设检验

利用 χ^2 统计量来检验连续变量观测数据次数分布是否服从某一理论分布的模型中，经常遇到的是检验正态总体。所以，下面以本章开头所述的研究实例二中的问题 1 为例，详细介绍如何用 χ^2 统计量来检验一批观测数据的次数分布是否服从某一正态分布的统计检验方法。在本例中，我们所要检验的问题是：表 8-2 中 314 名学生的英语成绩次数分布是否服从正态分布？因此，统计检验的零假设和备择假设可这样建立：

H_0：观测数据的次数分布与正态分布没有显著差异；

H_1：观测数据的次数分布与正态分布具有显著差异。

接下来，主要的任务是为每一组求出正态分布的理论次数。我们知道，要求出每一组的理论次数，只要用观测个案总数 N 乘上各组界限在正态曲线 f 的面积比例；而要知道各组界限在正态曲线 f 的面积，则要依次求得各组实上限（或实下限）所对应的标准分数 Z 值，通过查正态分布表，求出对应的面积。根据这种思路，我们可在表 8-2 的基础上用列表计算的方式，按上述步骤依次进行运算，并把有关结果登录在表 8-9 中。

表 8-9　正态分布假设检验时理论次数推求的计算表式

($\overline{X}=71.4$，$S=11.7$)

组别 (1)	f_0 (2)	组上限 (3)	离差 x (4)	标准分 Z (5)	Z 点左尾面积比例 (6)	当组面积比例 (7)	f_e (8)
95～99	4	99.5	28.1			0.024 4	7
90～94	12	94.5	23.1	1.97	0.975 6	0.036 2	11
85～89	18	89.5	18.1	1.55	0.939 4	0.070 8	22
80～84	28	84.5	13.1	1.12	0.868 6	0.113 7	36

续表

组别 (1)	f_0 (2)	组上限 (3)	离差 x (4)	标准分 Z (5)	Z 点左尾面积比例 (6)	当组面积比例 (7)	f_e (8)
75～79	44	79.5	8.1	0.69	0.754 9	0.152 3	48
70～74	72	74.5	3.1	0.26	0.602 6	0.166 2	52
65～69	46	69.5	−1.9	−0.16	0.436 4	0.163 8	51
60～64	40	64.5	−6.9	−0.59	0.277 6	0.123 7	39
55～59	22	59.5	−11.9	−1.02	0.153 9	0.079 0	25
50～54	18	54.5	−16.9	−1.44	0.074 9	0.044 2	14
45～49	10	49.5	−21.9	−1.87	0.030 7	0.030 7	9
$\sum$	314					1.000	314

对于表 8-9 中各栏目的计算作以下几点说明。

(1) 表 8-9 的第四栏所列数值是各组实上限所对应的离差。求离差本应自各组实上限减去正态分布的平均数 μ，但由于 μ 事先不知道，故以观测数据的平均数 $\overline{X}$ 代替最为合适。这一点实际上隐含了这一种假定，即观测数据分布的平均数 $\overline{X}$ 与正态总体的平均数 μ 无显著差异。

(2) 表 8-9 的第五栏是各组实上限所对应的标准分数，它本应是第四栏的离差 x 与正态分布标准差 σ 的比值，只是由于 σ 事先未知，而以观测数据分布的标准差 S 取而代之。因此，这里也隐含这么一条假定，即观测数据分布的标准差 S 与正态总体的标准差 σ 无显著差异。

(3) 表 8-9 的第六栏是各组实上限所对应的左尾部面积比例，它是根据相应的标准分 Z 查附表而得到。

(4) 表 8-9 的第七栏是各组界限在正态曲线下的面积比例。从最低组算起，第一个表值是 0.030 7 直接来自第六栏的记录，其他各组比例是由第六栏中上下相邻两组的表值相减得到。譬如，第二个表值是 0.044 2，乃是由第六栏中对应的第二个表值 0.074 9 减去下一个表值 0.030 7 所得。值得注意的是，为了使所有理论次数之和等于总个案数 N，因此，在求第七栏最高一组的比例时，是从 1 减去第六栏顶端第二组的表值而得到，即 1−0.975 6=0.024 4。

(5) 表 8-9 的第八栏则是用观测个案总数 N 乘上第七栏中的各组比例而

求得理论次数 f_e。显然，这个理论次数分布与观测次数分布具有相同的 N、平均数和标准差这三个约束条件。

完成了表 8-9 的计算后，现在就可以计算 χ^2 统计量的实得指标。对于本例来讲，显然有

$$\chi^2 = \sum^{11} \frac{(f_0 - f_e)^2}{f_e}$$

$$= \frac{(10-9)^2}{9} + \frac{(18-14)^2}{14} + \frac{(22-25)^2}{25} + \frac{(40-39)^2}{39} + \frac{(46-51)^2}{51} + \frac{(72-52)^2}{52} + \frac{(44-48)^2}{48} + \frac{(28-36)^2}{36} + \frac{(18-22)^2}{22} + \frac{(12-11)^2}{11} + \frac{(4-7)^2}{7} = 14.037\ 1$$

为检验这个实得 χ^2 统计量的显著性，我们需要查阅 χ^2 值表（见附表 11)。在这里 χ^2 分布的自由度 df，应从组数 k 减去上述表 8-9 计算过程中的约束条件数 M。不难知道，这里的 k 为 11（共 11 组），M 为 3（观测数据受 $\overline{X}$，S，N 或 n 约束），因此，$df=11-3=8$。若选取显著性水平 $\alpha=0.05$，则从附表中可知 $\chi^2_{0.05(8)}=15.507$，该临界值大于实计算得到的 χ^2 统计量($\chi^2=14.037\ 1$)。因此，我们这里还没有足够的理由否定本例的零假设，这表明 314 名学生的英语成绩分布与具有相同的 N、平均数和标准差的正态分布无显著差异。简单地说，表 8-2 中的次数分布是服从正态分布的。我们作出这种推断，在一百次中犯错误的次数一般不会超过五次。

最后，我们再要指出以下两点。

第一，对表 8-9 计算理论次数 f_e 时，可能会遇到理论次数 f_e 小于 5 的组。根据 χ^2 统计量的特性，对此要求把理论次数小于 5 的组同相邻的组进行合并，直至所有组的理论次数均不小于 5 方可。这样的话，在确定组数 k 时应以最终分组的组数为准。

第二，在确定自由度时，组数 k 我们已明确，但约束条件 M 可能为 3 (如本例)，也可能为 1。这取决于计算理论次数时附加的约束条件，或者说取决于零假设的建立。如果零假设中所指的正态分布是一已知平均数 μ 和标准差 σ 的分布，则约束条件就只剩下要求具有相同的个案总数 N 或 n 这一条了。读者回过头阅读一下本章开头所述究实例三的问题 1，不难发现，该问题就是

要检验观测数据分布是否服从一已知平均数为 100、标准差为 15 的正态分布。对于这一 χ^2 检验的自由度计算，只要把最后的组数 k 减去 1 即可。建议读者自己做练习完成。

第二节 独立性检验

正如前面所说过的，许多研究常把观测数据同时按两个特征进行分类，构成双向分类列联表，如本章前面的表 8-1、表 8-5、表 8-6 等就是这种分类的实例。而 χ^2 统计量的另一重要功能则可检验这种双向分类数据结构中两个分类特征或属性之间是独立无关的还是具有显著的连带关系。这就是本节将要介绍的独立性检验方法。

一、2×2 列联表下的 χ^2 检验

2×2 列联表就是把样本数据同时按两种特征进行双向分类后构成两行两列的四格数据列联表。若以 A 和 B 表示两种分类特征，那么，当样本依 A 特征分类时可分为 A_1 和 A_2 两类，依特征 B 分类时又可分为 B_1 和 B_2 两类。当我们同时按两种特征进行分类后，就可得到四个小类，不妨以 a，b，c，d 表示这四个小类的观测次数，则我们可把这一双向分类数据结构制成一个 2×2 列联表如下所示。

表 8-10 2×2 列联表的一般结构

B / A	B_1	B_2	边缘小计
A_1	a	b	$a+b$
A_2	c	d	$c+d$
边缘小计	$a+c$	$b+d$	$N=a+b+c+d$

2×2 列联表下的 χ^2 检验，就是利用 χ^2 统计量来检验特征 A 和特征 B 之间是独立无关的还是相依相从、连带相关。其一般原理是在零假设，即 A 特征和 B 特征之间独立无关的假定下，推求出各个格子上的理论次数。根据概率的计算方法与乘法定理，我们不难推算出表 8-10 中 a，b，c，d 四格的理论次数，它们为

$$\begin{cases} f_a=\dfrac{(a+b)(a+c)}{N} & f_b=\dfrac{(a+b)(b+d)}{N} \\ f_c=\dfrac{(a+c)(c+d)}{N} & f_d=\dfrac{(c+d)(b+d)}{N} \end{cases} \tag{8-2}$$

为此，我们可以用 χ^2 统计量的基本公式（8-1）来计算实得的 χ^2 统计量。由于在推求理论次数时，曾牵涉到边缘总计定量的约束，故对于 2×2 列联表中的统计量的自由度 $df=(2-1)(2-1)=1$，即对于这种情形，df 明确界定为 1。

1. 2×2 列联表专用公式计算 χ^2 值

对于 2×2 列联表的 χ^2 检验，固然可以应用上面的（8-2）式求出 4 个格子上的理论次数 f_a，f_b，f_c 和 f_d，而后再利用公式（8-1）式计算实得 χ^2 值，但为了方便，人们通常直接利用一个专用的公式来计算 2×2 列联表下的值，省去求理论次数的中间过程。对于像表 8-10 那样结构的 2×2 列联表，该专用公式是

$$\chi^2=\frac{N(ad-bc)^2}{(a+b)(c+d)(a+c)(b+d)} \tag{8-3}$$

这一公式的结构也较容易掌握，分子是表 8-10 中四格数据交叉项乘积之差的平方再乘以 N，分母则是表 8-10 中 4 个边缘小计数据的乘积。下面举一例子加以说明。

例 8-3 研究人员选取 170 名青年男女大学生的样本，对他们进行一种心理测验。在对测验结果进行深入分析时，发现这批大学生中的 60 名女生对该心理测验中最后一个题目的反应是：作“肯定”回答的有 18 名，作“否定”回答的有 42 名；而在 110 名男生中，在相同项目上作“肯定”回答的有 22 名，作“否定”回答的有 88 名。试问：在该心理测验最后这个项目的反应上，青年大学生的性别与态度之间是否存在着某种连带关系

（取 $\alpha=0.05$）？

解：对于上述这个问题的独立性检验，我们首先建立 χ^2 检验的假设。

H_0：性别与反应态度之间是独立无关的；

H_1：性别与反应态度之间具有显著的连带关系。

接着，我们把题目中的有关已知数据，制成 2×2 列联表（见表 8-11）。

表 8-11　心理测验项目反应 2×2 列联统计表

反应态度 / 性别	肯　定	否　定	小　计
男　生	22	88	110
女　生	18	42	60
小　计	40	130	170

再次，我们根据（8-3）式，直接计算该题的实得 χ^2 值，显然有

$$\chi^2=\frac{170\times(22\times42-88\times18)^2}{40\times130\times110\times60}=2.1577$$

如果我们选取显著性水平 $\alpha=0.05$，在自由度 $df=1$ 下，查 χ^2 值表不难知道 $\chi^2_{0.05(1)}=3.84$，于是我们可以作最后的统计判断。

由于实得的 $\chi^2=2.1577<\chi^2_{0.05(1)}=3.84$，所以，我们没有充分的理由否定零假设，这表明从眼下的观测数据分布来看，对某心理测验特定题目的作答反应上，青年男女大学生的性别与反应态度之间是独立无关的。

2. 2×2 列联表专用公式校正 χ^2 值

为使检验更加有效，根据（8-3）式为 2×2 列联表推求理论次数，当有一格的理论次数大于 1 小于 5 且 $N>40$ 时，需计算校正的 χ^2 值，其公式为

$$\chi^2=\frac{N\left(|ad-bc|-\frac{N}{2}\right)^2}{(a+b)(c+d)(a+c)(b+d)} \tag{8-4}$$

下面再举一例加以说明。

例 8-4　某班 42 名男女学生全部参加大学英语四级水平考试，其结果如表 8-12 所示。问男女学生在英语学习水平上有无显著的差别？

对上述这一问题，我们可以利用第五章第五节中关于两个独立样本的比

例系数的差异问题进行统计检验，这里我们用 χ^2 检验来回答。

首先，我们利用（8-3）式为这一 2×2 列联表（见表 8-12）的四个格子计算理论次数，把它们一并列在表 8-12 中，并用圆括号加以区别。

表 8-12 42 名学生英语四级考试成绩列联表

性别＼成绩	合格	不合格	小计
男　生	2(5.33)	26(22.67)	28
女　生	6(2.67)	8(11.33)	14
小　计	8	34	42

注意到表 8-12 中有一格上的理论次数为 2.67 大于 1 小于 5，且 $N=42>40$，故不能直接计算 χ^2 值，宜按照（8-4）式计算校正的 χ^2 值，则

$$\chi^2=\frac{42\times\left(|2\times8-26\times6|-\frac{42}{2}\right)^2}{8\times34\times28\times14}=5.58$$

解：在本例中，检验的零假设和备择假设分别为：

H_0：学生的性别与英语四级水平考试成绩独立无关；

H_1：学生的性别与英语四级水平考试成绩连带相关。

若选取显著性水平 $\alpha=0.05$，在 $df=1$ 下，查 χ^2 值表可知 $\chi^2_{0.05(1)}=3.84$；由于实得的 χ^2 统计量为 5.58，大于这一临界值，故我们可在 0.05 水平上否定零假设，而认为学生的性别与英语水平之间有连带相关。

3. χ^2 值与 r_ϕ 系数

在测量计算变量之间的相关值时，r_ϕ 系数是专门为两个二分称名变量之间的相关设计的测量指标，其计算公式为（数据结构按表 8-10 排列时）

$$r_\phi=\frac{(ad-bc)}{\sqrt{(a+b)(c+d)(a+c)(b+d)}} \tag{8-5}$$

例如，对于表 8-11 中的 2×2 列联表，它实际上可看成是由两个二分称名变量分类下的数据。对于性别与态度这两个二分称名变量，其相关程度可以 r_ϕ 系数来表示，由（8-5）式可知

$$r_\phi = \frac{22\times42-18\times88}{\sqrt{40\times130\times110\times60}} = 0.1127$$

r_ϕ 系数实际上可看成是两个二分称名变量之间的积差相关。这一相关的显著性如何，可通过 2×2 列联表的值指标的显著性检验来认识。之所以如此，是因为 2×2 列联表的 χ^2 值与 r_ϕ 系数之间存在着一定的关系。我们从（8-3）式和（8-5）式出发，不难得到关系式

$$\chi^2 = Nr_\varphi^2 \tag{8-6}$$

或

$$r_\varphi = \pm\sqrt{\frac{\chi^2}{N}} \tag{8-7}$$

由于在求系数 r_ϕ 的（8-5）式中，分子一项是关于 2×2 列联表中交叉格数据的乘积之差，相减的两个项目谁先谁后有一定的随意性，故 r_ϕ 系数可以是正号，也可以是负号。可见，系数的正负号并不能表示正或负相关，要解释相关的方向，需要根据 2×2 列联表中的具体数据结构及比例去判断。对于本例来讲，由于实得的 χ^2 值无显著性，故 $r_\phi=0.1127$ 所表示的相关是不显著的，即说明反应态度与性别变量之间是独立无关的。

4. 关于 2×2 列联表在数据合并上的一个提示

事实上，我们在研究教育与心理问题时所考虑的重要变量往往不止两个。因此，当把各部分数据合并成整体数据并以 2×2 列联表来表达时，可能会忽视其中一些重要的变量，而造成 χ^2 检验失真的情况。换句话说，当我们把多个 2×2 列联表的数据合并成一个 2×2 列表之后，可能会出现这种情形，即单独分析每一个 2×2 列联表所得的结果可能与合并这些列联表后所作的 χ^2 分析结果相矛盾。

例 8-5 在一项民意调查中，有人向 186 名专任教师（其中 35 岁以下的有 114 名，35 岁以上的有 72 名）和 178 名行政干部（其中 35 岁以下的有 108 名，35 岁以上的有 70 名）调查他们对普通高校“实行班级导师制”的态度，得到如下表 8-13 与表 8-14 两个 2×2 列联表数据。

表 8-13　186 名专任教师

年龄 态度	35 岁以下	35 岁以上
赞成	50	35
反对	64	37

表 8-14　178 名行政干部

年龄 态度	35 岁以下	35 岁以上
赞成	72	40
反对	36	30

应用本章（8-3）式计算上述两个列联表的 χ^2 值，并与 $\chi^2_{0.05(1)}=3.84$ 进行比较，不难知道，表 8-13 的 χ^2 值为 0.4，小于临界值 3.84，而表 8-14 中的 χ^2 值为 8.94，大于临界值 3.84。可见，专任教师与行政干部在对“实行班级导师制”的态度上是不一样的。在专任教师样本中，年龄大小与反应态度无显著连带相关，而在行政干部样本中，年龄大小与反应态度之间存在着显著的相关，这种分析是比较具体客观的。

但是，当我们合并表 8-13 和表 8-14 中的数据为一个 2×2 列联表时（见表 8-15），再行对列联表进行 χ^2 检验，不难得到表 8-15 中的实得 χ^2 值为 2.96，小于临界值 3.84，这表明不管是专任教师还是行政干部，其年龄大小与反应态度没有显著的连带关系，这一结论便与前面分开检验的情形有所矛盾。可见，在科学研究过程中，碰到合并 2×2 列联表数据时，我们不能忽视某个重要的属性变量（如性别变量、不同层次的被试样本等）而笼统地做一个 2×2 列联表的 χ^2 检验，这样很可能会丢失大量有用的信息，使 χ^2 检验的最终结果失真，这一点要引起大家足够的重视。

表 8-15　364 名教职工对实行班级导师制的态度

年龄 态度	35 岁以下	35 岁以上
赞　成	122	65
反　对	100	77

二、$r\times k$ 列联表下的 χ^2 检验

当样本数据同时按 A 和 B 两个特征进行双向多项分类时，我们将得到一

个多行多列的表。假定一批数据以特征 A 分类可分成 r 个小类，记为 A_1，A_2，…，A_r；以特征 B 分类又可分成 k 个小类，记为 B_1，B_2，…，B_k；则同时按 A 和 B 对数据进行分类的话，可构成 r 行 k 列的格子数据，简称为 $r\times k$ 列联表。例如，在本章开头所述的研究实例一中，表 8-1 就是一个 3×3 列联表。该表是把 2 531 名受查对象的态度分为赞成、反对与不置可否三类，同时把 2 531 名受查对象按低年级学生、高年级学生和教师分成三类，从而构成一个 3×3 九格列联表。同理，研究实例三中的表 8-5 和表 8-6 则均是 2×3 六格列联表。

一般地，对于 $r\times k$ 列联表的 χ^2 独立性检验，关键在于确定 $r\times k$ 格的理论次数。与 2×3 列联表中计算理论次数原理相类似，$r\times k$ 列联表中理论次数的推求是在假定两种特征 A 和 B 独立无关的情况下（即零假设 H_0 的内容），应用概率论中的有关定理和计算法则来推求。

现假定 $r\times k$ 列联表的一般结构如表 8-16 所示。

表 8-16　$r\times k$ 列联表一般数据结构

特征 B / 特征 A	B_1	B_2	…	B_k	边缘小计
A_1	n_{11}	n_{12}	…	n_{1k}	a_1
A_2	n_{21}	n_{22}	…	n_{2k}	a_2
⋮	⋮	⋮	⋮	⋮	⋮
A_r	n_{r1}	n_{r2}	…	n_{rk}	a_r
边缘小计	b_1	b_2	…	b_k	N

表 8-16 中的 n_{ij}（$i=1$，2，…，r；$j=1$，2，…，k）表示第 i 行第 j 列上的实际观测次数，则在 n_{ij} 格子上的理论次数可通过有关边缘小计 a_i 和 b_j 以及总数 N 来计算。若以 f_{ij} 表示该格子上的理论次数，则计算公式为

$$f_{ij}=\frac{a_i b_j}{N} \tag{8-8}$$

因此，$r\times k$ 列联表的 χ^2 值最后可通过下式得到

$$\chi^2=\sum_{(i,j)}\frac{(n_{ij}-f_{ij})^2}{f_{ij}} \tag{8-9}$$

例 8-6 下面以研究实例一中的表 8-1 为例，说明 $r\times k$ 列联表的 χ^2 独立性检验方法。

解：对于表 8-1 中的 3×3 列联表检验，其假设是：

H_0：态度反应与受查对象之间是独立无关的；

H_1：态度反应与受查对象之间有连带相关。

现在我们从表 8-1 的数据出发，利用公式（8-8）逐次计算九个格子上的理论次数。比如，第一行第三列中的观测次数为 319，对应的理论次数，可通过第一行上的边缘小计 977 和第三列上的边缘小计 820 以及总次数 2 531 计算得到，则有

$$f_{13}=\frac{977\times 820}{2\ 531}=316.53$$

同理，我们逐一计算其他格子上的理论次数，把它们一并列在表 8-17 之中，并加圆括号以示区别。

表 8-17　问卷调查中态度与对象 3×3 列联表 χ^2 检验

对象＼态度	赞　成	不置可否	反　对	Σ
低年级学生	446 (378.68)	212 (281.79)	319 (316.53)	977
高年级学生	273 (306.20)	193 (227.85)	324 (255.95)	790
教　　师	262 (296.12)	325 (220.36)	177 (247.52)	764
Σ	981	730	820	2 531

根据公式（8-9）计算 χ^2 值，则有

$$\chi^2=\frac{(446-378.68)^2}{378.68}+\frac{(212-281.79)^2}{281.79}+\cdots+\frac{(177-247.52)^2}{247.52}=130.02$$

对于实得的 χ^2 值为 130.02 能说明什么？这还要同 χ^2 临界值进行比较，因而就牵涉到自由度 df 的计算问题。对于一般的 $r\times k$ 列联表来讲，按照上述方法计算 χ^2 指标，其自由度的计算公式为 $df=(r-1)(k-1)$。对于本例来

讲，$df=(3-1)(3-1)=4$。若我们选取显著性水平 $\alpha=0.01$，则通过查 χ^2 临界值表可知 $\chi^2_{0.01(4)}=12.277$。由于实得的 χ^2 值为 130.02，远大于相应的临界值 12.277，所以我们有充分的理由否定本例的零假设，而认为该项调查中态度与对象之间有显著的连带相关，也就是说，不同的调查对象，他们在相同问题上的反应态度是有显著差异的。

对于 $r\times k$ 列联表下的 χ^2 值计算，我们还可利用一个专门的公式来计算。该公式只要把（8-8）式代入（8-9）式后加以整理与化简，即可得

$$\chi^2=N\Big(\sum_{(i,j)}\frac{n_{ij}^2}{a_i b_j}-1\Big) \tag{8-10}$$

式中，符号 N，a_i，b_j 及 n_{ij} 是表 8-15 中相应符号的意义。利用（8-10）式计算 $r\times k$ 列联表的 χ^2 值，可省去一系列计算理论次数的困难。例如，对上述表 8-17 的 3×3 列联表来讲，容易求得

$$\chi^2=2\ 531\times\Big[\Big(\frac{446^2}{981\times977}+\frac{212^2}{730\times977}+\cdots+\frac{177^2}{820\times764}\Big)-1\Big]=130.02$$

其结果与用（8-9）式计算的结果是一样的。

三、列联系数 C 与 χ^2 值

在对 $r\times k$ 列联表检验中（这里 $r\geqslant2$，$k\geqslant2$），当所得的 χ^2 值大于由预定显著性水平及特定自由度决定的 χ^2 临界值时，我们有理由拒绝零假设，而推断说，两种特征或属性之间具有相互依存的连带关系，但这种相关关系的程度怎样呢？在统计学中，人们用列联系数 C 来表示这种相关的程度。列联系数 C 与 χ^2 值有一定的联系，其关系式为

$$C=\sqrt{\frac{\chi^2}{N+\chi^2}} \tag{8-11}$$

例如，对于表 8-17 中的 3×3 列联表数据来讲，利用（8-11）式可求得两个特征即态度变量与受查对象层次之间的列联相关为

$$C=\sqrt{\frac{130.02}{2\ 531+130.02}}=0.221\ 0$$

由于实得 χ^2 值在本例是显著的，故这里的列联系数 $C=0.221\ 0$ 也是有显著意义的。

列联系数在 0 与 1 之间取值，其值只表明相关的大小，而要了解相关的方向，就要具体分析列联表中的数据性质与结构。此外，只有当双向分类划分的类型数目都较多时，列联系数才能接近 1。对于 3×3 的列联表来讲，其 C 值不能超过 0.816，而对于 10×10 的列联表来讲，其 C 的最大值也不过是 0.949。

最后一点要说明的是，对于一般的 $r\times k$ 列联表 χ^2 检验，在 χ^2 值达到显著水平后通常以列联系 C 来表示两种特征（属性）之间的相关，而对于 2×2 列联表，可以用列联系数，但更为常用的还是前述的 r_ϕ 系数，而且 r_ϕ 往往比 C 来得大，两者之间关系式为

$$\frac{1}{C^2}+\frac{1}{r_\phi^2}=1 \qquad (8\text{-}12)$$

【要点小结】

根据 χ^2 检验所处理的问题不同可分为拟合性检验和独立性检验。拟合性检验主要是检验实际得到的数据是否服从理论上所假定的某一概率分布，独立性检验主要用于检验两个特征分类之间是无关还是有其他关系。

【思考与练习】

1. 检验一个因素多项分类的实际观察与某理论次数是否接近，这种卡方检验是（　　）。

A. 配合度检验　　B. 独立性检验　　C. 同质性检验　　D. 符号检验

2. 用 χ^2 分布进行拟合优度检验时，要求各组的理论次数（　　）。

A. 可任意取值　　B. 大于 0　　C. 不小于 10　　D. 不小于 5

3. 独立检验与拟合优度检验相比较，其特点是（　　）。

A. 检验用的分布不同

B. 检验用的理论频数导出方法不同

C. 检验用的自由度不同

D. 检验结果的判断方向不同

4. 在 3×4 列联表分析中，自由度为（　　）。

A. 11　　B. 7　　C. 6　　D. 3

5. 判断按等级来评定的某科成绩是否存在性别差异时，应采用的统计假

设检验方法是（　　）。

A. F 检验　　B. Z 检验　　C. t 检验　　D. χ^2 检验

6. χ^2 检验用于连续变量（分为 k 组）的正态性检验，当虚无假设为“观察数据的次数分布与正态分布没有显著差异”时，其自由度为（　　）。

A. k　　B. $k-1$　　C. $k-2$　　D. $k-3$

7. 列联分析是利用列联表来研究（　　）。

A. 两个分类变量的关系　　B. 两个连续变量的关系

C. 一个分类变量和一个连续变量的关系　　D. 两个连续变量的分布

8. χ^2 检验可以进行哪些方面的统计分析？

9. 5 名接受疫苗的实验组中，2 名在规定的时间内患感冒，而在 20 名控制组中有 12 名患感冒。请问疫苗是否有效？

10. 某玩具厂进行不同颜色对儿童吸引力的调查，他们呈现出红、橙、黄、绿、青、蓝、紫七种颜色，供 140 名幼儿选择喜欢哪一种。调查结果是选择七种颜色的人数分别为 32 人，28 人，24 人，11 人，9 人，10 人，26 人。请问幼儿对不同颜色的喜好是否有所不同？

11. 某教师对 50 名实习学生进行综合评定，结果是：优 8 人，良 20 人，中 16 人，差 6 人。试问此种评定结果是否符合正态分布？

12. 一般认为，在青年人总体中，多血质类型的人占 30%，胆汁质类型的占 25%，黏液质类型的占 25%，抑郁质类型的占 20%。现某研究人员随机调查并测评了 120 位学生的气质类型。其结果是：多血质的有 42 人，胆汁质的有 32 人，黏液质的有 35 人，抑郁质的有 11 人。请问这一批学生中的气质类型符合上述比例吗？

13. 某大型连锁餐厅想了解服务态度是否与薪资有关，随机抽取 100 名服务人员，将服务态度分为好、差两种，薪资分为高、低两类，得出结果如下表。

请问服务态度是否与薪资有关？

态度与薪资	高	低
好	34	42
差	6	18

14. 某职业学校对高年级和低年级的 50 名学生 PET 的合格率进行统计，

结果如下，请问高低年级英语水平有无显著差异？

	合格	不合格
高年级	22	4
低年级	16	8

15. 家庭状况属于上、中、下的高中毕业生，对于是否愿意报考师范院校有三种不同的态度，人数分布如下表，试问家庭状况与学生报考师范大学是否有关系？

家庭经济状况	愿意	中立	不愿意
上	6	9	15
中	16	16	18
下	10	6	4

【拓展性阅读导航】

1. 吴喜之编著：《非参数统计》，中国统计出版社 2006 年版。

本书用严谨而平实的语言和简单的公式介绍非参数统计方法的思想和逻辑，内容包括：单样本、两样本和多样本位置参数的推断，两样本和多样本尺度参数的推断，相关分析和稳健回归分析，关于分布的检验等基于秩的非参数统计，以及与非参数统计方法有一定关系的对数线性模型和并不是基于秩的非参数回归。作者还亲自编写了实现统计方法的 R 程序、SAS 程序和 SPSS 程序的操作说明。

2. 陈希孺等著：《非参数统计》，上海科学技术出版社 1989 年版。

本书是一本关于非参数统计的专著。在详细区分参数统计和非参数统计的基础上，对非参数统计的理论和方法作了严格而系统的论述。主要内容包括次序统计量、U 统计量、秩统计量的极限理论、秩方法、条件检验与置换检验、密度估计、非参数回归与判别、稳健性概念。阅读本书需要具备一定的微积分及矩阵知识。

第九章
非参数检验

【内容提要】

在教育与心理研究中，有时我们无法知道所获取的数据的分布状态，因而当假设检验的前提条件是否得到满足不知道时，可以采用非参数检验方法。对不同的变量类型、不同的检验假设，有不同的非参数检验方法。本章详细介绍了几种常用的、典型的非参数检验方法。

【学习目标】

能按变量类型、检验假设、样本容量选择非参数检验方法，并作出判断。

【关键词】

非参数检验　顺序变量　小样本

统计推断有两种形式，即总体参数估计和假设检验。假设检验的方法又有两种：参数检验和非参数检验。前面讲到的 Z、t、F 检验都是参数检验。它们都是在符合某些假定条件如总体分布为正态、方差齐性等情况下，就总体的某些参数，如 μ，σ^2 等进行检验的。它适合于等距变量和比率变量的资料。

但是，在很多情况下，对总体分布是否呈正态，我们几乎完全不知道，因而无法满足总体的正态分布的假定条件，况且所获得的资料也不一定全是等距变量或比率变量。特别是对于称名变量或顺序变量，无法计算 μ，σ^2 等参数，致使参数检验成为不可能。鉴于上述情况，统计学家们发展了一种不需要根据总体的分布及参数进行统计分析的方法，称之为自由分布的非参数检验方法。

第一节 非参数检验的特点

非参数检验较之参数检验，有以下特点。

(1) 它一般不需要严格的前提假设。这是它与参数检验相比的最大优点。前面说过，几乎每种参数检验都有一些严格假设，若不满足这些假设仍然用参数方法处理，很有可能得出错误结论，而进行非参数检验不必过多考虑那些假设条件。

(2) 非参数检验特别适用于顺序变量（等级变量），在教育与心理等行为科学领域，很多变量属于顺序水平，还达不到等距水平，处理这类资料离不开非参数方法。

(3) 非参数检验很适用于小样本，且计算简明、迅速。心理学研究领域中，进行一些规模较大、设计较复杂的实验时，常常在正式实验之前需要做一些预备性的实验，这时样本小且要求结果尽快处理，用非参数方法也很方便。

(4) 非参数方法的最大不足是未能充分利用资料的全部信息。非参数检验一般需要对等距数据进行等级转换。这时失去了一部分信息量。有些方法（如符号检验）只考虑符号而忽视其大小，信息利用率更低。但是当数据不符合参数检验所要求的严格条件时，宁可失掉一部分信息而用非参数方法，也不应该不顾条件限制轻易选用参数方法。因为这种情况下非参数方法反而比参数方法的效率高。

根据客观需要，非参数检验在理论及方法上不断发展。本章只介绍几种常用的、典型的非参数检验方法。

第二节 符号检验

符号检验是通过对两个相关样本的每对数据差数的符号（正号或负号）的检验，来比较这两个样本差异的显著性。

用符号检验来比较两个相关样本的差异，首先应将两个样本中每对数据的差数用正负号表示。例如，第一个样本的数据大于第二个样本的数据，记正号；第一个样本的数据小于第二个样本的数据，记负号；两个样本的数据相等，记零。如果两个样本无显著性差异，正号与负号的数量应相等，或接近相等。如果绝大部分是正号（或负号），两个样本有显著性差异的可能性较大。

一、小样本情况

当样本容量较小，$n<25$ 时，可用查表法进行符号检验。

对于样本每对数据之差（x_i-y_i）不计大小，只记符号，求出（x_i-y_i）为正号（即大于 0）的有多少，记为 n_+，（x_i-y_i）为负号的记为 n_-，（x_i-y_i）为零的不计在内。这样记 $N=n_++n_-$，$r=\min(n_+, n_-)$，即 n_+ 与 n_- 中较小的记为 r。可以直观地看到，若 $n_+=n_-$，则意味（x_i-y_i）中除零以外，正负各占一半，不认为有显著差异。若 n_+ 与 n_- 偏离越多，则表明 X 变量与 Y 变量的差异越大，实际检验时根据 N 与 r，直接查附表 13 符号检验表。注意在某一显著水平下，实得 r 值大于表中 r 的临界值时，表示差异不显著，这一点与查其他参数检验临界值表时不同。

例 9-1 将三岁幼儿经过配对而成的实验组施以五种颜色命名的教学，而对照组不施以教学，后期测验得分如表 9-1 第（2）（3）行所示。问颜色教学是否有显著效率？

表 9-1　实验组和对照组关于五种颜色命名得分结果

配对 (1)		1	2	3	4	5	6	7	8	9	10	11	12
得分	实验组 x_i (2)	18	20	26	14	25	25	21	12	14	17	20	19
	对照组 y_i (3)	13	20	24	10	27	17	21	8	15	11	6	22
(x_i-y_i) 的符号 (4)		+	0	+	+	−	+	0	+	−	+	+	−

解：

(1) 提出假设

$$H_0: P(x_i>y_i)=P(x_i<y_i)$$

$$H_1: P(x_i>y_i)\neq P(x_i<y_i)$$

(2) 求差数符号

对应的 12 个差值中，正值有 7 个，负值有 3 个，有 2 个差值为零，不计在内。即

$$n_+=7,\ n_-=3,\ N=n_++n_-=10$$

将 n_+ 和 n_- 中较小的一个记为 r，$r=3$

(3) 确定检验形式

过去没有资料可以说明对于三岁儿童进行颜色命名的教学有显著效果，故采用双侧检验。

(4) 统计决断

根据 $N=n_++n_-=7+3=10$ 及显著性水平，查符号检验表（附表 13）寻找 r 的临界值，$r_{0.05}=1$，而实际的 $r=3>1=r_{0.05}$，按照表 9-2 单侧符号检验统计决断规则，$p>0.05$。由于符号检验表是单侧检验表，进行双侧检验时，其显著性水平应乘以 2，所以本例应在 0.10 显著性水平上保留零假设，而拒绝备择假设。其结论为：三岁幼儿五种颜色命名的教学无显著效果。

表 9-2　单侧符号检验统计决断规则

r 与临界值的比较	p 值	显著性
$r>r_{0.05}$	$p>0.05$	不显著
$r_{0.01}<r\leqslant r_{0.05}$	$0.01<p\leqslant 0.05$	显著(*)
$r\leqslant r_{0.01}$	$p\leqslant 0.01$	极其显著(**)

二、大样本情况

对差数的正号与负号差异的检验本属于二项分布的问题，当样本容量较大，即 $n>25$ 时，二项分布接近于正态分布，因此可以用正态分布近似处理。

二项分布的平均数，$\mu=np=\frac{n}{2}$（根据零假设，$p=\frac{1}{2}$），标准差

$$\sigma=\sqrt{npq}=\sqrt{n\frac{1}{2}\times\frac{1}{2}}=\frac{\sqrt{n}}{2}$$

因此

$$Z=\frac{r-\mu}{\sigma}=\frac{r-np}{\sqrt{npq}}=\frac{r-\frac{n}{2}}{\frac{\sqrt{n}}{2}} \tag{9-1}$$

在这里 r 表示 n_+（正号的数目）与 n_-（负号的数目）中数值较小的一个，n 表示 n_+ 与 n_- 之和。

二项分布是间断变量的概率分布，而正态分布是连续性变量的概率分布。二项分布若以正态分布来处理，最好使用连续性校正，使二项分布的曲线更接近正态分布。其校正公式为

$$Z=\frac{(r\pm0.5)-\frac{n}{2}}{\frac{\sqrt{n}}{2}} \tag{9-2}$$

当 $r>\frac{n}{2}$ 时，则 $r-0.5$；当 $r<\frac{n}{2}$ 时，则 $r+0.5$。

例 9-2 在教学评价活动中，要求学生对教师的教学进行 7 点评价（即 1～7 分），表 9-3 是某班学生对一位教师期中与期末的两次评价结果，试问两次结果差异是否显著?

解：

(1) 提出假设

$$H_0: P(x_i>y_i)=P(x_i<y_i)$$
$$H_1: P(x_i>y_i)\neq P(x_i<y_i)$$

(2) 选择检验统计量并计算其值

由于 $n=27$（有 1 个差数为 0，故不计算在内），样本容量较大，二项分

布近似于正态分布，可用 Z 比率作为检验统计量。

表 9-3 某班学生对一位教师两次评价结果的符号检验表

序 号	期 中(x_i)	期 末(y_i)	差数的符号
1	3	6	−
2	2	7	−
3	5	4	+
4	1	5	−
5	3	2	+
6	2	3	−
7	1	3	−
8	3	7	−
9	3	2	+
10	1	3	−
11	3	3	0
12	1	2	−
13	5	4	+
14	2	6	−
15	3	6	−
16	1	4	−
17	5	3	+
18	1	2	−
19	4	6	−
20	3	2	+
21	3	7	−
22	1	2	−
23	1	3	−
24	4	6	−
25	3	5	−
26	5	3	+
27	4	5	−
28	5	6	−

根据表 9-3 可知，$n_+=7$，$n_-=20$，$n=n_++n_-=8+19=27$（因为有 1 个差

数为 0)，$r=n_{-}=7$。由于 $7<\frac{27}{2}$，应当选择（9-2）式校正公式作为检验统计量。其值为

$$Z=\frac{(7+0.5)-\frac{27}{2}}{\frac{\sqrt{27}}{2}}=-2.31$$

（3）确定检验形式

根据题的要求，采用双侧检验。

（4）统计决断

实际计算出的 $|Z|=2.31$，$2.31>1.96$，则 $p<0.05$，根据双侧 Z 检验统计决断规则，在 0.05 显著性水平上接受备择假设，而拒绝零假设。其结论为：在 0.05 水平下认为期中、期末两次评价结果有显著差异。

第三节　符号秩次检验

前面所讲的符号检验虽然具有对所要检验的两总体分布形态以及方差的齐性无须作任何假定、计算简便迅速等优点，但由于它只考虑符号的正负，而不考虑差数数值的大小，因而失去了一部分样本所提供的信息。为克服这一缺陷，威尔科克逊（F. Wilcoxon）提出了符号秩次检验法，有些书上称之为符号等级检验法或添号秩次检验法。其适用条件与符号检验法相同，但它的精度比符号法高，因为它不仅考虑差值的符号，还同时考虑差值的大小。

当比较两个相关样本的差异时，威尔科克逊符号秩次检验法是将两个样本每对数据差数的绝对值，按从小到大排列的秩序，给予每一个差数以秩次（等级），然后再给差数记上符号。若两个样本无显著差异，正秩和与负秩和应当相等或接近相等，若正秩和与负秩和相差较大，那么两个样本差异显著的可能性较大。

一、小样本情况

当样本容量 $n<25$ 时，可用查表法进行符号秩次检验。

例 9-3　现对例 9-1 进行符号秩次检验。

解：

（1）提出假设

$$H_0：P(x_i>y_i)=P(x_i<y_i)$$

$$H_1：P(x_i>y_i)\neq P(x_i<y_i)$$

（2）求差数的绝对值

计算每对 x_i 与 y_i 的差数，但先不记符号。

（3）编秩次

根据差数的绝对值从小到大编秩次。差数为 0 表示无差别，不予以编秩次。差数绝对值最小的秩次编为 1，差数绝对值最大的秩次编为 n。差数绝对值相等的秩次，可用它们的秩次所占位置的平均数来代替。例如，表 9-4 中，差数绝对值为 2 的有两个，它们所占的秩次的位置为 2 和 3，则它们的秩次都用 $\frac{2+3}{2}=2.5$ 来表示。

表 9-4　实验组和对照组关于五种颜色命名的符号秩次检验表

	配对（1）	1	2	3	4	5	6	7	8	9	10	11	12
得分	实验组 x_i（2）	18	20	26	14	25	25	21	12	14	17	20	19
	对照组 y_i（3）	13	20	24	10	27	17	21	8	15	11	6	22
	差数（4）	5	0	2	4	2	8	0	4	1	6	14	3
	秩次（5）	7		2.5	5.5	2.5	9		5.5	1	8	10	4
	添号（6）	7		2.5	5.5	−2.5	9		5.5	−1	8	10	−4

（4）记号

按差数的正负，给秩次记上“＋”、“－”号。

（5）求秩和

分别计算正秩和（T_+）与负秩和（T_-）。

正秩和 $T_+=7+2.5+5.5+9+5.5+8+10=47.5$

负秩和 $T_-=2.5+1+4=7.5$

将正秩和与负秩和中较小的一个用 T 来表示，即 $T=7.5$。

(6) 统计决断

根据 $n=10$（因为有两个差数为 0，故未计算在内）及显著性水平，查符号秩次检验表（附表 14），双侧 T 的临界值 $T_{0.05}=8$。而实际计算的 $T=7.5^{*}<8=T_{0.05}$，按照表 9-5 符号秩次检验统计决断规则，则 $p<0.05$，于是在 0.05 显著性水平上拒绝零假设，而接受备择假设。其结论为：对于三岁幼儿进行五种颜色命名的教学有显著性效果。

表 9-5 符号秩次检验统计决断规则

T 与临界值的比较	p 值	显著性
$T>T_{0.05}$	$p>0.05$	不显著
$T_{0.01}<T\leqslant T_{0.05}$	$0.01<p\leqslant 0.05$	显著(*)
$T\leqslant T_{0.01}$	$p\leqslant 0.01$	极其显著(**)

对于该例符号检验的结果是在 0.10 显著性水平上保留零假设，而符号秩次检验的结果是在 0.05 显著性水平上拒绝零假设。对于同一组数据，两种检验结果发生矛盾时，应当以符号秩次检验的结果为准。因为符号秩次检验不仅考虑了差数的符号，而且考虑了差数的数值大小，它更多地利用了样本所提供的信息，所以检验结果的精密度比符号检验要高。

二、大样本情况

当样本容量 $n>25$ 时，二项分布接近正态。于是可用正态分布近似处理。由于 $n>25$，T 的抽样分布接近于正态，可用正态分布近似处理。

T 的总体平均数为

$$\mu_T=\frac{n(n+1)}{4} \tag{9-3}$$

在这里 $n=n_{+}+n_{-}$。

T 的总体标准差为

$$\sigma_T=\sqrt{\frac{n(n+1)(2n+1)}{24}} \tag{9-4}$$

在这里 $n=n_{+}+n_{-}$。

其检验统计量为

$$Z=\frac{T-\mu_T}{\sigma_T}$$

$$=\frac{T-n(n+1)/4}{\sqrt{\frac{n(n+1)(2n+1)}{24}}} \tag{9-5}$$

在这里 T 表示正秩和与负秩和中数值较小的一个。

例 9-4 现对例 9-2 进行符号秩次检验。

解：

(1) 提出假设

$$H_0: P(x_i>y_i)=P(x_i<y_i)$$

$$H_1: P(x_i>y_i)\neq P(x_i<y_i)$$

(2) 根据表 9-3 所示数据算出对应值之差，并编秩次，添号。

(3) 求出正秩和及负秩和

正秩和 $T_+=6+6+6+6+15.5+6+15.5=61$

负秩和 $T_-=21+27+24.5+6+15.5+24.5+15.5+6+24.5+21+21+6+15.5+24.5+6+15.5+15.5+15.5+6=317$

因而 $T=T_+=61$

表 9-6 某班学生对一位教师两次评价结果的符号秩次检验用表

序　号	期中	期末	x_i-y_i	秩次	添号
1	1	5	−3	21	−21
2	2	7	−5	27	−27
3	5	4	1	6	+6
4	1	5	−4	24.5	−24.5
5	3	2	1	6	+6
6	2	3	−1	6	−6
7	1	3	−2	15.5	−15.5
8	3	7	−4	24.5	−24.5
9	3	2	1	6	+6
10	1	3	−2	15.5	−15.5
11	3	3	0	0	0

续表

序　号	期中	期末	x_i-y_i	秩次	添号
12	1	2	−1	6	−6
13	5	4	1	6	+6
14	2	6	−4	24.5	−24.5
15	3	6	−3	21	−21
16	1	4	−3	21	−21
17	5	3	2	15.5	+15.5
18	1	2	−1	6	−6
19	4	6	−2	15.5	−15.5
20	3	2	1	6	+6
21	3	7	−4	24.5	−24.5
22	1	2	−1	6	−6
23	1	3	−2	15.5	−15.5
24	4	6	−2	15.5	−15.5
25	3	5	−2	15.5	−15.5
26	5	3	2	15.5	+15.5
27	4	5	−1	6	−6
28	5	6	−1	6	−6

(4) 选择检验统计量并计算其值

本例的差数有 1 个为 0，则样本容量为 $n=28-1=27$。由于 27>25，T 的抽样分布接近正态，可用正态分布近似处理。

将有关数据代入（9-3）、（9-4）、（9-5）式，则

$$\mu_{\mathrm{T}}=\frac{27(27+1)}{4}=189$$

$$\sigma_{\mathrm{T}}=\sqrt{\frac{27(27+1)(54+1)}{24}}=41.6$$

$$Z=\frac{\mathrm{T}-\mu_{\mathrm{T}}}{\sigma_{\mathrm{T}}}=\frac{61-189}{41.6}=-3.08$$

(5) 统计决断

实际计算的 $|Z|=3.08$，$3.08>2.58$，则 $p<0.01$，因此根据双侧 Z 检验统计决断规则，在 0.01 显著性水平上拒绝 H_0，接受 H_1，其结论为：表明两

次对该教师的评价有显著差异。

第四节　中位数检验

中位数检验法是通过对来自两个独立总体的两个样本的中位数的研究，来判断两个总体取值的平均状况是否有显著性差异。它的基本思想是假设两个总体 X 与 Y 具有相同的分布律，那么它们的取值将具有相同的平均状态。因为来自 X 的随机样本 x_1，x_2，…，x_{n1} 和来自 Y 的 y_1，y_2，…，y_{n2} 的中位数应该大致相同。如果两个样本的中位数差异较大，则应否定两个总体 X 和 Y 取值的平均状态相同的假设，或者说 X 和 Y 不具有相同的分布律。

中位数检验法的具体做法是：首先将两组数据 x_1，x_2，…，x_{n1} 和 y_1，y_2，…，y_{n2} 合并成一个容量为 $N=n_1+n_2$ 的样本，再找出这个样本的中位数 m。然后统计出 x_1，x_2，…，x_{n1} 中大于 m 的数据个数 a，小于或等于 m 的数据个数 b；y_1，y_2，…，y_{n2} 中大于 m 的数据个数 c，小于或等于 m 的数据个数 d，再进行 $r\times c$ 表的 χ^2 检验。

一、两个样本中位数的检验

例 9-5　某师范学校书法比赛男女学生得分如下。

学生序号	1	2	3	4	5	6	7	8	9	10	11	12	13	14
男	24	18	36	40	25	28	30	21	14	26	29	27		
女	30	27	19	36	26	41	16	22	15	28	31	32	42	43

问男女学生书法比赛成绩是否有显著差异？

解：

（1）提出假设

H_0：男女学生的比赛成绩没有显著性差异；

H_1：男女学生的比赛成绩有显著性差异。

（2）求共同的中位数

把两组数据合并成一组，然后按大小次序排列如下：

14，15，16，18，19，21，22，24，25，26，26，27，27，28，28，29，30，30，31，32，36，36，40，41，42，43。

这一组数据的中位数 $m=\frac{27+28}{2}=27.5$。

（3）统计中位数上下的频数

男生数据中大于 m 的数据个数为 5，即 $a=5$，小于或等于 m 的数据个数为 7，即 $b=7$；女生数据中大于 m 的数据个数为 8，即 $c=8$，小于或等于 m 的数据个数为 6，即 $d=6$。列表如下。

表 9-7　两组成绩中位数的 χ^2 检验表

性　别	$>m$ 的个数	$\leqslant m$ 的个数	$\sum$
男	$a=5$	$b=7$	12
女	$c=8$	$d=6$	14
$\sum$	13	13	26

（4）计算 χ^2 值

$$\chi^2=\frac{N\left(|ac-bc|-\frac{N}{2}\right)^2}{(a+b)(c+d)(a+c)(b+d)}$$

$$=\frac{26\left(|30-56|-\frac{26}{2}\right)^2}{12\times14\times13\times13}=0.155$$

（5）统计决断

根据 $df=1$ 查 χ^2 值表，找到 $\chi^2_{0.05(1)}=3.84$。由于实际计算出的 $\chi^2=0.155<3.84=\chi^2_{0.05(1)}$，则 $p>0.05$，按照 χ^2 检验统计决断规则，应在 0.05 显著性水平上不能拒绝零假设，而拒绝备择假设。其结论为：男女生书法比赛成绩无显著性差异。

注意：当 n_1 和 n_2 比较小并且 a，b，c，d 中有一数小于 5 时，不适合应用中位数检验法。

当 n_1 和 n_2 较大时，中位数的确定可采用以下方法：

$$m = L + \left(\frac{N}{2} - \sum f\right)\frac{i}{f_m} \qquad (9\text{-}6)$$

其中 L 为中位数所在组的下限，$\sum f$ 为数列中小于 L 的数据个数，f_m 是中位数所在组的频数，i 为组距。

例 9-6 某专科学校 90 级学生共 79 人，其中应届生 62 人，在职生17 人。体育课的考核成绩如下。

在职生：80，78，65，70，75，70，78，60，95，93，80，65，62，95，85，68，80；

应届生：75，85，92，75，75，65，70，65，78，85，90，85，88，70，80，78，83，70，78，93，99，90，60，80，90，85，88，90，78，90，75，70，75，90，60，93，95，92，75，67，72，62，90，83，66，90，78，92，70，85，83，90，78，80，68，80，87，90，96，73，73，68。

问在职生和应届生的体育课成绩有无显著性差异（取 $\alpha=0.05$）？

解：

（1）提出假设

H_0：在职生和应届生体育课成绩无显著性差异；

H_1：在职生和应届生体育课成绩有显著性差异。

（2）建立全体学生成绩的频数分布、累积频数表（见表 9-8）

表 9-8　79 个学生体育成绩的频数分布及累积频数分布表

组　别	频　数	累积频数
60～65	5	5
65～70	10	15
70～75	10	25
75～80	15	40
80～85	10	50
85～90	8	58
90～95	16	74
95～100	5	79

(3) 求共同的中位数

因为 $N=79$，为奇数，取 $\frac{N+1}{2}=40$。第 40 个位置上的数处于小区间 (75，80) 内，该组的下限为 $L=75$，该组的频数为 $f_m=15$。而整个数列中小于 L 的数据个数为 $\sum f=25$，组距为 $i=5$，所以中位数为

$$m=L+\left(\frac{N}{2}-\sum f\right)\frac{i}{f_m}=75+\left(\frac{79}{2}-25\right)\frac{5}{15}=79.8$$

(4) 统计中位数上下的频数

在职生的分数中大于 m 的数据个数为 $a=7$，小于或等于 m 的数据个数为 $b=10$；应届生的分数中大于 m 的数据个数为 $c=30$，小于或等于 m 的数据个数为 $d=32$。列表如下。

表 9-9　在职生和应届生体育成绩中位数的 χ^2 检验表

学生情况	$>m$ 的个数	$\leqslant m$ 的个数	$\sum$
在职生	$a=7$	$b=10$	17
应届生	$c=30$	$d=32$	62
$\sum$	37	42	79

(5) 计算 χ^2 值

$$\chi^2=\frac{79\times\left(|17\times32-10\times30|-\frac{79}{2}\right)^2}{17\times62\times37\times42}=0.064$$

(6) 统计决断

根据 $df=1$，查 χ^2 值表，找到 $\chi^2_{0.05(1)}=3.84$。由于实际计算出的 $\chi^2=0.064<3.84=\chi^2_{0.05(1)}$，则 $p>0.05$，按照 χ^2 检验的统计决断规则，应在 0.05 显著性水平上保留零假设，而拒绝备择假设。其结论为：在职生和应届生的体育课成绩无显著性差异。

二、多组中位数的检验

中位数检验法也适用于多组数据的比较，其方法与处理两组数据相似。首先把多组数据合并成一组数据，并依大小次序排列成一数列，找出该数列

的中位数 m，这就是多组数据的公共中位数。然后统计出各组数据中大于 m 及小于或等于 m 的数据个数。最后用列联表的 χ^2 检验即可。

例 9-7 从三所同类学校的同一年级中分别抽取 32，33，35 名学生，用同一英语试题进行测验，其结果如下。

A 校成绩：50，50，56，55，70，65，30，32，36，35，37，35，45，39，40，64，42，62，45，75，58，60，61，60，62，77，71，80，59，46，47，49。

B 校成绩：55，53，50，52，40，32，35，48，68，42，40，70，45，60，61，57，59，60，63，65，66，63，70，63，82，78，80，80，78，71，75，74，70。

C 校成绩：37，40，48，45，60，60，59，65，65，65，65，79，84，85，78，78，49，50，55，56，63，61，61，63，79，80，67，69，75，68，73，71，70，72，70。

问这三所学校英语成绩是否有显著性差异（取 $\alpha=0.05$）？

解：

(1) 提出假设

H_0：三所学校英语成绩无显著性差异；

H_1：三所学校英语成绩有显著性差异。

(2) 建立全体学生成绩的频数分布及累积频数表（见表 9-10）

(3) 求共同的中位数

在此例中 $N=100$，$\frac{N}{2}=50$。第 50 个数据所在的区间是（60，65）。该组的下限为 $L=60$，$\sum f=42$，$f_m=18$，$i=5$，因此中位数为

$$m=L+\left(\frac{N}{2}-\sum f\right)\frac{i}{f_m}$$

$$=60+\left(\frac{100}{2}-42\right)\frac{5}{18}=62.2$$

表 9-10　三所学校全体学生英语测验成绩的频数分布及累积频数分布表

组　别	频　数	累积频数
30～35	3	3
35～40	7	10
40～45	6	16
45～50	10	26
50～55	6	32
55～60	10	42
60～65	18	60
65～70	11	71
70～75	12	83
75～80	10	93
80～85	7	100

(4) 统计中位数上下的频数

统计出各校数据大于 m 及小于或等于 m 的数据个数，列表如下（见表中括号外数据）。

表 9-11　三所学校学生英语成绩中位数的 χ^2 检验

学　校	$>m$ 的个数	$\leqslant m$ 的个数	$\sum$
A	7(14.72)	25(17.28)	32
B	17(15.18)	16(17.82)	33
C	22(16.1)	13(18.9)	35
$\sum$	46	54	100

(5) 计算各组理论频数

为了计算 χ^2 值，首先需求出各组的理论频数。根据两种分类特征无关的零假设，计算双向表理论频数的公式为

$$f_t=\frac{n_r\times n_c}{N} \tag{9-7}$$

在这里 n_r 表示横行各组实际频数的总和；

n_c 表示纵列各组实际频数的总和；

N 表示总频数。

利用式（9-7）计算出的结果分别填入表 9-11 中，即表中括号内的数据。

（6）计算 χ^2 值

$$\chi^2=\frac{(7-14.72)^2}{14.72}+\frac{(25-17.28)^2}{17.28}+\frac{(17-15.18)^2}{15.18}+\frac{(16-17.82)^2}{17.82}+\frac{(22-16.1)^2}{16.1}+\frac{(13-18.9)^2}{18.9}=11.91$$

（7）统计决断

根据 $df=2$，查 χ^2 值表，找到 $\chi^2_{0.05(2)}=5.99$，由于实际计算出的 $\chi^2=11.91>5.99=\chi^2_{0.05(2)}$，则 $p<0.05$，按照 χ^2 检验的统计决断规则，应在 0.05 显著性水平上拒绝零假设，而接受备择假设。其结论为：三所学校英语成绩有显著性差异。

但是，这三所学校谁与谁有显著性差异还不知道，还需要继续两两进行比较。我们仍采用中位数检验法。

首先检验 A 校与 B 校英语成绩有无显著性差异。

检验的步骤如下。

（1）提出假设

H_0：A 校与 B 校英语成绩无显著性差异；

H_1：A 校与 B 校英语成绩有显著性差异。

（2）将 A 与 B 两组数据合并，找出其共同的中位数

经计算可知 $m=59$。

（3）统计中位数上下的频数

各组大于 m 及小于或等于 m 的频数如表 9-12。

表 9-12　A、B 两校英语成绩中位数的 χ^2 检验表

学　校	$>m$ 的个数	$\leqslant m$ 的个数	$\sum$
A	$a=12$	$b=20$	32
B	$c=20$	$d=13$	33
$\sum$	32	33	65

（4）计算 χ^2 值

$$\chi^2=\frac{65\times\left(|12\times13-20\times20|-\frac{65}{2}\right)^2}{32\times33\times32\times33}=2.61$$

（5）统计决断

查 χ^2 值表得到 $\chi^2_{0.05(1)}=3.84>2.61=\chi^2$，则 $p>0.05$，根据 χ^2 检验统计决断规则，应在 0.05 显著性水平上保留零假设，而拒绝备择假设。其结论为：A 校与 B 校的英语成绩无显著性差异。

再检验 A 校与 C 校英语成绩有无显著性差异。

检验的步骤如下。

（1）提出假设

H_0：A 校与 C 校英语成绩无显著性差异；

H_1：A 校与 C 校英语成绩有显著性差异。

（2）将 A 与 C 两组数据合并，找出其共同的中位数

经计算可知 $m=61$。

（3）统计中位数上下的频数

各组数据中大于 m 及小于或等于 m 的数据个数如表 9-13 所列。

表 9-13 A、C 两校英语成绩中位数的 χ^2 检验表

学 校	$>m$ 的个数	$\leqslant m$ 的个数	$\sum$
A	$a=9$	$b=23$	32
C	$c=24$	$d=11$	35
$\sum$	33	34	67

（4）计算 χ^2 值

$$\chi^2=\frac{67\times\left(|9\times11-23\times24|-\frac{67}{2}\right)^2}{32\times35\times33\times34}=9.38$$

（5）统计决断

因为 $\chi^2=9.38>\chi^2_{0.05(1)}=3.84$，根据 χ^2 检验统计决断规则，应在 0.05 显著性水平上保留备择假设，而拒绝零假设。其结论为：A 校与 C 校的英语成绩有显著性差异。

最后检验 B 校与 C 校的英语成绩有无显著性差异。

检验的步骤如下。

(1) 提出假设

H_0：B 校与 C 校英语成绩无显著性差异；

H_1：B 校与 C 校英语成绩有显著性差异。

(2) 将 B 与 C 两组数据合并，找出其共同的中位数

经计算可知 $m=64$。

(3) 统计中位数上下的频数

各组数据中大于 m 及小于或等于 m 的数据个数如表 9-14 所列。

表 9-14 B、C 两校英语成绩中位数的 χ^2 检验表

学 校	$>m$ 的个数	$\leqslant m$ 的个数	$\sum$
B	$a=14$	$b=19$	33
C	$c=20$	$d=15$	35
$\sum$	34	34	68

(4) 计算 χ^2 值

$$\chi^2=\frac{68\times\left(|14\times15-19\times20|-\frac{68}{2}\right)^2}{33\times35\times34\times34}=0.94$$

(5) 统计决断

因为 $\chi^2=0.94<\chi^2_{0.05(1)}=3.84$，根据 χ^2 检验的统计决断规则，应在 0.05 显著性水平上保留零假设，而拒绝备择假设。其结论为：B 校与 C 校的英语成绩无显著性差异。

第五节 秩和检验

当比较两个独立样本的差异时，可采用曼和惠特尼（Mann & Whitney）

二人提出的秩和检验法。此法又称为曼-惠特尼 U 检验法。

秩和检验法的基本思想是假设两组数据没有显著性差异，那么把这些数据充分混合再依大小次序进行排列，则这两组数据中每个数排在第几号的概率应该是一样的。如果相差过大则应否定没有显著性差异的假设。我们把所有数据按由小到大的次序排列时，每一个数排在第几号的号数为这个数据的秩；把每一组数据中所有的数对应的秩加起来所得的数叫做该组数据的秩和，用 T 表示。如果原来的两组数据没有显著性差异，那么秩和 T 不应太大或者太小。如果 T 过大或者过小，则应否定两组数据没有显著性差异的假设。根据两组数据的个数 n_1 和 n_2 以及显著性水平 α 而制作的秩和检验表给出了秩和的下限 T_1 和上限 T_2。一般情况是取数据个数少的一组，设它的秩和为 T，然后让 T 同 T_1、T_2 进行比较。如果 $T \leqslant T_1$，或者 $T \geqslant T_2$，则认为两组数据有显著性差异；如果 $T_1 < T < T_2$，则认为两组数据没有显著性差异。

一、小样本的情况

当两个独立样本的容量 n_1 和 n_2 都小于 10，并且 $n_1 \leqslant n_2$ 时，可将两个样本的数据合在一起，按数据从小到大的顺序，给每一个数据编秩次，最小的数据秩次为 1，最大的数据秩次为 $n_1 + n_2$。如果两个样本无显著性差异，那么两个样本的秩和应当相等；如果两个样本的秩和相差较大，那么两个样本有显著性差异的可能性较大。

例 9-8 为了检查实验班和普通班英语成绩有无显著性差异，随机从实验班抽出 5 人，从普通班抽出 7 人，用同一试题进行测试，其成绩如下。

实验班：92，85，88，76，90；

普通班：75，85，96，90，68，87，85。

问这两个班的成绩差异是否显著（取 $\alpha = 0.05$）?

解：

（1）提出假设

H_0：两个班的英语成绩无显著差异；

H_1：两个班的英语成绩有显著差异。

（2）编秩次

将两组数据放在一起由小到大编秩次（见表 9-15），编秩次的方法与符号秩次检验编秩次的方法相同。

表 9-15　两组学生英语成绩秩和检验表

班级	实验班					普通班						
分数	92	85	88	76	90	75	85	96	90	68	87	85
秩	11	5	8	3	9.5	2	5	12	9.5	1	7	5

（3）求秩和

计算样本容量较小一组的秩次和，并用 T 表示。

$$T=3+5+8+9.5+11=36.5$$

（4）统计决断

根据 $n_1=5$，$n_2=7$ 及 $\alpha=0.05$ 查秩和检验表（附表 12）可知，$T_1=22$，$T_2=43$。由于实际计算出的 $T_1<T<T_2$，根据前面所讲的秩和检验统计决断规则，在 0.05 显著性水平上不能拒绝零假设而拒绝备择假设。其结论为：两个班的英语成绩没有显著性差异。

二、大样本的情况

附录中的秩和检验表只列到 n_1，$n_2\leqslant 10$ 的情形，大于 10 时可以证明 T 近似服从正态分布，因此对两个样本的差异可以用正态分布的 Z 比率进行检验。这时 T 的总体平均数为

$$\mu_T=\frac{n_1(n_1+n_2+1)}{2} \tag{9-8}$$

在这里 n_1，n_2 分别表示第一、第二样本容量。

T 的总体标准差为

$$\sigma_T=\sqrt{\frac{n_1 n_2(n_1+n_2+1)}{12}} \tag{9-9}$$

在这里 n_1，n_2 分别表示第一、第二样本容量。

其检验统计量为

$$Z=\frac{T-\mu_T}{\sigma_T}$$

$$=\frac{T-n_1(n_1+n_2+1)/2}{\sqrt{\frac{n_1 n_2(n_1+n_2+1)}{12}}} \quad (9\text{-}10)$$

在这里 T 表示样本容量较小一组的秩和。

Z 值落在 -1.96 至 1.96 区间内则表明差异不显著（双侧，0.05 水平），落在该区间之外则表明差异显著。$\alpha=0.01$ 时，$Z_\alpha=2.58$；如果取 $\alpha=0.10$，则 $Z_\alpha=1.645$。

例 9-9 对某班学生进行注意稳定性实验，男生与女生的实验结果如表 9-16 第（2）（3）列所示，试检验男女生之间注意稳定性是否有显著差异。

表 9-16 男女生注意稳定性的秩和检验表

序号（1）	原始分数		秩 次	
	男（2）	女（3）	男（4）	女（5）
1	19	25	1.5	8.5
2	32	30	23.5	19.5
3	21	28	3	15
4	34	34	27	27
5	19	23	1.5	5
6	25	25	8.5	8.5
7	25	27	8.5	13.5
8	31	35	21.5	29.5
9	31	30	21.5	19.5
10	27	29	13.5	17
11	22	29	4	17
12	26	33	11.5	25
13	26	35	11.5	29.5
14	29	37	17	31
15		24		6
16		34		27
17		32		23.5
总和			$T=174$	

解：

（1）提出假设

H_0：男女生之间注意稳定性无显著差异；

H_1：男女生之间注意稳定性有显著差异。

（2）编秩次

将男女生原始分数合在一起，按从小到大的顺序编秩次。见表 9-16 第（4）（5）列所示。

（3）求秩和

计算样本容量较小一组的秩和，并用 T 表示，$T=174$。

（4）计算检验统计量的值

由于 $n_1=14$，$n_2=17$，两组容量都大于 10，故可用正态近似处理。

将 $n_1=14$，$n_2=17$，$T=174$ 代入（9-10）式，则

$$Z=\frac{174-14\times(14+17+1)/2}{\sqrt{\frac{14\times17\times(14+17+1)}{12}}}=-1.98$$

（5）统计决断

由于 $|Z|=1.98>1.96=Z_{0.05}$，则 $p\leqslant0.05$，根据双侧 Z 检验统计决断的规则，应在 0.05 显著性水平上拒绝零假设，而接受备择假设。其结论为：男女生注意稳定性有显著性差异。

第六节　秩次方差分析

一、单向秩次方差分析

对于几个独立样本差异的显著性，可以用克鲁斯卡尔（W. H. Kruskal）和沃利斯（W. A. Wallis）所提出的单向秩次方差分析进行检验。这种方法又称 H 检验法。它相当于对多组平均数所进行的参数的方差分析。但是它不需要对样本所属的几个总体作正态分布及方差齐性的假定。它处理的是秩次变量的资料，是用秩次进行的非参数的方差分析。

这种检验方法是将所有样本的数据合在一起，按从小到大编秩次，然后计算各样本的秩和。如果各组有显著性差异，在各组容量相等的情况下，各

组秩和应当相等或趋于相等；如果各组秩和相差较大，则各组有显著性差异的可能性较大。

H 检验方法的统计量计算公式为

$$N=\frac{12}{N(N+1)}\sum_{i=1}^{k}\frac{R_i{}^2}{n_i}-3(N+1) \tag{9-11}$$

在这里 N 为 k 个样本容量的总和，R 为第 i 个样本的秩和，n_i 为第 i 个样本的容量。

当 $k=3$ 且 $n_i\leqslant5$ 时，计算出 H 值后查附表 15。若 H 值大于临界值，则拒绝 H_0；H 值小于临界值时，则不能拒绝 H_0。

当 $k>3$ 或 $n_i>5$ 时，在附表 15 中查不到 H 的临界值，一般认为这时公式（9-11）算出的 H 值的抽样分布近似 χ^2 分布。因此，计算的 H 值按 $df=k-1$ 查 χ^2 表。若 H 值大于对应的 χ^2 临界值，则推翻原假设。

例 9-10 11 名学生分别来自教师、工人和干部三种家庭，进行创造力测验的结果如表 9-17 第（2）（3）（4）列所示，试问家长的职业与学生创造力是否有明显联系？

表 9-17 三组学生测验结果的单向秩次方差分析表

序号	原始分数			秩　次		
	教师家庭	工人家庭	干部家庭	教师家庭	工人家庭	干部家庭
(1)	(2)	(3)	(4)	(5)	(6)	(7)
1	128	90	89	11	4	3
2	114	91	80	10	5	1
3	103	106	101	8	9	7
4	92			6		
5	85			2		
总和	$N=5+3+3=11$			$R_1=37$	$R_2=18$	$R_3=11$

解：

（1）提出假设

H_0：三组学生测验成绩无显著性差异，即家长的职业与学生创造力无明显联系；

H_1：三组学生测验成绩有显著性差异。

（2）编秩次并求其和

将三组数据放在一起，从小到大编秩次［见表 9-17 第(5)(6)(7)列］，计算出各组秩和为：$R_1=37$，$R_2=18$，$R_3=11$。

（3）计算检验统计量的值

$$H=\frac{12}{11\times(11+1)}\times\left(\frac{37^2}{5}+\frac{18^2}{3}+\frac{11^2}{3}\right)-3\times(11+1)$$
$$=2.37$$

（4）统计决断

因为 $k=3$，$n_i\leqslant 5$，所以需查 H 检验表（附表 15）。查表找到 $n_1=5$，$n_2=3$，$n_3=3$，$p=0.05$ 时 H 临界值为 5.51，实际计算出的 $H=2.37<H_{0.05}=5.51$，因此在 0.05 显著性水平上不能拒绝零假设而拒绝备择假设。其结论为：三组学生测验成绩无显著性差异，即说明家长职业与学生创造力无明显联系。

例 9-11 四所学校分别选出一部分学生作为本校代表队参加全市物理竞赛，结果如表 9-18 第（2）（3）（4）（5）列所示。问四所学校成绩是否有显著性差异（取 $\alpha=0.01$）？

解：检验的步骤如下。

（1）提出假设

H_0：四所学校成绩无显著性差异；

H_1：四所学校成绩有显著性差异。

（2）编秩次并求其和

将 A、B、C、D 四组数据放在一起，按从小到大编秩次［见表 9-18 第（6）（7）（8）（9）列］，计算出各组秩和为：$R_1=136$，$R_2=236$，$R_3=132$，$R_4=57$。

表 9-18　四所学校竞赛成绩的单向秩次方差分析表

序号	原始分数				秩　次			
	A	B	C	D	A	B	C	D
（1）	（2）	（3）	（4）	（5）	（6）	（7）	（8）	（9）
1	80	99	89	76	10.5	32.5	24	5.5
2	88	91	82	77	22.5	26	14	7
3	87	98	81	75	21	30	13	3.5
4	86	98	80	78	18.5	30	10.5	8
5	90	99	86	76	25	32.5	18.5	5.5

续表

序号 (1)	原始分数				秩　次			
	A (2)	B (3)	C (4)	D (5)	A (6)	B (7)	C (8)	D (9)
6	88	96	86	73	22.5	28	18.5	2
7	85	92	86	71	16	27	18.5	1
8		98	84	80		30	15	10.5
9				75				3.5
10				80				10.5
总和	$N=7+8+8+10=33$				$R_1=136$	$R_2=236$	$R_3=132$	$R_4=57$

(3) 计算检验统计量的值

$$H=\frac{12}{33\times(33+1)}\times\left(\frac{136^2}{7}+\frac{236^2}{8}+\frac{132^2}{8}+\frac{57^2}{10}\right)-3\times(33+1)$$
$$=27.5$$

(4) 统计决断

A、B、C、D四个独立样本的容量（$n_1=7$，$n_2=8$，$n_3=8$，$n_4=10$）均大于5，组数 $k=4>3$，H 的抽样分布接近于自由度 $df=k-1$ 的 χ^2 分布，于是根据 $df=4-1=3$，查 χ^2 值表，找到 $\chi^2_{0.01(3)}=11.34$。由于 $H=27.5>\chi^2_{0.01(3)}=11.34$，则 $p<0.01$，于是在0.01显著性水平上拒绝零假设，而接受备择假设。其结论为：四所学校成绩有极其显著性差异。

二、双向秩次方差分析

前面讲的单向秩次方差分析处理的是几个独立样本次序变量的资料。这里双向秩次方差分析所要处理的是几个相关样本次序变量的资料。在检验方法方面，单向秩次方差分析是将各组数据合在一起编排秩次，分组计算秩和；双向秩次方差分析则按各组数据编排秩次，按各研究项目计算秩和。该方法是由弗里德曼（Friedman）提出的，因此有些书上称之为弗里德曼检验。其检验统计量的计算公式为

$$\chi_r^2=\frac{12}{nk(k+1)}\sum_{i=1}^{k}R_i^2-3n(k+1) \tag{9-12}$$

在这里 n 为研究项目的组数，k 为研究项目数，R_i 为第 i 个研究项目的秩和。

当 $n \leqslant 9$，$k=3$ 或 $n \leqslant 4$，$k=4$ 时，计算出 χ_r^2 值后查双向秩次方差分析 χ_r^2 值表（附表 16）。

当 $k=3$，$n>9$ 或 $k=4$，$n>1$ 或是 $k>4$ 时，χ_r^2 的抽样分布接近于自由度为 $df=k-1$ 的 χ^2 分布，于是可用 χ^2 表近似处理。

例 9-12 六位教师对三节数学课的评价分数如表 9-19 第（2）（3）（4）列所示。问这六位教师对三节数学课的评价是否一致？

解：

（1）提出假设

H_0：六位教师对三节数学课的评价一致；

H_1：六位教师对三节数学课的评价不同。

（2）编秩次

对三节课的评价分数由小到大按评判教师分组编排秩次，见表 9-19 第（5）（6）（7）列所示。

表 9-19　六位教师对三节数学课评价的双向秩次方差分析表

序号	评价分数			秩　次		
	第一节	第二节	第三节	第一节	第二节	第三节
（1）	（2）	（3）	（4）	（5）	（6）	（7）
1	81	84	70	2	3	1
2	83	76	82	3	1	2
3	84	87	89	1	2	3
4	88	76	87	3	1	2
5	94	87	93	3	1	2
6	94	91	96	2	1	3
总和				$R_1=14$	$R_2=9$	$R_3=13$

（3）求秩和

分别计算三节课评价数的秩次和，得 $R_1=14$，$R_2=9$，$R_3=13$。

（4）计算检验统计量的值

六位教师对三节课的评价，相当于对六个被试先后进行三种不同的实验处理组成 $n=6$ 的三个相关样本。将 $n=6$，$k=3$，${R_1}^2=196$，${R_2}^2=81$，${R_3}^2=$

169 等值代入（9-12）式得

$$\chi_r^2 = \frac{12}{6\times 3\times 4}\times(196+81+169)-3\times 6\times 4$$
$$=2.33$$

（5）统计决断

因 $n=6$，$k=3$，查 χ_r^2 概率表（附表 16），取 $p=0.052$ 时，χ_r^2 的临界值为 6.33。实际计算得 $\chi_r^2=2.33$，$2.33<6.33$，$p<0.05$。在 0.05 的显著性水平上不能拒绝零假设，拒绝备择假设。其结论为：六位教师对三节数学课的评价是一致的。

【要点小结】

总体分布无法满足总体的正态分布的假定，或者获得的数据不全是等距变量和比率变量时，参数检验就不适用了，要对数据进行检验就应使用非参数检验。

根据变量类型、检验假设和样本容量可分为以下几种方法。

1. 符号检验：通过对两相关样本的每对数据差数的符号的检验，来比较这个两样本差异的显著性。

2. 符号秩次检验：使用条件与符号检验法相同，但是它还考虑了两样本差值的大小，因此精度要比符号检验法高。

3. 中位数检验：通过对两独立总体的两个样本的中位数的比较，来判断两个总体取值的平均状况是否有显著差异。

4. 秩和检验：主要用于比较两个独立样本之间是否有差异。

5. 秩次方差分析：对几个独立样本差异性的检验，应使用单向秩次方差分析；对几个相关样本差异性的检验，应使用双向秩次方差分析。

【思考与练习】

1. 非参数统计应用条件是（　　）。

A. 总体是正态分布

B. 若两组比较，要求两组的总体方差相等

C. 不依赖于总体分布

D. 要求样本例数很大

2. 下述不是非参数统计的特点有（　　）。

A. 不受总体分布的限定

B. 多数非参数统计方法简单，易于掌握

C. 适用于等级资料

D. 检验效能总是低于参数检验

3. 以下检验方法之中，不属于非参数检验法的是（　　）。

A. Kruskal-Wallis 检验　　B. 符号检验

C. t 检验　　D. Wilcoxon 检验

4. 若要检验两个独立样本是否取自均值相等的总体，则可采用（　　）。

A. 独立性检验　　B. 曼-惠特尼 U 检验

C. H 检验法　　D. 弗里德曼检验

5. 等级资料的比较适合用（　　）。

A. t 检验　　B. F 检验

C. 秩和检验　　D. χ^2 检验

6. 在进行 Wilcoxon 法检验时，以下检验假设正确的是（　　）。

A. H_0：两样本对应的总体均数相同

B. H_0：两样本的中位数相同

C. H_0：两样本对应的总体分布相同

D. 以上都不正确

7. 两个小样本比较的假设检验，应首先考虑（　　）。

A. t 检验　　B. 秩和检验

C. 资料符合何种检验条件　　D. 任选一种检验方法

8. 在符号秩次检验中，如果有两个差数为 0，则（　　）。

A. 对正秩和有 0.5 和 1，对负秩和有 −0.5 和 −1

B. 对正秩和有 2，对负秩和有 −2

C. 对正秩和有 3，对负秩和有 −3

D. 不考虑编秩次序

9. 符号秩次检验的基本思想是：如果检验假设成立，则对样本来说（　　）。

A. 正秩和的绝对值小于负秩和的绝对值

B. 正秩和的绝对值大于负秩和的绝对值

C. 正秩和的绝对值与负秩和的绝对值相差较大

D. 正秩和的绝对值与负秩和的绝对值不会相差很大或与负秩和的绝对值相等

10. 单秩次方差分析，确定 p 值时，可利用查表法的情况是（　　）。

A. 组数<3，每组例数<5　　B. 组数<3，每组例数≤5

C. 组数=3，每组例数>5　　D. 组数=3，每组例数≤5

11. 设配对设计的变量值为 X_1 和 X_2，则配对的秩和检验是（　　）。

A. 把 X_1 和 X_2 综合从小到大编秩次

B. 把 X_1 与 X_2 的差数绝对值从小到大编秩次

C. 把 X_1 与 X_2 的差数从小到大编秩次

D. 把 X_1 和 X_2 综合按绝对值从小到大编秩次

12. 秩和检验和 t 检验相比，其优点是（　　）。

A. 检验效能高　　B. 公式更为合理

C. 计算简便，不受分布限制　　D. 抽样误差小

13. 符号秩和检验对差值编秩次时，遇有差值绝对值相等时（　　）。

A. 符号相同，则取平均秩次

B. 符号相同，仍按顺序编秩次

C. 符号不同，仍按顺序编秩次

D. 不考虑符号，按顺序编秩次

14. n_1 和 n_2（$n_2>n_1$）两组样本数据比较，用秩和检验，有（　　）。

A. n_1 个秩次　　B. n_2 个秩次

C. n_1-n_2 个秩次　　D. n_1+n_2 个秩次

15. 成组设计的两小样本均数比较的假设检验，首先应考虑（　　）。

A. t 检验

B. 成组设计两样本比较的秩和检验

C. t 检验或成组设计两样本比较的秩和检验

D. 考虑数据符合 t 检验条件还是成组设计两样本比较的秩和检验条件

16. 对两样本均数作比较时，已知 n_1，n_2 均小于 30，总体方差不齐性，

且分布呈偏态，适合用（　　）。

A. t 检验　　B. Z 检验

C. 秩和检验　　D. F 检验

17. 符号秩次检验（Wilcoxon 配对法）中，秩和 T 与 p 值的关系描述正确的是（　　）。

A. T 落在界值范围下界外，则 p 值大于相应概率

B. T 落在界值范围上界外，则 p 值大于相应概率

C. T 落在界值范围内，则 p 值小于相应概率

D. T 落在界值范围上，则 p 值大于相应概率

18. 要检验总体是否服从正态分布，可采用的统计检验方法是（　　）。

A. F 检验　　B. t 检验

C. χ^2 分布　　D. 正态检验

19. 当列联表为 4 行 5 列时，其自由度为（　　）。

A. 20　　B. 12　　C. 9　　D. 15

20. 符号检验与符号秩次检验相比，（　　）。

A. 方法简单，且更为有效

B. 方法简单，但有效性较差

C. 方法复杂，且有效性较差

D. 方法复杂，但更为有效

21. 非参数检验方法中，需用列联表的是（　　）。

A. 拟合优度检验　　B. 曼-惠特尼 U 检验

C. 成对比较检验　　D. 独立性检验

22. 若有 40 对成对数据，其中 10 对没有差别，则符号秩次检验时，检验所用的实际样本容量为（　　）。

A. 40　　B. 10　　C. 35　　D. 30

23. 什么是非参数检验?

24. 非参数方法与参数方法相比较具有哪些特点?

25. “对某资料进行统计分析时，应尽量采用参数检验方法，一般不易采用非参数检验方法”，试评价这种说法正确否?

26. 下表资料是 8 名健康成年人服用肠溶醋酸棉酚片前后的血红蛋白浓度检查结果，服用时间为 1～2 个月，问服药后血液中血红蛋白浓度有无下降？

表 1　服药前后血红蛋白浓度（万/ml）

编号	1	2	3	4	5	6	7	8
服药前	620	3 200	650	720	600	650	260	580
服药后	66	560	370	500	630	120	180	220

27. 用秩和检验和 t 检验分别作检验配对设计的两组鼠肝中维生素 A 含量 (IU/g) 有无显著差异，试比较两种方法的检验结果并加以说明。

表 2　不同饲料组鼠肝维生素 A 含量

配偶组	肝维生素 A 含量		差数
	饲料组	维生素 E 缺乏组	d
1	3 600	2 450	1 150
2	2 000	2 400	—400
3	3 000	1 800	1 200
4	3 950	3 200	750
5	3 800	3 950	—150
6	3 760	2 700	1 060
7	3 450	2 500	950
8	3 050	1 750	1 300
9	2 500	2 550	-50
10	3 640	3 750	—110

28. 以下是测得的汞作业与非汞作业工人血液中的汞值 (μmol/L)，请问两组工人血液中的汞值有无差别？

表 3　两组工人血液中汞值含量（μmol/L）

汞作业工人（n_1）	非汞作业工人（n_2）
0.79	0.26
0.88	0.26
0.95	0.27

续表

汞作业工人（n_1）	非汞作业工人（n_2）
1.31	0.36
1.74	0.42
2.18	0.56
2.31	0.65
	0.71
	0.88
	1.12

29. 在研究某药物镇静作用的实验中，曾有人以5%的该药物浸液对20只小白鼠作注射，以等量蒸馏水对同批12只小白鼠作同样注射为对照，问该药物是否有显著的镇静作用？

表4　药物镇静作用的实验结果

镇静级别	变量	
	药物组	对照组
1	4	11
2	1	0
3	2	1
4	1	0
5	12	0

【拓展性阅读导航】

1. ［美］康诺华著，崔恒建译：《实用非参数统计》，人民邮电出版社2006年版。

作者从问题背景与动机、方法引进、理论基础、计算机实现、应用实例、文献综述等诸多方面介绍了非参数统计方法，内容包括基于二项分布的检验、列联表、秩检验、Kolmogorov-Smirnov型统计量等。本书内容丰富、思路清晰、层次分明，在强调实用性的同时，突出了应用方法与理论的结合，并在正文和习题中都提供了大量的实际案例。

2. 王星编著：《非参数统计》，中国人民大学出版社2005年版。

本书主要介绍非参数统计的基本概念、原理、应用和实践，内容包括单一样本、两样本以及多样本非参数统计估计和假设检验，分类数据的关联分析方法，数值类型数据之间的相关关系和回归系数的非参数推断，以及非参数密度估计和非参数回归等。本书的主要特色是结合 S-Plus 或 R 软件讲解非参数统计方法的原理和应用。本书附带光盘，其中收录了书中部分例题数据和大部分章节的教学大纲。

第十章
主成分分析与因素分析

【内容提要】

有多个变量影响教育与心理实验或测量时，我们希望能够找出少数几个主要的影响因素。主成分分析和因素分析就是两种降低变量维数，找出主要影响因素并对主要因素作出统计描述的多元统计分析方法。

【学习目标】

了解主成分分析与因素分析的原理与计算方法。能正确解释主成分分析和因素分析的因素负荷、变量的共同度等数据。能从整体分析的角度解释主成分分析与因素分析的结果并能作出正确的判断。

【关键词】

主成分分析　因素分析　因素负荷　共同度　正交变换　斜交变换

一般而言，一份问卷包括很多个题项。我们是报告每个题项的分数还是对这些题项进行高度概括，仅报告少数几个指标？教育与心理研究中有很多这种类似的情况，研究者会遇到反映复杂的教育与心理现象的多个相关变量数据，并且总希望从中找出影响其存在和发展的若干主要因素，以便能尽快抓住主要矛盾，使对问题的处理更加有效和方便。主成分分析和因素分析就是两种降低变量维数、寻求主要因素以便于描述、理解和分析的方法。

主成分分析在教育与心理上的应用，主要是用以寻找判断某种事物或现象的主要综合指标，它是在不损失或很小损失原有信息的前提下，将原来多个彼此相关的指标转换为新的少数几个彼此独立的综合指标的一种多元统计分析方法。实际上，主成分分析是一个数据降维的过程，即将反映复杂现象的相关变量用综合变量来代表。

因素分析方法在 1904 年首先被英国心理学家斯皮尔曼（Chales Spearman）应用于他的一篇论文中。他的分析结论是，在学生多种课程考试中，每门课程的考试成绩都可表示成一个“一般因素”与一个“特殊因素”之和。以后这种思想得到进一步发展，“一般因素”由“若干个因素”所代替。例如，对学生进行数学、语文、外语、物理、化学、生物等学科的测验，把每门学科的成绩看做一个变量，那么，从这些变量中可提取若干影响成绩的一般因素（或称共同因素），如词语分析能力、逻辑推理能力、记忆力等。而每个变量还受各自特殊因素的影响，如数学成绩受符号推理能力的影响，语文成绩受写作能力的影响等。

因素分析的基本思想是，首先将多个描述事物性质的变量综合为较少的几个“因素”，然后依据一定的方式对所获得的“因素”作出较为合理的解释。主成分分析可以看成是因素分析的一个特例，它本身往往不是目的，而是达到目的的一种手段，常用于因素分析的中间环节。

在介绍两种方法之前，先引入一个实例。

为考察不同课程对学生知识能力的影响，某教育研究工作者选择了初中的 8 门课程为研究对象，它们是：代数、平面几何、物理、地理、英语、语文、化学、历史。随后随机抽取了 50 名学生，将他们 8 门课程的成绩列在表 10-1 中。

表 10-1　50 名学生八门课程的成绩

课程 学生	代数	几何	物理	地理	语文	英语	历史	社会	课程 学生	代数	几何	物理	地理	语文	英语	历史	社会
1	75	73	68	65	68	63	73	70	9	73	72	68	70	82	84	78	67
2	59	50	52	55	68	59	78	76	10	65	64	65	65	75	80	73	72
3	74	72	65	70	81	80	73	73	11	71	63	65	60	76	72	63	65
4	69	60	68	65	73	79	85	70	12	83	76	80	75	90	90	80	79
5	68	67	63	60	63	65	78	68	13	67	66	60	60	78	82	77	72
6	69	66	66	62	70	76	70	70	14	70	60	62	64	82	80	82	77
7	63	54	65	65	70	68	62	62	15	61	54	50	53	70	67	62	60
8	67	66	57	59	85	83	68	74	16	69	69	72	62	85	83	70	72

续表

学生＼课程	代数	几何	物理	地理	语文	英语	历史	社会	学生＼课程	代数	几何	物理	地理	语文	英语	历史	社会
17	79	84	80	65	83	85	71	70	34	77	68	71	74	72	76	69	72
18	71	63	67	68	78	84	68	66	35	79	76	72	70	74	75	73	75
19	70	64	66	63	69	77	61	71	36	65	65	62	64	77	73	73	69
20	69	58	54	61	74	73	63	70	37	65	76	67	71	73	68	65	64
21	71	62	66	68	77	83	62	78	38	78	72	73	70	89	86	69	78
22	72	68	62	53	85	65	74	59	39	60	54	55	58	75	75	60	65
23	78	70	74	70	75	78	69	74	40	83	77	70	74	78	81	73	73
24	71	67	65	64	83	69	70	65	41	60	53	64	58	84	80	65	63
25	65	64	65	61	67	72	63	67	42	72	70	69	60	86	84	78	81
26	69	62	65	70	83	79	68	71	43	76	72	68	63	75	76	73	68
27	86	71	70	72	92	91	82	80	44	78	70	68	72	83	86	63	57
28	61	55	56	56	67	66	70	72	45	79	76	72	68	83	80	62	68
29	76	75	78	72	88	82	69	68	46	71	58	60	55	84	82	71	73
30	69	56	60	68	83	82	60	68	47	73	63	60	58	86	82	69	66
31	73	67	62	64	70	68	67	60	48	71	53	51	62	73	72	70	65
32	73	60	64	68	82	79	63	62	49	73	74	69	66	81	77	62	61
33	61	55	56	57	74	67	63	62	50	55	52	50	51	80	82	67	68

我们需要解决的是这 8 个变量（学科分数）能否用少数几个因素（不同方面的知识能力）来表示，这少数几个方面能包含多少原有数据的信息，如何解释，如何利用因素对学生不同的知识能力进行排序，主成分分析和因素分析可以解决这些问题。

第一节　主成分分析

一、主成分分析的基本原理

为了更好地说明主成分分析的基本原理，我们以二维两个变量为例来对照线性回归的问题，说明主成分分析的基本思想。

设有两个变量 x_1，x_2，分别以横轴、纵轴代表，共 n 个观测点（x_{i1}，x_{i2}），$i=1，2，\cdots，n$。这 n 个观测点的分布如图 10-1。

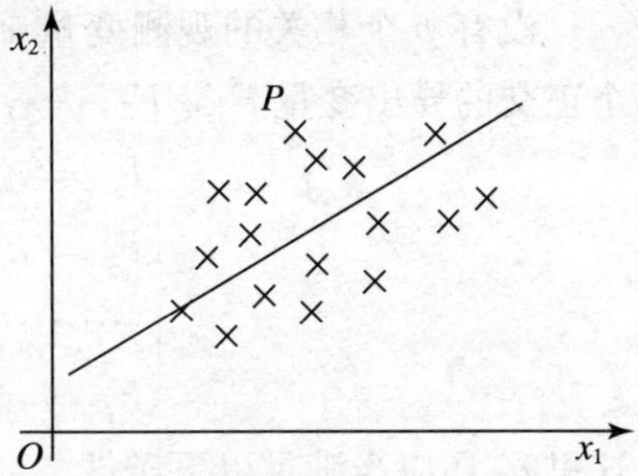

图 10-1　线性回归直线示意图

由回归分析中我们知道，线性回归的问题就是要找到一条对 n 个观测值（x_{i1}，x_{i2}）拟合直线 $\hat{x}_{i2}=a+bx_{i1}$，使得离差平方和最小。

$$Q=\sum_{i=1}^{n}(x_{i2}-\hat{x}_{i2})^2=\sum_{i=1}^{n}(x_{i2}-a-bx_{i1})^2$$

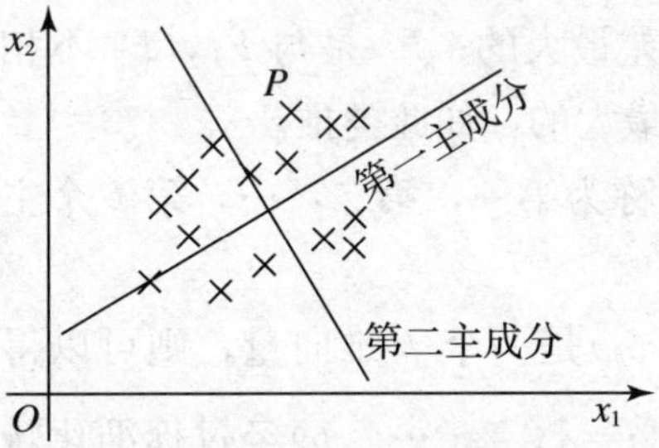

图 10-2　主成分分析示意图

主成分分析原理是：先对 n 个观测点（x_{i1}，x_{i2}）求出第一条最佳拟合直线，使得这 n 个观测点到该直线的垂直距离的平方和最小，这时称此直线为第一主成分，然后再求与第一主成分相互独立（在此表现为相互垂直）的且与 n 个观测点（x_{i1}，x_{i2}）的垂直距离平方和最小的第二主成分。如图 10-2 所示。若第一主成分代表了数据包含的大部分信息，就用该主成分代替原有的两个变量，降维过程完成。

在此情况下，我们可以把此原理推广到有 P 个变量的情况。

假如有 P 个变量，共得到 n 个点（x_{i1}，x_{i2}，$\cdots$，x_{ip}），此时，若要求第 k 个主成分，就必须使它与前 $k-1$ 个主成分不相关，且使它与 n 个观测点的垂直距离平方和为最小。如此继续，直至求出 p 个主成分。特别要提醒的是：只有变量间存在一定相关才可以降维，原有的变量数和主成分数相等，并且具体选取几个主成分，应视具体情况而定。

二、主分量的导出

主分量的导出，实际上就是对主成分分析数学模型的讨论。由主成分分析的基本原理我们知道，主成分分析实际上就是分解相关矩阵，从而使 p 个

相关的变量分解成 p 个独立的分量。

设有 p 个相关的观测变量 x_1，x_2，…，x_p，现要求由它们线性组合成 p 个正交的导出变量 F_1，F_2，…，F_p，即

$$\begin{cases} F_1 = a_{11}x_1 + a_{12}x_2 + \cdots a_{1p}x_p \\ F_2 = a_{21}x_1 + a_{22}x_2 + \cdots a_{2p}x_p \\ \cdots\cdots\cdots\cdots\cdots\cdots\cdots\cdots \\ F_p = a_{p1}x_1 + a_{p2}x_2 + \cdots a_{pp}x_p \end{cases} \tag{10-1}$$

这里 a_{ij} 还应当满足以下条件。

(1) F_i 与 $F_j(i，j=1，2，\cdots，p，i\neq j)$相互独立，

$$a_{i1}^2 + a_{i2}^2 + \cdots a_{ip}^2 = 1 \quad (i=1，2，\cdots，p)$$

(2) F_1 是 x_1，x_2，…，x_p 的一切线性组合中方差最大的；F_2 是与 F_1 不相关的 x_1，x_2，…，x_p 的所有线性组合中方差最大的；F_3 是与 F_1，F_2 不相关的 x_1，x_2，…，x_p 的所有线性组合中方差最大的，如此类推。

这样得到的各分量 F_1，F_2，…，F_p 分别称为第一，第二，…，第 p 个主分量。

在实际研究中，我们设 $X(x_1，x_2，\cdots，x_p)$是一个 p 维向量，则可以得到 X 的样本协方差矩阵 $\hat{R}(r_{ij})_{p\times p}$。$r_{ij}$ 是把 $x_i(i=1，2，\cdots，p)$经过标准化转换后两两成对计算所求得的协方差。因而，这时则可以从（10-2）式求得特征根

$$|R - \lambda I_p| = 0 \tag{10-2}$$

从（10-2）式中可求得特征根 $\lambda_1 \geqslant \lambda_2 \geqslant \cdots \geqslant \lambda_p \geqslant 0$，并可求得相应的单位特征向量 u_1，u_2，…，u_p。各分量 F_j 对变量的总方差的贡献为 λ_j，

$$F_j = u_j' \sqrt{\lambda_j} X \tag{10-3}$$

将以上的直观解释用数学符号表示出来如下。

设 $X=(x_1，x_2，\cdots，x_p)'$是一个 p 维随机向量。并假设 X 的数学期望，$E(X)=0$，记 X 的协方差矩阵为 $E(XX') = \sum$，令 $U=(u_1，u_2，\cdots，u_p)'$ 是一个 p 维向量，且满足 $W'=U'U=I$，则 X 的第 i 主成分定义为

$$F_i = u_i' X \quad (i = 1,2,\cdots,p) \tag{10-4}$$

且满足条件：

1. 第一主成分 F_1 是一切形如 $F_i = u_i'X$ 中使 F 的方差达到最大者；

2. 第二主成分 F_2 是一切形如 $F_i = u_i'X$ 中与 F_1 不相关，且使 F 的方差达到最大者；

3. 依此类推，第 k 个主成分 F_k 是一切形如 $F = U'X$ 中与前 $k-1$ 个主成分不相关，且使 F 的方差达到最大者。

我们接着讨论如何确定第一主成分 F_1 的系数向量 u。

由 $F_1 = u_1'X$，则 $E(F_1) = u_1'E(X) = 0$，故 F_1 的方差为

$$D(F_1) = E(F_1^2) = u_1'E(XX')u_1 = u_1'\sum u_1 \tag{10-5}$$

现在主要条件

$$u_1'u_1 = 1 \tag{10-6}$$

下，使（10-6）式达到最大。此时，要使

$$(\sum - XI)u_1 = 0 \tag{10-7}$$

u_1 为非零解的充分条件是

$$|\sum - \lambda I| = 0 \tag{10-8}$$

即 λ 必须是协方差矩阵 Σ 的特征根。因为 Σ 为对称的非负矩阵，故存在着 p 个非负特征根，设它们为 $\lambda_1 \geqslant \lambda_2 \geqslant \cdots \geqslant \lambda_p \geqslant 0$，由（10-6）式、（10-8）式知

$$D(F_1) = u_1' \sum u_1 = \lambda u_1' u_1 = \lambda \tag{10-9}$$

这就说明 $D(F_1)$ 恰好是 Σ 的特征根。要使 $D(F_1)$ 最大，则必须取 λ 为 Σ 的最大特征根 λ_1。再由（10-8）式得到

$$\sum u_1 = \lambda_1 u_1 \tag{10-10}$$

u_1 是相应的特征向量。因而得到第一主成分

$$F_1 = u_1'X \tag{10-11}$$

为了使分量 F_1 对变量的总方差的贡献为 λ_1，则对（10-11）中的 F_1 取

$$F_1 = u' \sqrt{\lambda_1} X \tag{10-12}$$

接着求第二主成分。由 $F_2 = u_2'X$ 且 $u'u_2 = 1$，类似也有

$$D(F_2) = u_2' \sum u_2 \tag{10-13}$$

因为要求 F_1 与 F_2 不相关，故协方差

$$\cos(F_1, F_2) = 0 \tag{10-14}$$

即

$$E(F_1,F_2) = E(u_1'XX'u_2) = u_1'\sum u_2 = u_2'\sum u_1$$
$$= \lambda_1 u_2' u_1 = \lambda_1 u_1' u_2 = 0 \tag{10-15}$$

于是，当 $\lambda \neq 0$ 时，则 F_1 与 F_2 互不相关的条件成为

$$u_1'u_2 = 0 \text{ 或 } u_2'u_1 = 0 \tag{10-16}$$

这说明了两个主成分的系数向量 u_1，u_2 互相正交。而求第二主成分 F_2 即在上述条件下，使得（10-13）式为最大。同理可得到

$$(\sum - \lambda I)u_2 = 0 \tag{10-17}$$

u_2 为非零解的充分条件是

$$\left|\sum - \lambda I\right| = 0 \tag{10-18}$$

此时便可知 λ 为$\sum$的第二大特征根 λ_2，其相应的特征向量 u_2 即为第二主成分 F_2 的系数向量。因而得到第二主成分

$$F_2 = u_2'X \tag{10-19}$$

同样，为了使主成分 F_2 对变量的总方差的贡献为 λ_2，则对（10-19）式中 F_2 取

$$F_2 = u_2' \sqrt{\lambda_2} X \tag{10-20}$$

照此类推，即可求得 p 个主成分

$$F_i = u_i'X \quad (i = 1, 2, \cdots, p)$$

因而得到

$$F = (F_1, F_2, \cdots, F_p)$$
$$= (u_1'X, u_2'X, \cdots, u_p'X) = U'X \tag{10-21}$$

使得

$$X = UF \tag{10-22}$$

此时 λj 为相关矩阵 R 的特征值，其相应的单位特征向量记为

$$u_j = (e_{1j}, e_{2j}, \cdots, e_{pj}) \tag{10-23}$$

表示了 p 维标准化变量的协方差矩阵的特征值和特征向量，再由（10-12）式和（10-20）式的规定，记为

$$F_j = u_j' \sqrt{\lambda_j} X$$

这样，(10-22) 式就展开为

$$\begin{cases} x_1 = \sqrt{\lambda_1} e_{11} F_1 + \sqrt{\lambda_2} e_{12} F_2 + \cdots + \sqrt{\lambda_p} e_{1p} F_p \\ x_2 = \sqrt{\lambda_1} e_{21} F_1 + \sqrt{\lambda_2} e_{22} F_2 + \cdots + \sqrt{\lambda_p} e_{2p} F_p \\ \cdots\cdots\cdots\cdots\cdots\cdots\cdots\cdots\cdots\cdots \\ x_p = \sqrt{\lambda_1} e_{p1} F_1 + \sqrt{\lambda_2} e_{p2} F_2 + \cdots + \sqrt{\lambda_p} e_{pp} F_p \end{cases} \tag{10-24}$$

通常把$\sqrt{\lambda_i} e_{ij}$记为a_{ij}可称i为变量在j主成分上的负荷。故再可化为

$$x_i = a_{ij} F_1 + a_{i2} F_2 + \cdots + a_{ip} F_p \tag{10-25}$$

这就是主成分分析的数学模型，即每一个观测变量都被表示成为p个正交的导出变量的加权和。模型中没有特殊的因子，各分量F_j之间的区别，只是它们对变量的总方差的贡献的大小不同。F_1的贡献最大，称之为第一主成分；F_2的贡献次之，称之为第二主成分；余类推。

在主成分分析中，比值

$$\lambda_j \Big/ \sum_{i=1}^{R} \lambda_i \tag{10-26}$$

称为主成分F_j的贡献率。比值

$$\sum_{i=1}^{k} \lambda_i \Big/ \sum_{i=1}^{p} \lambda_i \quad k \leqslant p \tag{10-27}$$

称为主成分F_1，F_2，…，F_p的累积贡献率。累积贡献率反映了前k个主成分所代表的原始变量信息的百分比。实际应用中，根据问题的需要选取主成分的个数，一般要求累积贡献率不小于85%。也可依据问题的需要适当提高或降低累计贡献率。由于主成分的方差λ_j一般下降较快，所以只要取为数不多的主成分，就足以反映p个原始变量的变化情况，从而达到主成分分析的目的。

在主成分分析的实际应用中，我们还应当注意如下几个问题。

(1) 主成分分析的数学推导，未对总体分布作出假定，因而一般可以用于各种分布的总体，但是要注意计算相关系数矩阵的分布条件。

(2) 用主成分分析学生成绩时，若是某班或某年级考生的成绩，可不必将原始分数转换为标准分数。但若其他的应用或各个班级试题不同时，则要

将原始分数转换为标准分数。

(3) 在求特征根时，若特征根的数值相差越大，则主成分分析的效果越好；若特征根相当接近，则主成分分析意义不大，因为无法达到将多个指标转换为少数彼此独立的综合指标这一目的。

第二节　因素分析

一、因素分析的基本原理

(一) 因素分析的数学模型

为了便于理解因素分析的数学模型，我们借助教育测验的一个例子来说明。假设对 n 个学生进行 p 门课程的考试，这 p 门课程受 m 个共同因素 $F_j(j=1, 2, \cdots, m)$的影响。若某个学生在第 $i(i=1, 2, \cdots, p)$个测验的得分为 d_i，在该测验上的标准分数为 Z_i，那么其因素分析的数学模型可表示成如下形式：

$$\begin{cases} Z_1 = a_{11}F_1 + a_{12}F_2 + \cdots + a_{1m}F_m + d_1Y_1 \\ Z_2 = a_{21}F_1 + a_{22}F_2 + \cdots + a_{2m}F_m + d_2Y_2 \\ \cdots\cdots\cdots\cdots\cdots\cdots\cdots\cdots\cdots\cdots\cdots\cdots\cdots\cdots \\ Z_p = a_{P1}F_1 + a_{P2}F_2 + \cdots + a_{P3}F_m + d_pY_p \end{cases} \tag{10-28}$$

式中，$F_j(j=1, 2, \cdots, m)$表示某生第 j 个共同因素的标准分数；

Y_i 表示某生只和测验 i 有关的特殊因素；

a_{ij} 表示第 i 个测验在第 j 个共同因素上的系数，通常称为因素负荷；

d_i 表示与第 i 个测验有关的特殊因素 Y_i 的系数，称为特殊因素负荷。

把 (10-28) 式写成矩阵形式为

$$Z = AF + DY \tag{10-29}$$

其中

$$Z = (Z_1, Z_2, \cdots, Z_p)'$$

$$F=(F_1, F_2, \cdots, F_p)'$$
$$Y=(Y_1, Y_2, \cdots, Y_p)'$$
$$A=\begin{bmatrix} a_{11} & a_{12} & \cdots & a_{1m} \\ a_{21} & a_{22} & \cdots & a_{2m} \\ \cdots & \cdots & \cdots & \cdots \\ a_{p1} & a_{p2} & \cdots & a_{pm} \end{bmatrix}$$
$$D=\begin{bmatrix} d_1 & & & \\ & d_2 & & \\ & & \ddots & \\ & & & d_p \end{bmatrix}$$

从（10-28）式可看出因素负荷 a_{ij} 绝对值的大小反映了 Z_i 与共同因素 F_j 关系的密切程度，即表明了共同因素 F_j 对 Z_i 的负荷程度，所以 a_{ij} 称为因素负荷，由其构成的矩阵 A 便称为因素负荷矩阵。

对于（10-28）式表示的数学模型要求满足以下假设。

（1）各共同因素之间、特殊因素之间及共同因素与特殊因素之间均相互独立。

（2）各共同因素都是均值为 0，方差为 1 的独立正态分布的随机变量，其协方差矩阵为 m 阶单位阵。

（二）因素负荷的统计意义

因素分析的基本任务之一就是求因素负荷矩阵 A。

仍以 n 个学生参加 p 门课程的考试为例。考虑（10-28）式，在各等式两边乘以某共同因素标准分 F_j，得

$$\begin{cases} Z_1F_j=a_{11}F_1F_j+a_{12}F_2F_j+\cdots+a_{1j}F_jF_j+\cdots+a_{1m}F_mF_j+d_1Y_1F_j \\ Z_2F_j=a_{21}F_1F_j+a_{22}F_2F_j+\cdots+a_{2j}F_jF_j+\cdots+a_{2m}F_mF_j+d_2Y_2F_j \\ \cdots\cdots \\ Z_pF_j=a_{p1}F_1F_j+a_{p2}F_2F_j+\cdots+a_{pj}F_jF_j+\cdots+a_{pm}F_mF_j+d_pY_pF_j \end{cases}$$

对每门课程的 $Z_iF_j(i=1, 2, \cdots, p)$ 求 n 个学生平均分数，即得

$$\begin{cases}\frac{1}{n}\sum_{k=1}^{n}(Z_{1k}F_{jk})=\frac{1}{n}\sum_{k=1}^{n}(a_{11}F_{1k}F_{jk})+\frac{1}{n}\sum_{k=1}^{n}(a_{12}F_{2k}F_{jk})+\cdots+\\ \qquad\frac{1}{n}\sum_{k=1}^{n}(a_{1j}F_{jk}F_{jk})+\frac{1}{n}\sum_{k=1}^{n}(a_{1m}F_{mk}F_{jk})+\frac{1}{n}\sum_{k=1}^{n}(d_1Y_{1k}F_{jk})\\ \frac{1}{n}\sum_{k=1}^{n}(Z_{2k}F_{jk})=\frac{1}{n}\sum_{k=1}^{n}(a_{21}F_{1k}F_{jk})+\frac{1}{n}\sum_{k=1}^{n}(a_{22}F_{2k}F_{jk})+\cdots+\\ \qquad\frac{1}{n}\sum_{k=1}^{n}(a_{2j}F_{jk}F_{jk})+\frac{1}{n}\sum_{k=1}^{n}(a_{2m}F_{mk}F_{jk})+\frac{1}{n}\sum_{k=1}^{n}(d_2Y_{2k}F_{jk})\\ \cdots\cdots\cdots\cdots\cdots\cdots\cdots\cdots\cdots\cdots\\ \frac{1}{n}\sum_{k=1}^{n}(Z_{pk}F_{jk})=\frac{1}{n}\sum_{k=1}^{n}(a_{p1}F_{1k}F_{jk})+\frac{1}{n}\sum_{k=1}^{n}(a_{p2}F_{2k}F_{jk})+\cdots+\\ \qquad\frac{1}{n}\sum_{k=1}^{n}(a_{pj}F_{jk}F_{jk})+\frac{1}{n}\sum_{k=1}^{n}(a_{pm}F_{mk}F_{jk})+\frac{1}{n}\sum_{k=1}^{n}(d_pY_{pk}F_{jk})\end{cases}$$

由于 Z_{ik}，F_{ik}，Y_{ik}（$i=1, 2, \cdots, p$；$k=1, 2, \cdots, n$）均为标准分数，所以它们乘积的平均数即为相关系数，故有

$$\begin{cases}r_{Z_1F_j}=a_{11}r_{F_1F_j}+a_{12}r_{F_2F_j}+\cdots+a_{1j}r_{F_jF_j}+\cdots+a_{1m}r_{FmF_j}+d_1r_{Y_1F_j}\\ r_{Z_2F_j}=a_{21}r_{F_1F_j}+a_{22}r_{F_2F_j}+\cdots+a_{2j}r_{F_jF_j}+\cdots+a_{2m}r_{FmF_j}+d_2r_{Y_1F_j}\\ \cdots\cdots\cdots\cdots\cdots\cdots\cdots\cdots\cdots\cdots\\ r_{ZpF_j}=a_{p1}r_{F_1F_j}+a_{p2}r_{F_2F_j}+\cdots+a_{pj}r_{F_jF_j}+\cdots+a_{pm}r_{FmF_j}+d_pr_{Y_1F_j}\end{cases}$$

根据前述 F_i 与 F_j（当 $i\neq j$ 时，$i, j=1, 2, \cdots, m$），Y_i 与 F_j 相互独立的假设，又 $r_{F_jF_j}=1$，因此有

$$\begin{cases}r_{Z_1F_j}=a_{1j}\\ r_{Z_2F_j}=a_{2j}\\ \cdots\cdots\cdots\\ r_{Z_pF_j}=a_{pj}\end{cases}\quad(j=1, 2, \cdots, m)\qquad(10\text{-}30)$$

（10-30）式表明因素负荷 a_{ij} 实际上就是变量 Z_i 与共同因素 F_j 的相关系数，它反映了 Z_i 依赖于 F_j 的程度。

（三）变量共同度的统计意义

记因素负荷矩阵 A 第 i 行元素的平方和为

$$h_i^2 = \sum_{j=1}^{m} a_{ij}^2 \quad (i=1, 2, \cdots, p) \tag{10-31}$$

称之为变量 Z_i 的共同度或者共同因素方差。

由于 F_1，F_2，…，F_m；Y_1，Y_2，…，Y_p 之间相互独立，所以有

$$D(Z_i)=a_{i1}^2D(F_1)+a_{i2}^2D(F_2)+\cdots+a_{im}^2D(F_m)+d_i^2D(Y_i)$$

又由于 Z_i，F_1，F_2，…，F_m，Y_1，Y_2，…，Y_p 均为标准化变量，所以

$$D(Z_i)=D(F_1)=D(F_2)=\cdots=D(F_m)=D(Y_i)=1$$

故有

$$D(Z_i)=a_{i1}^2+a_{i2}^2+\cdots+a_{im}^2+d_i^2$$

即

$$D(Z_i)=h_i^2+d_i^2 \quad (i=1, 2, \cdots, p) \tag{10-32}$$

上式表明变量 Z_i 的方差由两部分构成。第一部分 h_i^2 显示了全部共同因素对变量 Z_i 差异影响的大小；第二部分 d_i^2 显示了特殊因素 Y_i 对变量 Z_i 差异影响的大小，称 d_i^2 为特殊因素方差。因为 $D(Z_i)=1$，所以由（10-32）式有

$$h_i^2+d_i^2=1 \tag{10-33}$$

即当 d_i^2 接近 0 时，$D(Z_i)$主要由 h_i^2 决定，这时 $D(Z_i)$的大小主要依赖于共同因素 F_1，F_2，…，F_m 的共同影响；当 d_i^2 接近 1 时，h_i^2 接近 0，这时 $D(Z_i)$的大小就主要依赖特殊因素 Y_i 的影响。

（四）因素负荷矩阵各列元素平方和的统计意义

在因素负荷矩阵中取第 j 列元素的平方和，记为

$$V_j^2 = \sum_{i=1}^{p} a_{ij}^2 \quad (j=1, 2, \cdots, m) \tag{10-34}$$

由（10-32）式知 a_{ij}^2 反映了共同因素 F_j 对变量 Z_i 方差 $D(Z_i)$贡献的大小，所以 V_j 反映了 F_j 对所有变量 Z_1，Z_2，…，Z_p 的总影响或贡献，表明了 F_j 在全部共同因素 F_1，F_2，…，F_m 中的相对重要性。即 V_j 越大，则 F_j 对变量 $Z_i(i=1, 2, \cdots, p)$大小的影响越重要。

二、共同因素常数的确定及负荷矩阵的具体求法

（一）因素负荷矩阵的导出

因素分析中确定共同因素的关键是要求出因素负荷矩阵，据此决定各共

同因素作用的大小及它们对每一变量作用的大小。

首先考虑变量 Z_i 与 Z_j 的相关系数 r_{ij}，类似因素负荷 a_{ij} 统计意义解释的思路，可得

$$r_{ij}=a_{i1}a_{j1}+a_{i2}a_{j2}+\cdots+a_{im}a_{jm}(i\neq j) \tag{10-35}$$

综合（10-32）式、（10-33）式、（10-35）式，得下面的结果

$$\begin{cases} r_{ij}=a_{i1}a_{j1}+a_{i2}a_{j2}+\cdots+a_{im}a_{jm}(i\neq j) \\ r_{ij}=D(Z_i)=h_i^2+d_i^2 \end{cases} \tag{10-36}$$

用矩阵形式表示即为

$$R=AA'+DD' \tag{10-37}$$

只考虑共同因素，记为

$$R^*=AA' \tag{10-38}$$

式中

$$R=\begin{pmatrix} h_1^2+d_1^2 & r_{12} & \cdots & r_{1p} \\ r_{21} & h_2^2+d_2^2 & \cdots & r_{2p} \\ \cdots & \cdots & \cdots & \cdots \\ r_{p1} & r_{p2} & \cdots & h_p^2+d_p^2 \end{pmatrix}$$

称为变量的相关矩阵。

$$R^*=\begin{pmatrix} h_1^2 & r_{12} & \cdots & r_{1p} \\ r_{21} & h_2^2 & \cdots & r_{2p} \\ \cdots & \cdots & \cdots & \cdots \\ r_{p1} & r_{p2} & \cdots & h_p^2 \end{pmatrix}$$

称为再生相关矩阵。

因素分析就是在已知再生相关矩阵的条件下，求因素负荷矩阵 A，使其满足（10-38）式，该关系式就称为因素分析的基本定理。

（二）主因素解法

目前求因素负荷矩阵 A 使用较为普遍的一种方法就是主因素解法。它的基本思想是，考虑到第一共同因素 F_1 的方差对全部变量 Z_1，Z_2，…，Z_p 的方差贡献最大，第二共同因素 F_2 的方差贡献次之，依次将全部变量的方差分解为各共同因素方差，最终求得因素负荷矩阵 A。

1. 因素负荷的求法

从再生矩阵 R^* 出发，因为 R^* 是实对称矩阵，所以存在 $p\times p$ 的正交矩阵 T 和 $p\times p$ 的对角矩阵 D，使得

$$T'R^*T = D \tag{10-39}$$

其中 T 的各列可由 R^* 的正规化特征向量构成，D 的对角线上的各元素由 R^* 的特征根构成，且左上角到右下角的特征根由大到小顺序排列。

将（10-39）式左乘 T 和右乘 T'，因为 $TT'=1$，所以

$$R^* = TDT'$$

因为 $R^*=AA'$，所以

$$AA' = TDT' = (TD^{\frac{1}{2}})(D^{\frac{1}{2}}T') = (TD^{\frac{1}{2}})(D^{\frac{1}{2}}T)^p$$

即

$$A = TD^{\frac{1}{2}}$$

设

$$T = \begin{pmatrix} t_{11} & t_{12} & \cdots & t_{1p} \\ \cdots\cdots & \cdots\cdots & \cdots\cdots & \cdots\cdots \\ t_{p1} & t_{p2} & \cdots & t_{pp} \end{pmatrix}$$

$$D = \begin{pmatrix} \lambda_1 & & & \\ & \lambda_2 & & \\ & & \ddots & \\ & & & \lambda_p \end{pmatrix}$$

则共同因素 F_1 的因素负荷为

$$\begin{pmatrix} a_{11} \\ a_{21} \\ \vdots \\ a_{p1} \end{pmatrix} = \begin{pmatrix} t_{21} \\ t_{21} \\ \vdots \\ t_{p1} \end{pmatrix} \sqrt{\lambda_1} \tag{10-40}$$

由此可见，只要求出了 R^* 的最大特征根及其对应的正规化特征向量，则 F_1 的因素负荷即可得到。同理，F_2 的因素负荷为 R^* 的次大特征根与其对应的正规化特征向量之积，即

$$\begin{pmatrix} a_{12} \\ a_{22} \\ \vdots \\ a_{p2} \end{pmatrix} = \begin{pmatrix} t_{21} \\ t_{22} \\ \vdots \\ t_{p2} \end{pmatrix} \sqrt{\lambda_2}$$

依此类推可求得全部因素负荷。

2. 变量共同度的估计

求解因素负荷矩阵 A 需利用再生矩阵 R^*，而 R^* 中有未知元素变量共同度 $h_i^2(i=1, 2, \cdots, p)$，因此，为获得再生矩阵 R^*，就要对 h_i^2 作适当估计。下面介绍两种常见的估计方法。

(1) 最大值估计法

最大值估计法是把原相关矩阵 R 每一行（或每一列）绝对值最大的一个元素作为该行（或该列）变量共同度的估计值。用该方法估计可能在某些行（或列）高估了共同度的值，在某些行（或列）低估了共同度的值，但实践经验表明，高估偏差和低估偏差可相互抵消，使得最后的结果不致产生太大误差。

(2) 复相关系数平方估计法

若用 SMC 表示一个变量与其他所有变量之间的复相关系数的平方。那么，可以证明变量 Z_i 的复相关系数的平方为

$$SMC_i = 1 - \frac{1}{R_{ii}}$$

其中 R_{ii} 是对角线元素为 1 的相关矩阵 R 的逆矩阵 R^{-1} 第 i 个变量对角线的元素。

SMC 是共同度 h^2 的下限，即 $SMC_i \leqslant R_i^2(i=1, 2, \cdots, p)$。$SMC$ 也经常作为 h^2 的估计值。不过当相关矩阵 R 非满秩时，其逆矩阵尺 R^{-1} 不存在，这时就无法求出 SMC 的值。

（三）共同因素个数的确定

从理论上讲，再生矩阵 R^* 的秩 $m<p$，所以 R^* 的前 m 个特征根都是正的，后 $p-m$ 个特征根全为零，这样就可决定 m 个共同因素的负荷矩阵 A。但实际计算中，由于估计变量共同度 h^2 产生的误差等原因，R^* 的值一般不会等于零，这时就需要按照一定的法则来确定适当的共同因素个数 m。

实际应用中，可参照下面两种方法来确定共同因素的选取。

（1）根据前面若干个共同因素所对应的全部特征值之和的百分比来确定。通常这一百分比要达到 85%以上，根据具体问题的性质也可作适当调整。

（2）以特征值是否大于或等于 1 为标准。特征值大于或等于 1 者选为共同因素，小于 1 者不选。

三、正交旋转与斜交旋转

共同因素抽取后其意义有时还不十分明确，为了使共同因素更有实际意义，就需要对因素负荷矩阵进行旋转变换。通常这种旋转变换有两种可选择的方式：正交旋转和斜交旋转。

（一）正交旋转

设 T 为 m 阶正交矩阵，A 为因素负荷矩阵，$B=AT$，则有

$$BB'=(AT)(AT)'=ATT'A'=AA'$$

根据（10-38）式和因素分析的基本定理可知 B 也是一因素负荷矩阵，这表明因素负荷矩阵的解不是唯一的。利用这个结果，就可想办法找到某正交矩阵 T，使矩阵 $B=AT$ 中的元素尽可能多地接近 0，以便能简化因素负荷矩阵的结构，对各共同因素作出简明的解释。

正交旋转的目的就是将各因素轴旋转到适当的位置上，使得各变量在旋转后轴上的投影尽可能地向最大或最小两极分化，从而使某些因素的高负荷只出现在少数变量上，其他变量上这些因素的负荷接近 0。这种分化状况可用各列因素负荷的分散程度来反映，也就是说其方差越大则分化效果越佳。

以两个共同因素的正交旋转为例，已知因素负荷矩阵

$$A=\begin{pmatrix} a_{11} & a_{12} \\ a_{21} & a_{22} \\ \vdots & \vdots \\ a_{p1} & a_{p2} \end{pmatrix}$$

选取正交矩阵

$$T=\begin{pmatrix} \cos\varphi & -\sin\varphi \\ \sin\varphi & \cos\varphi \end{pmatrix}$$

对 A 施行正交旋转就相当于将两个因素的平面绕原点正交旋转一个角度 φ，或对 A 进行了一次正交变换。若记

$$B = AT = \begin{bmatrix} a_{11}\cos\varphi + a_{12}\sin\varphi & -a_{11}\sin\varphi + a_{12}\cos\varphi \\ a_{21}\cos\varphi + a_{22}\sin\varphi & -a_{21}\sin\varphi + a_{22}\cos\varphi \\ \vdots & \vdots \\ a_{p1}\cos\varphi + a_{p2}\sin\varphi & -a_{p1}\sin\varphi + a_{p2}\cos\varphi \end{bmatrix}$$

$$= \begin{bmatrix} b_{11} & b_{12} \\ b_{21} & b_{22} \\ \vdots & \vdots \\ b_{p1} & b_{p2} \end{bmatrix} \tag{10-41}$$

那么，B 就称为旋转因素负荷矩阵。(10-29) 式也就可记为

$$Z = (AT)(T'F) + DY = B(T'F) + DY \tag{10-42}$$

其中 $T'F$ 为新的共同因素。B 的两列元素的方差应有下面的结果

$$V = \sigma_1^2 + \sigma_2^2$$

取得最大值。式中 V 表示总方差，σ_j^2（$j=1$，2）表示 B 的第 j 列数据的方差，即

$$\sigma_j^2 = \frac{\sum_{i=1}^{p}\left(\frac{b_{ij}^2}{h_i^2}\right)^2}{p} - \left[\frac{\sum_{i=1}^{p}\frac{b_{ij}^2}{h_i^2}}{p}\right]^2$$

要使 V 达到最大，就必须有

$$\frac{dV}{d\varphi} = 0$$

经计算可得

$$\tan 4\varphi = \frac{D - 2AB/p}{C - (A^2 - B^2)/p}$$

其中

$$A = \sum_{i=1}^{p}\left[\left(\frac{a_{i1}}{h_i}\right)^2 - \left(\frac{a_{i2}}{h_i}\right)^2\right]$$

$$B = 2\sum_{i=1}^{p}\frac{a_{i1}a_{i2}}{h_i^2}$$

$$C = \sum_{i=1}^{p} \left\{ \left[\left(\frac{a_{i1}}{h_i} \right)^2 - \left(\frac{a_{i2}}{h_i} \right)^2 \right] - 4 \frac{a_{i1}^2 a_{i2}^2}{h_i^4} \right\}$$

$$D = 4 \sum_{i=1}^{p} \frac{a_{i1} a_{i2}}{h_i^2} \left[\left(\frac{a_{i1}}{h_i} \right)^2 - \left(\frac{a_{i2}}{h_i} \right)^2 \right] \tag{10-43}$$

当共同因素的个数多于 2 时，可以逐次对两不同的因素进行旋转变换，进行了 cm^2 次旋转后算是一个循环。然后进行第二次循环，至因素负荷矩阵的总方差改变不太大时为止。

（二）斜交旋转

当对共同因素进行正交旋转后，其实际意义仍然不能得到满意的解释时，就需考虑对共同因素进行斜交旋转。

在因素分析的基本数学模型（10-29）式中，各共同因素被看作正交的，即认为它们不相关。然而实际的教育和心理问题所涉及的因素往往相互关联，即因素斜交的情况也是大量存在的。

假设 Z_1^*，Z_2^*，…，Z_p^* 是 p 个相关变量，F_1^*，F_2^*，…，F_m^* 是 m 个斜交的共同因素，则斜交因素的数学模型为

$$\begin{cases} Z_1^* = a_{11}^* F_1^* + a_{12}^* F_2^* + \cdots + d_1^* Y_1^* \\ Z_2^* = a_{21}^* F_1^* + a_{22}^* F_2^* + \cdots + d_2^* Y_2^* \\ \cdots\cdots\cdots\cdots\cdots\cdots\cdots\cdots\cdots\cdots \\ Z_p^* = a_{p1}^* F_1^* + a_{p2}^* F_2^* + \cdots + d_p^* Y_p^* \end{cases}$$

或记为

$$Z^* = A^* F^* + D^* Y^* \tag{10-44}$$

其中

$$Z^* = (Z_1^*, Z_2^*, \cdots, Z_p^*)'$$

$$F^* = (F_1^*, F_2^*, \cdots, F_m^*)'$$

$$Y^* = (Y_1^*, Y_2^*, \cdots, Y_p^*)'$$

$$D^* = \begin{bmatrix} d_1^* & & & \\ & d_2^* & & \\ & & \ddots & \\ & & & d_p^* \end{bmatrix}$$

$$A^* = \begin{bmatrix} a_{11}^* & a_{12}^* & \cdots & a_{1m}^* \\ a_{21}^* & a_{22}^* & \cdots & a_{2m}^* \\ \cdots & \cdots & \cdots & \cdots \\ a_{p1}^* & a_{p2}^* & \cdots & a_{pm}^* \end{bmatrix}$$

斜交旋转的基本思想是，先求得在正交因素模型下的因素负荷矩阵 B，然后对 A 作斜交变换 T^*，最终求得斜交因素负荷矩阵 $A^* = BT^*$。

要想获得斜交因素负荷矩阵 A^*，需首先求出斜交变换 T^*，确定 T^* 可采用普洛麦克斯（Promax）的斜交旋转法。它的基本程序如下。

（1）对初始因素负荷矩阵 A 作正交旋转得到负荷矩阵 $B=(b_{ij})_{p\times m}$ 并构造目标矩阵 $C=(c_{ij})_{p\times m}$，式中

$$c_{ij} = sign(b_{ij})\,|\,b_{ij}\,|\,k_j \qquad (i=1,\ 2,\ \cdots,\ p,\ j=1,\ 2,\ \cdots,\ m) \qquad (10\text{-}45)$$

其中 $sign(b_{ij})$ 表示 b_{ij} 的符号；K_1，K_2，…，K_m 是事先根据经验选定的 m 个正整数。这样的目标矩阵 C 是我们所希望的因素负荷矩阵，它能使高负荷与低负荷的对比值随着幂次的增加而增加。

（2）利用 B 对 C 进行最小二乘拟合求最小二乘解 E，即求方程 $BE=C$ 的最小二乘解 E。

（3）构造对角矩阵 $G=diag(g_{11},\ g_{22},\ \cdots,\ g_{mm})$（即主对角线上的元素为 g_{11}，g_{22}，…，g_{mm} 的对角矩阵），其中 G 对角线元素为（$E'E$）$^{-1}$ 相应对角线元素的平方根的倒数。

（4）计算 $A^* = BEH^{-1}$。

四、因素计分

前面的讨论是如何将变量表示成共同因素线性组合，以便使多变量 Z 综合成为少数指标 F。在有些场合，我们也需要考虑通过变量 Z 的值来获得综合性指标 F 的值。这种由变量的观察值来估计各共同因素值的方法称为因素计分。

假设 n 个样本进行了 p 项测验，他们测验的标准分数分别记为 Z_1，Z_2，…，Z_n，相应于 $Z_k(k=1,\ 2,\ \cdots,\ n)$ 的共同因素 F 的值记为 $F^{(k)}$，称为 Z_k 的因素得分。根据因素分析模型（10-29）式，有

$$Z_k = AF^{(k)} + D_k Y_k \qquad (k = 1, 2, \cdots, n) \tag{10-46}$$

若记

$$Z = (Z_1, Z_2, \cdots, Z_n)$$
$$F = (F^{(1)}, F^{(2)}, \cdots, F^{(n)})$$
$$DY = (D_1 Y_1, D_2 Y_2, \cdots, D_n Y_n)$$

则（10-46）式可写成

$$Z = AF + DY \tag{10-47}$$

其中 F 称为因素得分矩阵，需根据 Z 和 A 来估计。

首先考虑共同因素 F_j 关于 p 个变量 Z_1，Z_2，…，Z_p 的线性模型。

$$\hat{F}_j = \beta_{j1} Z_1 + \beta_{j2} Z_2 + \cdots + \beta_{jp} Z_p (j = 1, 2, \cdots, m) \tag{10-48}$$

上式可作为一个多元线性回归方程。系数 $\beta_{ji}(i=1, 2, \cdots, p)$ 满足下面的正规方程组。

$$\begin{cases} 1 \cdot \beta_{j1} + r_{12}\beta_{j2} + \cdots + r_{1p}\beta_{jp} = r_{Z1Fj} \\ r_{21}\beta_{j1} + 1 \cdot \beta_{j2} + \cdots + r_{2p}\beta_{jp} = r_{Z2Fj} \\ \cdots\cdots\cdots\cdots\cdots\cdots\cdots\cdots \\ r_{p1}\beta_{j1} + r_{p2}\beta_{j2} + \cdots + 1 \cdot \beta_{jp} = r_{ZpFj} \end{cases} \tag{10-49}$$

其中 r'_{ii} 为 Z_i 与 Z'_i 之间的相关系数即 R 的元素。可见，共同因素 F_j 可用 r'_{ii} 与 $r_{Z_iF_j}$ 来估计。

根据克莱姆法则可求出方程（10-49）的解，将其代入（10-48）式并表示成矩阵形式为

$$\hat{F} = S'R^{-1}Z \tag{10-50}$$

其中

$$\hat{F} = (\hat{F}_1, \hat{F}_2, \cdots, \hat{F}_m)$$
$$Z = (Z_1, Z_2, \cdots, Z_p)$$
$$S' = \begin{pmatrix} r_{Z_1F_1} & r_{Z_2F_1} & \cdots & r_{Z_pF_1} \\ r_{Z_1F_1} & r_{Z_2F_1} & \cdots & r_{Z_pF_1} \\ \cdots & \cdots & \cdots & \cdots \\ r_{Z_1F_m} & r_{Z_2F_m} & \cdots & r_{Z_pF_m} \end{pmatrix}$$

通常可以用因素负荷矩阵 A 代替 Z 与 F 的相关矩阵 S，这时（10-50）便可改写为

$$\hat{F} = A'R^{-1}Z \quad (10\text{-}51)$$

第三节 实例分析

对表 10-1 中的学生成绩进行主成分分析和因素分析，其步骤和结果如下。

一、求相关矩阵 R 并进行主成分分析

首先将原始数据转换成标准分数，即作如下变换。

$$Z_{ik}=\frac{x_{ik}-\overline{X}_k}{S_k} \quad (i=1,2,\cdots,8;\ k=1,2,\cdots,50)$$

然后计算 50 名学生各科分数之间的相关系数，得到相关矩阵 R。其中

$$r_{ij}=\frac{1}{50}\sum_{i=1}^{50}Z_{ik}Z_{kj} \quad (i,j=1,2,\cdots,8)$$

$R=$

代数	几何	物理	地理	语文	英语	历史	社会
1.000	0.788	0.755	0.716	0.394	0.445	0.228	0.255
	1.000	0.823	0.625	0.319	0.340	0.250	0.210
		1.000	0.734	0.368	0.470	0.216	0.283
			1.000	0.266	0.449	0.100	0.240
				1.000	0.748	0.153	0.220
					1.000	0.147	0.408
						1.000	0.535
							1.000

按主成分分析的步骤，则可求得相关矩阵的特征根，并由此可计算得到单位特征向量。

表 10-2 特征根及累积百分数

编号	λ_1	λ_2	λ_3	λ_4	λ_5	λ_6	λ_7	λ_8
特征根	4.045	1.365	1.144	0.557	0.328	0.249	0.178	0.133
百分数	50.562	17.069	14.306	6.964	4.098	3.116	2.222	1.665
累积百分数	50.562	67.631	81.937	88.901	92.999	96.115	98.337	100

$$\begin{bmatrix} \mu_1 & \mu_2 & \mu_3 & \mu_4 & \mu_5 & \mu_6 & \mu_7 & \mu_8 \\ 0.433 & 0.192 & 0.137 & -0.165 & -0.205 & -0.764 & 0.103 & -0.330 \\ 0.411 & 0.264 & 0.225 & -0.283 & 0.474 & 0.126 & 0.239 & 0.663 \\ 0.436 & 0.228 & 0.125 & 0.019 & 0.309 & 0.579 & -0.110 & -0.613 \\ 0.397 & 0.270 & 0.048 & 0.475 & -0.585 & 0.005 & -0.356 & 0.244 \\ 0.296 & -0.216 & -0.606 & -0.380 & 0.001 & -0.089 & -0.549 & -0.017 \\ 0.347 & -0.235 & -0.525 & 0.187 & -0.065 & 0.170 & 0.673 & 0.121 \\ 0.182 & -0.562 & 0.469 & -0.452 & -0.397 & 0.102 & 0.071 & -0.012 \\ 0.235 & -0.593 & 0.222 & 0.532 & 0.365 & -0.134 & -0.183 & 0.024 \end{bmatrix}$$

从而由 $a_j=\mu_j\sqrt{\lambda_j}$，则可求得八个主成分负荷系数矩阵如下：

$$\begin{bmatrix} 0.224 & 0.147 & -0.123 & -0.118 & -0.381 & 0.044 & -0.120 \\ 0.308 & 0.241 & -0.211 & 0.272 & 0.063 & 0.101 & 0.242 \\ 0.266 & 0.134 & 0.014 & 0.177 & 0.289 & -0.047 & -0.224 \\ 0.316 & 0.052 & 0.355 & -0.335 & 0.003 & -0.150 & 0.089 \\ -0.253 & -0.649 & -0.284 & 0.001 & -0.044 & -0.232 & -0.006 \\ -0.274 & -0.562 & 0.139 & -0.037 & 0.085 & 0.284 & 0.044 \\ -0.656 & 0.501 & -0.337 & -0.227 & 0.051 & 0.030 & -0.005 \\ -0.693 & 0.237 & 0.397 & 0.209 & -0.067 & -0.077 & 0.009 \end{bmatrix}$$

从相关矩阵所求得的特征根中，

$$\lambda_1\geqslant\lambda_2\geqslant\lambda_3\geqslant\lambda_4\geqslant\lambda_5\geqslant\lambda_6\geqslant\lambda_7\geqslant\lambda_8$$

我们看到 λ_1，λ_2，λ_3 的数值较大，则分别称它们所相应的主成分为第一主成分、第二主成分、第三主成分。这两个特征值的累计贡献率已达到 81.94%，可以作进一步的解释。所以可以认为，在本例中，这三个主成分对考生的成绩起主要作用。为了得到进一步的信息，我们还可利用这三个主成分对考试情况作进一步分析。

科目	$\mu_1\sqrt{\lambda_1}$	$\mu_2\sqrt{\lambda_2}$	$\mu_3\sqrt{\lambda_3}$	$\sum h^2$
代数	0.433	0.192	0.137	0.243
几何	0.411	0.264	0.225	0.289
物理	0.436	0.228	0.125	0.258
地理	0.397	0.270	0.048	0.233
语文	0.296	−0.216	−0.606	0.502
英语	0.347	−0.235	−0.525	0.451
历史	0.182	−0.562	0.469	0.568
社会	0.235	−0.593	0.222	0.456

从上表所列的数值可以看到，历史、语文、社会的第一、第二、第三主成分负荷平方和最大，就是说，若以第一、第二、第三主成分来作为各学科的主要评价指标的话，则是这三门学科对考生的考试成绩影响最大。

表 10-3　课程间再生相关系数矩阵

课程	代数	几何	物理	地理	语文	英语	历史	社会
代数	0.825	0.818	0.840	0.773	0.375	0.468	0.217	0.269
几何	0.818	0.828	0.834	0.768	0.263	0.362	0.231	0.247
物理	0.840	0.834	0.855	0.786	0.373	0.469	0.228	0.277
地理	0.773	0.768	0.786	0.732	0.333	0.414	0.130	0.180
语文	0.375	0.263	0.373	0.333	0.857	0.862	0.067	0.310
英语	0.468	0.362	0.469	0.414	0.862	0.886	0.166	0.396
历史	0.217	0.231	0.228	0.130	0.067	0.166	0.809	0.746
社会	0.269	0.247	0.277	0.180	0.310	0.396	0.746	0.763

二、求再生相关矩阵 R^* 的特征根 λ

用 *SMC* 法估计 R^* 对角线的元素（即共同因素方差 h_i^2）得结果如表 10-4 所示。R^* 的特征根及累积百分数见表 10-2。

表 10-4　*SMC* 法共同因素 h_i^2 的估计值

变量	代数	几何	物理	地理	语文	英语	历史	社会
h_i^2 估计值	0.825	0.828	0.855	0.732	0.857	0.886	0.809	0.763

三、确定共同因素个数

可以依据确定共同因素的个数 m。根据表 10-2 的结果知，应取 $m=2$。所选两个特征根对应的特征向量见表 10-5。

表 10-5 λ_1、λ_2、λ_3 对应的特征向量

特征根 \ 变量	代数	几何	物理	地理	语文	英语	历史	社会
λ_1	0.871	0.826	0.877	0.798	0.596	0.697	0.367	0.473
λ_2	0.224	0.308	0.266	0.316	−0.253	−0.274	−0.656	−0.693
λ_3	0.147	0.241	0.134	0.052	−0.649	−0.562	0.501	0.237

四、计算初始因素负荷矩阵 A

根据（10-40）式，得因素负荷矩阵 A 如表 10-6。

表 10-6 初始因素负荷矩阵 A

共同因素 \ 变量	代数	几何	物理	地理	语文	英语	历史	社会
1	0.866	0.828	0.880	0.791	0.599	0.700	0.369	0.476
2	−0.249	−0.298	−0.253	−0.316	0.272	0.293	0.646	0.689
3	0.116	0.233	0.131	0.083	−0.651	−0.557	0.506	0.249

五、进行方差极大正交旋转

为了使因素负荷矩阵结构简化，以便于更能作出合乎实际的解释，对获得初始因素负荷矩阵 A 作出正交变换，变换矩阵见表 10-7。正交旋转后的因素负荷矩阵见表 10-8。

表 10-7 正交变换矩阵

列号 \ 行号	1	2	3
1	0.826	0.469	0.311
2	0.495	0.341	0.799
3	0.269	−0.815	0.514

表 10-8　正交旋转后的因素负荷矩阵

变量 共同变量	代数	几何	物理	地理	语文	英语	历史	社会
因素 1	0.870	0.894	0.887	0.832	0.185	0.283	0.122	0.120
因素 2	0.227	0.097	0.220	0.196	0.904	0.882	−0.019	0.255
因素 3	0.130	0.139	0.139	0.037	0.069	0.166	0.891	0.827

六、进行普洛麦克斯斜交旋转

从表 10-8 出发，进行普洛麦克斯斜交旋转，得因素间的相关矩阵表 10-9、斜交因素结构矩阵表 10-10、斜交因素模型矩阵表 10-11。

从表 10-9 可看出因素 1 和因素 2 有一定程度的相关，所以采用斜交旋转较为合适。

表 10-9　共同因素相关矩阵

	因素 1	因素 2	因素 3
因素 1	1.000	0.443	0.286
因素 2	0.443	1.000	0.277
因素 3	0.286	0.277	1.000

表 10-10　因素结构矩阵

变量 共同因素	代数	几何	物理	地理	语文	英语	历史	社会
因素 1	0.907	0.906	0.924	0.852	0.370	0.473	0.226	0.271
因素 2	0.444	0.327	0.443	0.394	0.923	0.938	0.124	0.379
因素 3	0.279	0.276	0.290	0.178	0.206	0.312	0.890	0.860

表 10-11　因素模型矩阵（标准回归系数）

变量 共同因素	代数	几何	物理	地理	语文	英语	历史	社会
因素 1	0.881	0.940	0.900	0.859	−0.040	0.062	0.026	−0.039
因素 2	0.050	−0.099	0.038	0.034	0.954	0.899	−0.143	0.168
因素 3	0.014	0.035	0.022	−0.077	−0.047	0.045	0.922	0.825

比较表 10-8 与表 10-10 两者差别并不大。第一共同因素主要由代数、几何、物理、地理表征，其他课程对其也有相当的依赖性，所以，它反映的是抽象思维和逻辑推理方面的能力。第二共同因素主要由语文和英语表征，可见反映的是语言能力。第三共同因素主要由历史、社会表征，它反映的是记忆能力。

因素模型矩阵是把变量表示为斜交因素的线性组合，因此，八门课程斜交因素的模型可表示如下：

$$\begin{cases} Z_1=0.881F_1+0.050F_2+0.014F_3 \\ Z_2=0.940F_1-0.099F_2+0.035F_3 \\ Z_3=0.900F_1+0.038F_2+0.022F_3 \\ Z_4=0.859F_1+0.034F_2-0.077F_3 \\ Z_5=-0.040F_1+0.954F_2-0.047F_3 \\ Z_6=0.062F_1+0.899F_2+0.045F_3 \\ Z_7=0.026F_1-0.143F_2+0.922F_3 \\ Z_8=-0.039F_1+0.168F_2+0.825F_3 \end{cases}$$

七、斜交因素计分

为便于对学生进行聚类分析，可对三个斜交共同因素计分，因素计分矩阵见表 10-12。

从因素分析的结果可以看出，不同课程对学生能力培养的作用是不完全一样的。有的侧重逻辑推理能力的培养，如代数、几何、物理、地理；有的侧重语言能力的培养，如语文和英语；历史和社会对记忆力的培养有重要作用。

这里的实例分析过程是用于理解因素分析方法的，关于各学科培养学生能力问题的深入研究，则需选取更大样本，采用多种途径进行验证才可能得到精确的结果。

表 10-12 斜交因素计分矩阵

学号＼因素	F_1	F_2	F_3	学号＼因素	F_1	F_2	F_3
1	0.647	−1.793	0.423	3	0.670	0.447	0.666
2	−1.971	−1.990	1.393	4	−0.048	−0.379	1.552

续表

学号＼因素	F_1	F_2	F_3	学号＼因素	F_1	F_2	F_3
5	−0.265	−2.147	0.739	28	−1.486	−1.567	0.317
6	−0.061	−0.688	0.176	29	1.458	1.120	−0.176
7	−0.678	−1.200	−1.430	30	−0.427	0.903	−1.076
8	−0.665	1.013	0.327	31	0.078	−1.364	−1.090
9	0.771	0.642	0.594	32	0.062	0.477	−1.335
10	−0.216	−0.024	0.602	33	−1.446	−1.030	−1.311
11	−0.236	−0.470	−0.985	34	1.074	−0.426	0.192
12	2.013	1.903	1.906	35	1.309	−0.400	0.897
13	−0.471	0.264	1.013	36	−0.355	−0.418	0.289
14	−0.323	0.529	1.885	37	0.553	−1.107	−0.949
15	−1.883	−1.379	−1.559	38	1.134	1.651	0.770
16	0.261	0.986	0.348	39	−1.516	−0.310	−1.300
17	1.703	0.878	0.325	40	1.624	0.304	0.690
18	0.224	0.492	−0.440	41	−1.198	0.668	−1.017
19	−0.058	−0.545	−0.583	42	0.213	1.173	1.960
20	−0.897	−0.469	−0.555	43	0.580	−0.380	0.275
21	0.114	0.625	0.110	44	1.002	0.920	−1.764
22	−0.444	−0.551	−0.510	45	1.208	0.660	−0.796
23	1.124	−0.036	0.420	46	−0.839	0.884	0.538
24	0.076	−0.241	−0.389	47	−0.430	0.927	−0.320
25	−0.396	−1.164	−0.774	48	−1.047	−0.747	−0.388
26	0.078	0.618	−0.042	49	0.683	0.161	−1.459
27	1.001	2.096	2.161	50	−2.304	0.487	−0.320

【要点小结】

主成分分析和因素分析是两种降低变量维数，寻找出主要影响因素并对主要因素作出统计描述的多元统计方法。

主成分分析，实际上就是分解相关矩阵，使相关的变量分解成独立的变量，然后再求出各个主成分及累积贡献率。因素分析的基本任务之一是求因素负荷矩阵，最终求出共同因素，有时共同因素意义不是十分明确，可对因素负荷矩阵进行旋转变换，使共同因素更有实际意义。

【思考与练习】

1. 主成分分析的主要作用有哪些？

2. 什么是贡献率和累计贡献率？其意义何在？

3. 为什么说贡献率和累计贡献率能反映主成分中所包含的原始变量的信息？

4. 为什么要用标准化数据去估计 V 的特征向量与特征值？

5. 因子得分模型与主成分分析模型有何不同？

6. 因子负荷矩阵的统计意义是什么？

7. 方差旋转的目的是什么？

8. 下表资料为 30 名大学生的职业价值观的测验结果，10 项指标依次命名为 X_1 至 X_{10}，请对该资料进行因子分析。

X_1	X_2	X_3	X_4	X_5	X_6	X_7	X_8	X_9	X_{10}
5	5	5	5	5	5	5	5	5	5
4	4	4	4	2	4	4	4	3	5
4	4	4	5	4	3	5	3	4	5
3	3	3	3	2	3	3	3	4	4
4	4	3	4	1	2	3	4	3	4
5	5	5	4	3	4	3	4	5	4
5	4	5	4	3	4	3	4	5	4
5	5	4	4	4	4	4	5	2	5
2	3	2	3	3	4	4	4	3	3
3	3	4	5	3	4	4	4	4	5
4	4	5	4	3	4	4	5	3	4
4	4	4	3	5	4	5	4	3	5
4	3	3	3	3	4	4	4	4	4
4	4	3	4	2	4	4	3	3	3
5	5	5	3	2	5	4	5	2	3
5	5	5	5	2	4	5	5	5	4
4	4	4	4	2	2	4	4	4	3
5	5	5	4	2	2	4	4	3	3
3	3	3	4	2	3	4	4	4	4

续表

X_1	X_2	X_3	X_4	X_5	X_6	X_7	X_8	X_9	X_{10}
5	5	4	3	1	3	4	4	5	5
5	5	4	4	2	3	5	5	2	4
4	4	4	4	4	3	4	4	4	4
2	3	5	5	4	5	5	5	5	5
4	4	5	4	3	2	4	4	4	5
3	4	3	4	3	4	4	5	3	4
4	4	4	4	4	4	4	4	4	4
3	3	3	3	3	3	4	3	4	5
4	4	5	5	5	5	5	5	5	5
4	4	5	5	4	3	4	5	4	4
4	4	4	4	2	4	4	5	4	4

【拓展性阅读导航】

1. 王权编著：《现代因素分析》，杭州大学出版社 1993 年版。

本书对因素分析的基本概念和方法作了较为详尽的介绍，有利于具有一定数学修养的读者更为深刻、正确地理解因素分析的统计原理，每一种方法都列出了详细的步骤，基本反映了因素分析的发展全貌。

2. Tenko Raykov & George A. Marcoulides：*An Introduction to Applied Multivariate Analysis*，New York，USA：Routledge，2008。

本书深入浅出地介绍了因素分析、主成分分析等多元统计分析的原理和运用，为进一步学习多元统计分析理论奠定了基础。本书最有特色之处是介绍了如何应用 SPSS、Mplus、SAS 等统计软件在心理学、教育学、医学、社会学领域进行因素分析、主成分分析等多元统计分析。

3. Barbara G. Tabachnick & Linda S. Fidell：*Using Multivariate Statistics*，Illinois，USA：Omegatype Typogmpy，Inc.，2006。

本书的第二章介绍了主成分与因素分析的原理与应用，并且针对各种数据类型阐述多元统计分析的运用条件、优点与不足以及方法步骤。本书只涉及少量的高等数学内容，为统计基础比较扎实的学习者提供了最新的统计思想。

第十一章
聚类分析

【内容提要】

聚类分析是分类学与多元统计分析相结合的一种方法。把分类对象置于一个多维空间中，按照它们空间关系的亲疏程度进行分类。聚类分析可以解决教育与心理研究中影响因素之间的亲疏关系的判别，也可以解决教育与心理统计中项目的分类等问题。

【学习目标】

了解聚类分析的原理与方法，了解聚类分析的数据整理方法，能正确解释聚类分析结果。

【关键词】

聚类分析　量纲　Q型聚类　R型聚类

俗话说："物以类聚，人以群分。"物以类聚是对客观世界有序性的一种描写。世间的万事万物都在不同的层次水平上聚合分类，人们要认识客观世界，把握住世间事物的个性和共性，就要揭示世间事物以类而聚的本来面貌，揭示这种类聚的系统脉络。分类就是人类完成上述任务而形成的科学研究方法。在对客观事物进行了科学分类之后，人们才更有可能准确地通过研究个性而研究共性，才更有可能准确地通过共性研究而指导个性研究。研究分类的科学称为分类学。分类学是人类基础科学之一。把事物分类古已有之，分类的方法也多种多样。随着数学的发展，数值分类学在分类学中占据了重要地位。数值分类依据测量所得的反映事物属性的指标值，应用特殊的数学方法，将事物分类，是一种定量与定性相结合的分类方法。近几十年来，随着数理统计多元分析的发展，分类学与多元分析相结合，产生了一种新的数值分类方法——聚类分析。聚类分析将分类对象置于一个多维空间中，按照它们空间关系的亲疏程度进行分类。聚类分析虽是分类方法的一种，但它又有别于一般的分类方法：(1) 一般分类法往往从专业知识出发进行分析归类，而聚类分析先是仅凭变量指标进行定量分析，整理出分类的谱系追踪图，然后再据专业知识确定最终类型数目和类型命名；(2) 一般的分类允许在不同层次上有不同的分类依据或分类准则，而聚类分析在所有层次上的分类依据和分类准则都是一样的；(3) 一般分类不要求被分对象一次性完备，允许分类后继续补充样品甚至建立新类，而聚类分析要求被分类对象一次性完备，不允许中间插入新样品，否则要重复聚类分析的全过程。

第一节　聚类分析的基本原理

聚类分析作为一种数值分类法，分类依据是数据指标，要进行聚类分析必须建起一个描写事物本质属性的指标体系，或者说是一个变量组合。入选的指标必须能刻画事物属性的某个侧面，所有指标组合起来形成一个完备的指标体系，互相配合共同刻画事物的本质特征。所谓完备的指标体系，就是说任何新增指标的加入都对辨别事物差异无显著贡献。如果所选指标体系完备性不够，将导致分类结果不准确。此外，还要求每一个入选指标都与所研究的问题紧密联系，并且都有较强的分辨能力。对于指标本身来说，还必须可测和稳定。可测是分类得以进行的先决条件，稳定是分类准确的前提。如果分类指标间还具有直交性，那么还可提高聚类的效率。表 11-1 是 10 个被试在 3 个指标上的测量值。一般来说，若有 N 个样品、有 M 个指标，称为 M 维空间上 N 个样本点，测量值 X_{ik} 表示第 i 样本点在第 k 维指标上的测量值。空间 N 个样本点的所有测量值可以矩阵 X 记之。

$$X=(X_{ik})_{N\times M} \tag{11-1}$$

表 11-1 原始数据表

样本点＼变量	x_1	x_2	x_3
1	2	3	6
2	4	1	2
3	5	7	8
4	1	8	9
5	3	2	2
6	6	9	1
7	5	4	3
8	9	3	6
9	7	9	4
10	3	5	2

在聚类分析中，要求入选的所有指标变量有统一的量纲。如果量纲不一致，某些量纲级别较高的指标可能会假象扩大它所刻画事物的本质差异，某些量纲级别较低的指标可能会假象缩小它所刻画事物属性的本质差异。无论是前者还是后者，都将影响分类结果的准确性。因此在聚类分析前必须视数据指标的量纲情况决定是否要先对数据进行整理。常用的整理原始数据的方法有以下几种。

第一种是数据中心化变换。

如果一批数据指标由于各自的分布中心有显著差异而导致量纲不一致，可以对数据作中心化变换，新的指标中心皆为 0。中心化的计算公式为

$$x'_{ik}=x_{ik}-\overline{X}_{.k} \tag{11-2}$$

其中 $\overline{X}_{.k}$为第 k 个指标变量的均值。经中心化变换后的数据计算样本协方差矩阵是比较方便的。

第二种是数据标准化变换。

如果一批数据指标由于各自的方差有显著差异而导致量纲不一致，可以对数据作标准化变换。经标准化变换后的数据就是标准分数。标准化变换的公式为

$$x'_{ik}=(x_{ik}-\overline{X}_{.k})/S_k \tag{11-3}$$

其中 $\overline{X}_{.k}$是第 k 个指标的平均数，S_k 是第 k 个指标的标准差。由公式可见，

标准化变换比中心化变换更进了一步，经标准化变换后的数据是以标准差为单位的中心化数据。标准化变换后的数据计算相关系数矩阵是比较方便的。

第三种是极差正规化变换。

一种非常简便的数据处理方法是极差正规化变换，计算公式如下：

$$x'_{ik}=\frac{x_{ik}-\min\limits_{i}\{x_{ik}\}}{\max\limits_{i}\{x_{ik}\}-\min\limits_{i}\{x_{ik}\}} \tag{11-4}$$

经过极差正规化变换后的数据以原数据的最小值为零点，以极差为比例基数，突出了数据间的差异，并把数据全距限制在［0，1］范围之内，因而也就统一了量纲。

第四种是对数变换。

在聚类分析中，呈现指数函数特征的数据是不能与其他数据一同直接参加聚类的。为此必须对它进行对数变换，变换公式如下：

$$x'_{ik}=log_a x_{ik} \tag{11-5}$$

原具有指数函数特征的数据经对数变换后将呈现线性特征。数据整理进行对数变换必须准确判断它的特征，如果不是指数函数数据也作对数变换，这样不仅不能起到整理作用，还会使数据更为复杂。

可以进行聚类的事物有两大类，一类是样品个体，一类是指标变量。对样品个体进行聚类称作 Q 型聚类，对指标变量进行聚类称作 R 型聚类。在教育与心理科学研究中，这两种聚类分析方法都是应用很广的。有时我们需要对教育与心理研究的对象聚类，研究他们的类别层次，研究他们的个性和共性；有时我们要对自行定义的心理特征指标进行聚类，检验定义的科学性，查清它们的空间结构。

聚类分析根据被聚类事物间关系的亲疏程度进行分类。事物间关系越亲近、越密切，则越有可能被聚为一类；关系越疏远，则被聚为一类的可能性越小，即使勉强聚合，也是关系非常松散的类型。

聚类分析中，描写事物间关系亲疏程度的指标称为广义距离。广义距离包括一般的距离和相似系数两种类型。距离原是三维几何空间中点与点间关系亲疏程度的指标，点间距离越近，说明点间关系越密切。把这种距离定义推广到高维空间，就可以用来作为 Q 型聚类中描写空间点关系亲疏程度的指标。相似系数是描写指标变量间关系亲疏程度的指标，多用于 R 型聚类之中。现在我们分别来研究这两类指标。

一、距离

如果用 M 个指标变量测定了 N 个样品个体，我们把这 N 个样品个体称为 M 维空间的 N 个样本点，或简称为点。对于 M 维空间的任意两点

$$X_i=\begin{pmatrix}x_{i1}\\x_{i2}\\\vdots\\x_{im}\end{pmatrix}\qquad X_j=\begin{pmatrix}x_{j1}\\x_{j2}\\\vdots\\x_{jm}\end{pmatrix}\tag{11-6}$$

X_i 与 X_j 间的距离记为 d_{ij}。用于聚类分析的距离一般应具备以下三个条件：

（1）无向性：对于空间任意两点 X_i 和 X_j，有 $d_{ij}\geqslant 0$；

（2）对称性：对于空间的任意两点 X_i 和 X_j，均有 $d_{ij}=d_{ji}$；

（3）最短距离：对于空间的任意三点 X_i，X_j 和 X_l，均有 $d_{ij}\leqslant d_{il}+d_{jl}$。

在实际聚类分析所应用的距离定义中，有的并不能满足第三个条件，但从广义上来说，还是称其为距离。聚类分析中常用的距离定义有六种，我们逐一介绍如下。

1. 绝对值距离

绝对值距离也称曼哈顿（Manhattan）距离，以空间两点各维指标间差值的绝对值之和为其计量值，计算公式如下：

$$d_{ij}=\sum_{k=1}^{m}\left|x_{ik}-x_{jk}\right|\quad (i,\ j=1,\ 2,\ \cdots,\ N)\tag{11-7}$$

以此公式计算表 11-1 中第 1 号样本与第 2 号样本的绝对值距离，则有

$$d_{ij}=\sum_{k=1}^{3}\left|x_{1k}-x_{2k}\right|=|2-4|+|3-1|+|6-2|=8$$

绝对值距离定义直观形象，计算比较简单，它利用了空间点所有数值信息，因此反应比较灵敏。但是由于使用了绝对值计算，不宜作成批的代数处理。

2. 欧氏距离

欧氏距离也即欧几里德距离（Euclidean distance），是三维几何空间中应

用的距离在多维空间中的推广，计算公式如下：

$$d_{ij}=\sqrt{\sum_{k=1}^{m}(x_{ik}-x_{jk})^2} \qquad (i,\ j=1,\ 2,\ \cdots,\ N) \qquad (11\text{-}8)$$

按此公式计算表 11-1 中第 1 号被试与第 2 号被试间的距离，可得

$$\begin{aligned} d_{12}&=\sqrt{\sum_{k=1}^{3}(x_{1k}-x_{2k})^2} \\ &=\sqrt{(2-4)^2+(3-1)^2+(6-2)^2} \\ &=2\sqrt{6}=4.8990 \end{aligned}$$

欧氏距离定义易于被接受，灵敏度也较高，但计算比绝对值距离稍复杂。

3. 切比雪夫距离

切比雪夫距离取空间两点 M 个指标的差值中绝对值最大者作为它的计量值，计算公式如下：

$$d_{ij}=\max_k|x_{ik}-x_{jk}| \qquad (i,\ j=1,\ 2,\ \cdots,\ N) \qquad (11\text{-}9)$$

切比雪夫距离意义明确，形式简单，但反应不太灵敏，也不易于作代数处理。

按切比雪夫距离定义可计算得表 11-1 中第 1、2 号被试间的切比雪夫距离为

$$\begin{aligned} d_{12}&=\max_k|x_{1k}-x_{2k}| \\ &=\max\{|2-4|,\ |3-1|,\ |6-2|\} \\ &=4 \end{aligned}$$

以上三种距离定义实际上皆属于明科夫斯基（Minkowski）距离族，该族距离定义皆满足距离的三个条件，在聚类分析中应用比较多，特别是欧氏距离应用更为广泛。但是该族距离定义均未考虑到指标变量量纲的不一致可能，因此受量纲影响比较大。使用该族距离，必须先做统一量纲的数据整理工作。在聚类分析中，如果量纲不统一而直接使用了该族距离，量纲级别高的指标变量将在聚类中起明显作用，而量纲级别低的指标的作用将会被掩盖，最终导致聚类失误。明科夫斯基距离的另一缺陷是它未考虑到指标变量间的相关可能性，对于其间有相关关系的指标变量应用该族距离定义作为聚类依据，则可能会夸大某一方面的因素在聚类中的作用而导致聚类失真。

4. 兰氏（Lanberra）距离

聚类分析中如果所有指标变量的取值均大于等于零，那么可以使用兰氏距离。兰氏距离计算公式如下：

$$d_{ij}=\sum_{k=1}^{M}\frac{|x_{ik}-x_{jk}|}{x_{ik}+x_{jk}} \quad (i,\ j=1,\ 2,\ \cdots,\ N) \qquad (11\text{-}10)$$

由于兰氏距离为比量纲的比例系数，因而就消除了量纲的影响，但是兰氏距离还是没有考虑到指标变量间的相关性。

应用兰氏距离计算，则表 11-1 中第 1 号和第 2 号被试间的距离为：

$$\begin{aligned} d_{12}&=\sum_{k=1}^{3}\frac{|x_{1k}-x_{2k}|}{x_{1k}+x_{2k}} \\ &=\frac{|2-4|}{2+4}+\frac{|3-1|}{3+1}+\frac{|6-2|}{6+2} \\ &=1.3333 \end{aligned}$$

5. 马氏距离

印度统计学家马哈拉诺比斯（Mahalanobis）于 1936 年引进了既不受量纲影响又不受指标相关影响的距离，称为马氏距离，计算公式如下：

$$d_{ij}^2=(x_i-x_j)'V^{-1}(x_i-x_j) \qquad (i,\ j=1,\ 2,\ \cdots,\ N) \qquad (11\text{-}11)$$

其中 x_i，x_j 如式（11-6）所示，V 为 M 维空间指标变量间的协方差矩阵，V^{-1} 表示 V 的逆矩阵。

假设已知表 11-1 中三指标变量的总体协方差矩阵为

$$V=\begin{pmatrix} 5 & 2 & 2 \\ 2 & 4 & 1 \\ 2 & 1 & 2 \end{pmatrix}$$

可求得 V 的逆矩阵 V^{-1} 为

$$V^{-1}=\frac{1}{19}\begin{pmatrix} 7 & -2 & -6 \\ -2 & 6 & -1 \\ -6 & -1 & 16 \end{pmatrix}$$

则据式（11-11）可求 11-1 表中第 1 号和第 2 号被试间的马氏距离为

$$d_{12}^2=\left[\begin{pmatrix} 2 \\ 3 \\ 6 \end{pmatrix}-\begin{pmatrix} 4 \\ 1 \\ 2 \end{pmatrix}\right]'\times\frac{1}{19}\begin{pmatrix} 7 & -2 & -6 \\ -2 & 6 & -1 \\ -6 & -1 & 16 \end{pmatrix}\left[\begin{pmatrix} 2 \\ 3 \\ 6 \end{pmatrix}-\begin{pmatrix} 4 \\ 1 \\ 2 \end{pmatrix}\right]$$

$$=\frac{1}{19}(-2,2,4)\begin{pmatrix}7 & -2 & -6\\ -2 & 6 & -1\\ -6 & -1 & 16\end{pmatrix}\begin{pmatrix}-2\\ 2\\ 4\end{pmatrix}$$

$$=21.2632$$

可以证明，马氏距离满足距离定义三条件。马氏距离只有在协方差矩阵不是数量矩阵时才有实际使用价值，当协方差矩阵为数量矩阵时，马氏距离蜕化为欧氏距离，因而可用欧氏距离公式直接计算。

6. 斜交空间距离

斜交空间距离计算公式如下：

$$d_{ij}=\sqrt{\frac{1}{M^2}\sum_{k=1}^{M}\sum_{l=1}^{M}r_{kl}(x_{ik}-x_{jk})(x_{il}-x_{jl})}\qquad (i,\ j=1,\ 2,\ \cdots,\ N)\qquad (11\text{-}12)$$

式中 r_{kl} 为指标变量 k 与指标变量 l（总体或样本）的积差相关系数。应用斜交空间距离可以防止空间扭曲，保证聚类结果的准确性。假如表 11-1 中三指标变量的总体相关系数分别为 $r_{12}=0.5$，$r_{13}=0.3$，$r_{23}=0.4$，则表中第 1 号被试与第 2 号被试的斜交空间距离为

$$d_{12}=\sqrt{\frac{1}{3^2}\sum_{k=1}^{3}\sum_{l=1}^{3}r_{kl}(x_{1k}-x_{2k})(x_{1l}-x_{2l})}$$

$$=\frac{1}{3}\{r_{11}(x_{11}-x_{21})^2+r_{12}(x_{11}-x_{21})(x_{12}-x_{22})+r_{13}(x_{11}-x_{21})(x_{13}-x_{23})+r_{21}(x_{12}-x_{22})(x_{11}-x_{21})+r_{22}(x_{12}-x_{22})^2+r_{23}(x_{12}-x_{22})(x_{13}-x_{23})+r_{31}(x_{13}-x_{23})(x_{11}-x_{21})+r_{32}(x_{13}-x_{23})(x_{12}-x_{22})+r_{33}(x_{13}-x_{23})^2\}^{\frac{1}{2}}$$

$$=\frac{1}{3}[(2-4)^2+0.5(2-4)(3-1)+0.3(2-4)(6-2)+0.5(3-1)(2-4)+(3-1)^2+0.4(3-1)(6-2)+0.3(6-2)(2-4)+0.4(6-2)(3-1)+(6-2)^2]^{\frac{1}{2}}$$

$$=\frac{1}{3}[4-2-2.4-2+4+3.2-2.4+3.2+16]^{\frac{1}{2}}$$

$$=1.5492$$

二、相似系数

相似系数是描写指标变量间关系亲疏程度的指标。变量 Y_k 与变量 Y_l 的相似系数记为 r_{kl}。聚类分析的相似系数必须满足下面三个条件：

(1) 相似系数的值域为 $[-1, +1]$；

(2) 对称性：$r_{kl}=r_{lk}$；

(3) 相似系数取得极端值 ±1 的充分必要条件是该两变量对应成比例，即有 $Y_k=a\cdot Y_l$，a 为常数。在实际聚类分析中，相似系数往往是从样本数据估计的。如果 M 维空间中有 N 个样本点，则在每一维度指标变量上都有 N 个观测值，记变量 Y_k 与 Y_l 的样本观测值为向量

$$Y_k=\begin{pmatrix}x_{1k}\\x_{2k}\\x_{3k}\\\vdots\\x_{Nk}\end{pmatrix}\qquad Y_l=\begin{pmatrix}x_{1l}\\x_{2l}\\x_{3l}\\\vdots\\x_{Nl}\end{pmatrix}\tag{11-13}$$

则可以估计指标变量 Y_k 与 Y_l 的各种相似系数。

1. 积差相关系数

由 (11-13) 的数据，可以计算变量 Y_k 与 Y_l 间的积差相关系数，计算公式如下：

$$r_{kl}=\frac{\sum_{i=1}^{N}(x_{ik}-\overline{X}_{\cdot k})(x_{il}-\overline{X}_{\cdot l})}{\sqrt{\sum_{i=1}^{N}(x_{ik}-\overline{X}_{\cdot k})^2}\cdot\sqrt{\sum_{i=1}^{N}(x_{il}-\overline{X}_{\cdot l})^2}}\tag{11-14}$$

其中 $\overline{X}_{\cdot k}$ 与 $\overline{X}_{\cdot l}$ 分别是变量 Y_k 和 Y_l 的 N 次观测的均数。相关系数是应用最为广泛的刻画变量间相似程度的指标，相关系数越大，两变量越相似，相关系数取值为 1 时，两指标变量共线并且方向一致，实际上是一个变量。根据式 (11-14) 可以计算表 11-1 中指标变量 1 与指标变量 2 的积差相关系数，其值为 $r_{12}=0.132\,1$。

2. 夹角余弦

按照 (11-13) 的向量记法，可以把向量的夹角余弦作为变量 Y_k 与 Y_l 的相似系数。计算公式为

$$r_{kl}=\frac{\sum_{i=1}^{N}x_{ik}\cdot x_{il}}{\sqrt{\sum_{i=1}^{N}x_{ik}^{2}}\sqrt{\sum_{i=1}^{N}x_{il}^{2}}} \tag{11-15}$$

夹角余弦越大，表示两向量（即两指标变量）越相似。向量的夹角余弦也就是单位向量间的内积。以（11-15）式计算附表 11-1 中第 1 指标变量与第 2 指标变量间的夹角余弦，其值为 $r_{12}=0.8095$。

3. 指数相似系数

指数相似系数计算公式如下：

$$r_{ij}=\frac{1}{M}\sum_{k=1}^{M}exp\left[-\frac{3}{4}(x_{ik}-x_{jk})^{2}/S_{k}^{2}\right] \tag{11-16}$$

其中 S_1^2，S_2^2，…，S_M^2，分别为 M 个指标变量的方差，（11-16）式所求是空间两点（两样品）之间的相似系数。以（11-16）式计算表 11-1 中 1 号样本与 2 号样本的指数相似系数得 $r_{12}=0.4763$。

在聚类分析中，描写被分类事物间关系亲疏程度的各种指标，无论是距离还是相似系数都必须定义合理、计算简便，要能突出事物间的差异，选择指标时还必须注意与聚类目的相配套。在聚类分析中选择不同的亲疏程度指标，将突出事物间差异的不同侧面，因此聚类结果也可能不完全相同，应该慎重选择距离或相似系数指标，使分类尽量符合实际。

聚类分析的方法有多种，常用的有系统聚类法、动态聚类法和分解聚类法三种。这里我们仅对三种聚类方法的原理和大体过程作一简单介绍，后两节将重点介绍其中的系统聚类方法。

系统聚类法除了要定义事物间亲疏程度指标，还要定义类与类之间亲疏程度指标，导出求取类间亲疏指标值的递推公式。系统聚类初始，先把所有待分类事物各自看成为独立的一类，求出两两之间的亲疏指标值，把关系最为密切的两类合并为一个新类，然后计算新类与原存各类之间的亲疏指标值，再把其中关系最为密切的两类合并……如此反复进行，直至最终所有待分类事物合并为一个大类为止。最后绘成一幅系统聚类的谱系图，再根据一定的原则确定最终分类结果。

动态聚类法是先将待分类事物作一个初始的粗糙的分类，然后再根据某种原则对初始分类进行修改，直至分类被认为比较合理时为止。动态聚类的主要步骤可以描绘成示意图，如图 11-1。为获得动态聚类的初始分类，有时先设法选取一些凝聚点，让待分类事物按某种原则向这些凝聚点凝聚。动态聚类可分为三大步，每一步都设计出了许多方法，各步所选方法不同，从整个过程来说组合成了许多不同的序列，也就形成了多种不同的动态聚类方法。

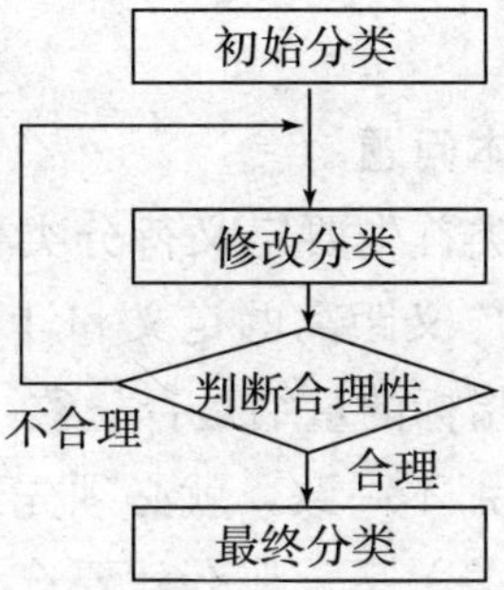

图 11-1　动态聚类图示

分解聚类与系统聚类的过程完全相反。系统聚类的类别数是由多到少，最终合并为一个大类。分解聚类却是由少到多，它先把所有待分类事物看作一个大类，建立一个分类目标函数，然后在使目标函数达到最大的原则下把一个大类分解为两个小类，又据使目标函数达到最大的原则继续细分，如此不断重复，不断地把大类分解为小类，直至最终所有待分类事物各自成一类为止。与系统聚类一样，根据不断的分解过程也可以绘制分类谱系图，再根据某种原则确定最终分类。

无论采用以上三种聚类分析方法中的哪一种，最终分类都是一种统计结果。由于抽样误差以及所选指标的合理性、统计方法的科学性等原因，结果都有可能犯错误，都有错分的可能性。检验分类准确性的最终方法是实践，要根据专业知识对分类结果进行分析检验，更要在实践中不断加以修正。但也不能以此否定聚类分析的作用，在指标选择合理、方法选择恰当的条件下，聚类分析确实是一种比较客观的数值分析方法。

第二节 系统聚类法

一、系统聚类的一些基本问题

采用系统聚类法进行聚类首先要定义待分类事物间的距离（广义距离）。本章第一节我们介绍了不少广义距离的定义和计算，在选择广义距离的计算公式时，必须首先考察各维指标的量纲是否一致，指标间是否存在相关关系。如果发现各维度指标量纲级别不一致，就必须先进行数据整理，统一各指标量纲。如果发现指标间有相关关系，那么就要选择那些能消除相关影响的距离计算公式，以避免造成聚类失误。距离选定后，首先计算所有待分类事物两两之间的距离，如果把所有单个事物都看作一类，则所求距离也就是初始的类间距离，计算得的所有距离可以列成一距离矩阵，称为初始距离矩阵，记为 $D(0)$。表 11-2 就是一 M 维空间中十个样品（样本点）两两之间的距离构成的初始距离矩阵。由于两点间距离具有对称性，这是一个对称矩阵，因此表中仅列出了它的上三角形部分，下三角形部分与其对称，对角线上的值皆为 0。为方便起见，我们使用 $G\{\ \}$为类型记号，括号中以样本点代号填入，表示该类内含的样本点。例如 $G\{3\}$，就表示仅含样本点 3 的类；$G\{2，5，6\}$ 表示含样本点 2，5，6 的类。表 11-2 实际上是用于 Q 型聚类的初始距离矩阵，如果进行 R 型聚类，其初始距离矩阵实际上是相似系数矩阵，虽然其仍然是对称矩阵，但矩阵对角线元素将都是 1，非对角线元素将都是绝对值小于或等于 1 的数。

表 11-2 初始距离矩阵 $D(0)$

	$G\{2\}$	$G\{3\}$	$G\{4\}$	$G\{5\}$	$G\{6\}$	$G\{7\}$	$G\{8\}$
$G\{1\}$	1	2	4	7	8	9	14
$G\{2\}$		3	6	8	10	12	13
$G\{3\}$			2	4	8	11	12
$G\{4\}$				3	5	7	11
$G\{5\}$					4	6	8
$G\{6\}$						3	5
$G\{7\}$							2

在系统聚类分析中，除求出初始距离矩阵外，还必须定义类与类之间的距离，每次合并得一个新类之后必须按类间距离定义求出新类与其他各类间距离，形成一新的距离矩阵，以便进一步合并相近似的类型。在实际聚类分析中，新类与旧类的距离是用递推公式计算的，递推公式是按类间距离定义推导出来的。类与类之间距离的定义有好多种，使用不同的类间距离定义产生了不同的系统聚类方法。各种不同的聚类方法具有不同的聚类性质，同一批聚类事物用不同的聚类方法也有可能产生不同的分类结果。在聚类分析中，如果两种不同的方法产生相同的分类结果，则称这两种聚类方法是等价的。

系统聚类每次都是把关系最亲近的两类合并为一个新类，并且把被合并的两旧类间的距离称为并类距离，记为 d_t，t 表示第 t 次合并。记录每一次的并类距离得到一并类距离数列

$$d_1,\ d_2,\ d_3,\ \cdots,\ d_t,\ \cdots,\ d_F$$

在 Q 型聚类中，F 小于样本点总数 N，最大为 $N-1$；在 R 型聚类中，F 小于空间维数 M，最大为 $M-1$。理想的系统聚类所记录的并类距离数列应该是单调的，在 Q 型聚类中数列单调上升，在 R 型聚类中数列单调下降。如果并类距离数列是单调的，我们称聚类是单调的。单调是系统聚类的基本思想，也是系统聚类应该遵循的原则，但并不是所有的系统聚类都具有单调性，在实际聚类中局部破坏单调性的现象也是存在的，我们并不因此而否定整个分类结果，只要分类结果经得起实践检验，我们应该接受它。但是，单调性的破坏必须引起我们的充分重视，以防止严重的分类失误。

在系统聚类中，每一次合并旧类获得新类后，都要求取新类与其他原有

各类的距离。如果按定义的方法求得的类间距离加大了新类与其他类间的距离，则称这样的聚类是空间扩张的，就好像合并成新类之后原有的空间变大了似的。相反，如果合并得新类后，按定义所求的类间距离缩小了新类与其他各类之间的距离，称这样的聚类是空间收缩的。如果某种聚类方法既不使空间扩张也不使空间收缩，则称这种聚类是空间守恒的。使得空间呈扩张状态的聚类方法不断加大类间距离，因此有较强的鉴别力和较高的灵敏度。但是过高的灵敏度会导致某分支上的聚敛情况掩盖了整体聚类，使得空间收缩的系统聚类法不断缩小类间距离。如果收缩过快，可能导致在某个类型分支上发生连锁反应，其他各类元素不断地被并入其中，导致不能产生并列的类型。

二、各种系统聚类方法

1. 最短距离法

最短距离法把一个类中所有样本点与另一类中所有样本点间的最短距离作为类与类之间的距离，即若有类 G_p 与类 G_q 合并为新类 G_r，则其他任一类 G_k 与 G_r 的距离 D_{kr} 为

$$D_{kr}=\min_{i\in G_r,j\in G_k}\{d_{ij}\} \tag{11-17}$$

实际上，由于

$$D_{kr}=\min\{\min_{i\in G_p,\,j\in G_k}\{d_{ij}\},\ \min_{i\in G_q,j\in G_k}\{d_{ij}\}\}$$

可得

$$D_{kr}=\min\{D_{pk},\ D_{qk}\} \tag{11-18}$$

(11-18) 式是最短距离法计算新类与其他类间距离的公式，它不必按类间距离的原始定义去计算，而是据最后一次并类前的距离进行计算的。像 (11-18) 式这样的类间距离计算公式在聚类分析中被称为距离递推公式。有了递推公式，计算要简便得多。在系统聚类中都会导出新类距离的递推公式，以方便计算。

用最短距离法进行系统聚类，基本步骤可以整理如下。

(1) 对原始数据进行数据整理。

(2) 计算待分类样本点（或指标变量）间的广义距离，得初始距离矩

阵$D(0)$。

(3) 在距离矩阵 $D(t)$ ($t=0$, 1, 2, …) 的基础上，进行聚类；在 $D(t)$ 中找到除对角线元之外的最小距离（或最大相似系数），比如为 D_{pq}，则将 D_p，D_q 合并为新类G_r，记录并类距离 D_t 以及新类内容。

(4) 按递推公式计算新类 G_r 与其余各类的距离，得新距离矩阵 $D(t+1)$。由于作了一次合并，新距离矩阵至少比 $D(t)$降低一阶。

(5) 重复 (3) (4) 两步，旧类不断被合并为新类，距离矩阵不断降阶，直至所有样本点（或指标变量）合并为一个大类，距离矩阵降为 0 阶。

按上述步骤，下面在表 11-2 所提供的初始距离矩阵基础上对八个样本点进行聚类。

根据 $D(0)$作第一次合并，并类距离为 1，所并旧类为 $G\{1\}$和 $G\{2\}$，合并为新类 $G\{1, 2\}$，合并后按递推公式计算新类 $G\{1, 2\}$与未合并各类距离（未牵涉到合并行为的类间距离不变），得新距离矩阵 $D(1)$ 如下：

	$G\{3\}$	$G\{4\}$	$G\{5\}$	$G\{6\}$	$G\{7\}$	$G\{8\}$
$G\{1, 2\}$	2	4	7	8	9	13
$G\{3\}$		2	4	8	11	12
$G\{4\}$			3	5	7	11
$G\{5\}$				4	6	8
$G\{6\}$					3	5
$G\{7\}$						2

根据 $D(1)$作第二次合并，并类距离为 2，类 $G\{1, 2\}$与类 $G\{3\}$、$G\{4\}$合并为新类 $G\{1, 2, 3, 4\}$，$G\{7\}$与 $G\{8\}$合并为新类 $G\{7, 8\}$，按递推公式计算新类与各类距离，得距离矩阵 $D(2)$如下：

	$G\{5\}$	$G\{6\}$	$G\{7,8\}$
$G\{1, 2, 3, 4\}$	3	5	7
$G\{5\}$		4	6
$G\{6\}$			3

根据 $D(2)$作第三次合并，并类距离为 3，类 $G\{1, 2, 3, 4\}$与类 $G\{5\}$合并为 $G\{1, 2, 3, 4, 5\}$；类 $G\{6\}$与 $G\{7, 8\}$合并为 $G\{6, 7, 8\}$，再按递推公式计算新类距离，得新距离矩阵 $D(3)$如下：

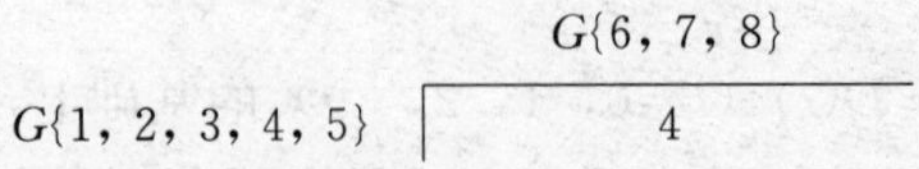

最终 $G\{1, 2, 3, 4, 5\}$ 与 $G\{6, 7, 8\}$ 合并为一个大类，并类距离为 4。根据以上聚类过程，可绘制聚类谱系图如下（见图 11-2）。

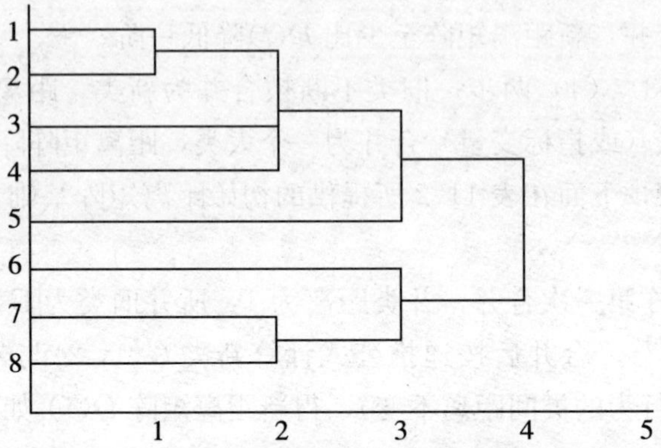

图 11-2　最短距离法聚类谱系图

最短距离法系统聚类具有单调性，但是空间收缩很快，产生样本点不断被并入某一类的连锁反应的倾向，除特殊数据外，一般不宜使用这种方法。

2. 最长距离法

与最短距离法相反，最长距离法定义类与类之间距离为一个类中所有样本点与另一个类中所有样本点间的最长距离。若有类 G_p 与 G_q 合并为新类 G_r，新类 G_r 与其他任意一类 G_k 的距离 D_{kr} 为

$$D_{kr}=\max_{i\in G_r,\ j\in G_k}\{d_{ij}\} \tag{11-19}$$

据此式可以推导得最长距离法的类间距离递推公式为

$$D_{kr}=\max\{D_{pk}, D_{qk}\} \tag{11-20}$$

用最长距离法进行系统聚类的基本步骤与最短距离法类同，只是每次进行新类距离计算时应用（11-20）式所提供的递推公式。

如果用最长距离法对表 11-2 提供的初始距离矩阵 $D(0)$ 进行系统聚类，聚类过程如下。

根据初始距离矩阵 $D(0)$ 作第一次合并，并类距离为 1，类 $G\{1\}$ 与类 $G\{2\}$ 合并为新类 $G\{1, 2\}$。按（11-20）式计算新类 $G\{1, 2\}$ 与其他各类的距

离，得新距离矩阵 $D(1)$如下：

	$G\{3\}$	$G\{4\}$	$G\{5\}$	$G\{6\}$	$G\{7\}$	$G\{8\}$
$G\{1,2\}$	3	6	8	10	12	14
$G\{3\}$		2	4	8	11	12
$G\{4\}$			3	5	7	11
$G\{5\}$				4	6	8
$G\{6\}$					3	5
$G\{7\}$						2

据距离矩阵 $D(1)$进行第二次合并，并类距离为 2，类 $G\{3\}$与类 $G\{4\}$合并为新类 $G\{3,4\}$，类 $G\{7\}$与类 $G\{8\}$合并为新类 $G\{7,8\}$，计算得新距离矩阵 $D(2)$如下。

	$G\{3,4\}$	$G\{5\}$	$G\{6\}$	$G\{7,8\}$
$G\{1,2\}$	6	8	10	14
$G\{3,4\}$		4	8	12
$G\{5\}$			4	8
$G\{6\}$				5

据距离矩阵 $D(2)$进行第三次合并，并类距离为 4，原类 $G\{3,4\}$与类 $G\{5\}$，$G\{6\}$合并为新类 $G\{3,4,5,6\}$，计算得距离矩阵 $D(3)$如下：

	$G\{3,4,5,6\}$	$G\{7,8\}$
$G\{1,2\}$	10	14
$G\{3,4,5,6\}$		12

据距离矩阵 $D(3)$进行第四次合并，并类距离为 10，原类 $G\{1,2\}$与类 $G\{3,4,5,6\}$合并为新类 $G\{1,2,3,4,5,6\}$，计算得新距离矩阵 $D(4)$如下：

	$G\{7,8\}$
$G\{1,2,3,4,5,6\}$	14

在 $D(4)$基础上作第五次合并，并类距离 14。所有样本点合并为一个大类。记录以上过程，可以绘制聚类谱系图，如图 11-3。

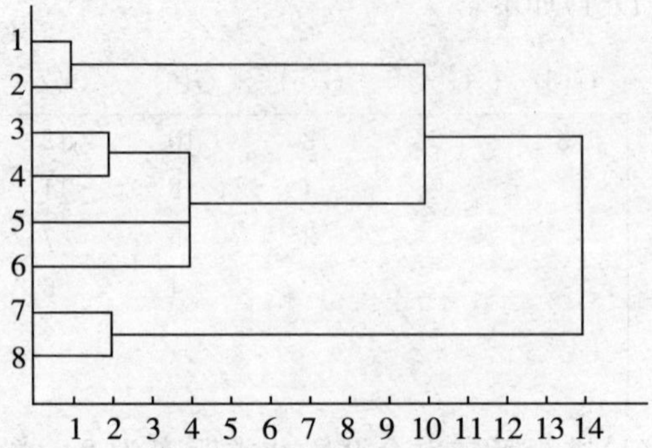

图 11-3　最长距离法聚类谱系图

最长距离法系统聚类具有单调性，由于新类距离是原有距离间最大值，聚类空间呈扩张状态。

3. 中间距离法

最短距离法使空间收缩，最长距离法使空间扩张，使我们转向寻求一适中的类间距离定义以使空间守恒。中间距离法基本上就是这一思想的实践。中间距离法设想：若类 G_p 与类 G_q 合并为新类 G_r，则新类 G_r 与类 G_k 的距离按最短距离法是 $\min\{D_{kp}, D_{kq}\}$，按最长距离法是 $\max\{D_{kp}, D_{kq}\}$，无论其中谁短谁长，新距离定是在其中各取一条。现在要取这两条线的中线，如图 11-4 所示，就是要求三角形 $G_pG_qG_k$ 的中线 D_{kr}。根据几何知识有：

$$D_{kr}^2 = \frac{1}{2}D_{kp}^2 + \frac{1}{2}D_{kq}^2 - \frac{1}{4}D_{pq}^2 \tag{11-21}$$

中间距离法的聚类过程与前面所述方法基本相同，只是类间距离的定义与新类距离的递推公式不相同。下面用中间距离法对表 11-2 提供的初始距离矩阵进行系统聚类。

注意到（11-21）式中使用的都是距离的平方值，不妨把表 11-2 的初始距离矩阵改写为 $D^2(0)$，如表 11-3 所列。

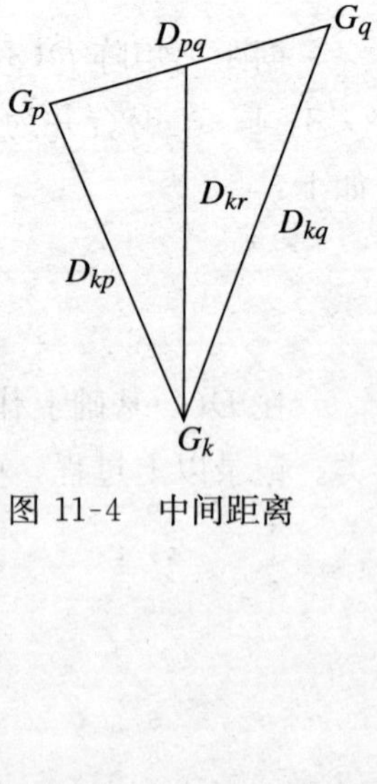

图 11-4　中间距离

表 11-3　改写后的初始距离矩阵

	$G\{2\}$	$G\{3\}$	$G\{4\}$	$G\{5\}$	$G\{6\}$	$G\{7\}$	$G\{8\}$
$G\{1\}$	1	4	16	49	64	81	196
$G\{2\}$		9	36	64	100	144	69
$G\{3\}$			4	16	64	121	144
$G\{4\}$				9	25	49	121
$G\{5\}$					16	36	64
$G\{6\}$						9	25
$G\{7\}$							4

根据 $D^2(0)$ 作第一次合并，并类距离为 1，类 $G\{1\}$ 与类 $G\{2\}$ 合并为新类 $G\{1, 2\}$，简记为 G_r，根据（11-20）式可以分别求取新类 G_r 与其他各类的距离。

$$D_{3r}^2=\frac{1}{2}D_{31}^2+\frac{1}{2}D_{32}^2-\frac{1}{4}D_{12}^2$$
$$=\frac{1}{2}\times4+\frac{1}{2}\times9-\frac{1}{4}\times1$$
$$=6.25$$
$$D_{4r}^2=\frac{1}{2}D_{41}^2+\frac{1}{2}D_{42}^2-\frac{1}{4}D_{12}^2$$
$$=\frac{1}{2}\times16+\frac{1}{2}\times36-\frac{1}{4}\times1$$
$$=25.75$$
$$D_{5r}^2=\frac{1}{2}D_{51}^2+\frac{1}{2}D_{52}^2-\frac{1}{4}D_{12}^2$$
$$=\frac{1}{2}\times49+\frac{1}{2}\times64-\frac{1}{4}\times1$$
$$=56.25$$
$$D_{6r}^2=\frac{1}{2}D_{61}^2+\frac{1}{2}D_{62}^2-\frac{1}{4}D_{12}^2$$
$$=\frac{1}{2}\times64+\frac{1}{2}\times100-\frac{1}{4}\times1$$
$$=81.75$$

$$D_{7r}^2=\frac{1}{2}D_{71}^2+\frac{1}{2}D_{72}^2-\frac{1}{4}D_{12}^2$$
$$=\frac{1}{2}\times 81+\frac{1}{2}\times 144-\frac{1}{4}\times 1$$
$$=112.25$$
$$D_{8r}^2=\frac{1}{2}D_{81}^2+\frac{1}{2}D_{82}^2-\frac{1}{4}D_{12}^2$$
$$=\frac{1}{2}\times 196+\frac{1}{2}\times 169-\frac{1}{4}\times 1$$
$$=182.25$$

由此得到第一次合并后的新距离矩阵 $D^2(1)$如下：

	$G\{3\}$	$G\{4\}$	$G\{5\}$	$G\{6\}$	$G\{7\}$	$G\{8\}$
$G\{1,2\}$	6.25	25.75	56.25	81.75	112.25	182.25
$G\{3\}$		4	16	64	121	144
$G\{4\}$			9	25	49	121
$G\{5\}$				16	36	64
$G\{6\}$					9	25
$G\{7\}$						4

根据 $D^2(1)$作第二次合并，并类距离为 2（即$\sqrt{4}$），类 $G\{3\}$与类 $G\{4\}$合并为新类 $G\{3,4\}$，同时类 $G\{7\}$与类 $G\{8\}$合并为新类 $G\{7,8\}$。又据（11-20）式递推计算新类与其他各类距离，得新距离矩阵 $D^2(2)$如下：

	$G\{3,4\}$	$G\{5\}$	$G\{6\}$	$G\{7,8\}$
$G\{1,2\}$	15	56.25	81.75	146.25
$G\{3,4\}$		11.5	43.5	106.75
$G\{5\}$			16	49
$G\{6\}$				16

据 $D^2(2)$进行第三次合并，并类距离为 3.391 2（即 $\sqrt{11.5}$），类 $G\{3,4\}$与类 $G\{5\}$并为新类 $G\{3,4,5\}$，据（11-20）式求得新距离矩阵 $D^2(3)$如下：

	$G\{3, 4, 5\}$	$G\{6\}$	$G\{7, 8\}$
$G\{1, 2\}$	32.75	81.75	146.25
$G\{3, 4, 5\}$		26.875	75
$G\{6\}$			16

根据 $D^2(3)$ 作第四次合并，并类距离 4（即 $\sqrt{16}$），类 $G\{6\}$ 与类 $G\{7, 8\}$ 合并为新类 $G\{6, 7, 8\}$，并可计算得新距离矩阵 $D^2(4)$ 为：

	$G\{3, 4, 5\}$	$G\{6, 7, 8\}$
$G\{1, 2\}$	32.75	110
$G\{3, 4, 5\}$		46.937 5

在 $D^2(4)$ 上作第五次合并，并类距离 5.722 8（即 $\sqrt{32.75}$），类 $G\{1, 2\}$ 与类 $G\{3, 4, 5\}$ 并为新类 $G\{1, 2, 3, 4, 5\}$，并可求得新距离矩阵 $D^2(5) = (70.281\ 3)$。最终所有样本点在并类距离 8.383 4（即 $\sqrt{70.281\ 3}$）上合并为一个大类。根据以上聚类过程记录可以绘制聚类谱系图，如图 11-5。

中间距离法系统聚类由于类间距离介于最大值与最小值之间，因此聚类空间处于守恒状态。但是，中间距离法的并类距离序列不能保证总是单调的。如果在实际聚类中出现并类距离序列逆转，那就给谱系分类追踪带来困难，不能再以简单的距离截值作为分类依据。

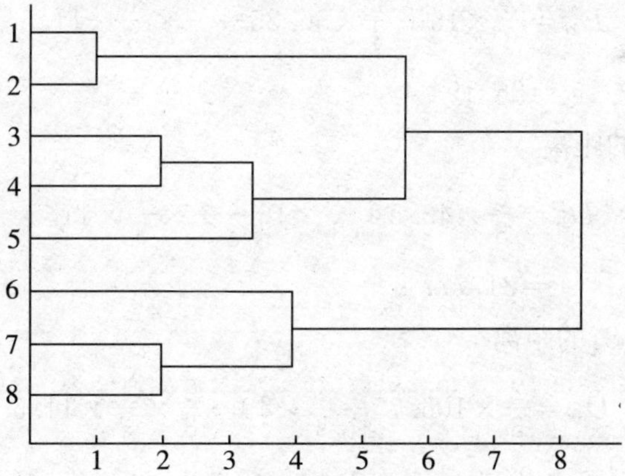

图 11-5　中间距离法聚类谱系图

4. 重心法

前述三种聚类法在定义类间距离时均未考虑聚得新类中所含样本点的多少，因此被认为有不合理之处。重心法是对上述问题的纠正。重心法认为应该首先确定各类的重心，然后求两类重心间的距离，以重心间距离作为类间距离。根据这种设想，如果一个新类 G_r 由 G_p 与 G_q 合并而得，其中原 G_p 的样本点个数为 n_p，原 G_q 的样本点个数为 n_q，G_r 的样本点个数就是 $n_r=n_p+n_q$，那么新类 G_r 与任意类 G_k 的距离可由下式求取

$$D_{kr}^2=\frac{n_p}{n_r}\cdot D_{kp}^2+\frac{n_q}{n_r}\cdot D_{kq}^2-\frac{n_p}{n_r}\cdot\frac{n_q}{n_r}\cdot D_{pq}^2 \tag{11-22}$$

（11-22）式就是重心法类间距离的递推公式。如果被合并的旧类各自所含样本点个数相同，那么（11-22）式就与（11-21）式完全一样了。我们应用重心法对表 11-3 的初始距离矩阵进行聚类。注意到第一次合并 $G\{1\}$ 与 $G\{2\}$ 为 $G\{1，2\}$，第二次合并 $G\{3\}$ 与 $G\{4\}$ 为 $G\{3，4\}$，合并 $G\{7\}$ 与 $G\{8\}$ 为 $G\{7，8\}$ 都是在旧类样本点个数相同的情况下进行的，因此直到第二次合并，所求距离矩阵 $D^2(2)$ 与中间距离法是完全相同的。现在我们根据 $D^2(2)$ 进行第三次合并，并类距离仍为 3.391 2，类 $G\{3，4\}$ 与类 $G\{5\}$ 合并为新类 $G\{3，4，5\}$，简记为 G_r，根据（11-22）式计算 G_r 与各类距离：新类 G_r 与 $G\{1，2\}$ 的距离

$$\begin{aligned}D_{1r}^2&=\frac{2}{3}\times 15+\frac{1}{3}\times 56.25-\frac{2}{3}\times\frac{1}{3}\times 11.5\\&=26.194\ 4\end{aligned}$$

新类 G_r 与 $G\{6\}$ 的距离

$$\begin{aligned}D_{2r}^2&=\frac{2}{3}\times 43.5+\frac{1}{3}\times 16-\frac{2}{3}\times\frac{1}{3}\times 11.5\\&=31.777\ 8\end{aligned}$$

新类 G_r 与 $G\{7，8\}$ 的距离

$$\begin{aligned}D_{3r}^2&=\frac{2}{3}\times 106.75+\frac{1}{3}\times 49-\frac{2}{3}\times\frac{1}{3}\times 11.5\\&=84.944\ 4\end{aligned}$$

得到新距离矩阵 $D^2(3)$ 如下：

	$G\{3, 4, 5\}$	$G\{6\}$	$G\{7, 8\}$
$G\{1, 2\}$	26.194 4	81.75	146.25
$G\{3, 4, 5\}$		31.777 8	84.944 4
$G\{6\}$			16

在新距离矩阵 $D^2(3)$ 上进行第四次合并，并类距离为 4，类 $G\{6\}$ 与类 $G\{7, 8\}$ 合并为新类 $G\{6, 7, 8\}$，又据（11-21）式计算得新距离矩阵如下：

	$G\{3, 4, 5\}$	$G\{6, 7, 8\}$
$G\{1, 2\}$	26.194 4	121.194 4
$G\{3, 4, 5\}$		63.666 6

在 $D^2(4)$ 的基础上进行第五次合并，并类距离为 5.118 0（即 $\sqrt{26.1944}$），类 $G\{1, 2\}$ 与类 $G\{3, 4, 5\}$ 合并为新类 $G\{1, 2, 3, 4, 5\}$，得新距离矩阵 $D^2(5)=(80.391\,1)$，则所有样本点在距离 8.966 1 上合并为一个大类。对于表 11-3 所作的重心法聚类，由于整个聚类过程除并类距离有所不同之外，谱系变化情况与中间距离法都一样，因此绘制的聚类谱系图将与图 11-4 有相同结构，读者可以自行绘制。

重心法系统聚类的优点是类间距离计算吸收了类内容量的信息，距离的定义更为合理。重心法聚类空间守恒，但是与中间距离法类似，也不能始终保持并类距离的单调性。

5. 类平均法

为能更多地吸取类内样本点信息，类平均法定义类间距离是两类中样本点间距离平方值的平均值，即若有类 G_p 与 G_q，则其间距离为

$$D_{pq}^2=\frac{1}{n_q n_p}\sum_{i\in G_p, j\in G_q} d_{ij}^2 \tag{11-23}$$

如果有 G_p 与 G_q 合并为新类 G_r，那么 G_r 与任意类 G_k 的距离可由下式求取：

$$D_{kr}^2=\frac{n_p}{n_r}D_{kp}^2+\frac{n_q}{n_r}D_{kq}^2 \tag{11-24}$$

其中 n_p 为类 G_p 的样本点个数，n_q 为 G_q 的样本点个数，$n_r=n_p+n_q$。(11-23) 式就是类平均法求类间距离的递推公式。

用类平均法进行系统聚类，既是空间守恒的，又是单调的，因此是效果比较理想的系统聚类法。

6. 可变类平均法

如果在系统聚类分析中，应用下式作为求取类间距离的递推公式，则这种聚类法称为可变类平均法。

$$D_{kr}^2=\frac{n_p}{n_r}(1-\beta)D_{kp}^2+\frac{n_q}{n_r}(1-\beta)D_{kq}^2+\beta D_{pq}^2 \tag{11-25}$$

上式中除 β 外都是我们熟悉的符号。β 是一个可变参量，但 $\beta<1$。β 的具体值可由聚类者自行确定。聚类者选择的 β 值不同，聚类的结果可能不同。在系统聚类分析中，β 称为聚集强度系数，β 的取值影响空间的守恒性，β 取 0 时（11-25）式变为（11-24）式，空间守恒；$\beta>0$ 时，空间收缩；$\beta<0$ 时，空间扩张。β 的绝对值越大，空间的收缩或扩张更为剧烈。一般认为 β 取 $-\frac{1}{4}$ 时有较佳的聚类效果。可变类平均法仍然保持了类平均法的单调性，并且由于它比类平均法多考虑了 D_{pq} 的影响，显得比类平均法更为合理。更由于 β 的可控性，使得聚类者可以比较、选择最合适的 β 值，以达到最佳聚类效果。

7. 可变法

把可变类平均法中的聚集强度系数 β 引进中间距离法就形成可变法系统聚类。可变法的类间距离递推公式为

$$D_{kr}^2=\frac{1-\beta}{2}D_{kp}^2+\frac{1-\beta}{2}D_{qk}^2+\beta D_{pq}^2 \tag{11-26}$$

β 的作用仍像它在可变类平均法中所起的作用一样。其值域仍为 $\beta<1$，也认为 $\beta=-\frac{1}{4}$ 时比较合适。可变法的并类距离是单调的，空间的扩缩性由于 β 的引进而成为可以自控的。

8. 离差平方和法

离差平方和法又称沃德（Ward）法，这是一种利用方差分析原理进行系统聚类的方法。方差分析的一个基本假设是同类样品间的离差平方和应该显著小于异类样品间的离差平方和。将这一思想引申到聚类分析中，对一批样品进行分类，在分类合理时类内的离差平方和将达到最小。若设定全部样品分为 k 类，按组合法将样品分为 k 类的所有可能的组合找出，计算各种组合情况下的类内离差平方和，其中类内离差平方和最小的组合可被确认为最合

理的分类。

从理论上讲，这种设想无疑是非常正确的，但是当样本点 n 和分类数 k 较大时，这种方法的计算量是非常大的，因此很难实现。沃德进一步从系统聚类的角度考虑：先假设所有的样本点自成一类，则总共有 N 类，任意合并其中的两类，有多种合并方案，计算各种合并方案下增加的类内离差平方和，确认类内离差平方和增加最小的方案为合理的合并方案。经过这一步，总类数变为 $N-1$，重复上述步骤一次，类数递减一，直至所有样本点合并为一个大类，绘出谱系追踪图就可供最终确定分类方案。离差平方和法主要用于 Q 型聚类，下面我们来给出它的类间距离定义并导出距离的递推公式。

设类 G_p 中有 n_p 个样本点，每个样本点的指标值为 M 维向量 X_{ip}，$i=1, 2, \cdots, n_p$，又设 G_p 的重心为向量 $\overline{X}_p$，则该类的类内离差平方和为

$$S_p^2=\sum_{i=1}^{n_p}(X_{ip}-\overline{X}_p)'(X_{ip}-\overline{X}_p) \tag{11-27}$$

若共分为 k 类，则这一分类下的类内总离差平方和为

$$S^2=\sum_{p=1}^{k}S_p^2=\sum_{p=1}^{k}\sum_{i=1}^{n_p}(X_{ip}-\overline{X}_p)'(X_{ip}-\overline{X}_p) \tag{11-28}$$

对于确定的 k 值，最佳分类下的 S^2 是固定的。现将其中任意两类合并为一类，不妨设 G_p 与 G_q 合并为类 G_r，则类内总离差平方和势必增加，我们把这一增加的类内平方和值定义为类 G_p 与 G_q 之间的距离，即

$$D_{pq}^2=S_r^2-S_p^2-S_q^2 \tag{11-29}$$

由此可推得 G_p 与 G_q 的距离

$$D_{pq}^2=\frac{n_p\cdot n_q}{n_r}(\overline{X}_p-\overline{X}_q)'(\overline{X}_p-\overline{X}_q) \tag{11-30}$$

对于新类 G_r（$G_r=G_p\cup G_q$）来说，类 G_k 与 G_r 的距离可由下式求取

$$D_{kr}^2=\frac{n_k+n_p}{n_r+n_k}D_{kp}^2+\frac{n_k+n_q}{n_r+n_k}D_{kq}^2-\frac{n_k}{n_r+n_k}D_{pq}^2 \tag{11-31}$$

这就是离差平方和法的距离递推公式，其中 n_p，n_q，n_r，n_k 分别是类 G_p，G_q，G_r 与 G_k 的样本容量。

在一般的系统聚类分析中，样本点间距离与类间距离定义可以有不同的计算方法，并且可以有多种组合方案。在离差平方和法中，样本点间距离与类间距离是统一的，都是用（11-30）式计算。只是在计算样本点间距离时，公式中的重心向量分别是各样本点的自身指标向量。此时（11-30）式可简写为

$$D_{pq}^2=\frac{1}{2}(X_p-X_q)'(X_p-X_q) \qquad (11\text{-}32)$$

式中 X_p，X_q 为空间任意两样本点 p 和 q 的指标向量。仔细观察（11-32）式，它实际上就是本章第一节所介绍的样本点间的欧氏距离，只是多了常系数$\frac{1}{2}$。

在初始距离矩阵求得以后，离差平方和法的聚类过程与其他系统聚类法是基本相同的，只是要应用（11-30）式作为新类距离的递推公式。离差平方和法聚类空间是扩张的，并类距离序列是单调的，由于分类效果比较好，在实际中应用比较广泛，其局限在于只能以欧氏距离作为样本点间距离，当空间变量间有显著相关时，就会导致聚类失误。

三、系统聚类的统一递推公式

本节第二部分介绍了八种系统聚类方法，各种方法有不同的类间距离定义，因此也就有不同的新类距离递推公式。不同的聚类方法空间的扩缩性、并类距离的单调性都不一样。威沙特（Wishart）于 1969 年发现这八种聚类法使用的递推公式可以统一为一个公式，即

$$D_{kr}^2=\alpha_p D_{kp}^2+\alpha_q D_{kq}^2+\beta D_{pq}^2-\gamma|D_{kp}^2-D_{kq}^2| \qquad (11\text{-}33)$$

此统一递推公式中引进可变参量四个：α_p，α_q，β 和 γ，这些参量在不同的方法中有不同的值，不同的方法有不同的聚类性质。表 11-4 列出了八种方法的不同参量选择方案以及它表现出来的聚类性质，供读者应用时参考。

表 11-4　系统聚类统一递推公式参数表

方法	α_p	α_q	β	γ	空间	单调性
最短距离法	$\frac{1}{2}$	$\frac{1}{2}$	0	$-\frac{1}{2}$	收缩	单调
最长距离法	$\frac{1}{2}$	$\frac{1}{2}$	0	$\frac{1}{2}$	扩张	单调
中间距离法	$\frac{1}{2}$	$\frac{1}{2}$	$-\frac{1}{4}$	0	守恒	不保证单调
重心法	$\frac{n_p}{n_r}$	$\frac{n_q}{n_r}$	$-\alpha_p\alpha_q$	0	守恒	不保证单调

续表

方法	α_p	α_q	β	γ	空间	单调性
类平均法	$\frac{n_p}{n_r}$	$\frac{n_q}{n_r}$	0	0	守恒	单调
可变类平均法	$\frac{(1-\beta)n_p}{n_r}$	$\frac{(1-\beta)n_q}{n_r}$	β	0	$\beta<0$ 时扩张	单调
可变法	$\frac{1-\beta}{2}$	$\frac{1-\beta}{2}$	β	0	$\beta<0$ 时扩张	单调
离差平方和法	$\frac{n_k+n_p}{n_k+n_r}$	$\frac{n_k+n_q}{n_k+n_r}$	$-\frac{n_k}{n_k+n_r}$	0	扩张	单调

四、谱系分类的最终确定

系统聚类法从把所有样本点看作自成一类开始，不断合并相近类，直至把所有样本点归并为一个大类，记录这一不断合并的过程，可以绘制一张反映样本点间亲疏关系的聚类谱系图。但是聚类谱系图本身并不是分类，它只能作为最终分类的亲疏关系依据。分类的目的是要把所有样本点根据它们之间的亲疏程度分成若干个类，使得类与类之间差异明显而类内各样本点之间基本相似。在求得聚类谱系图之后，我们有两种方法可以确定最终分类：第一种方法是确定最终分为几类，比如说确定要分为 k 类，那么在谱系图中根据类数由多变少的过程找到分为 k 类时的分类状况，就是 k 类的具体分法；第二种方法是我们确定一个（广义）距离的截点值，以此值为界，将聚类谱系图划分为左右两部分，左边的所有类间合并都被认可，一直到分界线处还剩下几类，就被确认一共分成为几类。

无论我们使用哪种方法，最终的分类应该符合以下几条。

（1）类间差异与类内差异相比，类间差异显著地大。从统计上说，就是各类重心间距离要显著地大。

（2）所分出的各类都有明显的实际意义。

（3）若用不同的方法进行聚类，应该获得较多的相同类。

应用统计方法进行分类，目的是要探清事物的空间结构。物以类聚作为一种客观现象，有它自身的规律。因此无论选择何种方法，分类的正确与否，都要接受客观实际的检验，并在实践中作出进一步的纠正。

在实际分类中，有时会遇到一些特殊情况。比如在对样本点作分类时，如果样本点本身是均匀分布的，或者所设指标变量的分辨力比较弱，无法将样本点区别，那么就可能无法进行分类；在对指标变量分类时，如果指标间本身是正交的，不存在相似关系，则对指标变量进行分类也是不能成功的；有时样本点间互相连接，或者指标变量共线，实际上表示它们已经是一类，因此也无法再加以分类。

聚类分析充分吸收了样本的数值信息，是一种较为科学的数值分类方法，是分类研究的有力工具，但是它还处于发展之中，还未完全成熟，有一些理论问题也还没有完全探清，还有待于进一步的深入研究。

第三节　实例分析

前一节配合介绍各种系统聚类方法模拟了若干 Q 型聚类的题例，本节举一个 R 型聚类分析的实例供读者参考。

某师范大学教育系为了解该系学校教育专业的课程结构，随机抽取了一个 30 人的样本，登录了 16 门主要专业课程的成绩（见表 11-5），决定对这些课程进行系统聚类分析。采用的系统聚类方法是重心法。由于是对课程进行分类，因此必须求出课程间的相似系数。采用（11-14）式求出所有 16 门课程两两之间的积差相关系数作为初始相似矩阵，记为 $D(0)$（见表 11-6）。鉴于相似矩阵具有对称性，对角线元素又皆是常数 1，因此表 11-6 仅列出了一个上三角形。

表 11-5 原始数据表

学生号＼学科号	1	2	3	4	5	6	7	8	9	10	11	12	13	14	15	16
学科	英语	外国教育史	中国教育史	教育概论	教学论	小教法	马列教育论著选	德育	教育心理学	发展心理学	普通心理学	心理学流派	实验心理学	人体解剖学	教育心理测量学	教育心理统计学
01	86	83	86	83	80	90	75	87	90	85	84	86	82	75	88	70
02	77	90	89	79	78	72	75	84	90	78	82	85	84	65	83	76
03	60	74	87	72	78	86	60	88	85	64	67	72	82	50	83	60
04	73	78	87	88	85	94	70	89	90	86	79	90	85	82	87	90
05	70	77	85	90	81	81	75	88	90	73	82	71	83	77	75	74
06	62	80	87	71	87	77	60	87	84	81	82	81	75	62	82	80
07	67	64	83	73	83	81	67	85	83	63	56	75	84	83	80	57
08	73	75	75	79	78	90	77	88	80	84	75	65	81	54	81	70
09	77	75	89	90	86	79	83	91	90	77	79	79	81	62	74	85
10	84	90	90	85	85	87	72	93	84	86	91	75	84	86	90	80
11	75	85	90	78	81	85	86	90	94	79	84	93	91	67	85	80
12	64	71	90	76	92	80	78	90	90	81	78	84	86	88	90	84
13	75	75	85	74	81	78	64	83	86	92	73	76	84	69	74	85
14	86	77	90	89	80	90	73	86	92	88	88	87	90	88	90	81
15	69	74	80	77	80	77	74	87	84	84	81	69	80	64	73	65
16	60	76	87	87	81	75	82	82	86	61	70	75	81	60	78	66
17	74	75	92	81	82	80	70	72	81	81	74	81	86	46	83	80
18	64	75	83	82	74	79	66	85	84	86	78	80	78	72	78	60
19	68	91	89	93	85	93	82	91	90	84	83	86	81	79	87	82
20	75	80	83	78	85	82	65	78	82	72	79	74	90	60	73	73
21	72	80	86	83	74	82	70	80	82	60	68	67	73	50	77	60
22	71	75	85	85	76	83	50	79	90	81	69	75	84	54	81	88
23	74	82	80	74	80	76	63	82	81	79	68	80	82	61	84	80
24	78	73	83	78	85	80	60	84	74	72	75	84	80	36	88	77
25	82	82	89	85	85	85	80	80	87	86	83	78	83	63	76	72
26	67	90	89	91	80	87	75	90	83	83	80	85	81	67	90	58
27	69	83	89	66	85	77	70	89	88	80	82	82	73	54	70	73
28	84	82	87	80	86	92	62	89	89	82	81	88	90	73	86	84
29	83	87	85	84	85	87	80	91	92	81	85	87	90	63	76	94
30	63	76	80	82	76	86	84	85	76	66	73	80	83	62	81	70

表 11-6　16 门课程的初始相似矩阵

	$G\{2\}$	$G\{3\}$	$G\{4\}$	$G\{5\}$	$G\{6\}$	$G\{7\}$	$G\{8\}$	$G\{9\}$	$G\{10\}$	$G\{11\}$	$G\{12\}$	$G\{13\}$	$G\{14\}$	$G\{15\}$	$G\{16\}$
$G\{1\}$	0.35	0.17	0.24	0.17	0.35	0.05	0.03	0.27	0.46	0.50	0.30	0.46	0.15	0.17	0.45
$G\{2\}$		0.36	0.30	0.05	0.24	0.28	0.30	0.30	0.32	0.64	0.40	0.50	0.11	0.22	0.21
$G\{3\}$			0.23	0.38	0.04	0.17	0.09	0.54	0.16	0.39	0.51	0.16	0.24	0.29	0.26
$G\{4\}$				−0.10	0.45	0.41	0.12	0.27	0.13	0.32	0.14	0.20	0.30	0.25	0.14
$G\{5\}$					0.07	0.12	0.33	0.23	0.22	0.33	0.37	0.23	0.28	0.13	0.49
$G\{6\}$						0.15	0.37	0.20	0.26	0.28	0.28	0.36	0.34	0.47	0.18
$G\{7\}$							0.35	0.26	−0.10	0.37	0.19	0.14	0.27	−0.03	−0.02
$G\{8\}$								0.38	0.22	0.45	0.29	0.01	0.49	0.26	0.14
$G\{9\}$									0.35	0.44	0.43	0.37	0.52	0.03	0.45
$G\{10\}$										0.62	0.36	0.20	0.36	0.20	0.48
$G\{11\}$											0.43	0.21	0.34	0.18	0.40
$G\{12\}$												0.40	0.30	0.50	0.47
$G\{13\}$													0.35	0.28	0.46
$G\{14\}$														0.35	0.16
$G\{15\}$															0.14

采用重心法聚类，递推公式是（11-22）式，为方便起见可将 $D(0)$所有元素平方，将 $D(0)$改造为 $D^2(0)$，然后在 $D^2(0)$的基础上进行聚类。聚类时，将相似矩阵中具有最大相似系数的类合并为新类，然后用递推公式求出新类与原有各类间的相似系数，得到新的相似矩阵。如此反复进行，变量间不断归并，最终全部并为一大类。以下是本例的聚类过程记录（为节省篇幅，所有的新相似矩阵皆未列出）。

依据 $D^2(0)$进行第一次合并，并类相似系数（即广义距离）是 0.64，类 $G\{2\}$与类 $G\{11\}$合并为新类 $G\{2，11\}$。用递推公式求得新相似矩阵 $D^2(1)$。

依据 $D^2(1)$进行第二次合并，并类相似系数是 0.54，类 $G\{3\}$与类 $G\{9\}$合并为新类 $G\{3，9\}$，求得新相似矩阵 $D^2(2)$。

依据 $D^2(2)$进行第三次合并，并类相似系数是 0.50，类 $G\{12\}$与类$G\{15\}$合并为新类 $G\{12，15\}$，求得新相似系数矩阵 $D^2(3)$。

依据 $D^2(3)$进行第四次合并，并类相似系数 0.49，类 $G\{5\}$与类 $G\{16\}$合并为新类 $G\{5，16\}$；类 $G\{8\}$与类 $G\{14\}$合并为新类 $G\{8，14\}$，求得新相似矩阵 $D^2(4)$。

依据 $D^2(4)$进行第五次合并，并类相似系数 0.46，类 $G\{1\}$与类 $G\{10\}$合并为新类 $G\{1，10\}$，求得新相似矩阵 $D^2(5)$。

依据 $D^2(5)$进行第六次合并，并类相似系数 0.45，类 $G\{4\}$与类 $G\{6\}$合并为新类 $G\{4，6\}$，求得新相似矩阵 $D^2(6)$。

依据 $D^2(6)$进行第七次合并，并类相似系数 0.26，类 $G\{13\}$与类 $G\{1，10\}$合并为新类 $G\{1，10，13\}$，求得新相似矩阵 $D^2(7)$。

依据 $D^2(7)$进行第八次合并，并类相似系数 0.22，类 $G\{4，6\}$与类$G\{7\}$合并为新类 $G\{4，6，7\}$，求得新相似矩阵 $D^2(8)$。

依据 $D^2(8)$进行第九次合并，并类相似系数 0.20，类 $G\{2，11\}$与类 $G\{1，10，13\}$合并为新类 $G\{1，2，10，11，13\}$，求得新相似矩阵 $D^2(9)$。

依据 $D^2(9)$进行第十次合并，并类相似系数 0.17，类 $G\{4，6，7\}$与类 $G\{8，14\}$合并为新类 $G\{4，6，7，8，14\}$，求得新相似矩阵 $D^2(10)$。

依据 $D^2(10)$作第十一次合并，并类相似系数 0.10，类 $G\{3，9\}$与类 $G\{12，15\}$合并为新类 $G\{3，9，12，15\}$。

经过十一次合并，新的相似矩阵元素都已在0以下，故可认为在0系数上合并为一个大类。

根据以上过程记录，绘制聚类谱系图如图11-6。

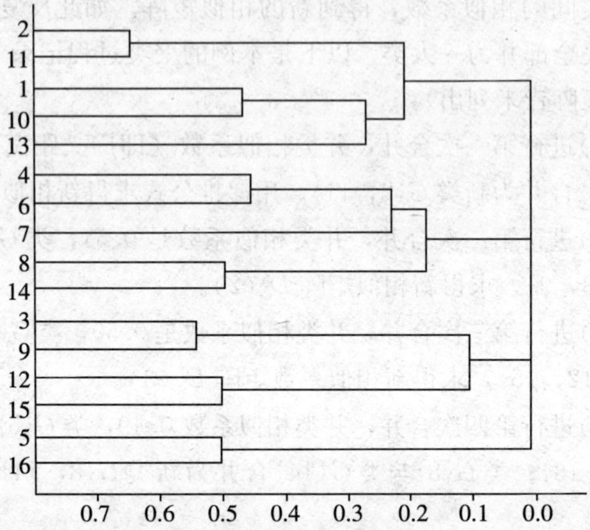

图11-6　16门课程的聚类谱系图

本例在用重心法进行 R 型聚类时，对于类间距离出现负值时一律以0值记之，因为最终分类不可能有0值以下的截点。值得提醒的是在 R 型聚类中，每次都是以矩阵中最大值作为两类合并的依据，因为相似系数值越大表示变量间关系越亲密。

现在我们可以根据此例的谱系图进行分类了。综合各方面信息，结合实际情况考虑，16门课程可分为四个大类，并类距离的截点是0.10。第一大类以心理学科为主，含普通心理学、发展心理学、实验心理学、外国教育史和英语。第二大类以教育学科为主，含教育概论、德育、小教法、马列教育论著选、人体解剖学。第三类是教育与心理交叉学科为主，含教育心理学、教育心理测量学、心理学流派和中国教育史。第四类以教育心理统计学为代表，另含教学论，是一较特殊的类型。

聚类分析在教育心理领域中的应用有较广阔的前景，既可以用于研究样本分类，又可以用于心理变量结构探查，从而为心理诊治和教育决策提供定量依据。

【要点小结】

聚类分析主要用于解决影响因素之间的亲疏关系的判别和项目分类的问题。聚类分析分类的依据是数据指标，所入选的指标可形成一个完备的指标体系，相互配合共同刻画事物的本质特征。

系统聚类的基本思想和原则是单调，但不是都能满足单调性，也不能因此否定整个分类结果。具体的系统聚类方法有最短距离法、最长距离法、中间距离法、重心法等。

【思考与练习】

1. 简述系统聚类法的基本思路。

2. 常用的距离及相似系数有哪些？它们各有什么特点？

3. 利用谱系图分类应注意哪些问题？

4. 下表为30个中学生家庭教育情况的调查，共有生活条件等7个指标，请用聚类分析将这些指标分类。

被试	生活条件	人际关系	文化素质	道德素质	教育方法	教育策略	教育观念
1	23.00	19.00	19.00	24.00	28.00	24.00	29.00
2	24.00	18.00	20.00	19.00	19.00	25.00	24.00
3	21.00	19.00	21.00	20.00	15.00	20.00	22.00
4	19.00	17.00	18.00	17.00	26.00	29.00	23.00
5	16.00	20.00	22.00	18.00	18.00	23.00	27.00
6	24.00	21.00	25.00	27.00	26.00	35.00	34.00
7	19.00	21.00	21.00	21.00	27.00	27.00	32.00
8	20.00	19.00	17.00	20.00	25.00	23.00	18.00
9	15.00	19.00	22.00	22.00	24.00	24.00	22.00
10	24.00	17.00	23.00	20.00	28.00	28.00	23.00
11	20.00	14.00	18.00	20.00	22.00	22.00	30.00
12	22.00	19.00	18.00	22.00	25.00	27.00	30.00
13	23.00	18.00	22.00	22.00	26.00	24.00	28.00
14	16.00	20.00	19.00	22.00	25.00	25.00	26.00
15	20.00	17.00	22.00	20.00	23.00	20.00	21.00

续表

被试	生活条件	人际关系	文化素质	道德素质	教育方法	教育策略	教育观念
16	22.00	18.00	20.00	24.00	27.00	24.00	27.00
17	21.00	18.00	20.00	22.00	29.00	22.00	30.00
18	23.00	19.00	20.00	24.00	25.00	28.00	22.00
19	15.00	16.00	17.00	24.00	21.00	28.00	27.00
20	19.00	18.00	21.00	23.00	26.00	27.00	17.00
21	23.00	17.00	22.00	16.00	24.00	21.00	26.00
22	24.00	16.00	20.00	14.00	22.00	24.00	28.00
23	22.00	22.00	20.00	16.00	20.00	27.00	27.00
24	16.00	19.00	16.00	19.00	22.00	31.00	31.00
25	22.00	19.00	16.00	20.00	24.00	20.00	25.00
26	23.00	20.00	18.00	22.00	23.00	25.00	24.00
27	21.00	20.00	19.00	20.00	21.00	19.00	26.00
28	24.00	21.00	20.00	23.00	25.00	28.00	18.00
29	19.00	21.00	21.00	24.00	22.00	19.00	26.00
30	20.00	22.00	19.00	22.00	23.00	28.00	28.00

【拓展性阅读导航】

1. 何晓群编著:《多元统计分析》，中国人民大学出版社 2004 年版。

本书结合社会、经济、自然科学等多领域的研究实例，系统介绍了多元统计分析的基本理论和方法，同时把各种多元分析的方法和实际应用结合起来，注意定性分析和定量分析紧密结合，强调每种方法各自的优缺点和实际运用中应注意的问题，并且在每种方法后结合实例概要介绍了 SPSS 或 SAS 软件的实际操作实现过程。

2. 张润楚编著:《多元统计分析》，科学出版社 2006 年版。

本书在多元统计基本理论的基础上详细介绍了多元数据分析的一些常用方法，包括多元线性回归、判别分析、主成分分析、因素分析、聚类分析等。本书强调基本理论并对多元统计的一些基本定理给出了必要而简明的数学证明，同时又注重各种常用多元数据分析方法基本内容的介绍，把各种方法的背景、数学工具的使用、计算步骤以及应用技巧、各种方法的联系等，都作了较详细的阐述。

第十二章
判别分析

【内容提要】

从研究对象中的个性特征的各个侧面的 P 个变量出发，通过定量分析，对其作出判别并将其归于某一已知总体，这种方法称之为判别分析。本章介绍了几种判别分析方法。判别原则视判别方法不同而不同。

【学习目标】

了解距离判别、贝叶斯判别、费希尔判别分析方法，并能依据判别分析结果作出正确的解释。

【关键词】

判别分析　距离判别　贝叶斯判别　费希尔判别

在教育和心理研究中，我们经常会遇到判别某个个体的类别属性的问题。如果我们能够从反映个体性质各个侧面的 P 个变量出发，通过定量分析，最终将其判归某一已知总体，那么，就可以把对个体的研究置于更为广泛的总体研究背景上，从而达到事半功倍的效果。为完成这项任务而建起的统计分析手段称为判别分析。判别分析更抽象的提法是：在一 P 维空间 R 中，有 k 个已知总体 G_1，G_2，…，G_k，另有空间一个已知点 X，$X=(X_1，X_2，…，X_p)'$，它属于并且仅属于这 k 个总体中的一个，现在要判别这个 X 到底属于哪一个 G 总体。围绕这个目的可以建立多种判别分析的方法，常见的有距离判别、贝叶斯判别和费希尔判别三种。无论是哪种判别分析方法，其基本原理都是相同的。各种判别分析都是按照某种判别原则（这个判别原则视判别方法不同而不相同），在 P 维空间 R 中建立一个划分

$$R=\bigcup_{i=1}^{k}R_i$$

其中对每一个 R_i 有

$$R_i=\{X\mid 某种原则\}$$

主观上，研究者希望这一对空间的划分是空间实际划分 $R=\bigcup_{i=1}^{k}G_i$ 的一个真实模拟，那么在划分原则下，若空间点 $X\in R_i$，则判断 $X\in G_i$（$\in$ 表示属于）。判别分析与聚类分析不同，聚类分析是在 P 维空间中将若干个样本点按其内部亲疏结构进行类别划分。判别分析是在 P 维空间中将个别样本点判归于若干个已知类别总体中的哪一个的问题。下面我们将逐一介绍三种常用的判别分析方法。

第一节　距离判别

一、距离判别的准则

要对空间的某个已知点进行类属判别，最易使人想到的方法是按该点在空间中与各已知总体的距离的远近来进行判别，这就是判别分析中最常见的距离判别法的思想方法。在 P 维空间中，对已知的 k 个总体 G_1，G_2，…，G_k 来说，在每个总体内部，由于所有元素同属一总体，元素与元素之间的距离相对较短，而对于处于异质总体的元素来说，其间的距离应该相对较长一些。假如每一个已知类别总体有一个中心的话，不属于该总体的元素与该中心的距离应该大于属于该总体的元素到该中心的距离。在判别分析时，对于任意一个不知归属的样本点，假如已知它属于并且仅属于 k 个总体之一，则求出该点到各个类别总体中心的距离，比较所有距离大小，与其有最短距离的那个总体应该是该点的归属。按照这种思想方法，我们来建立距离判别的准则。

在 P 维空间中，有 k 个类别总体 G_1，G_2，…，G_k，每个总体都有一个中心，以 $\mu^{(i)}$ 记之

$$\mu^{(i)}=\begin{Bmatrix}\mu_1^{(i)}\\ \mu_2^{(i)}\\ \vdots\\ \mu_p^{(i)}\end{Bmatrix}\qquad i=1,\ 2,\ \cdots,\ k \tag{12-1}$$

其中 $\mu_j^{(i)}$ 是第 i 个总体第 j 个分量上的数学期望，$\mu^{(i)}$ 就是第 i 个总体的期望向量，又称其为 i 总体的重心。在各个总体内部，以 $\overline{V}^{(i)}$ 表示该总体内元素对重心的偏离程度。

$$\overline{V}^{(i)}=\begin{pmatrix}l_{11}^{(i)} & l_{12}^{(i)} & \cdots & l_{1P}^{(i)}\\ l_{21}^{(i)} & l_{22}^{(i)} & \cdots & l_{2P}^{(i)}\\ \cdots & \cdots & \cdots & \cdots\\ l_{P1}^{(i)} & l_{P2}^{(i)} & \cdots & l_{PP}^{(i)}\end{pmatrix}\qquad i=1,\ 2,\ \cdots,\ k \tag{12-2}$$

$\overline{V}^{(i)}$ 实际上是总体 G_i 中 P 维向量间的协方差矩阵。对于空间的任一已知元素 x，$x=(x_1,\ x_2,\ \cdots,\ x_p)'$，记 x 到第 i 个总体重心的距离为 $d^2(x,\ G_i)$，并且由下式计算它的数值。

$$d^2(x,\ G_i)=(x-\mu^{(i)})'\overline{V}^{(i)-1}(x-\mu^{(i)}) \tag{12-3}$$

对于 x 来说，可按（12-3）式计算出它到所有 k 个总体的距离 $d^2(x,\ G_i)$，$(i=1,\ 2,\ \cdots,\ k)$，若其中有 $d^2(x,\ G_l)$最小，则判别 x 属于总体G_l。但是实际上 x 是否真属于 G_l 并不知道，我们只是用比较距离远近的方法进行了判别。沿这种思想方法可以建立一个判别准则：我们把 P 维空间R 按空间点距离远近划分为 k 个部分 R_1，R_2，$\cdots$，R_k，而 $R=\bigcup\limits_{i=1}^{k}R_i$，其中

$$G_i=\{x\mid d^2(x,\ G_i)<d^2(x,\ G_j)\}$$
$$(i=1,\ 2,\ \cdots,\ k,\ j=1,\ 2,\ \cdots,\ k,\ j\neq i) \tag{12-4}$$

如果有元素 $x\in R_l$，则我们就判 $x\in G_l$。这就是距离判别的判别准则。按这一准则进行判别，空间的绝大多数点都可以被唯一归类，但对于个别点，则其可能到某两个总体的距离相等且是最短的，我们称这样的点为边界点。对于边界点的判别就要结合专业知识或其他信息将其判归于两者之一；若没有其他信息，也可按随机判别法将其判归于两者之一（关于边界点的判别以后皆同，不再另述）。

距离判别中，要求距离的计算不受到 P 个分量量纲的影响，因此多采用

公式（12-3），即马氏距离计算。马氏距离的一大优点是当协方差矩阵非对角元都为零时，马氏距离就成了欧氏距离。也就是说，当空间 P 维变量两两独立时，可以用欧氏距离直接建立判别准则。下面我们以一实例来说明应用距离判别准则进行类属判别的方法和过程。

例 12-1 某项心理研究按注意的稳定性、注意的广度和注意的紧张性把儿童的注意品质分为 A、B、C 三种类型，已知各类的期望向量和总体协方差矩阵分别如题尾所列。现测得某儿童的三项指标值 $x=(14,\ 45,\ 38)'$，试判别该儿童的注意类型。

$$A\text{型：}\mu^{(1)}=\begin{bmatrix}10\\50\\35\end{bmatrix}\qquad \overline{V}^{(1)}=\begin{bmatrix}10&0&8\\0&25&0\\8&0&15\end{bmatrix}$$

$$B\text{型：}\mu^{(2)}=\begin{bmatrix}15\\30\\40\end{bmatrix}\qquad \overline{V}^{(2)}=\begin{bmatrix}15&0&5\\0&20&0\\5&0&20\end{bmatrix}$$

$$C\text{型：}\mu^{(3)}=\begin{bmatrix}20\\45\\30\end{bmatrix}\qquad \overline{V}^{(3)}=\begin{bmatrix}10&0&10\\0&20&0\\10&0&18\end{bmatrix}$$

解：应用距离判别法进行类属判别，首先要求出该儿童测值 x 到各类属总体的距离。按（12-3）式计算马氏距离，首先要计算各类协方差阵的逆矩阵，我们先用初等变换法求得各个逆矩阵如下（当然也可用其他方法求逆矩阵，结果相同）：

$$\overline{V}^{(1)-1}=\begin{bmatrix}\frac{15}{86}&0&-\frac{4}{43}\\0&\frac{1}{25}&0\\-\frac{4}{43}&0&\frac{5}{43}\end{bmatrix}\qquad \overline{V}^{(2)-1}=\begin{bmatrix}\frac{4}{55}&0&-\frac{1}{55}\\0&\frac{1}{20}&0\\-\frac{1}{55}&0&\frac{3}{55}\end{bmatrix}$$

$$\overline{V}^{(3)-1}=\begin{pmatrix}\frac{9}{40} & 0 & -\frac{1}{8}\\ 0 & \frac{1}{20} & 0\\ -\frac{1}{8} & 0 & \frac{1}{8}\end{pmatrix}$$

有了各协方差阵的逆矩阵，就可以计算 x 到各总体重心的距离，先计算 $d^2(x, G_1)$：

$$d^2(x, G_1)=(x-\mu^{(1)})'\overline{V}^{(1)-1}(x-\mu^{(1)})$$

$$=\left[\begin{pmatrix}14\\45\\38\end{pmatrix}-\begin{pmatrix}10\\50\\35\end{pmatrix}\right]'\cdot\begin{pmatrix}\frac{15}{86} & 0 & -\frac{4}{43}\\ 0 & \frac{1}{25} & 0\\ -\frac{4}{43} & 0 & \frac{5}{43}\end{pmatrix}\cdot\left[\begin{pmatrix}14\\45\\38\end{pmatrix}-\begin{pmatrix}10\\50\\35\end{pmatrix}\right]$$

$$=(4, -5, 3)\begin{pmatrix}\frac{15}{86} & 0 & -\frac{4}{43}\\ 0 & \frac{1}{25} & 0\\ -\frac{4}{43} & 0 & \frac{5}{43}\end{pmatrix}\cdot\begin{pmatrix}4\\-5\\3\end{pmatrix}$$

$$=2.854\,5$$

按同法可求

$$d^2(x, G_2)=(x-\mu^{(2)})'\overline{V}^{(2)-1}(x-\mu^{(2)})=11.468\,2$$

$$d^2(x, G_3)=(x-\mu^{(3)})'\overline{V}^{(3)-1}(x-\mu^{(3)})=28.1$$

比较三个距离值有

$$d^2(x, G_1)<d^2(x, G_2)<d^2(x, G_3)$$

根据距离判别准则，在划分 $R=\bigcup_{i=1}^{3}R_i$ 中，因为 $x\in R_1$，所以判别 $x\in G_1$，也就是说，该儿童注意品质的类型为 A 型。

二、总体参数未知的距离判别

在距离判别时，并不是总能预先知道各类别总体的期望向量与总体协方

差矩阵。有时已知的仅是各类别总体的一个具体样本以及这些样本点在 P 维空间中的测值，其给出形式为

$$\begin{pmatrix} x_{11}^{(i)} & x_{12}^{(i)} & x_{13}^{(i)} & \cdots & x_{1,ni}^{(i)} \\ x_{21}^{(i)} & x_{22}^{(i)} & x_{23}^{(i)} & \cdots & x_{2,ni}^{(i)} \\ \cdots & \cdots & \cdots & \cdots & \cdots \\ x_{p1}^{(i)} & x_{p2}^{(i)} & x_{p3}^{(i)} & \cdots & x_{p,ni}^{(i)} \end{pmatrix} \quad i=1,\ 2,\ \cdots,\ k$$

其中 n_i 为第 i 个总体的样本容量，$x_{tj}^{(i)}$ 表示第 i 总体样本中第 j 个元素的第 t 维向量的测值。这时就必须用各总体样本的均值向量作为总体期望向量的估计值，以样本协方差矩阵作为总体协方差矩阵的估计值。

第 i 个类别总体的期望向量 $\mu^{(i)}$ 的估计值为

$$\hat{\mu}^{(i)} = \overline{X}^{(i)} = \begin{pmatrix} \overline{X}_1^{(i)} \\ \overline{X}_2^{(i)} \\ \vdots \\ \overline{X}_p^{(i)} \end{pmatrix} = \begin{pmatrix} \frac{1}{n_i}\sum_{j=1}^{n_i} x_{1j}^{(i)} \\ \frac{1}{n_i}\sum_{j=1}^{n_i} x_{2j}^{(i)} \\ \vdots \\ \frac{1}{n_i}\sum_{j=1}^{n_i} x_{pj}^{(i)} \end{pmatrix} \quad i = 1,2,\cdots,p \qquad (12\text{-}5)$$

协方差 $\overline{V}^{(i)}$ 的估计值为

$$\hat{\overline{V}}^{(i)} = S^{(i)} = \begin{pmatrix} S_{11}^{(i)} & S_{12}^{(i)} & \cdots & S_{1p}^{(i)} \\ S_{21}^{(i)} & S_{22}^{(i)} & \cdots & S_{2p}^{(i)} \\ \cdots & \cdots & \cdots & \cdots \\ S_{p1}^{(i)} & S_{p2}^{(i)} & \cdots & S_{pp}^{(i)} \end{pmatrix} \quad i=1,\ 2,\ \cdots,\ p \qquad (12\text{-}6)$$

其中

$$S_{tl}^{(i)} = \frac{1}{n_i - 1}\sum_{j=1}^{n_i} (x_{tj}^{(i)} - \overline{X}_t^{(i)})^2 \qquad t = 1,2,\cdots,p \qquad (12\text{-}7)$$

$$S_{tl}^{(i)} = \frac{1}{n_i - 1}\sum_{j=1}^{n_i} (x_{tj}^{(i)} - \overline{X}_t^{(i)})(x_{lj}^{(i)} - \overline{X}_l^{(i)}) \qquad t,l = 1,2,\cdots,p \quad t \neq l$$

$$(12\text{-}8)$$

有了各类别总体期望向量和协方差矩阵的估计值，就可以按前述方法对其他

未知归属的元素作判别。但是，在样本数据基础上建立起来的距离判别准则显然会由于抽样误差而影响判别的准确性，我们必须注意到这一点。

三、两个总体的距离判别

在距离判别分析中，如果全空间只有两个类别总体 G_1 与 G_2，那么所建立的划分就是 $R=R_1\cup R_2$，其中

$$R_1=\{x\mid d^2(x,G_1)<d^2(x,G_2)\}$$
$$R_2=\{x\mid d^2(x,G_2)<d^2(x,G_1)\}$$

根据前述判别规则，若有 $x\in R_1$，则判断 $x\in G_1$，否则判断 $x\in G_2$。改写 R_1 为

$$R_1=\{x\mid d^2(x,G_1)-d^2(x,G_2)<0\}$$

记
$$W(x)=d^2(x,G_1)-d^2(x,G_2) \tag{12-9}$$

则判别规则可以改写为：

若 $W(x)<0$，则 $x\in R_1$，判 $x\in G_1$；

若 $W(x)>0$，则 $x\in R_2$，判 $x\in G_2$。

称 $W(x)$ 为判别函数。特别地，当两总体的协方差矩阵相等时，判别函数 $W(x)$ 可作如下演变：

$$\begin{aligned}
W(x) &= d^2(x,G_1)-d^2(x,G_2)\\
&=(x-\mu^{(1)})'\overline{V}^{-1}(x-\mu^{(1)})-(x-\mu^{(2)})'\overline{V}^{-1}(x-\mu^{(2)})\\
&=x'\overline{V}^{-1}x-x'\overline{V}^{-1}\mu^{(1)}-\mu^{(1)\prime}\overline{V}^{-1}x+\mu^{(1)\prime}\overline{V}^{-1}\mu^{(1)}-(x'\overline{V}^{-1}x-x'\overline{V}^{-1}\mu^{(2)}-\\
&\quad\mu^{(2)\prime}\overline{V}^{-1}x+\mu^{(2)\prime}\overline{V}^{-1}\mu^{(2)})\\
&=x'\overline{V}^{-1}x-2x'\overline{V}^{-1}\mu^{(1)}+\mu^{(1)\prime}\overline{V}^{-1}\mu^{(1)}-(x'\overline{V}^{-1}x-2x'\overline{V}^{-1}\mu^{(2)}+\\
&\quad\mu^{(2)\prime}\overline{V}^{-1}\mu^{(2)})\\
&=-2x'\overline{V}^{-1}(\mu^{(1)}-\mu^{(2)})+(\mu^{(1)}+\mu^{(2)})'\overline{V}^{-1}\mu^{(1)}-\mu^{(2)\prime}\overline{V}^{-1}(\mu^{(1)}+\mu^{(2)})\\
&=-2x'\overline{V}^{-1}(\mu^{(1)}-\mu^{(2)})+(\mu^{(1)}+\mu^{(2)})'\overline{V}^{-1}\mu^{(1)}-(\mu^{(1)}+\mu^{(2)})'\overline{V}^{-1}\mu^{(2)}\\
&=-2x'\overline{V}^{-1}(\mu^{(1)}-\mu^{(2)})+(\mu^{(1)}+\mu^{(2)})'\overline{V}^{-1}(\mu^{(1)}-\mu^{(2)})\\
&=-2\left(x-\frac{\mu^{(1)}+\mu^{(2)}}{2}\right)'\overline{V}^{-1}(\mu^{(1)}-\mu^{(2)})
\end{aligned}$$

令 $\mu=\dfrac{\mu^{(1)}+\mu^{(2)}}{2}$ 并记

$$W'(x)=(x-\mu)'\overline{V}^{-1}(\mu^{(1)}-\mu^{(2)}) \tag{12-10}$$

则可建立两总体距离判别规则如下：

若 $W'(x)>0$，则 $x\in R_1$，判 $x\in G_1$；

若 $W'(x)<0$，则 $x\in R_2$，判 $x\in G_2$。

当两总体固定时，记 $\alpha=\overline{V}^{-1}(\mu^{(1)}-\mu^{(2)})$，则（12-10）式可简记为

$$W'(x)=(x-\mu)'\alpha \tag{12-11}$$

α 为一常量，称为判别系数，称 $W'(x)$ 为等协方差矩阵时的判别函数。

如果总体期望向量与协方差矩阵未知，要用样本数据作估计时，可用下式估计 μ。

$$\hat{\mu}=\frac{1}{2}(\hat{\mu}^{(1)}+\hat{\mu}^{(2)})=\frac{1}{2}(\overline{X}^{(1)}+\overline{X}^{(2)}) \tag{12-12}$$

用下式估计总体协方差矩阵。

$$\overline{V}=\frac{1}{n_1+n_2-2}[(n_1-1)S^{(1)}+(n_2-1)S^{(2)}] \tag{12-13}$$

其中的 $\overline{X}^{(1)}$，$\overline{X}^{(2)}$ 与 $S^{(1)}$，$S^{(2)}$ 分别仍由公式（12-5）与（12-6）、（12-7）和（12-8）计算。

下面我们举一个两总体判别的实例，两总体协方差矩阵相等，但是总体参数却是未知的。

例 12-2 研究者认为文理科学生的能力倾向是有差异的。从文理两科中各抽取 20 人作为随机样本，对他们分别进行语文能力倾向测验和数学能力倾向测验，测得数据如下表所示。已知文理两科学生总体的协方差矩阵是相等的，请以此两样本数据为依据求取距离判别函数。若某高中毕业生在两能力倾向测验上的成绩分别为语文 77，数学 86，你认为他应报考文科还是理科？

文科学生数据

No.	语文 x	数学 y	xy	回报值
1	78	82	6 396	0.55
2	80	88	7 040	−0.24*
3	77	84	6 468	0.12
4	90	70	6 300	3.71
5	64	92	5 888	−2.48*

续表

No.	语文 x	数学 y	xy	回报值
6	82	84	6 888	0.61
7	85	82	6 970	1.24
8	87	83	7 221	1.27
9	79	79	6 241	1.14
10	76	91	6 916	−1.13*
11	91	65	5 915	4.63
12	83	77	6 391	1.86
13	68	80	5 440	−0.11*
14	78	85	6 630	0.055
15	83	83	6 889	0.88
16	95	86	8 170	1.57
17	88	79	6 952	2.03
18	74	81	5 994	0.32
19	81	84	6 804	0.52
20	84	84	7 056	0.81
$\sum$	1 623	1 639	132 569	—

理科学生数据

No.	语文 x	数学 y	xy	回报值
1	82	80	6 560	1.27*
2	77	88	6 776	−0.54
3	72	89	6 408	−1.19
4	75	85	6 375	−0.24
5	54	90	4 860	−3.13

续表

No.	语文 x	数学 y	xy	回报值
6	68	95	6 460	−2.57
7	70	80	5 600	0.09*
8	69	75	5 175	0.81*
9	71	86	6 106	−0.80
10	72	90	6 480	−1.36
11	75	95	7 125	−1.88
12	90	91	8 190	0.25*
13	73	89	6 497	−1.09
14	80	94	7 520	−1.23
15	77	92	7 084	−1.19
16	81	89	7 209	−0.31
17	82	95	7 790	−1.19
18	75	86	6 450	−0.40
19	73	87	6 351	−0.77
20	70	92	6 440	−1.88
$\sum$	1 486	1 768	131 456	—

解：这是一个协方差矩阵相等、总体参数未知的两总体判别问题，我们来求判别函数 $W'(x)$。首先要估计各总体期望向量和总体协方差矩阵。根据（12-5）式可分别求得 $\hat{\mu}^{(1)}$ 和 $\hat{\mu}^{(2)}$。

$$\hat{\mu}^{(1)} = \overline{X}^{(1)} = \begin{pmatrix} \overline{X}_1^{(1)} \\ \overline{X}_2^{(1)} \end{pmatrix} = \begin{pmatrix} \dfrac{1}{20}\sum\limits_{j=1}^{20} x_{1j}^{(1)} \\ \dfrac{1}{20}\sum\limits_{j=1}^{20} x_{2j}^{(1)} \end{pmatrix} = \begin{pmatrix} 81.15 \\ 81.95 \end{pmatrix}$$

$$\hat{\mu}^{(2)}=\overline{X}^{(2)}=\begin{pmatrix}\overline{X}_1^{(2)}\\ \overline{X}_2^{(2)}\end{pmatrix}=\begin{pmatrix}\frac{1}{20}\sum_{j=1}^{20}x_{1j}^{(2)}\\ \frac{1}{20}\sum_{j=1}^{20}x_{2j}^{(2)}\end{pmatrix}=\begin{pmatrix}74.3\\ 88.4\end{pmatrix}$$

又据（12-12）式可求

$$\hat{\mu}=\frac{1}{2}(\overline{X}^{(1)}+\overline{X}^{(2)})=\begin{pmatrix}77.725\\ 85.175\end{pmatrix}$$

下面开始求 $\overline{V}$。

据式（12-7）求得

$$S_{11}^{(1)}=56.1316 \quad S_{22}^{(1)}=38.9974$$

$$S_{11}^{(2)}=52.6421 \quad S_{22}^{(2)}=28.7789$$

又据式（12-8）或改写为

$$S_{il}^{(i)}=\frac{1}{ni-1}\left[\sum_{j=1}^{n_i}X_{tj}^{(i)}X_{lj}^{(i)}-\frac{1}{ni}\left(\sum_{j=1}^{n_i}X_{tj}^{(i)}\right)\left(\sum_{j=1}^{n_i}X_{lj}^{(i)}\right)\right]$$

求得

$$S_{12}^{(1)}=S_{21}^{(1)}=-22.9395$$

$$S_{12}^{(2)}=S_{21}^{(2)}=4.9263$$

再根据公式（12-13）求 $\overline{V}$。

$$\overline{V}=\frac{1}{n_1+n_2-2}[(n_1-1)S^{(1)}+(n_2-1)S^{(2)}]$$

$$=\frac{1}{38}\times\left[19\times\begin{pmatrix}56.1316 & -22.9395\\ -22.9395 & 38.9974\end{pmatrix}+19\times\begin{pmatrix}52.6421 & 4.9263\\ 4.9263 & 28.7789\end{pmatrix}\right]$$

$$=\begin{pmatrix}54.3868 & -9.0066\\ -9.0066 & 33.8882\end{pmatrix}$$

由于本例两总体固定，因此可以先求判别系数 α。

$$\alpha=\overline{V}^{-1}(\mu^{(1)}-\mu^{(2)})$$

$$=\overline{V}^{-1}(\hat{\mu}^{(1)}-\hat{\mu}^{(2)})$$

$$=\begin{pmatrix}54.3868 & -9.0066\\ -9.0066 & 33.8882\end{pmatrix}^{-1}\times\left[\begin{pmatrix}81.15\\ 81.95\end{pmatrix}-\begin{pmatrix}74.3\\ 88.4\end{pmatrix}\right]$$

$$= \begin{pmatrix} 0.0192 & 0.0051 \\ 0.0051 & 0.0309 \end{pmatrix} \begin{pmatrix} 6.85 \\ -6.45 \end{pmatrix}$$

$$= \begin{pmatrix} 0.0986 \\ -0.1644 \end{pmatrix}$$

所求判别函数为

$$W'(x) = (x - \hat{\mu})' \cdot \alpha$$
$$= \left[x - \begin{pmatrix} 77.725 \\ 85.175 \end{pmatrix} \right]' \begin{pmatrix} 0.0986 \\ -0.1644 \end{pmatrix}$$

最终整理得 $W'(x)$ 为

$$W'(x) = 0.0986x_1 - 0.1644x_2 + 6.339085$$

对于所问高中毕业生来说，将 $x_1=77$，$x_2=86$ 代人 $W'(x)$，求得

$$W'(x) = 0.0986 \times 77 - 0.1644 \times 86 + 6.339085$$
$$= -0.207115$$

根据等协方差矩阵两总体距离判别规则，因为 $W'(x) = -0.207115 < 0$，所以 $x \in R_2$，判 $x \in G_2$，即该生报考理科更为适合。

四、关于错判问题

在距离判别中，我们依据空间点的距离远近对空间所作的划分 $R = \bigcup_{i=1}^{k} R_i$，是对实际划分 $R = \bigcup_{i=1}^{k} G_i$ 的一种模拟，实际的划分要复杂得多，其间的结构也并非单一的“距离”所能完全描写的。因此，我们依据划分 $R = \bigcup_{i=1}^{k} R_i$ 所建立的判别规则，即若 $x \in R_i$，则判 $x \in G_i$，有时可能会错判。我们以单维空间两个总体的情况为例来分析一下错判发生的原因。设 G_1 与 G_2 两个总体，由于是一维空间，其重心分别演变为一维均数 $\mu^{(1)}$ 与 $\mu^{(2)}$，其协方差矩阵也分别演变为一维数值方差 $\sigma^{2(1)}$ 和 $\sigma^{2(2)}$，我们把这两个总体分布描绘在图 12-1 中。根据式（12-9）和马氏距离公式，此时判别函数为

$$W(x) = d^2(x, G_1) - d^2(x, G_2)$$
$$= \frac{(x - \mu^{(1)})^2}{\sigma^{2(1)}} - \frac{(x - \mu^{(2)})^2}{\sigma^{2(2)}}$$

如果令 $W(x)=0$，解出 x 即为 R_1 与 R_2 的边界点 x_0，x_0 点处于两个总体 G_1 与 G_2 的重心之间（见图 12-1 所描 x_0 点）。事实上，正如图所示，G_1 总体中有点在 x_0 的右边，它离 $\mu^{(2)}$ 更近；G_2 总体中有点在 x_0 的左边，它离 $\mu^{(1)}$ 更近，而对于模拟的划分 R_1 与 R_2 来说，凡在 x_0 左边点皆属 R_1，凡在 x_0 右边的点皆属 R_2，根据判别规则我们就把某些本属 G_2 的点，因为它在 x_0 的左边，在模拟划分中属于 R_1 而判给了 G_1；同理也有些点本属 G_1 而被判给了 G_2，这就是错判。如果要计算错判发生的概率，图中 π_1 所示阴影部分面积就是将本为 G_1 中点判给 G_2 的错判概率，而 π_2 则为将 G_2 中点判给 G_1 的错判概率。

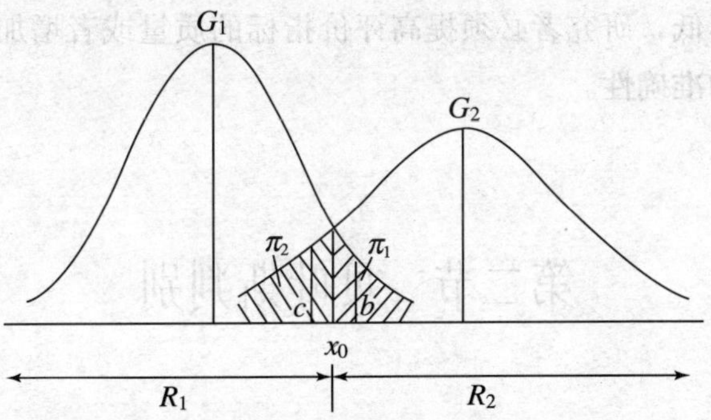

图 12-1　错判示意图

为避免过大的错判概率，我们可以在 x_0 点附近建立一个缓判区域 $[c, b]$，凡是 $W(x)$ 值落入缓判区域的皆不予简单判别，而是综合其他信息后再作类属判别。建立了缓判区域之后，错判概率就可下降。

从图示可以看到距离判别的错判概率与两总体的重心距离有关，也就是说，两总体差异越大，错判概率就越小，两总体差异越小，错判概率就越大。错判概率还与两总体分布的方差有关，在重心距离不变的情况下，方差越大，错判率越大；方差越小，错判率越小。从判别方法来说，造成错判的原因是我们所作的模拟划分不尽符合实际情况。造成划分不符合实际的一个重要原因是我们所定的 P 维向量还不是空间点性质的全部描写，还有一些我们未纳入的未知变量在影响着这些点的归属。因此降低错判概率的一个重要手段就是要尽量配齐、配准空间点性质各侧面的描写指标。但这在实际中并不是一件容易的事，而且随着空间维度的增多，判别计算量会急剧增大，有时又是得不偿失的。

错判的情况在多维空间中要复杂得多，错判的概率也要难求得多。在实际工作中人们常用对原有样本数据作回报的办法，统计错判频率当作错判概率的估计值。比如在例 12-2 中，我们利用已建立的判别函数

$$W'(x)=0.0986x_1-0.1644x_2+6.339085$$

对 40 个样本点作回报，结果列于原表的末列，共有 8 个错判（以＊标注），错判频率为 20%。

从原始数据表可以明显看到，两个指标的测值在两个总体中交错比较多，导致错判概率不低，研究者必须提高评价指标的质量或者增加新的评价指标，以期提高判别的准确性。

第二节　贝叶斯判别

一、贝叶斯判别的准则

距离判别严格地按照空间点之间距离的远近进行类属判别，从形式上看是非常合理的，但是如果我们已经预先知道空间点归属于各个 G_i 类的先验概率，并且归属各类的概率并不相等，那么“严格”按距离远近进行判别就有点不切实际了。比如我们要在两大类矿型之间判别某矿石标本的类属，如果按距离远近判别，它离乙型更近一点，但是如果我们已有资料积累表明，甲型矿露头的概率为 95%，而乙型矿只有 5%的概率，那么我们就得考虑是否判为甲矿更符合客观实际。贝叶斯判别就是在判别分析中充分吸取先验概率信息的一种判别方法。在贝叶斯判别中，不仅把空间点的先验分布作为判别时的考虑因素，而且还把错判的后果作为判别分析之初就应考虑的因素。贝叶斯判别认为，错判的可能性总是存在的，但在实际工作中，不同错判所引起的后果的严重性并不一样，考虑到不同的后果，研究者就应调整自己的判别决策，使错判损失最小。贝叶斯判别把错判后果的严重性程度量化为错判

的损失系数，认为在其他条件相同的情况下，应将空间点判断给损失最小的总体。比如说，医生对某病人的病症在甲、乙两种疾病之间作判别以便进行更深入的检查，如果甲病的可延缓治疗期为一个月，乙病的可延缓治疗期为两个月，病人当时症状在两病之间，从诊断决策上来说，将甲病错判为乙病的损失（拖延治疗的危险性）要比将乙病错判为甲病严重多了，因此当病症在两可之间时，显然宁判为甲病而不判为乙病，以便争取治疗时间。将以上两种想法结合形成了贝叶斯判别方法。贝叶斯判别的一般提法如下。

在 P 维空间 R 中，有 k 个类别总体 G_1，G_2，…，G_k，各个总体的分布密度分别为 $f_1(x)$，$f_2(x)$，…，$f_k(x)$。已知空间中任意一点归属于 G_1，G_2，…，G_k 的先验概率分别为 P_1，P_2，…，P_k，并且 $\sum_{i=1}^{k} p_i = 1$，如果又已知空间任意一点本属于总体 G_i 而被错判给 G_j 的损失系数为 $L(j_k \mid i)$（i，$j=1$，2，…，k）。对于空间 R 的某种划分 $R=\bigcup_{i=1}^{k} R_i$，我们建立这样的判别规则：如果点 $x \in R_i$，则判 $x \in G_i$。在这种划分下，把本属于 G_i 的点错判给 G_j 的错判概率为

$$\int_{Rj} f_i(x)dx \quad (j \neq i, \quad j = 1,2,\cdots,k)$$

我们将这个概率简记为 $q(j \mid i, R)$。那么在同样的条件下把本属于 G_i 的点错判给 G_j 的损失为

$$L(j_k \mid i) \cdot q(j \mid i, R)$$

则将本属于 G_i 的点错判给非 G_i 总体的损失为

$$\sum_{j=1}^{k} L(j_k \mid i) \cdot q(j \mid i,R) \quad [\text{注意 } L(i \mid i) = 0]$$

进而考虑到空间点归属于 G_i 的先验概率为 p_i，那么在划分 $R=\bigcup_{i=1}^{k} R_i$ 之下将空间点错判的平均损失为

$$\sum_{i=1}^{k} \left[p_i \cdot \sum_{j=1}^{k} L(j \mid i) \cdot q(j \mid i,R) \right] \tag{12-14}$$

记为 $L(R)$。可以设想在不同的划分 $R=\bigcup_{i=1}^{k} R_i$ 之下，将空间点错判的平均损失是不一样的。显然应该寻找一种使 $L(R)$ 值达到最小的划分作为判别的准则

才是最理想的判别。

判别分析中把使平均损失 $L(R)$ 达到极小的划分 $R=\bigcup_{i=1}^{k}R_i$ 称作贝叶斯解。统计学中在多总体条件下求贝叶斯解要用到一些我们比较陌生的数学知识，故我们只将贝叶斯解结果介绍给读者（在两总体判别的特例中，我们将对求解作一推导）。经证明，若记

$$h_l(x)=\sum_{\substack{i=1\\i\neq l}}^{k}p_i\cdot f_i(x)\cdot L(l\mid i) \qquad (12\text{-}15)$$

则贝叶斯解为 $R=\bigcup_{l=1}^{k}R_l$，其中

$$R_l=\{x\mid h_l(x)<h_j(x)\} \qquad (j\neq l,\ j=1,\ 2,\ \cdots,\ k)$$

根据这个结果，要判别空间任意一点属于哪个类别总体，只要分别计算出 k 个 $h_t(x)$（$t=1,\ 2,\ \cdots,\ k$），比较一下大小，若有 $h_l(x)$最小，那么 $x\in R_l$，进而判 $x\in G_l$。对于特殊的边界点，即若有 $h_l(x)=h_j(x)$都为最小，仍按距离判别中所说方法处理。

在贝叶斯判别中都要求已知各总体的分布密度函数 $f_i(x)$，对于不同的分布，判别结果当然也是不相同的。若 k 个类别总体皆分别服从正态分布 $N(\mu^{(i)},\ \overline{V}^{(i)})$，即有分布密度为

$$f_i(x)=(2\pi)^{-\frac{p}{2}}\left|\overline{V}^{(i)}\right|^{-\frac{1}{2}}\cdot exp\left\{-\frac{1}{2}(x-\mu^{(i)})'\overline{V}^{(i)-1}(x-\mu^{(i)})\right\}$$

$$(i=1,\ 2,\ \cdots,\ k)$$

舍去相同的常数因子 $(2\pi)^{-\frac{p}{2}}$，代入（12-15）式可得

$$h_i(x)=\sum_{\substack{i=1\\i\neq l}}^{k}p_i\cdot\left|\overline{V}^{(i)}\right|^{-\frac{1}{2}}\cdot exp\left\{-\frac{1}{2}(x-\mu^{(i)})'\overline{V}^{(i)-1}(x-\mu^{(i)})\right\}\cdot L(l\mid i)$$

$$(l=1,\ 2,\ \cdots,\ k) \qquad (12\text{-}16)$$

这就是类别总体皆为正态分布时的贝叶斯解。下面我们利用贝叶斯判别解决一个实际问题。

例 12-3 如果用 x_1，x_2，x_3 三个素质指标来判别求职者的职业性向，现有推销员、技术员和工人三种职业，已知应聘者中这三种职业性向的比为 2∶1∶7，并且已知三类人员的三项素质指标均服从三元联合正态分布，各类的均值向量和协方差矩阵分别如下：

推销员：$\mu^{(1)}=\begin{pmatrix}94\\72\\80\end{pmatrix}$　　$\overline{V}^{(1)}=\begin{pmatrix}35&0&0\\0&41&0\\0&0&45\end{pmatrix}$

技术员：$\mu^{(2)}=\begin{pmatrix}85\\81\\92\end{pmatrix}$　　$\overline{V}^{(2)}=\begin{pmatrix}42&0&0\\0&38&0\\0&0&25\end{pmatrix}$

工　人：$\mu^{(3)}=\begin{pmatrix}83\\89\\78\end{pmatrix}$　　$\overline{V}^{(3)}=\begin{pmatrix}33&0&0\\0&55&0\\0&0&63\end{pmatrix}$

招聘单位根据培训、上岗后的产值列出各种错误安排应聘者的损失数（折合人民币）如下表，现有某求职者三项素质指标的测量值为

$$x=\begin{pmatrix}86\\80\\82\end{pmatrix}$$

招聘单位将如何安排该求职者？

错判损失数 $L(j\mid i)$

本质性向 i \ 错判职业 j	推销员　1	技术员　2	工人　3
推销员　1	0	20 000	10 000
技术员　2	30 000	0	10 000
工　人　3	40 000	50 000	0

解：此判别问题既给出了先验概率 $p_1=0.2$，$p_2=0.1$，$p_3=0.7$，又给出了错判损失系数并且给出了类别总体分布的密度函数，因此可作贝叶斯判别。为应用（12-16）式求出 $h_1(x)$，$h_2(x)$，$h_3(x)$，我们必须先做一些计算准备工作。下面先求各个协方差矩阵行列式的算术平方根。

$$|\overline{V}^{(1)}|^{\frac{1}{2}}=\begin{vmatrix}35 & 0 & 0\\ 0 & 41 & 0\\ 0 & 0 & 45\end{vmatrix}^{\frac{1}{2}}=\sqrt{35\times41\times45}=254.116\ 1$$

类似地可求得

$$|\overline{V}^{(2)}|^{\frac{1}{2}}=199.749\ 8 \qquad |\overline{V}^{(3)}|^{\frac{1}{2}}=338.149\ 4$$

再求各正态分布密度函数中的指数值。

$$-\frac{1}{2}(x-\mu^{(1)})'\overline{V}^{(1)-1}(x-\mu^{(1)})$$

$$=-\frac{1}{2}\left[\begin{pmatrix}86\\80\\82\end{pmatrix}-\begin{pmatrix}94\\72\\80\end{pmatrix}\right]'\begin{pmatrix}35 & 0 & 0\\ 0 & 41 & 0\\ 0 & 0 & 45\end{pmatrix}^{-1}\left[\begin{pmatrix}86\\80\\82\end{pmatrix}-\begin{pmatrix}94\\72\\80\end{pmatrix}\right]$$

$$=-\frac{1}{2}(-8,\ 8,\ 2)\begin{pmatrix}\frac{1}{35} & 0 & 0\\ 0 & \frac{1}{41} & 0\\ 0 & 0 & \frac{1}{45}\end{pmatrix}\begin{pmatrix}-8\\8\\2\end{pmatrix}$$

$$=-1.739\ 2$$

类似地可求

$$-\frac{1}{2}(x-\mu^{(2)})'\overline{V}^{(2)-1}(x-\mu^{(2)})=-2.025\ 1$$

$$-\frac{1}{2}(x-\mu^{(3)})'\overline{V}^{(3)-1}(x-\mu^{(3)})=-0.999\ 7$$

有了以上数值，现在分别求 $h_l(x)$。先求 $h_1(x)$，据（12-16）式有

$$h_1(x)=\sum_{i=2}^{3}p_i\cdot|\overline{V}^{(i)}|^{-\frac{1}{2}}\cdot exp\left\{-\frac{1}{2}(x-\mu^{(i)})'\overline{V}^{(i)-1}\cdot(x-\mu^{(\lambda)})\right\}\cdot L(1\mid i)$$

$$=p_2\cdot|\overline{V}^{(2)}|^{-\frac{1}{2}}\cdot exp\left\{-\frac{1}{2}(x-\mu^{(2)})'\overline{V}^{(2)-1}(x-\mu^{(2)})\right\}\cdot L(1\mid 2)+$$

$$p_3\cdot|\overline{V}^{(3)}|^{-\frac{1}{2}}\cdot exp\left\{-\frac{1}{2}(x-\mu^{(3)})'\overline{V}^{(3)-1}(x-\mu^{(3)})\right\}\cdot L(1\mid 3)$$

$$=0.1\times199.749\ 8^{-1}\times e^{-2.025\ 1}\times30\ 000+0.7\times338.149\ 4^{-1}\times e^{-0.949\ 7}\times40\ 000$$

$=32.453$

类似地可求

$$h_2(x)=\sum_{i=1,3}P_i\cdot|\overline{V}^{(i)}|^{-\frac{1}{2}}\cdot exp\left\{-\frac{1}{2}(x-\mu^{(i)})'\overline{V}^{(i)-1}\cdot(x-\mu^{(i)})\right\}\cdot L(2\mid i)$$

$=40.85$

$$h_3(x)=\sum_{i=1}^{2}P_i\cdot|\overline{V}^{(i)}|^{-\frac{1}{2}}\cdot exp\left\{-\frac{1}{2}(x-\mu^{(i)})'\overline{V}^{(i)-1}\cdot(x-\mu^{(i)})\right\}\cdot L(3\mid i)$$

$=2.043$

比较 $h_1(x)$，$h_2(x)$ 与 $h_3(x)$，有 $h_3(x)<h_1(x)<h_2(x)$，所以该求职者的 $x\in R_3$，因此判 $x\in G_3$，即安排此求职者当工人为最佳选择。

二、两个总体的贝叶斯判别

现在我们从（12-14）式所表示的平均损失函数 $L(R)$ 出发，导出在判别归属只有两个总体的特殊情况下的贝叶斯解。按照（12-14）式，在两总体情况下

$$L(R)=P_1\cdot L(2\mid 1)\cdot q(2\mid 1, R)+P_2\cdot L(1\mid 2)\cdot q(1\mid 2, R)$$

将错判概率

$$q(j\mid i, R)=\int_{R_j}f_i(x)dx\qquad j\neq i, j=1, 2, \cdots, k$$

代入上式有

$$L(R)=p_1\cdot L(2\mid 1)\cdot\int_{R2}f_1(x)dx+p_2\cdot L(1\mid 2)\cdot\int_{R_1}f_2(x)dx$$

把积分号外常量置于积分号下,则有

$$L(R)=\int_{R_2}p_1\cdot L(2\mid 1)\cdot f_1(x)dx+\int_{R_1}p_2\cdot L(1\mid 2)\cdot f_2(x)dx$$

采取加一项减一项的恒等变换方法，上式变为

$$L(R)=\int_{R_2}p_1\cdot L(2\mid 1)\cdot f_1(x)dx-\int_{R_2}p_2\cdot L(1\mid 2)\cdot f_2(x)dx+$$

$$\int_{R_2}p_2\cdot L(1\mid 2)\cdot f_2(x)dx+\int_{R_2}p_2\cdot L(1\mid 2)\cdot f_2(x)dx$$

前两项是相同积分区域上不同函数的积分之差，可以合并为求两函数之差的

积分。后两项是两相同函数在不同区域上的积分，而且这两个区域是 R 的一个划分，即 $R_1 \cup R_2 = R$，$R_1 \cap R_2 = \phi$，所以可以合并为在 R 上的积分。如此可得

$$L(R) = \int_{R2} [p_1 \cdot L(2 \mid 1) \cdot f_1(x) - p_2 \cdot L(1 \mid 2) \cdot f_2(x)] dx +$$
$$\int_R p_2 \cdot L(1 \mid 2) \cdot f_2(x) dx$$

式中第二项为函数在全空间上的积分，其值与 R 的划分无关，也就是说相对于可变划分 $R = R_1 \cup R_2$ 来说，式中第二项为一常数。所以，选择划分 $R = R_1 \cup R_2$ 使 $L(R)$ 达到极小，等价于使上式中的首项积分达到极小。在积分式

$$\int_{R_2} [p_1 \cdot L(2 \mid 1) \cdot f_1(x) - p_2 \cdot L(1 \mid 2) \cdot f_2(x)] dx$$

中，凡是使

$$p_1 \cdot L(2 \mid 1) \cdot f_1(x) > p_2 \cdot L(1 \mid 2) \cdot f_2(x)$$

的点 x 将使积分之值为正，凡是使

$$p_1 \cdot L(2 \mid 1) \cdot f_1(x) < p_2 \cdot L(1 \mid 2) \cdot f_2(x)$$

的点 x 将使积分值为负。因此要使该积分达到极小，等价于在 R_2 中仅含有使上面这个不等式成立的 x。若记

$$h_1(x) = p_2 \cdot L(1 \mid 2) \cdot f_2(x)$$
$$h_2(x) = p_1 \cdot L(2 \mid 1) \cdot f_1(x)$$

那么对于划分 $R = R_1 \cup R_2$ 应该有

$$\begin{cases} R_1 = \{x \mid h_1(x) < h_2(x)\} \\ R_2 = \{x \mid h_2(x) < h_1(x)\} \end{cases} \tag{12-17}$$

这就是两总体时使 $L(R)$ 极小的贝叶斯解。如果读者直接从（12-15）式出发，写出两总体的贝叶斯解，结果将与（12-17）式完全一样。

在两总体的贝叶斯判别中，结果两总体都服从正态分布且有相等的协方差矩阵，空间点归属的先验概率相同并且所有错判损失都一样，那么（12-17）式就可写成为

$$\begin{cases} R_1 = \{x \mid f_2(x) < f_1(x)\} \\ R_2 = \{x \mid f_1(x) < f_2(x)\} \end{cases}$$

由于两总体均为正态分布并且协方差矩阵相等，其密度函数值的大小决定于指数值的大小。正态密度函数的指数为

$$-\frac{1}{2}(x-\mu^{(i)})'\overline{V}^{(i)-1}(x-\mu^{(i)})$$

除常系数$-\frac{1}{2}$之外，此即为距离判别中所用的马氏距离 $d^2(x, G_i)$。由此(12-17)式进而可改写为

$$\begin{cases}R_1=\{x \mid d^2(x, G_1)<d_2(x, G_2)\}\\R_2=\{x \mid d^2(x, G_2)<d^2(x, G_1)\}\end{cases}$$

这与距离判别中导出的结果是一样的。由此可见，在先验概率相同、错判损失相同、总体服从等协方差矩阵的两总体判别中，贝叶斯判别与距离判别是一样的。

三、不考虑错判损失的贝叶斯判别

对于多总体的贝叶斯判别，若不考虑错判损失，相当于视错判损失都相等（不妨皆设为 1），那么仍然可以应用（12-15）式进行判别，但为方便起见，这里提供一个更为直接的判别准则如下：

$$R_l=\{x \mid p_l \cdot f_l(x)=\max_{j=1}^{k} p_j \cdot f_j(x)\} \tag{12-18}$$

对（12-18）式比较直观的理解是：应该把点 x 判给最可能出现 x 的总体。

在判别分析中，如果未知各类别总体的分布形态，是无法采用贝叶斯判别法的。如果已知各类别总体的分布形态，只是未知分布的总体参数，那同样可以用样本数据估出总体参数值再进行判别。特别是在各类别总体服从正态分布时，同样可以用（12-5）式和（12-6）式提供的参数估计公式估出正态分布的期望向量和协方差矩阵。如果各类别总体的样本数是在全空间中随机抽取的，那么还可以用各总体中元素选入样本的频率 n_i/n 作为先验概率的估计值，其中 n 为样本总容量，n_i 为总体 G_i 元素的入样数。

贝叶斯判别是统计学界颇有影响的贝叶斯学派思想在判别分析中的体现。如今，贝叶斯学派的思想已被越来越多的学者接受，贝叶斯判别也成了目前判别分析中最受欢迎的方法之一。

第三节　费希尔判别

一、费希尔判别的思想方法

费希尔（Fisher）判别是依据方差分析的原理建立起来的又一种判别分析方法。费希尔判别设想对 P 维空间的点 $x=(x_1, x_2, \cdots, x_p)'$ 寻找一个能使它降为一维数值的线性函数 $y(x)$：

$$y(x) = \sum_{j=1}^{p} C_j x_i \tag{12-19}$$

然后应用这个线性函数把 P 维空间中的已知类别总体以及未知类别归属的空间点都变换为一维数据，再根据其间的疏密情况把未知归属点判给相应的类属总体。为方便起见，我们记这个线性函数的系数为向量 $C=(c_1, c_2, \cdots, c_p)'$，则线性函数 $y(x)$ 可改写为

$$y(x)=C'x$$

寻找线性函数 $y(x)$ 转化为寻找它的系数向量 C。很明显，把 P 维空间的点转化为一维数值的线性函数是很多的，用于判别分析的降维函数 $y(x)$，或者说它的系数向量 C 应该具有什么特点呢？费希尔判别设想，这个线性函数应该在把 P 维空间的所有点转化为一维数值之后，既能最大限度地扩大不同类属总体元素之间的差异，又能最大限度地缩小同类总体内各元素之间的差异，这样才有可能使得我们的判别有较高的判别效率。费希尔判别用数据的方差作为刻画数据间差异大小的指标。假设已知 k 个空间类别总体 $G_1, G_2, \cdots, G_k$，并且已知每个总体的期望向量分别为 $\mu^{(1)}, \mu^{(2)}, \cdots, \mu^{(k)}$，每个总体的协方差矩阵分别为 $\overline{V}^{(1)}, \overline{V}^{(2)}, \cdots, \overline{V}^{(k)}$，那么对于类别总体 G_i 来说，G_i 内所有点 $X^{(i)}$ 在经 $y(x)$ 变换后的数学期望为

$$E(C'X^{(i)})=C'\mu^{(i)}$$

G_i 内所有点 $X^{(i)}$ 经线性变换后的方差为

$$D(C'X^{(i)})=C'\overline{V}^{(i)}C$$

若记

$$\overline{\mu} = \frac{1}{k} \sum_{i=1}^{k} \mu^{(i)} \tag{12-20}$$

则

$$C'\overline{\mu} = \frac{1}{k} \sum_{i=1}^{k} C'\mu^{(i)} = C' \frac{1}{k} \sum_{i=1}^{k} \mu^{(i)} = C'\overline{\mu}$$

描写各总体均值向量的线性函数转化值间差异程度的指标为方差

$$\frac{1}{k} \sum_{i=1}^{k} (C'\mu^{(i)} - C'\overline{\mu})^2$$

描写所有总体内元素经线性函数转化后差异程度的指标用各总体内的方差的平均数估计，即

$$\frac{1}{k} \sum_{i=1}^{k} C' \overline{V}^{(i)} C$$

记两者之比为 $\Delta(C)$，则有

$$\Delta(C) = \frac{\sum_{i=1}^{k} (C'\mu^{(i)} - C'\overline{\mu})^2}{\sum_{i=1}^{k} C' \overline{V}^{(i)} C} \tag{12-21}$$

有了 $\Delta(C)$，费希尔判别的思想就具体化为要求一个 P 维向量 C，$C=(c_1, c_2, \cdots, c_k)$，使得$\Delta(C)$为极大，称 $\Delta(C)$ 为判别效率函数。由上面的分析可以看到，$\Delta(C)$ 的分子值描写的是“类间差异”，$\Delta(C)$ 的分母值描写的是“类内差异”，要使 $\Delta(C)$ 极大，就是要使描写类间差异的分子极大，使描写类内差异的分母极小。

按使 $\Delta(C)$ 极大的原则求得 C 向量后，对于空间任意未归类点，费希尔的判别规则是：

如果

$$| C'X - C'\mu^{(i)} | = \min_{j=1}^{k} | C'X - C'\mu^{(j)} | \tag{12-22}$$

则 $X \in R_i$，判 $X \in G_i$。

二、费希尔判别中线性函数的求法

我们现在来解决费希尔判别中线性函数

$$y(x)=C'X$$

的求法。记矩阵 M 为

$$M=\begin{pmatrix}\mu^{(1)\prime}\\ \mu^{(2)\prime}\\ \vdots\\ \mu^{(k)\prime}\end{pmatrix}=\begin{pmatrix}\mu_1^{(1)} & \mu_2^{(1)} & \cdots & \mu_p^{(1)}\\ \mu_1^{(2)} & \mu_2^{(2)} & \cdots & \mu_p^{(2)}\\ \cdots & \cdots & \cdots & \cdots\\ \mu_1^{(k)} & \mu_2^{(k)} & \cdots & \mu_p^{(k)}\end{pmatrix}$$

则

$$M'=(\mu^{(1)},\ \mu^{(2)},\ \cdots,\ \mu^{(k)})$$

而有

$$M'M=(\mu^{(1)},\mu^{(2)},\cdots,\mu^{(k)})\begin{pmatrix}\mu^{(1)\prime}\\ \mu^{(2)\prime}\\ \vdots\\ \mu^{(k)\prime}\end{pmatrix}=\sum_{i=1}^{k}\mu^{(i)}\cdot\mu^{(i)\prime} \tag{12-23}$$

若记 1 为 p 维向量（1，1，⋯，1）′，则

$$\frac{1}{k}M'\cdot 1=\frac{1}{k}\begin{pmatrix}\mu_1^{(1)} & \mu_2^{(2)} & \cdots & \mu_1^{(k)}\\ \mu_2^{(1)} & \mu_2^{(2)} & \cdots & \mu_2^{(k)}\\ \cdots\cdots & \cdots\cdots & \cdots\cdots & \cdots\cdots\\ \mu_p^{(1)} & \mu_p^{(2)} & \cdots & \mu_p^{(k)}\end{pmatrix}\cdot\begin{pmatrix}1\\1\\ \vdots\\1\end{pmatrix}$$

$$=\frac{1}{k}\begin{pmatrix}\mu_1^{(1)}+\mu_1^{(2)}+\cdots+\mu_1^{(k)}\\ \mu_2^{(1)}+\mu_2^{(2)}+\cdots+\mu_2^{(k)}\\ \cdots\cdots\cdots\cdots\cdots\cdots\\ \mu_p^{(1)}+\mu_p^{(2)}+\cdots+\mu_p^{(k)}\end{pmatrix}$$

$$=\frac{1}{k}\left(\begin{pmatrix}\mu_1^{(1)}\\ \mu_2^{(1)}\\ \vdots\\ \mu_p^{(1)}\end{pmatrix}+\begin{pmatrix}\mu_1^{(2)}\\ \mu_2^{(2)}\\ \vdots\\ \mu_p^{(2)}\end{pmatrix}+\cdots+\begin{pmatrix}\mu_1^{(k)}\\ \mu_2^{(k)}\\ \vdots\\ \mu_p^{(k)}\end{pmatrix}\right)$$

$$=\frac{1}{k}\ (\mu^{(1)}+\mu^{(2)}+\cdots+\mu^{(k)})$$

$$=\frac{1}{k}\sum_{i=1}^{k}\mu^{(i)}$$

即有

$$\frac{1}{k}M' \cdot 1 = \overline{\mu} \tag{12-24}$$

现在我们来看 $\Delta(C)$，先看分子部分。

$$\sum_{i=1}^{k}(C'\mu^{(i)} - C'\overline{\mu})^2$$

$$= \sum_{i=1}^{k}(C'\mu^{(i)} - C'\overline{\mu})(C'\mu^{(i)} - C'\overline{\mu})'$$

将常数因子提出括号外，有下式

$$= C'\Big[\sum_{i=1}^{k}(\mu^{(i)} - \overline{\mu})(\mu^{(i)} - \overline{\mu})'\Big]C$$

$$= C'\Big[\sum_{i=1}^{k}(\mu^{(i)} \cdot \mu^{(i)\prime} - \mu^{(i)} \cdot \overline{\mu}' - \overline{\mu} \cdot \mu^{(i)\prime} + \overline{\mu}\,\overline{\mu}')\Big]C$$

$$= C'\Big[\sum_{i=1}^{k}\mu^{(i)} \cdot \mu^{(i)\prime} - \Big(\sum_{i=1}^{k}\mu^{(i)}\Big)\overline{\mu}' - \overline{\mu}\Big(\sum_{i=1}^{k}\mu^{(i)\prime}\Big) + \sum_{i=1}^{k}\overline{\mu}\,\overline{\mu}'\Big]C$$

$$= C'\Big[\sum_{i=1}^{k}(\mu^{(i)} \cdot \mu^{(i)\prime} - k\overline{\mu}\,\overline{\mu}' - \overline{\mu}\,\overline{\mu}' \cdot k + k\overline{\mu}\,\overline{\mu}'\Big]C$$

$$= C'\Big[\sum_{i=1}^{k}(\mu^{(i)} \cdot \mu^{(i)\prime} - k\overline{\mu}\,\overline{\mu}')\Big]C$$

将（12-23）式与（12-24）式代入上式，则上式

$$= C'\Big[M'M - k\Big(\frac{1}{k}M' \cdot 1\Big)\Big(\frac{1}{k}M' \cdot 1\Big)'\Big]C$$

$$= C'\Big(M'M - \frac{1}{k}M'11'M\Big)C$$

$$= C'M'\Big(I - \frac{1}{k}11'\Big)MC \quad (I\text{ 为单位矩阵})$$

若记 $B = M'\Big(I - \frac{1}{k}J\Big)M$，其中

$$J = 1 \cdot 1' = \begin{pmatrix} 1 & 1 & \cdots & 1 \\ 1 & 1 & \cdots & 1 \\ \cdots & \cdots & \cdots & \cdots \\ 1 & 1 & \cdots & 1 \end{pmatrix}_{k \times k}$$

则 $\Delta(C)$ 的分子为 $C'BC$。

再看 $\Delta(C)$ 的分母。

$$\sum_{i=1}^{k} C' \, \overline{V}^{(i)} C = C' \left(\sum_{i=1}^{k} \overline{V}^{(i)} \right) C$$

记 $\sum\limits_{i=1}^{k} \overline{V}^{(i)} = W$，则分母为 $C'WC$。

此时费希尔判别效率函数变为

$$\Delta(C) = \frac{C'BC}{C'WC}$$

其中的 B、W 为两常数矩阵，是可以通过原始数据直接求获的。$\Delta(C)$ 中只有向量 C 是待定的。要使 $\Delta(C)$ 为极大，若 C 有解的话也不是唯一的。为此要加上附加条件才能使 C 唯一，可令分母 $C'WC=1$，这就变成了求 $\Delta(C)$ 的条件极值。用拉格朗日乘子法求极值解，记

$$\varphi = C'BC - \lambda(C'WC - 1)$$

转为求 φ 的极值。将 φ 分别对 C 和 λ 求偏导，根据矩阵求偏导规则

$$\frac{\partial \varphi}{\partial C} = \frac{\partial \left[C'BC - \lambda\ (C'WC - 1) \right]}{\partial C}$$

$$= (B - \lambda W)C$$

$$\frac{\partial \varphi}{\partial \lambda} = C'WC - 1$$

分别令两偏导函数为零，整理后则得方程组

$$\begin{cases} BC = \lambda WC \\ C'WC = 1 \end{cases} \qquad (12\text{-}25)$$

在（12-25）式的第一方程两边左乘 C'，则得

$$C'BC = \lambda C'WC$$

注意到（12-25）式的第二方程为 $C'WC=1$，所以有

$$C'BC = \lambda$$

而 $C'BC$ 就是 $\Delta(C)$ 的分子。要使效率函数极大转换为要使 λ 极大。如果矩阵 W 可逆，在（12-24）式的第一方程两边左乘 W^{-1}，可得

$$W^{-1}BC = \lambda C$$

在矩阵代数中，上式说明 λ 是矩阵 $W^{-1}B$ 的特征值，而 C 是与 λ 对应的

特征向量，由于所求为使 $\Delta(C)$ 最大的向量 C，也就是使 λ 最大的向量 C，所以 λ 应是 $W^{-1}B$ 的最大特征值，C 是最大特征值的特征向量。费希尔判别的最高效率也就是 $W^{-1}B$ 的最大特征值 λ。

根据以上推导，可整理得费希尔线性判别函数系数向量 C 的求取步骤如下：

1. 根据公式 $W=\sum_{i=1}^{k}\overline{V}^{(i)}$ 求取矩阵 W；

2. 据 W 求它的逆矩阵 W^{-1}；

3. 列出矩阵 M、I 和 J

$$M=\begin{pmatrix}\mu^{(1)\prime}\\ \mu^{(2)\prime}\\ \vdots\\ \mu^{(k)\prime}\end{pmatrix}\quad I=\begin{pmatrix}1 & 0 & \cdots & 0\\ 0 & 1 & \cdots & 0\\ \cdots & \cdots & \cdots & \cdots\\ 0 & 0 & \cdots & 1\end{pmatrix}_{k\times k}\quad J=\begin{pmatrix}1 & 1 & \cdots & 1\\ 1 & 1 & \cdots & 1\\ \cdots & \cdots & \cdots & \cdots\\ 1 & 1 & \cdots & 1\end{pmatrix}_{k\times k}$$

4. 根据公式

$$B=M'(1-\frac{1}{k}J)M$$

求矩阵 B，进一步求矩阵 $W^{-1}B$；

5. 根据方程

$$|W^{-1}B-\lambda I|=0$$

求取矩阵 $W^{-1}B$ 的最大特征值 λ；

6. 将求得的 λ 代入下面的方程

$$(W^{-1}B-\lambda I)\cdot C=0$$

求得特征向量 C，组成费希尔线性判别函数

$$y(x)=C'X$$

下面我们就根据这六步求解费希尔判别的线性函数。

例 12-4 如果将一般人按言语智商和操作智商的特征分为五种类型，各类总体的期望向量和协方差矩阵分别如下所列：

$$\mu^{(1)}=\begin{pmatrix}120\\ 115\end{pmatrix}\qquad \overline{V}^{(1)}=\begin{pmatrix}8 & 3\\ 3 & 6\end{pmatrix}\qquad \mu^{(2)}=\begin{pmatrix}102\\ 99\end{pmatrix}$$

$$\overline{V}^{(2)}=\begin{pmatrix}14 & 5\\ 5 & 16\end{pmatrix}\qquad \mu^{(3)}=\begin{pmatrix}115\\ 94\end{pmatrix}\qquad \overline{V}^{(3)}=\begin{pmatrix}10 & 4\\ 4 & 15\end{pmatrix}$$

$\mu^{(4)}=\begin{pmatrix}95\\116\end{pmatrix}$ $\overline{V}^{(4)}=\begin{pmatrix}14 & 5\\5 & 9\end{pmatrix}$ $\mu^{(5)}=\begin{pmatrix}85\\90\end{pmatrix}$

$\overline{V}^{(5)}=\begin{pmatrix}8 & 4\\4 & 7\end{pmatrix}$

请按费希尔准则建立线性判别函数 $y(x)=C'X$。

解：先求矩阵 W。

$$W=\sum_{i=1}^{k}\overline{V}^{(i)}=\begin{pmatrix}8+14+10+14+8 & 3+5+4+5+4\\3+5+4+5+4 & 6+16+15+9+7\end{pmatrix}=\begin{pmatrix}54 & 21\\21 & 53\end{pmatrix}$$

求 W 的逆矩阵。

$$W^{-1}=\begin{pmatrix}0.021\,9 & -0.008\,7\\-0.008\,7 & 0.022\,3\end{pmatrix}$$

列出矩阵 M、I 和 J（略）。

求矩阵 B。

$$B=M'(I-\frac{1}{k}J)M$$

$$=\begin{pmatrix}120 & 102 & 115 & 95 & 85\\115 & 99 & 94 & 116 & 90\end{pmatrix}\cdot\begin{pmatrix}1&0&0&0&0\\0&1&0&0&0\\0&0&1&0&0\\0&0&0&1&0\\0&0&0&0&1\end{pmatrix}-$$

$$\frac{1}{5}\begin{pmatrix}1&1&1&1&1\\1&1&1&1&1\\1&1&1&1&1\\1&1&1&1&1\\1&1&1&1&1\end{pmatrix}\cdot\begin{pmatrix}120 & 115\\102 & 99\\115 & 94\\95 & 116\\85 & 90\end{pmatrix}$$

$$=\begin{pmatrix}821.2 & 230.4\\230.4 & 578.8\end{pmatrix}$$

求 $W^{-1}B$。

$$W^{-1}B=\begin{pmatrix}0.021\,9 & -0.008\,7\\-0.008\,7 & 0.022\,3\end{pmatrix}\cdot\begin{pmatrix}821.2 & 230.4\\230.4 & 578.8\end{pmatrix}$$

$$=\begin{pmatrix}15.9798 & 0.0102\\ -2.00652 & 10.90276\end{pmatrix}$$

建立特征方程。

由
$$|W^{-1}B-\lambda I|=0$$

得
$$\begin{vmatrix}15.9798-\lambda & 0.0102\\ -2.00652 & 10.90276-\lambda\end{vmatrix}=0$$

展开行列式整理成 λ 的一元二次方程

$$\lambda^2-26.88256\lambda+174.24439=0$$

求解这个方程得 $\lambda_1=15.975765$，$\lambda_2=10.906795$ 舍去较小根，以 $\lambda=15.975765$ 代入方程，求与它对应的特征向量 C。

由
$$(W^{-1}B-\lambda I)C=0$$

得
$$\begin{pmatrix}15.9798-\lambda_1 & 0.0102\\ -2.00652 & 10.90276-\lambda_1\end{pmatrix}\begin{pmatrix}C_1\\ C_2\end{pmatrix}=0$$

整理得二元一次线性方程组

$$\begin{cases}0.004035C_1+0.0102C_2=0\\ 2.00652C_1+5.073005C_2=0\end{cases}$$

除去精度误差，这两个方程都是方程

$$C_1+2.528C_2=0$$

的同解方程，所以可求得 λ 的特征向量

$$C=\begin{pmatrix}2.528\\ -1\end{pmatrix}$$

所求费希尔判别的线性函数为

$$y(x)=C'X=2.528X_1-X_2$$

三、费希尔判别的方法

求出费希尔判别线性函数之后，应利用线性函数把所有类型总体的期望向量转化为一维值，然后把代表各总体中心的这些一维值排序并确定相邻两总体之间的分界点，也就是把一维直线划分为 k 个区间。对于空间未知归属的任意点用所求线性函数将其转化为一维值，根据其所落入区间将其判为相

应类别总体的点。我们现在来看前例五个总体的期望向量的一维值分别是多少。

$$y(\mu^{(1)})=C'\mu^{(1)}=2.528\times120-115=188.36$$

类似地有

$$y(\mu^{(2)})=158.856 \qquad y(\mu^{(3)})=196.72$$

$$y(\mu^{(4)})=124.16 \qquad y(\mu^{(5)})=124.88$$

如果按从小到大次序排列，则为

$R_4(124.16)$，$R_5(124.88)$，$R_2(158.856)$，$R_1(188.36)$，$R_3(196.72)$

求分界点的方法有两种：第一种为简单求法，即以相邻两总体线性中心的中点作为分界点。据此法，该例的四个分界点分别为

124.52，141.868，173.608，192.54

第二种方法吸取贝叶斯学派思想，确定分界点时吸取先验概率的信息（或者以样本频率代替），那么两相邻总体之间的分界点以下式计算

$$R_{ij}=\frac{p_i\cdot y(\mu^{(i)})+p_j\cdot y(\mu^{(j)})}{p_i+p_j} \tag{12-26}$$

R_{ij}表示第i总体与第j总体的分界点，p_i与p_j分别为两总体的先验概率。若例 7-4 中各总体的先验概率分别为

$$p_1:p_2:p_3:p_4:p_5=0.05:0.4:0.2:0.25:0.1$$

则按线性顺序为 0.25：0.1：0.4：0.05：0.2。根据公式（12-26）分别求得该判别的四个分界点为

124.67，131.68，185.08，190.03

与不考虑先验概率的分划区间相比，先验概率较大的总体所对应的区间长度明显增加。比如总体G_2的先验概率 0.4，其所占区间长度为 53.4，比原占区间长出 21.66，在实际判别中则可望有较多的个体被判为该类。

在费希尔判别中，如果未知类别总体的期望向量和协方差矩阵，同样可以从样本数据出发，利用公式（12-5）和（12-6）估计这些参数的值，然后再求解线性函数作出判别。

【要点小结】

判别分析的主要任务是通过定量分析，最终将个别样本点判归为某一已知总体。常用的判别分析方法有：距离判别、贝叶斯判别和费希尔判别。

距离判别分析的基本思想是从空间距离的远近来判别该点是否属于已知总体。贝叶斯判别是充分吸收先验概率信息的一种判别方法，它不仅考虑了空间点的先验分布，而且在判别之初就考虑了错判的结果。费希尔判别是建立在方差分析之上的一种判别方法，它是把空间中已知类别总体以及未知类别归属的空间点都变换成一维数据，然后根据疏密情况进行判别。

【思考与练习】

1. 简述距离判别法的基本思路，图示其几何意义。

2. 判别分析与聚类分析有何异同。

3. 简述贝叶斯判别的基本思路。

4. 简述费希尔判别的基本思路。

5. 简述逐步判别法的基本思想。

6. 某公司在招聘人才时，出了三类题目（敬业类、智力类、人际类题目）对应聘者进行测试。一年后，在对已录用的 12 位人才类型的研究中发现，其中部分人是团队工作型人才，部分人是独立研究型人才。现在用这三类题目，对一位新应聘者测试，得到相应的三个分值。请预先判断这位应聘者，是什么类型的人才?

人际题	智力题	敬业题	类型
9	8	7	团队工作
7	6	6	团队工作
10	7	8	团队工作
8	4	5	团队工作
9	9	3	团队工作
8	6	7	团队工作
7	5	6	团队工作
4	4	4	独自研究

续表

人际题	智力题	敬业题	类型
3	6	6	独自研究
6	3	3	独自研究
2	4	5	独自研究
1	2	2	独自研究
6	.8	7	独自研究

【拓展性阅读导航】

1. 张尧庭、方开泰著:《多元统计分析引论》,科学出版社 1982 年版。

这是一本既重理论又重应用的教材,书中系统介绍了多元统计分析中常用的矩阵知识结论,重点介绍了多元正态分布、多元方差分析、多元回归分析、判别分析、因子分析、聚类分析等方法,并且专门讨论了统计量的分布。本书适合具备一元统计分析知识和一定数理知识的读者使用。

2. 王学仁、王松桂编译:《实用多元统计分析》,上海科学技术出版社 1990 年版。

本书着眼于应用,在理论和应用两个方面做到了较为恰当的平衡,注重阐明概念的统计背景,清楚阐述了均值向量的推断、多个均值向量的比较、多元线性回归模型、主成分分析、因子分析、判别分析、聚类分析等方法。全书收集了大量实际例子,以展示各种方法应用的广度和深度。

附录一
SPSS 统计应用

SPSS（Statistical Package for Social Science）社会科学统计软件包是国际著名的统计分析软件之一，它集数据整理、统计分析、结果输出等功能于一体，广泛应用于心理学、教育学、社会学、管理学等学科的量化研究。下面以 SPSS11.0 为例，简要说明 SPSS 在教育与心理统计中的应用。

SPSS 数据文件的建立与整理

一、数据文件的建立

（一）数据文件的结构

SPSS 数据文件的结构包括变量（Variable）与观测量（Case）。SPSS 软件自身即包含许多可供练习的数据文件，其默认路径为 C:\Program Files\SPSS。启动 SPSS 后，打开其默认路径下的 Employee data. sav 文件，屏幕上即显示标有 Employee data-SPSS Data Editor 的窗口，这就是 SPSS 的数据编辑器，也称数据窗，如图 1 所示。数据窗的主体是一个可扩展的平面二维表格，其纵向的一维代表变量，横向的一维代表观测量。从图 1 可观察到，该数据文件共包含 10 个变量，分别是 id，gender，bdate，educ，jobcat 等，以及 474 个观测量（每行代表一个观测量），每个观测量有 10 个变量值。

为了解这 10 个变量的含义，单击数据窗左下角 Variable View（变量窗），

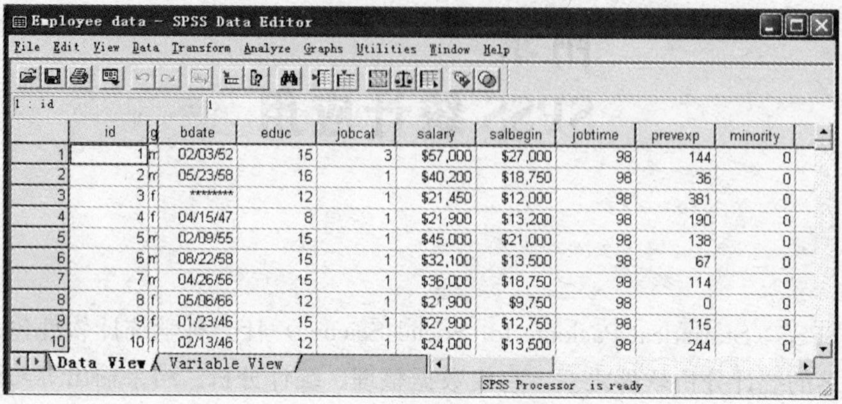

	id	g	bdate	educ	jobcat	salary	salbegin	jobtime	prevexp	minority
1	1	m	02/03/52	15	3	$57,000	$27,000	98	144	0
2	2	m	05/23/58	16	1	$40,200	$18,750	98	36	0
3	3	f	********	12	1	$21,450	$12,000	98	381	0
4	4	f	04/15/47	8	1	$21,900	$13,200	98	190	0
5	5	m	02/09/55	15	1	$45,000	$21,000	98	138	0
6	6	m	08/22/58	15	1	$32,100	$13,500	98	67	0
7	7	m	04/26/56	15	1	$36,000	$18,750	98	114	0
8	8	f	05/06/66	12	1	$21,900	$9,750	98	0	0
9	9	f	01/23/46	15	1	$27,900	$12,750	98	115	0
10	10	f	02/13/46	12	1	$24,000	$13,500	98	244	0

图 1

把视图从当前的 Data View（数据窗）切换到 Variable View（变量窗），如图 2 所示。变量窗的主体也是一个平面二维表格，其纵向的一维代表变量的属性，横向的一维代表变量。从图 2 可观察到，该数据文件共包含 10 个变量（10 行），每个变量包括 10 项属性（10 列），分别是 Name（变量名）、Type（变量类型）、Width（变量宽度）、Decimals（小数位）、Label（变量标签）、Values（变量值标签）、Missing（缺失值）、Columns（显示宽度）、Align（显示的对齐方式）、Measure（变量的测量类型）。

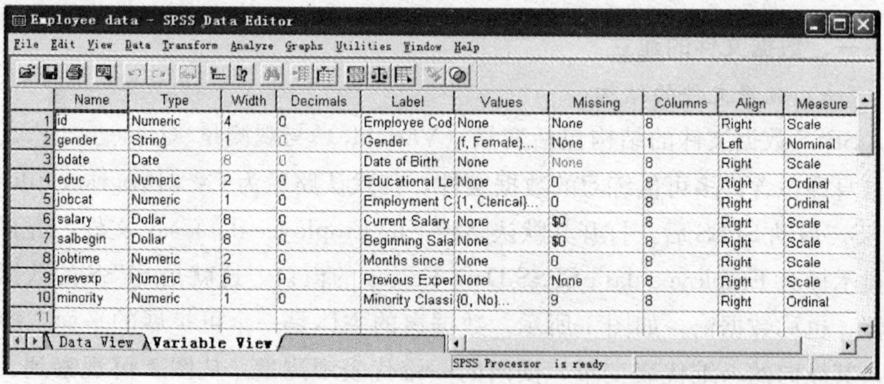

	Name	Type	Width	Decimals	Label	Values	Missing	Columns	Align	Measure
1	id	Numeric	4	0	Employee Cod	None	None	8	Right	Scale
2	gender	String	1	0	Gender	{f, Female}...	None	1	Left	Nominal
3	bdate	Date	8	0	Date of Birth	None	None	8	Right	Scale
4	educ	Numeric	2	0	Educational Le	None	0	8	Right	Ordinal
5	jobcat	Numeric	1	0	Employment C	{1, Clerical}...	0	8	Right	Ordinal
6	salary	Dollar	8	0	Current Salary	None	$0	8	Right	Scale
7	salbegin	Dollar	8	0	Beginning Sala	None	$0	8	Right	Scale
8	jobtime	Numeric	2	0	Months since	None	0	8	Right	Scale
9	prevexp	Numeric	6	0	Previous Exper	None	None	8	Right	Scale
10	minority	Numeric	1	0	Minority Classi	{0, No}...	9	8	Right	Ordinal
11										

图 2

以变量 gender 和 educ 为例，变量 gender 的类型是 String（字符型），宽度是 1 位，无小数位；变量标签是 gender；变量值标签是 f = Female， m=Male，缺失值无定义；显示宽度为1列，显示的对齐方式为左对齐；测量类型为定类变量。变量educ的类型为Numeric（数值型），宽度为2位，小数位为0；变量标签是educational level（教育水平）；无变量值标签，缺失值定义为0；显示宽度为8列，显示的对齐方式为右对齐；测量类型为定序变量。依此类推，可了解其他8个变量的属性。

（二）定义变量

数据文件的建立包括两个步骤，首先定义该数据文件所包含的变量，其次输入每一个观测量的变量值。其中定义一个变量的步骤如下。

1. 单击Variable View，使数据编辑窗置于定义变量状态（如图3所示）

2. 定义变量名（Name）

光标置于Name列的一个空单元格中，双击单元格后输入变量名。例如输入gender作为变量名。如图3所示。

3. 变量其他属性的默认值

输入变量名后回车，在同行各单元格中给出了变量的默认属性，依次是数值型、宽度为8位、小数位为2、无变量标签、无变量值标签、缺失值无定义、显示列宽为8个字符、对齐方式为右对齐、测量类型为等距变量（如图3所示）。如果默认的属性与要定义的变量属性不符，就需要在同行各属性单元格中重新定义变量属性。以前述变量gender为例，显然，默认属性与变量gender的属性有很大差别。

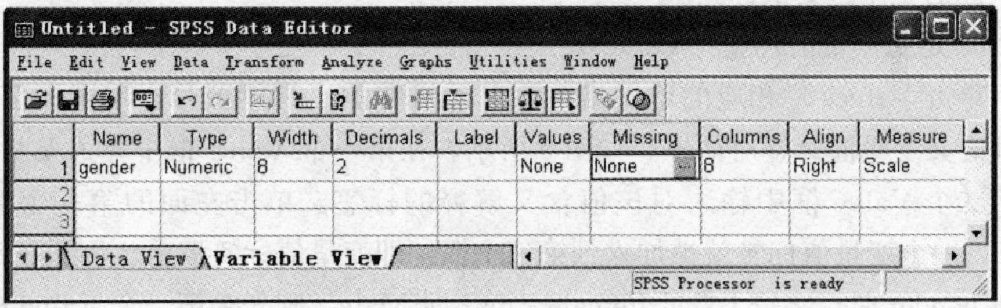

图3

4. 定义变量类型与宽度（Type）

单击Type列的单元格，默认值Numeric旁出现删节号。单击删节号，展开定义变量类型对话框。如图4所示。对话框的左边列有8种可供选择的变量类型，自上而下分别是：Numeric（标准数值型，为默认类型）、Comma（带逗点的数值型）、Dot（逗点作小数点的数值型）、Scientific notation（科学记数法）、Date（日期型）、Dollar（带有美元符号的数值型）、Custom currency（自定义型）、String（字符型）。对话框的右边 Width 栏中的数值是变量的总宽度，Decimal 框中显示的是小数位数。要改变其值，在单元格中输入合适的值即可。以变量 gender 为例，将其定义为宽度为 1 的字符型。如图 4 所示。

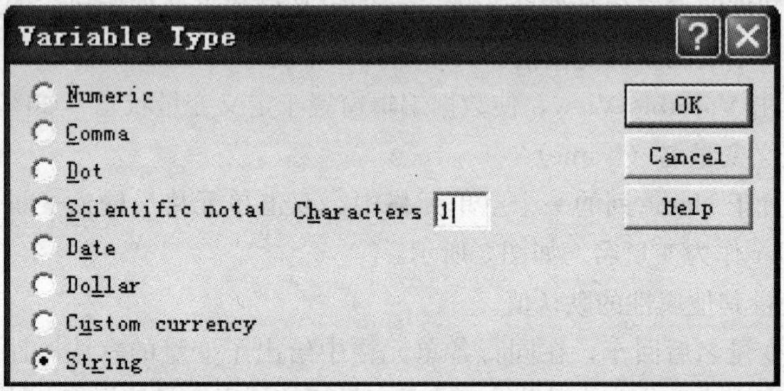

图 4

5. 定义变量标签（Label）

定义变量标签是为了注释变量名的含义。双击 Label 列的单元格，输入注释即可，应尽量简单明了。例如，在定义了变量 gender 的类型后，可以输入“性别”作为变量标签。

6. 定义变量值标签（Values）

单击 Values 栏相应的单元格，该单元格右侧出现删节号。单击删节号，打开定义变量值标签对话框。如图 5 所示。在第一个 Value 框中输入变量值，在第二个 Value 框中输入对该值含义解释的标签。单击左面的第一个按钮 Add，一个变量值标签就被加入到第三个框，即变量值标签清单。例如在定义变量 gender 时，字符 f 表示 Female，m 表示 Male，则先在第一个 Value 框中输入 f，在第二个 Value 框中输入 Female，按 Add 按钮，列表框中增加了一个变量值标签，显示 f=Female。同理，再定义 m=Male。如图 5 所示。

7. 定义缺失值（Missing）

单击 Missing 栏相应的单元格，然后单击右侧的删节号按钮，展开 Miss-

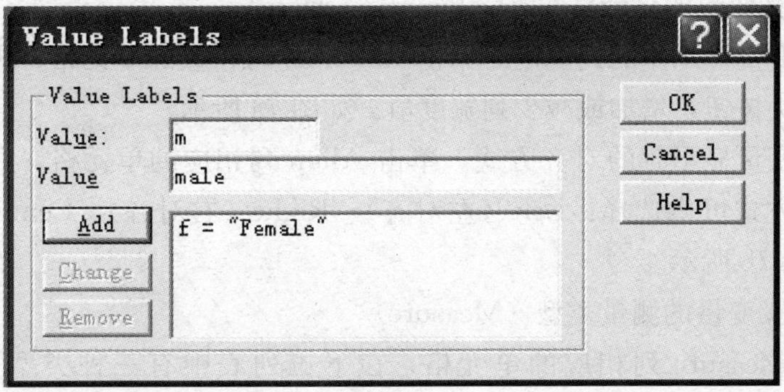

图 5

ing Values 定义变量缺失值对话框。如图 6 所示。定义缺失值的方式有以下三种。

（1）No missing values：无缺失值，即系统默认状态。

（2）Discrete missing values：离散缺失值，选择此项时，可在下面的三个矩形框中输入三个或三个以下可能出现的缺失值，如性别变量，如果定义 f、m 是合法的值，则值 a、b、c 都是非法的值，将这三个值输入到三个矩形框中，当输入了这几个数据时，系统将按缺失值处理。

（3）Range plus one optional discrete missing values：定义一个范围外加一个离散值作为缺失值，输入范围下限、范围上限和一个该范围包含不了的值。

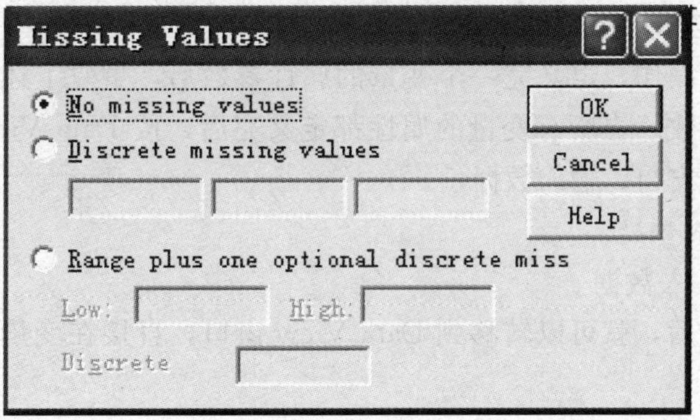

图 6

8. 定义变量的显示格式（Columns & Align）

定义变量显示用的列宽度。单击 Columns 列相应的单元格，再单击出现的上下箭头按钮，增加或减少列宽度值。如图 7a 所示。

定义变量显示时的对齐方式。单击 Align 列相应的单元格，在下拉列表中有三种方式可供选择：Left（左对齐）、Right（右对齐）、Center（居中对齐）。如图 7b 所示。

9. 定义变量的测量类型（Measure）

单击 Measure 列相应的单元格，在下拉列表中有三种类型可供选择：Scale（等距或比率变量）、Ordinal（顺序变量）、Nominal（称名变量）。如图 7c 所示。

如果要改变默认的测量类型，则在 Measure 列相应的单元格的下拉表中进行选择。

图 7a

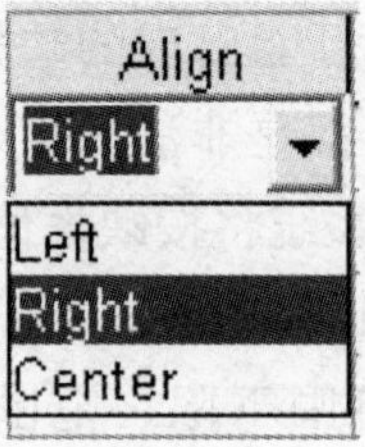

图 7b

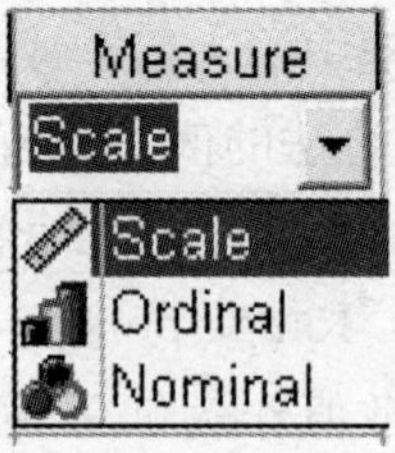

图 7c

10. 确定全部变量的属性

经过上述操作，定义完一个变量的属性参数后，重复上述操作，定义其他变量属性参数。当所有变量的属性都定义完后，按 Data View 选项卡，转移到数据编辑窗口，输入数据。

（三）输入数据

1. 直接输入数据

定义变量后，就可以转移到 Data View 窗口，直接在变量名下的单元格内输入数据。

2. 从其他数据文件中读入数据

许多数据在处理之前可能以其他数据格式保存，例如 Excel，Access，

Dbase，Foxbase，Foxpro 等数据文件。要使用 SPSS 软件进行分析处理，这些数据文件格式必须转化为 SPSS 格式。其操作步骤如下。

（1）按 File→Open Database→New Query 展开 Database Wizard 对话框，即数据获取魔术师主对话框，如图 8a 所示。

（2）在对话框的右侧的数据源栏内选择一种数据源，图 8a 选择了 Excel 数据文件，单击下一步，展开 ODBC Driver Login 对话框，如图 8b 所示。

（3）单击图 8b 对话框右侧 Browse 按钮，找到要转换的 Excel 文件后，单击 OK，出现图 8c 的对话框。该对话框左侧显示了三个可用的数据表（Sheet）。

（4）鼠标对准要转换的数据表（本例中选择 Sheet1），光标变为手状，双击后该数据表中所有字段都进入右栏，如图 8c 右侧所示。如果只想转换数据表中的某些字段，则可单击图 8c 左侧数据表前面的十字图标，展开该数据表中的字段表，然后将欲转换的字段移入右侧。选择完成后，单击“完成”按钮，在数据编辑框中显示转换结果。

（5）其他数据源也可以遵照上述方法转换成 SPSS 数据文件。

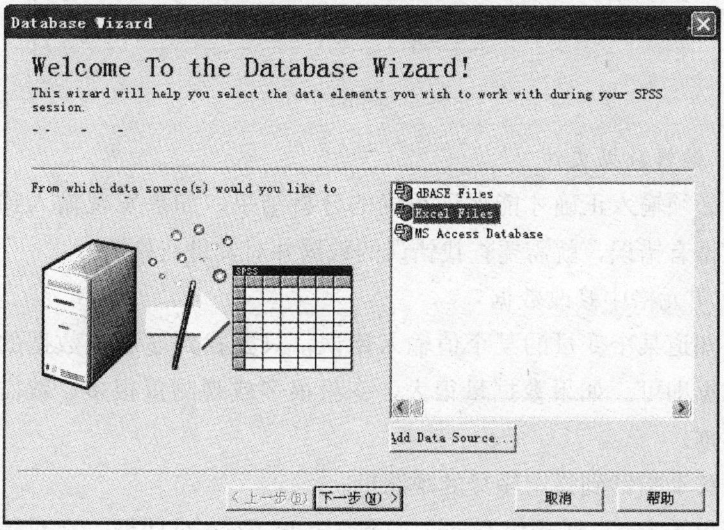

图 8a

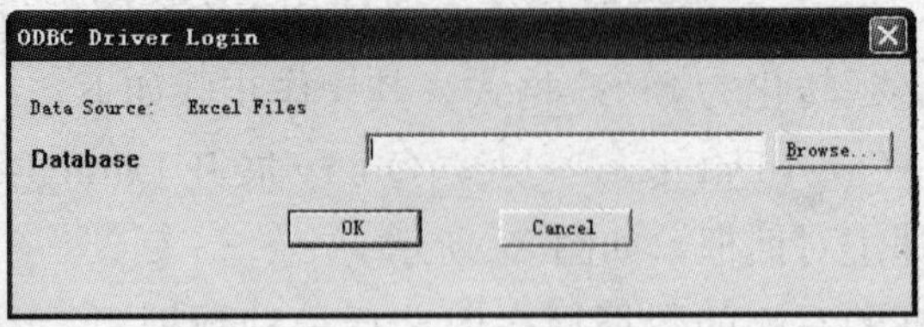

图 8b

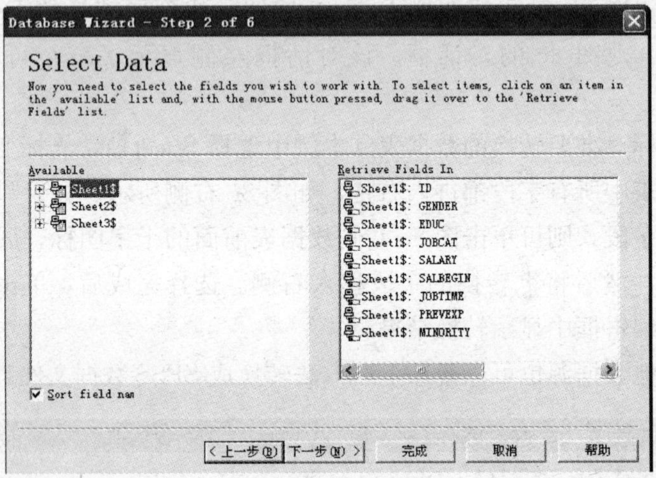

图 8c

（四）编辑数据文件

数据必须输入正确才能保证正确的分析结果。如果发现输入到数据编辑器中的数据有错误，就需要查找错误的数据并对其进行修改。

1. 在单元格中修改数据

如果知道某个变量的某个值输入错误，只要找到显示该数据的单元格重新输入数据即可。如果数据量很大，变量很多或观测量很多，就需要借助菜单和对话框。

（1）移动指针到指定序号的观测量。

顺序单击 Data→Go to Case，打开 Go to Case 对话框，在对话框中输入要查找的观测量序号，按 OK 按钮（如图 9a 所示）。

（2）查找指定变量中的指定数据。

图 9a

将鼠标移至该变量所在列中任意单元格，单击鼠标键。

顺序单击 Edit→Find，打开 Find Data 对话框，在对话框中输入要查找的变量数值，本例中查找 salary＝42 300 的观测值。输入这个数据，如图 9b 所示。

选择 Match Case 复选框，查找匹配的观测量。

按 Find Next 按钮，即向观测量序号大的方向查找，按 Stop 按钮，停止查找。要返回数据编辑器，按 Cancel 按钮。

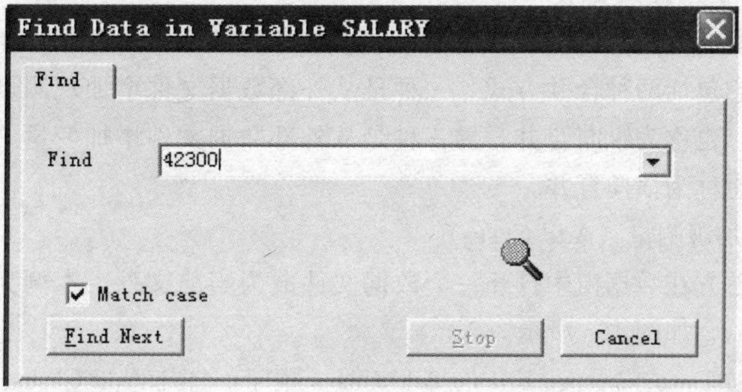

图 9b

2. 变量和观测量的编辑

(1) 插入一个变量。

如果在现存变量的右边界增加一个变量，只要单击 Variable View 选项卡，转换到变量窗口，在变量表最下面一行，定义一个新变量即可。

如果要定义的变量想放在已经存在的变量之间，就是要插入一个变量。可以在 Data View 窗口中，单击新变量将要插入的列中的任意单元格，或者在 Variable View 窗口中，单击新变量要占据的那一行的任意位置；然后单击

Data→Insert Variable 命令，结果在选定位置插入一个变量名为“var0000n”的变量，其中 n 是系统定义的变量序号；最后再切换到 Variable View 窗口，对插入的变量定义变量属性。

（2）插入一个观测量。

观测量的排列无关紧要，其排列次序可以用排序功能整理。如果确实需要插入一个观测量，可以在 Data View 框中按下述步骤完成：单击要插入观测量的一行的任意单元格；单击 Data→Insert Cases 命令，结果在选中的行上增加一个空行，可以在此行输入该观测量的各变量值。

（3）变量和观测量的删除、复制和移动的操作，与一般应用程序相同，在此不再赘述。

（4）恢复删除或修改前的数据。如果对本次的修改或删除不满意，想恢复到本次操作前的状态，只要使用 Edit 菜单中的 Undo 命令即可。

（五）合并数据文件

合并数据文件是指将外部数据文件中的观测量或变量合并到当前数据文件中去。它包括两种合并方式：一种是从外部数据文件增加观测量到当前数据文件中，也称为纵向合并；另一种是从外部数据文件增加变量到当前数据文件中，也称为横向合并。

1. 增加观测量（Add Cases）

（1）首先在数据窗中打开一个数据文件成为当前文件，本例为数据文件 merge1. sav，如图 10a 所示。

（2）按 Data→Merge Files→Add Cases 顺序，打开 Add Cases：Read File 对话框，选定一个要合并的外部 SPSS 数据文件，本例的外部数据文件为 merge2. sav，其数据结构如图 10b 所示。指定数据文件的操作完成后，单击 Continue 按钮。展开 Add Cases from 对话框，见图 11。

（3）图 11 对话框右侧 Variables in New Working Data File 框中列出的变量是两个数据文件中变量名称相同、类型相同的变量（id、educ、jobcat）。这些变量直接包括在合并后的新文件中。左侧的 Unpaired Variables 框中列出的变量是未配对变量。标有“*”的是当前数据文件中的变量，标有“+”的是外部数据文件中的变量。

id	educ	jobcat	salbegin
10	12	1	$13,500
11	16	1	$16,500
12	8	1	$12,000
13	15	1	$14,250
14	15	1	$16,800

图 10a

id	educ	jobcat	salary
1	15	3	$57,000
2	16	1	$40,200
3	12	1	$21,450
4	8	1	$21,900
5	15	1	$45,000

图 10b

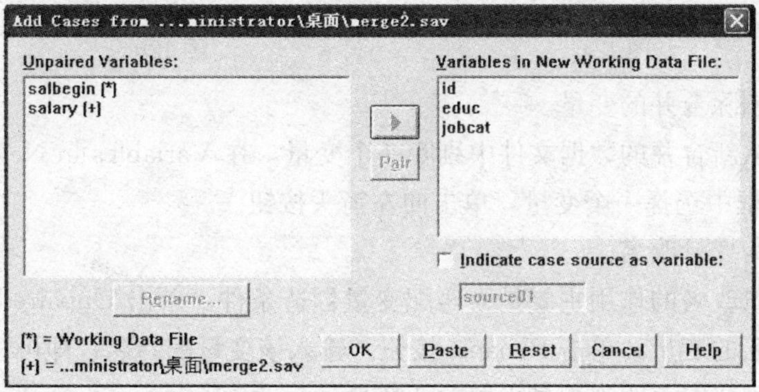

图 11

(4) 根据情况处理数据。

①只合并两个数据文件中变量名和类型都相同的变量的观测量时，单击 OK 按钮即可。

②追加外部数据文件中名称不同但变量类型相同的变量的观测量，则只需在 Unpaired Variables 框中同时选择这两个变量，然后单击 Pair 将它们作为一个配对变量进入新的数据文件，最后单击 OK 按钮即可。在本例中，在未配对变量列表中选择变量 salbegin 和 salary，单击 Pair，在工作数据文件的变量表中显示 salbegin & salary，单击 OK 按钮后，结果如图 12a，变量 salary 的观测值追加到当前数据文件的变量 salbegin 中。

③对于只在一个数据文件中存在的变量，如果不进行配对，但要求包含在新的数据文件中，只要选择这个变量，并将其移入新数据文件变量列表中即可。在本例中，若直接将变量 salbegin 和变量 salary 移入右侧 Variables in New Working Data File 框，单击 OK，结果如图 12b。

id	educ	jobcat	salbegin
10	12	1	$13,500
11	16	1	$16,500
12	8	1	$12,000
13	15	1	$14,250
14	15	1	$16,800
1	15	3	$57,000
2	16	1	$40,200
3	12	1	$21,450
4	8	1	$21,900
5	15	1	$45,000

图 12a

id	educ	jobcat	salbegin	salary
10	12	1	$13,500	.
11	16	1	$16,500	.
12	8	1	$12,000	.
13	15	1	$14,250	.
14	15	1	$16,800	.
1	15	3	.	$57,000
2	16	1	.	$40,200
3	12	1	.	$21,450
4	8	1	.	$21,900
5	15	1	.	$45,000

图 12b

（5）剔除合并的变量。

为了从新合并的数据文件中剔除一个变量，在 Variables in New Working Data File 框中选择一个变量，单击向左箭头按钮。

（6）为变量改名。

为变量改名的作用主要是为匹配变量创造条件。单击 Unpaired Variables 框中待改名的变量，单击 Rename 按钮，输入该变量的新名，即可进行修改。

（7）生成能表明观测量来源的新变量。

选中 Indicate case source as variable 数据来源复选项，生成一个新变量加入到新的文件中，变量值 0 表示观测量来自当前工作文件，1 表示观测量来自外部文件。

2. 增加变量（Add Variables）

增加变量有两种方式：一种是把两个数据文件按观测量顺序一对一地横向合并；另一种是按关键变量合并，即要求两个数据文件必须有一个共同的关键变量，两个数据文件中关键变量值相同的观测量合并为一个观测量。下面以 merge3. sav 为当前数据文件（见图 13a），merge4. sav 为外部数据文件（见图 13b），说明操作步骤。

（1）按 Data→Merge Files→Add Variables 顺序，打开 Add Variables: Read File 对话框。

（2）指定 merge4. sav 为待加入变量的文件，然后按 Continue，展开 Add Variables from 对话框。如图 14 所示。

对话框右侧的 New Working Data File 矩形框中，列出了可以在新工作数据文件中存在的变量。左侧 Excluded Variables 框中列出的是两个文件中的同名变量，只有这样的变量才可作为关键变量。在两个矩形框中标有“＊”的是当前工作数据文件中的变量，标有“＋”的是外部数据文件中的变量。

id	educ	jobcat
10	12	1
11	16	1
12	8	1
13	15	1
14	15	1

图 13a

id	salbegin	salary
11	$13,500	$57,000
12	$16,500	$40,200
13	$12,000	$21,450
14	$14,250	$21,900
25	$16,800	$45,000

图 13b

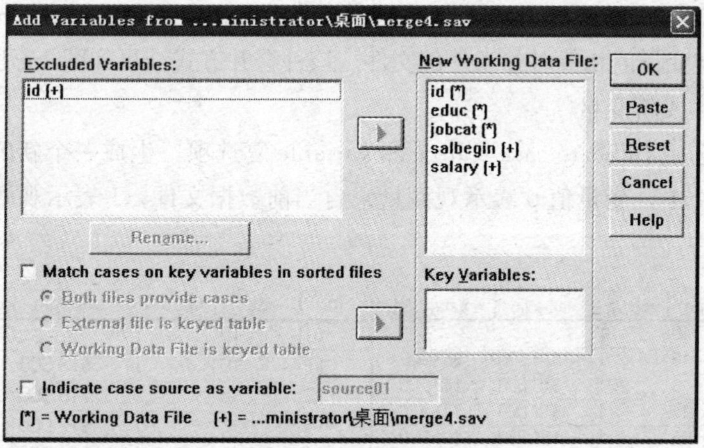

图 14

（3）根据情况处理数据。

如果不指定关键变量，想把外部数据文件中所选定的变量直接与当前数据文件的变量合并，单击 OK 按钮即可开始横向合并。如果两个数据文件中具有同名的变量，那么合并的结果是保留当前数据文件中同名的变量加上外部数据文件中不同名的变量。

如果指定关键变量（即两个数据文件中包含的同名变量），需要先对数据文件按关键变量值的升序排列，对于排序后的关键变量值相同的合并为一个观测量。

对于两个文件中关键变量值不同的观测量处理办法是，选择 Match cases on key variables in sorted files 复选项，激活下面的三个选项，并从中选择一种处理方式。

Both files provide cases 选项，即观测量由两个数据文件提供，合并的结果是将外部数据文件中的观测量追加到当前工作数据文件中。本例选择 id 为关键变量，在 Exclude Variables 框中选择变量 id，单击下面一个向右的按钮移到 Key Variables 框中，单击 OK 按钮，结果如图 15a 所示。

External file is keyed table 选项，即保持当前数据文件中的观测量数目不变，只有那些与当前数据文件中关键变量等值的观测量才能合并到新的工作数据中。该种合并方式结果如图 15b 所示。

Working Data File is keyed table 选项，当前数据文件中的观测量按与外部文件中的关键变量值相等时并入外部文件。该种合并方式结果如图 15c 所示。

（4）生成新变量。

如果选中 Indicate case source as variable 复选项，生成一个新的变量加入到新的文件中，变量值 0 表示观测量来自当前数据文件，1 表示观测量来自外部数据文件。

id	educ	jobcat	salbegin	salary
10	12	1	.	.
11	16	1	$13,500	$57,000
12	8	1	$16,500	$40,200
13	15	1	$12,000	$21,450
14	15	1	$14,250	$21,900
25	.	.	$16,800	$45,000

图 15a

id	educ	jobcat	salbegin	salary
10	12	1	.	.
11	16	1	$13,500	$57,000
12	8	1	$16,500	$40,200
13	15	1	$12,000	$21,450
14	15	1	$14,250	$21,900

图 15b

id	educ	jobcat	salbegin	salary
11	16	1	$13,500	$57,000
12	8	1	$16,500	$40,200
13	15	1	$12,000	$21,450
14	15	1	$14,250	$21,900
25	.	.	$16,800	$45,000

图 15c

二、数据文件的整理

（一）对观测量进行排序（Sort Cases）

在进行数据处理过程中，有时需要按照某个或某些变量的值的顺序重新排列观测量在数据文件中出现的顺序。可以按如下步骤实现。

1. 首先打开一个数据文件，本例中为 employee data. sav。

2. 按 Data→Sort Cases 顺序打开 Sort Cases 观测量排序对话框，如图 16 所示。

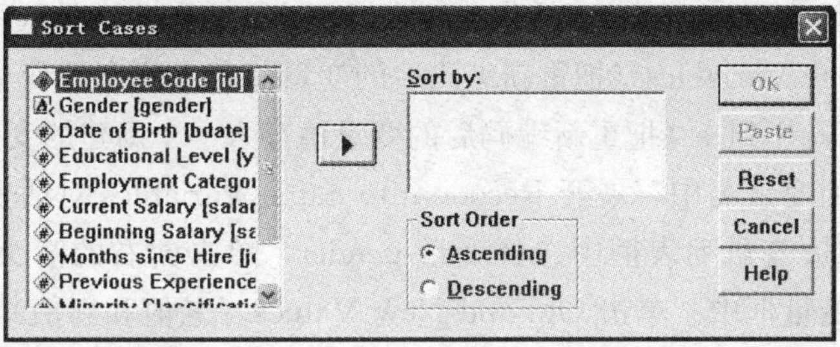

图 16

3. 在左侧源变量框中选择排序变量，单击向右箭头，移入右面的 Sort by 框中。如果选择了两个以上的排序变量，列于首位的称之为第一排序变量，其后的顺序分别称之为第二排序变量、第三排序变量……排序的结构与排序变量在 Sort by 框中的顺序有关。

4. 根据变量顺序确定排序的方式。首先在 Sort by 框中选择一个排序变量，然后在 Sort Order 栏选择以下一种排序方式：Ascending 选项，按照所选择的变量值的升序排列；Descending 选项，按照所选择的变量值的降序排列。

5. 指定完所有排序变量的排序方式后，单击 OK 按钮。

本例以变量 educ 为第一排序变量，以变量 salary 为第二排序变量，第一排序变量为升序排列，第二排序变量为降序排列，排序结果如图 17 所示。

（二）对变量值重新编码（Recode）

有时候需要改变变量的数值，就需要对变量值进行重新编码。例如在数据文件 employee data. sav 中，变量 gender 是个字符型变量，在做进一步的统计分析前，需要把它转化为数值型变量，比如把 m 重新编码为 1，f 重新编码为 2，其操作步骤如下。

id	ge	bdate	educ	jobcat	salary	salbegin	jobtime	prevexp	minority
281	m	02/18/45	8	2	$34,500	$15,750	79	246	1
174	m	********	8	2	$31,950	$15,000	85	438	0
335	m	********	8	2	$31,950	$15,750	74	408	0
36	f	08/07/63	8	1	$31,350	$11,250	96	52	0
96	m	********	8	2	$30,750	$15,000	92	432	1
152	m	********	8	2	$30,750	$15,000	87	451	0
185	m	********	8	2	$30,750	$15,000	84	380	0
213	m	10/20/45	8	2	$30,750	$15,000	83	302	1
285	m	********	8	2	$30,750	$15,750	78	429	0

图 17

击选主菜单 Transform（转换）下的 Recode（重新编码），出现两项选择：Into Same Variables（把重新编码后的变量值存入原来的变量名下），Into Different Variables（把重新编码后的变量值存入一个新建的变量名中）。选择存入相同的变量名中，展开 Recode into Same Variables 对话框（如图 18a 所示）。从左边变量列表框中选择变量 gender，单击向右的箭头，把 gender 移入右边的变量框中。单击 Old and New Values（老值和新值）按钮，展开 Old and New Values 对话框（如图 18b 所示）。在左边 Old Value 后的矩形框中输入 m，在右边 New Value 下的矩形框中输入 1，单击 Add 按钮。在 Old→New下显示 'm' → '1'。重复以上操作，指定 'f' → '2'。最后依次单击 Continue、OK 按钮。gender 的变量值就被重新编码，其变量类型需在变量窗中重新定义为数值型，否则仍是字符型。

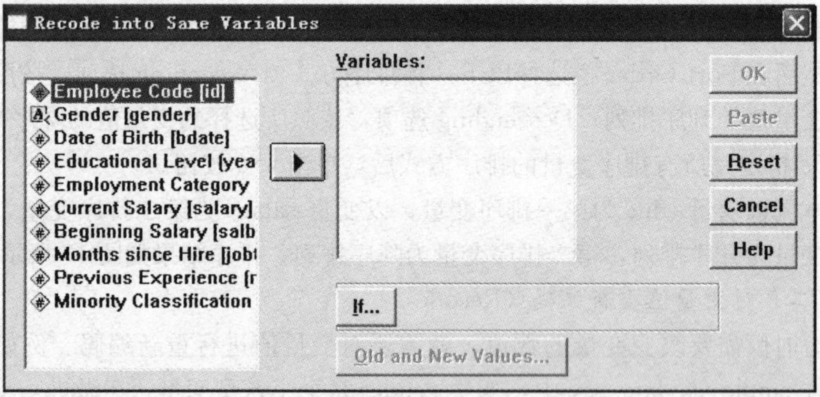

图 18a

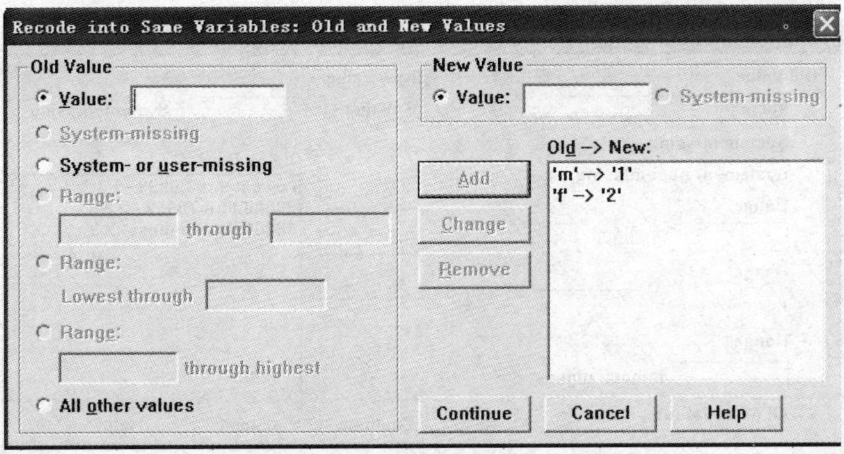

图 18b

还有些时候，需要按照某种标准把一个连续变量分成几类，例如把连续变量 salary（当前薪金）的值分成高（80 000 以上）、中（30 000～79 999）、低（29 999 以下）三类，这时也可借助重新编码来实现。依次单击 Transform、Recode，选择 Into Same Variables，从左边变量列表中选择 salary，移入右边的变量框中。单击 Old and New Values 按钮，在展开的对话框 Old Value 列选择第五项，Range：Lowest through □项，在其框中输入 29 999，在右边 New Value 框中输入 1，单击 Add 按钮；同理选择第四项 Range：□ through □，在第一个框中输入 30 000，在第二框中输入 79 999，在右边 New Value 框中输入 2，单击 Add 按钮；然后选择第 6 项 Range：□ through highest 选项，在其框中输入 80 000，在右边 New Value 框中输入 3，然后单击 Add 按钮（如图 18c 所示）。最后，单击 Continue 和 OK。回到数据窗，即会发现 Salary 这个连续变量的值已被重新编码为 1，2 和 3。

如果重新编码后的变量改用新的变量名，在主菜单中击选 Transform→Recode→Into different Variables，重编码的过程与前面相同，但要输入新变量名。

（三）用已有变量计算产生新变量（Compute）

很多时候，需要根据已有的变量通过计算产生一个新变量。以 employee data. sav 文件为例，这个数据文件包括变量 salary（当前薪金）和 salbegin

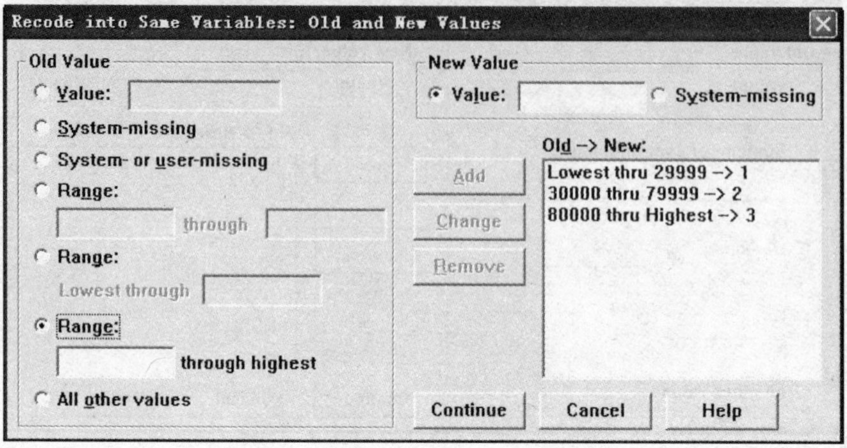

图 18c

（起始薪金），如果对薪水的增量感兴趣，就可以使用 Compute 产生一个新变量。具体操作为：依次单击 Transform、Compute，展开 Compute Variable（计算新变量）对话框，在 Target Variable（目标变量）框中输入新的变量名 increase（增加量），然后，在左下角的变量列表中选择变量 salary 并移入右边 Numeric Expression（数学表达式）框中，接着点击右边计算板中的减号"—"，把左边变量框的变量 salbegin 移至右边减号后面（如图 19 所示），单击 OK，即可在 Data View（数据窗）中看到产生了一个新变量 increase，其值为当前薪金与起始薪金之差。

有时，产生新变量还需要借助一些函数。例如 employee data. sav 这个数据文件包含一个 bdate（生日）变量，然而我们感兴趣的是 age（年龄）变量。因而需要产生一个新变量 age（age＝2008－出生年）。这时需要一个输入生日即可返回出生年的函数 XDATE. YEAR（datevalue）。因此产生新变量的数学表达式应为 age＝2008－XDATE. YEAR（bdate）。具体操作为：单击 Transform，选择 Compute，然后在 Target Variable（目标变量）框中输入新的变量名 age（年龄），在 Numeric Expression（数学表达式）框中输入 2008－，然后在右边 Functions（函数表）下边的框中选择函数 XDATE. YEAR（datevalue），单击向上的箭头把它移入数学表达式框中，接着从左边的变量列表框中选择 bdate，单击至右边框中，刚好填补 XDATE. YEAR

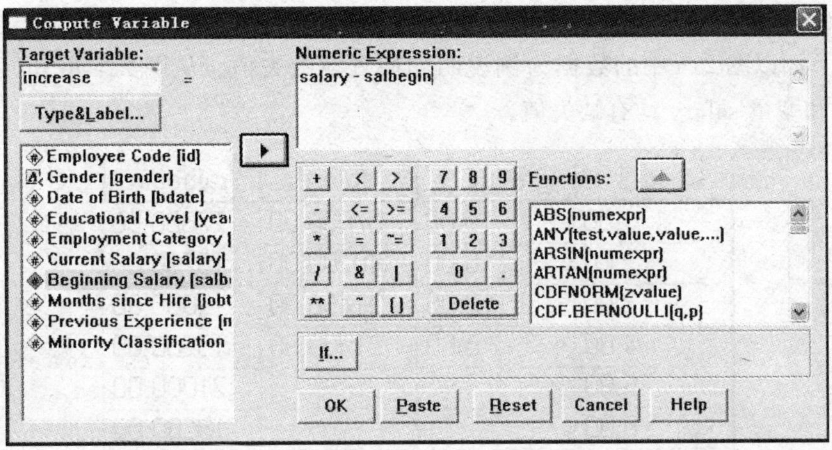

图 19

(?) 中的“?”(如图 20 所示)。最后单击 OK，即可在 Data View（数据窗）中看到产生一个新变量 age，其值为每个雇员在 2008 年的年龄。

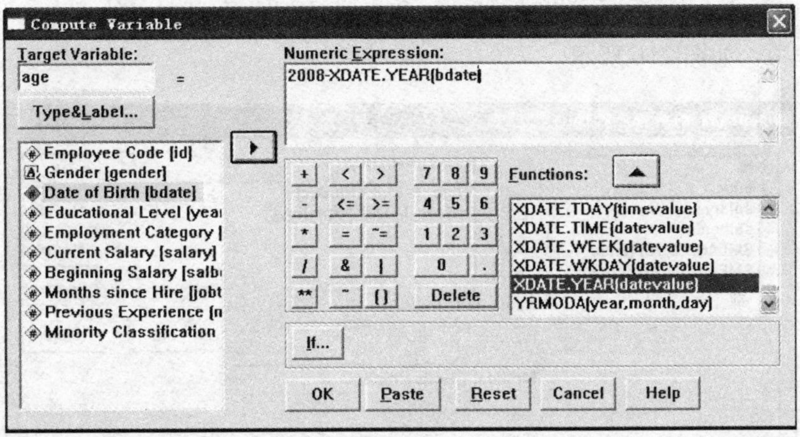

图 20

可以通过击选原变量表、函数表以及计算板完成新变量的数值表达式 (Numeric Expression)，当需要定义新变量的类型及标签时，击选 Compute Variable 对话框中的 Type & Label 按钮进行定义即可。如果只有满足某一条件的观测量才给新变量赋值，击选 Compute Variable 对话框中的 If 按钮进行条件定义即可。

（四）置换缺失值（Replace Missing Values）

下面以图 21a 中的数据为例说明如何置换缺失值。从图 21a 可知，变量 educ 和变量 salary 均有缺失值。

id	educ	salary	salbegin
1.00	15.00	57000.00	27000.00
2.00	16.00	40200.00	18750.00
3.00	12.00	21450.00	12000.00
4.00	8.00	21900.00	13200.00
5.00	.	.	21000.00
6.00	.	.	13500.00
7.00	15.00	36000.00	18750.00

图 21a

1. 击选 Transform 下的 Replace Missing Values 命令，展开 Replace Missing Values 对话框，将变量 educ 和变量 salary 移入右边的 New Variable (s) 框中，如图 21b 所示。

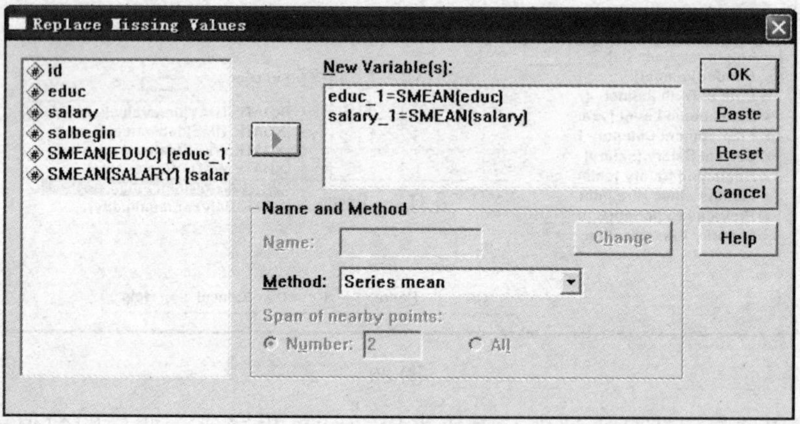

图 21b

2. 单击 OK 按钮，在新变量 educ_1 和 salary_1 中的缺失值均被均值代替（如图 21c 所示），用均值取代缺失值是系统默认的替代方法，若要选取其他的置换方式，击选 Replace Missing Values 对话框中的 Method 下拉菜单进行选择。

id	educ	salary	salbegin	educ_1	salary_1
1.00	15.00	57000.00	27000.00	15.00	57000.00
2.00	16.00	40200.00	18750.00	16.00	40200.00
3.00	12.00	21450.00	12000.00	12.00	21450.00
4.00	8.00	21900.00	13200.00	8.00	21900.00
5.00	.	.	21000.00	13.20	35310.00
6.00	.	.	13500.00	13.20	35310.00
7.00	15.00	36000.00	18750.00	15.00	36000.00

图 21c

（五）对观测量加权处理（Weight Cases）

当样本中有许多观测量的数据是完全相同时，为了减少数据输入，可以定义一个频数变量，对观测量进行加权处理。例如 50 个学生中，有 10 人智商是 100，25 人智商是 120，15 人智商是 130，则可以定义两个变量，一个是智商（iq），一个是频数（f），如图 22a 所示。定义变量后需对变量 f（频数）作加权处理，操作如下：击选 Data 下的 Weight Cases 命令，展开 Weight Cases 对话框，击选 Weight cases by，将左边框中的变量 f 移入右边 Frequency Variable 框，如图 22b 所示。最后单击 OK，完成加权处理。

iq	f
100	10
120	25
130	15

图 22a

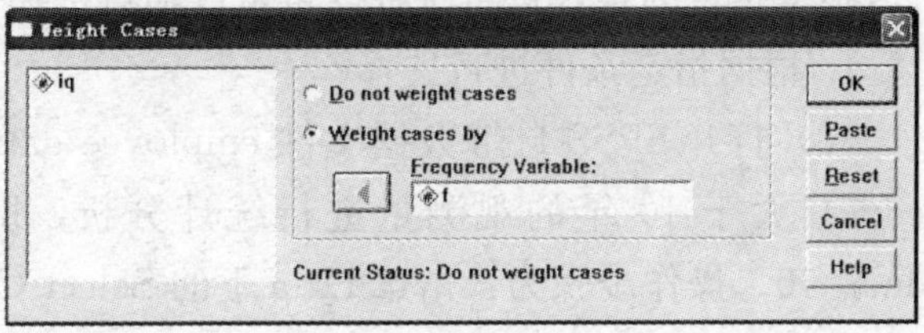

图 22b

若已知单元格频数，要进行卡方检验，同样需要对数据进行加权处理。例如变量 gender（性别）与变量 attitude（态度）的关系如表 1 所示，男生持赞同态度的有 20 人，持反对态度的有 30 人，女生持赞同态度的有 30 人，持反对态度的有 20 人。在输入数据时，需要设置三个变量，分别是性别变量 gender（1 代表男，2 代表女）、态度变量 attitude（1 代表赞同，2 代表反对）以及频数变量 f（输入每种条件下的人数），数据输入后的结果如图 23a 所示，参照前述步骤，对变量 f 的加权处理如图 23b 所示。

表 1　男女的态度情况

	赞成（1）	反对（2）
男（1）	20	30
女（2）	30	20

gender	attitude	f
1	1	20
1	2	30
2	1	30
2	2	20

图 23a

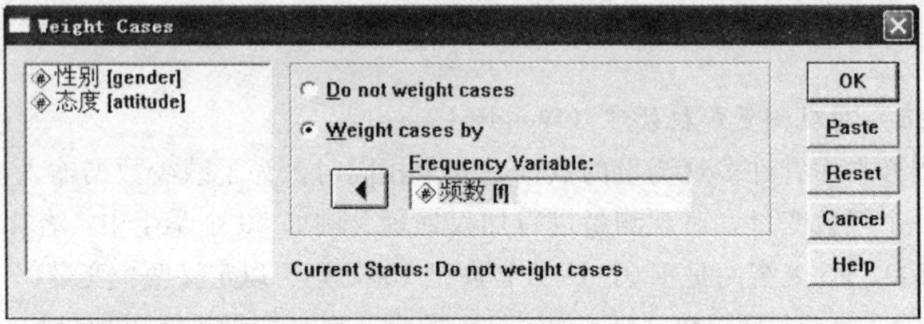

图 23b

（六）选择观测量（Select Cases）

一个数据文件，可以选择其中部分观测值进行统计分析。选择观测值时可以根据指定的条件进行选择，也可以随机选择。

1. 根据指定条件进行选择

（1）打开 SPSS 自带数据文件 employee data. sav，假定只选择教育水平（educ）大于 10 年的观测量进行统计分析，即指定满足数据分析条件为 educ>10。操作步骤为：击选 Data 下的 Select Cases，展开 Select Cases 对话框，如图 24a 所示。

（2）在 Select Cases 对话框中，击选第二项 If condition is satisfied，单击其下方的 If 按钮，展开 Select cases：If 对话框，从左侧变量列表中选择变量 educ 进入右上方空白框并完成选择条件 educ>10，如图 24b 所示。

（3）单击 Continue 返回，单击 OK 按钮，结果如图 24c 所示。数据窗中可观察到新增加了一个变量 filter _ $，被选上的观测值在此变量上的值为 1，否则为 0。数据窗左侧划有斜线的观测值是不满足条件的观测值，数据分析时不会包括这些观测值。如果要恢复它们，可以再次使用 Select Cases 命令，击

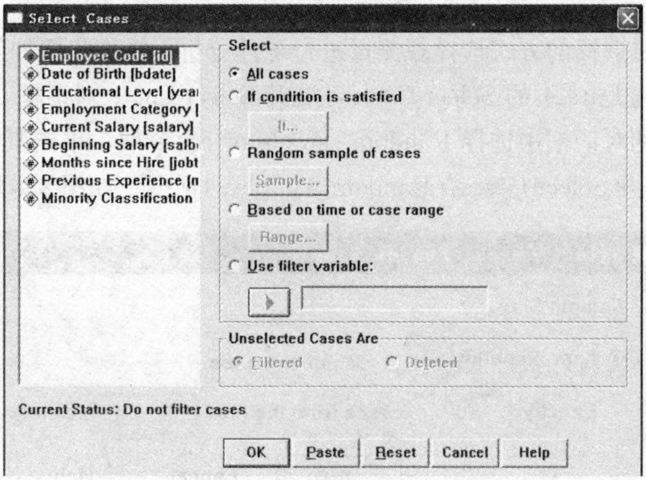

图 24a

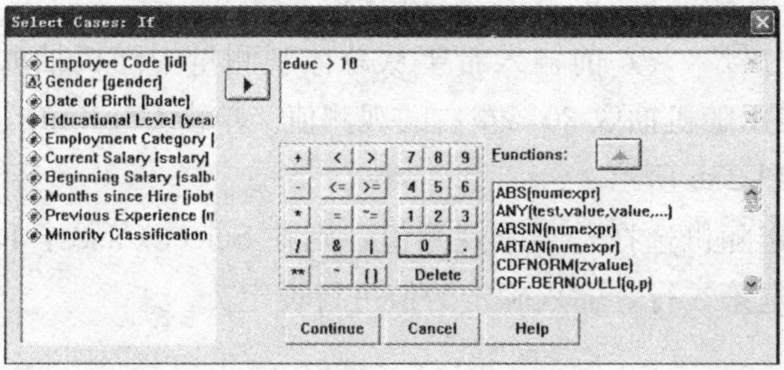

图 24b

选 All cases 选项（默认项）。如果要将不满足条件的观测值剔除，击选 Unselected Cases Are 下的 Deleted 便可。

	id	gender	bdate	educ	jobcat	salary	salbegin	jobtime	prevexp	minority	filter_$
1	1	m	02/03/52	15	3	$57,000	$27,000	98	144	0	1
2	2	m	05/23/58	16	1	$40,200	$18,750	98	36	0	1
3	3	f	********	12	1	$21,450	$12,000	98	381	0	1
4	4	f	04/15/47	8	1	$21,900	$13,200	98	190	0	0
5	5	m	02/09/55	15	1	$45,000	$21,000	98	138	0	1
6	6	m	08/22/58	15	1	$32,100	$13,500	98	67	0	1
7	7	m	04/26/56	15	1	$36,000	$18,750	98	114	0	1
8	8	f	05/06/66	12	1	$21,900	$9,750	98	0	0	1
9	9	f	01/23/46	15	1	$27,900	$12,750	98	115	0	1
10	10	f	02/13/46	12	1	$24,000	$13,500	98	244	0	1
11	11	f	02/07/50	16	1	$30,300	$16,500	98	143	0	1
12	12	m	01/11/66	8	1	$28,350	$12,000	98	26	1	0

图 24c

2. 随机选择

按照随机选择的方式选择观测量进行统计分析，操作步骤如下。

(1) 击选 Data 下的 Select Cases，展开 Select Cases 对话框，如图 25a 所示。在展开的对话框中选择 Random sample of cases 项，单击其下面的 Sample 按钮，打开 Select Cases：Random Sample 对话框，如图 25a 所示。

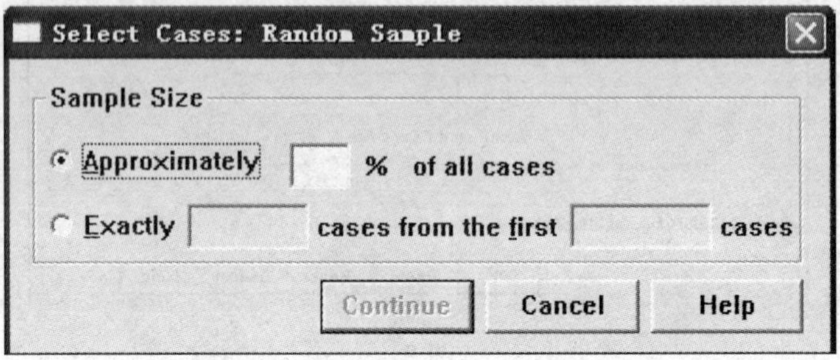

图 25a

(2) 在百分号（%）前输入希望从总体观测量中随机抽取的百分数。本例中输入 20 表示随机抽取 20%左右的观测值。单击 Continue 返回，单击 OK 按钮，结果如图 25b 所示。

如果是指定随机选择若干个观测值，则在 Select Cases：Random Sample 对话框中，击选第二行，输入确定的值进行设定。

	id	gender	bdate	educ	jobcat	salary	salbegin	jobtime	prevexp	minority	filter_$
1	1	m	02/03/52	15	3	$57,000	$27,000	98	144	0	1
2	2	m	05/23/58	16	1	$40,200	$18,750	98	36	0	0
3	3	f	********	12	1	$21,450	$12,000	98	381	0	0
4	4	f	04/15/47	8	1	$21,900	$13,200	98	190	0	0
5	5	m	02/09/55	15	1	$45,000	$21,000	98	138	0	1
6	6	m	08/22/58	15	1	$32,100	$13,500	98	67	0	0
7	7	m	04/26/56	15	1	$36,000	$18,750	98	114	0	0
8	8	f	05/06/66	12	1	$21,900	$9,750	98	0	0	0
9	9	f	01/23/46	15	1	$27,900	$12,750	98	115	0	1
10	10	f	02/13/46	12	1	$24,000	$13,500	98	244	0	1

图 25b

除了上述两种选择观测量的方式，Select Cases 对话框中还提供了其他观测量选择方式，此处不再赘述。

（七）为观测量排等级（Rank Cases）

如果要按照某些变量的值对观测量排等级并将其等级存为一个新变量，可以用 Rank Cases 命令实现。以 SPSS 自带数据文件 employee data. sav 为例，若要按照变量 educ（教育水平）和变量 salary（当前薪水）对观测量进行排等级，操作步骤如下。

1. 打开数据文件 employee data. sav，击选 Transform 下的 Rank Cases 命令。

2. 在打开的 Rank Cases 对话框中，将变量 educ 和变量 salary 移入右边 Variable（s）框中，击选 Assign Rank 1 to 下的 Largest value（最大的值排为第一名）。如图 26a 所示。

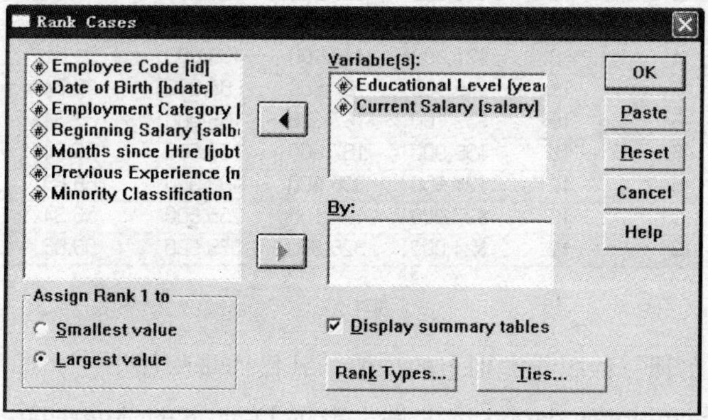

图 26a

3. 单击 Rank Types 按钮，在打开的 Rank Cases：Types 对话框中，设定获得等级的方法。默认方式是 Rank（数据文件中的新变量值就是等级），此外再选择 Fractional rank as %（百分等级，其值为该观测量的等级除以所有合法值的观测量数目之和然后再乘以 100）。如图 26b 所示。

4. 单击 Continue 按钮返回，单击 OK 按钮，结果如图 27 所示。

（八）对数据进行分类汇总（Aggregate Data）

有时需要将数据按某个变量值分组，并求各变量在每一组的一个描述统计量，可用 Data 下的 Aggregate 命令实现。以 SPSS 自带数据文件 employee data. sav 为例，若以变量 jobcat（职业类别）为分组变量，求变量 educ 以及

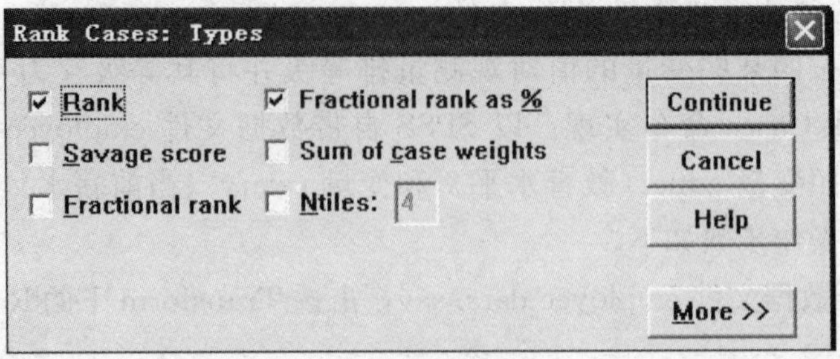

图 26b

id	educ	salary	reduc	rsalary	peduc	psalary
1	15	$57,000	167.500	52.000	35.34	10.97
2	16	$40,200	80.000	101.500	16.88	21.41
3	12	$21,450	326.500	419.000	68.88	88.40
4	8	$21,900	448.000	409.000	94.51	86.29
5	15	$45,000	167.500	84.000	35.34	17.72
6	15	$32,100	167.500	166.000	35.34	35.02
7	15	$36,000	167.500	123.500	35.34	26.05
8	12	$21,900	326.500	409.000	68.88	86.29
9	15	$27,900	167.500	255.500	35.34	53.90
10	12	$24,000	326.500	358.500	68.88	75.63

图 27

变量 salary 在其三种职业类别上的均值，其操作步骤如下。

1. 打开 employee data. sav 文件。击选 Data 下的 Aggregate 命令，展开 Aggregate Data 对话框。

2. 将变量 jobcat 移入 Break Variable（s）下面的矩形框（即用 jobcat 作为分组变量），将变量 educ 和变量 salary 移入 Aggregate Variable（s）下面的对话框，默认统计方式是计算分组变量各类别在这两个变量上的均值，如图 28 所示。如果要计算分组变量各类别在这两个变量上的其他描述统计量，可单击 Aggregate Data 对话框中的 Function 按钮进行设定。

3. 击选 Save number of cases in break group as variable，将在新文件中产生一个新变量，其值为非组变量每组的观测值数目，默认变量名为 N_BREAK，可以改名字。

4. 单击 OK 按钮。打开分类汇总后生成的新文件 aggr. sav（默认路径为

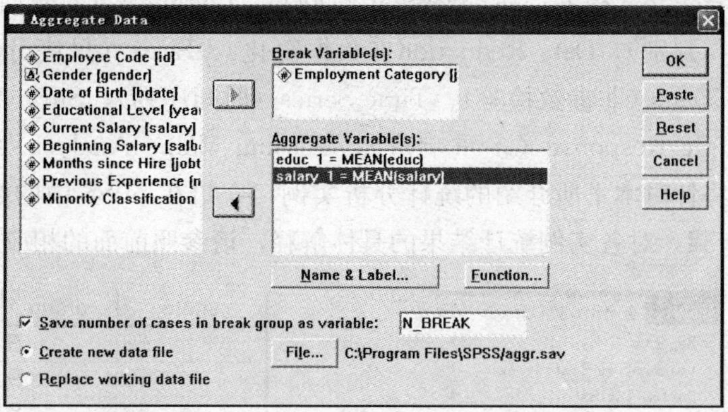

图 28

C：\ Program Files \ SPSS \ aggr. sav），结果如图 29 所示。

jobcat	educ_1	salary_1	n_break
1	12.87	27838.54	363
2	10.19	30938.89	27
3	17.25	63977.80	84

图 29

本书统计实例在 SPSS 中的实现

一、SPSS 的统计分析功能

点击 SPSS 主菜单中的 Analyze（统计分析）可以看到 SPSS 的统计分析功能（如图 30 所示），包括：Reports（概括描述）、Descriptive Statistics（描述统计）、Custom Tables（自定义表格）、Compare Means（均值比较）、General Linear Model（一般线形模型，即方差分析）、Mixed Models（混合

模型)、Correlate（相关)、Regression（回归)、Loglinear（对数回归)、Classify（聚类与判别)、Data Reduction（数据简化)、Scale（尺度分析)、Nonparametric Tests（非参数检验)、Time Series（时间序列)、Survival（生存分析)、Multiple Response（多重响应)、Missing Value Analysis（缺失值分析)。下面将针对本书所介绍的统计分析实例，介绍在 SPSS 中的数据输入格式及操作步骤，对各实例统计结果的具体解释，请参照前面的相应章节。

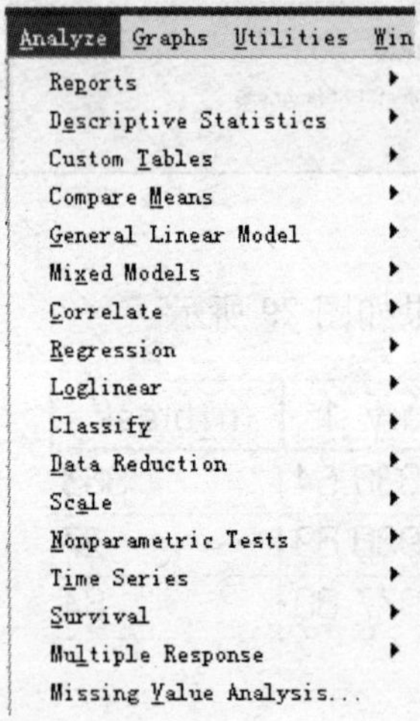

图 30

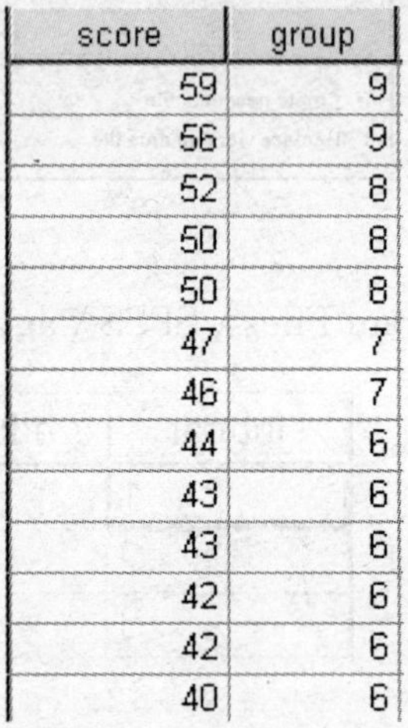

score	group
59	9
56	9
52	8
50	8
50	8
47	7
46	7
44	6
43	6
43	6
42	6
42	6
40	6

图 31

二、统计表与图（第一章）

（一）频数分布表与图

以第一章表 1-1 中的数据为例，说明如何制作统计表与图。其 SPSS 操作步骤如下。

1. 首先输入数据，如图 31 第一列所示（只显示部分数据)。

2. 按 Analyze→Descriptive Statistics→Frequencies 顺序，打开如图 32a 所示的 Frequencies 对话框，选择变量 score 进入 Variable（s）框中，选中 Display frequency tables 复选项，要求显示频数分布表（默认选项)。

3. 单击 Statistics 按钮，打开 Statistics 对话框，选中 Central Tendency（集中趋势）下除 Sum 以外的选项，选中 Dispersion（离散趋势）下的所有选

项，以及 Distribution（变量分布）下的所有选项，如图 32b 所示。单击 Continue 按钮返回。

4. 单击 Charts 按钮，打开 Charts 对话框，选择 Histograms 和 With normal curve 复选项，如图 32c 所示（如果做条形图，可选择 Bar charts，做饼图可选择 Pie charts）。单击 Continue 按钮返回。

5. 单击 OK 按钮，结果见图 33a 至图 33c。

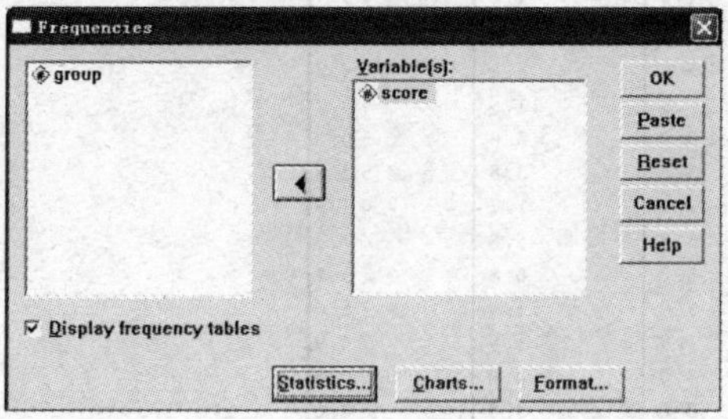

图 32a

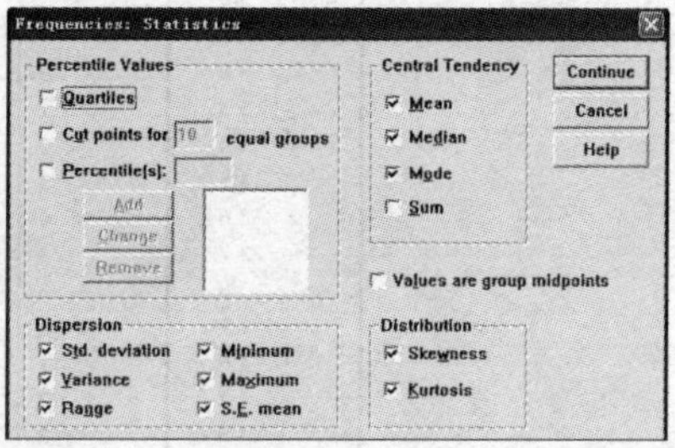

图 32b

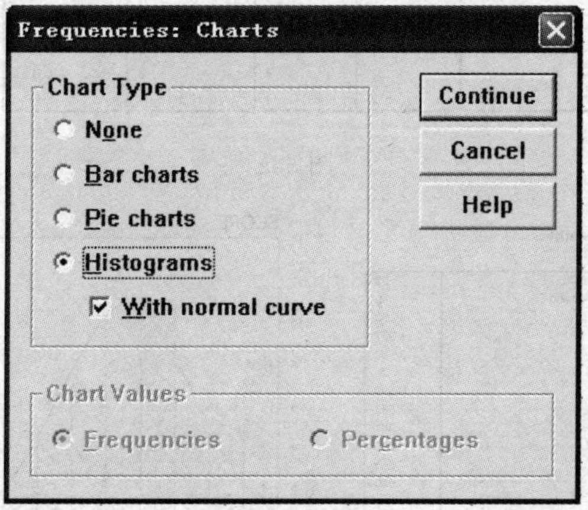

图 32c

结果说明如下。

1. 图 33a 为变量 score 的频数分布表。其中第一列为变量值，第二列为该变量值的频数，第三列为百分比，第四列为有效百分比，第五列为累积百分比。

SCORE

		Frequency	Percent	Vaild Percent	Cumulative Percent
Vaild	17	2	3.8	3.8	3.8
	20	1	1.9	1.9	5.8
	21	2	3.8	3.8	9.6
	22	2	3.8	3.8	13.5
	24	1	1.9	1.9	15.4
	25	1	1.9	1.9	17.3
	27	3	5.8	5.8	23.1
	28	1	1.9	1.9	25.0
	29	2	3.8	3.8	28.8
	30	2	3.8	3.8	32.7
	31	3	5.8	5.8	38.5
	32	3	5.8	5.8	44.2
	33	1	1.9	1.9	46.2
	34	2	3.8	3.8	50.0
	35	2	3.8	3.8	53.8
	36	4	7.7	7.7	61.5
	37	3	5.8	5.8	67.3
	38	3	5.8	5.8	73.1
	39	1	1.9	1.9	75.0
	40	1	1.9	1.9	76.9
	42	2	3.8	3.8	80.8
	43	2	3.8	3.8	84.6
	44	1	1.9	1.9	86.5
	46	1	1.9	1.9	88.5
	47	1	1.9	1.9	90.4
	50	2	3.8	3.8	94.2
	52	1	1.9	1.9	96.2
	56	1	1.9	1.9	98.1
	59	1	1.9	1.9	100.0
	Total	52	100.0	100.0	

图 33a

Statistics

SCORE

N	Valid	52
	Missing	0
Mean		34.58
Std. Error of Mean		1.327
Median		34.50
Mode		36
Std. Deviation		9.570
Variance		91.582
Skewness		.381
Std. Error of Skewness		.330
Kurtosis		.046
Std. Error of Kurtosis		.650
Range		42
Minimum		17
Maximum		59

图 33b

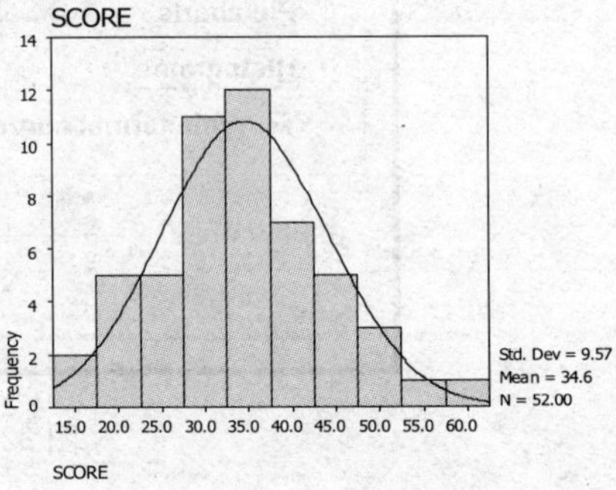

图 33c

2. 图 33b 列出了变量 score 的描述统计量。其中度量变量 score 集中趋势的指标：Mean 是样本均值（34.58），Median 是中位数（34.50），Mode 是众数（36）；度量变量 score 离散趋势的指标：Std. Deviation 是样本标准差

(9.570)，Variance 是样本方差（91.582），Std. Error of Mean 是均值的标准误（1.327）；度量变量 score 分布的指标：Skewness 是偏度（0.381，大于 0 表示正偏态分布），Kurtosis 是峰度（0.046，大于 0 表示比标准正态分布的峰度要略高）。

3. 图 33c 是变量 score 带正态曲线的直方图，从图中可以看到数据接近正态分布，右尾稍长，峰度比标准正态分布的峰度要略高。

（二）次数多边图及累积次数曲线图

1. 数据文件同上。按 Transform→Recode→Into Different Variables，将变量 score 重新编码后存入新变量 group 中，编码规则如本书表 1-3 所示，即 15～19 编码为 1，20～24 编码为 2，以此类推，55～59 编码为 9，结果如图 31第二列所示（只显示部分数据）。

2. 按 Analyze→Descriptive Statistics→Frequencies 顺序，打开如图 32a 所示的 Frequencies 对话框，选择变量 group 进入 Variable（s）框中，选中 Display frequency tables 复选项，要求显示频数分布表（默认选项）。单击 Format 按钮，在 Order by 中选择 Descending values。单击 Continue 按钮返回。

3. 单击 OK 按钮。结果如图 34 所示。

GROUP

		Frequency	Percent	Valid Percent	Cumulative Percent
Valid	55-59	2	3.8	3.8	3.8
	50-54	3	5.8	5.8	9.6
	45-49	2	3.8	3.8	13.5
	40-44	6	11.5	11.5	25.0
	35-39	13	25.0	25.0	50.0
	30-34	11	21.2	21.2	71.2
	25-29	7	13.5	13.5	84.6
	20-24	6	11.5	11.5	96.2
	15-19	2	3.8	3.8	100.0
	Total	52	100.0	100.0	

图 34

4. 按 Graphs→Line→Simple，单击 Define 打开 Define Simple Line: Summaries for Groups of Cases 对话框，选择 group 进入 Category Axis 框中，在 Line Represents 中选择 N of cases（默认项）。如图 35 所示。

5. 单击 OK 按钮。结果如图 36a 所示。

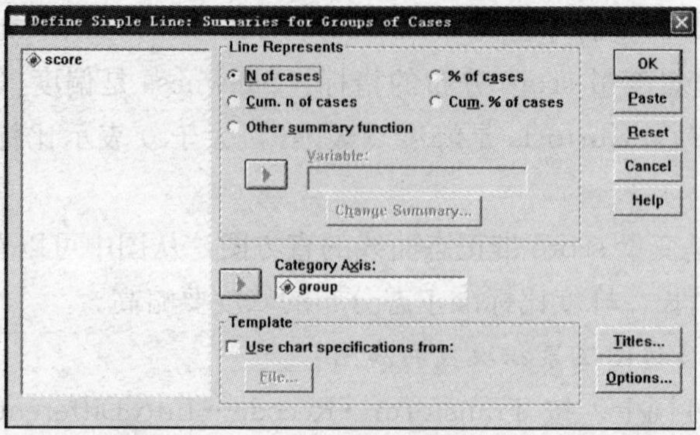

图 35

6. 重复第 4 步，但是在 Line Represents 中选择 Cum. % of cases，单击 OK 按钮，结果如图 36b 所示。

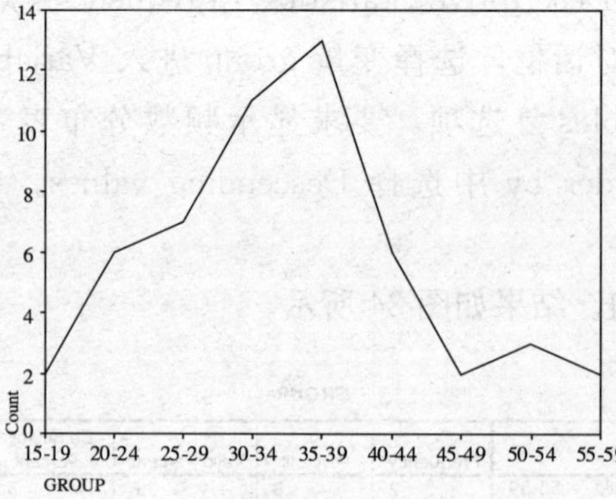

图 36a

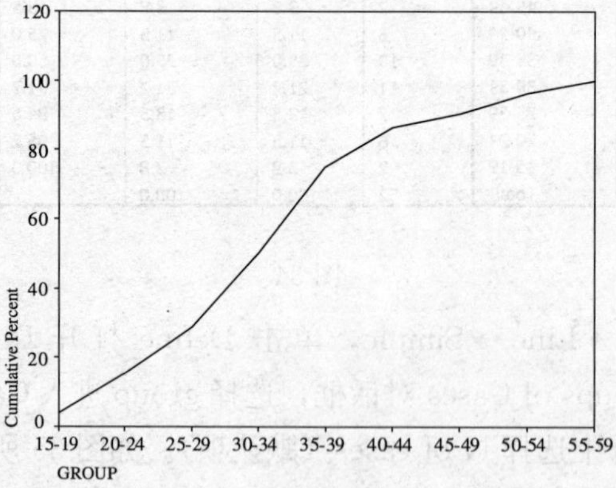

图 36b

三、常用统计参数（第二章）

（一）集中量数与差异量数

以第二章例 2-1 的数据为例，说明如何求集中量数与差异量数。操作步骤如下。

1. 首先输入数据（参考图 31）。

2. 按 Analyze→Descriptive Statistics→Descriptives 顺序，打开如图 37a 所示的 Descriptives 对话框。

3. 在左侧的源变量框中选择变量 score 进入 Variable(s)框中。

4. 选中 Save standardized values as variables 复选框，要求计算所选变量的 Z 分数，作为新变量保存在当前数据文件中。

5. 单击 Options 按钮，展开如图 37b 的对话框。选择 Mean、Std. Deviation、Variance、Range 复选项（如果要求其他的集中量数与差异量数，可参考图 32b 中 Central Tendency 与 Dispersion 下的复选项进行设置）。单击 Continue 按钮返回。

6. 单击 OK 按钮，结果如图 38 所示。

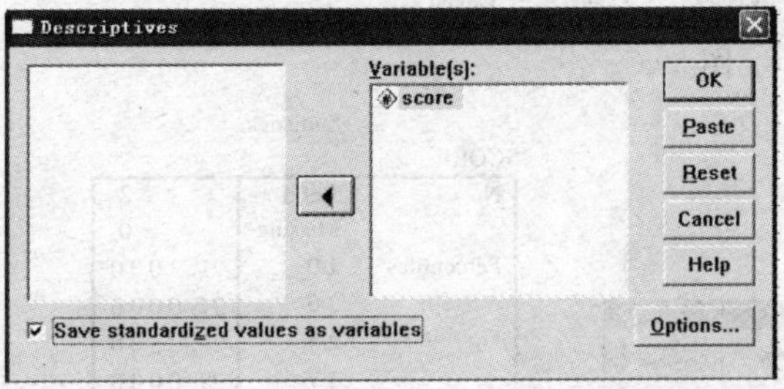

图 37a

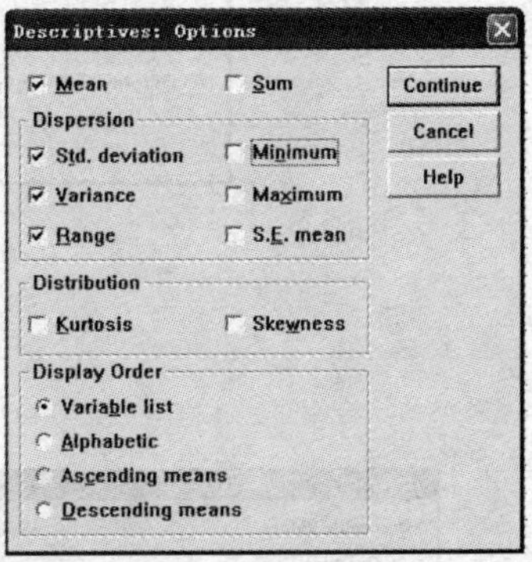

图 37b

Descriptive Statistics

	N	Range	Mean	Std. Deviation	Variance
SCORE	30	33	64.40	10.125	102.524
Valid N (listwise)	30				

图 38

（二）地位量数

以第一章表 1-1 中的数据为例，说明如何求地位量数。操作步骤如下。

1. 首先输入数据（见图 31）。

2. 按 Analyze→Descriptive Statistics→Frequencies 顺序，打开如图 39a 所示的 Frequencies 对话框，选择变量 score 进入 Variable(s)框中。

3. 单击 Statistics 按钮，打开 Statistics 对话框，选中 Percentile Values（百分位数）下的复选项：Quartiles（四分位数）、Cut points for 10 equal groups（十分位数，当然也可输入其他等分位数如 20）、在 Percentiles 后面的框中分别输入 27，然后 Add，同样再输入 73，然后 Add（这两个百分位数经常用作总分高低分分组），如图 39b 所示。

4. 单击 Continue 按钮返回，最后按 OK 按钮，结果如图 40 所示。

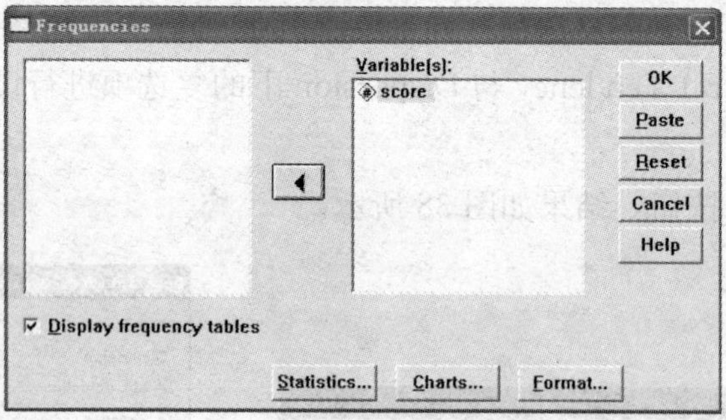

图 39a

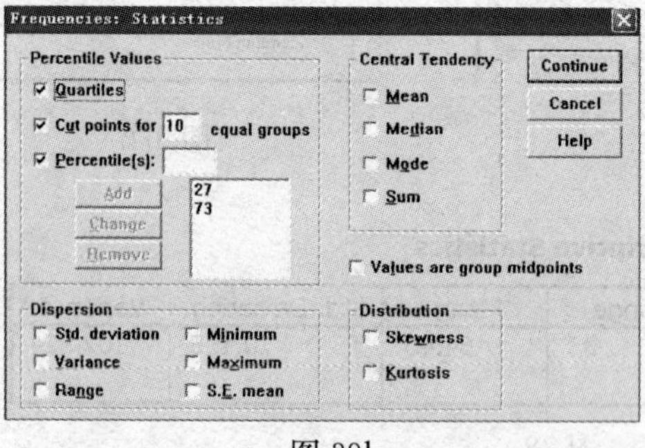

图 39b

Statistics

SCORE

N	Valid	52
	Missing	0
Percentiles	10	21.3000
	20	27.0000
	25	28.2500
	27	29.0000
	30	29.9000
	40	32.0000
	50	34.5000
	60	36.0000
	70	38.0000
	73	38.6900
	75	39.7500
	80	42.4000
	90	49.1000

图 40

（三）相关分析

1. Pearson 相关系数

以第二章例 2-13 的数据为例，要计算两个等距变量 x 与 y 之间的积差相关系数，其操作步骤如下。

（1）输入数据，如图 41a 所示。

x	y
74	82
71	75
80	81
85	89
76	82
77	89
77	88
68	84
74	80
74	87

图 41a

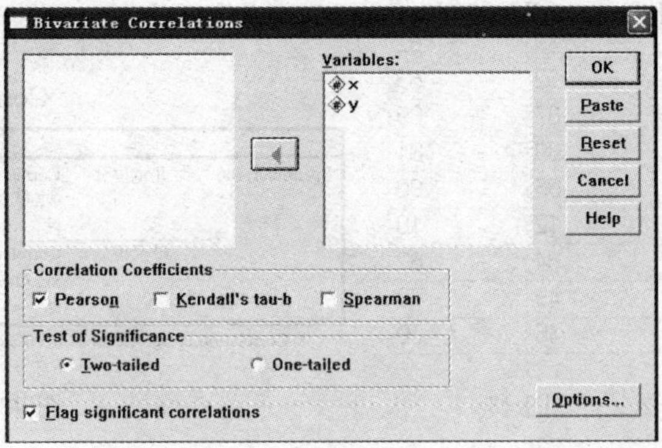

图 41b

（2）按 Analyze→Correlate→Bivariate 顺序，打开两变量相关分析对话框，在左侧的源变量框中选择变量 x、y 进入 Variables 框中，如图 41b 所示。

（3）在 Correlation Coefficients 栏选择 Pearson 相关系数（默认选项，计算积差相关系数），在 Test of Significance 栏选择 Two-tailed（默认选项，双侧检验），选择 Flag significant correlations 复选项（默认选项，要求在输出结果时，相关系数上方使用 * 表示显著性水平）。

（4）单击 OK 按钮，结果如图 42 所示。

Correlations

		X	Y
X	Pearson Correlation	1	.475
	Sig.(2-tailed)	.	.165
	N	10	10
Y	Pearson Correlation	.475	1
	Sig.(2-tailed)	.165	.
	N	10	10

图 42

2. Spearman 等级相关系数

以第二章例 2-14 的数据为例，要计算两变量儿童得分与母亲得分之间的等级相关系数，操作步骤同上，但是在 Correlation Coefficients 栏选择 Spearman 相关系数，数据输入及统计结果如图 43a 和图 43b 所示。

儿童得分	母亲得分
72	79
40	62
52	53
87	89
39	81
95	90
12	10
64	82
49	78
46	70

图 43a

Correlations

			儿童得分	母亲得分
Spearman'srho	儿童得分	Correlation Coefficient	1.000	.721*
		Sig.(2-tailed)	.	.019
		N	10	10
	母亲得分	Correlation Coefficient	.721*	1.000
		Sig.(2-tailed)	.019	.
		N	10	10

* Correlation is significant at the. 05 level(2-tailed).

图 43b

3. 肯德尔 W 系数

以第二章例 2-16 的数据为例，求 6 位教师对 5 篇作文评价的一致性，即求肯德尔 W 系数。其操作步骤如下。

(1) 输入数据，变量 v1 至 v5 为 5 个被评价项目（作文），变量 rater 为评价者，数据格式如图 44 所示。

rater	v1	v2	v3	v4	v5
T1	3	5	2	4	1
T2	3	5	2	4	1
T3	3	4	1	5	2
T4	3	5	1	4	2
T5	3	5	2	4	1
T6	3	5	2	4	1

图 44

(2) 按 Analyze→Nonparametric Tests→K Related Samples 顺序，打开 Tests for Several Related Samples 对话框，在左侧的源变量框中选择变量 v1 至 v5 进入右侧 Variables 框中。在 Test Type 栏选择 Kendall's W。如图 45 所示。

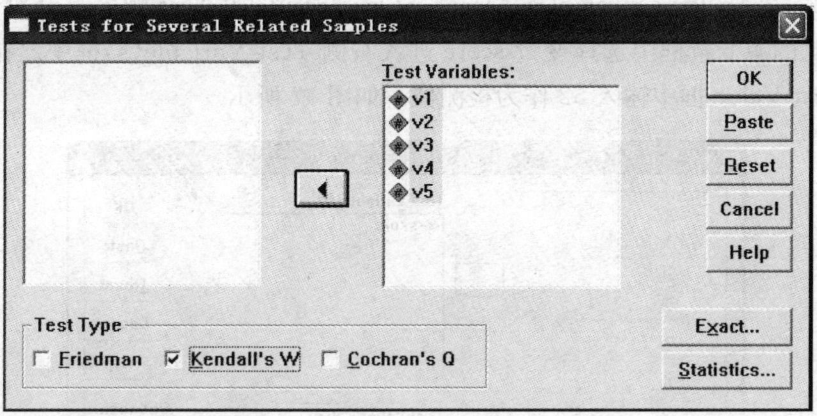

图 45

（3）单击 OK 按钮。结果如图 46a 和图 46b 所示。从图 46b 可知 Kendall 和谐系数 W＝0.928。

Ranks

	Mean Rank
V1	3.00
V2	4.83
V3	1.67
V4	4.17
V5	1.33

图 46a

Test Statistics

N	6
Kendall's W[a]	.928
Chi-Square	22.267
df	4
Asymp.Sig.	.000

a. Kendall's Coefficient of Concordance

图 46b

4. 点双列相关系数

SPSS 中计算点双列相关系数的操作与计算皮尔逊相关系数的操作相同。

四、假设检验（第五章）

（一）单样本均值的显著性检验

以第五章例 5-6 的数据为例，为检验采取新教学方法的学生成绩与全年级总平均分有无显著差异，采取 One-Sample T Test。操作步骤如下。

1. 建立数据文件，设置变量 score，输入数据。

2. 按 Analyze→Compare Means→One-Sample T Test 顺序打开对话框，从左侧的源变量框中选择变量 score 进入右侧 Test Variable(s)框中。在下面的 Test Value 框中输入 52 作为检测值。如图 47 所示。

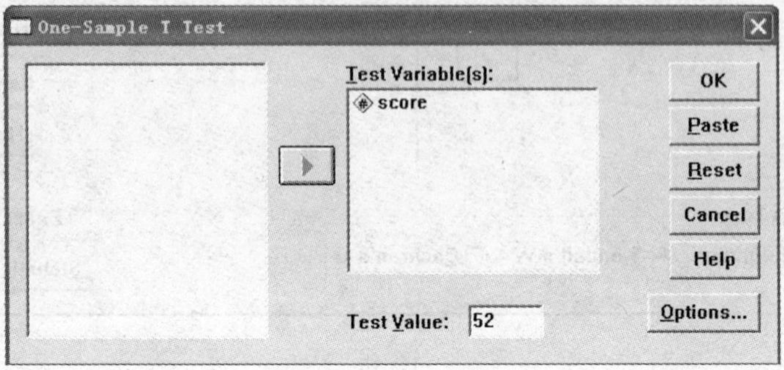

图 47

3. 单击 OK 按钮，结果如图 48 所示。从图 48 知，t 值为 -0.411，$p=0.698>0.05$，检验结果为不显著，即新教学方法没有显著提高学生的成绩。

One-Sample Test

	Test Value = 52					
					95% Confidence Interval of the Difference	
	t	df	Sig. (2-tailed)	Mean Difference	Lower	Upper
SCORE	-.411	5	.698	-.500	-3.631	2.631

图 48

（二）两独立样本均值差异的显著性检验

以第五章例 5-9 的数据为例，为检验男、女生测验成绩有无显著差异，采取 Independent-Sample T Test。操作步骤如下。

1. 建立数据文件，设置变量 gender（1=男生，2=女生）、score（测验成绩），输入数据。

2. 按 Analyze→Compare Means→Independent-Sample T Test 顺序打开对话框，从左侧的源变量框中选择变量 score 进入右侧 Test Variable(s)框中，选择变量 group 进入右侧 Grouping Variable 框中。单击 Define Groups 按钮，打开 Define Groups 对话框，在 Group 1 后的框中输入 1，在 Group 2 后的框

中输入 2。如图 49 所示。单击 Continue 按钮返回。

3. 单击 OK 按钮，结果如图 50a 和图 50b 所示。图 50a 是分组统计量，列出了男、女生测验成绩的均值、标准差等统计量。从图 50b 知，F 检验的结果是方差齐性（$F=0.000$，$p=0.991>0.05$），即两样本来自的两总体方差相等，因此需查看 Equal variances assumed 行的结果，$t=1.908$，$p=0.073>0.05$，差异不显著，即男、女生的测验成绩可能没有显著差异。

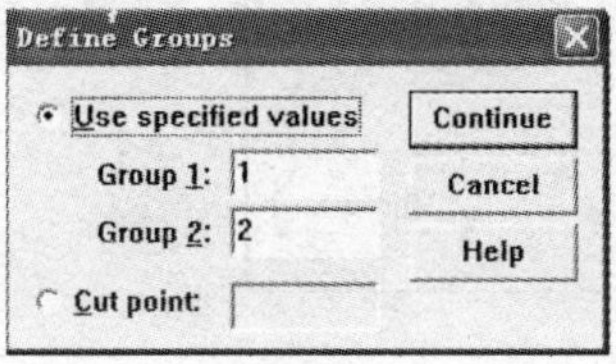

图 49

Group Statistics

	GROUP	N	Mean	Std. Deviation	Std. Error Mean
SCORE	男生	12	120.00	21.114	6.095
	女生	7	101.00	20.624	7.795

图 50a

Independent Samples Test

		Levene's Test for Equality of Variances		t-test for Equality of Means						
									95% Confidence Interval of the Difference	
		F	Sig.	t	df	Sig. (2-tailed)	Mean Difference	Std. Error Difference	Lower	Upper
SCORE	Equal variances assumed	.000	.991	1.908	17	.073	19.00	9.960	-2.014	40.014
	Equal variances not assumed			1.920	12.941	.077	19.00	9.895	-2.387	40.387

图 50b

（三）两相关样本均值差异的显著性检验

以第五章例 5-13 的数据为例，为检验两种教学方法有无显著差异，由于是同一群被试先后测两次，所得数据是相关样本，采取 Paired-Sample T Test。操作步骤如下。

1. 建立数据文件，设置变量 old（旧教学法）、new（新教学法），输入数据。

2. 按 Analyze→Compare Means→Paired-Sample T Test 顺序打开对话框，从左侧的源变量框中同时选择变量 old 和变量 new 进入右侧 Paired Variables 框中。如图 51 所示。

3. 单击 OK 按钮，结果如图 52a 和图 52b 所示。图 52a 是分组统计量，列出了新、旧教学方法下测验得分的均值、标准差等统计量。从图 52b 知，

$t=-1.307$，$p=0.224>0.05$，差异不显著，即两种教学方法可能没有显著差异。

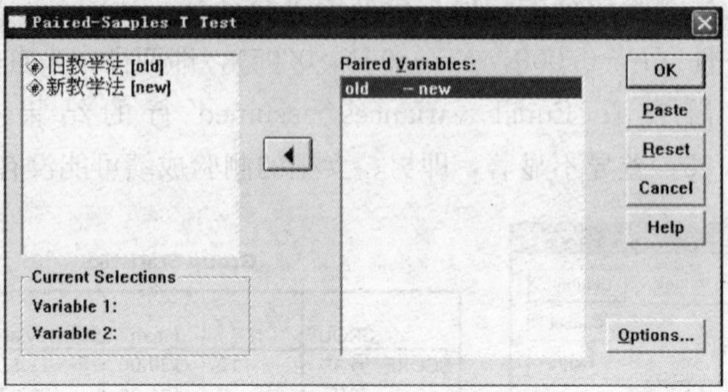

图 51

Paired Samples Statistics

		Mean	N	Std. Deviation	Std. Error Mean
Pair 1	旧教学法	12.590	10	1.6326	.5163
	新教学法	13.270	10	1.0802	.3416

图 52a

Paired Samples Test

	Paired Differences					t	df	Sig. (2-tailed)
				95% Confidence Interval of the Difference				
	Mean	Std. Deviation	Std. Error Mean	Lower	Upper			
Pair 1 旧教学法 - 新教学法	-.680	1.6457	.5204	-1.857	.497	-1.307	9	.224

图 52b

五、方差分析（第六章）

（一）单因素完全随机实验设计的方差分析

以第六章例 6-1 的数据为例，检验三种教材的教学质量，采取 One -Way ANOVA 进行分析。操作步骤如下。

1. 建立数据文件，设置变量 group（教材类型）、score（成绩），输入数据，如图 53 所示。

2. 按 Analyze→Compare Means→One-Way ANOVA 顺序打开对话框，从左侧的源变量框中选择变量 score 进入右侧 Dependent List 框中，选择变量 group 进入右侧 Factor 框中。如图 54 所示。

3. 单击 OK 按钮，结果如图 55 所示。从图 55 知，$F=3.443$，$p=0.066>0.05$，F 检验的结果是处理效应不显著，即三种教材的教学质量无显著差异。

group	score
1	70
1	74
1	72
1	68
1	71
2	75
2	80
2	77
2	68
2	75
3	70
3	72
3	66
3	72
3	70

图 53

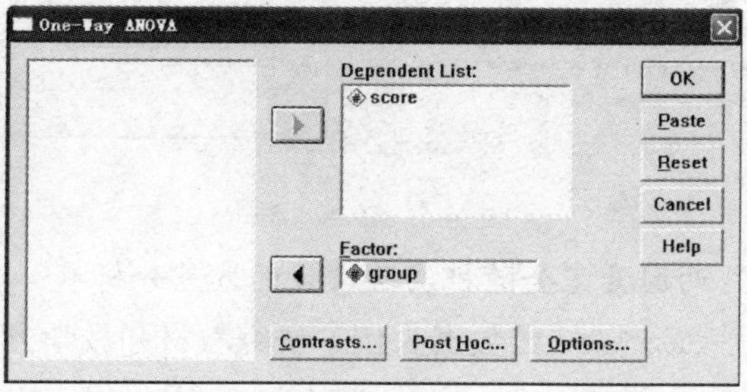

图 54

ANOVA

SCORE

	Sum of Squares	df	Mean Square	F	Sig.
Between Groups	70.000	2	35.000	3.443	.066
Within Groups	122.000	12	10.167		
Total	192.000	14			

图 55

进行单因素方差分析，需要注意以下两点。

1. 进行方差齐性检验。对方差齐性的操作步骤是单击 One-Way ANOVA 对话框中的 Options 按钮，打开对话框（如图 56a 所示），选择 Statistics 栏的 Homogeneity of variance test 进行方差齐性检验。本例的检验结果是方差齐性，$p=0.617>0.05$。

2. 如果方差分析结果是处理效应显著，需要进一步进行多重比较，以判断究竟是哪两种处理之间差异显著。操作步骤是单击 One-Way Anova 对话框中的 Post Hoc 按钮，打开对话框（如图 56b 所示）。根据方差齐性的检验结果，从 Equal Variances Assumed 栏（若各组方差齐性）或 Equal Variances Not Assumed（若各组方差非齐性）栏选择相应的多重比较方法。第六章第

五节所介绍的 Q 检验法即 Equal Variances Assumed 下的 S-N-K 选项。

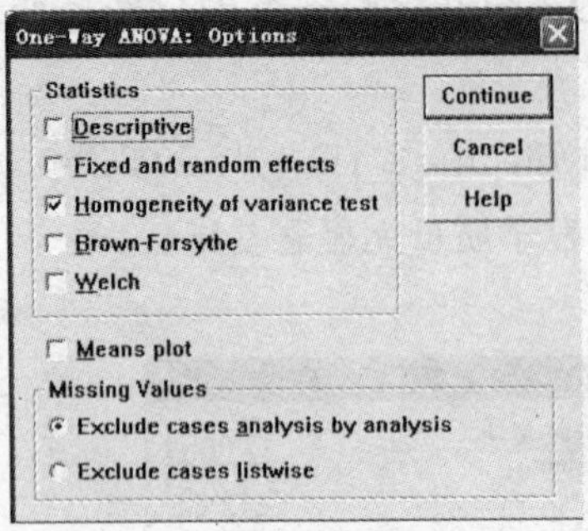

图 56a

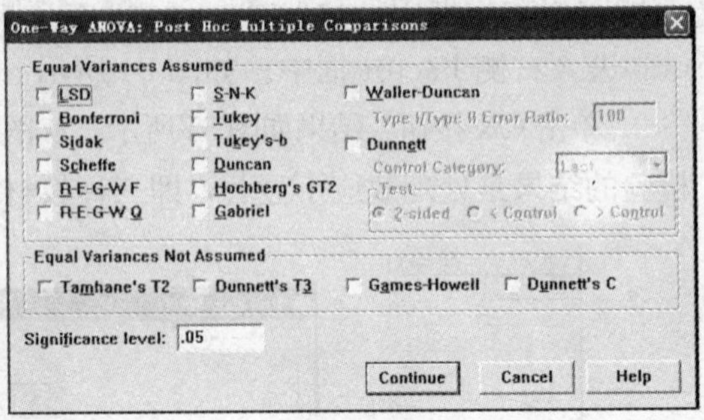

图 56b

（二）两因素完全随机实验设计的方差分析

以第六章例 6-3 的数据为例，研究教材和教学方法两个被试间因素对教学效果的影响，采取 Univariate 进行分析。操作步骤如下。

1. 建立数据文件，设置变量 textbook（教材类型）、method（教学方法）、score（考试成绩），输入数据，如图 57 所示。

2. 按 Analyze→General Linear Model→Univariate 顺序打开对话框，从左侧的源变量框中选择变量 score 进入右侧 Dependent Variable 框，选择变量 textbook 和变量 method 进入右侧 Fixed Factor（s）框，如图 58 所示。单击 Model 按钮，展开 Univariate：Model 对话框，采用缺省设置 Full factorial（饱和模型）。

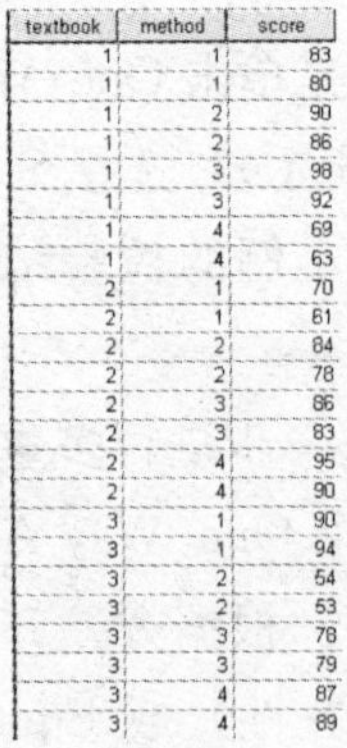

textbook	method	score
1	1	83
1	1	80
1	2	90
1	2	86
1	3	98
1	3	92
1	4	69
1	4	63
2	1	70
2	1	61
2	2	84
2	2	78
2	3	86
2	3	83
2	4	95
2	4	90
3	1	90
3	1	94
3	2	64
3	2	63
3	3	78
3	3	79
3	4	87
3	4	89

图 57

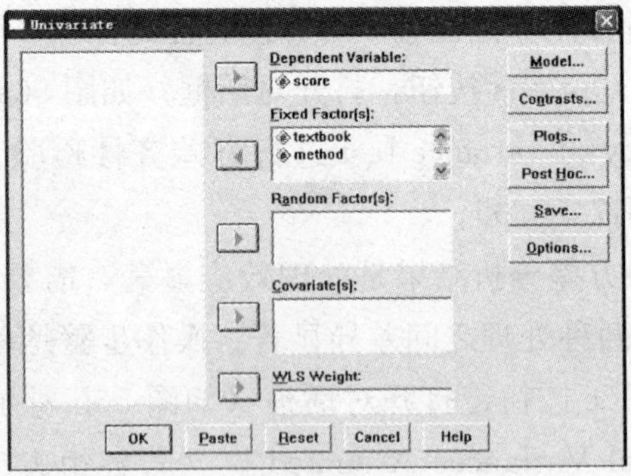

图 58

3. 单击 OK 按钮，结果如图 59 所示。从图 59 知，变量 textbook（教材类型）和 method（教学方法）的交互作用效应显著（$F=45.019$，$p=0.000$），说明教材类型或教学方法对教学效果的影响受另一个因素的制约，此时分析主效应已无意义，应重点分析交互作用。进一步分析交互作用，有两种不同的方向。

其一是分析在不同的教材类型上，不同教学方法的教学效果有无显著差异，其操作步骤是，首先设定数据分析条件，按 Data→Select Cases，令变量 textbook=1，然后按 analyze→Compare Means→One-Way ANOVA，把变量 score 作为 Dependent Variable，变量 method 作为 Factor，进行单因素方差分析，以探查在教材类型为 1 时，不同教学方法教学效果的差异。同理，可令 textbook=2 或 3，分别探查教材类型为 2 或 3 时，不同教学方法教学效果的差异。

其二是分析在不同的教学方法上，不同教材类型的教学效果有无显著差异，其操作步骤可参照上述方法。

Tests of Between-Subjects Effects

Dependent Variable: SCORE

Source	Type III Sum of Squares	df	Mean Square	F	Sig.
Corrected Model	3569.000[a]	11	324.455	28.840	.000
Intercept	155526.000	1	155526.000	13824.53	.000
TEXTBOOK	87.250	2	43.625	3.878	.050
METHOD	443.000	3	147.667	13.126	.000
TEXTBOOK * METHOD	3038.750	6	506.458	45.019	.000
Error	135.000	12	11.250		
Total	159230.000	24			
Corrected Total	3704.000	23			

a. R Squared = .964 (Adjusted R Squared = .930)

图 59

（三）单因素重复测量实验设计的方差分析

以第六章例 6-6 的数据为例，检验不同夹角对错觉量是否有显著影响，采取 Repeated Measures 进行分析。操作步骤如下。

1. 建立数据文件，设置变量 v1（15 度）、v2（30 度）、v3（45 度）、v4（60 度），输入数据，如图 60 所示。注意：此处夹角是重复测量变量，且有四个水平，因此在设置变量时需设置四个，即 v1 至 v4。

2. 按 Aanalyze→General Linear Model→Repeated Measures 顺序打开对

话框，在 Within-subject Factor Name 后的方框中输入 v，在 Number of Levels 后的方框中输入 4，单击 Add 按钮后如 61a 所示。然后单击 Define 按钮，展开 Repeated Measures 对话框。从左侧的源变量框中分别单击 v1、v2、v3、v4 进入右侧 Within-Subjects Variables 框，如图 61b 所示。

3. 单击 OK 按钮，结果如图 62a 至 62b 所示。

图 62a 是组内效应的方差分析结果。注意第一种（Sphericity Assumed）为球形分布假设成立时的结果，如果该假设不成立，则根据不同的情况可能看下面三种检验结果之一。本例中四种条件下重复测量因素 v 的主效应均是显著的（$F=78.487$，$p=0.000$）。

图 62b 是被试间效应的方差分析结果。从图 62b 知，被试间变异的平方和是 8.062，自由度是 7。

最后，整合图 62a 和图 62b 的结果，形成表 2 的方差分析表。

v1	v2	v3	v4
10.5	10.3	9.7	8.8
10.2	9.8	9.7	8.8
10.6	10.5	9.7	9.0
9.5	9.5	8.9	8.3
9.5	9.4	8.8	8.4
9.8	9.7	9.5	9.0
11.2	11.2	10.1	9.4
9.5	9.2	9.0	8.0

图 60

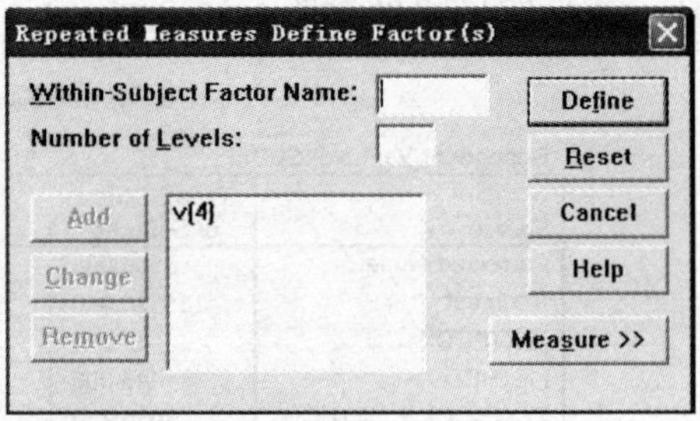

图 61a

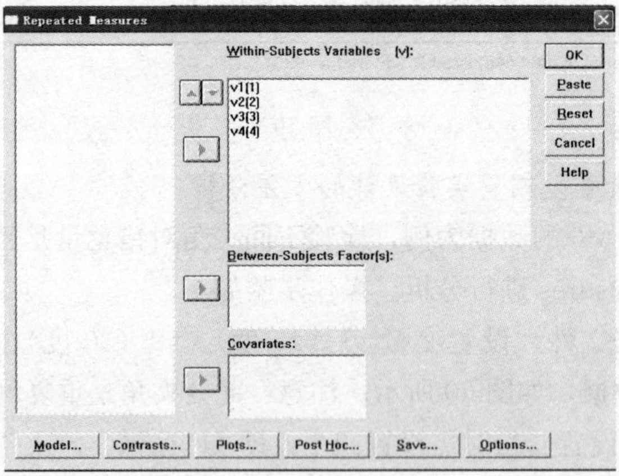

图 61b

Tests of Within-Subjects Effects

Measure: MEASURE_1

Source		Type III Sum of Squares	df	Mean Square	F	Sig.
V	Sphericity Assumed	9.436	3	3.145	78.487	.000
	Greenhouse-Geisser	9.436	1.607	5.871	78.487	.000
	Huynh-Feldt	9.436	2.014	4.686	78.487	.000
	Lower-bound	9.436	1.000	9.436	78.487	.000
Error(V)	Sphericity Assumed	.842	21	4.007E-02		
	Greenhouse-Geisser	.842	11.251	7.480E-02		
	Huynh-Feldt	.842	14.095	5.971E-02		
	Lower-bound	.842	7.000	.120		

图 62a

Tests of Between-Subjects Effects

Measure: MEASURE_1

Transformed Variable: Average

Source	Type III Sum of Squares	df	Mean Square	F	Sig.
Intercept	2916.570	1	2916.570	2532.314	.000
Error	8.062	7	1.152		

图 62b

表 2　方差分析表

变异来源	平方和	自由度	均方	F 值	p 值
被试间	8.06	7			
被试内	10.28	24			
处理	9.44	3	3.15	78.49	0.000
残差	0.84	21	0.04		
总和	18.34	31			

（四）单因素随机区组实验设计的方差分析

以第六章例 6-4 的数据为例，检验四种教材的教学效果，采取 Univariate 进行分析。操作步骤如下。

1. 建立数据文件，设置变量 textbook（教材类型）、school（学校类型）、score（考试成绩），输入数据，如图 63 所示。

2. 按 Aanalyze→General Linear Model→Univariate 顺序打开对话框，从左侧的源变量框中选择变量 score 进入右侧 Dependent Variable 框，选择变量 textbook 和变量 school 进入右侧 Fixed Factor（s）框（如图 64a 所示）。

3. 在 Univariate 对话框中，单击 Model 按钮，打开 Univariate：Model 对话框，在 Specify Model 栏击选 Custom，在下面的 Build Term（s）下拉菜单中选择 Main effects。从左侧 Factors & Covariates 框中分别选定变量 textbook 和变量 school 移至右侧 Model 框中（如图 64b 所示）。单击 Continue 按钮返回。

4. 单击 OK 按钮，结果如图 65 所示。从图 65 知，变量 textbook 的主效应显著（$F=55.913$，$p=0.000<0.01$），区组变量 school 的效应不显著（$F=1.876$，$p=0.233>0.05$）。由上述检验知，四种教材中至少由两种教材的效果存在显著差异，不同区组（城镇重点、城镇一般、乡村小学）之间的差异不显著。

textbook	school	score
1	1	91.0
1	2	92.5
1	3	91.5
2	1	64.5
2	2	59.0
2	3	54.0
3	1	83.5
3	2	91.5
3	3	83.5
4	1	75.5
4	2	74.0
4	3	71.0

图 63

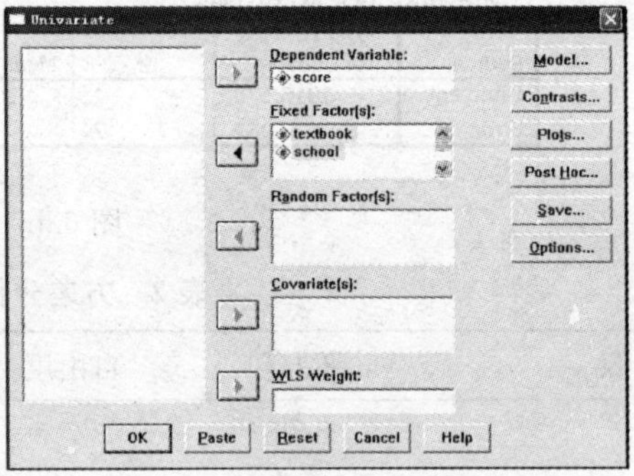

图 64a

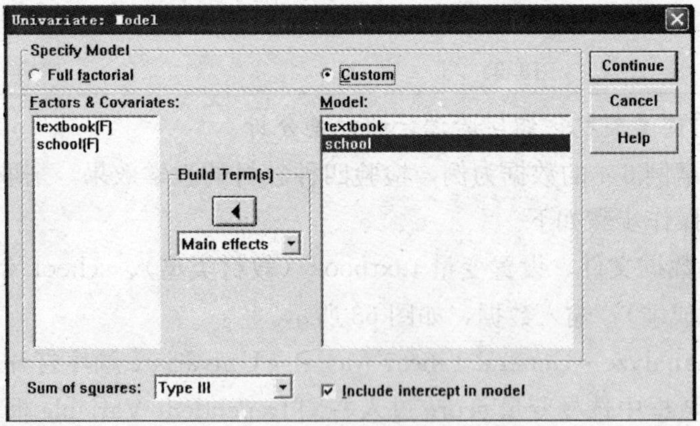

图 64b

Tests of Between-Subjects Effects

Dependent Variable: SCORE

Source	Type III Sum of Squares	df	Mean Square	F	Sig.
Corrected Model	1925.688[a]	5	385.138	34.298	.000
Intercept	72307.688	1	72307.688	6439.275	.000
TEXTBOOK	1883.562	3	627.854	55.913	.000
SCHOOL	42.125	2	21.063	1.876	.233
Error	67.375	6	11.229		
Total	74300.750	12			
Corrected Total	1993.063	11			

a. R Squared = .966 (Adjusted R Squared = .938)

图 65

为了进一步检验究竟是哪两种教材效果差异显著，可在上述第四步操作之前增加如下操作：在 Univariate 对话框中单击 Post Hoc 按钮，在 Factor(s) 框中击选变量 textbook 移至 Post Hoc Tests for 框。在比较方法中，选择 S-N-K 法（即 Q 检验）。单击 Continue 按钮返回，单击 OK 按钮，结果如图 66 所示。从图 66 知，D 教材效果显著大于 B 教材，A、C 两种教材的效果又显著大于 D 教材及 B 教材，A、C 两种教材的效果无显著差异（$p=0.091>0.05$）。

SCORE

	TEXTBOOK	N	Subset 1	Subset 2	Subset 3
Student-Newman-Keuls[a,b]	B	3	59.167		
	D	3		73.500	
	C	3			86.167
	A	3			91.667
	Sig.		1.000	1.000	.091

Means for groups in homogeneous subsets are displayed.
Based on Type III Sum of Squares
The error term is Mean Square(Error) = 11.229.
a. Uses Harmonic Mean Sample Size = 3.000.
b. Alpha = .05.

图 66

（五）两因素混合实验设计的方差分析

例：现对一组被试按核磁共振显示是否患牛海绵状脑病分成两组，同时进行记忆测验，考察该大脑病症因素在不同的时间段对记忆的影响。现有两组被试，每组 5 人，并在 3 个时间点分别对其进行记忆测试，原始数据如下表所示，试作方差分析。

某记忆测试重复测量数据

	第一天	第二天	一周后
对照组	87	77	60
	86	76	59
	78	73	56
	88	75	63
	77	71	55
病症患者	46	40	23
	52	44	25
	46	39	22
	45	39	19
	42	35	15

上例中需检验时间间隔（被试内因素）、区组（被试间因素）以及二者的交互作用效应是否显著，采取 Repeated Measures 进行分析。操作步骤如下。

1. 建立数据文件，设置变量 group（1 为对照组，2 为病患组）、time 1（第一天）、time 2（第二天）、time 3（一周后），输入数据，如图 67 所示。注意：此处时间间隔是重复测量变量，且有 3 个水平，因此在设置变量时需设置 3 个，即 time1 至 time3。

2. 按 Aanalyze→General Linear Model→Repeated Measures 顺序打开对话框，在 Within-subject Factor Name 后的方框中输入 time，在 Number of Levels 后的方框中输入 3，单击 Add 按钮后如图 68a 所示。然后单击 Define 按钮，展开 Repeated Measures 对话框。从左侧的源变量框中选择变量 group 进入右侧 Between-Subjects Factor（s）框，分别单击 time1、time2、time3 进入右侧 Within-Subjects Variables 框，如图 68b 所示。

3. 单击 OK 按钮，结果如图 69a 至 69c 所示。

图 69a 是 Mauchly 球形检验的结果。因为重复测量实验设计的方差分析要求各重复测量数据组成的协方差矩阵满足球形性假设。从图 69a 知，近似卡方为 0.545，自由度为 2，p 值为 0.761，因此 time 服从球形分布，可以进

group	time1	time2	time3
1	87	77	60
1	86	76	59
1	78	73	56
1	88	75	63
1	77	71	55
2	46	40	23
2	52	44	25
2	46	39	22
2	45	39	19
2	42	35	15

图 67

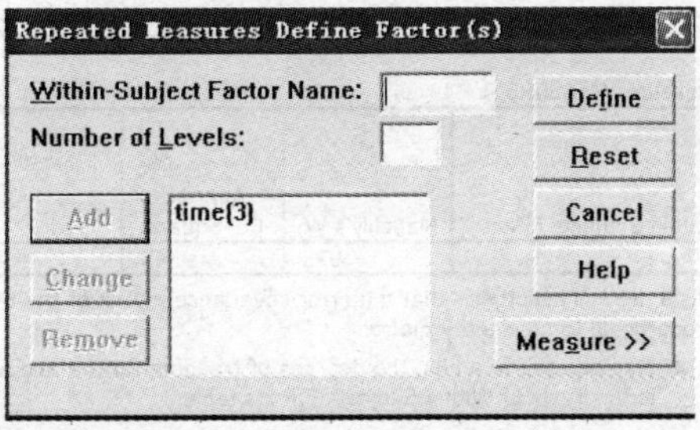

图 68a

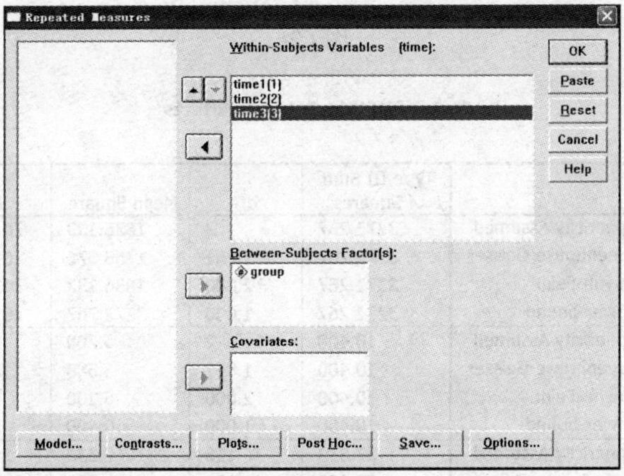

图 68b

行重复测量的方差分析。

图 69b 是组内效应的方差分析结果。注意第一种（Sphericity Assumed）为球形分布假设成立时的结果，就是我们所要看的。如果该假设不成立，则根据不同的情况可能看下面三种检验结果之一，或放弃该检验方法。从图 69b 知，重复测量因素 time 的主效应是显著的（$F=701.2$，$p=0.000$），重复测量因素time 与区组因素 group 的交互效应是不显著的（$F=2.23$，$p=0.140$）。

图 69c 是组间效应的方差分析结果。从图 69c 知，区组因素 group 的主效应是显著的（$F=274.63$，$p=0.000$）。

最后，整合图 69b 和图 69c 的结果，形成表 3 的方差分析表。

Mauchly's Test of Sphericity[b]

Measure: MEASURE_1

Within Subjects Effect	Mauchly's W	Approx. Chi-Square	df	Sig.	Epsilon[a]		
					Greenhouse-Geisser	Huynh-Feldt	Lower-bound
TIME	.925	.545	2	.761	.930	1.000	.500

Tests the null hypothesis that the error covariance matrix of the orthonormalized transformed dependent variables is proportional to an identity matrix.

a. May be used to adjust the degrees of freedom for the averaged tests of significance. Corrected tests are displayed in the Tests of Within-Subjects Effects table.

b.

Design: Intercept+GROUP

Within Subjects Design: TIME

图 69a

Tests of Within-Subjects Effects

Measure: MEASURE_1

Source		Type III Sum of Squares	df	Mean Square	F	Sig.
TIME	Sphericity Assumed	3272.267	2	1636.133	701.200	.000
	Greenhouse-Geisser	3272.267	1.861	1758.676	701.200	.000
	Huynh-Feldt	3272.267	2.000	1636.133	701.200	.000
	Lower-bound	3272.267	1.000	3272.267	701.200	.000
TIME * GROUP	Sphericity Assumed	10.400	2	5.200	2.229	.140
	Greenhouse-Geisser	10.400	1.861	5.589	2.229	.145
	Huynh-Feldt	10.400	2.000	5.200	2.229	.140
	Lower-bound	10.400	1.000	10.400	2.229	.174
Error(TIME)	Sphericity Assumed	37.333	16	2.333		
	Greenhouse-Geisser	37.333	14.885	2.508		
	Huynh-Feldt	37.333	16.000	2.333		
	Lower-bound	37.333	8.000	4.667		

图 69b

Tests of Between-Subjects Effects

Measure: MEASURE_1

Transformed Variable: Average

Source	Type III Sum of Squares	df	Mean Square	F	Sig.
Intercept	86725.633	1	86725.633	2370.632	.000
GROUP	10046.700	1	10046.700	274.625	.000
Error	292.667	8	36.583		

图 69c

表3　方差分析表

来源	平方和	自由度	均方	*F*值	*p*值
Group（区组）	10 046.7	1	10 046.7	274.625	0.000
E（Group）	292.667	8	36.583		
Time（时间间隔）	3 272.267	2	1 636.133	701.200	0.000
Time×Group（交互效应）	10.400	2	5.200	2.229	0.140
E（Time）	37.333	16	2.333		
总和	13 659.367	29			

（六）单因素完全随机实验设计的协方差分析

以第六章例6-8的数据为例，研究教育方案对测试成绩的影响，同时把智商作为协变量加以控制，采取协方差分析。操作步骤如下。

1. 建立数据文件，设置变量design（教育方案）、score（测试成绩）、iq（智商），输入数据，如图70所示。

2. 按Analyze→General Linear Model→Univariate顺序打开对话框，从左侧的源变量框中选择变量score进入右侧Dependent Variable框，选择变量design进入右侧Fixed Factor（s）框，选择iq进入右侧Covariate（s）框，如图71所示。

design	score	iq
1	68	105
1	71	110
1	57	106
1	79	120
1	66	110
2	80	109
2	78	120
2	92	124
2	77	117
2	82	120
3	79	120
3	97	135
3	90	146
3	82	119
3	88	126

图70

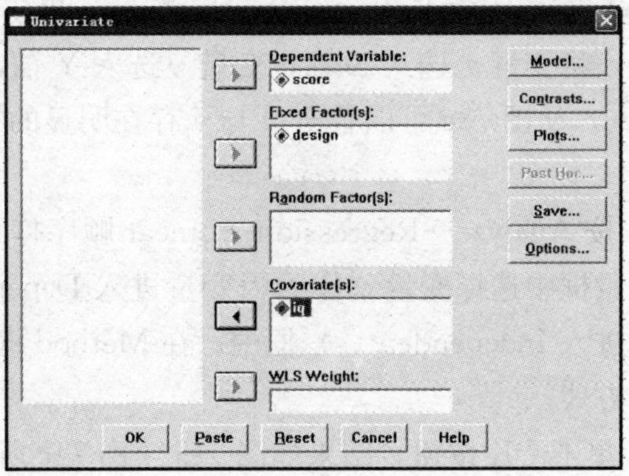

图71

3. 单击 OK 按钮，结果如图 72 所示。从图 72 知，在控制智商（iq）对测试成绩的影响后，教育方案（design）对测试成绩的影响效果不显著（$F=2.853$，$p=0.100$）。

Tests of Between-Subjects Effects

Dependent Variable: SCORE

Source	Type III Sum of Squares	df	Mean Square	F	Sig.
Corrected Model	1227.615[a]	3	409.205	13.668	.000
Intercept	4.610	1	4.610	.154	.702
IQ	269.081	1	269.081	8.988	.012
DESIGN	170.844	2	85.422	2.853	.100
Error	329.319	11	29.938		
Total	95330.000	15			
Corrected Total	1556.933	14			

a. R Squared = .788 (Adjusted R Squared = .731)

图 72

六、回归分析（第七章）

（一）一元线性回归

以第七章例 7-1 的数据为例，要建立高考作文成绩 y 对平时作文成绩 x 的一元线性回归方程。在 SPSS 中的操作步骤如下。

1. 建立包含 no（编号）、x（平时作文成绩）、y（高考作文成绩）变量的数据文件，如图 73a 所示（只显示部分数据）。

2. 按 Graphs→Scatter→Simple 顺序，单击 Define 按钮打开如图 73b 的对话框，将变量 x 选入 X 轴，变量 y 选入 Y 轴，单击 OK 按钮，生成的图形见图 73c。从图 73c 可以看出 x 与 y 存在明显的线性关系，适合建立线性回归方程。

3. 按 Analyze→Regression→Linear 顺序打开如图 73d 的对话框，在左侧的源变量框中选择变量 y 作为因变量进入 Dependent 框中，选择变量 x 作为自变量进入 Independent(s) 框中。在 Method 框中选择 Enter（默认方式）作为分析方式。

4. 单击 OK 按钮，结果如图 74a 至图 74c 所示。

由图 74a 知，R Square＝0.771，即此一元线性回归方程的决定系数为 0.771，它说明因变量 y 的变异中由自变量 x 所决定的比例为 77.1%。

no	x	y
1	80	29
2	78	24
3	90	30
4	92	32
5	82	28
6	72	25
7	90	27
8	84	30
9	64	15
10	76	25
11	84	28
12	73	20

图 73a

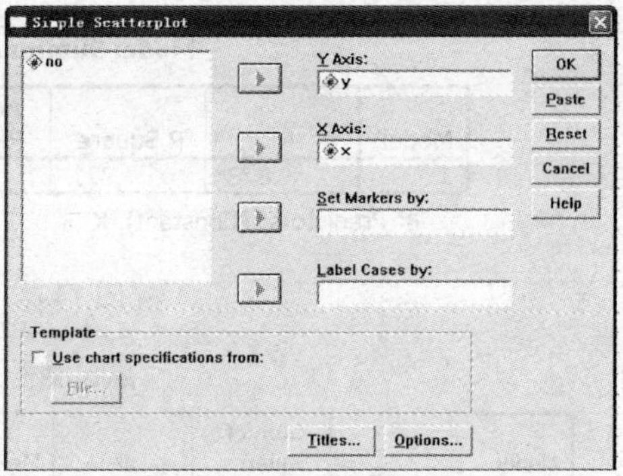

图 73b

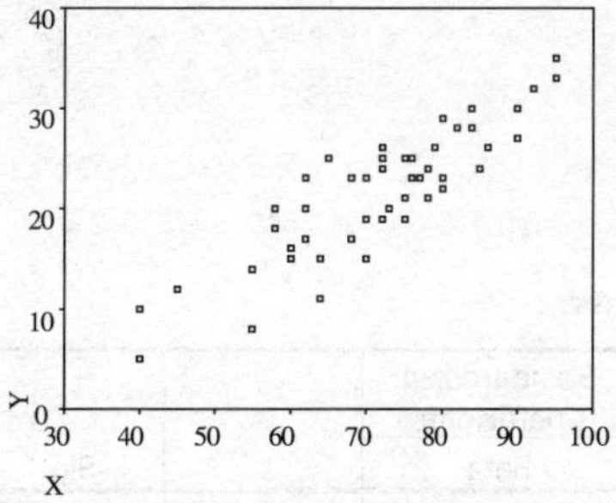

图 73c

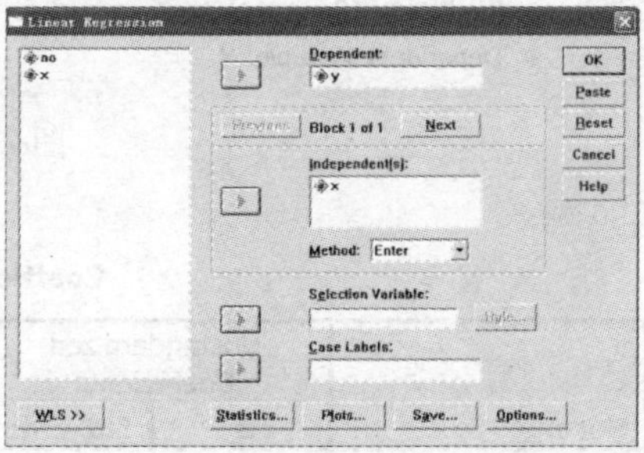

图 73d

由图 74b（方差分析表）知，由自变量决定的回归方差显著大于剩余方差，$F=161.254$，$p=0.000<0.01$，说明所建的回归方程是有效的。

由图 74c 知，未标准化的回归方程中自变量的系数是 0.441，常数项是 -10.045，这两个系数 t 检验结果均显著，说明它们显著不等于 0。标准化的回归方程中自变量的系数为 0.878，没有常数项。写成方程形式分别为：$\hat{y}=-10.045+0.441x$，$Z_y=0.878Z_x$。

（二）多元线性回归

以第七章例 7-5 的数据为例，要建立试题难度（y）对能力层次（x_1）、内容深度（x_2）及题目类型（x_3）的三元线性回归方程，在 SPSS 中的操作步骤如下。

1. 建立包含试题难度（y）、能力层次（x_1）、内容深度（x_2）及题目类型

Model Summary

Model	R	R Square	Adjusted R Square	Std. Error of the Estimate
1	.878[a]	.771	.766	3.123

a. Predictors: (Constant), X

图 74a

ANOVA[b]

Model		Sum of Squares	df	Mean Square	F	Sig.
1	Regression	1573.116	1	1573.116	161.254	.000[a]
	Residual	468.264	48	9.755		
	Total	2041.380	49			

a. Predictors: (Constant), X

b. Dependent Variable: Y

图 74b

Coefficients[a]

Model		Unstandardized Coefficients		Standardized Coefficients	t	Sig.
		B	Std. Error	Beta		
1	(Constant)	-10.045	2.548		-3.942	.000
	X	.441	.035	.878	12.699	.000

a. Dependent Variable: Y

图 74c

（x_3）的 SPSS 数据文件，如图 75 所示（只显示部分数据）。

2. 分别做 y-x_1、y-x_2、y-x_3 散点图，结果发现，y-x_1、y-x_2 均呈明显的线性关系，但是 y-x_3 之间没有明显的相关关系（如图 76 所示），似乎不宜作为自变量。

3. 按 Analyze→Regression→Linear 顺序打开 Linear Regression 对话框，在左侧的源变量框中选择变量 y 作为因变量进入 Dependent 框中，选择变量 x_1，x_2，x_3 作为自变量进入 Independent 框中（此处选择 x_3 进入是为了检验前述分析是否正确）。在 Method 框中选择 Stepwise（逐步回归法）作为分析方式。

y	x1	x2	x3
-1.50	1	1	3
-1.30	1	2	2
-1.00	2	1	1
-.80	1	1	4
-.70	2	1	3
-.50	1	2	1
-.50	2	2	5
-.40	2	3	4
-.30	3	2	2
-.30	3	3	5

图 75

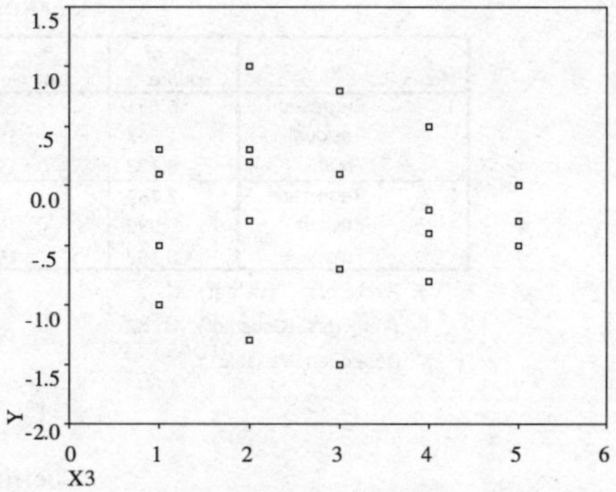

图 76

4. 单击 Statistics 按钮，在打开的 Linear Regression：Statistics 对话框中选择 Casewise diagnostics 项要求进行奇异值判别（默认标准为三个标准差之外）。选中 Collinearity diagnostics 复选项，要求进行共线性诊断，单击 Continue 按钮返回。

5. 单击 Plots 按钮，在打开的对话框中，选择 Normal probability plot（正态性检验），单击 Continue 按钮。

6. 单击 Save 按钮，在打开的对话框中，选择 Residuals 下的 Standardized（在数据清单中产生标准化残差），单击 Continue 按钮。

7. 最后单击 OK，部分结果如图 77a 至图 77e。

Model Summary[c]

Model	R	R Square	Adjusted R Square	Std. Error of the Estimate
1	.901[a]	.811	.801	.29314
2	.941[b]	.886	.872	.23468

a. Predictors: (Constant), X1

b. Predictors: (Constant), X1, X2

c. Dependent Variable: Y

图 77a

由图 77a 知，模型 1 是仅包含自变量 x_1 的模型，模型 2 是包含自变量变量 x_1 和 x_2 的模型。经逐步回归，模型 2 是最终得到的模型（剔除了自变量 x_3），其决定系数 $R^2=0.886$。

ANOVA[c]

Model		Sum of Squares	df	Mean Square	F	Sig.
1	Regression	6.651	1	6.651	77.399	.000[a]
	Residual	1.547	18	.086		
	Total	8.198	19			
2	Regression	7.262	2	3.631	65.925	.000[b]
	Residual	.936	17	.055		
	Total	8.198	19			

a. Predictors: (Constant), X1

b. Predictors: (Constant), X1, X2

c. Dependent Variable: Y

图 77b

Coefficients[a]

Model		Unstandardized Coefficients		Standardized Coefficients	t	Sig.	Collinearity Statistics	
		B	Std. Error	Beta			Tolerance	VIF
1	(Constant)	-1.463	.157		-9.331	.000		
	X1	.448	.051	.901	8.798	.000	1.000	1.000
2	(Constant)	-1.598	.132		-12.115	.000		
	X1	.283	.064	.570	4.422	.000	.405	2.471
	X2	.205	.062	.429	3.329	.004	.405	2.471

a. Dependent Variable: Y

图 77c

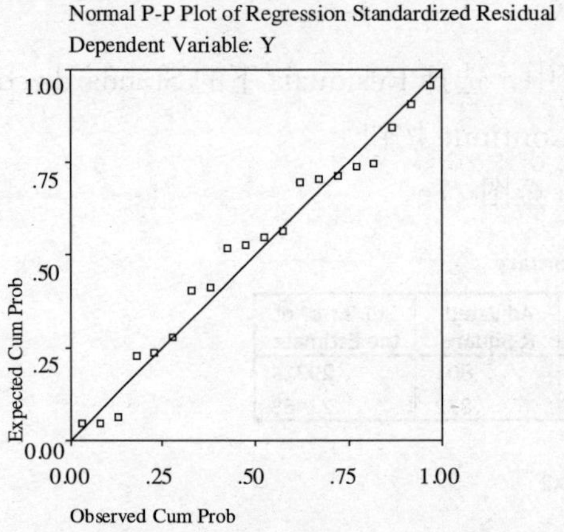

图 77d

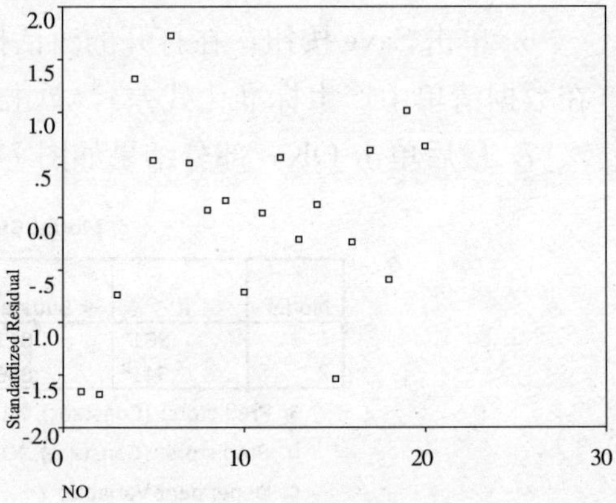

图 77e

由图 77b（方差分析表）知，模型 1 和模型 2 的回归方差显著大于剩余方差，F 值分别为 77.399 和 65.925，$p=0.000$，均小于 0.01，说明所建的回归方程均是有效的。

由图 77c 知，最终所得回归方程（模型 2）为 $\hat{y}=-1.598+0.283x_1+$

$0.205x_2$。最终模型中的共线性诊断指标：容忍度（Tolerance）分别为0.405，0.405，大小适中，不是很小，方差膨胀因子（VIF）分别为2.471，2.471，数值不大，从而可以拒绝它们之间的共线性假设。

由图77d，可以认为残差是正态的。

图77e是以序号（NO）为横坐标、数据窗中标准化残差（zre_1）为纵坐标做的残差图，发现没有呈现明显的模式，说明各观测的误差相互独立。

若上述第三步回归分析方法（Method）采取默认的强迫进入法（Enter），即要求所有自变量都进入方程，则部分结果如图78a至78c所示。

由图78a知，包含三个自变量的回归方程的决定系数 $R^2=0.886$。

由图78b知，所建立的回归方程是有效的（$F=41.406$，$p=0.000$）。

由图78c知，所建立的回归方程为：$\hat{y}=-1.613+0.284x_1+0.205x_2+0.005x_3$，自变量 x_3 的回归系数的检验结果为不显著（$t=0.119$，$p=0.907$），说明试题类型对难度的影响不显著。

Model Summary

Model	R	R Square	Adjusted R Square	Std. Error of the Estimate
1	.941[a]	.886	.864	.24180

a. Predictors: (Constant), X3, X2, X1

图78a

ANOVA[b]

Model		Sum of Squares	df	Mean Square	F	Sig.
1	Regression	7.263	3	2.421	41.406	.000[a]
	Residual	.935	16	.058		
	Total	8.198	19			

a. Predictors: (Constant), X3, X2, X1

b. Dependent Variable: Y

图78b

Coefficients[a]

Model		Unstandardized Coefficients		Standardized Coefficients	t	Sig.
		B	Std. Error	Beta		
1	(Constant)	-1.613	.182		-8.837	.000
	X1	.284	.066	.571	4.289	.001
	X2	.205	.064	.428	3.226	.005
	X3	4.765E-03	.040	.010	.119	.907

a. Dependent Variable: Y

图78c

七、χ^2 检验（第八章）

（一）总体分布的假设检验（非连续变量观测数据）

以第八章例 8-1 的数据为例，欲检验三种态度的人数之间是否显著不同，操作步骤如下。

1. 建立数据文件，设置变量 attitude（态度）、f（频次），输入数据，如图 79 所示。

2. 按 Data→Weight Cases 顺序打开 Weight Cases 对话框，从左侧源变量框中选择变量 f 进入右侧 Frequency Variable 框中，如图 80 所示。单击 OK 按钮返回。

3. 按 Analyze→Nonparametric Tests→Chi-Square 顺序打开 Chi-Square Test 对话框，从左侧源变量框中选择变量 attitude 进入右侧 Test Variable List 框中，在 Expected Values 栏选择 All categories equal（默认设置，所有类别频次相等），如图 81 所示。

4. 单击 OK 按钮，结果如图 82a 和 82b 所示。

由图 82a 知，三种类别的期望次数均是 843.7，由图 82b 知，χ^2 值为 38.333，$p=0.000<0.01$，统计检验显著，接受研究假设即三种态度的人数之间显著不同。

attitude	f
1	981
2	730
3	820

图 79

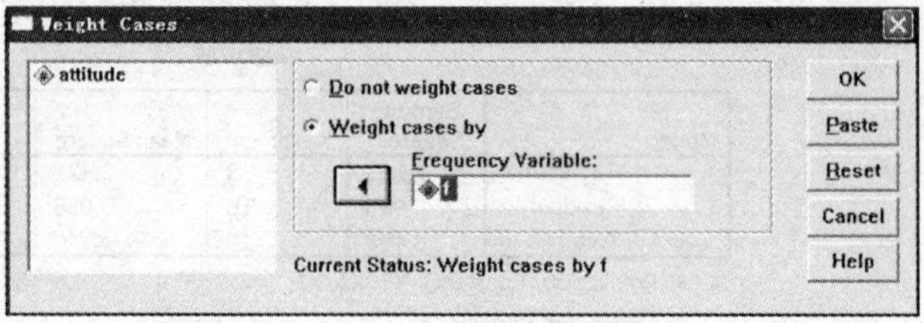

图 80

（二）总体分布的假设检验（连续变量观测数据）

以第八章表 8-9 中的数据为例，欲检验表中观测数据的次数分布是否服从正态分布，操作步骤如下。

1. 建立数据文件，设置变量 group（组别，对变量值进行标签：1＝“95-99”、2＝“90-94”、3＝“85-89”以此类推）、f（实际观测频次），输入数据，如图 83 所示。

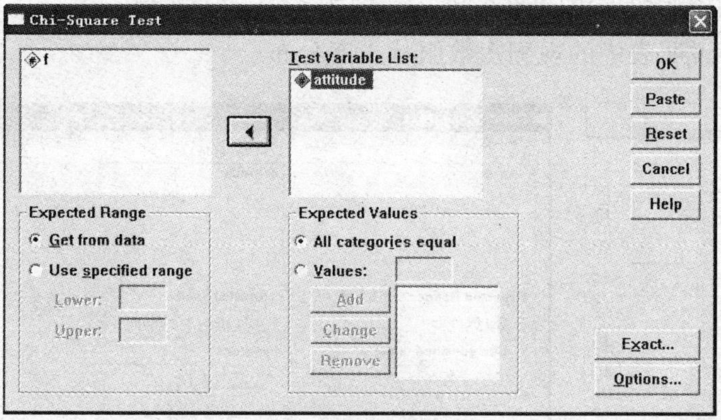

图 81

ATTITUDE

	Observed N	Expected N	Residual
赞成	981	843.7	137.3
不置可否	730	843.7	-113.7
反对	820	843.7	-23.7
Total	2531		

图 82a

Test Statistics

	ATTITUDE
Chi-Square[a]	38.333
df	2
Asymp. Sig.	.000

a. 0 cells (.0%) have expected frequencies less than 5. The minimum expected cell frequency is 843.7.

图 82b

2. 按 Data→Weight Cases 顺序打开 Weight Cases 对话框，从左侧源变量框中选择变量 f 进入右侧 Frequency Variable 框中。

3. 按 Analyze→Nonparametric Tests→Chi-Square 顺序打开 Chi-Square Test 对话框，从左侧源变量框中选择变量 group 进入右侧 Test Variable List 框中，在 Expected Values 栏选择 Values 项，并在其后的框中输入变量 group 的期望次数（7，11，22 等，见表 8-9 最后一列），逐一添加，如图 84 所示。

4. 单击 OK 按钮，结果图 85a 和 85b 所示。图 85a 列出了每组的实际观测次数与期望次数，由图 85b 知，χ^2 值为 14.037，$p=0.171>0.05$，统计检验不显著，说明表中的观测次数服从正态分布。

group	f
1	4
2	12
3	18
4	28
5	44
6	72
7	46
8	40
9	22
10	18
11	10

图 83

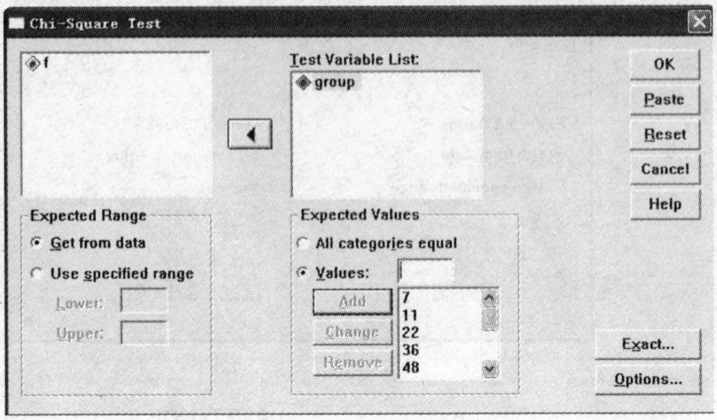

图 84

GROUP

	Observed N	Expected N	Residual
95-99	4	7.0	-3.0
90-94	12	11.0	1.0
85-89	18	22.0	-4.0
80-84	28	36.0	-8.0
75-79	44	48.0	-4.0
70-74	72	52.0	20.0
65-69	46	51.0	-5.0
60-64	40	39.0	1.0
55-59	22	25.0	-3.0
50-54	18	14.0	4.0
45-49	10	9.0	1.0
Total	314		

图 85a

Test Statistics

	GROUP
Chi-Square[a]	14.037
df	10
Asymp. Sig.	.171

a. 0 cells (.0%) have expected frequencies less than 5. The minimum expected cell frequency is 7.0.

图 85b

注意：如果知道原始数据且样本容量较大（大于 50），可以采用 Kolmogorov-Smirnov 法对总体的正态性进行检验。具体操作为：按 Analyze→Nonparametric Tests→1-Sample K-S 顺序打开 One-Sample Kolmogorov-Smirnov Test 对话框，从左侧源变量框中选择待检测的变量进入右侧的 Test Variable List 框，在 Test Distribution 栏选择 Normal 项即可。如图 86 所示。

（三）独立性检验

以第八章例 8-3 的数据为例，欲检验性别与反应态度之间是否独立，操作步骤如下。

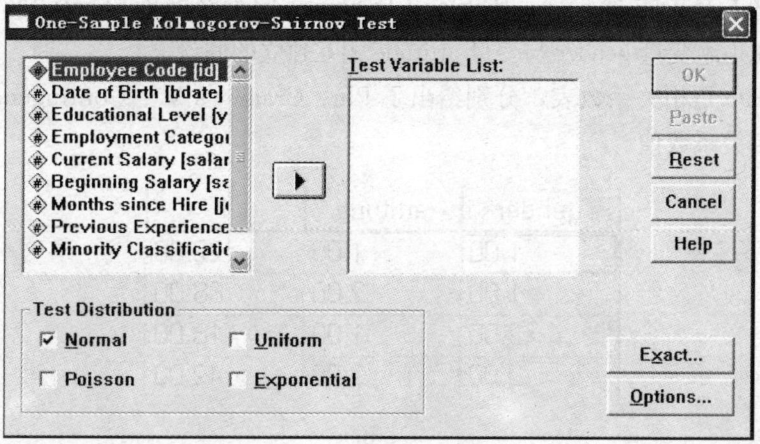

图 86

1. 建立数据文件，设置变量 gender（性别，1＝“男生”，2＝“女生”）、attitude（态度，1＝“肯定”，2＝“否定”）、f（实际观测频次），输入数据，如图 87 所示。

2. 按 Data→Weight Cases 顺序打开 Weight Cases 对话框，从左侧源变量框中选择变量 f 进入右侧 Frequency Variable 框中。

3. 按 Analyze→Descriptive Statistics→Crosstabs 顺序打开 Crosstabs 对话框，从左侧源变量框中选择变量 gender 进入右侧 Column(s) 框中，选择变量 attitude 进入 Row(s) 框中，如图 88a 所示。

4. 单击 Statistics 按钮，打开 Statistics 对话框，击选复选项 Chi-square（卡方检验），击选 Nominal 栏复选项 Contingency coefficient、Phi and Cramer's V（计算两变量之间的相关），如图 88b 所示。单击 Continue 按钮返回。

5. 单击 Cells 按钮，打开 Cell Display 对话框，在 Counts 栏，击选 Observed 和 Expected 复选项，在 Percentages 栏击选 Column 复选项。单击 Continue 按钮返回。

6. 单击 OK 按钮，结果如图 89a 所示。

图 89a 是交叉表，每个单元格有 3 个数值，从上到下分别是实际观测次数、期望次数及列百分比。

图 89b 是卡方检验表，Pearson Chi-Square 值为 2.158，$p=0.142>0.05$，因而不能拒绝变量 gender 与变量 attitude 相互独立的假设。

图 89c 是相关系数表，分别给出了 Phi、Cramer's V 、Contingency Coefficient 相关系数值。

gender	attitude	f
1.00	1.00	22.00
1.00	2.00	88.00
2.00	1.00	18.00
2.00	2.00	42.00

图 87

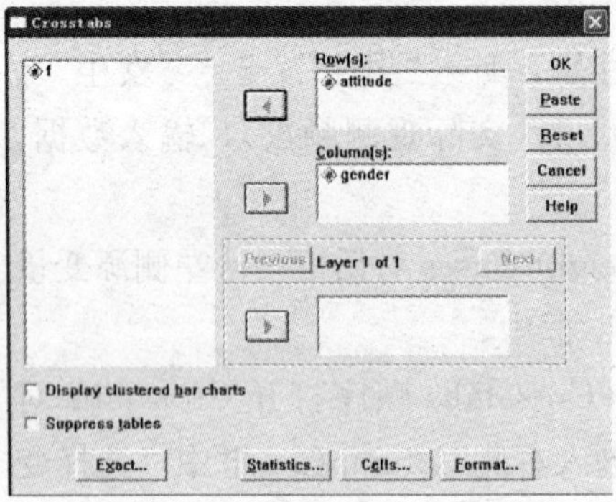

图 88a

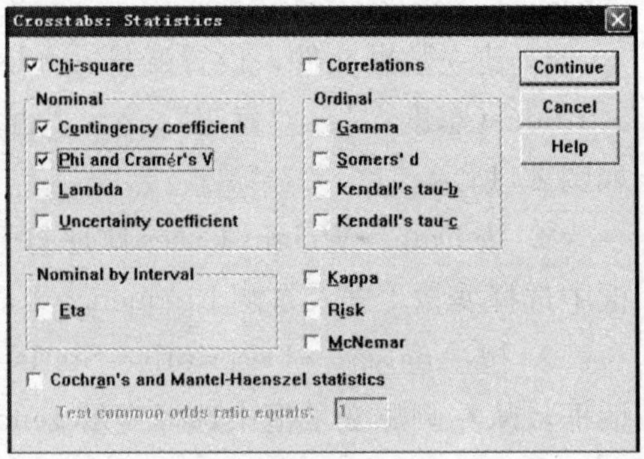

图 88b

ATTITUDE * GENDER Crosstabulation

			GENDER		
			男生	女生	Total
ATTITUDE	肯定	Count	22	18	40
		Expected Count	25.9	14.1	40.0
		% within GENDER	20.0%	30.0%	23.5%
	否定	Count	88	42	130
		Expected Count	84.1	45.9	130.0
		% within GENDER	80.0%	70.0%	76.5%
Total		Count	110	60	170
		Expected Count	110.0	60.0	170.0
		% within GENDER	100.0%	100.0%	100.0%

图 89a

Chi-Square Tests

	Value	df	Asymp. Sig. (2-sided)	Exact Sig. (2-sided)	Exact Sig. (1-sided)
Pearson Chi-Square	2.158[b]	1	.142		
Continuity Correction[a]	1.638	1	.201		
Likelihood Ratio	2.110	1	.146		
Fisher's Exact Test				.185	.101
Linear-by-Linear Association	2.145	1	.143		
N of Valid Cases	170				

a. Computed only for a 2x2 table

b. 0 cells (.0%) have expected count less than 5. The minimum expected count is 14.12.

图 89b

Symmetric Measures

		Value	Approx. Sig.
Nominal by Nominal	Phi	-.113	.142
	Cramer's V	.113	.142
	Contingency Coefficient	.112	.142
N of Valid Cases		170	

a. Not assuming the null hypothesis.

b. Using the asymptotic standard error assuming the null hypothesis.

图 89c

八、非参数检验（第九章）

（一）符号秩次检验（两个相关样本）

以第九章例 9-4 的数据为例，欲检验学生对教师的两次评价差异是否显著，采用 Wilcoxon 符号秩次检验，操作步骤如下。

1. 建立数据文件，设置变量 no（编号）、mid（期中的评价）、end（期末的评价），输入数据，如图 90 所示（只显示部分数据）。

2. 按 Analyze→Nonparametric Tests→2 Related Samples 顺序打开 Two-Related-Samples Tests 对话框，分别单击左侧源变量框中的变量 mid 和变量 end，然后单击向右的箭头，进入右侧 Test Pair(s) List 框中。在 Test Type 栏选择 Wilcoxon 项（此为默认选项，若要进行符号检验，则选择 Sign)。如图 91 所示。

3. 单击 OK 按钮，结果如图 92a 和 92b 所示。

由图 92a 知，变量 end-mid 的差数排序后的正秩和是 317，负秩和是 61。图 92b 检验结果为 $Z=-3.111$，$p=0.002<0.01$，故可认为两次对该教师的评价有显著差异。

no	mid	end
1	3	6
2	2	7
3	5	4
4	1	5
5	3	2
6	2	3
7	1	3
8	3	7
9	3	2
10	1	3
11	3	3
12	1	2
13	5	4

图 90

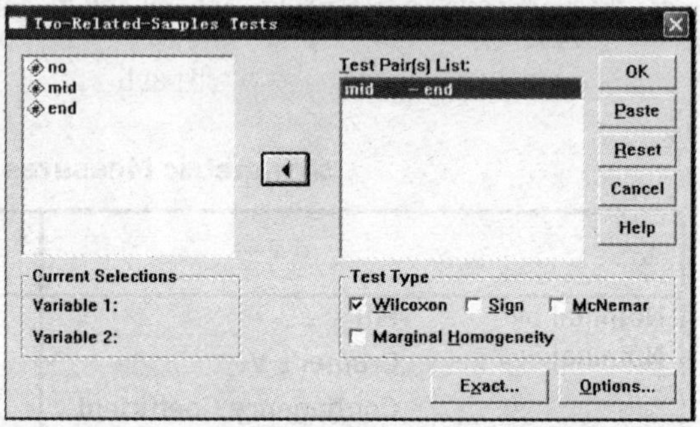

图 91

Ranks

		N	Mean Rank	Sum of Ranks
END - MID	Negative Ranks	7[a]	8.71	61.00
	Positive Ranks	20[b]	15.85	317.00
	Ties	1[c]		
	Total	28		

a. END < MID

b. END > MID

c. MID = END

图 92a

Test Statistics[b]

	END - MID
Z	-3.111[a]
Asymp. Sig. (2-tailed)	.002

a. Based on negative ranks.

b. Wilcoxon Signed Ranks Test

图 92b

（二）曼-惠特尼 U 检验（两个独立样本）

以第九章例 9-9 的数据为例，欲检验注意稳定性在性别上有无显著差异，采用曼-惠特尼 U 检验法，操作步骤如下。

1. 建立数据文件，设置变量 gender（性别，1＝“男”、2＝“女”）、atten（注意稳定性），输入数据，如图 93 所示。

2. 按 Analyze→Nonparametric Tests→2 Independent Samples 顺序打开 Two-Independent-Samples Tests 对话框，单击左侧源变量框中的变量 atten

进入右侧 Test Variable List 框中。单击变量 gender 进入右侧 Grouping Variable 框中，单击 Define Groups 按钮，在 Group1 后的框中输入 1，在 Group 2 后的框中输入 2，单击 Continue 按钮返回。在 Test Type 栏选择 Mann-Whitney U 项（默认选项）。如图 94 所示。

3. 单击 OK 按钮，结果如图 95a 和 95b 所示。

由图 95a 知，男生和女生注意稳定性排序后的秩和分别为 174 和 322。由图 95b 知，Mann-Whitney U 检验的结果是 $Z=-1.99$，$p=0.047<0.05$，故可认为男女注意稳定性有显著差异。

gender	atten
1	19
1	32
1	21
1	34
1	19
1	25
1	25
1	31
1	31
1	27
1	22
1	26
1	26
1	29
2	25

图 93

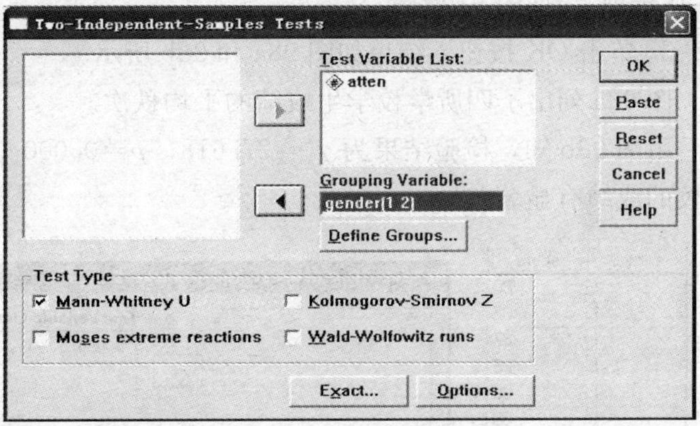

图 94

Ranks

	GENDER	N	Mean Rank	Sum of Ranks
ATTEN	男	14	12.43	174.00
	女	17	18.94	322.00
	Total	31		

图 95a

Test Statistics[b]

	ATTEN
Mann-Whitney U	69.000
Wilcoxon W	174.000
Z	-1.990
Asymp. Sig. (2-tailed)	.047
Exact Sig. [2*(1-tailed Sig.)]	.048[a]

a. Not corrected for ties.

b. Grouping Variable: GENDER

图 95b

（三）单向秩次方差分析（多个独立样本）

以第九章例 9-11 的数据为例，欲检验四所学校的成绩是否有显著差异，可采用 Kruskal 和 Wallis 提出的单向秩次方差分析法（又称 H 检验法）。操作步骤如下。

1. 建立数据文件，设置变量 school（学校，1-4 分别代表 A-D 四所学校）、score（成绩），输入数据，如图 96 所示（只显示部分数据）。

2. 按 Analyze→Nonparametric Tests→K Independent Samples 顺序打开 Tests for Several Independent Samples 对话框，击选左侧源变量框中的变量 score 至右侧 Test Variable List 框中，击选变量 school 至 Grouping Variable 框中，单击 Define Range 按钮，在打开的对话框的 Minimum 框输入 1，Maximum 框输入 4，单击 Continue 按钮返回。Test Type 选择 Kruskal-Wallis H（默认选项）。如图 97 所示。

3. 单击 OK 按钮，结果如图 98a 和 98b 所示。

图 98a 列出了四所学校学生成绩的平均秩次。

由图 98b 知，检验结果为 $\chi^2=27.618$，$p=0.000<0.01$，故可认为四所学校的成绩有显著差异。

school	score
1	80
1	88
1	87
1	86
1	90
1	88
1	85
2	99
2	91
2	98
2	98
2	99
2	96
2	93
2	98

图 96

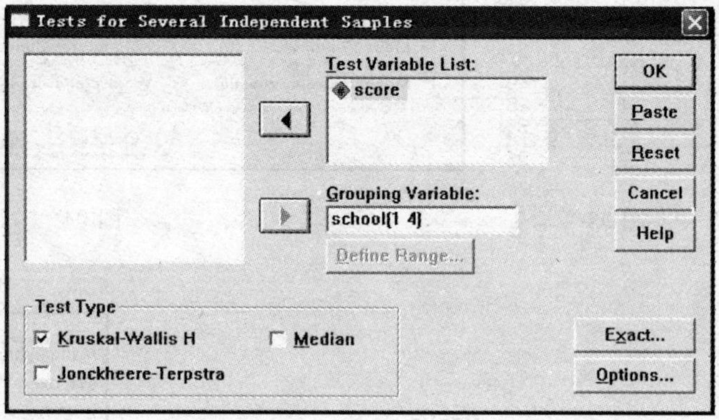

图 97

Ranks

	SCHOOL	N	Mean Rank
SCORE	A	7	19.43
	B	8	29.50
	C	8	16.50
	D	10	5.70
	Total	33	

图 98a

Test Statistics[a,b]

	SCORE
Chi-Square	27.618
df	3
Asymp. Sig.	.000

a. Kruskal Wallis Test

b. Grouping Variable: SCHOOL

图 98b

（四）双向秩次方差分析（多个相关样本）

以第九章例 9-12 的数据为例，欲检验六位教师对三节课的评价是否一致，采用弗里德曼（Friedman）检验。操作步骤如下。

1. 建立数据文件，设置变量 rater（评分者）、first（第一节）、second（第二节）、third（第三节），输入数据，如图 99 所示。

2. 按 Analyze→Nonparametric Tests→K Related Samples 顺序打开 Tests for Several Related Samples 对话框，击选左侧源变量框中的变量 first，second，third，进入右侧 Test Variables 框中。在 Test Type 栏选择 Friedman 项（默认选项，进行 Friedman 检验）。如图 100 所示。

3. 单击 OK 按钮，结果如图 101a 和 101b 所示。

图 101a 列出了三节课的平均秩次，图 101b 检验结果为 $\chi^2=2.333$，$p=0.311>0.05$，故可认为六位教师对三节课的评价是一致的。

rater	first	second	third
1	81	84	70
2	83	76	82
3	84	87	89
4	88	76	87
5	94	87	93
6	94	91	96

图 99

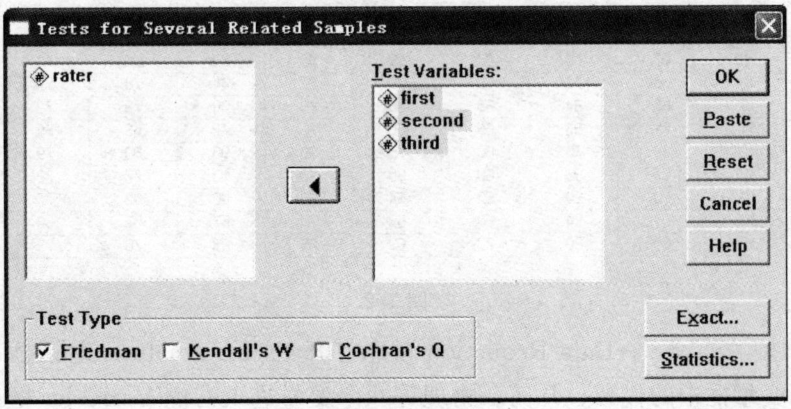

图 100

Ranks

	Mean Rank
FIRST	2.33
SECOND	1.50
THIRD	2.17

图 101a

Test Statistics[a]

N	6
Chi-Square	2.333
df	2
Asymp. Sig.	.311

a. Friedman Test

图 101b

九、因素分析（第十章）

以第十章表 10-1 中的数据为例，说明如何进行主成分分析和因素分析（在 SPSS 中对于原始数据，系统默认使用相关系数进行分析，结果与用标准化转换后的数据做的相同。因此，无需进行变量的标准化转换。请注意：书中例子数据用 R 软件计算与 SPSS 计算结果稍有差异）。

（一）基本操作（含主成分分析）

1. 设置编号、代数、几何、物理、地理、语文、英语、历史、社会等九个变量，输入数据。如图 102 所示（只显示部分数据）。

编号	代数	几何	物理	地理	语文	英语	历史	社会
1	75	73	68	65	68	63	73	70
2	59	50	52	55	68	59	78	76
3	74	72	65	70	81	80	73	73
4	69	60	68	65	73	79	85	70
5	68	67	63	60	63	65	78	68
6	69	66	66	62	70	76	70	70
7	63	54	65	65	70	68	62	62
8	67	66	57	59	85	83	68	74
9	73	72	68	70	82	84	78	67
10	65	64	65	65	75	80	73	72
11	71	63	65	60	76	72	63	65
12	83	76	80	75	90	90	80	79
13	67	66	60	60	78	82	77	72
14	70	60	62	64	82	80	82	77
15	61	54	50	53	70	67	62	60
16	69	69	72	62	85	83	70	72

图 102

2. 按 Analyze→Data Reduction 顺序打开 Factor Analysis 对话框，击选左侧源变量框中的代数、几何、物理等八个变量进入右侧 Variables 框中。如图 103a 所示。

3. 单击 Scores 按钮，在打开的 Factor Analysis：Factor Scores 对话框击选 Save as variables（把因子得分作为变量存于数据文件中），Method 选择默认的 Regression。如图 103b 所示。

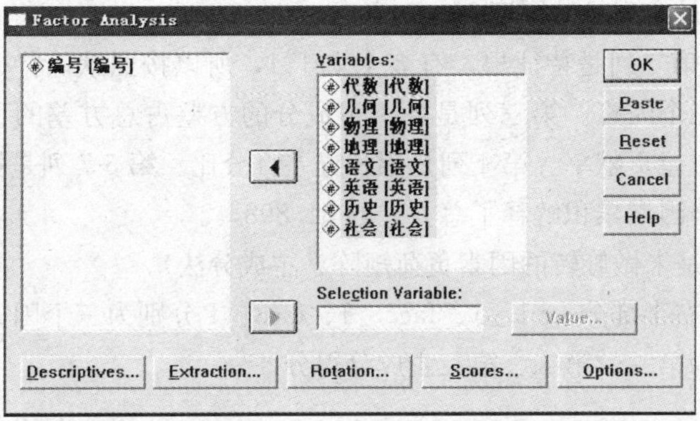

图 103a

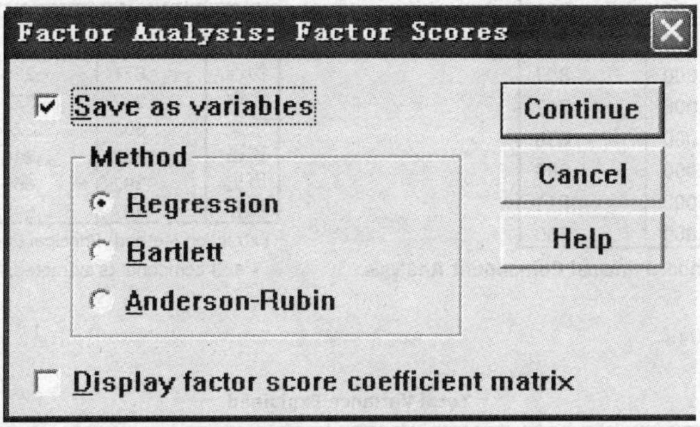

图 103b

4. 单击 OK 按钮，做因素分析（提取方法默认为主成分分析法，提取个数默认为特征根值大于 1 的个数，不做因素旋转，计算因素得分），部分结果如图 104a 至 104c 所示。

5. 击选 Transform 下的 Compute 命令，打开 Compute Variable 对话框，在 Target Variable 下输入排出 pc1（第一主成分），在 Numeric Expression 下输入 SQRT（4.075） * fac1 _ 1（此表达式用于计算第一主成分，其中 4.075

为第一主成分的方差；计算第二、第三主成分以此类推，主成分方差参见图 104b。因为因子与主成分相差一个倍数，即 $F_i = Y_i/\sqrt{\lambda_i}$，所以有 $Y_i = F_i \times \sqrt{\lambda_i}$）。单击 OK 按钮，结果如图 104d 所示。

图 104a 最右列是共同度 h_i^2。

图 104b 第二列是特征根，有 3 个大于 1，所以按照默认特征根大于 1 的原则，抽取三个因素。第三列是各个主成分的方差占总方差的百分比，也即相应因子的方差贡献率。第 4 列是累积方差百分比。第 5-7 列是提取三个因素的情况，三个因素累积解释了总方差的 81.898%。

图 104c 是未做旋转的因素负荷矩阵（主成分法）。

图 104d 右半部分 fac1_1、fac2_1、fac3_1 分别为三个因素的得分，最后三列分别为第一、第二、第三主成分得分。

Communalities

	Initial	Extraction
代数	1.000	.818
几何	1.000	.825
物理	1.000	.853
地理	1.000	.742
语文	1.000	.858
英语	1.000	.884
历史	1.000	.811
社会	1.000	.760

Extraction Method: Principal Component Analysis.

图 104a

Component Matrix[a]

	Component		
	1	2	3
代数	.879	-.182	.111
几何	.819	-.301	.253
物理	.871	-.266	.150
地理	.787	-.333	.108
语文	.608	.224	-.662
英语	.707	.246	-.569
历史	.382	.665	.472
社会	.487	.691	.213

Extraction Method: Principal Component Analysis.
a. 3 components extracted.

图 104c

Total Variance Explained

Component	Initial Eigenvalues			Extraction Sums of Squared Loadings		
	Total	% of Variance	Cumulative %	Total	% of Variance	Cumulative %
1	4.075	50.937	50.937	4.075	50.937	50.937
2	1.336	16.705	67.642	1.336	16.705	67.642
3	1.140	14.256	81.898	1.140	14.256	81.898
4	.557	6.964	88.861			
5	.332	4.146	93.007			
6	.255	3.192	96.198			
7	.175	2.185	98.384			
8	.129	1.616	100.000			

Extraction Method: Principal Component Analysis.

图 104b

编号	代数	几何	物理	地理	语文	英语	历史	社会	fac1_1	fac2_1	fac3_1	pc1	pc2	pc3
1	75	73	68	65	68	63	73	70	-.01304	-.67983	2.39671	-.03	-.79	2.56
2	59	50	52	55	68	59	78	76	-1.80423	1.99084	1.86694	-3.64	2.30	1.99
3	74	72	65	70	81	80	73	73	.74656	.26171	.22327	1.51	.30	.24
4	69	60	68	65	73	79	85	70	.13096	1.27658	1.22081	.26	1.48	1.30
5	68	67	63	60	63	65	78	68	-.72862	.11964	2.50258	-1.47	.14	2.67
6	69	66	66	62	70	76	70	70	-.23168	-.03913	.78056	-.47	-.05	.83
7	63	54	65	65	70	68	62	62	-1.13644	-1.22605	.15023	-2.29	-1.42	.16
8	67	66	57	59	85	83	68	74	-.11798	1.12329	-1.20112	-.24	1.30	-1.28
9	73	72	68	70	82	84	78	67	.86935	.17398	.03795	1.75	.20	.04
10	65	64	65	65	75	80	73	72	-.05580	.64153	.26332	-.11	.74	.28
11	71	63	65	60	76	72	63	65	-.50994	-.84038	-.17602	-1.03	-.97	-.19
12	83	76	80	75	90	90	80	79	2.40840	.90111	.03559	4.86	1.04	.04
13	67	66	60	60	78	82	77	72	-.07978	1.32838	.04953	-.16	1.54	.05
14	70	60	62	64	82	80	82	77	.27135	2.10635	.31615	.55	2.43	.34
15	61	54	50	53	70	67	62	60	-2.10102	-.47513	-.34189	-4.24	-.55	-.37
16	69	69	72	62	85	83	70	72	.55619	.43035	-.69917	1.12	.50	-.75
17	79	84	80	65	83	85	71	70	1.56973	-.64551	.09007	3.17	-.75	.10
18	71	63	67	68	78	84	68	66	.22890	-.39323	-.64012	.46	-.45	-.68
19	70	64	66	63	69	77	61	71	-.32783	-.65985	.21629	-.66	-.76	.23

图 104d

（二）正交或斜交旋转

若采取方差极大正交（Varimax）旋转，则在基本操作第 2 步之后，执行如下操作。

4. 单击 Rotation 按钮，打开 Factor Analysis：Rotation 对话框，在 Method 栏选择 Varimax，单击 Continue 按钮返回。如图 105 所示。

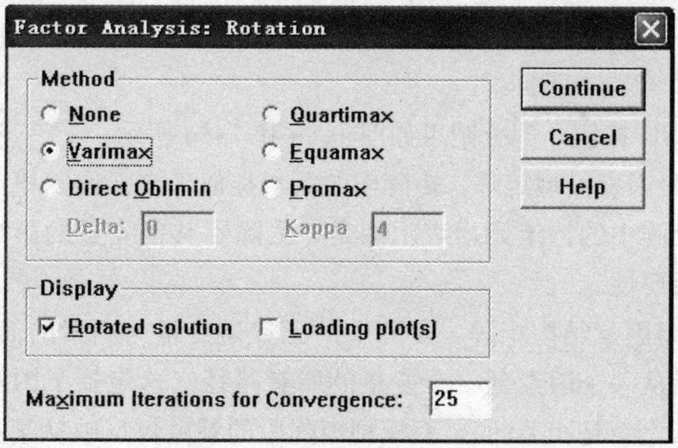

图 105

5. 单击 OK 按钮，部分结果如图 106a 和 106b 所示。

图 106a 为正交旋转后的因素负荷矩阵。

图 106b 为因素转换矩阵。

Rotated Component Matrix[a]

	Component		
	1	2	3
代数	.842	.274	.185
几何	.894	9.430E-02	.134
物理	.889	.214	.131
地理	.840	.190	2.943E-02
语文	.189	.904	6.979E-02
英语	.287	.880	.163
历史	.128	-1.93E-02	.891
社会	.124	.254	.825

Extraction Method: Principal Component Analysis.
Rotation Method: Varimax with Kaiser Normalization.
a. Rotation converged in 4 iterations.

图 106a

Component Transformation Matrix

Component	1	2	3
1	.818	.477	.321
2	-.490	.287	.823
3	.300	-.831	.469

Extraction Method: Principal Component Analys
Rotation Method: Varimax with Kaiser Normaliz

图 106b

若进行普洛麦克斯（Promax）斜交旋转，则在基本操作第 2 步之后，执行如下操作。

4. 单击 Rotation 按钮，打开 Factor Analysis：Rotation 对话框，在 Method 栏选择 Promax，单击 Continue 按钮返回。

5. 若需要计算斜交因素得分，则单击 Scores 按钮，打开 Factor Analysis：Scores 对话框，击选 Save as variables，Method 栏选择默认的 Regression（因素得分将作为变量存于数据文件，用于后续的回归分析）。如图 107 所示。单击 Continue 返回。

6. 单击 OK 按钮，部分结果如图 108a 和 108d 所示。

图 108a 是因素模型矩阵，矩阵内的元素类似于多元回归模型中的标准化回归系数，矩阵中的特定元素表示的是，去除了其他变量的影响后该变量对于该因素的重要性。

图 108b 是因素结构矩阵，矩阵中的元素是变量与因素的简单相关系数，它们反映的是从一个因素到一个变量的所有路径（这包括了因素到因素的路径，因为因素之间是相关的），而模型矩阵中的系数仅反映从某一因素到某一变量的直接路径。

图 108c 是因素相关矩阵。

图 108d 最后三列显示的是斜交因素得分。

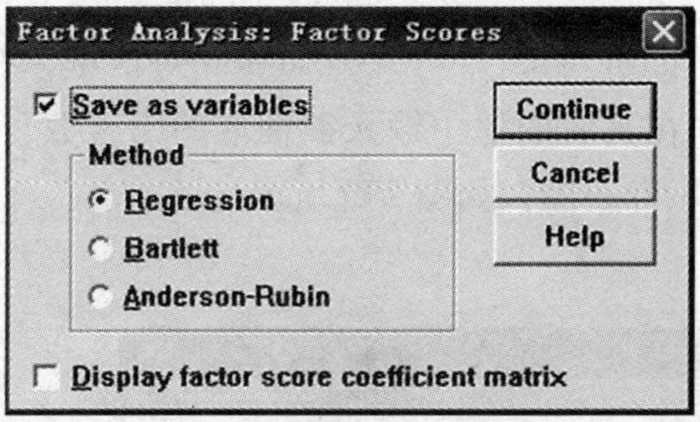

图 107

Pattern Matrix[a]

	Component		
	1	2	3
代数	.834	9.720E-02	6.235E-02
几何	.946	-.109	2.249E-02
物理	.909	2.606E-02	7.001E-03
地理	.875	2.052E-02	-9.14E-02
语文	-4.25E-02	.957	-4.86E-02
英语	6.006E-02	.899	4.064E-02
历史	2.524E-02	-.147	.925
社会	-4.30E-02	.165	.826

Extraction Method: Principal Component Analysis.
Rotation Method: Promax with Kaiser Normalization.
a. Rotation converged in 4 iterations.

图 108a

Structure Matrix

	Component		
	1	2	3
代数	.898	.496	.343
几何	.903	.329	.278
物理	.923	.443	.290
地理	.857	.394	.180
语文	.380	.924	.211
英语	.482	.937	.314
历史	.238	.128	.891
社会	.282	.380	.860

Extraction Method: Principal Component Analysis.
Rotation Method: Promax with Kaiser Normalization.

图 108b

Component Correlation Matrix

Component	1	2	3
1	1.000	.456	.303
2	.456	1.000	.285
3	.303	.285	1.000

Extraction Method: Principal Component Analysis.
Rotation Method: Promax with Kaiser Normalization.

图 108c

编号	代数	几何	物理	地理	语文	英语	历史	社会	fac1_1	fac2_1	fac3_1
1	75	73	68	65	68	63	73	70	.62976	-1.7752	.42994
2	59	50	52	55	68	59	78	76	-1.958	-1.9871	1.37782
3	74	72	65	70	81	80	73	73	.65788	.44397	.66292
4	69	60	68	65	73	79	85	70	-.0479	-.38590	1.53532
5	68	67	63	60	63	65	78	68	-.2648	-2.1399	.73005
6	69	66	66	62	70	76	70	70	-.0633	-.69042	.16672
7	63	54	65	65	70	68	62	62	-.6592	-1.2159	-1.4493
8	67	66	57	59	85	83	68	74	-.6718	1.00565	.32411
9	73	72	68	70	82	84	78	67	.76600	.63025	.58255
10	65	64	65	65	75	80	73	72	-.2011	-.04706	.57077
11	71	63	65	60	76	72	63	65	-.2509	-.45961	-.97088
12	83	76	80	75	90	90	80	79	1.9810	1.90107	1.90827
13	67	66	60	60	78	82	77	72	-.4727	.25639	1.00132
14	70	60	62	64	82	80	82	77	-.3347	.52822	1.88126
15	61	54	50	53	70	67	62	60	-1.880	-1.3715	-1.5500

图 108d

（三）因素提取

若欲提取特定数量的因素或参考碎石图的形状决定抽取的因素数，则可在基本操作第 2 步之后，执行如下操作。

4. 单击 Extraction 按钮，打开 Factor Analysis：Extraction 对话框，在 Extract 栏击选 Number of factors，并在其后的框中输入欲抽取的因素数目。在 Display 栏，击选 Scree plot，将显示碎石图。如图 109 所示。

5. 单击 OK 按钮。结果略。

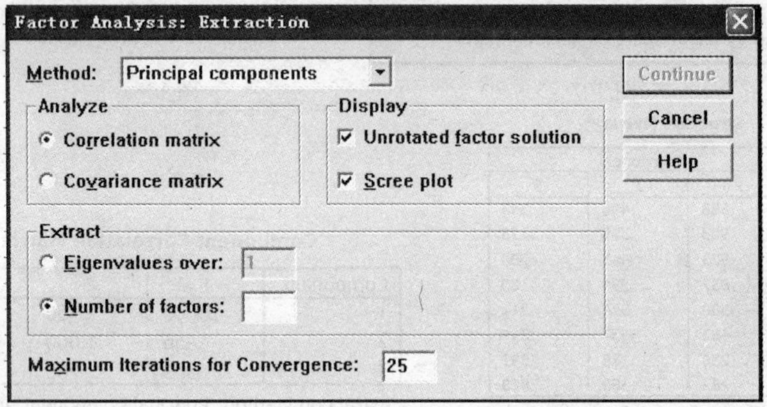

图 109

（四）KMO 和 Bartlett 球形检验

若欲对数据进行因素分析的适当性进行检验，则可在基本步骤第 2 步后，单击 Descriptives 按钮，打开 Factor Analysis：Descriptives 对话框，击选 KMO and Bartlett’s test of sphericity（KMO 和 Bartlett 球形检验）即可。其他步骤不变。执行后的结果如图 110 所示。

由图 110 知，KMO 值为 0.745（KMO 是取样适当性度量，KMO 值的变化范围从 0 到 1，KMO 值愈大，表示变量间的共同因素愈多，愈适合进行因子分析。通常按以下标准解释该指标值的大小：0.9 以上，非常好；0.8 以上，好；0.7，一般；0.6，差；0.5，很差；0.5 以下，不能接受），结合 Bartlett 球形检验 χ^2 值为 228.28，达到显著，代表母群体的相关矩阵间有共同因素存在，适合进行因子分析。

KMO and Bartlett's Test

Kaiser-Meyer-Olkin Measure of Sampling Adequacy.		.745
Bartlett's Test of Sphericity	Approx. Chi-Square	228.283
	df	28
	Sig.	.000

图 110

十、聚类分析（第十一章）

以第十一章表 11-5 的数据为例，欲对 16 门专业课程进行聚类分析（R 型聚类），采取系统聚类法。操作步骤如下。

1. 设置 no（学号）、x1～x16 共 17 个变量，输入数据，如图 111 所示（只显示部分数据）。

2. 按 Analyze→Classify→Hierarchical Cluster Analysis 顺序打开 Hierarchical Cluster Analysis 对话框，将左侧变量框中 x1～x16 共 16 个变量击选至右侧 Variable（s）框中。在 Cluster 栏击选 Variables（若是对样品进行聚类则选默认的 Cases），如图 112a 所示。

3. 单击 Method 按钮，在 Hierarchical Cluster Analysis：Method 对话框中，在 Cluster Method 右侧框的下拉菜单中选择 Centroid Clustering（重心法），在 Measure 下的 Interval 右侧框的下拉菜单中选择 Pearson correlation（积差相关系数），如图 112b 所示。单击 Continue 按钮。

4. 单击 Statistics 按钮，在 Hierarchical Cluster Analysis：Statistics 对话框中，击选 Cluster Membership 下的 Range of solutions，并在 From 右侧输入 2，在 Through 右侧输入 5（就 2～5 类，分别输出 16 门课程的类），如图 112c 所示。单击 Continue 按钮。

5. 单击 Plots 按钮，在 Hierarchical Cluster Analysis：Plots 对话框中，击选 Dendrogram（输出聚类树形图），默认输出为 Vertical（输出整个聚类过程的冰柱图），如图 112d 所示。单击 Continue 按钮。

6. 单击 OK 按钮。结果如图 113a～113d 所示。

图 113a 为聚类进程图，其中第二、三列是每一步合并的两个类所代表的变量，第四列是合并距离，第五、六列表示参与合并的两个类是在哪一步形

成的，最后一列表示刚合并的两类后面将在哪一步再被合并。

图 113b 第二列是分成五类时各个变量的类属关系，如 x1，x5，x3，x16 属第一类。同理，哪些变量属于哪一类就很清晰了。

图 113c 是冰柱图，图 113d 是树形图，它们都从某些侧面直观反映了合并的进程。冰柱图从下往上看，正好是聚类进程每一步的合并情况，树形图还可以看出合并的距离。

no	x1	x2	x3	x4	x5	x6	x7	x8	x9	x10	x11	x12	x13	x14	x15	x16
1	86	83	86	83	80	90	75	87	90	85	84	86	82	75	88	70
2	77	90	89	79	78	72	75	84	90	78	82	85	84	65	83	76
3	60	74	87	72	78	86	60	88	85	64	67	72	82	50	83	60
4	73	78	87	88	85	94	70	89	90	86	79	90	85	82	87	90
5	70	77	85	90	81	81	75	88	90	73	82	71	83	77	75	74
6	62	80	87	71	87	77	60	87	84	81	82	81	75	62	82	80
7	67	64	83	73	83	81	67	85	83	63	56	75	84	83	80	57
8	73	75	75	79	78	90	77	88	80	84	75	65	81	54	81	70
9	77	75	89	90	86	79	83	91	90	77	79	79	81	62	74	85
10	84	90	90	85	85	87	72	93	84	86	91	75	84	86	90	80
11	75	85	90	78	81	85	86	90	94	79	84	93	91	67	85	80
12	64	71	90	76	92	80	78	90	90	81	78	84	86	88	90	84
13	75	75	85	74	81	78	64	83	86	92	73	76	84	69	74	85
14	86	77	90	89	80	90	73	86	92	88	88	87	90	88	90	81
15	69	74	80	77	80	77	74	87	84	84	81	69	80	64	73	65

图 111

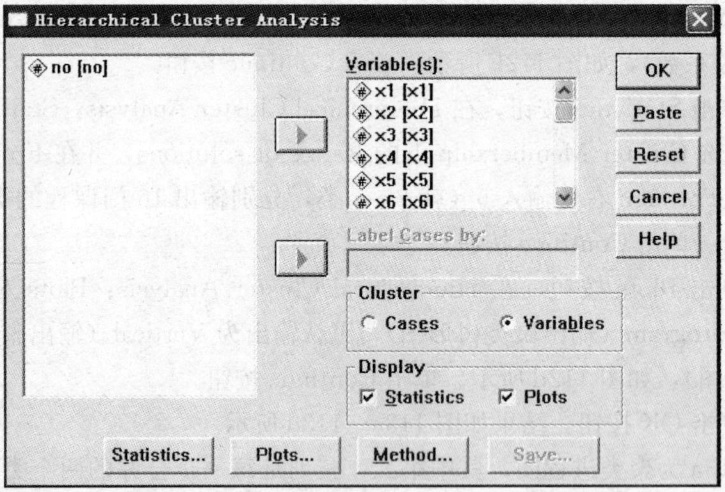

图 112a

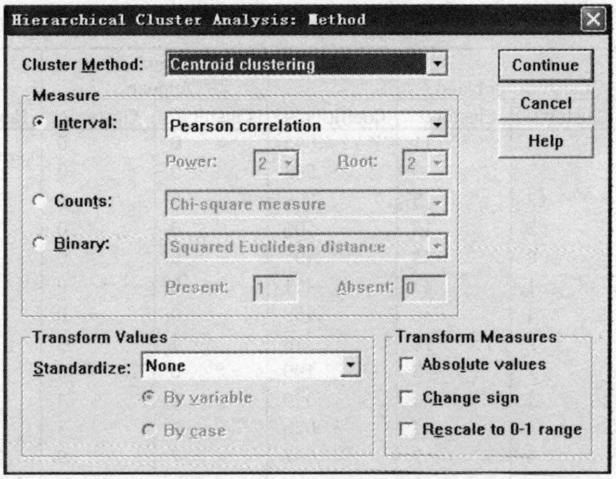

图 112b

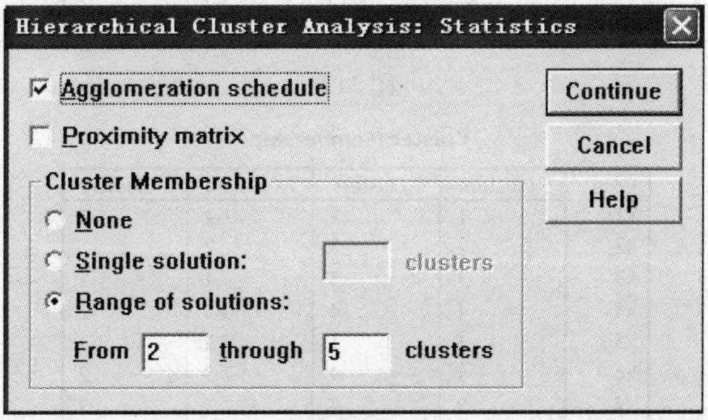

图 112c

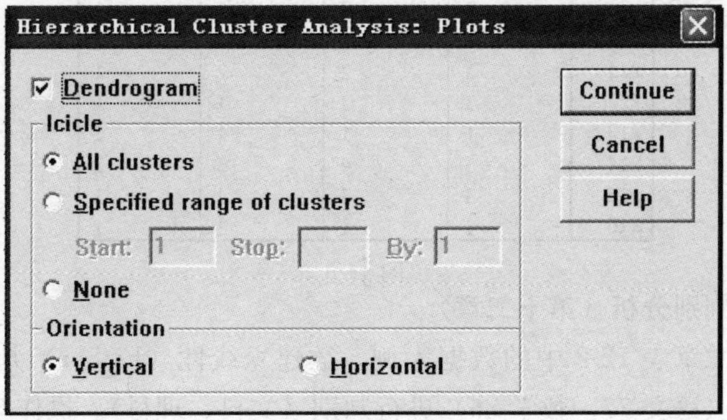

图 112d

Agglomeration Schedule

Stage	Cluster Combined		Coefficients	Stage Cluster First Appears		Next Stage
	Cluster 1	Cluster 2		Cluster 1	Cluster 2	
1	2	11	.645	0	0	8
2	3	9	.542	0	0	11
3	12	15	.508	0	0	11
4	5	16	.500	0	0	10
5	8	14	.495	0	0	9
6	1	13	.461	0	0	10
7	4	6	.458	0	0	12
8	2	10	.318	1	0	14
9	7	8	.190	0	5	12
10	1	5	.090	6	4	13
11	3	12	.056	2	3	13
12	4	7	.047	7	9	15
13	1	3	.002	10	11	14
14	1	2	-.015	13	8	15
15	1	4	-.059	14	12	0

图 113a

Cluster Membership

Case	5 Clusters	4 Clusters	3 Clusters	2 Clusters
x1	1	1	1	1
x2	2	2	2	1
x3	3	3	1	1
x4	4	4	3	2
x5	1	1	1	1
x6	4	4	3	2
x7	5	4	3	2
x8	5	4	3	2
x9	3	3	1	1
x10	2	2	2	1
x11	2	2	2	1
x12	3	3	1	1
x13	1	1	1	1
x14	5	4	3	2
x15	3	3	1	1
x16	1	1	1	1

图 113b

十一、判别分析（第十二章）

以第十二章表 12-2 中的数据为例，欲建立线性（Fisher）判别函数，并对待判个体（语文 77，数学 86）进行判别（文科、理科）。操作步骤如下。

1. 设置 no（学号）、x1（语文）、x2（数学）、g（分科类别，1＝文科，

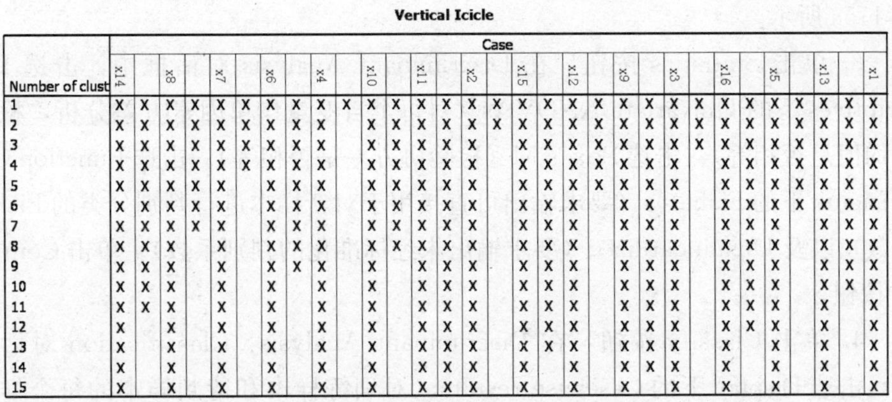

图 113c

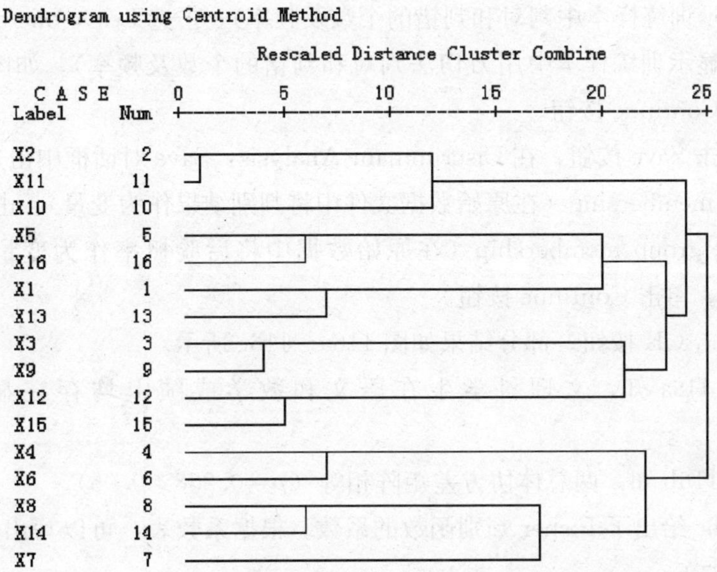

图 113d

2＝理科）四个变量，输入数据，如图 114 所示（只显示部分数据）。

2. 按 Analyze→Classify→Discriminant 顺序打开 Discriminant Analysis 对话框，将变量 g 击选至右侧 Grouping Variables 框中，单击 Define Range 按钮，在打开的对话框的 Minimum 栏输入 1，Maximum 栏输入 2，单击 Continue。然后，将左侧变量框中的变量 x1 和 x2 击选至 Independents 框中。如

图 115a 所示。

3. 单击 Statistics 按钮，在 Discriminant Analysis 对话框中，击选 Descriptives 下的 Univariate ANOVAs（对每个自变量作单因素方差分析，检验类均值是否相等），击选 Box's M（检验协方差是否相等）。击选 Function Coefficients 下的 Fisher's（要求输出可直接用于对新样本进行判别分类的 Fisher 系数）以及 Unstandardized（要求输出未经标准化的判别系数）。单击 Continue 按钮。

4. 单击 Classify 按钮，在 Discriminant Analysis：Classification 对话框中，击选 Display 下的 Casewise results（对训练样本和待判样本的每个样品逐一列出最大后验概率、次大后验概率和判别得分等数据）。击选 Summary table（显示训练样本中判对和判错的个数及频率）。击选 Leave-one-out classification（显示训练样本中用刀切法判对和判错的个数及频率）。如图 115c 所示。单击 Continue 按钮。

5. 单击 Save 按钮，在 Discriminant Analysis：Save 对话框中击选 Predicted group membership（在原始数据文件中将判别结果作为变量）。击选 Probabilities of group membership（在原始数据中将后验概率作为变量）。如图 115d 所示。单击 Continue 按钮。

6. 单击 OK 按钮。部分结果如图 116a～116e 所示。

由图 116a 知，文理科学生在语文和数学成绩上均存在显著差异（$p<0.01$）。

由图 116b 知，两总体协方差矩阵相等（$p=0.258>0.05$）。

图 116c 给出了 Fisher 判别函数的系数。根据系数表，可以写出文理科的判别函数如下：

文科＝1.980×语文(x1)＋2.944×数学(x2)－201.663

理科＝1.881×语文(x1)＋3.108×数学(x2)－207.961

将待判学生的语文和数学成绩代入判别函数，得到文科＝203.991，理科＝204.164。因为理科判别函数值大于文科，因此该学生应报考理科（用 Discriminant 过程导出的 Fisher 线性判别函数的数目与类别数目相同，在确定一个观测量属于哪一类时，只需把该观测量的各变量值代入每个判别函数，哪个判别函数值大，该观测量就属于哪一类）。

由图 116d 知，训练样本中，20 个文科学生中有 4 个被误判为理科，误判率为 20%；20 个理科学生中也有 4 个被误判为文科，误判率为 20%。由图 116d 下半部分知，采取刀切法的判别结果，误判率恰好也是 20%。

图 116e 第五列是按照判别函数所判定的结果，由该图最后一行知，待判学生被判别为 2（理科）。图 116e 最后两列给出的是最大后验概率和次大后验概率。

no	x1	x2	g
1	78	82	1
2	80	88	1
3	77	84	1
4	90	70	1
5	64	92	1
6	82	84	1
7	85	82	1
8	87	83	1
9	79	79	1
10	76	91	1

图 114

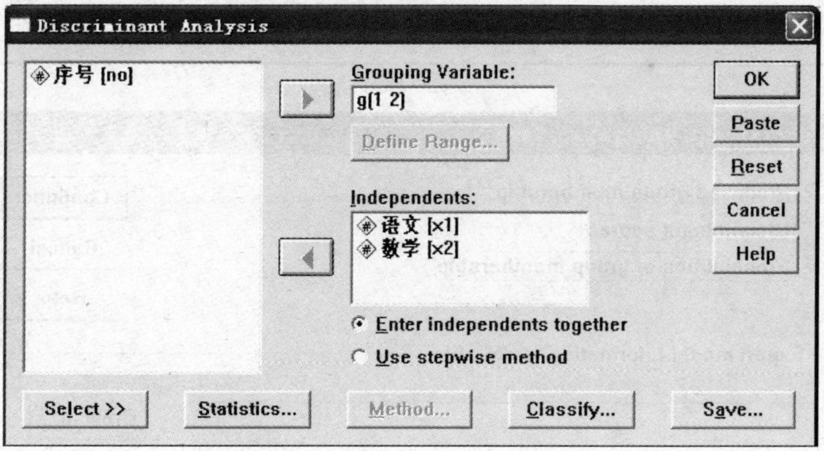

图 115a

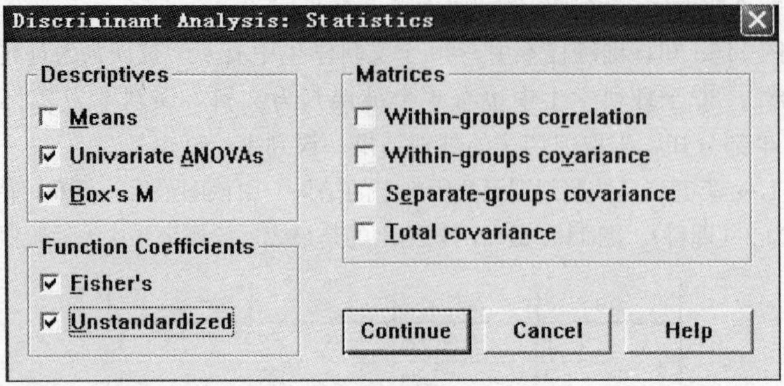

图 115b

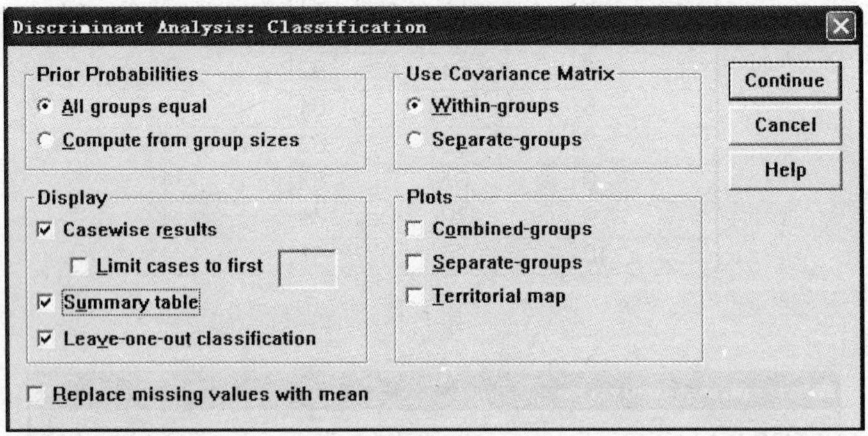

图 115c

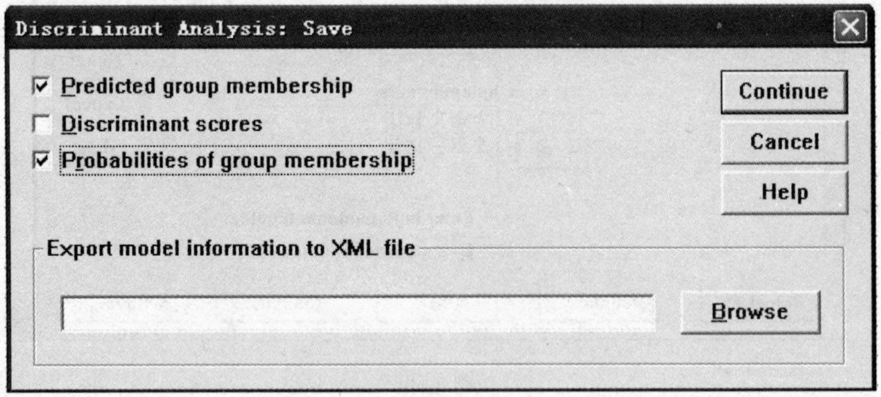

图 115d

Tests of Equality of Group Means

	Wilks' Lambda	F	df1	df2	Sig.
语文	.815	8.627	1	38	.006
数学	.756	12.276	1	38	.001

图 116a

Test Results

Box's M		4.277
F	Approx.	1.344
	df1	3
	df2	259920.0
	Sig.	.258

Tests null hypothesis of equal population covariance matrices.

图 116b

Classification Function Coefficients

	文理科	
	文科	理科
语文	1.980	1.881
数学	2.944	3.108
(Constant)	-201.663	-207.961

Fisher's linear discriminant functions

图 116c

Classification Results[b,c]

			Predicted Group Membership		
		文理科	文科	理科	Total
Original	Count	文科	16	4	20
		理科	4	16	20
		Ungrouped cases	0	1	1
	%	文科	80.0	20.0	100.0
		理科	20.0	80.0	100.0
		Ungrouped cases	.0	100.0	100.0
Cross-validated	Count	文科	16	4	20
		理科	4	16	20
	%	文科	80.0	20.0	100.0
		理科	20.0	80.0	100.0

a. Cross validation is done only for those cases in the analysis. In cross validation, each case is classified by the functions derived from all cases other than that case.

b. 80.0% of original grouped cases correctly classified.

c. 80.0% of cross-validated grouped cases correctly classified.

图 116d

no	x1	x2	g	dis_1	dis1_1	dis2_1
1	78	82	1	1	.63370	.36630
2	80	88	1	2	.44058	.55942
3	77	84	1	1	.53026	.46974
4	90	70	1	1	.97593	.02407
5	64	92	1	2	.07759	.92241
6	82	84	1	1	.64909	.35091
7	85	82	1	1	.77548	.22452
8	87	83	1	1	.78126	.21874
9	79	79	1	1	.75752	.24248
10	76	91	1	2	.24487	.75513
11	91	65	1	1	.99026	.00974
12	83	77	1	1	.86558	.13442
13	68	80	1	2	.47216	.52784
14	78	85	1	1	.51397	.48603
15	83	83	1	1	.70639	.29361
16	95	86	1	1	.82792	.17208
17	88	79	1	1	.88372	.11628
18	74	81	1	1	.57862	.42138
19	81	84	1	1	.62628	.37372
20	84	84	1	1	.69267	.30733
21	82	80	2	1	.78098	.21902
22	77	88	2	2	.36932	.63068
23	72	89	2	2	.23271	.76729
24	75	85	2	2	.44018	.55982
25	54	90	2	2	.04168	.95832
26	68	95	2	2	.07092	.92908
27	70	80	2	1	.52151	.47849
28	69	75	2	1	.69162	.30838
29	71	86	2	2	.31010	.68990
30	72	90	2	2	.20470	.79530
31	75	95	2	2	.13225	.86775
32	90	91	2	1	.56382	.43618
33	73	89	2	2	.25081	.74919
34	80	94	2	2	.22736	.77264
35	77	92	2	2	.23300	.76700
36	81	89	2	2	.42455	.57545
37	82	95	2	2	.23329	.76671
38	75	86	2	2	.40022	.59978
39	73	87	2	2	.31731	.68269
40	70	92	2	2	.13206	.86794
.	77	86	.	2	.44844	.55156

图 116e

附录二
教育与心理统计表

1. 正态分布表
2. t 值表
3. F 值表（双侧检验）
4. F 值表（单侧检验）
5. F_{max}的临界值（哈特莱方差齐性检验）
6. q 分布的临界值
7. 积差相关系数（r）显著性临界值
8. 相关系数 r 的 Z_r 转换表
9. 斯皮尔曼等级相关系数显著性临界值
10. 肯德尔 W 系数显著性临界值
11. χ^2 分布数值表
12. 秩和检验表
13. 符号检验表
14. 符号秩次检验表
15. H 检验表
16. 弗里德曼双向秩次方差分析 χ_r^2 值表
17. 一万个随机数字表

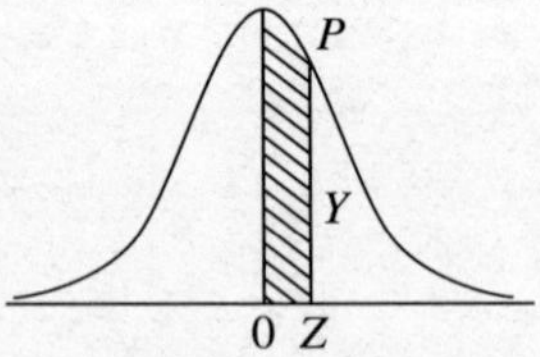

1. 正态分布表

（曲线下的面积与纵高）

Z	Y	P	Z	Y	P	Z	Y	P
0.00	0.398 94	0.000 00	0.30	0.381 39	0.117 91	0.60	0.333 22	0.225 75
0.01	0.398 92	0.003 99	0.31	0.380 23	0.121 72	0.61	0.331 21	0.229 07
0.02	0.398 86	0.007 98	0.32	0.379 03	0.125 52	0.62	0.329 18	0.232 37
0.03	0.398 76	0.011 97	0.33	0.377 80	0.129 30	0.63	0.327 13	0.235 65
0.04	0.398 62	0.015 95	0.34	0.376 54	0.133 07	0.64	0.325 06	0.238 91
0.05	0.398 44	0.019 94	0.35	0.375 24	0.136 83	0.65	0.322 97	0.242 15
0.06	0.398 22	0.023 92	0.36	0.373 91	0.140 58	0.66	0.320 86	0.245 37
0.07	0.397 97	0.027 90	0.37	0.372 55	0.144 31	0.67	0.318 74	0.248 57
0.08	0.397 67	0.031 88	0.38	0.371 15	0.148 03	0.68	0.316 59	0.251 75
0.09	0.397 33	0.035 86	0.39	0.369 73	0.151 73	0.69	0.314 43	0.254 90
0.10	0.396 95	0.039 83	0.40	0.368 27	0.155 42	0.70	0.312 25	0.258 04
0.11	0.396 54	0.043 80	0.41	0.366 78	0.159 10	0.71	0.310 06	0.261 15
0.12	0.396 08	0.047 76	0.42	0.365 26	0.162 76	0.72	0.307 85	0.264 24
0.13	0.395 59	0.051 72	0.43	0.363 71	0.166 40	0.73	0.305 63	0.267 30
0.14	0.395 05	0.055 67	0.44	0.362 13	0.170 03	0.74	0.303 39	0.270 35
0.15	0.394 48	0.059 62	0.45	0.360 53	0.173 64	0.75	0.301 14	0.273 37
0.16	0.393 87	0.063 56	0.46	0.358 89	0.177 24	0.76	0.298 87	0.276 37
0.17	0.393 22	0.067 49	0.47	0.357 23	0.180 82	0.77	0.296 59	0.279 35
0.18	0.392 53	0.071 42	0.48	0.355 53	0.184 39	0.78	0.294 31	0.282 30
0.19	0.391 81	0.075 35	0.49	0.353 81	0.187 93	0.79	0.292 00	0.285 24
0.20	0.391 04	0.079 26	0.50	0.352 07	0.191 46	0.80	0.289 69	0.288 14
0.21	0.390 24	0.083 17	0.51	0.350 29	0.194 97	0.81	0.287 37	0.291 03
0.22	0.389 40	0.087 06	0.52	0.348 49	0.198 47	0.82	0.285 04	0.293 89
0.23	0.388 53	0.090 95	0.53	0.346 67	0.201 94	0.83	0.282 69	0.296 73
0.24	0.387 62	0.094 83	0.54	0.344 82	0.205 40	0.84	0.280 34	0.299 55
0.25	0.386 67	0.098 71	0.55	0.342 94	0.208 84	0.85	0.277 98	0.302 34
0.26	0.385 68	0.102 57	0.56	0.341 05	0.212 26	0.86	0.275 62	0.305 11
0.27	0.384 66	0.106 42	0.57	0.339 12	0.215 66	0.87	0.273 24	0.307 85
0.28	0.383 61	0.110 26	0.58	0.337 18	0.219 04	0.88	0.279 86	0.310 57
0.29	0.382 51	0.114 09	0.59	0.335 21	0.222 40	0.89	0.288 48	0.313 27

续表

Z	Y	P	Z	Y	P	Z	Y	P
0.90	0.266 09	0.315 94	1.30	0.171 37	0.403 20	1.70	0.094 05	0.455 43
0.91	0.263 69	0.318 59	1.31	0.169 15	0.404 90	1.71	0.092 46	0.456 37
0.92	0.261 29	0.321 21	1.32	0.166 94	0.406 58	1.72	0.090 89	0.457 28
0.93	0.258 88	0.323 81	1.33	0.164 74	0.408 24	1.73	0.089 33	0.458 18
0.94	0.256 47	0.326 39	1.34	0.162 56	0.409 88	1.74	0.087 80	0.459 07
0.95	0.254 06	0.328 94	1.35	0.160 38	0.411 49	1.75	0.086 28	0.459 94
0.96	0.251 64	0.331 47	1.36	0.158 22	0.413 09	1.76	0.084 78	0.460 80
0.97	0.249 23	0.333 98	1.37	0.156 08	0.414 66	1.77	0.083 29	0.461 64
0.98	0.246 81	0.336 46	1.38	0.153 95	0.416 21	1.78	0.081 83	0.462 46
0.99	0.244 39	0.338 91	1.39	0.151 83	0.417 74	1.79	0.080 38	0.463 27
1.00	0.241 97	0.341 34	1.40	0.149 73	0.419 24	1.80	0.078 95	0.464 07
1.01	0.239 55	0.343 75	1.41	0.147 64	0.420 73	1.81	0.077 54	0.464 85
1.02	0.237 13	0.346 14	1.42	0.145 56	0.422 20	1.82	0.076 14	0.465 62
1.03	0.234 71	0.348 50	1.43	0.143 50	0.423 64	1.83	0.074 77	0.466 38
1.04	0.232 30	0.350 83	1.44	0.141 46	0.425 07	1.84	0.073 41	0.467 12
1.05	0.229 88	0.353 14	1.45	0.139 43	0.426 47	1.85	0.072 06	0.467 84
1.06	0.227 47	0.355 43	1.46	0.137 42	0.427 86	1.86	0.070 74	0.468 56
1.07	0.225 06	0.357 69	1.47	0.135 42	0.429 22	1.87	0.069 43	0.489 26
1.08	0.222 65	0.359 93	1.48	0.133 44	0.430 56	1.88	0.068 14	0.469 95
1.09	0.220 25	0.362 14	1.49	0.131 47	0.431 89	1.89	0.066 87	0.470 62
1.10	0.217 85	0.364 33	1.50	0.129 52	0.433 19	1.90	0.065 62	0.471 28
1.11	0.215 46	0.366 50	1.51	0.127 58	0.434 48	1.91	0.064 39	0.471 93
1.12	0.213 07	0.368 64	1.52	0.125 66	0.435 74	1.92	0.063 16	0.472 57
1.13	0.210 69	0.370 76	1.53	0.123 76	0.436 99	1.93	0.061 95	0.473 20
1.14	0.208 31	0.372 86	1.54	0.121 88	0.438 22	1.94	0.060 77	0.473 81
1.15	0.205 94	0.374 93	1.55	0.120 01	0.439 43	1.95	0.059 59	0.474 41
1.16	0.203 57	0.376 98	1.56	0.118 16	0.440 62	1.96	0.058 44	0.475 00
1.17	0.201 21	0.379 00	1.57	0.116 32	0.441 79	1.97	0.057 30	0.475 58
1.18	0.198 86	0.381 00	1.58	0.114 50	0.442 95	1.98	0.056 18	0.476 15
1.19	0.196 52	0.382 98	1.59	0.112 70	0.444 08	1.99	0.055 08	0.476 70
1.20	0.194 19	0.384 93	1.60	0.110 92	0.445 20	2.00	0.053 99	0.477 25
1.21	0.191 86	0.386 86	1.61	0.109 15	0.446 30	2.01	0.025 92	0.477 78
1.22	0.189 54	0.388 77	1.62	0.107 41	0.447 38	2.02	0.051 86	0.478 31
1.23	0.187 24	0.390 65	1.63	0.105 67	0.448 45	2.03	0.050 82	0.478 82
1.24	0.184 94	0.392 51	1.64	0.103 96	0.449 50	2.04	0.049 80	0.479 82
1.25	0.182 65	0.394 35	1.65	0.102 26	0.450 53	2.05	0.048 79	0.479 82
1.26	0.180 37	0.396 17	1.66	0.100 59	0.451 54	2.06	0.047 80	0.480 30
1.27	0.178 10	0.397 96	1.67	0.098 93	0.452 54	2.07	0.046 82	0.480 77
1.28	0.175 85	0.399 73	1.68	0.097 28	0.453 52	2.08	0.045 86	0.481 24
1.29	0.173 60	0.401 47	1.69	0.095 66	0.454 49	2.09	0.044 91	0.481 69

续表

Z	Y	P	Z	Y	P	Z	Y	P
2.10	0.043 98	0.482 14	2.50	0.017 53	0.493 79	2.90	0.005 25	0.498 13
2.11	0.043 07	0.482 57	2.51	0.017 09	0.493 96	2.91	0.005 78	0.498 19
2.12	0.042 17	0.483 00	2.52	0.016 67	0.494 13	2.92	0.005 62	0.498 25
2.13	0.041 28	0.483 41	2.53	0.016 25	0.494 30	2.93	0.005 45	0.498 31
2.14	0.040 41	0.483 82	2.54	0.015 85	0.494 46	2.94	0.005 30	0.498 36
2.15	0.039 55	0.484 22	2.55	0.015 45	0.494 61	2.95	0.005 14	0.498 41
2.16	0.038 71	0.484 61	2.56	0.015 06	0.494 77	2.96	0.004 99	0.498 46
2.17	0.037 88	0.485 00	2.57	0.014 68	0.494 92	2.97	0.004 85	0.498 51
2.18	0.037 06	0.485 37	2.58	0.014 31	0.495 06	2.98	0.004 71	0.498 56
2.19	0.036 26	0.485 74	2.59	0.013 94	0.495 20	2.99	0.004 57	0.498 61
2.20	0.035 47	0.486 10	2.60	0.013 58	0.495 34	3.00	0.004 43	0.498 65
2.21	0.034 70	0.486 45	2.61	0.013 23	0.495 47	3.01	0.004 30	0.498 69
2.22	0.033 94	0.486 79	2.62	0.012 89	0.495 60	3.02	0.004 17	0.498 74
2.23	0.033 19	0.487 13	2.63	0.012 56	0.495 73	3.03	0.004 05	0.498 78
2.24	0.032 46	0.487 45	2.64	0.012 23	0.495 85	3.04	0.003 93	0.498 82
2.25	0.031 74	0.487 78	2.65	0.011 91	0.495 98	3.05	0.003 81	0.498 86
2.26	0.031 03	0.488 09	2.66	0.011 60	0.496 09	3.06	0.003 70	0.498 89
2.27	0.030 34	0.488 40	2.67	0.011 30	0.496 21	3.07	0.003 58	0.498 93
2.28	0.029 65	0.488 70	2.68	0.011 00	0.496 32	3.08	0.003 48	0.498 97
2.29	0.028 98	0.488 99	2.69	0.010 71	0.496 43	3.09	0.003 37	0.499 00
2.30	0.028 33	0.489 28	2.70	0.010 42	0.496 53	3.10	0.003 27	0.499 03
2.31	0.027 68	0.489 56	2.71	0.010 14	0.496 64	3.11	0.003 17	0.499 06
2.32	0.027 05	0.489 83	2.72	0.009 87	0.496 74	3.12	0.003 07	0.499 10
2.33	0.026 43	0.490 10	2.73	0.009 61	0.496 83	3.13	0.002 98	0.499 13
2.34	0.025 82	0.490 36	2.74	0.009 35	0.496 93	3.14	0.002 88	0.499 16
2.35	0.025 22	0.490 61	2.75	0.009 09	0.497 02	3.15	0.002 79	0.499 18
2.36	0.024 63	0.490 86	2.76	0.008 85	0.497 11	3.16	0.002 71	0.499 21
2.37	0.024 06	0.491 11	2.77	0.008 61	0.497 20	3.17	0.002 62	0.499 24
2.38	0.023 49	0.491 34	2.78	0.008 37	0.497 28	3.18	0.002 54	0.499 26
2.39	0.022 94	0.491 58	2.79	0.008 14	0.497 36	3.19	0.002 46	0.499 29
2.40	0.022 39	0.491 80	2.80	0.007 92	0.497 44	3.20	0.002 38	0.499 31
2.41	0.021 86	0.492 02	2.81	0.007 70	0.497 52	3.21	0.002 31	0.499 34
2.42	0.021 34	0.492 24	2.82	0.007 48	0.497 60	3.22	0.002 24	0.499 36
2.43	0.020 83	0.492 45	2.83	0.007 27	0.497 67	3.23	0.002 16	0.499 38
2.44	0.020 33	0.492 66	2.84	0.007 07	0.497 74	3.24	0.002 10	0.499 40
2.45	0.019 84	0.492 86	2.85	0.006 87	0.497 81	3.25	0.002 03	0.499 42
2.46	0.019 36	0.493 05	2.86	0.006 68	0.497 88	3.26	0.001 96	0.499 44
2.47	0.018 89	0.493 24	2.87	0.006 49	0.497 95	3.27	0.001 90	0.499 46
2.48	0.018 42	0.493 43	2.88	0.006 31	0.498 01	3.28	0.001 84	0.499 48
2.49	0.017 97	0.493 61	2.89	0.006 13	0.498 07	3.29	0.001 78	0.499 50

续表

Z	Y	P	Z	Y	P	Z	Y	P
3.30	0.001 72	0.499 52	3.55	0.000 73	0.499 81	3.80	0.000 29	0.499 93
3.31	0.001 67	0.499 53	3.56	0.000 71	0.499 81	3.81	0.000 28	0.499 93
3.32	0.001 61	0.499 55	3.57	0.000 68	0.499 82	3.82	0.000 27	0.499 93
3.33	0.001 56	0.499 57	3.58	0.000 66	0.499 83	3.83	0.000 26	0.499 94
3.34	0.001 51	0.499 58	3.59	0.000 63	0.499 83	3.84	0.000 25	0.499 94
3.35	0.001 46	0.499 60	3.60	0.000 61	0.499 84	3.85	0.000 24	0.499 94
3.36	0.001 41	0.499 61	3.61	0.000 59	0.499 84	3.86	0.000 23	0.499 94
3.37	0.001 36	0.499 62	3.62	0.000 57	0.499 85	3.87	0.000 22	0.499 95
3.38	0.001 32	0.499 64	3.63	0.000 55	0.499 86	3.88	0.000 21	0.499 95
3.39	0.001 27	0.499 65	3.64	0.000 53	0.499 86	3.89	0.000 21	0.499 95
3.40	0.001 23	0.499 66	3.65	0.000 51	0.499 87	3.90	0.000 20	0.499 95
3.41	0.001 19	0.499 68	3.66	0.000 49	0.499 87	3.91	0.000 19	0.499 95
3.42	0.001 15	0.499 69	3.67	0.000 47	0.499 88	3.92	0.000 18	0.499 96
3.43	0.001 11	0.499 70	3.68	0.000 46	0.499 88	3.93	0.000 18	0.499 96
3.44	0.001 07	0.499 71	3.69	0.000 44	0.499 89	3.94	0.000 17	0.499 96
3.45	0.001 04	0.499 72	3.70	0.000 42	0.499 89	3.95	0.000 16	0.499 96
3.46	0.001 00	0.499 73	3.71	0.000 41	0.499 90	3.96	0.000 16	0.499 96
3.47	0.000 97	0.499 74	3.72	0.000 39	0.499 90	3.97	0.000 15	0.499 96
3.48	0.000 94	0.499 75	3.73	0.000 38	0.499 90	3.98	0.000 14	0.499 97
3.49	0.000 90	0.499 76	3.74	0.000 37	0.499 91	3.99	0.000 14	0.499 97
3.50	0.000 87	0.499 77	3.75	0.000 35	0.499 91			
3.51	0.000 84	0.499 78	3.76	0.000 34	0.499 92			
3.52	0.000 81	0.499 78	3.77	0.000 33	0.499 92			
3.53	0.000 79	0.499 79	3.78	0.000 31	0.499 92			
3.54	0.000 76	0.499 80	3.79	0.000 30	0.499 92			

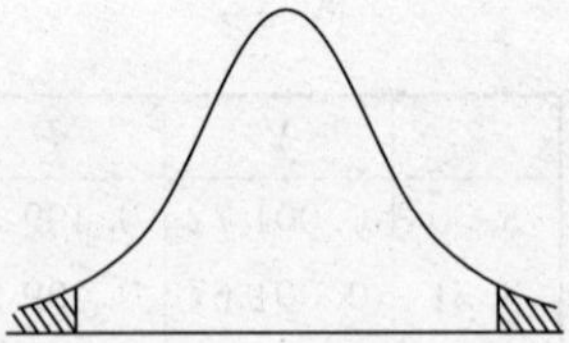

2. t 值表

df	最大 t 值的概率（双侧界限）								
	0.5	0.4	0.3	0.2	0.1	0.05	0.02	0.01	0.001
1	1.000	1.376	1.963	3.078	6.314	12.706	31.821	63.657	636.619
2	0.816	1.061	1.386	1.886	2.920	4.303	6.965	9.925	31.598
3	0.765	0.978	1.250	1.638	2.353	3.182	4.541	5.841	12.941
4	0.741	0.941	1.190	1.533	2.132	2.776	3.747	4.604	8.610
5	0.727	0.920	1.156	1.476	2.015	2.571	3.365	4.032	6.859
6	0.718	0.906	1.134	1.440	1.943	2.447	3.143	3.707	5.959
7	0.711	0.896	1.119	1.415	1.896	2.365	2.998	3.499	5.405
8	0.706	0.889	1.108	1.397	1.860	2.306	2.896	3.355	5.041
9	0.703	0.883	1.100	1.383	1.833	2.262	2.821	3.250	4.781
10	0.700	0.879	1.093	1.372	1.812	2.228	2.764	3.169	4.587
11	0.697	0.876	1.088	1.363	1.796	2.201	2.718	3.106	4.437
12	0.695	0.873	1.083	1.356	1.782	2.179	2.681	3.055	4.318
13	0.694	0.870	1.076	1.350	1.771	2.160	2.650	3.012	4.221
14	0.692	0.868	1.076	1.345	1.761	2.145	2.624	2.977	4.140
15	0.691	0.866	1.074	1.341	1.753	2.131	2.602	2.947	4.073
16	0.690	0.865	1.071	1.337	1.746	2.120	2.583	2.921	4.015
17	0.689	0.863	1.069	1.333	1.740	2.110	2.567	2.898	3.965
18	0.688	0.862	1.067	1.330	1.734	2.101	2.552	2.878	3.922
19	0.688	0.861	1.066	1.328	1.729	2.093	2.539	2.861	3.883
20	0.687	0.860	1.064	1.325	1.725	2.086	2.528	2.845	3.850
21	0.686	0.859	1.063	1.323	1.721	2.080	2.518	2.831	3.819
22	0.686	0.858	1.061	1.321	1.717	2.074	2.508	2.819	3.792
23	0.685	0.858	1.060	1.319	1.714	2.069	2.500	2.807	3.767
24	0.685	0.857	1.059	1.318	1.711	2.064	2.492	2.797	3.745
25	0.684	0.856	1.058	1.316	1.708	2.060	2.485	2.787	3.725

续表

df	最大 t 值的概率（双侧界限）								
	0.5	0.4	0.3	0.2	0.1	0.05	0.02	0.01	0.001
26	0.684	0.856	1.058	1.315	1.706	2.056	2.479	2.779	3.707
27	0.684	0.855	1.057	1.314	1.703	2.052	2.473	2.771	3.690
28	0.683	0.855	1.056	1.313	1.701	2.048	2.467	2.763	3.674
29	0.683	0.854	1.055	1.311	1.699	2.045	2.462	2.756	3.659
30	0.683	0.854	1.055	1.310	1.697	2.042	2.457	2.750	3.646
40	0.681	0.851	1.050	1.303	1.684	2.021	2.423	2.704	3.551
60	0.679	0.848	1.046	1.296	1.671	2.000	2.390	2.660	3.460
120	0.677	0.845	1.041	1.289	1.658	1.980	2.358	2.617	3.373
∞	0.674	0.842	1.036	1.282	1.645	1.960	2.326	2.576	3.291
df	0.25	0.2	0.15	0.1	0.05	0.025	0.01	0.005	0.000 5
	最大 t 值的概率（单侧界限）								

3. *F* 值表（双侧检验）

分母 df	α	分子自								
		1	2	3	4	5	6	7	8	9
1	0.05	647.8	799.5	864.2	899.6	921.8	937.1	948.2	956.7	963.3
	0.01	16 211.0	20 000.0	21 615.0	22 500.0	23 056.0	23 437.0	23 715.0	23 925.0	24 091.0
2	0.05	38.51	39.00	39.17	39.25	39.30	39.33	39.36	39.37	39.39
	0.01	199.5	199.0	199.2	199.2	199.3	199.3	199.4	199.4	199.4
3	0.05	17.44	16.04	15.44	15.10	14.88	14.73	14.62	14.54	14.47
	0.01	55.55	49.80	47.47	46.19	45.39	44.84	44.43	44.13	43.88
4	0.05	12.22	10.65	9.98	9.60	9.36	9.20	9.07	8.98	8.90
	0.01	31.33	26.28	24.26	23.15	22.46	21.97	21.62	21.35	21.14
5	0.05	10.01	8.43	7.76	7.39	7.15	6.98	6.85	6.76	6.68
	0.01	22.78	18.31	16.53	15.56	14.94	14.51	14.20	13.96	13.77
6	0.05	8.81	7.26	6.60	6.23	5.99	5.82	5.70	5.60	5.52
	0.01	18.63	14.54	12.92	12.03	11.46	11.07	10.79	10.57	10.39
7	0.05	8.07	6.54	5.89	5.52	5.29	5.12	4.99	4.90	4.82
	0.01	16.24	12.40	10.88	10.05	9.52	9.16	8.89	8.68	8.51
8	0.05	7.57	6.06	5.42	5.05	4.82	4.65	4.53	4.43	4.36
	0.01	14.69	11.04	9.60	8.81	8.30	7.95	7.69	7.50	7.34
9	0.05	7.21	5.71	5.08	4.72	4.48	4.32	4.20	4.10	4.03
	0.01	13.61	10.11	8.72	7.96	7.47	7.13	6.88	6.69	6.54

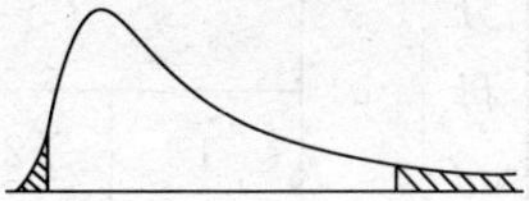

由　度　df									
10	12	15	20	24	30	40	60	120	∞
968.6	976.7	984.9	993.1	997.2	1 001.0	1 006.0	1 010.0	1 014.0	1 018.0
24 224.0	24 426.0	24 630.0	24 836.0	24 940.0	25 044.0	25 148.0	25 253.0	25 359.0	25 465.0
39.40	39.41	39.43	39.45	39.46	39.46	39.47	39.48	39.49	39.50
199.4	199.4	199.4	199.4	199.5	199.5	199.5	199.5	199.5	199.50
14.42	14.34	14.25	14.17	14.12	14.08	14.04	13.99	13.95	13.90
43.69	43.39	43.08	42.78	42.62	42.47	42.31	42.15	41.99	41.83
8.84	8.75	8.66	8.56	8.51	8.46	8.41	8.36	8.31	8.26
20.97	20.70	20.44	20.17	20.03	19.89	19.75	19.61	19.47	19.32
6.62	6.52	6.43	6.33	6.28	6.23	6.18	6.12	6.07	6.02
13.62	13.38	13.15	12.90	12.78	12.66	12.53	12.40	12.27	12.14
5.46	5.37	5.27	5.17	5.12	5.07	5.01	4.96	4.90	4.85
10.25	10.03	9.81	9.59	9.47	9.36	9.24	9.12	9.00	8.88
4.76	4.67	4.57	4.47	4.42	4.36	4.31	4.25	4.20	4.14
8.38	8.18	7.97	7.75	7.65	7.53	7.42	7.31	7.19	7.08
4.30	4.20	4.10	4.00	3.95	3.89	3.84	3.78	3.73	3.67
7.21	7.01	6.81	6.61	6.50	6.40	6.29	6.18	6.06	5.95
3.96	3.87	3.77	3.67	3.61	3.56	3.51	3.45	3.39	3.33
6.42	6.23	6.03	5.83	5.73	5.62	5.52	5.41	5.30	5.19

分母 df	α	分子自								
		1	2	3	4	5	6	7	8	9
10	0.05	6.94	5.46	4.83	4.47	4.24	4.07	3.95	3.85	3.78
	0.01	12.83	9.43	8.08	7.34	6.87	6.54	6.30	6.12	5.97
12	0.05	6.55	5.10	4.47	4.12	3.89	3.73	3.61	3.51	3.44
	0.01	11.75	8.51	7.23	6.52	6.07	5.76	5.52	5.35	5.20
15	0.05	6.20	4.77	4.15	3.80	3.58	3.41	3.29	3.20	3.12
	0.01	10.80	7.70	6.48	5.80	5.37	5.07	4.85	4.67	4.54
20	0.05	5.87	4.46	3.86	3.51	3.29	3.13	3.01	2.91	2.84
	0.01	9.94	6.99	5.82	5.17	4.76	4.47	4.26	4.09	3.96
24	0.05	5.72	4.32	3.72	3.38	3.15	2.99	2.87	2.78	2.70
	0.01	9.55	6.66	5.52	4.89	4.49	4.20	3.99	3.83	3.69
30	0.05	5.57	4.18	3.59	3.25	3.03	2.87	2.75	2.65	2.57
	0.01	9.18	6.35	5.24	4.62	4.23	2.95	3.74	3.58	3.45
40	0.05	5.42	4.05	3.46	3.13	2.90	2.74	2.62	2.53	2.45
	0.01	8.83	6.07	4.98	4.37	3.99	3.71	3.51	3.35	3.22
60	0.05	5.29	3.93	3.34	3.01	2.79	2.63	2.51	2.41	2.33
	0.01	8.49	5.79	4.73	4.14	3.76	3.49	3.29	3.13	3.01
120	0.05	5.15	3.80	3.23	2.89	2.67	2.52	2.39	2.30	2.22
	0.01	8.18	5.54	4.50	3.92	3.55	3.28	3.09	2.93	2.81
∞	0.05	5.02	3.69	3.12	2.79	2.57	2.41	2.29	2.19	2.11
	0.01	7.88	5.30	4.28	3.72	3.35	3.09	2.90	2.74	2.62

续表

由	度	df							
10	12	15	20	24	30	40	60	120	∞
3.72	3.62	3.52	3.42	3.37	3.31	3.26	3.20	3.14	3.08
5.85	5.66	5.47	5.27	5.17	5.07	4.97	4.86	4.75	4.64
3.37	3.28	3.18	3.07	3.02	2.96	2.91	2.85	2.79	2.72
5.09	4.91	4.72	4.53	4.43	4.33	4.23	4.12	4.01	3.90
3.06	2.96	2.86	2.76	2.70	2.64	2.59	2.52	2.46	2.40
4.42	4.25	4.07	3.88	3.79	3.69	3.58	3.48	3.37	3.26
2.77	2.68	2.57	2.46	2.41	2.35	2.29	2.22	2.16	2.09
3.85	3.68	3.50	3.32	3.22	3.12	3.02	2.92	2.81	2.69
2.64	2.54	2.44	2.33	2.27	2.21	2.15	2.08	2.01	1.94
3.59	3.42	3.25	3.06	2.97	2.87	2.77	2.66	2.55	2.43
2.51	2.41	2.31	2.20	2.14	2.07	2.01	1.94	1.87	1.79
3.34	3.18	3.01	2.82	2.73	2.63	2.52	2.42	2.30	2.18
2.39	2.29	2.18	2.07	2.01	1.94	1.88	1.80	1.72	1.64
3.12	2.95	2.78	2.60	2.50	2.40	2.30	2.18	2.06	1.93
2.27	2.17	2.06	1.94	1.88	1.82	1.74	1.67	1.58	1.48
2.90	2.74	2.57	2.39	2.29	2.19	2.08	1.96	1.83	1.69
2.16	2.05	1.94	1.82	1.76	1.69	1.61	1.53	1.43	1.31
2.71	2.54	2.37	2.19	2.09	1.98	1.87	1.75	1.61	1.43
2.05	1.94	1.83	1.71	1.64	1.57	1.48	1.39	1.27	1.00
2.52	2.36	2.19	2.00	1.90	1.79	1.67	1.53	1.36	1.00

4. F 值表（单侧检验）

分母 df	α	分 子 自											
		1	2	3	4	5	6	7	8	9	10	11	12
1	0.05	161	200	216	225	230	234	237	239	241	242	243	244
	0.01	4 052	4 999	5 403	5 625	5 764	5 859	5 928	5 981	6 022	6 056	6 082	6 106
2	0.05	18.51	19.00	19.16	19.25	19.30	19.33	19.36	19.37	19.38	19.39	19.40	19.41
	0.01	98.49	99.01	99.17	99.25	99.30	99.33	99.34	99.36	99.38	99.40	99.41	99.42
3	0.05	10.13	9.55	9.28	9.12	9.01	8.94	8.88	8.84	8.81	8.78	8.76	8.74
	0.01	34.12	30.81	29.46	28.71	28.24	27.91	27.67	27.49	27.34	27.23	27.13	27.05
4	0.05	7.71	6.94	6.59	6.39	6.26	6.16	6.09	6.04	6.00	5.96	5.93	5.91
	0.01	21.20	18.00	16.69	15.98	15.52	15.21	14.98	14.80	14.66	14.54	14.45	14.37
5	0.05	6.61	5.79	5.41	5.19	5.05	4.95	4.88	4.82	4.78	4.74	4.70	4.68
	0.01	16.26	13.27	12.06	11.39	10.97	10.67	10.45	10.27	10.15	10.05	9.96	9.89
6	0.05	5.99	5.14	4.76	4.53	4.39	4.28	4.21	4.15	4.10	4.06	4.03	4.00
	0.01	13.74	10.92	9.78	9.15	8.75	8.47	8.26	8.10	7.98	7.87	7.79	7.72
7	0.05	5.59	4.74	4.35	4.12	3.97	3.87	3.79	3.73	3.68	3.63	3.60	3.57
	0.01	12.25	9.55	8.45	7.85	7.46	7.19	7.00	6.84	6.71	6.62	6.54	6.47
8	0.05	5.32	4.46	4.07	3.84	3.69	3.58	3.50	3.44	3.39	3.34	3.31	3.28
	0.01	11.26	8.65	7.59	7.01	6.63	6.37	6.19	6.03	5.91	5.82	5.74	5.67
9	0.05	5.12	4.26	3.86	3.63	3.48	3.37	3.29	3.23	3.18	3.13	3.10	3.07
	0.01	10.56	8.02	6.99	6.42	6.06	5.80	5.62	5.47	5.85	5.26	5.18	5.11
10	0.05	4.96	4.10	3.71	3.48	3.33	3.22	3.14	3.07	3.02	2.97	2.94	2.91
	0.01	10.04	7.56	6.55	5.99	5.64	5.39	5.21	5.06	4.95	4.85	4.78	4.71
11	0.05	4.84	3.98	3.59	3.36	3.20	3.09	3.01	2.95	2.90	2.86	2.82	2.79
	0.01	9.65	7.20	6.22	5.67	5.32	5.07	4.88	4.74	4.63	4.54	4.46	4.40
12	0.05	4.75	3.88	3.49	3.26	3.11	3.00	2.92	2.85	2.80	2.76	2.72	2.96
	0.01	9.33	6.93	5.95	5.41	5.06	4.82	4.65	4.50	4.39	4.30	4.22	4.16

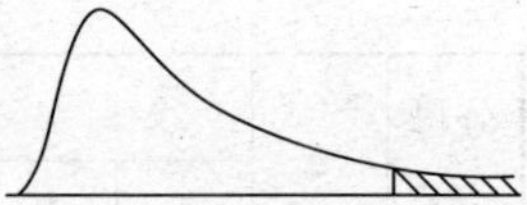

由　度　df											
14	16	20	24	30	40	50	75	100	200	500	∞
245	246	248	249	250	251	252	253	253	254	254	254
6 142	6 169	6 208	6 234	6 258	6 286	6 302	6 323	6 334	6 352	6 361	6 366
19.42	19.43	19.44	19.45	19.46	19.47	19.47	19.48	19.49	19.49	19.50	19.50
99.43	99.44	99.45	99.46	99.47	99.48	99.48	99.49	99.49	99.49	99.50	99.50
8.71	8.69	8.66	8.64	8.62	8.60	8.58	8.57	8.56	8.54	8.54	8.53
26.92	26.83	26.69	26.60	26.50	26.41	26.30	26.27	26.23	26.18	26.14	26.12
5.87	5.84	5.80	5.77	5.74	5.71	5.70	5.68	5.66	5.65	5.64	5.63
14.24	14.15	14.02	13.93	13.83	13.74	13.69	13.61	13.57	13.52	13.48	13.46
4.64	4.60	4.56	4.53	4.50	4.46	4.44	4.42	4.40	4.38	4.37	4.36
9.77	9.68	9.55	9.47	9.38	9.29	9.24	9.17	9.13	9.07	9.04	9.02
3.96	3.92	3.87	3.84	3.81	3.77	3.75	3.72	3.71	3.69	3.68	3.67
7.60	7.52	7.39	7.31	7.23	7.14	7.09	7.02	6.99	6.94	6.90	6.88
3.52	3.49	3.44	3.41	3.38	3.34	3.32	3.29	3.28	3.25	3.24	3.23
6.35	6.27	6.15	6.07	5.98	5.90	5.85	5.78	5.75	5.70	5.67	5.65
3.23	3.20	3.15	3.12	3.08	3.05	3.03	3.00	2.98	2.96	2.94	2.93
5.56	5.48	5.36	5.28	5.20	5.11	5.06	5.00	4.96	4.91	4.88	4.80
3.02	2.98	2.93	2.90	2.86	2.82	2.80	2.77	2.76	2.73	2.72	2.71
5.00	4.92	4.80	4.73	4.64	4.56	4.51	4.45	4.41	4.36	4.33	4.31
2.86	2.82	2.77	2.74	2.70	2.67	2.64	2.61	2.59	2.56	2.55	2.54
4.60	4.52	4.41	4.33	4.25	4.17	4.12	4.05	4.01	3.96	3.93	3.91
2.74	2.70	2.65	2.61	2.57	2.53	2.50	2.47	2.45	2.42	2.41	2.40
4.29	4.21	4.10	4.02	3.94	3.86	3.80	3.74	3.70	3.66	3.62	3.60
2.64	2.60	2.54	2.50	2.46	2.42	2.40	2.36	2.35	2.32	2.31	2.30
4.05	3.98	3.86	3.78	3.70	3.61	3.56	3.49	3.46	3.41	3.38	3.36

分母 df	α	分子自											
		1	2	3	4	5	6	7	8	9	10	11	12
13	0.05	4.67	3.80	3.41	3.18	3.02	2.92	2.84	2.77	2.72	2.67	2.63	2.60
	0.01	9.07	6.70	5.74	5.20	4.86	4.62	4.44	4.30	4.19	4.10	4.02	3.96
14	0.05	4.60	3.74	3.34	3.11	2.96	2.85	2.77	2.70	2.65	2.60	2.56	2.53
	0.01	8.86	6.51	5.56	5.03	4.69	4.46	4.28	4.14	4.03	3.94	3.86	3.80
15	0.05	4.54	3.68	3.29	3.06	2.90	2.79	2.70	2.64	2.59	2.55	2.51	2.48
	0.01	8.68	6.36	5.42	4.89	4.56	4.32	4.14	4.00	3.89	3.80	3.73	3.67
16	0.05	4.49	3.63	3.24	3.01	2.85	2.74	2.66	2.59	2.54	2.49	2.45	2.42
	0.01	8.53	6.23	5.29	4.77	4.44	4.20	4.03	3.89	3.78	3.69	3.61	3.55
17	0.05	4.45	3.59	3.20	2.96	2.81	2.70	2.62	2.55	2.50	2.45	2.41	2.38
	0.01	8.40	6.11	5.18	4.67	4.34	4.10	3.93	3.79	3.68	3.59	3.52	3.45
18	0.05	4.41	3.55	3.16	2.93	2.77	2.66	2.58	2.51	2.46	2.41	2.37	2.34
	0.01	8.28	6.01	5.09	4.58	4.25	4.01	3.85	3.71	3.60	3.51	3.44	3.37
19	0.05	4.38	3.52	3.13	2.90	2.74	2.63	2.55	2.48	2.43	2.38	2.34	2.31
	0.01	8.18	5.93	5.01	4.50	4.17	3.94	3.77	3.63	3.52	3.43	3.36	3.30
20	0.05	4.35	3.49	3.10	2.87	2.71	2.60	2.52	2.45	2.40	2.35	2.31	2.28
	0.01	8.10	5.85	4.94	4.43	4.10	3.87	3.71	3.56	3.45	3.37	3.30	3.23
21	0.05	4.32	3.47	3.07	2.84	2.68	2.57	2.49	2.42	2.37	2.32	2.28	2.25
	0.01	8.02	5.78	4.87	4.37	4.04	3.81	3.65	3.51	3.40	3.31	3.24	3.17
22	0.05	4.30	3.44	3.05	2.82	2.66	2.55	2.47	2.40	2.35	2.30	2.26	2.23
	0.01	7.94	5.72	4.82	4.31	3.99	3.76	3.59	3.45	3.35	3.26	3.18	3.12
23	0.05	4.28	3.42	3.03	2.80	2.64	2.53	2.45	2.38	2.32	2.28	2.24	2.20
	0.01	7.88	5.66	4.76	4.26	3.94	3.71	3.54	3.41	3.30	3.21	3.14	3.07
24	0.05	4.26	3.40	3.01	2.78	2.62	2.51	2.43	2.36	2.30	2.26	2.22	2.18
	0.01	7.82	5.61	4.72	4.22	3.90	3.67	3.50	3.36	3.25	3.17	3.09	3.03
25	0.05	4.24	3.38	2.99	2.76	2.60	2.49	2.41	2.34	2.28	2.24	2.20	2.16
	0.01	7.77	5.57	4.68	4.18	3.86	3.63	3.46	3.32	3.21	3.13	3.05	2.99
26	0.05	4.22	3.37	2.89	2.74	2.59	2.47	2.39	2.32	2.27	2.22	2.18	2.15
	0.01	7.72	5.53	4.64	4.14	3.82	3.59	3.42	3.29	3.17	3.09	3.02	2.96
27	0.05	4.21	3.35	2.96	2.73	2.57	2.46	2.37	2.30	2.25	2.20	2.16	2.13
	0.01	7.68	5.49	4.60	4.11	3.79	3.56	3.39	3.26	3.14	3.06	2.98	2.93

续表

由	度	df									
14	16	20	24	30	40	50	75	100	200	500	∞
2.55	2.51	2.46	2.42	2.38	2.34	2.32	2.28	2.26	2.24	2.22	2.21
3.85	3.78	3.67	3.59	3.51	3.42	3.37	3.30	3.27	3.21	3.18	3.16
2.48	2.44	2.39	2.35	2.31	2.27	2.24	2.21	2.19	2.16	2.14	2.13
3.70	3.62	3.51	3.43	3.34	3.26	3.21	3.14	3.11	3.06	3.02	3.00
2.43	2.39	2.33	2.29	2.25	2.21	2.18	2.15	2.12	2.10	2.08	2.07
3.56	3.48	3.36	3.29	3.20	3.12	3.07	3.00	2.97	2.92	2.89	2.87
2.37	2.33	2.28	2.24	2.20	2.16	2.13	2.09	2.07	2.04	2.02	2.01
3.45	3.37	3.25	3.18	3.10	3.01	2.96	2.89	2.86	2.80	2.77	2.75
2.33	2.29	2.23	2.19	2.15	2.11	2.08	2.04	2.02	1.99	1.97	1.96
3.35	3.27	3.16	3.08	3.00	2.92	2.86	2.79	2.76	2.70	2.67	2.65
2.29	2.25	2.19	2.15	2.11	2.07	2.04	2.00	1.98	1.95	1.93	1.92
3.27	3.19	3.07	3.00	2.91	2.83	2.78	2.71	2.68	2.62	2.59	2.57
2.26	2.21	2.15	2.11	2.07	2.02	2.00	1.96	1.94	1.91	1.90	1.88
3.19	3.12	3.00	2.92	2.84	2.76	2.70	2.63	2.60	2.54	2.51	2.49
2.23	2.18	2.12	2.08	2.04	1.99	1.96	1.92	1.90	1.87	1.85	1.84
3.13	3.05	2.94	2.86	2.77	2.69	2.63	2.56	2.53	2.47	2.44	2.42
2.20	2.15	2.09	2.05	2.00	1.96	1.93	1.89	1.87	1.84	1.82	1.81
3.07	2.99	2.88	2.80	2.72	2.63	2.58	2.51	2.47	2.42	2.38	2.36
2.18	2.13	2.07	2.03	1.98	1.93	1.91	1.87	1.84	1.81	1.80	1.78
3.02	2.94	2.83	2.75	2.67	2.58	2.53	2.46	2.42	2.37	2.33	2.31
2.14	2.10	2.04	2.00	1.96	1.91	1.88	1.84	1.82	1.79	1.77	1.76
2.97	2.89	2.78	2.70	2.62	2.53	2.48	2.41	2.37	2.32	2.28	2.26
2.13	2.09	2.02	1.98	1.94	1.89	1.86	1.82	1.80	1.76	1.74	1.73
2.93	2.85	2.74	2.66	2.58	2.49	2.44	2.36	2.33	2.27	2.23	2.21
2.11	2.06	2.00	1.96	1.92	1.87	1.84	1.80	1.77	1.74	1.72	1.71
2.89	2.81	2.70	2.62	2.54	2.45	2.40	2.32	2.29	2.23	2.19	2.17
2.10	2.05	1.99	1.95	1.90	1.85	1.82	1.78	1.76	1.72	1.70	1.69
2.86	2.77	2.66	2.58	2.50	2.41	2.36	2.28	2.25	2.19	2.15	2.13
2.08	2.03	1.97	1.93	1.88	1.84	1.80	1.76	1.74	1.71	1.68	1.67
2.83	2.74	2.63	2.55	2.47	2.38	2.33	2.25	2.21	2.16	2.12	2.10

分母 *df*	α	分子自											
		1	2	3	4	5	6	7	8	9	10	11	12
28	0.05	4.20	3.34	2.95	2.71	2.56	2.44	2.36	2.29	2.24	2.19	2.15	2.12
	0.01	7.64	5.45	4.57	4.07	3.76	3.53	3.36	3.23	3.11	3.03	2.95	2.90
29	0.05	4.18	3.33	2.93	2.70	2.54	2.43	2.35	2.28	2.22	2.18	2.14	2.10
	0.01	7.60	5.52	4.54	4.04	3.73	3.50	3.33	3.20	3.08	3.00	2.92	2.87
30	0.05	4.17	3.32	2.92	2.69	2.53	2.42	2.34	2.27	2.21	2.16	2.12	2.09
	0.01	7.56	5.39	4.51	4.02	3.70	3.47	3.30	3.17	3.06	2.98	2.90	2.84
32	0.05	4.15	3.30	2.90	2.67	2.51	2.40	2.32	2.25	2.19	2.14	2.10	2.07
	0.01	7.50	5.34	4.46	3.97	3.66	3.42	3.25	3.12	3.01	2.94	2.86	2.80
34	0.05	4.13	3.28	2.88	2.65	2.49	2.38	2.30	2.23	2.17	2.12	2.08	2.05
	0.01	7.44	5.29	4.42	3.93	3.61	3.38	3.21	3.08	2.97	2.89	2.82	2.76
36	0.05	4.11	3.26	2.86	2.63	2.48	2.36	2.28	2.21	2.15	2.10	2.06	2.03
	0.01	7.39	5.25	4.38	3.89	3.58	3.35	3.18	3.04	2.94	2.86	2.78	2.72
38	0.05	4.10	3.25	2.85	2.62	2.46	2.35	2.26	2.19	2.14	2.09	2.05	2.02
	0.01	7.35	5.21	4.34	3.86	3.54	3.32	3.15	3.02	2.91	2.82	2.75	2.69
40	0.05	4.08	3.23	2.84	2.61	2.45	2.34	2.25	2.18	2.12	2.07	2.04	2.00
	0.01	7.31	5.18	4.34	3.83	3.51	3.29	3.12	2.99	2.88	2.80	2.73	2.66
42	0.05	4.07	3.22	2.83	2.59	2.44	2.32	2.24	2.17	2.11	2.06	2.02	1.99
	0.01	7.27	5.15	4.29	3.80	3.49	3.26	3.10	2.96	2.86	2.77	2.70	2.64
44	0.05	4.06	3.21	2.82	2.58	2.43	2.31	2.23	2.16	2.10	2.05	2.01	1.98
	0.01	7.24	5.12	4.26	3.78	3.46	3.24	3.07	2.94	2.84	2.75	2.68	2.62
46	0.05	4.05	3.20	2.81	2.57	2.42	2.30	2.22	2.14	2.09	2.04	2.00	1.97
	0.01	7.21	5.10	4.24	3.76	3.44	3.22	3.05	2.92	2.82	2.73	2.66	2.60
48	0.05	4.04	3.19	2.80	2.56	2.41	2.30	2.21	2.14	2.08	2.03	1.99	1.96
	0.01	7.19	5.08	4.22	3.74	3.42	3.20	3.04	2.90	2.80	2.71	2.64	2.58
50	0.05	4.03	3.18	2.79	2.56	2.40	2.29	2.20	2.13	2.07	2.02	1.98	1.95
	0.01	7.17	5.06	4.20	3.72	3.41	3.18	3.02	2.88	2.78	2.70	2.62	2.56
55	0.05	4.02	3.17	2.78	2.54	2.38	2.27	2.18	2.11	2.05	2.00	1.97	1.93
	0.01	7.12	5.01	4.16	3.68	3.37	3.15	2.98	2.85	2.75	2.66	2.59	2.53
60	0.05	4.00	3.15	2.76	2.52	2.37	2.25	2.17	2.10	2.04	1.99	1.95	1.92
	0.01	7.08	4.98	4.13	3.65	3.34	3.12	2.95	2.82	2.72	2.63	2.56	2.50

续表

由　　度　　*df*											
14	16	20	24	30	40	50	75	100	200	500	∞
2.06	2.02	1.96	1.91	1.87	1.81	1.78	1.75	1.72	1.69	1.67	1.65
2.80	2.71	2.60	2.52	2.44	2.35	2.30	2.22	2.18	2.13	2.09	2.06
2.05	2.00	1.94	1.90	1.85	1.80	1.77	1.73	1.71	1.68	1.65	1.64
2.77	2.68	2.57	2.49	2.41	2.32	2.27	2.19	2.15	2.10	2.06	2.03
2.04	1.99	1.93	1.89	1.84	1.79	1.76	1.72	1.69	1.66	1.64	1.62
2.74	2.66	2.55	2.47	2.38	2.29	2.24	2.16	2.13	2.07	2.03	2.01
2.02	1.97	1.91	1.86	1.82	1.76	1.74	1.69	1.67	1.64	1.61	1.59
2.70	2.62	2.51	2.42	2.34	2.25	2.20	2.12	2.08	2.02	1.98	1.96
2.00	1.95	1.89	1.84	1.80	1.74	1.71	1.67	1.64	1.61	1.59	1.57
2.66	2.58	2.47	2.38	2.30	2.21	2.15	2.08	2.04	1.98	1.94	1.91
1.89	1.93	1.87	1.82	1.78	1.72	1.69	1.65	1.62	1.59	1.56	1.55
2.62	2.54	2.43	2.35	2.26	2.17	2.12	2.04	2.00	1.94	1.90	1.87
1.96	1.92	1.85	1.80	1.76	1.71	1.67	1.63	1.60	1.57	1.54	1.53
2.59	2.51	2.40	2.32	2.22	2.14	2.08	2.00	1.97	1.90	1.86	1.84
1.95	1.90	1.84	1.79	1.74	1.69	1.66	1.61	1.59	1.55	1.53	1.51
2.56	2.49	2.37	2.29	2.20	2.11	2.05	1.97	1.94	1.88	1.84	1.81
1.94	1.89	1.82	1.78	1.73	1.68	1.64	1.60	1.57	1.54	1.51	1.49
2.54	2.46	2.35	2.26	2.17	2.08	2.02	1.94	1.91	1.85	1.80	1.78
1.92	1.88	1.81	1.76	1.72	1.66	1.63	1.58	1.56	1.52	1.50	1.48
2.52	2.44	2.32	2.24	2.15	2.06	2.00	1.92	1.88	1.82	1.78	1.75
1.91	1.87	1.80	1.75	1.71	1.65	1.62	1.57	1.54	1.51	1.48	1.46
2.50	2.42	2.30	2.22	2.13	2.04	1.98	1.90	1.86	1.80	1.76	1.72
1.90	1.86	1.79	1.74	1.70	1.64	1.61	1.56	1.53	1.50	1.47	1.45
2.48	2.40	2.28	2.20	2.11	2.02	1.96	1.88	1.84	1.78	1.73	1.70
1.90	1.85	1.78	1.74	1.69	1.63	1.60	1.55	1.52	1.48	1.46	1.44
2.46	2.39	2.26	2.18	2.10	2.00	1.94	1.86	1.82	1.76	1.71	1.68
1.88	1.83	1.76	1.72	1.67	1.61	1.58	1.52	1.50	1.46	1.43	1.41
2.43	2.35	2.23	2.15	2.06	1.96	1.90	1.82	1.78	1.71	1.66	1.64
1.86	1.81	1.75	1.70	1.65	1.59	1.56	1.50	1.48	1.44	1.41	1.39
2.40	2.32	2.20	2.12	2.03	1.93	1.87	1.79	1.74	1.68	1.63	1.60

分母 df	α	分子自											
		1	2	3	4	5	6	7	8	9	10	11	12
65	0.05	3.99	3.14	2.75	2.51	2.36	2.24	2.15	2.08	2.02	1.98	1.94	1.90
	0.01	7.04	4.95	4.10	3.62	3.31	3.09	2.93	2.79	2.70	2.61	2.54	2.47
70	0.05	3.98	3.13	2.74	2.50	2.35	2.22	2.14	2.07	2.01	1.97	1.93	1.89
	0.01	7.01	4.92	4.08	3.60	3.29	3.07	2.91	2.77	2.67	2.59	2.51	2.45
80	0.05	3.96	3.11	2.72	2.48	2.33	2.21	2.12	2.05	1.99	1.95	1.91	1.88
	0.01	6.96	4.88	4.04	3.56	3.25	3.04	2.87	2.74	2.64	2.55	2.48	2.41
100	0.05	3.94	3.09	2.70	2.46	2.30	2.19	2.10	2.03	1.97	1.92	1.88	1.85
	0.01	6.90	4.82	3.98	3.51	3.20	2.99	2.82	2.69	2.59	2.51	2.43	2.36
125	0.05	3.92	3.07	2.68	2.44	2.29	2.17	2.08	2.01	1.95	1.90	1.86	1.83
	0.01	6.84	4.78	3.94	3.47	3.17	2.95	2.79	2.65	2.56	2.47	2.40	2.33
150	0.05	3.90	3.06	2.67	2.43	2.27	2.16	2.07	2.00	1.94	1.89	1.85	1.82
	0.01	6.81	4.75	3.91	3.44	3.13	2.92	2.76	2.62	2.53	2.44	2.37	2.30
200	0.05	3.89	3.04	2.65	2.41	2.26	2.14	2.05	1.98	1.92	1.87	1.83	1.80
	0.01	6.76	4.71	3.88	3.41	3.11	2.90	2.73	2.60	2.50	2.41	2.34	2.28
400	0.05	3.86	3.02	2.62	2.39	2.23	2.12	2.03	1.96	1.90	1.85	1.81	1.78
	0.01	6.70	4.66	3.83	3.36	3.06	2.85	2.69	2.55	2.46	2.37	2.29	2.23
1000	0.05	3.85	3.00	2.61	2.38	2.22	2.11	2.02	1.95	1.89	1.84	1.80	1.76
	0.01	6.66	4.62	3.80	3.34	3.04	2.82	2.66	2.53	2.43	2.34	2.26	2.20
∞	0.05	3.84	2.99	2.60	2.37	2.21	2.10	2.01	1.94	1.88	1.83	1.79	1.75
	0.01	6.64	4.60	3.78	3.32	3.02	2.80	2.64	2.51	2.41	2.32	2.24	2.18

续表

由　度　df											
14	16	20	24	30	40	50	75	100	200	500	∞
1.85	1.80	1.73	1.68	1.63	1.57	1.54	1.49	1.46	1.42	1.39	1.37
2.37	2.30	2.18	2.09	2.00	1.90	1.84	1.76	1.71	1.64	1.60	1.56
1.84	1.79	1.72	1.67	1.62	1.56	1.53	1.47	1.45	1.40	1.37	1.35
2.35	2.28	2.15	2.07	1.98	1.88	1.82	1.74	1.69	1.62	1.56	1.53
1.82	1.77	1.70	1.65	1.60	1.54	1.51	1.45	1.42	1.38	1.35	1.32
2.32	2.24	2.11	2.03	1.94	1.84	1.78	1.70	1.65	1.57	1.52	1.49
1.79	1.75	1.68	1.63	1.57	1.51	1.48	1.42	1.39	1.34	1.30	1.28
2.26	2.19	2.06	1.98	1.89	1.79	1.73	1.64	1.59	1.51	1.46	1.43
1.77	1.72	1.65	1.60	1.55	1.49	1.45	1.39	1.36	1.31	1.27	1.25
2.23	2.15	2.03	1.94	1.85	1.75	1.68	1.59	1.54	1.46	1.40	1.37
1.76	1.71	1.64	1.59	1.54	1.47	1.44	1.37	1.34	1.29	1.25	1.22
2.20	2.12	2.00	1.91	1.83	1.72	1.66	1.56	1.51	1.43	1.37	1.33
1.74	1.69	1.62	1.57	1.52	1.45	1.42	1.35	1.32	1.26	1.22	1.19
2.17	2.09	1.97	1.88	1.79	1.69	1.62	1.53	1.48	1.39	1.33	1.28
1.72	1.67	1.60	1.54	1.49	1.42	1.38	1.32	1.28	1.22	1.16	1.13
2.12	2.04	1.92	1.84	1.74	1.64	1.57	1.47	1.42	1.32	1.24	1.19
1.70	1.65	1.58	1.53	1.47	1.41	1.36	1.30	1.26	1.19	1.13	1.08
2.09	2.01	1.89	1.81	1.71	1.61	1.54	1.44	1.38	1.28	1.19	1.11
1.69	1.64	1.57	1.52	1.46	1.40	1.35	1.28	1.24	1.17	1.11	1.00
2.07	1.99	1.87	1.79	1.69	1.59	1.52	1.41	1.36	1.25	1.15	1.00

5. F_{max}的临界值（哈特莱方差齐性检验）

$$F_{max}=\sigma^2_{最大}/\sigma^2_{最小}$$

分母 df	α	k=变异数的数目										
		2	3	4	5	6	7	8	9	10	11	12
4	0.05	9.60	15.50	20.60	25.20	29.50	33.60	37.50	41.40	44.60	48.00	51.40
	0.01	23.20	37.00	49.00	59.00	69.00	79.00	89.00	97.00	106.00	113.00	120.00
5	0.05	7.15	10.80	13.70	16.30	18.70	20.80	22.90	24.70	26.50	28.20	29.90
	0.01	14.90	22.00	28.00	33.00	38.00	42.00	46.00	50.00	54.00	57.00	60.00
6	0.05	5.82	8.38	10.40	12.10	13.70	15.00	16.30	17.50	18.60	19.70	20.70
	0.01	11.10	15.50	19.10	22.00	25.00	27.00	30.00	32.00	34.00	36.00	37.00
7	0.05	4.99	6.94	8.44	9.70	10.80	11.80	12.70	13.50	14.30	15.10	15.80
	0.01	8.89	12.10	14.50	16.50	18.40	20.00	22.00	23.00	24.00	26.00	27.00
8	0.05	4.43	6.00	7.18	8.12	9.03	9.78	10.50	11.10	11.70	12.20	12.70
	0.01	7.50	9.90	11.70	13.20	14.50	15.80	16.90	17.90	18.90	19.80	21.00
9	0.05	4.03	5.34	6.31	7.11	7.80	8.41	8.95	9.45	9.91	10.30	10.70
	0.01	6.54	8.50	9.90	11.10	12.10	13.10	13.90	14.70	15.30	16.00	16.60
10	0.05	3.72	4.85	5.67	6.34	6.92	7.42	7.87	8.28	8.66	9.01	9.34
	0.01	5.85	7.40	8.60	9.60	10.40	11.10	11.80	12.40	12.90	13.40	13.90
12	0.05	3.28	4.16	4.79	5.30	5.72	6.09	6.42	6.72	7.00	7.25	7.48
	0.01	4.91	6.10	6.90	7.60	8.20	8.70	9.10	9.50	9.90	10.20	10.60
15	0.05	2.86	3.54	4.01	4.37	4.68	4.95	5.19	5.40	5.59	5.77	5.93
	0.01	4.07	4.90	5.50	6.00	6.40	6.70	7.10	7.30	7.50	7.80	8.00
20	0.05	2.46	2.95	3.29	3.54	3.76	3.94	4.10	4.24	4.37	4.49	4.59
	0.01	3.32	3.80	4.30	4.60	4.90	5.10	5.30	5.50	5.60	5.80	5.90
30	0.05	2.07	2.40	2.61	2.78	2.91	3.02	3.12	3.21	3.29	3.36	3.39
	0.01	2.63	3.00	3.30	3.40	3.60	3.70	3.80	3.90	4.00	4.10	4.20
60	0.05	1.67	1.85	1.96	2.04	2.11	2.17	2.22	2.26	2.30	2.33	2.36
	0.01	1.96	2.20	2.30	2.40	2.40	2.50	2.50	2.60	2.60	2.70	2.70
∞	0.05	1.00	1.00	1.00	1.00	1.00	1.00	1.00	1.00	1.00	1.00	1.00
	0.01	1.00	1.00	1.00	1.00	1.00	1.00	1.00	1.00	1.00	1.00	1.00

6. *q* 分布的临界值（各平均数间差异显著时所需之 *q* 值）

		r=等级相差数								
df_w	1−α	2	3	4	5	6	7	8	9	10
1	0.95	18.00	27.00	32.80	37.10	40.40	43.10	45.40	47.40	49.10
	0.99	90.00	135.00	164.00	186.00	202.00	216.00	227.00	237.00	246.00
2	0.95	6.09	8.30	9.80	10.90	11.70	12.40	13.00	13.50	14.00
	0.99	14.00	19.00	22.30	24.70	26.60	28.20	29.50	30.70	31.70
3	0.95	4.50	5.91	6.82	7.50	8.04	8.48	8.85	9.18	9.46
	0.99	8.26	10.60	12.20	13.30	14.20	15.00	15.60	16.20	16.70
4	0.95	3.93	5.04	5.76	6.29	6.71	7.05	7.35	7.60	7.83
	0.99	6.51	8.12	9.17	9.96	10.60	11.10	11.50	11.90	12.30
5	0.95	3.64	4.60	5.22	5.67	6.03	6.33	6.58	6.80	6.99
	0.99	5.70	6.97	7.80	8.42	8.91	9.32	9.67	9.97	10.20
6	0.95	3.46	4.34	4.90	5.31	5.63	5.89	6.12	6.32	6.49
	0.99	5.24	6.33	7.03	7.56	7.97	8.32	8.61	8.87	9.10
7	0.95	3.34	4.16	4.69	5.06	5.36	5.61	5.82	6.00	6.16
	0.99	4.95	5.92	6.54	7.01	7.37	7.68	7.94	8.17	8.37
8	0.95	3.26	4.04	4.53	4.89	5.17	5.40	5.60	5.77	5.92
	0.99	4.74	5.63	6.20	6.63	6.96	7.24	7.47	7.68	7.87
9	0.95	3.20	3.95	4.42	4.76	5.02	5.24	5.43	5.60	5.74
	0.99	4.60	5.43	5.96	6.35	6.66	6.91	7.13	7.32	7.49
10	0.95	3.15	3.88	4.33	4.65	4.91	5.12	5.30	5.46	5.60
	0.99	4.48	5.27	5.77	6.14	6.43	6.67	6.87	7.05	7.21
11	0.95	3.11	3.82	4.25	4.57	4.82	5.03	5.20	5.35	5.49
	0.99	4.39	5.14	5.62	5.97	6.25	6.48	6.67	6.84	6.99

续表

df_w	$1-\alpha$	r=等级相差数 2	3	4	5	6	7	8	9	10
12	0.95	3.08	3.77	4.20	4.51	4.75	4.95	5.12	5.27	5.40
	0.99	4.32	5.04	5.50	5.84	6.10	6.32	6.51	6.67	6.81
13	0.95	3.06	3.73	4.15	4.45	4.69	4.88	5.05	5.19	5.32
	0.99	4.26	4.96	5.40	5.73	5.98	6.19	6.37	6.53	6.67
14	0.95	3.03	3.70	4.11	4.41	4.64	4.83	4.99	5.13	5.25
	0.99	4.21	4.89	5.32	5.63	5.88	6.08	6.26	6.41	6.54
16	0.95	3.00	3.65	4.05	4.33	4.56	4.74	4.90	5.03	5.15
	0.99	4.13	4.78	5.19	5.49	5.72	5.92	6.08	6.22	6.35
18	0.95	2.97	3.61	4.00	4.28	4.49	4.67	4.82	4.96	5.07
	0.99	4.07	4.70	5.09	5.38	5.60	5.79	5.94	6.08	6.20
20	0.95	2.95	3.58	3.96	4.23	4.45	4.62	4.77	4.90	5.01
	0.99	4.02	4.64	5.02	5.29	5.51	5.69	5.84	5.97	6.09
24	0.95	2.92	2.53	3.90	4.17	4.37	4.54	4.68	4.81	4.92
	0.99	3.96	4.54	4.91	5.17	5.37	5.54	5.09	5.81	5.92
30	0.95	2.89	3.49	3.84	4.10	4.30	4.46	4.60	4.72	4.83
	0.99	3.89	4.45	4.80	5.05	5.24	5.40	5.54	5.56	5.76
40	0.95	2.86	3.44	3.79	4.04	4.23	4.39	4.52	4.63	4.74
	0.99	3.82	4.37	4.70	4.93	5.11	5.27	5.39	5.50	5.60
60	0.95	2.83	3.40	3.74	3.98	4.16	4.51	4.44	4.55	4.65
	0.99	3.76	4.28	4.60	4.82	4.99	5.13	5.25	5.36	5.45
120	0.95	2.80	3.36	3.69	3.82	4.10	4.24	4.36	4.48	4.56
	0.99	3.70	4.20	4.50	4.71	4.87	5.01	5.12	5.21	5.30
∞	0.95	2.77	3.31	3.63	3.86	4.03	4.17	4.29	4.39	4.47
	0.99	3.64	4.12	4.40	4.60	4.76	4.88	4.99	5.08	5.16

7. 积差相关系数（*r*）显著性临界值

$df=N-2$	$\alpha=0.10$	0.05	0.02	0.01
1	0.988	0.997	0.999 5	0.999 9
2	0.900	0.950	0.980	0.990
3	0.805	0.878	0.934	0.959
4	0.729	0.811	0.882	0.917
5	0.669	0.754	0.833	0.874
6	0.622	0.707	0.789	0.834
7	0.582	0.666	0.750	0.793
8	0.549	0.632	0.716	0.765
9	0.521	0.602	0.685	0.735
10	0.497	0.576	0.658	0.708
11	0.476	0.553	0.634	0.684
12	0.458	0.532	0.612	0.661
13	0.441	0.514	0.592	0.641
14	0.426	0.497	0.574	0.623
15	0.412	0.482	0.558	0.606
16	0.400	0.468	0.542	0.590
17	0.389	0.456	0.528	0.575
18	0.378	0.444	0.516	0.561
19	0.369	0.433	0.503	0.549
20	0.360	0.423	0.492	0.537
21	0.352	0.413	0.482	0.526
22	0.344	0.404	0.472	0.515
23	0.337	0.396	0.462	0.505
24	0.330	0.388	0.453	0.496
25	0.323	0.381	0.445	0.487

续表

$df=N-2$	α=0.10	0.05	0.02	0.01
26	0.317	0.374	0.437	0.479
27	0.311	0.367	0.430	0.471
28	0.306	0.361	0.423	0.463
29	0.301	0.355	0.416	0.456
30	0.296	0.349	0.409	0.449
35	0.275	0.325	0.381	0.418
40	0.257	0.304	0.358	0.393
45	0.243	0.288	0.338	0.372
50	0.231	0.273	0.322	0.354
60	0.211	0.250	0.295	0.325
70	0.195	0.232	0.274	0.302
80	0.183	0.217	0.256	0.283
90	0.173	0.205	0.242	0.267
100	0.164	0.195	0.230	0.254

8. 相关系数 r 的 Z_r 转换表

r	Z_r	r	Z_r	r	Z_r	r	Z_r	r	Z_r
0.000	0.000	0.200	0.203	0.400	0.424	0.600	0.693	0.800	1.099
0.005	0.005	0.205	0.208	0.405	0.430	0.605	0.701	0.805	1.113
0.010	0.010	0.210	0.213	0.410	0.436	0.610	0.709	0.810	1.127
0.015	0.015	0.215	0.218	0.415	0.442	0.615	0.717	0.815	1.142
0.020	0.020	0.220	0.224	0.420	0.448	0.620	0.725	0.820	1.157
0.025	0.025	0.225	0.229	0.425	0.454	0.625	0.733	0.825	1.172
0.030	0.030	0.230	0.234	0.430	0.460	0.630	0.741	0.830	1.188
0.035	0.035	0.235	0.239	0.435	0.466	0.635	0.750	0.835	1.204
0.040	0.040	0.240	0.245	0.440	0.472	0.640	0.758	0.840	1.221
0.045	0.045	0.245	0.250	0.445	0.478	0.645	0.767	0.845	1.238
0.050	0.050	0.250	0.255	0.450	0.485	0.650	0.775	0.850	1.256
0.055	0.055	0.255	0.261	0.455	0.491	0.655	0.784	0.855	1.274
0.060	0.060	0.260	0.266	0.460	0.497	0.660	0.793	0.860	1.293
0.065	0.065	0.265	0.271	0.465	0.504	0.665	0.802	0.865	1.313
0.070	0.070	0.270	0.277	0.470	0.510	0.670	0.811	0.870	1.333
0.075	0.075	0.275	0.282	0.475	0.517	0.675	0.820	0.875	1.354
0.080	0.080	0.280	0.288	0.480	0.523	0.680	0.829	0.880	1.376
0.085	0.085	0.285	0.293	0.485	0.530	0.685	0.838	0.885	1.398
0.090	0.090	0.290	0.299	0.490	0.536	0.690	0.848	0.800	1.422
0.095	0.095	0.295	0.304	0.495	0.543	0.695	0.868	0.895	1.447
0.100	0.100	0.300	0.310	0.500	0.549	0.700	0.867	0.900	1.472
0.105	0.105	0.305	0.315	0.505	0.556	0.705	0.877	0.905	1.499
0.110	0.110	0.310	0.321	0.510	0.563	0.710	0.887	0.910	1.528
0.115	0.116	0.315	0.326	0.515	0.570	0.715	0.897	0.915	1.557
0.120	0.121	0.320	0.332	0.520	0.576	0.720	0.908	0.920	1.589
0.125	0.126	0.325	0.337	0.525	0.583	0.725	0.918	0.925	1.623
0.130	0.131	0.330	0.343	0.530	0.590	0.730	0.929	0.930	1.658
0.135	0.136	0.335	0.348	0.535	0.597	0.735	0.940	0.935	1.697
0.140	0.141	0.340	0.354	0.540	0.604	0.740	0.950	0.940	1.738
0.145	0.146	0.345	0.360	0.545	0.611	0.745	0.962	0.945	1.783
0.150	0.151	0.350	0.365	0.550	0.618	0.750	0.973	0.950	1.832
0.155	0.156	0.355	0.371	0.555	0.626	0.755	0.984	0.955	1.886
0.160	0.161	0.360	0.377	0.560	0.633	0.760	0.996	0.960	1.946
0.165	0.167	0.365	0.383	0.565	0.640	0.765	1.008	0.965	2.014
0.170	0.172	0.370	0.388	0.570	0.648	0.770	1.020	0.970	2.092
0.175	0.177	0.375	0.394	0.575	0.655	0.775	1.033	0.975	2.185
0.180	0.182	0.380	0.400	0.580	0.662	0.780	1.045	0.980	2.298
0.185	0.187	0.385	0.406	0.585	0.670	0.785	1.058	0.985	2.443
0.190	0.192	0.390	0.412	0.590	0.678	0.790	1.071	0.990	2.647
0.195	0.198	0.395	0.418	0.595	0.685	0.795	1.085	0.995	2.994

9. 斯皮尔曼等级相关系数显著性临界值

N	0.05	0.01
4	1.000	
5	0.900	1.000
6	0.829	0.943
7	0.714	0.893
8	0.643	0.833
9	0.600	0.783
10	0.564	0.746
12	0.506	0.712
14	0.456	0.645
16	0.425	0.601
18	0.399	0.564
20	0.377	0.534
22	0.359	0.508
24	0.343	0.485
26	0.329	0.465
28	0.317	0.448
30	0.306	0.432

10. 肯德尔 W 系数显著性临界值

（表中数字为实得平方和 SS）

k	N					$N=3$	
	3	4	5	6	7	k	SS
0.05 显著水平							
3			64.4	103.9	157.3	9	54.0
4		49.5	88.4	143.3	217.0	12	71.9
5		62.6	112.3	182.4	276.2	14	83.8
6		75.7	136.1	221.4	335.2	16	95.8
8	48.1	101.7	183.7	299.0	453.1	18	107.7
10	60.0	127.8	231.2	376.7	571.0		
15	89.8	192.9	349.8	570.5	864.9		
20	119.7	258.0	468.5	764.4	158.7		
0.01 显著水平							
3			75.6	122.8	185.6	9	75.9
4		61.4	109.3	176.2	265.0	12	103.5
5		80.6	142.8	229.4	343.8	14	121.9
6		99.5	176.1	282.4	422.6	16	140.2
8	66.8	137.4	242.7	388.3	579.9	18	158.6
10	85.1	175.3	309.1	494.0	737.0		
15	131.0	269.8	475.2	758.2	1 129.5		
20	177.0	364.2	641.2	1 022.2	1 521.9		

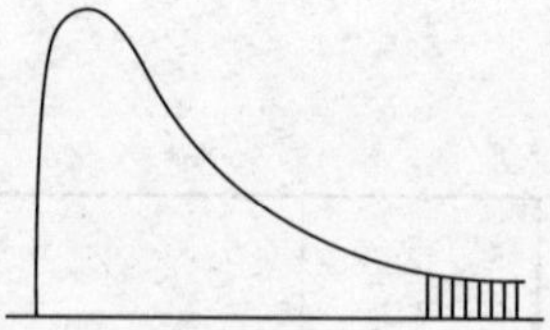

11. χ^2 分布数值表

df	χ^2 大于表内所列 χ^2 值的概率												
	0.995	0.990	0.975	0.950	0.900	0.750	0.500	0.250	0.100	0.050	0.025	0.010	0.005
1	0.000 04	0.000 16	0.000 98	0.003 9	0.015 8	0.102	0.455	1.32	2.71	3.84	5.02	6.63	7.88
2	0.010 0	0.020 1	0.050 6	0.103	0.211	0.575	1.39	2.77	4.61	5.99	7.38	9.21	10.60
3	0.071 7	0.115	0.216	0.352	0.584	1.21	2.37	4.11	6.25	7.81	9.35	11.30	12.80
4	0.267	0.297	0.484	0.711	1.06	1.92	3.36	5.39	7.78	9.49	11.10	13.30	14.90
5	0.412	0.554	0.831	1.15	1.61	2.67	4.35	6.63	9.24	11.10	12.80	15.10	16.70
6	0.676	0.872	1.24	1.64	2.20	3.45	5.35	7.84	10.60	12.60	14.40	16.80	18.50
7	0.989	1.24	1.69	2.17	2.83	4.25	6.35	9.04	12.00	14.10	16.00	18.50	20.30
8	1.34	1.65	2.18	2.73	3.49	5.07	7.34	10.20	13.40	15.50	17.50	20.10	22.00
9	1.73	2.09	2.70	3.33	4.17	5.90	8.34	11.40	14.70	16.90	19.00	21.70	23.60
10	2.16	2.56	3.25	3.94	4.87	6.74	9.34	12.50	16.00	18.30	20.50	23.20	25.20
11	2.60	3.05	3.82	4.57	5.58	7.58	10.30	13.70	17.30	19.70	21.90	24.70	26.80
12	3.07	3.57	4.40	5.23	6.30	8.44	11.30	14.80	18.50	21.00	23.30	26.20	28.30
13	3.57	4.11	5.01	5.89	7.04	9.30	12.30	16.00	19.80	22.40	24.70	27.70	29.80
14	4.07	4.66	5.63	6.57	7.79	10.20	13.30	17.10	21.10	23.70	26.10	29.10	31.30
15	4.60	5.23	6.26	7.26	8.55	11.00	14.30	18.20	22.30	25.00	27.50	30.60	32.80
16	5.14	5.81	6.91	7.96	9.31	11.90	15.30	19.40	23.50	26.30	28.80	32.00	34.30
17	5.70	6.41	7.56	8.67	10.10	12.80	16.30	20.50	24.80	27.60	30.20	33.40	35.70
18	6.26	7.01	8.23	9.39	10.90	13.70	17.30	21.60	26.00	28.90	31.50	34.80	37.20
19	6.84	7.63	8.91	10.10	11.70	14.60	18.30	22.70	27.20	30.10	32.90	36.20	38.60
20	7.43	8.29	9.59	10.90	12.40	15.50	19.30	23.80	28.40	31.40	34.20	37.60	40.00
21	8.03	8.90	10.30	11.60	13.20	16.30	20.30	24.90	29.60	32.70	35.50	38.90	41.40
22	8.64	9.54	11.00	12.30	14.00	17.20	21.30	26.00	30.80	33.90	36.80	40.30	42.80
23	9.26	10.20	11.70	13.10	14.80	18.10	22.30	27.10	32.00	35.20	38.10	41.60	44.20

续表

df	χ^2 大于表内所列 χ^2 值的概率												
	0.995	0.990	0.975	0.950	0.900	0.750	0.500	0.250	0.100	0.050	0.025	0.010	0.005
24	9.89	10.90	12.40	13.80	15.70	19.00	23.30	28.20	33.20	36.40	39.40	43.00	45.60
25	10.50	11.50	13.10	14.60	16.50	19.90	24.30	29.30	34.40	37.70	40.60	44.30	46.90
26	11.20	12.20	13.80	15.40	17.30	20.80	25.30	30.40	35.60	38.90	41.90	45.60	48.30
27	11.80	12.90	14.60	16.20	18.10	21.70	26.30	31.50	36.70	40.10	43.20	47.00	49.60
28	12.50	13.60	15.30	16.90	18.90	22.70	27.30	32.60	37.90	41.30	44.50	48.30	51.00
29	13.10	14.30	16.00	17.70	19.80	23.60	28.30	33.70	39.10	42.60	45.70	49.60	52.30
30	13.80	15.00	16.80	18.50	20.60	24.50	29.30	34.80	40.30	43.80	47.00	50.90	53.70
40	20.70	22.20	24.40	26.50	29.10	33.70	39.30	45.60	51.80	55.80	59.30	63.70	66.80
50	28.00	29.70	32.40	34.80	37.70	42.90	49.30	56.30	63.20	67.50	71.40	76.20	79.50
60	35.50	37.50	40.50	43.20	46.50	52.30	59.30	67.00	74.40	79.10	83.30	88.40	92.00

12. 秩和检验表

n_1	n_2	T_1	T_2	n_1	n_2	T_1	T_2	n_1	n_2	T_1	T_2
2	4	3	11	4	4	11	25	6	7	28	56
2	5	3	13	4	4	12	24	6	7	30	54
2	6	3	15	4	5	12	28	6	8	29	61
2	6	4	14	4	5	13	27	6	8	32	58
2	7	3	17	4	6	12	32	6	9	31	65
2	7	4	16	4	6	14	30	6	9	33	63
2	8	3	19	4	7	13	35	6	10	33	69
2	8	4	18	4	7	15	33	6	10	35	67
2	9	3	21	4	8	14	38	7	7	37	68
2	9	4	20	4	8	16	36	7	7	39	66
2	10	4	22	4	9	15	41	7	8	39	73
2	10	5	21	4	9	17	39	7	8	41	71
3	3	6	15	4	10	16	44	7	9	41	78
				4	10	18	42	7	9	43	76
3	4	6	18	5	5	18	37	7	10	43	83
3	4	7	17	5	5	19	36	7	10	46	80
3	5	6	21	5	6	19	41	8	8	49	87
3	5	7	20	5	6	20	40	8	8	52	84
3	6	7	23	5	7	20	45	8	9	51	63
3	6	8	22	5	7	22	43	8	9	54	90
3	7	8	25	5	8	21	49	8	10	54	98
3	7	9	24	5	8	23	47	8	10	57	95
3	8	8	28	5	9	22	53	9	9	63	108
3	8	9	27	5	9	25	50	9	9	66	105
3	9	9	30	5	10	24	56	9	10	66	114
3	9	10	29	5	10	26	54	9	10	69	111
3	10	9	33	6	6	26	52	10	10	79	131
3	10	11	31	6	6	28	50	10	10	83	127

注：表中数值上行表示 0.25 显著性水平，下行表示 0.05 显著性水平（此表为单侧检验）。

13. 符号检验表

N对子数	0.01	0.05	0.10	N对子数	0.01	0.05	0.10	N对子数	0.01	0.05	0.10
1				31	7	9	10	61	20	22	23
2				32	8	9	10	62	20	22	24
3				33	8	10	11	63	20	23	24
4				34	9	10	11	64	21	23	24
5			0	35	9	11	12	65	21	24	25
6		0	0	36	9	11	12	66	22	24	25
7		0	0	37	10	12	13	67	22	25	26
8	0	0	1	38	10	12	13	68	22	25	26
9	0	1	1	39	11	12	13	69	23	25	27
10	0	1	1	40	11	13	14	70	23	26	27
11	0	1	2	41	11	13	14	71	24	26	28
12	1	2	2	42	12	14	15	72	24	27	28
13	1	2	3	43	12	14	15	73	25	27	28
14	1	2	3	44	13	15	16	74	25	28	29
15	2	3	3	45	13	15	16	75	25	28	29
16	2	3	4	46	13	15	16	76	26	28	30
17	2	4	4	47	14	16	17	77	26	29	30
18	3	4	5	48	14	16	17	78	27	29	31
19	3	4	5	49	15	17	18	79	27	30	31
20	3	5	5	50	15	17	18	80	28	30	32
21	4	5	6	51	15	18	19	81	28	31	32
22	4	5	6	52	16	18	19	82	28	31	33
23	4	6	7	53	16	18	20	83	29	32	33
24	5	6	7	54	17	19	20	84	29	32	33
25	5	7	7	55	17	19	20	85	30	32	34
26	6	7	8	56	17	20	21	86	30	33	34
27	6	7	8	57	18	20	21	87	31	33	35
28	6	8	9	58	18	21	22	88	31	34	35
29	7	8	9	59	19	21	22	89	31	34	36
30	7	9	10	60	19	21	23	90	32	35	36

注：此表为单侧检验，双侧检验的概率应为 0.02，0.10，0.20。

14. 符号秩次检验表

N	单侧检验显著水准		
	0.025	0.01	0.005
	双侧检验显著水准		
	0.05	0.02	0.01
6	0	—	—
7	2	0	—
8	4	2	0
9	6	3	2
10	8	5	3
11	11	7	5
12	14	10	7
13	17	13	10
14	21	16	13
15	25	20	16
16	30	24	20
17	35	28	23
18	40	33	28
19	46	38	32
20	52	43	38
21	59	49	43
22	66	56	49
23	73	62	55
24	81	69	61
25	89	77	68

15. *H* 检验表
（克·瓦单因素等级方差分析时大于 *H* 观察值之概率）

样本大小			H	p	样本大小			H	p
n_1	n_2	n_3			n_1	n_2	n_3		
2	1	1	2.700 0	0.500	4	3	2	5.444 4	0.046
2	2	1	3.600 0	0.200				5.400 0	0.051
2	2	2	4.571 4	0.067				4.511 1	0.093
			3.714 3	0.200				4.444 4	0.102
3	1	1	3.200 0	0.300	4	3	3	6.745 5	0.010
3	2	1	4.285 7	0.100				6.709 1	0.013
			3.857 1	0.133				5.790 9	0.046
3	2	2	5.357 2	0.029				5.727 3	0.050
			4.714 3	0.048				4.709 1	0.092
			4.500 0	0.067				4.700 0	0.101
			4.464 3	0.105	4	4	1	6.666 7	0.010
3	3	1	5.142 9	0.043				6.166 7	0.022
			4.573 4	0.100				4.966 7	0.048
			4.000 0	0.129				4.866 7	0.054
3	3	2	6.250 0	0.011				4.166 7	0.082
			5.361 1	0.032				4.066 7	0.102
			5.138 9	0.061	4	4	2	7.036 4	0.006
			4.555 6	0.100				6.872 7	0.011
			4.250 0	0.121				5.454 5	0.046
3	3	3	7.200 0	0.004				5.236 4	0.052
			6.488 9	0.011				4.554 5	0.098
			5.688 9	0.029				4.445 5	0.103
			5.600 0	0.050	4	4	3	7.143 9	0.010
			5.066 7	0.086				7.136 4	0.011
			4.622 2	0.100				5.598 5	0.049
4	1	1	3.571 4	0.200				5.575 8	0.051
4	2	1	4.821 4	0.057				4.545 5	0.051
			4.500 0	0.076				4.477 3	0.102
			4.017 9	0.114	4	4	4	7.653 8	0.008
4	2	2	6.000 0	0.014				7.538 5	0.011
			5.333 3	0.033				5.692 3	0.049
			5.125 0	0.052				5.653 8	0.054
			4.458 3	0.100				4.653 9	0.097
			4.166 7	0.105				4.500 1	0.104
4	3	1	5.833 3	0.021				3.857 1	0.143
			5.208 3	0.050	5	1	1	5.250 0	0.036
			5.000 0	0.057	5	2	1	5.000 0	0.048
			4.055 6	0.093				4.450 0	0.071
			3.888 0	0.129				4.200 0	0.095
4	3	2	6.444 4	0.003				4.050 0	0.119
			6.300 0	0.011					

续表

样本大小			H	p	样本大小			H	p
n_1	n_2	n_3			n_1	n_2	n_3		
5	2	2	6.533 3	0.008				4.548 7	0.099
			6.133 3	0.013				4.523 1	0.103
			5.160 0	0.034	5	4	4	7.760 4	0.009
			5.040 0	0.056				7.744 0	0.011
			4.373 3	0.090				5.657 1	0.049
			4.293 3	0.122				5.617 1	0.050
5	3	1	6.400 0	0.012				4.618 7	0.100
			4.960 0	0.048				4.522 7	0.102
			4.871 1	0.052	5	5	1	7.309 1	0.009
			4.017 8	0.095				6.836 4	0.011
			3.840 0	0.123				5.127 3	0.046
5	3	2	6.909 1	0.009				4.909 1	0.053
			6.821 8	0.100				4.109 1	0.086
			5.250 9	0.049				4.036 4	0.105
			5.105 5	0.052	5	5	2	7.338 5	0.010
			4.650 9	0.091				7.269 2	0.010
			4.494 5	0.101				5.338 5	0.047
5	3	3	7.078 8	0.009				5.246 2	0.051
			6.981 8	0.011				4.623 1	0.097
			5.648 5	0.049				4.507 7	0.100
			5.515 2	0.051	5	5	3	7.578 0	0.010
			4.533 3	0.097				7.542 9	0.010
			4.412 1	0.109				5.705 5	0.046
5	4	1	6.954 5	0.008				5.246 2	0.051
			6.840 0	0.011				4.545 1	0.100
			4.985 5	0.044				4.536 3	0.102
			4.860 0	0.056	5	5	4	7.822 9	0.010
			3.987 3	0.098				7.791 4	0.010
			3.960 0	0.102				5.665 7	0.049
5	4	2	7.204 5	0.009				5.642 9	0.050
			7.118 2	0.010				4.522 9	0.099
			5.272 7	0.049				4.520 0	0.101
			5.268 2	0.050	5	5	5	8.000 0	0.099
			4.540 9	0.098				7.980 0	0.010
			4.518 2	0.101				5.780 0	0.049
5	4	3	7.444 9	0.010				5.660 0	0.051
			7.394 9	0.011				4.560 0	0.100
			5.656 4	0.049				4.500 0	0.102
			5.630 8	0.050					

16. 弗里德曼双向秩次方差分析 χ_r^2 值表

（大于 χ_r^2 值的概率）

$k=3$

$n=2$		$n=3$		$n=4$		$n=5$	
χ_r^2	p	χ_r^2	p	χ_r^2	p	χ_r^2	p
						0.0	1.000
0	1.000	0.000	1.000	0.0	1.000	0.4	0.954
1	0.833	0.667	0.944	0.5	0.931	1.2	0.691
3	0.500	2.000	0.528	1.5	0.653	1.6	0.522
4	0.167	2.667	0.361	2.0	0.431	2.8	0.367
		4.667	0.194	3.5	0.273	3.6	0.182
		6.000	0.028	4.5	0.125	4.8	0.124
				6.0	0.069	5.2	0.093
				6.5	0.042	6.4	0.039
				8.0	0.004 6	7.6	0.024
						8.4	0.008 5
						10.0	0.000 77
$n=6$		$n=7$		$n=8$		$n=9$	
χ_r^2	p	χ_r^2	p	χ_r^2	p	χ_r^2	p
0.00	1.000	0.000	1.000	0.00	1.000	0.000	1.000
0.33	0.956	0.286	0.964	0.25	0.967	0.222	0.971
1.00	0.740	0.857	0.768	0.75	0.794	0.667	0.814
1.33	0.570	1.143	0.620	1.00	0.654	0.889	0.765
2.33	0.430	2.000	0.486	1.75	0.531	1.556	0.569
3.00	0.252	2.571	0.305	2.25	0.355	2.000	0.398
4.00	0.184	3.429	0.237	3.00	0.285	2.667	0.328

续表

$n=6$		$n=7$		$n=8$		$n=9$	
χ_r^2	p	χ_r^2	p	χ_r^2	p	χ_r^2	p
4.33	0.142	3.714	0.192	3.25	0.236	2.889	0.278
5.33	0.072	4.571	0.112	4.00	0.149	3.556	0.187
6.33	0.052	5.429	0.085	4.75	0.120	4.222	0.154
7.00	0.029	6.000	0.052	5.25	0.079	4.667	0.107
8.33	0.012	7.143	0.027	6.25	0.047	5.556	0.069
9.00	0.008 1	7.714	0.021	6.75	0.038	6.000	0.057
9.33	0.005 5	8.000	0.016	7.00	0.030	6.222	0.048
10.33	0.001 7	8.857	0.008 4	7.75	0.018	6.889	0.031
12.00	0.000 13	10.286	0.003 6	9.00	0.009 9	8.000	0.019
		10.571	0.002 7	9.25	0.008 0	8.222	0.016
		11.143	0.001 2	9.75	0.004 8	8.667	0.010
		12.286	0.000 32	10.75	0.002 4	9.556	0.006 0
		14.000	0.000 021	12.00	0.001 1	10.667	0.003 5
				12.25	0.000 86	10.889	0.002 9
				13.00	0.000 26	11.556	0.001 3
				14.25	0.000 061	12.667	0.000 66
				16.00	0.000 003 6	13.556	0.000 35
						14.000	0.000 20
						14.222	0.000 097
						14.889	0.000 54
						16.222	0.000 011
						13.000	0.000 000 6

续表

$k=4$

$n=2$		$n=3$		$n=4$			
χ_r^2	p	χ_r^2	p	χ_r^2	p	χ_r^2	p
0.0	1.000	0.2	1.000	0.0	1.000	5.7	0.141
0.6	0.958	0.6	0.958	0.3	0.992	6.0	0.105
1.2	0.834	1.0	0.910	0.6	0.928	6.3	0.094
1.8	0.792	1.8	0.727	0.9	0.900	6.6	0.077
2.4	0.625	2.2	0.608	1.2	0.800	6.9	0.068
3.0	0.542	2.6	0.524	1.5	0.754	7.2	0.054
3.6	0.458	3.4	0.446	1.8	0.677	7.5	0.052
4.2	0.375	3.8	0.342	2.1	0.649	7.8	0.036
4.8	0.208	4.2	0.300	2.4	0.524	8.1	0.033
5.4	0.167	5.0	0.207	2.7	0.508	8.4	0.019
6.0	0.042	5.4	0.175	3.0	0.432	8.7	0.014
		5.8	0.148	3.3	0.389	9.3	0.012
		6.6	0.075	3.6	0.355	9.6	0.006 9
		7.0	0.054	3.9	0.324	9.9	0.006 2
		7.4	0.033	4.5	0.242	10.2	0.002 7
		8.2	0.017	4.8	0.200	10.8	0.001 6
		9.0	0.0017	5.1	0.190	11.1	0.000 94
				5.4	0.158	12.0	0.000 72

17. 一万个随机数字表

	00～04	05～09	10～14	15～19	20～24	25～29	30～34	35～39	40～44	45～49
00	88 758	66 605	33 843	43 623	62 774	25 517	09 560	41 880	85 126	60 755
01	35 661	42 832	16 240	77 410	20 686	26 656	59 698	86 241	13 152	49 187
02	26 335	03 771	64 115	88 133	40 721	06 787	95 962	60 841	91 788	86 386
03	60 826	74 718	56 527	29 508	91 975	13 695	25 215	72 237	06 337	73 439
04	95 044	99 896	13 763	31 764	93 970	60 987	14 692	71 039	34 165	21 297
05	83 764	47 694	06 143	42 741	38 338	97 694	69 300	99 864	19 641	15 083
06	27 998	42 562	65 402	10 056	81 668	48 744	08 400	83 124	19 896	18 805
07	82 686	32 323	74 625	14 510	85 927	28 017	80 588	14 756	54 937	76 379
08	18 386	13 862	10 988	04 197	18 770	72 757	71 418	81 133	69 503	44 037
09	21 717	13 141	22 707	68 165	58 440	19 187	08 421	23 872	03 036	34 208
10	18 446	83 052	31 842	08 634	11 887	86 070	08 464	20 565	74 399	36 541
11	66 027	75 177	47 398	66 423	70 160	16 232	67 343	36 205	50 036	59 411
12	51 420	96 779	54 309	87 456	78 967	79 638	68 869	49 062	02 196	55 109
13	27 045	62 626	73 159	91 149	96 509	44 204	92 237	29 969	49 315	11 804
14	13 094	17 725	14 103	00 067	68 843	63 565	93 578	24 756	10 814	15 185
15	92 382	62 518	17 752	53 163	63 852	44 840	02 592	88 572	03 107	90 169
16	16 251	50 809	49 326	77 232	90 155	69 955	93 892	70 445	00 906	57 002
17	09 342	14 528	64 727	71 403	84 156	34 083	35 613	35 670	10 549	07 468
18	38 148	79 001	03 509	79 424	39 625	73 315	18 811	86 230	99 682	82 896
19	23 689	19 997	72 382	15 247	80 205	58 090	48 804	94 548	83 693	22 799
20	25 407	37 726	73 099	51 057	68 733	75 768	77 991	72 641	95 386	70 138
21	25 349	69 456	19 693	85 568	93 876	18 661	69 018	10 332	83 137	88 237
22	02 322	77 491	56 095	03 055	37 738	18 216	81 781	32 245	84 081	18 436
23	15 072	33 261	99 219	43 307	39 239	79 712	94 753	41 450	30 994	53 912
24	27 002	31 036	85 278	74 547	84 809	36 252	09 373	69 471	15 606	77 209

续表

	50～54	55～59	60～64	65～69	70～74	75～79	80～84	85～89	90～94	95～99
00	70 896	44 520	64 720	49 898	78 088	76 740	47 460	83 150	78 905	59 870
01	56 809	42 909	25 853	47 624	29 486	14 196	75 841	00 393	42 390	24 847
02	66 109	84 775	07 515	49 949	61 482	91 836	48 126	80 778	21 302	24 975
03	18 071	36 263	14 053	52 526	44 347	04 923	08 100	57 805	19 521	15 345
04	98 732	15 120	91 754	12 657	74 675	78 500	01 247	49 719	47 635	55 514
05	36 075	83 967	22 268	77 971	31 169	68 584	21 336	72 541	66 959	39 708
06	04 110	45 061	78 062	18 911	27 855	09 419	56 459	00 695	70 323	04 538
07	75 658	58 509	24 479	10 202	13 150	95 946	55 087	38 398	18 718	95 561
08	87 403	19 142	27 208	35 149	34 889	27 003	14 181	44 813	17 784	41 036
09	00 005	52 142	65 024	64 438	69 610	12 154	98 422	65 320	79 996	01 935
10	43 674	47 103	48 614	40 823	78 252	82 403	93 424	05 236	54 588	27 757
11	68 597	68 874	35 567	90 468	99 671	05 634	81 533	47 406	17 228	44 455
12	91 874	70 208	06 308	40 719	02 772	69 589	79 936	07 514	44 950	35 190
13	73 854	19 470	53 014	29 375	62 256	77 488	74 388	53 949	49 607	19 816
14	65 926	34 117	55 344	68 155	38 099	56 009	03 515	05 926	35 584	42 328
15	40 005	35 246	49 440	40 295	44 390	83 043	26 090	80 201	02 934	49 260
16	46 686	29 890	14 821	69 783	34 733	11 803	64 845	32 065	14 527	38 702
17	02 717	61 518	39 583	72 863	50 797	96 115	07 416	05 041	36 756	61 065
18	17 048	22 281	35 573	28 944	96 889	51 823	57 268	03 866	27 658	91 950
19	75 304	53 248	42 151	93 928	17 343	88 322	28 683	11 252	10 355	65 175
20	97 844	62 947	62 230	30 500	92 816	85 232	27 222	91 701	11 057	83 257
21	07 611	71 163	82 212	20 653	21 499	51 496	40 715	78 952	33 029	64 207
22	47 744	04 603	44 522	62 783	39 347	72 310	41 460	31 052	40 814	94 297
23	54 293	43 576	88 116	67 416	34 908	15 238	40 561	73 940	56 850	31 078
24	67 556	93 979	73 363	00 300	11 217	74 405	18 937	79 000	68 834	48 307

续表

	00～04	05～09	10～14	15～19	20～24	25～29	30～34	35～39	40～44	45～49
25	66 181	83 316	40 386	54 316	29 505	86 032	34 563	93 204	72 973	90 760
26	09 779	01 822	45 537	13 128	51 128	82 703	75 350	25 179	86 104	40 638
27	10 791	07 706	87 481	26 107	24 857	27 805	42 710	63 471	08 804	23 455
28	74 833	55 767	31 312	76 611	67 389	04 691	39 687	13 596	88 730	86 850
29	17 583	24 038	83 701	28 570	63 561	00 098	60 784	76 098	84 217	34 997
30	45 601	46 977	39 325	09 286	41 133	34 031	94 867	11 849	75 171	57 682
31	60 683	33 112	65 995	64 203	18 070	65 437	13 624	90 896	80 945	71 984
32	29 956	81 169	18 877	15 296	94 368	16 317	64 239	03 643	66 081	12 242
33	91 713	84 235	75 296	69 875	82 414	05 197	96 956	13 083	46 278	73 498
34	85 704	86 588	82 837	67 822	95 963	83 021	90 732	32 661	64 751	83 903
35	17 921	26 111	35 375	86 494	48 266	01 888	65 735	05 315	79 328	13 367
36	13 929	76 341	80 488	89 827	48 277	07 229	71 953	16 128	65 074	28 782
37	03 248	18 880	21 667	01 311	61 806	80 201	47 889	83 052	31 029	06 023
38	50 583	17 972	12 690	00 452	93 766	16 414	01 212	27 964	02 766	28 786
39	10 636	46 975	09 449	45 986	34 672	46 916	63 881	83 117	53 947	95 218
40	43 896	41 278	42 205	10 425	66 560	59 967	90 139	73 563	29 875	79 033
41	76 714	80 963	74 907	16 890	15 492	27 489	06 067	22 287	19 760	13 056
42	22 393	46 719	02 083	64 248	45 177	57 562	49 243	31 748	64 278	05 731
43	70 942	92 042	22 776	47 761	13 503	16 037	30 875	80 754	47 491	96 012
44	92 011	60 326	86 346	26 738	01 983	04 186	41 388	03 848	78 354	14 964
45	66 456	00 126	45 683	67 607	70 796	04 889	98 128	13 599	93 710	23 974
46	96 292	44 248	20 898	02 227	76 512	53 185	03 057	61 375	10 760	26 889
47	19 680	07 146	53 951	10 935	23 333	76 233	13 706	20 502	60 405	09 745
48	67 347	51 442	24 536	60 151	05 498	64 678	87 569	65 066	17 790	55 413
49	95 888	59 255	06 898	99 137	50 871	81 265	42 223	83 303	48 694	81 953

续表

	50～54	55～59	60～64	65～69	70～74	75～79	80～84	85～89	90～94	95～99
25	86 581	73 041	95 809	73 986	49 408	53 316	90 841	73 808	53 421	82 315
26	28 020	86 282	83 365	76 600	11 261	74 354	20 968	60 770	12 141	09 539
27	42 578	32 471	37 840	30 872	75 074	79 027	57 813	62 831	54 715	26 693
28	47 290	15 997	86 163	10 571	81 911	92 124	92 971	80 860	41 012	58 666
29	24 856	63 911	13 221	77 028	06 573	33 667	30 732	47 280	12 926	27 276
30	16 352	24 836	60 799	76 281	83 402	44 709	78 930	82 969	84 468	36 910
31	89 060	79 852	97 854	28 324	39 638	86 936	06 702	74 304	39 873	19 496
32	07 637	30 412	04 921	26 471	09 605	07 355	20 466	49 793	40 529	21 077
33	37 711	47 786	37 468	31 963	16 908	50 283	80 884	08 252	72 655	58 926
34	82 994	53 232	58 202	73 318	62 471	49 650	15 888	73 370	89 748	69 181
35	31 722	67 288	12 110	04 776	15 168	68 862	92 347	90 789	66 961	04 162
36	93 819	78 050	19 364	38 037	25 706	90 879	05 215	00 260	14 426	88 207
37	65 557	24 496	04 713	23 688	26 623	41 356	47 049	60 676	72 236	01 214
38	88 001	91 382	05 129	36 041	10 257	55 558	89 979	58 061	28 957	10 701
39	96 648	70 303	18 191	62 404	26 558	92 804	15 415	02 865	52 449	78 509
40	04 118	51 573	59 356	02 426	35 010	37 104	98 316	44 602	96 478	08 433
41	19 317	27 753	39 431	26 996	04 465	69 695	61 374	06 317	42 225	62 025
42	37 182	91 221	17 307	68 507	85 725	81 898	22 588	22 241	80 337	89 033
43	82 990	03 607	29 560	60 413	59 743	75 000	03 806	13 741	79 671	25 416
44	97 294	21 997	11 217	98 087	79 124	52 275	31 088	32 085	23 089	21 498
45	86 771	69 504	13 345	42 544	59 616	07 867	78 717	82 840	74 669	21 515
46	26 046	55 559	12 200	95 106	56 496	76 662	44 880	89 457	84 209	01 332
47	39 689	05 999	92 200	79 024	70 271	93 352	90 272	94 495	26 842	54 477
48	83 265	89 573	01 437	43 786	52 986	49 041	17 952	35 035	88 985	84 671
49	15 128	35 791	11 296	45 319	06 330	82 027	90 808	54 351	43 091	30 387

续表

	00～04	05～09	10～14	15～19	20～24	25～29	30～34	35～39	40～44	45～49
50	54 441	64 681	93 190	00 993	62 130	44 484	46 293	60 717	50 239	76 319
51	08 523	52 937	84 274	95 106	89 117	65 849	41 356	65 549	78 787	50 442
52	81 067	68 052	14 270	19 718	88 499	63 303	13 533	91 882	51 136	60 828
53	39 737	58 891	75 278	98 046	52 284	40 164	72 442	77 824	72 900	14 886
54	34 958	76 090	08 827	61 623	31 114	86 952	83 645	91 786	29 633	78 294
55	61 417	72 424	92 626	71 952	69 709	81 259	58 472	43 409	84 454	88 648
56	99 187	14 149	57 474	32 268	85 424	90 378	34 682	47 606	89 295	02 420
57	13 130	13 064	36 485	48 133	35 319	05 720	76 317	70 953	50 823	06 793
58	65 563	11 831	82 402	46 929	91 446	72 037	17 205	89 600	59 084	55 718
59	28 737	49 502	06 060	52 100	43 704	50 839	22 538	56 768	83 467	19 313
60	50 353	74 022	59 767	49 927	45 882	74 099	18 758	57 510	58 560	07 050
61	65 208	96 466	29 917	22 862	69 972	35 178	32 911	08 172	06 277	62 795
62	21 323	38 148	26 696	81 741	25 131	20 087	67 452	19 670	35 898	50 636
63	67 875	29 831	59 330	46 570	69 768	36 671	01 031	95 995	68 417	68 665
64	82 631	26 260	86 554	31 881	70 512	37 899	38 851	40 568	54 284	24 056
65	91 989	39 633	59 039	12 526	37 730	68 848	71 399	28 513	69 018	10 289
66	12 950	31 418	93 425	69 756	34 036	55 097	97 241	92 480	49 745	42 461
67	00 328	27 427	95 474	97 217	05 034	26 676	49 629	13 594	50 525	13 485
68	63 986	16 698	82 804	04 524	39 919	32 381	67 488	05 223	89 537	59 490
69	55 775	75 005	57 912	20 977	35 722	51 931	89 565	77 579	93 085	06 467
70	24 761	56 877	56 357	78 809	40 748	69 727	56 652	12 462	40 528	75 269
71	43 820	80 926	26 795	57 553	28 319	25 376	51 795	26 123	51 102	89 853
72	66 669	02 880	02 987	33 615	54 206	20 013	75 872	88 678	17 726	60 640
73	49 944	66 725	19 779	50 416	42 800	71 733	82 025	28 504	15 593	51 799
74	71 003	87 598	61 296	95 019	21 568	86 134	66 096	65 403	47 166	78 638

续表

	50～54	55～59	60～64	65～69	70～74	75～79	80～84	85～89	90～94	95～99
50	58 649	85 086	16 502	97 541	76 611	94 220	24 987	86 718	87 208	05 426
51	97 306	52 449	55 596	66 739	36 525	97 563	29 469	31 235	79 278	10 831
52	09 942	79 344	78 160	11 015	55 777	22 047	57 615	15 717	86 239	36 578
53	83 842	28 631	74 893	47 911	92 170	38 181	30 416	54 860	44 120	73 031
54	73 778	30 395	20 163	76 111	13 712	33 449	99 224	18 206	51 418	70 006
55	88 381	56 550	47 467	59 663	61 117	39 716	32 927	06 168	06 217	45 477
56	31 044	21 404	15 968	21 357	30 772	81 482	38 807	67 231	84 283	63 552
57	00 909	63 837	91 328	81 106	11 740	50 193	86 806	21 931	18 054	49 601
58	69 882	37 028	41 732	37 425	80 832	03 320	20 690	32 653	90 145	03 029
59	26 059	78 324	22 501	73 825	16 927	31 545	15 695	74 216	98 372	28 547
60	38 573	98 078	38 982	33 078	93 524	45 606	53 463	20 301	81 637	37 269
61	70 624	00 063	81 455	16 924	12 848	23 801	55 481	78 978	26 795	10 553
62	49 806	23 976	05 640	29 804	38 988	25 024	76 951	02 041	63 219	75 864
63	05 461	67 523	48 316	14 613	08 541	35 231	38 312	14 909	67 219	56 562
64	76 582	62 153	53 801	51 219	30 424	32 509	89 099	83 959	68 408	20 147
65	16 660	80 470	75 062	75 588	24 384	37 870	20 018	11 428	32 265	67 692
66	60 166	42 424	97 470	88 451	81 270	40 070	72 959	26 220	59 939	31 127
67	28 953	03 272	31 460	41 691	57 736	52 052	22 762	96 323	27 616	53 123
68	47 536	86 439	95 210	96 386	38 704	55 484	07 426	70 675	06 888	81 203
69	73 457	26 657	36 983	72 410	30 244	77 711	25 652	09 375	66 218	64 077
70	11 190	66 193	66 287	09 116	48 140	37 669	02 932	50 799	17 255	06 181
71	57 062	78 964	44 455	14 036	36 098	40 773	11 688	33 150	07 459	36 127
72	99 624	67 254	67 302	18 991	97 687	54 099	94 884	42 283	63 258	50 651
73	97 521	83 669	85 968	16 135	30 133	51 312	17 831	75 016	80 278	68 953
74	40 273	04 838	13 661	64 757	17 461	78 085	60 094	27 010	80 945	66 439

续表

	00～04	05～09	10～14	15～19	20～24	25～29	30～34	35～39	40～44	45～49
75	52 715	04 593	69 484	93 411	38 046	13 000	04 293	60 830	03 914	75 357
76	21 998	31 729	89 963	11 573	49 442	69 467	40 265	56 066	36 024	25 705
77	58 970	96 827	18 377	31 564	23 555	86 338	79 250	43 168	96 929	97 732
78	67 592	59 149	42 554	42 719	13 553	48 560	81 167	10 747	92 552	19 867
79	18 298	18 429	09 357	96 436	11 237	88 039	81 020	00 428	75 731	37 779
80	88 420	28 841	42 628	84 647	59 024	52 032	31 251	72 017	43 875	48 320
81	07 627	88 424	23 381	29 680	14 027	75 905	27 037	22 113	77 873	78 711
82	37 917	93 581	04 979	21 041	95 252	62 415	05 937	81 670	44 894	47 262
83	14 783	95 119	68 464	08 726	74 818	91 700	05 961	23 554	74 649	50 540
84	05 378	32 640	64 562	15 303	13 168	23 189	88 198	63 617	58 566	56 047
85	19 640	96 709	22 047	07 825	40 583	99 500	39 989	96 593	32 254	37 158
86	20 514	11 081	51 131	56 460	33 947	77 703	35 679	45 774	06 776	67 062
87	96 763	56 240	81 243	62 416	84 451	14 696	38 195	70 435	45 948	67 690
88	49 439	61 075	31 558	59 740	52 759	55 323	95 226	01 385	20 158	54 054
89	16 294	50 548	71 317	32 168	86 071	47 314	65 393	56 367	46 910	51 269
90	31 381	94 301	79 273	32 843	05 862	36 211	93 960	00 671	67 631	23 952
91	98 032	87 203	03 227	66 021	99 666	98 363	39 222	36 056	81 992	20 121
92	40 700	31 826	94 774	11 366	81 391	33 602	69 608	84 119	93 204	26 825
93	68 692	66 849	29 366	77 540	14 978	06 508	10 824	65 416	23 629	63 029
94	19 047	10 784	19 607	20 296	31 804	72 984	60 060	50 353	23 260	58 909
95	82 867	69 266	50 733	62 630	00 956	61 500	89 913	30 049	82 321	62 367
96	26 528	28 928	52 600	72 997	80 943	04 084	86 662	90 025	14 360	64 867
97	51 166	00 607	49 962	30 724	81 707	14 548	25 844	47 336	17 492	02 207
98	97 245	15 440	55 132	15 368	85 136	98 869	33 712	95 152	50 973	96 889
99	54 998	88 830	95 639	45 104	72 676	28 220	82 576	57 381	34 438	24 565

续表

	50～54	55～59	60～64	65～69	70～74	75～79	80～84	85～89	90～94	95～99
75	57 260	00 176	49 963	29 760	69 546	61 336	39 429	41 985	18 572	98 128
76	03 451	47 098	63 495	71 227	79 304	29 753	99 131	18 419	71 791	81 515
77	62 331	20 492	15 393	84 270	24 396	32 962	21 632	92 965	38 670	44 923
78	32 290	51 079	06 512	38 806	93 327	80 086	19 088	59 887	98 416	24 918
79	28 104	80 428	92 853	31 333	32 648	16 734	43 418	90 124	15 086	48 444
80	18 950	16 091	29 543	65 817	07 002	73 115	94 115	20 271	50 250	25 061
81	17 403	69 503	01 866	13 049	07 263	13 039	83 844	80 143	39 048	62 654
82	27 999	50 489	66 613	21 843	71 746	65 868	16 208	46 781	93 402	12 323
83	87 076	53 174	12 165	84 495	47 947	60 706	64 034	31 635	65 169	93 070
84	89 044	45 974	14 524	46 906	26 052	51 851	84 197	61 694	57 429	63 395
85	98 048	64 400	24 705	75 711	36 232	57 624	41 424	77 366	52 790	84 705
86	09 345	12 956	49 770	80 311	32 319	48 238	16 952	92 088	51 222	82 865
87	07 086	77 628	76 195	47 584	62 411	40 397	71 857	54 823	26 536	56 792
88	93 128	25 657	46 872	11 206	06 831	87 944	97 914	64 670	45 760	34 353
89	85 137	70 964	29 947	27 795	25 547	37 682	96 105	26 848	09 389	64 326
90	32 798	39 024	13 814	98 546	46 585	84 108	74 603	94 812	73 968	68 766
91	62 496	26 371	89 880	52 078	47 781	95 260	83 464	65 942	99 761	53 727
92	62 707	81 825	40 987	97 656	89 714	52 177	23 778	07 482	91 678	40 128
93	05 500	28 982	86 124	19 954	80 818	94 935	61 924	31 828	79 369	23 507
94	79 476	31 445	59 498	85 132	24 582	26 024	24 002	63 718	79 164	43 556
95	10 653	29 954	97 568	91 541	33 139	84 525	72 271	02 546	64 818	14 381
96	30 524	06 495	00 886	40 666	68 574	49 574	19 705	16 429	90 981	08 103
97	69 050	22 019	74 066	14 500	14 506	06 423	38 332	34 191	82 663	85 323
98	27 908	78 802	63 446	07 674	98 871	63 831	72 449	42 705	26 513	19 883
99	64 520	16 618	47 409	19 574	78 136	46 047	01 277	79 146	95 759	36 781

附录三
思考与练习参考答案

第一章　常用的统计表与图

1. A　2. B　3. B　4. B　5. C　6. D　7. D　8. A　9. D　10. B　11. D　12. B　13. B　14. C　15. B

16. 下限；上限

17. 条形图通常用于描述离散性变量（如属性变量）的统计事项。

19. 数据分组一般要求数据在 30 个以上。分组时要确定组数，可用符号 K 表示，它的大小要看数据的多少而定。组数太多，往往会削弱对数据分组整理的功用；太少，又可能会湮没数据内含的重要信息。一般来说，当一批数据的个数在 200 个以内时，组数可取 8～18 组。如果数据来自一个正态的总体，则可利用下述经验公式来确定组数，即：

$$K=1.87(N-1)^{\frac{2}{5}}$$

20. （1）求全距；（2）定组数；（3）定组距；（4）写出组限；（5）求组中值；（6）归类划记；（7）登记次数。

21. 直方图是由若干宽度相等、高度不一的直方条紧密排列在同一基线上构成的图形。条形图是用宽度相同的长条来表示各个统计事项之间的数量关系。所不同的是，次数直方图中的直方长条是紧密排列的，适用于刻画连续性变量的观测数据。而条形图通常用于描述离散性变量（如属性变量）的统计事项。

22.

		频率	百分比	有效百分比	累计百分比
有效样本数	A	18	45.0	45.0	45.0
	B	4	10.0	10.0	55.0
	AB	2	5.0	5.0	60.0
	O	16	40.0	40.0	100.0
	合计	40	100.0	100.0	

图略。

第二章　常用统计参数

1. C　2. B　3. B　4. C　5. A　6. A　7. A　8. D　9. B　10. B　11. C　12. D　13. A　14. D　15. D　16. C　17. D　18. D　19. C

20. 概念解释：

（1）集中量数：描述数据集中趋势的统计量称为集中量数。集中量数包括算术平均数、加权平均数、几何平均数、中数、众数等。

（2）几何平均数：几何平均数记作 $\overline{X}_g=\sqrt[n]{x_1\cdot x_2\cdots x_n}$，是一种集中量数，在求平均增长率或处理心理物理学中的等距与等比量表实验的数据时，均应使用几何平均数。

（3）差异系数：当两个或两个以上样本所测的特质不同，或样本间的水平相差较大时，使用差异系数来度量样本的离散程度，它是一种相对差异量，表示为 $CV=\frac{S}{\overline{X}}\times100\%$。

（4）地位量数：表明研究对象某一变量在其所处分布中地位的量数，称为地位量数。它包括百分位分数、百分等级分数、标准分数和 T 分数等。

（5）相关散点图：将具有相关关系的两种现象的成对观测值标在平面直角坐标系中，从而直观地反映出它们的相关情况，这就是相关散点图。

（6）相关系数：相关系数是两列变量间相关程度的数量化指标。样本间相关程度的统计特征值用 r 表示（$-1.00\leqslant r\leqslant+1.00$）。

（7）质量相关：在教育与心理研究实践中，我们常将一列变量按事物的某一属性划分种类，而另一列变量则为等比或等距的测量数据，这种情况下求得的相关，称为质量相关。

21. 答案为 $\overline{X}_g=\sqrt[4]{\frac{1\ 150}{730}}=1.120\ 3$，$1\ 150\times1.120\ 3^5=2\ 029$

22. $P_{80}=65.1$，$PR_{86}=98.18$

23. ①皮尔逊相关；②等级相关；③双列相关；④点双列相关

24. ①0.453　②−0.245　③0.72

25. $W=0.81$

第三章　概率与分布

1. C

2. B 解：$P(AB)=P(A)$，当且仅当 $B\supset A$，依题意有 P(上清华大学线∩上重点线)=P(上清华大学线)=0.03，此题考察的是对独立事件和条件概率的理解。

3. D 解：依题意该考生考上的概率为 1/50，因此他至多考 3 次考上的概率为 1/50+(49/50)∗(1/50)+(49/50)^2∗(1/50)，其他形式没有写全或者计算多了。

4. A 解：根据题意，从 10 名被试中选择被试 1 或被试 2，每人被选中的概率均为 1/10，由于选择被试 1 和选择被试 2 是互斥事件，也就是说两者没有交集，故可直接由概率的加法原理得，选中被试 1 或被试 2 的概率为 1/10+1/10。

5. D　6. A

7. C 解：当知 $A\supset B$ 时，选项 A 可以成立。但题干要求的是对任意两事件 A、B，故只有选项 C 符合要求。

8. A　9. B　10. A　11. B　12. ABCD

13. 答：随机现象中出现的各种可能的结果称为随机事件，简称为事件。随机事件中有两种极端情况：必然事件和不可能事件。

14. 答：标准分数又称为 Z 分数，它以标准差为单位，反映了一个原始分数在团体中所处的位置。

若已知一个总体，则这个总体中的原始分数的标准分数用下式计算：

$$Z=\frac{x_i-\mu}{\sigma}$$

其中：Z 为标准分数；x_i 为某个数据或某个分数；μ 为总体均值；σ 为总体标准差。

若仅已知一个待研究总体中的样本，则在这个样本中的原始分数的标准分数用下式计算：

$$Z=\frac{x_i-\overline{X}}{S}$$

其中：Z 为标准分数；x_i 为某个数据或某个分数；$\overline{X}$ 为样本均值；S 为样本标准差。

15. 解：因为 $A\overline{B}+AB=A$，

所以 $P(AB)=P(A)-P(A\overline{B})=0.6-0.4=0.2$，

因此 $P(\overline{AB})=1-P(AB)=1-0.2=0.8$。

16. 解：因为 $ABC\subset AB$，且依题意有 $P(AB)=P(BC)=0$，所以 $0\leqslant P(ABC)\leqslant P(AB)=0$，即 $P(ABC)=0$，于是 A、B、C 三个考题至少出现一题的概率为

$$P(A\cup B\cup C)=P(A)+P(B)+P(C)-P(AB)-P(AC)-P(BC)+P(ABC)$$

$$=\frac{1}{4}+\frac{1}{4}+\frac{1}{4}-0-\frac{1}{8}-0+0=\frac{5}{8}$$

17. 解：设该名被试的识别率为 P，X 表示被试通过前测的次数，则 $X\sim B(4, P)$，

依题意有 $80/81=P(X\geqslant1)=1-P(X=0)=1-(1-P)^4$，于是 $(1-P)^4=1-\frac{80}{81}=\frac{1}{81}$，故 $P=2/3\approx66.7\%$。

18. 解：设儿童的智力分数为 x，x 服从正态分布，$\mu=100$，$\sigma=13$，令 $Z=\frac{x-\mu}{\sigma}$，Z 服从标准正态分布，有

$$
\begin{aligned}
P\{87<x<113\}&=P\left\{\frac{87-100}{13}<\frac{x-100}{13}<\frac{113-100}{13}\right\}\\
&=P\left\{\frac{87-100}{13}<Z<\frac{113-100}{13}\right\}\\
&=P\{-1<Z<1\}
\end{aligned}
$$

查附表 1 可知，$P\{-1<Z<1\}=0.6826$

所以 $P\{87<x<113\}=0.6826$，智力分数从 87 到 113 的儿童人数比例为 68.26%。

19. 解：已知猜对与猜错的概率 $p=q=\frac{1}{2}$，$np=5$，此二项分布接近正态分布，故

$$\mu=np=10\times\frac{1}{2}=5$$

$$\sigma=\sqrt{npq}=\sqrt{10\times\frac{1}{2}\times\frac{1}{2}}=1.58$$

根据正态分布概率，当 $Z=1.64$ 时，该点以下包含了全体的 95%。用原分数表示为

$$\mu+1.64\sigma=5+1.64\times1.58=7.6=8$$

因此，答对 8 题以上者不是凭猜测。

20. 解：设最低录取分数线为 x，依题意有 $\frac{x-\mu}{\sigma}=\frac{x-500}{100}=Z_{\alpha/2}$，由于这里需要置信度水平为 0.05 的单侧检验，转换为以 $Z_{\alpha/2}$ 为表示的双侧检验，$\alpha/2=0.05$，则有 $\alpha=0.1$，故 $\frac{x-500}{100}=1.64$，$x=664$，最低录取分数线为 664 分。

21. 解：设 $A=$｛选取的人为情感型｝，$B=$｛选取的人为外向型｝，$\overline{B}=$｛选取的人为内向型｝，依题意有 $P(B)=0.6$，$P(A|B)=0.7$，$P(\overline{B})=0.4$，$P(A|\overline{B})=0.3$，根据贝叶斯公式，所求概率为

$$P(B|A)=\frac{P(B)P(A|B)}{P(B)P(A|B)+P(\overline{B})P(A|\overline{B})}=\frac{0.6\times0.7}{0.6\times0.7+0.4\times0.3}=\frac{7}{9}$$

第四章　抽样理论与参数估计

1. D　2. C　3. A　4. A　5. C　6. B　7. A　8. B　9. C　10. D　11. B　12. C　13. A

14.C 15.B 16.C

20. 解：$Z_{0.05/2}=1.96$，因为总体方差已知，根据 $[\overline{X}-Z\alpha/2 \cdot \sigma/\sqrt{n},\ \overline{X}+Z\alpha/2 \cdot \sigma/\sqrt{n}]$ 得出

$\overline{X}-1.96 \cdot \sigma/\sqrt{n}=81-1.96\times 5/\sqrt{16}=81-2.45=78.55$

$\overline{X}+1.96 \cdot \sigma/\sqrt{n}=81+1.96\times 5/\sqrt{16}=81+2.45=83.45$

即该次考试中全体考生成绩 μ 的置信度为 0.95 时，置信区间为[78.55，83.45]。

21. 解：$\alpha=0.10$，故 $\frac{\alpha}{2}=0.05$，$1-\frac{\alpha}{2}=0.950$，查 χ^2 分布表得，$\chi^2_{0.05(60)}=79.1$，$\chi^2_{0.950(60)}=43.2$，故由(4·20)式，得

$$\frac{(n-1)S^2}{\chi^2_{\frac{\alpha}{2}(n-1)}}=\frac{60\times 2.31}{79.1}=1.75$$

$$\frac{(n-1)S^2}{\chi^2_{1-\frac{\alpha}{2}(n-1)}}=\frac{60\times 2.31}{43.2}=3.21$$

即 $$1.75\leqslant\sigma^2\leqslant 3.21$$

从而 $$1.32\leqslant\sigma\leqslant 1.79$$

当置信度为 0.90 时，总体标准差 σ 的置信区间为[1.32，1.79]。

22. 解：$Z_{\frac{0.01}{2}}=2.58$，因为总体不服从正态分布，且总体方差未知，根据

$$[\overline{X}-Z_{\alpha/2} \cdot S/\sqrt{n},\ \overline{X}+Z_{\alpha/2} \cdot S/\sqrt{n}]$$

有

$\overline{X}-2.58\times S/\sqrt{n}=1.48-2.58\times 0.60/\sqrt{360}=1.48-0.0816=1.40$

$\overline{X}+2.58\times S/\sqrt{n}=1.48+2.58\times 0.60/\sqrt{360}=1.48+0.0816=1.56$

即该大学总体心理健康状况 SCL－90 的得分 μ 的置信度为 0.99 时，置信区间为[1.40，1.56]。

第五章　假设检验

1.C 2.C 3.D 4.B 5.A 6.C 7.C 8.B 9.A 10.C 11.C 12.B 13.A 14.B 15.A

16. 答：假设检验中推理的理论依据是“小概率原理”，即认为小概率事件在一次实验或观测中，几乎是不可能发生的。在对统计假设 H_0 进行检验时，我们需要构造一个检验统计量，它的分布在 H_0 成立时是可以确定的（如正态分布、t 分布等）。然后根据事先约定的“小概率”α，将检验统计量的取值范围划分为两个区域：接受域和拒绝域。当由样

本计算出的检验统计量的值落在接受域时，认为不能拒绝 H_0；若落在拒绝域中，则拒绝 H_0。

检验的推理过程为：先假设 H_0 为真，当由样本计算出的检验统计量的“一次观察值”落在拒绝域时，表明小概率事件居然发生，这与小概率原理矛盾，这就不能不让人怀疑 H_0 的正确性，从而作出拒绝 H_0 的判断。

17. 答：在抽样分布中知道，从正态总体中抽取样本容量为 n 的随机样本，其样本方差 S^2 与总体方差 σ_0^2 的比值

$$\chi^2=\frac{(n-1)S^2}{\sigma_0^2} \tag{5-17}$$

服从自由度为 $n-1$ 的 χ^2 分布，其中 $S^2=\frac{1}{n-1}\sum_{i=1}^{n}(x_i-\overline{X})^2$。

根据（5-17）式计算出的 χ^2 值若落在 $\chi^2_{\left(1-\frac{\alpha}{2}\right)(n-1)}>\chi^2$ 或 $\chi^2>\chi^2_{\frac{\alpha}{2}(n-1)}$ 中，见图 5-9，则表明小概率事件发生，S^2 与 σ_0^2 有显著差异。若 $\chi^2_{\left(1-\frac{\alpha}{2}\right)(n-1)}\leqslant\chi^2\leqslant\chi^2_{\frac{\alpha}{2}(n-1)}$，则认为 S^2 与 σ_0^2 差异不显著。

18. 答：(1) 对于固定的 n，α 越小，则 $Z_{\frac{\alpha}{2}}$ 越大，从而接受假设区间 $(-Z_{\frac{\alpha}{2}}, Z_{\frac{\alpha}{2}})$ 越大，H_0 就越容易被接受，从而“取伪”的概率 β 就越大；反之，α 越大，则 $Z_{\frac{\alpha}{2}}$ 越小，从而接受假设区间 $(-Z_{\frac{\alpha}{2}}, Z_{\frac{\alpha}{2}})$ 就越小，则 β 也就越小。这也就是说，对于一定大的样本来说，“弃真”概率 α 和“取伪”概率 β 不能同时减小，一个减小，另一个就会增大。

(2) 要想减小 α 和 β，一个方法就是增大 n，若增大 n，当样本平均数的分布 $\overline{X}\sim N\left(\mu,\frac{\sigma^2}{n}\right)$ 中，$\frac{\sigma^2}{n}$ 就会小，$\frac{\sigma^2}{n}$ 小，则分布就瘦长，从而减少了两种错误的概率 α 和 β。

19. 答：在选配不同的显著性水平 α 时，有可能得到不同的结果。若在较小的显著性水平 α 上拒绝了假设 H_0，则在较大的显著性水平 α 上肯定也拒绝假设 H_0，若在较大的显著性水平 α 上拒绝假设 H_0，在较小的显著性水平上就不一定会拒绝假设 H_0。

20. 答：选择检验统计程序的方法时须考虑一下条件：

看总体分布是否已知。如果已知，看是不是正态分布，如果已知样本分布为常态分布就可以选择参数检验法，如果总体分布未知就用非参数检验。

在参数检验中，如果总体分布为正态，总体方差已知，两样本独立或相关都可以采用 Z 检验；如果总体方差未知，根据样本方差，采用不同的 t 检验。如果总体分布非正态，总体方差已知，根据样本独立或相关采取 Z' 检验；如果总体方差未知，根据独立和相关采取不同的 Z' 检验。

(1) 根据题目考虑用单侧还是双侧检验。

(2) 在非参数检验中，按照两个样本相关和不相关、精度与容量等，可以采用符号检

验、秩和检验等方法。

21. 解：依题意知 $\overline{X}_1=59.7$，$\overline{X}_2=49.7$，$S_1^2=13.7$，$S_2^2=16.9$，$n_1=n_2=10$。

又已知考生成绩总体服从正态分布。

(1) 假设检验　　　　　　H_0：$\mu=\mu_0$

H_1：$\mu\neq\mu_0$

(2) 首先进行方差齐性检验

$$F=\frac{16.9}{13.7}=1.23$$

对于给定的显著性水平 $\alpha=0.05$，$df_1=df_2=10-1=9$，查表得 $F_{0.05(9,9)}=4.03$。

由 $F=1.23<4.03=F_{0.05(9,9)}$，即接受方差齐性的假设，认为两个班级方差没有显著差异。

(3) 计算个统计量

$$t=\frac{\overline{X}-\overline{Y}}{\sqrt{\frac{(n_1-1)S_1^2+(n_2-1)S_2^2}{n_1+n_2-2}\left(\frac{1}{n_1}+\frac{1}{n_2}\right)}}=\frac{59.7-49.7}{\sqrt{\frac{9\times13.7+9\times16.9}{18}\times\frac{2}{9}}}=5.42$$

(4) 对于给定的 $\alpha=0.05$，且 $df=10+10-2=18$，查表得 $t_{\frac{\alpha}{2}(18)}=2.10$。

由 $t_{\frac{\alpha}{2}(18)}=2.10<|t|=5.42$，即拒绝零假设 H_0，即认为男、女生物理成绩有显著差异。

22. 解：首先要检验量样本的方差是否一致。

(1) H_0：$\sigma_1^2=\sigma_2^2$，H_1：$\sigma_1^2\neq\sigma_2^2$

已知 $S_1^2=0.1$，$S_2^2=0.0625$，$F=\frac{S_{\text{大}}^2}{S_{\text{小}}^2}=\frac{0.1}{0.0625}=1.6<F_{0.05(9,15)}=3.12$，不能拒绝零假设，所以说明方差齐性。

(2) 在这一基础上进行两样本之间的显著性检验。

假设　H_0：$\mu_1=\mu_2$，H_1：$\mu_1\neq\mu_2$

$$SEdx=0.116，t=\frac{\overline{X}_1-\overline{X}_2}{SEdx}=3.879$$

$df=n_1+n_2-2$，在 $\alpha=0.05$ 时，$t=3.879>t_{0.05/2(24)}=2.064$，差异显著，拒绝 H_0，说明男女之间对颜色的直觉差异显著。

第六章　方差分析

1. C　2. D　3. C　4. A　5. B　6. A　7. C　8. C　9. C　10. C　11. A　12. B　13. A

17. 差异显著，方差分析表如下：

差异源	SS	df	MS	F
组间	110.87	2	55.43	16.09**
组内	93.00	27	3.44	
总计	203.87	29		

$A(\overline{X}=11.50)>B(\overline{X}=8.90)>C(\overline{X}=8.90)$。

18. 差异不显著，方差分析表如下：

差异源	SS	df	MS	F
组间	193.75	2	96.88	0.11
组内	820.25	21	39.06	
总计	1 014.00	23		

19. 差异显著，方差分析表如下：

差异源	SS	df	MS	F
标记	12.00	2	6.00	22.50**
区组	17.83	5	3.57	13.38**
组内	2.67	10	0.27	
总计	32.50	17		

20. 差异显著，方差分析表如下：

差异源	SS	df	MS	F
组间	1 232.67	1.00		
组内	12.00	16.00		
生字密度	9.08	2.00	4.54	21.80**
残差	2.92	14.00	0.20	
总计	1 244.67	17.00		

21. 方差分析表如下：

差异源	*SS*	*df*	*MS*	*F*
年龄	14.78	2	7.39	7.82**
提示	14.22	1	14.22	15.06**
年龄*提示	2.11	2	1.06	1.12
残差	11.33	12	0.94	
总计	42.44	17		

可见，幼儿的汉字学习成绩在年龄上差异显著，在图形提示上差异显著，交互作用不显著。

22. 差异不显著，方差分析表如下：

差异源	*SS*	*df*	*MS*	*F*	*P*
处理校正	20.327	1	20.33	4.20	0.06
阅读能力	403.319	1	403.319	83.329	0.00
误差	82.281	17	4.84		
总计	557.800	1			

第七章　回归分析

1. C　2. C　3. C　4. B　5. B　6. C　7. D　8. B　9. B　10. D　11. B　12. A　13. D　14. A　15. C　16. A

19. (1) $F=\frac{SSR/1}{SSE/(n-2)}=28$

(2) $F_\alpha=4.41<F$，所以应拒绝原假设，认为 $\beta_1\neq0$。

(3) $F_\alpha=4.41<F$，拒绝原假设，认为 $\beta_1\neq0$，X 与 Y 之间的线性关系显著。

20.

变异来源	*SS*	*df*	*MS*	*F*	*F* 统计量的显著性水平
回归	1	7 000	7 000	50.9	0.01
残差	8	1 100	137.5	—	—
总计	9	8 100	—	—	—

21. (1) 消费者平均消费水平和周消费总额的直线回归方程为：

$$\hat{Y}=386.774+0.887X$$

(2) 标准误差为 146.043 元。

(3) 平均消费水平（自变量）为 1 320 元时周消费总额（因变量）的可能值为 1 557.614元。

第八章 χ^2 检验

1. A 2. D 3. B 4. C 5. D 6. D 7. A

9. (1) H_0：注射疫苗后生病概率与不注射疫苗概率无显著差异；

H_1：注射疫苗后生病概率与不注射疫苗概率有显著差异。

(2) $\chi^2=\frac{N(ab-bc)^2}{(a+b)(c+d)(a+c)(b+d)}=\frac{25\times(16-36)^2}{5\times20\times14\times11}=0.65$

(3) $\chi^2_{0.05(1)}=3.84$，$\chi^2<\chi^2_{0.05(1)}$，所以接受原假设，疫苗注射没有显著效果。

10. (1) H_0：幼儿对颜色的喜好分布与均匀分布无显著差异；

H_1：幼儿对颜色的喜好分布与均匀分布有显著差异。

(2) $\chi^2=\sum^{k}\frac{(f_0-f_e)^2}{f_e}=\frac{(32-20)^2}{20}+\frac{(28-20)^2}{20}+\cdots+\frac{(26-20)^2}{20}=28.1$

(3) $\chi^2_{0.05(6)}=12.6$，$\chi^2>\chi^2_{0.05(6)}$，所以拒绝原假设。

11. (1) H_0：综合评定人数分布与正态分布所期望的理论次数无显著差异；

H_1：综合评定人数分布与正态分布所期望的理论次数有显著差异。

(2) 理论次数：优 $50\times0.065=3$，良 $50\times0.433=22$，中 $50\times0.433=22$，差 $50\times0.065=3$。

$$\chi^2=\sum^{k}\frac{(f_0-f_e)^2}{f_e}=\frac{(8-3)^2}{3}+\frac{(20-22)^2}{22}+\frac{(16-22)^2}{22}+\frac{(6-3)^2}{3}=13.15$$

(3) $\chi^2_{0.05(3)}=7.81$，$\chi^2>\chi^2_{0.05(3)}$，所以有充分理由拒绝虚无假设，接受备择假设。

12. (1) H_0：实际分布与一个概率为“$P_1=30\%$，$P_2=25\%$，$P_3=25\%$，$P_4=20\%$”分布无显著差异；H_1：实际分布与一个概率为“$P_1=30\%$，$P_2=25\%$，$P_3=25\%$，$P_4=20\%$”分布有显著差异。

(2)

$$\chi^2=\sum^{k}\frac{(f_0-f_e)^2}{f_e}=\frac{(42-36)^2}{36}+\frac{(32-30)^2}{30}+\frac{(35-30)^2}{30}+\frac{(11-24)^2}{24}=9.01$$

(3) $\chi^2_{0.05(3)}=7.81$，$\chi^2>\chi^2_{0.05(3)}$，所以有充分理由拒绝虚无假设，接受备择假设。

13. (1) H_0：服务态度是否与薪资是独立无关的；H_1：服务态度是否与薪资有连带关系。

(2) $\chi^2=\frac{N(ad-bc)^2}{(a+b)(c+d)(a+c)(b+d)}=\frac{100\times(34\times18-42\times6)^2}{76\times24\times40\times60}=2.96$

(3) $\chi^2_{0.05(1)}=3.84$，$\chi^2<\chi^2_{0.05(1)}$，所以接受原假设。

14. (1) H_0：服务态度是否与薪资是独立无关的；H_1：服务态度是否与薪资有连带关系。

(2) $\chi^2=\frac{N\left(|ad-bc|-\frac{N}{2}\right)^2}{(a+b)(c+d)(a+c)(b+d)}=\frac{50\times\left(|22\times8-4\times16|-\frac{50}{2}\right)^2}{26\times24\times38\times12}=1.33$

(3) $\chi^2_{0.05(1)}=3.84$，$\chi^2<\chi^2_{0.05(1)}$，所以接受原假设。

15. (1) H_0：家庭状况与报考师范大学是独立无关的；

H_1：家庭状况与报考师范大学有连带关系。

(2)

家庭经济状况	愿意	中立	不愿意	合计
上	6 (9.6)	9 (9.3)	15 (11.1)	30
中	16 (16)	16 (15.5)	18 (18.5)	50
下	10 (6.4)	6 (6.2)	4 (7.4)	20
合计	32	31	37	100

$$\chi^2=\sum^{k}\frac{(f_0-f_e)^2}{f_e}=\frac{(6-9.6)^2}{9.6}+\frac{(9-9.3)^2}{9.3}+\cdots+\frac{(4-7.4)^2}{7.4}=6.35$$

(3) $\chi^2_{0.05(4)}=9.49$，$\chi^2<\chi^2_{0.05(4)}$，所以接受原假设。

第九章　非参数检验

1. C　2. D　3. C　4. B　5. C　6. D　7. C　8. D　9. D　10. D　11. B　12. C　13. B　14. D　15. D　16. C　17. B　18. C　19. B　20. B　21. D　22. D

26. 因为数据离散程度很大，分布不明，故适合采用符号秩次检验法（Wilcoxon 法）。

H_0：$P(xi>yi)=P(xi<yi)$，求得负秩和绝对值为 $T_-=1$，正秩和 $T_+=35$，则

$T=1$，查表知 $P<0.05$，则服药后血红蛋白浓度有明显下降。

27. 使用符号秩次检验（Wilcoxon 法）。负秩和 $T_-=10$，正秩和 $T_+=45$，$P>0.05$。

若使用配对设计的 t 检验，$P<0.05$。按显著性水平为 0.05 时，两种方法检验结果不一致。对样本作正态性检验，若样本来自正态分布总体，则 t 检验结果更可取，否则，秩和检验的结果更可取。经检验本题样本来自的总体服从正态分布，所以取 t 检验结果。

28. 本数据为成组设计，两组样本数据的方差不齐性，故适合用秩和检验（曼-惠特尼 U 检验法）。第一组 $n_1=7$，秩和 $T_1=93.5$，第二组 $n_2=10$，秩和 $T_2=59.5$，$P<0.05$，在 0.05 水平上差别显著。

29. 使用秩和检验法。第一组 $n_1=20$，秩和 $T_1=422$，第二组 $n_2=12$，秩和 $T_2=106$，$\mu_T=198$，$\sigma_T=25.69$，$P<0.01$。

第十章　主成分分析和因素分析

8.

因子分析方差贡献率表

主成分	特征值	贡献率	累计贡献率
1	3.267	32.669	32.669
2	2.261	22.608	55.277
3	1.268	12.675	67.953

表旋转后因子分析表

变量	成分		
	1	2	3
X2	0.934		
X1	0.916		
X3	0.724		
X6		0.759	
X7		0.716	
X8		0.674	

续表

变量	成分		
	1	2	3
X5		0. 654	0. 438
X9			0. 848
X10			0. 638
X4		0. 300	0. 612

第十一章　聚类分析

4. 聚类结果：

＊ ＊ ＊ HIERARCHICAL CLUSTER ANALYSIS（系统聚类分析法）＊ ＊ ＊

Dendrogram using Average Linkage (Between Groups)（树状图使用组间平均连结法）

Rescaled Distance Cluster Combine

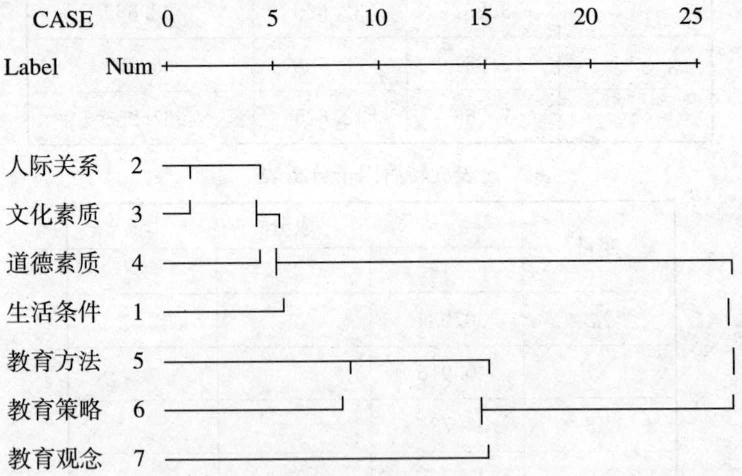

树状聚类图

第十二章　判别分析

6.

团队工作 $F_1=3.184\times$人际题$+1.008\times$智力题$+1.830\times$敬业题-22.617

独自研究 $F_2=1.015\times$人际题$+0.826\times$智力题$+1.270\times$敬业题-6.427

新测试者

$$F_1=3.184\times6+1.008\times8+1.830\times7-22.617$$
$$=19.104+8.064+12.81-22.617=17.361$$
$$F_2=1.015\times6+0.826\times8+1.270\times7-6.427$$
$$=6.090+6.680+8.890-6.427=15.233$$

因为 $F_1>F_2$，所以新测试者属于团队工作类型。

参考文献

1. 叶佩华等编著:《教育统计学》,人民教育出版社 1982 年版。

2. 张厚粲主编:《心理与教育统计学》,北京师范大学出版社 1988 年版。

3. 程书肖等编著:《教育统计方法》,辽宁大学出版社 1988 年版。

4. 张尧庭等著:《多元统计分析引论》,科学出版社 1982 年版。

5. [英] M. 肯德尔著,中国科学院计算中心概率统计组译:《多元分析》,科学出版社 1983 年版。

6. 黄正南编著:《医用多因素分析及计算机程序》,湖南科学技术出版社 1986 年版。

7. 林少宫等编著:《多元统计分析及计算程序》,华中工学院出版社 1987 年版。

8. 中国科学院数学研究所统计组编:《方差分析》,科学出版社 1977 年版。

9. 李伟明等编:《考试的统计分析方法》,高等教育出版社 1990 年版。

10. 张敏强等编:《标准化考试》,高等教育出版社 1990 年版。

11. Joseph F. Healey, Statistics: *A Tool for Social Research* (Fourth Edition). USA, Wadsworth Publishing Company, 1996.

12. 张敏强著:《教育测量学》,人民教育出版社 1998 年版。

13. 林清山著:《多变项分析统计法:社会及社会科学研究适用》,台湾东华书局股份有限公司 1995 年版。

14. [美] L. Kish 著,倪加勋译:《抽样调查》,中国统计出版社 1997

年版。

15. ［美］Douglas C. Montgomery 著，汪仁官等译：《实验设计与分析》，中国统计出版社 1998 年版。

16. 卢纹岱主编：《SPSS for Windows 统计分析》，电子工业出版社 2006 年版。

17. 吴明隆编著：《统计应用实务：问卷分析与应用统计》，科学出版社 2003 年版。

18. 吴喜之编著：《统计学：从数据到结论》，中国统计出版社 2006 年版。

19. J. Cohen：*Statistical Power Analysis for the Behavior Sciences*. New York，Academic Press，1988.

后记

几经努力，新编的《教育与心理统计学》终于脱稿了。在愉悦的同时，也感受到压力，所以，我特别想将写书的过程写下来，以书会友，以书辨人。也特别怀念因劳累早逝的、我的好友任建胜教授。为此，我决定以后记的形式表达我的心声。

本书的编写、编辑、出版过程，见证了一个时代的教育与心理统计学理论与方法的发展，也见证了笔者的学术成长和发展，见证了人民教育出版社编辑们的严谨的学术传承和工作态度。为了客观反映历史和发展沿革，笔者拟以本书的初版、修订版、今天的重新编写为三个时间段，叙述人、物、事的发展历程。

1. 1992—2002 年时间段。初版《教育与心理统计学》教材，由教育编辑室肖云瑞编审任责任编辑。为了编好这本书，肖云瑞编审反复与笔者商讨教材体系、结构，多次参加笔者的教材编写学术研讨会。在编写协调会上，编写者达成了共识，就是教材的学术性和前瞻性，理论与应用的结合。因此，该书在描述统计、推断统计的内容之外，在国内教育与心理统计学教材之中，第一次引入了多元统计分析的内容，介绍了多元统计分析的理论、应用思想，并结合实例介绍了主成分分析、因素分析、聚类分析、判别分析等多元统计分析的内容和方法。该书出版后，得到了业内的普遍认可。20 世纪 90 年代中后期、21 世纪初期毕业的教育学、心理学的硕士、博士毕业生，他们中的许多人都说，《教育与心理统计学》作为教育学、心理学研究方法的主要教科书，伴随他们走过了人生最重要的一段历程。初版教材 1993 年印刷至 2002

年修订，共使用了十个年头。

2.2001—2008年时间段。2001年，诸惠芳编审约见我，告诉我人民教育出版社教育编辑室经商量决定，建议我修订1992年版的《教育与心理统计学》，以使教材更能体现学科的发展，体现时代的要求。接受修订任务后，我一方面听取了部分作者及任课教师在教学过程中对教材的使用体会，另一方面也广泛地听取了读者的意见。综合这些意见，在统计理论、方法的框架未作大的变动的情况下，着重增加了理论与应用相结合的内容，增加了统计软件SPSS应用的内容，将许多原来需纸笔计算的方法都结合统计软件来介绍计算方法，减轻了读者在学习过程中计算数据的压力，使读者在掌握理论、方法的基础上能够正确地使用统计软件SPSS作数据处理。修订版使原来读者觉得计算困难而不易掌握的多元统计分析方法也不再令人畏惧了。修订版教材2002年印刷至今，又使用了七个年头。

3.2007年至今时间段。人民教育出版社在编制普通高等教育“十一五”重点教材规划时，将《教育与心理统计学》列入了规划，并委托我任主编来完成。人民教育出版社韩华球、冯卫斌同志先后联系我，并提出了相应的教材编写要求。在保持《教育与心理统计学》教材品牌名称的前提下，要在内容上重新构思和写作，特别要体现出学科的前瞻性、学术性，体现教材的特殊规律和价值。经过多次的研讨和思索，经过十多次的修改，历时两年，于2008年完成了教材的初稿，2009年定稿。教材在内容、结构上都有所调整、增删。我真心祈祷，教材能对教育学、心理学研究工作者，对广大的教师都有所帮助。

魏运华、吕达、刘立德、张天宝等同志及以上所提到的几位同志为本书的立项、编审和出版付出了辛勤劳动，谨此一并致谢。

1992年至今，近二十年来，我的工作几经变动，从华南师范大学到中山大学，再到华南师范大学，也曾担任研究所之类的行政工作。但是，唯一未变的是专业，始终将教育与心理统计学、教育与心理测量学作为在学术界的立足之本，无论是本科教学、研究生教学，都以统计、测量作为主攻的方向；无论扩招，专业名称走向市场，我的专业方向始终都是教育与心理统计、教育与心理测量。而在教学第一线，最能促进人的学习、思考和提高。所以，近二十年的教材使用及教学过程中的思考，使我对人民教育出版社的选题及出版要求有了更深刻的认识，就是教材的学术前瞻性、基础理论完整性、理论与应用的结合，这就是教材专著的生命力。

这本教育与心理统计学教材一直延续出版发行近二十年，得到读者广泛和高度的认可，这是我引以为自豪的。可见，有质量的东西，就会有生命力，这是一个颠扑不破的真理。为人民教育出版社撰写教材和专著，有一定的难度，各方面的要求高，以致修改十次、二十次都是常事。但是，高要求的结果之一就是使我的学术水平也得到了提升，由一位年轻的教授成长为一位资深的教授。而人民教育出版社的出版要求和质量要求，不会因人而异，只有一贯的标准。

最近几年，随着计算机技术的迅速发展，计算速度及功能的提升，统计软件如SPSS的进一步完善及功能拓展，在教育与心理统计学的教材出版、教学上出现了一种新现象，就是不讲统计学原理，不讲统计推断的前提要求，要求学生边上机边学统计，在机上完成习题，一切教学都以统计软件为主导。所以，为追求所谓的"潮流"，一些教材也按此思路编写。

对这种新现象，笔者始终持保留和批评的态度。学习教育与心理统计学的理论和方法，各种推断方法的应用是有前提要求的，对统计分析结果的解释，也离不开统计理论、方法的基本要求，统计方法不可随意应用，统计结论不可无限拓展。因此，计算机及软件只能作为协助完成统计计算、统计分析的辅助工具和手段。因为计算机及软件不能代替人的思考，不能取代对结果的分析和解释。这种以统计软件为主导、忽略统计理论和方法的新现象，是本末倒置。所以，现在许多教育学专业、心理学专业的大学生、硕士研究生，一讲到统计学，名词都懂一些，但问原理，就回答说交由计算机好啦。连思考、分析都交给了计算机，统计分析方法也就失去其存在的意义和作用。因此，自1978年恢复教育与心理统计学教学至今已经三十多年，近几年来，教育专业、心理专业的大学生统计水平不是在提高，而是在下降，这是笔者不愿看到的结果。笔者认为，这种现象对学科发展是不利的，这种现象有待扭转。

基于此，本书一如既往地保持理论体系的完整性，从理论基础、原理、应用到结果解释等来介绍每一种方法，让学生在学习统计方法中既知其然，又知其所以然。只有打下扎实的理论基础，在教育研究、心理研究中，实验前就能既考虑实验设计，也考虑数据的获取方法以及数据的统计分析方法，从而使统计学的学习有真正的收获。

张敏强

2010年6月于华南师范大学工作室